VOLTAIRE EN SON TEMPS

sous la direction de
RENÉ POMEAU
de l'Institut

3

RENÉ POMEAU & CHRISTIANE MERVAUD

De la Cour au jardin

1750–1759

avec la participation de
Jacqueline Hellegouarc'h,
Claude Lauriol, Jean Mondot,
Ute van Runset et Jacques Spica

VOLTAIRE FOUNDATION
OXFORD
1991

© 1991 Voltaire Foundation Ltd

ISBN 0 7294 0409 9

Voltaire Foundation Ltd
99 Banbury Road
Oxford OX2 6JX

En France

Universitas
62 avenue de Suffren
75015 Paris

First published 1991
Reprinted 1994

Couverture

Buste de Voltaire par Le Moyne.
Musée d'art et d'histoire, Genève

Printed in England at The Alden Press, Oxford

NOTE

Ce troisième tome de *Voltaire en son temps* a bénéficié comme les deux précédents de l'aide du Centre d'étude des XVIIe et XVIIIe siècles de la Sorbonne, unité associée 96 du CNRS. Nous prions le directeur du Centre, M. Marc Fumaroli, et ses collaborateurs de trouver ici l'expression de notre gratitude. Nous remercions aussi pour sa contribution le Centre d'étude du XVIIIe siècle de Montpellier (unité associée 1037 du CNRS, directeurs MM. Georges Dulac et Claude Lauriol).

Le présent ouvrage est une œuvre collective. Nous avons cependant procédé à une répartition des tâches. La part de chacun s'établit ainsi:

René Pomeau: Introduction, chapitre I
Jean Mondot: chapitre II (début)
Ute van Runset: chapitre II (fin), chapitre III (début)
Christiane Mervaud: chapitres III, IV, V, VI, VII, VIII, IX, X et XI
Jacques Spica: chapitres XII, XIII
Jacqueline Hellegouarc'h: chapitres XIV, XV
Christiane Mervaud, chapitre XVI
René Pomeau: chapitres XVII, XVIII
André Magnan a bien voulu relire ce qui a trait au séjour en Prusse.
Claude Lauriol a assuré la coordination de l'équipe.

René Pomeau assume la responsabilité de l'ensemble de ce volume. Il s'est chargé des corrections, révisions, mises au point et compléments qui ont paru nécessaires.

Odile Barckicke a effectué avec un parfait dévouement le travail considérable de dactylographie qu'a exigé la préparation du manuscrit.

LISTE DES ABRÉVIATIONS

BN   Bibliothèque Nationale, Paris.

BV   *Bibliothèque de Voltaire: catalogue des livres* (1961).

Choudin   *Histoire ancienne de Fernex* (1989).

CLT   Grimm, *Correspondance littéraire*, éd. M. Tourneux (1877-1882).

Collini   *Mon séjour auprès de Voltaire* (1807).

D   *Correspondence and related documents*, éd. Th. Besterman, dans *OC*, lxxxv-cxxxv (1968-1977). Le chiffre qui suit D renvoie au numéro de la lettre.

Desnoiresterres   *Voltaire et la société française au XVIIIe siècle* (1871-1876).

Duvernet   *La Vie de Voltaire* (1786).

Fontius   *Voltaire in Berlin* (1966).

Formey   *Souvenirs d'un citoyen* (1789).

Haupt   «Voltaire in Frankfurt 1753», *Zeitschrift für französische Sprache und Literatur* 27, 30, 34 (1904-1909).

Koser-Droysen   *Briefwechsel Friedrichs des Grossen mit Voltaire* (1908-1911).

Lauriol   *La Beaumelle, un protestant cévenol entre Montesquieu et Voltaire* (1978).

Lehndorff   *Dreissig Jahre am Hofe Friedrichs des Grossen*, éd. K. E. Schmidt-Lötzen (1907).

Longchamp et Wagnière   *Mémoires sur Voltaire* (1826).

de Luchet   *Histoire littéraire de M. de Voltaire* (1781).

Magnan   *Dossier Voltaire en Prusse* (1986).

Mangold   *Voltaires Rechtsstreit mit dem Königlichen Schutzjuden Hirschel, 1751. Prozessakten des Königlich Preussischen Hausarchivs* (1905).

Marginalia   *Corpus des notes marginales de Voltaire* (1979-).

Mervaud   *Voltaire et Frédéric II: une dramaturgie des Lumières* (1985).

M   *Œuvres complètes de Voltaire*, éd. L. Moland (1877-1885).

OC   *Œuvres complètes de Voltaire / Complete works of Voltaire* (1968-). En cours de publication.

OH   Voltaire, *Œuvres historiques*, éd. R. Pomeau (1957).

Politische Correspondenz   *Politische Correspondenz Friedrichs des Grossen*, éd. Droysen (1879-1912).

RHLF   *Revue d'histoire littéraire de la France*.

Schaer   Friedrich-Wilhelm Schaer, «Charlotte Sophie Gräfin von Bentinck, Friedrich der Grosse und Voltaire», *Niedersächsisches Jahrbuch* 43 (1971).

Studies   *Studies on Voltaire and the eighteenth century*.

Tageskalender   Hans Droysen, «Tageskalender Friedrichs des Grossen vom 1. Juni 1740 bis 31. März 1763», *Forschungen zur brandenburgischen und preussischen Geschichte* 29 (1916).

Thiébault   Dieudonné Thiébault, *Mes souvenirs de vingt ans de séjour à Berlin* (1804).

Tuffet   Voltaire, *Histoire du docteur Akakia*, éd. J. Tuffet (1967).

NOTE SUR LES MONNAIES

Les valeurs relatives des monnaies françaises au dix-huitième siècle sont les suivantes:

12 deniers	=	1 sol (ou sou)
20 sous	=	1 livre ou franc (les deux termes sont équivalents)
3 livres	=	1 écu
10 livres	=	1 pistole
24 livres	=	1 louis

Il est fort difficile de donner des équivalents dans nos monnaies de 1991. Celles-ci sont instables, et la différence des modes et niveaux de vie rend toute comparaison aléatoire.

Afin de faciliter des estimations, même approximatives, de la fortune, des prêts et des dépenses de Voltaire, indiquons que la livre du dix-huitième siècle vaut environ 80 francs 1982 (Jean Sgard, «L'échelle des revenus», *Dix-huitième siècle* 14 (1982), p.425-33). Pierre Malandain, dans une étude sur l'argent dans *Manon Lescaut* (Prévost, *Histoire du chevalier Des Grieux et de Manon Lescaut* (Paris 1990), p.210) précise qu'«en valeur actuelle de pouvoir d'achat, on peut évaluer la livre aux alentours de 100 francs 1990». Comme il n'y eut pas de mutations des monnaies entre 1726 et 1790, ces chiffres restent valables pour la période 1750-1759.

Quant au thaler, monnaie souvent mentionnée dans ce volume, sa valeur varie au dix-huitième siècle selon les places financières. En 1753, selon une convention introduite par Marie-Thérèse dans l'Empire pour la conversion des monnaies, 1 louis d'or valait 8 florins, soit 5,304 thalers de l'Empire ou 5,88 thalers prussiens (renseignements aimablement communiqués par M. le professeur Dr Jürgen Ziechmann de l'Université de Brême que nous remercions). Précisons que le thaler autrichien de 1780 était une pièce d'argent presque pur de 28 grammes, d'un diamètre d'un peu moins de 40 millimètres.

Introduction

De la cour de Prusse, 1750, au jardin de Candide, 1759 : à la première de ces dates Voltaire atteignait cinquante-six ans, à la seconde, soixante-cinq. A ces âges, au dix-huitième siècle, une vie approchait de son terme. Voltaire a vu mourir en 1755 Montesquieu, qui était seulement de cinq ans son aîné. Une nouvelle génération fait son entrée : Diderot qui en 1749 lui envoya sa *Lettre sur les aveugles* ; d'Alembert, son adjoint à la direction de l'*Encyclopédie*, dont il reçoit la visite aux Délices ; Jean-Jacques Rousseau qu'il connaît, qui lui adresse ses premiers *Discours*. Voltaire va-t-il s'effacer devant les nouveaux venus ? Voltaire «soleil couchant», en 1750 ? Pour blessant qu'il fût, le mot de Frédéric II correspondait à ce qui était alors une espérance de vie moyenne.

Voltaire lui-même, à travers ses plaintes d'éternel malade, pour partie justifiées, pense qu'il va vers sa fin. Aussi le verrons-nous, dans les dix années qui vont suivre, chercher à s'établir en une résidence définitive. Mais aucune de ces tentatives, avant 1759, ne réussira. A Paris, rue Traversière, il ne passe que six mois. Il a cru ensuite, à l'appel de Frédéric, qu'il trouverait à la cour de Prusse un asile pour le reste de ses jours, entouré de la protection et des honneurs qu'on lui refuse à Versailles. Comme si l'homme de lettres et son royal ami pouvaient respirer hors d'un climat d'incessantes querelles ! Cependant, de la part de Voltaire, il ne s'agit pas seulement de mesquines tracasseries. Décennie d'instabilité, ces années 1750-1759 sont aussi celles où il entame le combat majeur de sa vie. Il va prendre en main à Berlin la première de ses grandes causes. König est victime d'un abus de pouvoir de la part de Maupertuis, despotique président de l'Académie. En le défendant, Voltaire soutient la liberté de l'homme de savoir, autrement dit son droit de se faire entendre, dût en souffrir l'autorité des pontifes. Par cette affaire *Akakia* le polémiste délibérément affronte les plus grands risques. De fait, non seulement il ruine sa position à la cour de Prusse, mais, par le traquenard de Francfort où le fait choir Frédéric II, son image est gravement altérée dans le reste de l'Europe. Où trouvera-t-il refuge, quand Berlin et Paris lui sont fermés, comme éventuellement Vienne, l'Angleterre, et même Lyon ?

En ses années prussiennes, il avait caressé un autre projet incompatible avec le repos : produire un *Dictionnaire* bien plus virulent que l'*Encyclopédie*. Les compagnons philosophes de Potsdam, et à leur tête Frédéric, devraient s'y atteler sans désemparer. Sans doute l'entreprise, entamée en même temps que la campagne pour König, aurait eu l'avantage de détourner le roi de Maupertuis.

Elle n'en prouve pas moins que Voltaire n'a nullement renoncé à militer pour la «philosophie».

C'est encore un asile, en vue d'une fin de vie tranquille, qu'il croit avoir trouvé à Genève et à Lausanne, cités réputées libérales. Il va goûter là l'insolent bonheur d'une existence de «délices», tandis que la terre tremble à Lisbonne et que l'Europe est ensanglantée par la guerre. Dans un esprit de retraite, il s'occupe à dresser le bilan : il publie deux éditions de ses *Œuvres complètes*, celle de Lambert à Paris, celle des Cramer à Genève. Mais c'est là plutôt un commencement. Pour la première fois, il tient à portée de main des libraires, les Cramer, aux presses non contrôlées, disposés à tout imprimer, ou presque. Il ne laissera pas échapper une pareille chance. De nouveau l'air sent la poudre. Localement, les querelles surgissent comme à plaisir et s'entremêlent : conflits avec les pasteurs pour les spectacles des Délices, affaires de «l'âme atroce» de Calvin et de l'article «Genève» de l'*Encyclopédie*, scandale de *La Pucelle*, affaires Grasset, Saurin, de la *Guerre littéraire*, immédiatement relayés par des procès pour les dîmes acquis en même temps que la terre de Ferney.

Au plan français et européen, voici l'*Encyclopédie* gravement menacée. Voltaire a rejoint l'équipe des collaborateurs. Le projet prussien d'un dictionnaire agressivement «philosophique» ayant tourné court, il apporte à d'Alembert et Diderot une importante contribution pour les lettres F, G, H. Or en 1758, après le tome VIII, l'*Encyclopédie* est sur le point de succomber sous les assauts de ses ennemis. Il faut lutter pour sauver la «philosophie». Nul mieux que lui n'en ressent l'impératif. Au cours de la décennie, il a achevé et il a publié son œuvre historique : *Le Siècle de Louis XIV*, l'*Essai sur les mœurs*. Retraçant l'histoire de l'humanité, il a suivi l'effort millénaire vers la raison, la culture, le mieux-être, contre la barbarie naturelle, contre les forces d'oppression – tyrannie, fanatisme, superstition – sans cesse renaissantes. Le combat se poursuit. L'auteur du *Siècle de Louis XIV* se sent porté à la tête du mouvement. Car il possède, lui, une pugnacité, une puissance d'impact, qui n'ont pas alors leur égal.

Afin d'avoir ses coudées plus franches, il s'installe à Ferney. Il y jouira de ses aises autant qu'aux Délices. Mais il y sera plus libre qu'à Genève qui pourtant, bien commodément, reste toute proche. Pendant qu'il emménage, il lance *Candide*. Œuvre pour nous d'une fantaisie envoûtante. Mais en 1759 le conte fut lu comme un texte de combat. Les ennemis de la «philosophie» y reçoivent des coups qui font mal. *Candide*, à notre jugement point culminant de l'œuvre voltairienne, marque au contraire dans la vie de son auteur un point de départ. A soixante-cinq ans, Voltaire entre dans la période la plus active de son existence, comme la plus ambitieuse. A l'âge où d'autres meurent ou se taisent, il va tenter par une intense propagande de réaliser un grand dessein : celui de changer l'esprit des hommes, et donc la société. Il va «écraser l'infâme», pour qu'adviennent les lumières.

1. De la rue Traversière au palais d'Alcine

(janvier-août 1750)

Comment vivre après la mort d'une femme avec laquelle on avait cru faire sa vie, jusqu'à la fin de ses jours? Comment vivre après que le lien, assez fort pour résister aux plus violentes querelles, aux infidélités réciproques, ait été tranché par un coup du sort? Voltaire devant le vide soudain créé dans son existence se sent désemparé. Il ne peut plus rester à la cour de Lorraine, ni à Cirey. Ayant départagé avec M. Du Châtelet des intérêts depuis si longtemps entremêlés, il a repris la totalité du bail de la maison située rue Traversière, jusqu'ici pour moitié au nom du marquis. Il revient donc s'installer dans le domicile où naguère il avait vécu avec Emilie, pendant leurs séjours dans la capitale. Resté seul désormais, il a dû se poser la question: où va-t-il se fixer? Il semble, dans ces premières semaines de 1750, avoir opté pour un retour dans ce Paris, sa ville natale, plus ou moins délaissée au cours de ces dernières années. Retour à Paris qui serait aussi un retour à Versailles. Ne pourra-t-il pas, par une présence plus constante, consolider la place qu'il s'est acquise à la cour, comme historiographe de France et comme gentilhomme ordinaire de la chambre du roi?

L'immeuble de la rue Traversière se situait au centre de la capitale, entre les jardins du Palais-Royal et les Tuileries, dans un quartier qu'au siècle suivant le percement de l'avenue de l'Opéra, par le baron Haussmann, allait bouleverser.[1] Le logement, disposé sur deux étages, était vaste. Voltaire avait pensé d'abord en sous-louer une partie. Il préféra en définitive y installer Mme Denis, qui emménage fin décembre 1749, dans l'appartement naguère occupé par Mme Du Châtelet.

Ayant dépassé la cinquantaine, il n'a plus le goût de la vie de célibataire qui fut la sienne quinze ans plus tôt. Sa nièce et maîtresse occupe désormais à ses côtés la place de Mme Du Châtelet, sans remplacer cette femme hors du commun. On a beaucoup médit de celle qui va régner sur le ménage de Voltaire jusqu'à sa mort. N'en croyons pas la caricature que, quelques années plus tard, Mme d'Epinay tracera, d'une plume acide, lors de sa visite aux Délices.[2] Marie-Louise Mignot était-elle aussi laide que l'affirme la visiteuse et que le prétend

---

1. D4062, D4063; voir aussi D.app.93. La maison existait encore à l'époque de Desnoiresterres (iii.340); elle était occupée par un marchand de vins.
2. D7480 (vers le 25 novembre 1757).

✗ Marmontel?[3] Van Loo a laissé d'elle un portrait qui n'est pas celui d'une personne repoussante: visage bien dessiné, teint clair, regard agréable. Une sensualité se laisse deviner, capable d'éveiller les ardeurs de l'oncle. Elle n'a certes pas la grande allure de Mme Du Châtelet ou de la comtesse de Bentinck. Mais, bourgeoise, elle sait, elle, conduire une maisonnée, ce dont ne se souciait guère Emilie. Sur le plan de l'esprit, cependant, elle ne sera jamais l'égale de Voltaire comme le fut Mme Du Châtelet. Elle subit l'influence de l'oncle. Elle en imite le «goût», l'«enjouement», l'«exquise politesse», ce qui la fait rechercher des gens de lettres parisiens, tel Marmontel. Poussant plus loin l'imitation, elle voudrait elle aussi devenir auteur. Depuis 1748 elle travaille à une comédie, *La Dame à la mode*, devenue *La Coquette punie*: personnage dont sans doute son miroir lui proposait le modèle. Voltaire réussira à éluder la représentation d'un ouvrage dont les malins eussent fait des gorges chaudes. Pendant l'absence de son oncle, en Prusse, elle visera plus haut encore. Elle entreprendra une tragédie en vers, de sujet grec, une *Alceste* qui n'aboutira pas davantage que la comédie. Elle se contentera ensuite du rôle auquel elle était le plus apte: administrer la maison du grand homme. Jamais elle ne sera la confidente et conseillère de ses travaux, comme Mme Du Châtelet. A ce niveau, désormais la place reste vide.

Est-ce le sentiment de cette absence? Voltaire au début de 1750 souffre de déprime. De temps à autre, revient le souvenir de sa chère Emilie. Marmontel raconte comment, à une date non précisée, lui rendant visite, il lui parla de la disparue. Voltaire, à ces mots, pleure, se disant «au désespoir», «inconsolable». Il l'est sans doute très réellement. Mais non moins réellement, son esprit mobile passe par des sautes d'humeur. Entre un autre visiteur, l'intendant Chauvelin. Aussitôt l'ambiance change. Chauvelin débite on ne sait quel conte «assez plaisant». Et voici que Voltaire rit aux éclats.[4] On se tromperait peut-être de le croire définitivement consolé. Comme à l'habitude en ses mauvaises périodes, il se traîne, égrotant de corps et d'âme: «malingre, malheureux, solitaire», «un cadavre ambulant».[5] «Solitaire», malgré Mme Denis. Et «malheureux» par la faute du théâtre.

Un succès à la scène eût été pour lui le moyen de reprendre pied dans l'existence. Il avait dans ses papiers deux tragédies, *Rome sauvée* et *Oreste*, improvisées quelques semaines avant la mort de Mme Du Châtelet. La jalousie contre Crébillon lui avait tenu lieu de Muse. Le vieux tragique, dont les heures de gloire remontaient aux premières années du siècle (*Atrée et Thyeste*, 1707, *Rhadamiste et Zénobie*, 1711), avait depuis 1726 quitté le théâtre, à tout jamais pensait-on. Or voici qu'à l'âge de soixante-quatorze ans Crébillon fait son retour

---

3. Marmontel, *Mémoires*, éd. John Renwick (Clermont-Ferrand 1972), i.79.
4. Marmontel, *Mémoires*, i.12.
5. D4113 (février 1750), au marquis d'Argenson; D4138, à Darget.

sur la scène. Il achève un *Catilina* abandonné depuis longtemps. Il y est encouragé
par Mme de Pompadour qui éprouve pour le vieil auteur une amitié quasi-filiale.
A la suite de la favorite, le roi se prend d'affection pour lui, le pensionne et veut
que son *Catilina* réussisse. A cette fin il accorde une grosse subvention pour les
costumes de la pièce. L'homme tranchait par son originalité. Il vivait au fond du
Marais sous la coupe d'une gouvernante, dans une maison remplie de chiens et
de chats. Avec ses airs «sauvages», son allure «soldatesque», c'était une figure
rugueuse, «vraiment tragique», disait-on.[6] Ses ouvrages n'étaient pas plus policés
que ses manières: des actions brutales, des vers «âpres et durs». C'est par là
précisément qu'il plaisait. Au tournant du siècle, son retour de faveur atteste une
évolution du goût. On croit, dans le genre «barbare» qui est le sien, reconnaître
le génie. Aussi *Catilina*, créé le 20 décembre 1748, remporte-t-il un franc succès:
dix-neuf représentations en sa nouveauté. Le public aime ce tragique rocailleux
par contraste avec l'élégance, la fluidité de *Zaïre*, *Alzire*, *Mérope*: ce n'était là,
disait-on, que du bel esprit. Au contraire ce Crébillon mal dégrossi apparaissait
comme le poète authentiquement inspiré des Muses, un «caractère antique», un
nouveau Sophocle.

Voltaire sentait bien que ce succès était dirigé contre lui. Il va se défendre, en
battant Crébillon sur son propre terrain. Il reprend les sujets du vieux tragique,
afin de montrer comment ils devaient être traités. Reparaît ici cette manifestation
de son tempérament combatif: faire la leçon à ses compétiteurs, en donnant des
«corrigés» de leurs ouvrages. Avec sa *Sémiramis* il avait déjà damé le pion à son
rival, auteur d'une *Sémiramis* vieille de trente ans (1717), et bien oubliée. Dans
l'été de 1749, il entreprend de refaire l'*Electre* de Crébillon, plus ancienne encore
(1708), et son tout récent *Catilina*: il leur conserve d'abord les titres de son rival,
qui deviendront *Oreste* et *Rome sauvée*.

Quelle pièce fera-t-il jouer d'abord? Certain jour de novembre 1749, il aurait
réuni chez lui ses experts habituels, d'Argental, Pont-de-Veyle, l'abbé Chauvelin
et quelques autres, plus des acteurs, Dumesnil, Clairon, Grandval. L'invitation
annonçait une lecture de *Catilina*. Or il se met à donner le nom des personnages:
Oreste, Clytemnestre, Electre... Etonnement de l'auditoire. Alors Voltaire: «Vous
vous attendiez que j'allais vous faire une lecture de *Catilina*; point du tout,
Messieurs, c'est *Electre* que je donne cette année.» Il demande le secret. Mais le
lendemain toute la ville est informée. On répand une variante malicieuse: ce ne
sera ni *Catilina*, ni *Electre*, mais *Atrée et Thyeste*...[7]

Voltaire avait de bonnes raisons de donner la priorité à *Oreste*: le succès du
Catilina de Crébillon était trop récent. Il lui était plus facile de corriger l'*Electre*

6. Marmontel, *Mémoires*, i.122-23.
7. Collé, *Journal*, cité par Desnoiresterres, iii.34.

du vieux tragique. Crébillon avait cru bon de corser le sujet par une double intrigue galante: son Electre est amoureuse d'un fils d'Egisthe, l'assassin de son père; Oreste parallèlement aime une fille de ce même meurtrier. C'est la «partie carrée»: une fois de plus Voltaire va dénoncer la galanterie qui avilit la scène française.[8] Tant il s'en faut que Crébillon atteigne le vrai tragique, comme le répètent ses admirateurs.

Le plaisant était que Voltaire pour faire jouer sa pièce devait obtenir l'approbation de Crébillon lui-même. Car celui-ci était censeur de la police chargé du théâtre. L'auteur du nouvel *Oreste* dut donc faire une démarche auprès de son rival. Le censeur approuva, en termes fort honnêtes: «Je souhaite que le frère vous fasse autant d'honneur que la sœur m'en a fait.»[9] La première put donc avoir lieu, le 12 janvier 1750.

Un lecteur d'aujourd'hui, ayant présent à l'esprit l'*Electre* de Sophocle et celle d'Euripide, a quelque peine à suivre jusqu'au bout la version voltairienne. A partir du troisième acte, l'action s'embrouille dans des péripéties mélodramatiques, et piétine. Il ne paraît pas étonnant qu'en janvier 1750 la pièce ait été mal accueillie. Voltaire pourtant avait pris ses précautions. Il s'était assuré une bonne distribution: Mlle Dumesnil dans le rôle de Clytemnestre, Mlle Clairon dans celui d'Electre. Au lever du rideau, un porte-parole vint expliquer ses intentions. Il se déclarait ami et même disciple de Crébillon. S'il osait traiter le même sujet que lui, ce n'était nullement par envie, mais par une noble émulation. Ainsi en avait usé Eschyle, Sophocle, Euripide, qui tous trois avaient donné une *Electre*. Les Parisiens d'aujourd'hui ne sont-ils pas semblables aux anciens Athéniens «par le courage et par l'esprit»...? Ces protestations et ces flatteries furent mal reçues. Voltaire, d'autre part, selon ses conceptions théâtrales, aurait voulu renouveler le sujet par des éléments de spectacle. Le texte imprimé décrira tout un décor: «le rivage de la mer, un bois, un temple, un palais et un tombeau [...], Argos dans le lointain». Mais rien de tout cela n'est réalisable, puisque des rangées de spectateurs occupent toujours la scène. Au dénouement, on entendait les cris de Clytemnestre, assassinée dans le fond du théâtre. Malheureusement, le jour de la première les clameurs de la pauvre femme s'élèvent derrière la rangée des spectateurs debout à l'arrière de la scène. Cela paraît cocasse: on rit, on siffle. Alors Voltaire se lève dans sa loge et lance en direction du public: «Eh! barbares! c'est du Sophocle!» Les actes précédents déjà avait été à plusieurs reprises troublés par des huées.[10]

Voltaire, après cette première agitée, suspend les représentations. Il remanie

8. Dans la dédicace à la duchesse du Maine, Crébillon n'est pas nommé, mais c'est bien son *Electre* qui est visée.

9. Avertissement des éditeurs de Kehl.

10. Marmontel, *Mémoires*, i.124; D4096.

son texte, multiplie les recommandations à l'adresse de Mlle Clairon. Après quoi, il risque une deuxième tentative, le 19 janvier. Le jour de la reprise, l'affiche annonce la pièce «avec les corrections qui ont paru nécessaires». Formule malencontreuse, sur quoi la Foire ironise dans une parodie obscène, dont Voltaire a la faiblesse d'être très affecté. Après un nouveau retrait, la pièce n'obtiendra en tout que neuf représentations. On accuse, bien entendu, la cabale, menée, dit-on, par Piron: les ennemis d'*Oreste* sifflent dans la salle avant même le lever du rideau. Ils sifflent jusque dans la rue.[11] Voltaire monte une contre-cabale. Il se dépense pour soutenir son œuvre. La duchesse du Maine, dédicataire d'*Oreste*, a négligé d'assister à la première. Voltaire s'en plaint, et la supplie de venir à la représentation suivante. Au cours du spectacle, il ne se prive pas d'intervenir en personne. Il se démène «au milieu de l'amphithéâtre», «levant de grands bras et criant [...] à tout moment: ah! que cela est beau! Applaudissez donc!» Il stimule son monde: «Courage, braves Athéniens, applaudissez!»[12] Mais on n'applaudit guère. Ce qui produisit un incident Rousseau. A l'une des séances, Voltaire aperçoit au parterre un quidam qui refuse obstinément d'applaudir, tenant les mains dans son manchon. «Qui êtes-vous? – Rousseau. – Quel Rousseau? le petit Rousseau...?» Non, ce n'était pas Jean-Jacques, mais Pierre Rousseau de Toulouse, futur auteur du *Journal encyclopédique*. Jean-Jacques cependant tient à écrire à Voltaire une lettre vigoureuse, pour éviter toute confusion. Il rappelle qu'il arrangea naguère, pour le service du grand homme, *Les Fêtes de Ramire*. En protestant de son «respect» et de sa «reconnaissance», il le prend de haut. Il se drape dans sa dignité de fier «républicain», et signe – pour la première fois – «J.-J. Rousseau, citoyen de Genève». Ce ton, qui dut étonner son correspondant, s'explique, si l'on sait que Rousseau était en train d'écrire le *Discours sur les sciences et les arts*.[13]

Ce médiocre *Oreste* n'était pas de nature à détourner Louis XV de ses préférences crébilloniennes. Mme de Pompadour toutefois veut ménager Voltaire. Elle fait jouer *Alzire* aux Petits-Cabinets de Versailles. Elle-même interprète le rôle de l'héroïne. Voltaire a été convié pour diriger la représentation. Le brillant auditoire applaudit. Mais le poète doit entendre sans broncher le roi dire tout haut «qu'il était étonnant que l'auteur d'*Alzire* pût être le même qui avait fait *Oreste*».[14]

Préoccupé qu'il était de contrer Crébillon, il commettait une erreur. Lui qui avait donné avec *Zaïre*, *Alzire*, *Mahomet*, l'exemple d'une modernité par l'exotisme, il revenait à des sujets grecs et romains, à la mode vers 1710 ou 1720 (à l'époque de son *Œdipe*). Il se flattait de proposer avec son *Oreste* «une imitation de l'antique», «un tableau de l'antiquité». Genre démodé en 1750, à l'heure où

11. Duvernet, p.137.
12. Duvernet, p.137-38.
13. D4108 (30 janvier 1750).
14. Luynes, cité par Desnoiresterres, iii.378.

un nouveau théâtre conquiert la faveur: peu après l'échec d'*Oreste* la pièce qui connaîtra le succès sera *Cénie*, drame sentimental de Mme de Graffigny (juin 1750). Voltaire cependant persistait en prétendant faire jouer, après son *Oreste*, sa *Rome sauvée*.

/ Si le *Catilina* de Crébillon avait réussi, il le devait à l'étrangeté de son style rocailleux. Le vieux tragique donnait l'impression de renouveler la traditionnelle tragédie romaine. «Farce allobroge», s'exclamait Voltaire.[15] Mais lui-même, en prétendant traiter le même sujet selon la norme et les convenances, retombait dans le déjà vu. Le sujet évoquait des souvenirs scolaires, les *Catilinaires* de Cicéron étant alors abondamment pratiquées dans les collèges comme modèle de bonne latinité, et comme exemple d'éloquence efficace.

Aujourd'hui pourtant cette mise en scène d'un moment critique de l'histoire romaine se laisse lire. Voltaire, toujours sensible à l'allure dramatique de l'événement, a construit une action qui tient en haleine. Jusqu'à la fin de l'acte II, la conspiration ne cesse de se renforcer. Catilina est sur le point de l'emporter. Puis, à l'acte III, tout vacille. Le beau-père de Catilina a dénoncé le complot. Aurélie, épouse du conspirateur, se dresse contre lui, tandis que Cicéron extorque les aveux des conjurés arrêtés. Le consul réagit avec vigueur. De nouveau, Voltaire nous fait entendre d'ardentes tirades «républicaines», comme dans *Brutus*, comme dans *La Mort de César*. Mais César, Caton et autres Romains du répertoire depuis trop longtemps arpentent la scène française. On souhaiterait autre chose. En 1750, *Rome sauvée* fait figure de vieillerie. Les Comédiens-Français répugnent à la jouer. Voltaire la leur a lue depuis longtemps: depuis six mois, s'indigne-t-il. Or à la fin d'avril 1750, elle n'est toujours pas inscrite au programme. L'auteur a beau alléguer une demande expresse de la duchesse du Maine: rien n'y fait. Les comédiens, peu pressés de monter une œuvre propre seulement à gagner l'estime des «gens instruits», laissent *Rome sauvée* en attente.[16]

Voltaire dut se contenter de représentations privées sur des théâtres de société. En 1749, la paix étant revenue après la guerre de Succession d'Autriche, le public parisien se prend pour le théâtre d'une passion que ne peuvent contenter les trois scènes officielles. Dans plusieurs quartiers de la capitale des amateurs installent des salles, plus ou moins improvisées, et donnent des représentations réservées à leurs amis et connaissances. C'est ainsi qu'un nouveau venu, Baculard d'Arnaud, a fait jouer, en février 1750, une comédie en cinq actes, *Le Mauvais riche*, sur la scène de l'hôtel de Clermont-Tonnerre. Voltaire était présent. Se rappelant les représentations qu'il dirigeait jadis chez Mme de Fontaine-Martel, et renouant

15. D4206, p.339 de cette longue lettre.
16. D4137; Marmontel, *Mémoires*, i.124.

avec les spectacles de Cirey, il a l'idée de monter lui aussi un théâtre à domicile. Il met à profit l'espace disponible dans sa maison de la rue Traversière. Une partie du second étage est tranformée en salle de spectacle.[17] Restait à recruter des acteurs. Longchamp découvrit la troupe du sieur Mandron qui se produisait dans le grenier d'un tapissier, à l'entrée de la rue Vieille-du-Temple. Voltaire les convoqua chez lui, fit faire à chacun un essai. Après quoi il les invita à venir jouer le lendemain une tragédie de leur choix. Par égard pour le maître, ils proposèrent *Mahomet*. Ils donnèrent donc le lendemain cette pièce dont la réputation restait quelque peu scandaleuse. L'auditoire, outre Voltaire, sa nièce et l'officieux Longchamp, se réduisait à quelques intimes: Richelieu, d'Argental, Pont-de-Veyle... Ce fut une répétition, plutôt qu'une représentation en forme. Voltaire se donnait le plaisir de diriger ici des acteurs plus dociles que ceux de la Comédie. Il interrompait, faisait recommencer une scène après avoir expliqué comment elle devait être jouée. Le rôle de Palmire avait été confié à une très jeune fille de quinze ans, Mlle Baton. La débutante, fort troublée, psalmodiait son texte. Alors Voltaire:

Mademoiselle, figurez-vous que Mahomet est un imposteur, un fourbe, un scélérat, qui a fait poignarder votre frère, qui vient d'empoisonner votre père, et qui, pour couronner ses bonnes œuvres, veut absolument coucher avec vous [...] pour le peu que cela vous répugne, voilà comme il faut vous y prendre.

Et il se met à jouer la tirade de Palmire, acte v, scène 2:

> Qu'entends-je? Quelles lois, ô ciel, et quels bienfaits!
> Imposteur teint de sang, que j'abhorre à jamais,
> Bourreau de tous les miens... etc.

la rendant avec l'intensité d'expression quasi-paroxystique qui caractérise sa dramaturgie.[18]

Parmi les débutants amateurs de la troupe Mandron, l'un était promis à un brillant avenir: Lekain, interprète ce jour-là du rôle de Mahomet. Ce fils d'un orfèvre parisien, passionné de théâtre, ne s'était encore produit que sur des scènes de société. Il avait interprété le personnage de l'amoureux dans *Le Mauvais riche* de Baculard d'Arnaud. Voltaire l'y avait remarqué. Il l'avait invité à venir le voir le surlendemain. Lekain a raconté dans ses *Mémoires* cette entrevue qui décida de sa carrière. L'illustre auteur accueille le débutant avec effusion. Il remercie le ciel «d'avoir créé un être qui l'avait ému et attendri en proférant d'assez mauvais vers». Mais surtout qu'il reste un amateur, qu'il continue à jouer pour son seul

---

17. Longchamp et Wagnière, ii.273. Récit à peu près identique dans la version Havard des *Mémoires* de Longchamp, p.60-69.

18. Lekain, *Mémoires*, cité par Desnoiresterres, iii.373. Le passage n'est pas précisé, mais la situation évoquée correspond au cinquième acte de *Mahomet*, et plus précisément à cette réplique de Palmire.

plaisir, sans en faire son métier (comme il en a le projet). Voltaire lui offre dix mille francs pour l'aider à vivre. Le jeune homme allait se retirer, abasourdi de tant de compliments, lorsque le poète le rappelle. Il lui demande de dire quelques morceaux de ses rôles. Lekain propose ingénument un passage de *Gustave Wasa*: «Point, point de Piron! s'écrie Voltaire d'une voix tonnante et terrible. Dites-moi tout ce que vous savez de Racine.» Lekain commence alors la première scène d'*Athalie*, entre Abner et Joad. Voltaire l'interrompt, les larmes aux yeux: «Ah! mon Dieu, les beaux vers! Et ce qu'il y a de bien étonnant, c'est que toute la pièce est écrite avec la même chaleur, la même pureté, depuis la première scène jusqu'à la dernière, c'est de la poésie inimitable. Adieu, mon enfant, ajouta-t-il en l'embrassant, c'est moi qui vous prédis que vous aurez la voix déchirante, que vous ferez un jour les plaisirs de Paris.»[19] Voltaire avait du mérite à deviner en ce garçon, au physique peu avantageux – petit, la taille épaisse[20] – l'organe et le tempérament du futur grand acteur.

Voltaire rencontrait donc un interprète selon ses vœux dans le Mahomet de sa tragédie, en cette soirée d'essai de la troupe Mandron. Il fut si satisfait qu'ayant retenu les acteurs à souper il leur distribua les rôles de la *Rome sauvée*, dédaignée par les Comédiens-Français. Cicéron échut à Mandron, César à Lekain, Catilina à Heurtaud (autre débutant, qui continuera sa carrière en Prusse), Aurélie à Mlle Baton. Il les fait répéter chez lui, les exerçant à «agir et parler comme il le désirait».[21] Quand il les estima assez préparés, il prit date pour la première. Mais on n'allait pas jouer en costume de ville. Il emprunta à la Comédie-Française les habillements – payés sur la cassette royale – du *Catilina* de Crébillon.

La création de *Rome sauvée*, rue Traversière, eut donc lieu le 8 juin. A défaut du grand public du Théâtre-Français, Voltaire avait réuni un auditoire nombreux et de choix. Longchamp énumère: d'Alembert, Diderot, Marmontel, le président Hénault, les ducs de Richelieu et de La Vallière, le supérieur du collège de Louis-le-Grand le P. de La Tour, accompagné, à en croire Voltaire, de jésuites, de cordeliers, d'oratoriens[22]... Public de connaisseurs qui ne ménagea pas ses applaudissements. Il fallut redonner la pièce plusieurs fois les jours suivants, et même, pour faire face à l'afflux des spectateurs, distribuer des billets, et faire ajouter des gradins sur les côtés. La salle pouvait ainsi accueillir une centaine de spectateurs assis, plus une vingtaine qui restaient debout dans le fond.[23] Certain

---

19. Desnoiresterres, iii.371-72. Comme Desnoiresterres nous jugeons la version de Lekain plus crédible que celle de Longchamp qui s'attribue le mérite d'avoir découvert le futur Roscius, et de l'avoir présenté à Voltaire.

20. Lekain saura corriger ces insuffisances: par des artifices de costume, il se donnera sur la scène une imposante prestance, par exemple dans le Gengis-Khan de *L'Orphelin de la Chine*.

21. Longchamp et Wagnière, ii.277.

22. D4154. Cette lettre semble bien se rapporter à la représentation du 8 juin.

23. Longchamp et Wagnière, ii.278-81.

jour, Voltaire monta lui-même sur la scène dans le rôle de Cicéron, qu'il joua avec sa fougue habituelle.

Il obtient enfin de la duchesse du Maine une représentation au château de Sceaux, le 22 juin. De quoi faire honte aux Comédiens-Français, qui continuaient à bouder *Rome sauvée*. Rue Traversière, on donna en outre d'autres pièces nouvelles: *Le Duc de Foix*, *Zulime*, avec Mme Denis dans le rôle principal et sa sœur Mme de Fontaine dans celui d'Atide. Sur quoi les mauvaises langues firent circuler dans Paris un mot qui se voulait spirituel. «Voltaire est plus fou que jamais, il fait comme ces pâtissiers qui mangent les pâtés qu'ils ne peuvent pas vendre.»[24]

Mais le «pâtissier» aux «invendus» a pris son parti. Il ne fera pas de la rue Traversière un théâtre annexe consacré à la production voltairienne. Dès avant la première de *Rome sauvée*, il avait décidé de faire en Prusse le voyage pour lequel Frédéric le pressait depuis si longtemps.

Déjà, au printemps de 1749, bien avant la mort de Mme Du Châtelet, le projet d'un nouveau voyage avait été évoqué entre le prince et le poète.[25] Voltaire élude toute promesse ferme, prétextant de sa mauvaise santé. Puis l'état d'Emilie enceinte lui procure une raison sérieuse d'ajourner. Ensuite, après le décès de son amie, au cours de l'automne de 1749, l'idée d'un voyage reparaît dans les lettres adressées à Frédéric II. Voltaire envoie *Sémiramis*, «en attendant *Rome sauvée*», et conclut: «O Fortune, fais-moi passer six mois à Sans-Souci et six mois à Paris!» Dans l'incertitude où il se trouve alors, l'éventualité de ces séjours alternatifs se présente à son esprit. Quelques jours plus tard, il envoie *Nanine*. Le roi répond longuement. Il critique dans *Sémiramis* l'apparition du spectre de Ninus. Mais il termine en souhaitant recevoir Voltaire à Sans-Souci en 1750: il a des vers à lui faire corriger.[26] Il ne s'agit encore, on le voit, que d'une visite du même ordre que celles qui ont précédé, et non encore d'une installation définitive à la cour de Prusse. A un tel projet, qui ne l'engagerait pas sans retour, Voltaire se montre réceptif.

Mais au début de 1750, Frédéric réitère ses invites. Il devine qu'il se fera désormais mieux écouter d'un Voltaire privé de Mme Du Châtelet, mécontent de l'accueil qui lui est fait dans ce Paris où il vient de s'installer. «Il n'y eut point de séduction flatteuse qu'il n'employât pour me faire venir», écrira plus tard Voltaire:[27] ce qui correspond bien à la réalité du commerce épistolaire échangé en ces premiers mois de 1750. «Je redouble d'envie de vous revoir», lui mande

24. D4165 (26 juin [1750]), Mme Geoffrin; D4167 (29 juin 1750), Nivelle de La Chaussée.
25. Mervaud, p.172.
26. D4066 (17 novembre), D4070 (27 novembre), D4073 (7 décembre).
27. *Mémoires* (M.i.36).

Frédéric, «c'est-à-dire de parler de littérature, et de m'instruire de choses que vous seul pouvez m'apprendre.»[28] Le 20 février, le roi relate à son grand homme, en vers, un songe flatteur.[29] Il se voit transporté dans l'au-delà, aux Champs-Elysées. Guidé par son ami défunt Césarion,[30] il rencontre Virgile, Homère, Horace, Sophocle et avec eux «la divine Emilie», qui leur parle de Voltaire. Mais ces grands anciens sont jaloux. Ils délèguent sur la terre «un monstre qu'on nomme Envie», avec mission de «tramer des horreurs», de «soulever le Parnasse» contre le poète français, et d'abord de faire tomber *Oreste*: ce qui vient d'arriver. Conclusion: que Voltaire vienne à Berlin, aux beaux jours.

Lettre après lettre, le roi s'applique à détacher son correspondant d'une si ingrate patrie. Il insinue que le génie de celui-ci ne sera véritablement reconnu et récompensé qu'en Prusse. Berlin est devenu une nouvelle Athènes: la transmigration de Baculard d'Arnaud, en mars 1750, n'en est-elle pas la preuve? D'Arnaud, à trente ans passés,[31] en est encore à ses débuts. Outre sa comédie du *Mauvais riche*, il a commis une mauvaise tragédie, *La Saint-Barthélemy*, et quelques poésies galantes. Il se déclare le disciple de Voltaire. Effectivement le grand homme l'a reconnu comme l'un de ces jeunes talents qu'il a l'habitude de protéger. Mais Baculard était en passe de prendre son essor. Il s'était assuré une position littéraire que ne justifiait guère son œuvre. Il était en correspondance réglée avec les personnalités en vue: d'Alembert, d'Argens, Fréron, Piron, Prévost, et maints autres.[32] Frédéric l'avait institué son correspondant à Paris. Et en mars 1750, le roi de Prusse appelle à sa cour le futur grand écrivain:

> Il verra couler dans Berlin
> Les belles eaux de l'Hippocrène

commente Voltaire, qui soupire

> Ah! j'aurais bien plus de raison
> D'en faire autant dans ma vieillesse.[33]

Il s'apercevra bientôt qu'en attirant Baculard le roi entendait faire pression sur lui. Relatant l'arrivée du jeune poète, Frédéric dit sa déception: c'est le maître, et non son «charmant vassal», qu'il attend:

> Je veux de vos charmes épris
> Vous voir, vous lire, et vous entendre.

---

28. D4103 (20 janvier 1750).

29. D4116.

30. Keyserlingk. Sur ce personnage, voir *Voltaire en son temps*, ii.55, 77.

31. Il était né en 1718.

32. Desnoiresterres, ii.415, a eu entre les mains cette correspondance avant qu'elle ne soit dispersée dans une vente publique, en 1868.

33. D4124 (vers le 15 mars 1750), à Frédéric II.

Et, *in cauda*, il glisse ce venin : à force de jouer le «Dieu invisible», on risque d'être supplanté par d'autres dieux...[34]

Voltaire cède, au début de mai. Le 12, il retire ses meubles de Versailles. «Adieu, la cour, mon cher Chennevières» : à ce correspondant il ne parle encore que de «vivre doucement dans le sein de ma famille».[35] Mais quatre jours plus tôt il a écrit à Frédéric :

> Oui, grand homme, je vous le dis [...]
> J'irai dans votre paradis.[36]

A condition toutefois que le «grand homme» lui paie le voyage, ou tout au moins lui en avance le prix : «quatre mille écus d'Allemagne», à verser par Mettra, correspondant de Berlin à Paris. Frédéric accepte.[37] Dès lors le départ est décidé :

> Votre très vieille Danaé
> Va quitter son petit ménage
> Pour le beau séjour étoilé
> Dont elle est indigne à son âge.[38]

Pourquoi enfin a-t-il pris ce parti ? Depuis des mois il vivait dans le malaise. Rien n'était venu remédier au vide creusé par la disparition de Mme Du Châtelet. L'homme de théâtre qu'il est a cherché le support du succès. Les applaudissements d'un public nombreux à sa nouvelle pièce l'auraient soutenu, restaurant son tonus vital. Mais les spectateurs le boudent, malgré tout ce qu'il a «essayé», dira-t-il. Il tentera de justifier son départ par «l'égarement et le goût détestable où le public semble plongé aujourd'hui».[39] Or Frédéric lui répète qu'en Prusse son génie sera reconnu, fêté. C'est à Berlin qu'il retrouvera cette ambiance de ferveur admirative dont il a besoin. C'est là-bas qu'on l'aime. La composante affective eut alors une influence non négligeable. «Aimé» de Frédéric II, il crut qu'il «l'aimait», écrira-t-il, lorsqu'il reviendra sur ce passé.[40] Ce voyage, imagine-t-il, va le «renouveler».[41] Il va respirer un autre air qui le revigorera. Tel est du moins le «pari» qu'il tente.[42]

Défaveur du public, mais tout autant défaveur royale. Plus que jamais Louis xv lui bat froid, et il en souffre. «Le roi ne me témoignait jamais la moindre

---

34. D4136 (25 avril 1750).
35. D4142.
36. D4139.
37. D4149 (24 mai 1750).
38. D4156 (9 juin [1750]), Voltaire à Frédéric II. On sait que la nymphe Danaé reçut en son sein Jupiter sous la forme d'une pluie d'or.
39. D4207 (1er septembre [1750]), à d'Argental.
40. *Mémoires* (M.i.36).
41. D4139 (8 mai [1750]), à Frédéric II.
42. Mervaud, p.181 : «Ce départ fut en quelque sorte son ‹pari pascalien›.»

bonté.» A qui le souverain a-t-il accordé ses «entrées»? A Moncrif, l'historien des chats. «Et moi, je ne les eus pas, malgré mes travaux.»[43] Il fait une ultime démarche. Il a pris congé de la duchesse du Maine, le 24 juin.[44] Mais, historiographe, gentilhomme ordinaire de la chambre du roi, il lui faut demander au Maître l'autorisation de s'absenter. Il se rend à Compiègne, où séjourne alors la cour.[45] Peut-être après tout allait-on lui confier, encore une fois, quelque message plus ou moins confidentiel pour Sa Majesté prussienne? Il se présente au roi «pour prendre congé et recevoir ses ordres». Que répond Louis XV? «Qu'il pouvait partir quand il voudrait», et il lui tourne le dos. Mme de Pompadour ne put que prendre le même ton. Brève audience et froide. Elle se contente de prier M. de Voltaire de présenter ses respects au roi de Prusse (on verra comment celui-ci les reçut).[46] Bientôt Louis XV et la favorite vont reprocher amèrement à Voltaire sa désertion. Mais ils n'ont pas fait un geste, ni dit un mot pour le retenir. Que prétendait le roi? S'attacher Voltaire, tout en lui manifestant des marques d'hostilité proches de l'affront? Frédéric se montrait plus cohérent dans sa conduite à l'égard du grand homme.

Après les audiences si décevantes de Compiègne, le voyageur part pour Clèves, terre prussienne de Rhénanie, qu'il atteint le 2 juillet.

Il ne reverra jamais plus la cour de France.[47] Il ne reviendra à Paris que vingt-sept ans et demi plus tard, pour y mourir. De cela, il est loin de se douter, lorsqu'il franchit la frontière vers le 30 juin 1750. C'était son cinquième voyage en Prusse: un voyage qu'il prévoit plus ou moins identique aux précédents. Il allait rester là-bas «six semaines»,[48] peut-être «trois ou quatre mois».[49] Il semble avoir eu l'intention de continuer ensuite en direction de l'Italie. Il visiterait cette terre classique qu'il ne connaît pas (et qu'il ne verra jamais); il rencontrerait le pape Benoît XIV, dédicataire – involontaire – de son *Mahomet*.[50] Son projet en juin était apparemment de s'éloigner pendant quelques mois, en attendant que s'effacent les dispositions défavorables de la cour et du public parisien. Il pressentait sans doute qu'à l'étape prussienne Frédéric lui ferait la proposition d'un établissement définitif. Il n'exclut pas, probablement, l'idée d'entrer au service du roi de Prusse: mais la décision ne sera prise qu'au mois d'août. Et

43. D4206, à Richelieu; longue lettre-bilan qu'André Magnan date de septembre 1751.
44. D4161.
45. Il y est le 26 juin, D4163, D4166.
46. Longchamp et Wagnière, ii.295.
47. En 1778, Louis XVI ne l'invitera pas à Versailles.
48. D4201 (28 août [1750]), aux d'Argental: «je comptais en partant n'être auprès du roi de Prusse que six semaines».
49. Longchamp et Wagnière, ii.296.
50. Il mentionnera ce projet de voyage en Italie (et d'audience pontificale) en septembre (D4219, D4220).

même alors il pensera que son engagement ne l'empêchera pas de revenir en France à sa guise.

Voltaire vivait les journées qui allaient décider de tout son avenir, et il n'en savait rien. Le biographe s'efforce de détecter le «projet» de son personnage. Au moment où nous sommes parvenus, nous voyons ce qu'il en est, s'agissant de Voltaire, et peut-être de tout homme. En connaît-on beaucoup qui, procédant à la manière du héros cornélien, après une délibération sur le pour et le contre, prennent une décision tranchée, et prévoient lucidement l'avenir? Ce n'est pas ainsi en tout cas que Voltaire, en mai et juin 1750, adopte le parti qui va engager le reste de son existence, et même sa destinée posthume. Il se laisse porter au fil des jours, selon ses préférences, et non sans erreur d'appréciation.

On ne voit pas notamment qu'il se rende à Berlin dans l'intention de faire avancer la cause philosophique. L'une des raisons de son choix est sans doute que Frédéric s'affirme un roi «philosophe»: ce qui veut dire qu'il sera intéressant de vivre auprès d'un souverain avec qui il se sent en communauté d'idées. Mais en juillet 1750 il ne pense nullement à mettre le pouvoir temporel de ce prince au service d'une bonne cause idéologique. Même si Voltaire a déjà en ses cartons cette furieuse diatribe anti-chrétienne qu'est le *Sermon des cinquante*, il n'a pas encore décidé de se vouer au grand dessein «philosophique» qu'il n'a même pas encore clairement conçu. Il ne songe pas présentement à servir ce qu'il considérera bientôt comme la cause de l'humanité. Ce sont des motivations toutes personnelles qui le poussent à aller chercher auprès de Frédéric des satisfactions d'amour-propre: consolation, admiration, et gloire.

Un incident aurait dû l'avertir des risques de sa démarche. Il prenait congé à Compiègne lorsqu'il eut connaissance de petits vers commis par Frédéric. Le poète de Potsdam, s'adressant à Baculard d'Arnaud, lui confiait que Voltaire déjà «s'achemine à sa décadence». C'est à Baculard de remplacer «l'Apollon de la France»:

> Venez briller à votre tour,
> Elevez-vous s'il baisse encore.
> Ainsi le couchant d'un beau jour
> Promet une plus belle aurore.[51]

Ainsi le même jour, Voltaire, rabroué par le roi de France, recevait du roi de Prusse cette pique humiliante. Il réagit sur le champ, accusant le coup:

> Quel diable de Marc Antonin!
> Et quel malice est la vôtre!
> Egratignez-vous d'une main
> Lorsque vous protégez de l'autre?[52]

51. D4166 commentaire.
52. D4166 (26 juin 1750), à Frédéric II.

Il était trop tard pour reculer. Il est sur le point de se mettre en route. Ces petits vers ne furent pas, comme le prétendra Marmontel, ce qui provoqua le départ de Voltaire:[53] la décision avait été prise depuis plusieurs semaines. Mais sans doute le poète fut-il aiguillonné par cette petite méchanceté. Apparemment, Frédéric, outre le plaisir de la «malice», avait calculé qu'il précipiterait le voyage de son grand homme.

Nos prédécesseurs, parvenus ici, croyaient pouvoir se fonder sur un ensemble de documents incontestables, qui se trouvaient être en même temps des chefs-d'œuvre du genre épistolaire: les lettres adressées par Voltaire à Mme Denis pendant son séjour prussien. Qui ne connaît ces savoureuses missives: la lettre des «mais», le mot sur «l'écorce d'orange», et tant d'autres traits inscrits depuis longtemps dans la geste voltairienne? Mais André Magnan l'a démontré de façon convaincante: ce sont là des lettres remaniées et réécrites. Nous verrons comment, à la fin d'août 1753, Voltaire entreprend de composer, pour tirer vengeance de Frédéric, une sorte de roman épistolaire, qu'il désigne comme sa *Paméla* (par référence à l'œuvre alors célèbre de Richardson). A cette fin, il demande à sa nièce de lui renvoyer la correspondance qu'elle a reçue de lui pendant la période prussienne. A l'aide de ces textes, il élabore une suite d'une cinquantaine de lettres, dont la progression doit apparaître accablante pour le roi de Prusse. Prudemment, il prévoit que sa *Paméla* ne verrait le jour qu'au dix-neuvième siècle… Le recueil subsistait groupé dans les papiers laissés à sa mort. Ce sont les éditeurs de Kehl qui ont dispersé les éléments de *Paméla* dans la correspondance générale, les considérant comme de vraies lettres, sans remarquer les incohérences et incompatibilités chronologiques qu'a soigneusement relevées André Magnan.[54]

Voilà donc le biographe fort embarrassé. Les lettres réellement adressées à Mme Denis ont disparu. Mais elles ont servi de matière première à *Paméla*. On ne saurait donc ni accepter telles quelles ni révoquer systématiquement en doute les informations de cette correspondance réécrite. Un certain nombre d'épisodes majeurs du séjour de Prusse ne sont connus que par la *Paméla*: incidents authentiques? fictions imaginées après coup? Il y a aura lieu d'évaluer cas par cas le degré de probabilité.

Ainsi en va-t-il de la première lettre de *Paméla*: celle que Voltaire date de Clèves. A cette étape du voyage, nous savons que Voltaire a écrit deux fois à sa nièce, les 3 et 8 juillet:[55] lettres perdues. Mais nous avons une lettre refaite, du 9 juillet: «lettre d'un voyageur», en vers et en prose, intéressante par ses références littéraires, ses traits d'esprit, ses évocations. On pense à la fausse lettre, qui devait

53. Marmontel, *Mémoires*, i.125.
54. Magnan, p.7-65.
55. D4170, Mme Denis à Cideville.

ouvrir le voyage en Angleterre,[56] elle aussi retrouvée dans les manuscrits de Voltaire par les éditeurs de Kehl. Faut-il croire que sur sa route il a, comme il le dit, visité les champs de bataille de Fontenoy, Raucoux, Laufeld, et à Clèves une voie romaine et une tour construite par Jules César? *Si non è vero...*

Il est sûr en tout cas que sa halte à Clèves s'est prolongée une quinzaine de jours.[57] Ultime hésitation avant de procéder plus avant? Rien ne permet de le supposer. Il attend «l'ordre pour le *vorspann*», le laissez-passer qui par erreur fut expédié à Wesel. Trait dans *Paméla*: l'ordre est resté là-bas «entre les mains d'un homme qui l'a reçu comme les Espagnols reçoivent les bulles des papes, avec le plus profond respect et sans en faire aucun usage.»[58] Et puis Voltaire est arrivé à Clèves, carrosse cassé, quasi mourant. Il se soigne en buvant les eaux minérales de cette station. Il reste «malingre», comme il l'était depuis des mois. On ne perdra pas de vue qu'au moment de commettre l'une des plus graves erreurs de sa vie, Voltaire est dans un état de faiblesse physique qui retentit inévitablement sur le moral.

Sa voiture se traîne sur les mauvais chemins de Westphalie.[59] Il arrive enfin à Potsdam le 21 juillet. A Potsdam, le prince Ferdinand, le revoyant après des années, le trouvera «fort vieilli».[60] Et soudain il renaît: humeur gaie, propos de table brillants.[61] Le 27, il retrouve à Berlin son cher Frédéric. C'est l'enchantement. Le prince et le poète ne se quittent plus. L'écho de ces jours heureux se lit dans les *Mémoires*, écrits pourtant pour tirer vengeance, une nouvelle fois après *Paméla*, du perfide Frédéric. Voltaire est magnifiquement logé, dans l'appartement du maréchal de Saxe. Il travaille deux heures chaque jour avec Sa Majesté sur les écrits de celle-ci. Le soir, des soupers délicieux, les plus «libres» que Voltaire ait jamais connus. Chacun a de l'esprit. «Le roi en avait et en faisait avoir.» Voltaire en a la tête tournée. Comédie de la part de Frédéric? Voltaire l'en accusera dans les *Mémoires*: il «faisait semblant de m'aimer.»[62] Mais en ce début d'août le roi, enfin parvenu à ses fins, est certainement «plus épris que jamais», comme en juge un témoin, Baculard d'Arnaud.[63] Aux effusions d'«Alcine-Frédéric», quelque chose d'équivoque se mêle, dont certains interprètes pourraient aisément abuser. Il était, écrit Voltaire dans ses *Mémoires*,

---

56. Voir *Voltaire en son temps*, i.212.

57. D4174, D4175.

58. D4169. *Vorspann*: l'attelage au relais. Dans D2777, sous la forme *forespan*, Voltaire semble donner au mot le sens de «laissez-passer».

59. D4173 (20 [juillet 1750]), à Frédéric.

60. D.app.100.

61. Relevés par le prince Ferdinand (D.app.100). Voltaire est bien arrivé à Potsdam le 21, et non, comme on l'a cru, le 10 juillet: voir la démonstration de Th. Besterman (D.app.100).

62. M.i.36.

63. Magnan, p.400.

accoutumé à des démonstrations de tendresse singulières avec des favoris plus jeunes que moi; et oubliant un moment que je n'étais pas de leur âge, et que je n'avais pas la main belle, il me la prit pour la baiser. Je lui baisais la sienne, et je me fis son esclave.[64]

Dès lors, Voltaire s'abandonne. Sa «transplantation», ou «transmigration» – ce sont ses mots – est décidée. Le 7 août, par une lettre à un destinaire incertain, il demande à passer au service du roi de Prusse.[65] Le lendemain, Frédéric s'adresse à son ambassadeur en France, pour la démarche officielle.[66] Voltaire de son côté sollicite les bons offices de Tyrconnel, ambassadeur de France en Prusse,[67] et propose à Saint-Florentin un projet de «permission illimitée» qui pourrait prendre la forme de «lettres patentes».[68] Le ministère français informe le roi de Prusse que sa demande est agréée, lequel en informe Voltaire.[69] En conséquence de quoi, celui-ci reçoit la dignité de chambellan, avec l'ordre du Mérite.

Mais à Paris ses amis s'alarment. Mme Denis tente de le dissuader par de «très sages et très éloquentes et très fortes raisons».[70] Voltaire en fait part à Frédéric, qui répond de son appartement à celui du poète, par une «lettre de Trajan ou de Marc-Aurèle»: comment imaginer que le roi son «ami» pourrait devenir un jour son «tyran»? «Je suis fermement persuadé», écrit Frédéric, «que vous serez fort heureux ici tant que je vivrai.»[71] Lettre décisive. Voltaire la présentera par la suite comme une «promesse de bonheur». En fait, en multipliant les protestations les plus chaleureuses, Frédéric a mesuré ses termes. Il n'a rien promis. Il a seulement exprimé une conviction: «je suis persuadé que...» Pour tirer du texte de quoi accuser le roi, Voltaire devra dans ses *Mémoires* l'altérer, faisant dire à Frédéric: «je vous promets que...»[72]

En recevant cette lettre, Voltaire n'y a sans doute pas regardé de si près. Il demeure dans l'ivresse. Il assiste aux festivités offertes au margrave de Bayreuth et à sa femme, sœur de Frédéric: opéras, bals, concerts, et surtout un impressionnant carrousel. La place du château, à Berlin, a été transformée en amphithéâtre. De chaque côté, des gradins pour les spectateurs. Au fond, des loges pour les

---

64. M.i.37.

65. D4182; pour le destinataire, voir Magnan, p.149-50.

66. D4184.

67. D4188 (15 août 1750).

68. D4198, D4199 (25 août 1750).

69. D4194, D4203.

70. Lettre absente de *Paméla*, et donc perdue. Citée par Voltaire à d'Argental, D4201 (28 août [1750]).

71. D4195. Sur la date voir Magnan, p.152.

72. M.i.37. La *promesse* était cependant une interprétation plausible de D4195, que Voltaire a fait valoir dès 1750-1752 auprès de Frédéric (D4356, D4778). Sur cette question et sur «l'histoire matérielle» de D4195, voir Magnan, p.152. D4195 sera l'une des lettres que Frédéric fera rechercher par Freytag à Francfort dans les bagages de Voltaire.

personnalités. Voltaire traverse l'arène en cortège avec les seigneurs de la cour. Il entend s'élever de la foule des acclamations : « Voltaire! Voltaire! » « La joie se peignit dans ses regards. » Des loges il admire les joutes des cavaliers, à la lance, au sabre. Manifestation si réussie, qu'elle recommence le soir aux flambeaux.[73] « Il n'y a pas moyen de tenir au carrousel que je viens de voir », confie-t-il le jour même. « C'est le pays des fées. »[74] « Transmutation magique du monde »,[75] dont il se souviendra dans les fêtes du roi Bélus, au début de *La Princesse de Babylone*.

Cependant commençaient à apparaître les inconvénients de la transmigration. On lui tient rigueur à Versailles de ce qu'on juge être une trahison. Voltaire s'avise, un peu tard, que les voies du retour pourraient lui être coupées. Il tente bien de couvrir son départ d'un motif patriotique. Passer au service du roi de Prusse, ce serait « une nouvelle manière d'appartenir au roi » de France. En effet, est-il rien de plus « glorieux pour la France » que les honneurs qu'on décerne à Voltaire ? Débitant cette argumentation dans une lettre au comte d'Argenson, il insiste, en post-scriptum : dans la position qu'il occupe auprès de Sa Majesté prussienne, « un Français zélé pour son roi et pour sa patrie pourrait n'être pas absolument inutile ». Il demande donc qu'on lui conserve à la cour de France tous ses « droits et privilèges ».[76] En réponse, on veut bien lui maintenir sa pension et son titre de gentilhomme ordinaire de la chambre du roi. Mais sa place d'historiographe lui est retirée, « étant incompatible avec un homme qui est absent et à un autre service ».[77] En effet, un historiographe de France – charge créée en 1563 – est censé écrire l'histoire du souverain régnant. Ce qu'avait fait Voltaire en rédigeant l'*Histoire de la guerre de 1741* (qui en 1750 reste à l'état de manuscrit). Le titulaire est donc tenu, sinon de résider en permanence à la cour, du moins de ne pas s'en éloigner durablement. La mesure qui frappe Voltaire est juridiquement incontestable. Il la ressent aussi comme ce qu'elle est : une manifestation du mécontentement de Louis xv. Il tente une dernière manœuvre. Il « supplie » le comte de Saint-Florentin de « suspendre [...] les arrangements qu'on pourrait prendre » sur ses places, jusqu'au voyage qu'il compte faire à Versailles en novembre.[78] Mais on ne veut plus l'entendre. Voltaire ne peut pas servir deux maîtres.

Il était passé très rapidement – en une semaine – de la condition d'hôte fêté à celle de chambellan de Sa Majesté. Frédéric était parvenu à ses fins. Celui

---

73. Collini, p.20-22.
74. D4201 (28 août 1750), à d'Argental. Le quatrain de M.x.549 (daté à tort de 1748) improvisé le soir même du carrousel atteste ses premiers enthousiasmes berlinois (Magnan, p.153).
75. Mervaud, p.182.
76. D4182 (7 août 1750).
77. D4204 (28 août 1750).
78. D4218 (12 septembre [1750]).

qui jusqu'ici, comme au cours des quatre précédents voyages, avait conservé l'indépendance d'un visiteur, le roi se l'attachait en tant que subordonné : comblé d'honneurs certes, mais en position subalterne. Voltaire n'a sans doute pas sur-le-champ perçu le changement. Dans l'euphorie de ces débuts, il se flatte peut-être que ses relations avec le souverain resteront sur le plan de l'amitié. La lettre de la «promesse» (ou de la fausse promesse) pouvait le lui faire croire. Il aura tout loisir de découvrir les servitudes que comporte son «service».

2. Potsdam, Berlin en 1750

Voltaire allait passer plus de deux ans et demi en Prusse: séjour comparable au séjour anglais, par sa durée comme par son importance. Dans ses précédents voyages, il n'avait fait qu'effleurer le monde prussien. L'y voici intégré, comme dignitaire de la cour: définitivement, pouvait-on croire. Il est nécessaire d'évoquer ici l'univers – depuis longtemps disparu – où il va vivre ces années pour lui décisives.

De la Prusse il ne connaîtra guère que Potsdam et Berlin, partageant sa vie entre la résidence royale et la capitale. Le royaume est en paix depuis le traité de Dresde (25 décembre 1745). Frédéric II peut donc consacrer davantage de temps à ses occupations littéraires et une plus grande part de son budget à de grands travaux d'urbanisme.

La très ancienne petite ville de Potsdam avait été transformée par le roi-sergent en cité militaire. Partout des casernes, des logements pour les gradés, des boutiques et quelques manufactures pour fournir aux besoins de la troupe. Le site, fort agréable, aurait mérité mieux. La ville s'élève sur une sorte de presqu'île, délimitée par la Havel et par les lacs que forme la rivière au cours ralenti. Frédéric aime ce paysage, environné de forêts et de collines.[1] Mais l'agglomération elle-même reste une garnison, où le monotone train des jours dégage un irrépressible ennui.

Aussi Frédéric a-t-il choisi un emplacement proche mais hors de la ville, pour y installer un vaste palais, où prendrait forme, comme à Rheinsberg,[2] son rêve «thélémite». C'est au sommet d'une colline qu'il a bâti un Versailles prussien nommé par lui, assez bourgeoisement, Sans-Souci. L'édifice s'ouvre sur une vaste esplanade. Au-dessous, six terrasses successives descendent vers le parc. Le roi lui-même a dessiné les plans du château, construit par von Knobelsdorf. L'ensemble est remarquable par la simplicité et la légèreté des formes extérieures. L'édifice se distribue autour d'une rotonde centrale: c'est là que se tiennent les agapes philosophiques. Un tableau de A. von Menzel conserve le souvenir de ces repas auxquels présidait Frédéric:[3] Voltaire rejoint en l'été de 1750 ce petit

1. Voir H.-J. Giersberg, «Das friderizianische Potsdam», dans *Friedrich II und die Kunst*, éd. H.-J. Giersberg et C. Meckel (Potsdam 1986), p.228-34, et H.-J. Giersberg, *Friedrich als Bauherr* (Berlin 1986).

2. Sur Rheinsberg, voir *Voltaire en son temps*, ii.55.

3. Sur A. von Menzel (1815-1905), voir J. Hermand, *Adolph Menzel: Das Flötenkonzert in Sans-Souci* (Frankfurt 1985). L'original du tableau de Menzel a disparu pendant la guerre: on ne possède

cénacle d'esprits forts. A proximité, se trouvent une bibliothèque, une salle de musique, de nombreuses chambres. Desnoiresterres a pu visiter le palais à peu près tel qu'il était au temps de Voltaire: il en donne une description utile,[4] car les bâtiments ensuite ne traverseront pas sans dommage guerres et révolutions. Le château n'en reste pas moins aujourd'hui l'une des plus belles réalisations du rococo allemand.

Voltaire avait sa chambre dans l'aile ouest. Mais il n'y fit pas de séjour de longue durée. A Potsdam il habitait le plus souvent dans la ville même, au palais de la Résidence, édifice construit par le Grand Electeur que Frédéric II avait pris soin de rénover.

Pour se rendre de Potsdam à Berlin, il fallait environ cinq heures de voiture. La capitale du royaume s'entourait encore d'une enceinte qu'on franchissait par des portes: portes de Brandebourg à l'ouest, de Potsdam au sud-ouest, de Halle au sud, etc. Des postes de gardes et de douaniers contrôlaient le flux des voyageurs comme des marchandises: les denrées entrant dans la ville devaient payer des droits; et on arrêtait là les déserteurs, hantise de l'autorité militaire en ce pays où l'armée recourait au recrutement forcé raconté dans *Candide*.

L'enceinte en outre avait unifié en une seule agglomération cinq villes (Berlin, Cölln, Friedrichswerter, Dorotheenstadt, Friedrichstadt) et quatre faubourgs (Königsvorstadt, Spandau, Stralau, Köpenick), autrefois séparés.[5] Venant de Potsdam, Voltaire dut plus d'une fois, par Leipzigerstrasse et Charlottestrasse, gagner Gendarmenmarkt: place entourée d'écuries militaires, où s'élèvent aussi deux églises réformées, l'une allemande, l'autre française. En décembre 1752, il viendra s'installer à proximité, dans la maison du conseiller Francheville, rue des Pigeons (Taubenstrasse, 20). De là il verra brûler sur Gendarmenmarkt, par la main du bourreau, sa *Diatribe du docteur Akakia*. Non loin s'ouvre la perspective d'Unter den Linden: magnifique avenue, plantée de six rangs de tilleuls, où l'allée centrale est réservée aux promeneurs. C'est ici que l'urbanisme des Lumières vient d'imposer sa marque. A l'extrémité d'Unter den Linden, le roi fait construire le Forum fredericianum: vaste ensemble architectural qui doit comprendre un palais, l'immeuble de l'Académie, un opéra. Sur la façade du temple de la musique, achevé dès 1743, une inscription annonce: *Fredericus rex Apollini et Musis*. C'est à propos de ce quartier que Voltaire s'était exclamé qu'à Berlin «Lacédémone devenait Athènes».[6] Dans sa nouvelle Athènes cependant

qu'une copie de Tietze. Ce tableau est reproduit dans *Friedrich der Grosse, Herrscher zwischen Tradition und Fortschritt* (Gütersloh 1985), p.171.

4. Desnoiresterres, iv.101-106.

5. Voir le plan de Berlin encarté entre les pages 18 et 19 de la *Description des villes de Berlin et de Potsdam* (Berlin 1769), cote BN: M 16020.

6. M.i.23. L'assimilation de Berlin à Athènes est un lieu commun de la correspondance de Voltaire avec Frédéric, dès le début de leur échange épistolaire.

Frédéric faisait construire en 1750 – aux frais de ses futurs fidèles – une église catholique, Sainte-Edwige. Œcuménisme? Calcul politique plutôt: le roi entendait s'attacher par là ses sujets papistes de Silésie, récemment annexés. L'entreprise se réclamait d'une tolérance voltairienne, non exempte de cynisme: à savoir que toutes les religions se valent dès lors que les gens qui les professent sont honnêtes.

Le château royal se trouvait dans l'ancienne ville de Cölln, devenue un quartier de Berlin. Frédéric Ier l'avait agrandi pour lui donner l'ampleur et la majesté convenables à un souverain récemment promu roi. C'est au château que Voltaire habitera dans les premiers temps, pendant ses séjours à Berlin. Il n'eut que quelques pas à faire, le 25 août 1750, pour assister aux fastes du carrousel, sur le Lustgarten («jardin d'agrément»), contigu au palais.

Pourtant, malgré les efforts de Frédéric II, l'urbanisme de la capitale laissait encore beaucoup à désirer: saleté et mauvais état des rues, éclairage insuffisant la nuit. Il s'en fallait que Berlin ressemblât à Londres ou à Paris. Sa population, d'environ 100 000 habitants en 1750, était cinq ou six fois moindre. La ville s'était formée par des vagues successives d'immigrants. Sur l'ensemble d'un peuplement disparate, deux groupes tranchaient nettement: les huguenots français, les juifs.

Immédiatement après la Révocation de l'Edit de Nantes en 1685, le Grand Electeur avait promulgué un édit invitant les exilés à venir s'établir dans sa capitale. Il en résulta un afflux considérable. Les réfugiés firent bénéficier Berlin d'un transfert technologique et culturel. Ils développèrent l'industrie textile, l'agriculture. Au milieu du siècle, la banlieue de Moabit demeurait peuplée de huguenots français qui pratiquaient la culture maraîchère. Les pasteurs et théologiens chassés par Louis XIV animent la vie culturelle en Prusse:[7] Formey en est le meilleur exemple, pendant le séjour de Voltaire. Si le jeune kronprinz Frédéric a pris un goût si vif pour la France, il le doit assurément à la présence de huguenots français dans son entourage immédiat, notamment sa gouvernante Mme de Rocoule, son premier précepteur Duhan de Jaudun. A l'image de ceux-ci ce grand Allemand demeurera paradoxalement une sorte d'émigré de l'intérieur, méprisant sa langue maternelle, ignorant jusqu'à un degré scandaleux l'essor de la littérature et de la pensée allemandes dans les dernières décennies de son règne. La colonie française représente encore en 1750 près du douzième de la population berlinoise,[8] et conserve son existence à part. L'intégration allemande des protes-

7. Voir F. Hartweg, «Les Huguenots à Berlin: des artisans de l'Aufklärung», dans *Recherches nouvelles sur l'Aufklärung*, éd. R. Krebs (Reims 1987), p.77-86; M. Magdelaine et R. von Thadden, *Le Refuge huguenot* (Paris 1985); l'ouvrage collectif *Hugenotten in Berlin* (Berlin 1988).

8. La *Description des villes de Berlin et de Potsdam* se réfère au recensement de 1747 et donne les chiffres suivants: 107 380 habitants, dont 7 193 pour la colonie française et 2 007 pour les juifs (p.118 et suiv.).

tants français ne sera réalisée qu'après la guerre de Sept Ans. Or il se trouve que – le pasteur Formey et quelques autres exceptés – Voltaire eut peu de contacts avec cette communauté française réformée. Il est homme de la cour. Il ne fréquente guère ces milieux réputés inférieurs…

La Prusse demeure en effet une société cloisonnée. On le voit bien par la condition faite aux juifs de Berlin.[9] Parmi eux, qui sont environ 2000, un règlement d'avril 1750 distingue six classes : depuis les privilégiés, ayant les mêmes droits que les chrétiens, jusqu'aux juifs autorisés à séjourner seulement pendant la durée de leur travail. En raison d'un droit de séjour limité, beaucoup étaient contraints à une mobilité permanente. Ils vivaient donc de commerce et d'opérations bancaires. Voltaire bientôt aura maille à partir avec une de ces familles d'hommes d'affaires juifs, les Hirschel. Plusieurs, ayant réussi, deviennent des fournisseurs de la cour et des armées. Le don Issachar de *Candide*, «banquier de la cour» à Lisbonne, transposera au Portugal une activité des Israélites dont Voltaire fut témoin en Prusse. Sous le règne de Frédéric, malgré des entraves, la communauté juive contribue au dynamisme économique du pays. Elle participe à son développement intellectuel, comme on le verra bientôt par l'exemple de Moses Mendelssohn, ami de Lessing, auteur d'ouvrages philosophiques où il défendra contre Voltaire l'optimisme de Leibniz, et contre les matérialistes la religion naturelle.[10]

Berlin en 1750 nous apparaît, selon la formule de Fernand Braudel, une ville «en déséquilibre».[11] Sa vie dépend tout entière de l'Etat : l'armée, les fonctionnaires, la domesticité formant plus du tiers de la population. Une population d'une relative pauvreté, accusée encore par le port très répandu de l'uniforme. Car les soldats revendaient aux civils leurs tenues usagées. La rue offrait donc le spectacle d'un peuple tristement vêtu d'un bleu passé,[12] ce qui ne semblait guère attrayant au voyageur familier des grandes capitales occidentales. Athènes n'avait pas «succédé» à Sparte, comme l'affirmait l'enthousiasme – prématuré – de Voltaire : elle s'y était ajoutée. La ville ressemblait vers 1750 à l'autre capitale, récemment fondée à l'Est, Saint-Pétersbourg, où pareillement des réalisations ambitieuses côtoyaient le sous-développement.

9. Sur l'histoire des juifs en Allemagne, voir L. Sievers, *Juden in Deutschland* (Hamburg 1979), et, très complet, sur l'histoire des juifs en Prusse, S. Stern, *Der preussische Staat und die Juden* (Tübingen 1971), iii (i). Sur les classes de juifs à Berlin, voir J. Allerhand, *Das Judentum in der Aufklärung* (Stuttgart 1980), p.53-54.

10. Sur les rapports ambigus de l'antisémitisme et de l'Aufklärung, voir J. Mondot, «Les juifs, l'Aufklärung et les ruses de la raison», dans *Regard de/sur l'étranger*, éd. J. Mondot (Bordeaux 1985), p.121-38.

11. F. Braudel, *Civilisation matérielle, économie et capitalisme* (Paris 1979), ii.465 ; il parle d'«univers déséquilibrés».

12. L'uniforme prussien était bleu, comme le rappellera *Candide*, ch.ii.

D'une telle coexistence témoignait, presque comiquement, l'Académie de Berlin. Depuis le Forum fredericianum un bâtiment d'amples proportions s'offrait aux regards. Le rez-de-chaussée était occupé par les écuries du roi. Les étages supérieurs étaient partagés entre les sections de l'Académie. On y avait même installé un Observatoire. Superposition de chevaux et d'académiciens qui rappelait le mépris où le roi-sergent avait tenu l'institution académique fondée au début du siècle sur les plans de Leibniz.

Dès son avènement en 1740, Frédéric II avait entrepris de la rénover.[13] Il avait réparti l'Académie royale des sciences et des lettres en quatre classes: la philosophie (excluant la théologie); la philologie, comprenant les belles-lettres, l'histoire et les langues; les mathématiques; la physique. Le roi avait attiré des savants de réputation européenne. A l'arrivée de Voltaire à Berlin, l'Académie est présidée depuis 1746, avec une autorité quasi tyrannique, par Maupertuis. Frédéric participe activement aux travaux. Chaque année un sujet de concours est proposé. Des séances solennelles sont organisées pour la remise des prix, ou pour la réception d'hôtes illustres. L'Académie admet trois langues officielles: l'allemand, le français, le latin. Mais sous la présidence de Maupertuis le français prédomine. L'Académie ne sera pas pour Voltaire un terrain d'action; au moment de l'affaire König, elle fonctionnera contre lui comme une sorte de tribunal. Jusque là, l'entourage philosophique du roi, où se situe Voltaire, et le cercle académique demeurent deux milieux distincts: de l'un à l'autre le contact est établi par le seul Maupertuis.

Une personnalité académique mérite ici une mention particulière: le secrétaire perpétuel de l'institution, Samuel Formey, dont nous avons déjà cité le nom.[14] Il appartenait à la catégorie des immigrants de la deuxième génération, étant né à Berlin en 1711 de huguenots champenois réfugiés. Devenu pasteur, il avait quitté les fonctions pastorales pour celles de secrétaire perpétuel de l'Académie. Comme son maître le philosophe Wolff, il professait un protestantisme éclairé. Avant Diderot et d'Alembert il avait conçu le projet d'un dictionnaire encyclopédique. Il avait accumulé des matériaux considérables. Mais lorsque s'annonça l'*Encyclopédie*, il préféra vendre ses manuscrits aux éditeurs français, ce qui lui valut d'être nommé dans le *Discours préliminaire* de d'Alembert. Par la suite, il apportera à l'*Encyclopédie* sa collaboration pour quatre-vingt-un articles.[15] Ayant

---

13. Voir Adolf von Harnack, *Geschichte der Königlich Preussischen Akademie der Wissenschaften zu Berlin* (Berlin 1901).

14. Sur Formey, voir E. Marcu, «Un encyclopédiste oublié: Formey», *RHLF*, juillet-septembre 1953, p.296-305; Werner Krauss, «La correspondance de Formey», *RHLF*, avril-juin 1963, p.207-16.

15. En 1756 il concevra le projet d'une *Encyclopédie* condensée, «dictionnaire très agréable et très intéressant», de format commode et de prix modique; voir Georges Roth, «Samuel Formey et son projet d'‹*Encyclopédie* réduite›», *RHLF*, juillet-septembre 1954, p.371-74.

une nombreuse famille à nourrir,[16] il travaillait beaucoup. Il tirait de substantiels revenus de son activité journalistique. Pendant le séjour de Voltaire, il dirige (c'est-à-dire rédige lui-même pour la plus grande partie) trois journaux: l'*Abeille du Parnasse* à Berlin, la *Nouvelle Bibliothèque germanique* à Amsterdam, la *Bibliothèque impartiale* à Leyde. Il est en correspondance, pour ses périodiques, avec toute l'Europe francophone.[17] S'étant acquis l'autorité d'un patron de presse, il jouit à Berlin d'une certaine indépendance. Dans l'affaire König il répugnera à suivre Maupertuis.[18] Voltaire ménageait cet homme qui est une puissance, et restera en relations avec lui longtemps après son séjour en Prusse.[19]

D'autres centres intellectuels existaient à Berlin, que Voltaire ne semble pas avoir fréquentés: un «club du lundi», des sociétés de lecture, des loges, un «café savant». Il n'eut pas non plus de rapports significatifs avec le trio prestigieux de l'*Aufklärung* berlinoise: Lessing, Mendelssohn,[20] Nicolaï,[21] malgré leurs affinités avec lui. Une invisible barrière se dressait entre eux, encore très jeunes, et la vedette européenne annexée par Frédéric, et d'ailleurs le mouvement prendra son essor après que Voltaire aura quitté la Prusse.

En effet, dans la société prussienne, c'est à la cour qu'est assignée la place du chambellan Voltaire. De ce côté, il entretient de multiples relations. En premier lieu, avec les différents membres de la famille royale. Comme il convient, il fait sa cour aux deux reines: la reine-mère et l'épouse.

La première, Sophie Dorothée, fille de l'Electeur George Louis de Hanovre qui devint le roi d'Angleterre George Ier, et mère de Frédéric II, est une personne ambitieuse et fière. Elle avait eu le goût de l'intrigue.[22] Depuis la mort de Frédéric

16. Sept ou huit enfants, selon Th. Besterman (D8245, n.2).

17. W. Krauss, p.214-16, donne la liste de ses correspondants.

18. Il ne voulait pas signer la condamnation de König, «mais le tyran Maupertuis l'y contraignit au bout de trois jours» (D5195).

19. Voltaire proteste en mai 1752 contre un article de la *Bibliothèque impartiale* accusant *La Henriade* de plagiat (D4887, D4890). En novembre il demande que soit insérée dans l'*Abeille du Parnasse* un désaveu d'une édition du *Siècle de Louis XIV* (D4998). La dernière lettre de Voltaire à Formey qui nous soit parvenue est de 1771 (D17342).

20. Nous parlerons plus loin de la rencontre de Voltaire avec Lessing. Moses Mendelssohn (1729-1786), de famille juive très pauvre, fut accueilli à Berlin par un riche coreligionnaire. Ses œuvres philosophiques sont publiées à partir de 1755, donc après le départ de Voltaire.

21. Friedrich Nicolaï (1733-1811) dirige à Berlin une importante librairie. Il créera plusieurs revues, à partir de 1757, de tendance rationaliste, se proposant de faire connaître le mouvement des idées et les œuvres de la jeune littérature allemande.

22. Les *Mémoires de Sophie-Wilhelmine, margrave de Bayreuth* (Brunswick 1811) la décrivent sous ce jour. Cet ouvrage très critique de sa fille est à utiliser avec précaution, mais le trait est confirmé par les rapports des ambassadeurs. Durant toute la jeunesse de Frédéric, Sophie-Dorothée cabale, ce qui lui vaut d'épouvantables scènes de Frédéric-Guillaume.

Guillaume en 1740, elle s'est retirée à Monbijou, petit château entouré d'un parc assez médiocre sur les bords de la Sprée. Frédéric lui rend ses devoirs tous les mercredis : Sophie Dorothée, qui s'était flattée de quelque emprise sur son fils, doit se contenter de ces marques de respect. En 1750, âgée de soixante-sept ans, elle a une allure imposante : un regard altier, une taille majestueuse. Voltaire, qui lui avait adressé un exemplaire de *La Henriade* dès 1728,[23] avait été accueilli par elle avec une bienveillance marquée en 1743.[24] Elle est passionnée de théâtre. Voltaire lui lit des extraits des ouvrages qu'il compose, et même de *La Pucelle*.[25] Son couvert est mis chez elle.[26]

Il l'est également chez la reine Elisabeth Christine, l'épouse délaissée de Frédéric II. Mais les repas qu'elle offrait, à Schönhausen sa résidence habituelle à une bonne lieue de Berlin, étaient d'une si grande frugalité que ses hôtes prenaient soin de se sustenter avant de se rendre à son invitation. Une noble dame ne dut-elle pas, un certain soir, se contenter d'une cerise confite ?[27] Née en 1715, Elisabeth-Christine avait épousé le prince royal de Prusse le 12 juin 1733. Elle l'admirait, il la négligeait. Frédéric ne lui avait jamais pardonné leur mariage forcé, ni les scènes pénibles que son père lui avait infligées.[28] Très injustement il faisait supporter à la reine le poids de son ressentiment. Elle n'alla jamais à Potsdam. Tout au plus venait-il passer une demi-heure chez elle pour son anniversaire. Les lettres qu'il lui adresse sont glaciales.[29] La malheureuse reine mène la vie la plus unie qui soit. Elle n'est point dépourvue de connaissances. La Croze, qui avait donné des leçons d'histoire aux princesses de Prusse, l'aide dans le choix de ses lectures. Elle s'amuse à traduire des livres d'édification. Son chambellan, le comte Lehndorff, un «complimenteur intarissable» (on le surnomme le «grand confiturier»),[30] a tenu un *Journal* qui donne une bonne idée de la vie quotidienne de la haute société berlinoise. Voltaire se rendra à plusieurs reprises à Schönhausen, sans commenter ses visites.[31]

Ses relations seront plus suivies avec les frères et les sœurs de Frédéric. La famille royale en 1750 comprend les trois frères cadets, les princes Auguste-

23. D335. Elle lui envoie des médailles d'or pour le remercier.
24. Avant son départ, elle lui fit cadeau de son portrait et de celui des princesses (D2911).
25. D6532, et Formey, i.6.
26. Un mercredi de septembre 1750, il est attendu vers deux heures (D4326).
27. Thiébault, ii.68.
28. On connaît d'ailleurs le peu de goût du roi de Prusse pour le beau sexe. Il s'est souvent exprimé non sans grossièreté sur le compte de la reine. Citons par exemple cet aveu à la duchesse douairière de Saxe du 8 août 1769 : «Salomon avait un sérail de mille femmes, et ne croyait pas en avoir assez ; je n'en ai qu'une, et c'est encore trop pour moi» (cité par Preuss, xxvi.XII).
29. Voir par exemple un billet de 1751 (Frédéric II, *Œuvres*, xxvi.27).
30. Thiébault, ii.68. Nous aurons l'occasion de citer le journal de Lehndorff.
31. D4677, D4678, D4688.

Guillaume, Henri et Ferdinand, âgés respectivement de vingt-huit, vingt-quatre et vingt ans. Les frères du roi sont astreints à la vie de garnison. Frédéric s'en tient à l'étiquette qui oblige les princes non mariés à rester auprès de lui. Leur rêve : aller à Berlin. Ils y viennent parfois incognito au risque d'être mis aux arrêts. Henri achètera en 1752 sa liberté en épousant une princesse de Hesse-Cassel. Il s'installera alors au château de Rheinsberg qui deviendra le centre d'une cour brillante.[32]

Une rivalité sourde oppose le prince Henri à son aîné. Fier et jaloux, il supporte mal le despotisme de Frédéric. Moins brillant que le roi, il est d'une intelligence solide et les mémorialistes ne se font pas faute de les mettre en parallèle.[33] Point d'animosité en revanche de la part des princes Auguste-Guillaume et Ferdinand à l'égard du roi, mais de la crainte. Auguste-Guillaume est timide. C'est un esprit scrupuleux. Une lettre à Maupertuis le montre préoccupé de l'utilité morale des spectacles.[34] Ferdinand, le plus jeune, passe pour être dénué de caractère et pour n'avoir aucun goût décidé.[35] Enrôlés comme acteurs par Voltaire, les frères du roi seront des témoins attentifs de ses faits et gestes, animés par une vive curiosité, mais sans bienveillance.[36]

Frédéric avait six sœurs. Cinq, mariées, ont quitté Berlin, certaines depuis longtemps : Sophie Wilhelmine, margrave de Bayreuth, Frédérique, margrave d'Anspach, Charlotte, duchesse de Brunswick, Sophie, margrave de Schwedt ;[37] Ulrique est devenue reine de Suède en 1751.

En 1750, Voltaire aura la joie de revoir «sœur Guillemette», la margrave de Bayreuth, qui se rend à Berlin pendant l'été. Compagne des jeux, des études, des plaisirs de Frédéric, victime comme lui des brutalités du roi-sergent, Sophie Wilhelmine reste la confidente du roi.[38] Un différend les avait opposés en 1744-1745,[39] mais ils s'étaient réconciliés. Une affection très vive les unissait et Frédéric,

32. Voltaire, alors disgracié, ne fréquentera vraisemblablement pas cette cour.

33. Thiébault, ii.206-207. Le prince Henri fera une belle carrière militaire et deviendra un diplomate consommé. Voir L. J. de Bouillée, *Vie privée, politique et militaire du prince Henri de Prusse, frère de Frédéric II* (Paris 1809).

34. *Publikationen aus den K. Preussischen Staatsarchiven*, xl.16-17. Frédéric sera très dur à l'égard du prince Auguste-Guillaume après sa malheureuse campagne pendant la guerre de Sept Ans.

35. L'ambassadeur de France, Tyrconnel, dans son «Tableau de la cour de Berlin», le dépeint très négativement (*Journal de l'Institut historique*, 1836, v.13-30).

36. H. Droysen, «Zu Voltaires letzem Besuche bei König Friedrich», *Zeitschrift für französische Sprache und Literatur*, 1913, xli.109-22; Christiane Mervaud et Ute van Runset, «Un témoin de Voltaire à la cour de Berlin», *RHLF*, 1980, p.720-36.

37. Sophie-Wilhelmine, née en 1709, est l'aînée. Frédérique est née en 1714, Charlotte en 1716, Sophie en 1719, Ulrique en 1720.

38. Voir ses *Mémoires* (Brunswick 1811) qui évoquent les colères affreuses de Frédéric Guillaume, les mensonges de la reine, les terreurs des enfants.

39. Sophie-Wilhelmine avait marié la fille d'un général prussien, Mlle de Marvitz, sa rivale auprès

désespéré lorsqu'il apprend sa mort en 1758, dira qu'ils n'étaient qu'une âme en deux corps.[40] Sophie Wilhelmine est intelligente, cultivée, volontiers satirique. Elle admire Voltaire qu'elle a reçu à Bayreuth en 1743. En cas de difficulté entre le roi et son chambellan, elle seule, dans toute la famille royale, est en mesure d'intervenir efficacement. Mais elle est éloignée, en sa résidence de Bayreuth, et ne peut normalement intercéder en faveur de Voltaire que par correspondance.

Seule reste auprès de Frédéric en 1750 l'avant-dernière de ses sœurs, Amélie, née en 1723. La princesse avait eu des malheurs. Pendant les fêtes organisées pour les noces d'Ulrique en 1744, le baron Friedrich von Trenck avait noué une intrigue avec elle. Emprisonné par Frédéric à la forteresse de Glatz, il avait réussi à s'évader et était passé au service de l'Autriche.[41] Après un tel esclandre, Amélie n'est plus mariable. Frédéric adoucit son sort par des attentions délicates.[42] La princesse se console en se cultivant. Elle a de la finesse, de la vivacité, un penchant pour le sarcasme. Voltaire la montre, pendant qu'il lit *La Pucelle* chez la reine-mère, se cachant «dans un petit coin» et «n'en perdant pas sa part».[43] C'était une grande liseuse. Elle possédait, en sa résidence de Berlin, une bibliothèque bien fournie, dont les livres étaient surchargés de notes.[44] Et elle avait un beau talent d'actrice.

Dans la haute société berlinoise, une personnalité mérite notre attention: l'ambassadeur du roi de France, avec qui nécessairement Voltaire a des contacts fréquents. Le poste est occupé en 1750 par Richard Talbot, comte Tyrconnel, noble étranger au service de la France.[45] Il était d'origine irlandaise. De son côté l'ambassadeur de Prusse en France était Ecossais: George Keith, autrement dit «milord Maréchal» (il avait le titre de maréchal de Prusse). Voltaire s'étonne. Que chacune des deux cours soit représentée dans l'autre par un Britannique, «cela a l'air d'une plaisanterie».[46] Mais ce Tyrconnel irlandais, Voltaire le tient pour un Anglais, et même «un digne Anglais». A tel point que, rédigeant pendant

du margrave, avec un officier impérial, contre la volonté de son père et contre celle du roi (Preuss, xxvi.xxxi).

40. Preuss, xxvi.189, 21 septembre 1758. A la demande de Frédéric, Voltaire écrira une *Ode sur la mort de S. A. S. la princesse de Baireith*.

41. Frédéric se vengera cruellement en 1753. Trenck sera emprisonné dans des conditions inhumaines à la forteresse de Magdebourg. Il en sort en 1763, et mène une vie aventureuse qui se terminera en 1794 sur l'échafaud. Cet admirateur de la Révolution française est guillotiné le même jour que Chénier et Roucher. Il a laissé des *Mémoires* qui évoquent ses multiples aventures.

42. Elle deviendra en 1756 abbesse de Quedlinbourg.

43. D6532.

44. Thiébault, ii.274.

45. Valory, ministre plénipotentiaire de 1739 à 1748, que Voltaire avait rencontré à ses précédents voyages, n'est plus en poste à Berlin, bien qu'il y ait encore accompli des missions en 1749-1750 et 1756.

46. D4549 (24 août 1751).

les premiers mois de son séjour en Prusse deux chants de *La Pucelle*, il donne son nom à «un gros Tyrconnel», soldat anglais guerroyant contre Jeanne.[47] L'ambassadeur de France en Prusse lui rappelle en effet les manières qu'il a connues jadis à Londres: un «discours sec et caustique», «je ne sais quoi de franc que les Anglais ont» et que les diplomates n'ont guère. «Le tout», conclut-il, «fait un composé qui plaît.»[48] Le «composé» lui aurait peut-être moins plu, s'il avait lu certaines dépêches que l'ambassadeur envoyait à son ministre. Rapportant à Puisieux la disgrâce de Baculard d'Arnaud, Tyrconnel s'exprime avec un aristocratique mépris sur le compte des faiseurs de vers, sans en excepter apparemment Voltaire: «une querelle de poètes, mande-t-il, une suite des licences auxquelles ces messieurs sont sujets.»[49] Le personnage, de forte stature, corpulent, séduisait par sa jovialité. C'était un gros mangeur. «Son rôle est d'être à table», écrit Voltaire. Car sa femme tient chez lui «table ouverte», au risque de se ruiner.[50] Il ruinait en tout cas sa santé. Il mourut le 2 mai 1752 d'une crise cardiaque. Son successeur, après l'intérim du chargé d'affaires Le Baillif, sera le chevalier de La Touche, personnalité plus effacée. Pendant l'affaire *Akakia*, et lors de l'avanie de Francfort, La Touche se gardera d'intervenir.

La vie de cour comporte des divertissements, les uns publics et officiels, les autres privés, en petit comité. C'est à ceux-ci que Voltaire participe du meilleur cœur, peu après son arrivée. Il apportait dans ses papiers une tragédie inédite, sa *Rome sauvée*, non encore jouée à Paris à la Comédie-Française, non imprimée. Il va donc faire bénéficier de cette nouveauté la famille royale et son entourage. C'est la princesse Amélie qui accueille d'abord en son appartement un tel spectacle. Le 19 septembre, on répète la pièce chez elle.[51] Le 21, on joue *Rome sauvée* devant «une compagnie choisie». Frédéric, en tournée en Silésie, était absent. Mais assistaient à la représentation, entre autres, Mme Cocceji, épouse du chancelier de Prusse, et l'ambassadeur d'Angleterre, sir Charles Hanbury Williams. Celui-ci, qui «sait par cœur les *Catilinaires*», fut transporté d'enthousiasme. Il fit des vers anglais pour célébrer *Rome sauvée*.[52] En réalité, nous savons par une lettre de sir Charles qu'il émettait des réserves sur le dénouement et jugeait sévèrement l'interprétation par des acteurs amateurs. Seul Voltaire fut excellent dans le rôle

47. D4853 (28 mars [1752]).
48. D4344.
49. D4272.
50. D4344, D4822.
51. D4226; sur la date voir Magnan, p.85. Magnan, p.400, fait état le 2 ou le 3 septembre 1750 d'une «répétition de *Rome sauvée* à Berlin devant la famille royale». Mais la référence indiquée, D4210, renvoie à une lecture en petit comité de cette pièce.
52. D4223, D4224.

de Cicéron. Les autres ne lui paraissaient capables, au théâtre, que de souffler les bougies.[53] On ne sait où eut lieu, à Berlin, la séance du 21 septembre. Mais le 26 une autre représentation est donnée, nous le savons, chez la princesse Amélie, dans l'antichambre de sa demeure, «sur un petit théâtre fait exprès».[54] Une troisième fois, le 10 novembre, la même tragédie est représentée à Berlin devant la famille royale.[55] Ensuite, après une interruption, les spectacles reprennent en janvier 1751. Le 5, c'est *Zaïre*, dans les appartements d'Amélie. La princesse interprétait le rôle de l'héroïne, Voltaire celui de Lusignan.[56] Quelques jours plus tard, toujours chez Amélie, on donna *Andromaque*. La princesse joue le rôle d'Hermione, mieux qu'elle n'avait joué celui de Zaïre. Celui d'Andromaque était échu à Mme Tyrconnel, qui s'en est tirée «très honnêtement»: «il n'y a guère d'actrice qui ait de plus beaux yeux».[57] Est-ce en témoignage de gratitude que Voltaire donne le nom de la princesse à la protagoniste dans la refonte d'*Adélaïde Du Guesclin* sous le titre d'*Amélie ou le duc de Foix*? Mais en ce mois de janvier 1751, nous sommes au cœur de l'affaire Hirschel: les représentations pour la famille royale sont suspendues.[58]

Les spectacles lyriques tenaient une place importante parmi les divertissements de la cour et de la ville. Frédéric avait fait édifier au centre de Berlin la plus belle salle d'opéra de l'Europe. Il avait recruté «les plus belles voix, les meilleurs danseurs»,[59] notamment la signora Astrua, cantatrice italienne, et la Barbarina, étoile du corps de ballet.[60] L'opéra donnait en principe deux représentations par semaine et devait produire au moins deux nouveautés par saison. C'est en ce

53. D4225. Voltaire lui avait fait lire auparavant la pièce en manuscrit.
54. D4226, D4227. Voltaire a invité la comtesse de Bentinck.
55. D4244, et Magnan, p.86, 402.
56. C'est sans doute la représentation par «la petite troupe de monseigneur le prince Henri» que Voltaire annonce à Wilhelmine, le 19 décembre (D4302).
57. D4342, D4344, et Magnan, p.20.
58. Ces spectacles à l'usage de la famille royale s'expliquent, pour une part, par l'absence – ou à peu près – de tout théâtre en dehors de la cour. Il existait sans doute au château de Berlin un théâtre royal, pourvu d'une troupe française, qui avait le droit de jouer aussi pour les huguenots de la ville. Mais le budget d'un an de ce théâtre représentait les gages d'un seul chanteur d'opéra. Aussi les acteurs recrutés étaient-ils fort médiocres. C'est seulement à la fin du règne de Frédéric II que sera construit (1774-1776) sur Gendarmenmarkt *Das französische Komödienhaus*, destiné aux comédiens français. Mais l'édifice restera inutilisé de 1778 à la mort du roi. Ajoutons que pendant le séjour de Voltaire, il n'y avait plus à Berlin de troupe allemande permanente, celle de Schönemann ayant quitté la ville en 1749. Cela n'exclut pas que des troupes ambulantes ne s'y soient produites. Mais c'est en 1765 seulement que Franz Schuch édifiera un théâtre fixe dans la Behrenstrasse.
59. M.i.30.
60. Quand Voltaire revient à Berlin en 1750, la Barbarina est tombée en disgrâce, à cause de sa liaison avec le fils aîné du chancelier von Cocceji, le baron Carl Ludwig von Cocceji, qu'elle épousa secrètement en 1749.

somptueux théâtre que Frédéric, en 1743, avait fait jouer pour Voltaire *La Clémence de Titus* de Hasse.[61] Le chambellan de Sa Majesté y retourne en août 1750 pour voir et entendre *Phaéton*. Il est déçu. Les vers du livret, par Villati, sont détestables. Il n'a «jamais rien vu de si plat dans une si belle salle». La musique de Carl Heinrich Graun? Voltaire s'avoue incompétent, et peu amateur. Il n'a «jamais trop senti l'extrême mérite des doubles croches».[62] Aussi lorsque Wilhelmine lui demande de tirer un opéra italien de sa *Sémiramis*, refuse-t-il. Il s'y résigne quelques jours plus tard. Mais son livret ne sera jamais porté à la scène. La *Sémiramis* lyrique représentée à Bayreuth et à Berlin en 1754 sera l'œuvre de Wilhelmine.[63] Il ne semble pas qu'après le *Phaéton* d'août 1750, Voltaire soit revenu souvent à l'Opéra, et qu'il ait pris la peine de voir jouer, toujours sur livret de Villati et musique de Graun, *Il Mitridate* (18 décembre 1750), *L'Armida* (1751), *Britannico* (1751), et en 1752 l'*Orfeo* et *Il Giudicio di Paride*, bien qu'une *arie* de ce dernier opéra ait été composée par Frédéric.

L'amour de la musique est certainement l'aspect de Frédéric II qui échappe le plus à Voltaire. Le roi joue de la flûte traversière en virtuose. Il compose lui-même des solos. Chaque jour, à sept heures du soir, lorsqu'il est à Sans-Souci, il organise dans le salon de musique un petit concert, où il tient lui-même sa place, «aussi bien que le meilleur artiste». Souvent on y joue de ses compositions.[64] Parfois, pour exécuter les parties chantées, il fait venir la vedette de l'Opéra de Berlin, Mlle Astrua, et les castrats. Car malgré sa philosophie il a, pour sa scène lyrique, engagé de ces êtres mutilés.[65] Voltaire ne prend évidemment pas une part active aux concerts de Sans-Souci. Mais il lui arrive d'y assister. C'est à ces occasions qu'il rencontre la signora Astrua, et celle-ci en profite pour lui recommander son compatriote italien Collini.[66]

Spectacles pour la famille royale, petits concerts: c'est dans sa vie de chambellan la partie privée. Mais il doit aussi tenir son rang dans le cérémonial public, portant au cou la croix du Mérite, et sur son habit la clef d'argent doré, insigne de sa fonction. Il est astreint à suivre le calendrier des fêtes: en novembre l'anniversaire de la reine, en mars celui de la reine-mère, en mai la grande parade de la garnison berlinoise. Mais la principale saison des festivités était le carnaval depuis le début de décembre jusqu'au 24 janvier, jour anniversaire du roi. Pendant cette période, la semaine se déroulait selon un ordre quasi immuable. Le dimanche et le jeudi: réception chez la reine Elisabeth-Christine, à qui, selon le désir de Frédéric,

---

61. D2866.
62. D4193 (22 août 1750).
63. D4237 (8 octobre 1750), D4248 (24 octobre), D4302, D5970.
64. M.i.27.
65. Voltaire les mentionne dans D4193.
66. Collini, p.25.

incombait une grande partie des fonctions de représentation. Lundi et vendredi : opéra. Mardi : redoute ou bal masqué à ce même opéra ; tous y avaient gratuitement accès, mais la cour et la bourgeoisie étaient accueillies dans des salles séparées.

Le retour monotone des mêmes cérémonies suscitait chez les participants dégoût et lassitude. Voltaire aurait dû subir l'épreuve par trois fois. Mais chaque année, il se trouve à ce moment-là en disgrâce : en 1750-1751, ce fut l'affaire Hirschel, en 1751-1752 le différend avec La Beaumelle, s'ajoutant à d'obscurs démêlés, en 1752-1753 le scandale *Akakia*. Ses ennuis eurent au moins l'avantage de le dispenser de cérémonies.

Frédéric avait appelé à lui le plus illustre écrivain français pour qu'il l'aidât à mettre au point ses œuvres. En 1750 le roi est occupé à terminer l'*Histoire du Brandebourg* et à imprimer à Berlin, confidentiellement, *Les Œuvres du philosophe de Sans-Souci*[67] (ce sera «l'œuvre de poéshie» dont il sera tant question à Francfort). Il l'a fait venir aussi pour enrichir le cercle intime de ses amis philosophes, convives des petits soupers. Voltaire retrouve dans cet entourage plusieurs de ceux qu'il avait rencontrés à ses précédents voyages. Il va vivre désormais plus près d'eux. Il est donc utile de présenter les principaux de ces compagnons philosophes du roi.

L'un d'eux, le marquis d'Argens, est absent lorsque Voltaire arrive à Potsdam. Il est parti fin mai, prétextant de sa santé, qui rendrait nécessaire une cure thermale. En réalité les relations du marquis avec Frédéric s'étaient détériorées. D'Argens reviendra fin août 1751.[68] Voltaire alors renoue avec lui. Philosophiquement, son «cher Isaac», auteur des *Lettres juives*, est proche de lui. Mais par ses aventures antérieures d'Argens ressemblait à un personnage de l'abbé Prévost plutôt qu'à Voltaire.[69] Né en 1704 dans une famille parlementaire d'Aix, il refuse de faire carrière dans la robe. Il s'enfuit en Espagne avec une maîtresse qu'il prétend épouser. Après un séjour à la forteresse de Perpignan, sur lettre de cachet, il s'embarque au service de l'ambassadeur de France à Constantinople. A l'escale d'Alger, il se fait surprendre dans un harem. Des mésaventures du même genre dans la capitale ottomane l'obligent à en repartir bien vite. A Rome, où il est venu étudier la peinture, il faillit être assassiné par deux femmes jalouses. Il s'engage en 1734 dans les armées du Rhin. Blessé, il gagne la Hollande. Il y travaille pour les libraires, jusqu'à ce qu'en 1738 ses *Lettres juives*, pot-pourri de

---

67. Voltaire a montré à l'ambassadeur anglais les volumes corrigés de sa main. Il lui confie qu'il prendrait pour ce travail toute la peine possible, mais qu'il souhaiterait jeter tout cela au feu (D4225, 23 septembre 1750).

68. D4247 n.2, D4561.

69. Ressemblance dont on ne s'étonnera pas si l'on songe que son existence mouvementée est connue principalement par ses *Mémoires* (Paris 1807), visiblement romancés.

«philosophie», lui vaillent le succès. Il récidive avec des *Lettres chinoises*, des *Lettres cabalistiques*, une *Philosophie du bon sens*. Frédéric, séduit par l'esprit satirique et antireligieux de ses productions, se l'attache en 1742. Sept ans avant Voltaire, d'Argens est devenu chambellan de Sa Majesté prussienne. Il commence alors à se ranger. Ayant rencontré une actrice du Théâtre français de Berlin, Babet Cochois, assez laide mais fort intelligente, il entreprend son éducation et finit par l'épouser (21 janvier 1749). Cet esprit fort avait ses bizarreries. Il était superstitieux, et possédé par la phobie de tomber malade. Frédéric aimait à le railler. Les relations du maître avec son chambellan d'Argens passaient par des hauts et des bas. Si Voltaire y avait pris garde, le sort de ce prédécesseur au service du roi de Prusse aurait pu l'avertir sur les risques encourus.

A la cour prussienne, Voltaire retrouvait une ancienne relation, Maupertuis. Leurs rapports autrefois avaient été excellents. C'est Maupertuis qui avait expliqué à l'auteur des *Lettres philosophiques* la physique de Newton. Qu'Emilie se soit alors amourachée non seulement du savant mais de l'homme, qui la rabrouait, Voltaire ne s'en était guère inquiété. Maupertuis était un authentique savant, l'un des plus grands de sa génération. Les mesures prises pendant son expédition en Laponie (1736) avaient établi la forme du globe terrestre légèrement aplati aux pôles. Sa *Vénus physique* (1745) développe sur l'histoire des espèces vivantes des idées novatrices. Au moment où Voltaire arrive à Berlin, il publie un *Essai de cosmologie* où est exposé son «principe de moindre action», sujet futur d'une mémorable querelle. Car l'homme n'était pas à la hauteur du savant. Aigri, s'estimant mal récompensé en France, Maupertuis était passé au service de la Prusse. Honoré à Berlin du titre de président de l'Académie, il reste de caractère ombrageux, ne souffrant aucune contradiction. Il voit d'un fort mauvais œil l'arrivée de Voltaire, comblé des faveurs du maître. Il accueille cet ancien ami avec une froideur marquée. Il «n'a pas les ressorts fort liants», dira plus tard Voltaire, «il prend mes dimensions durement avec son quart de cercle. On dit qu'il entre un peu d'envie dans ses problèmes.»[70] Ces traits ingénieux tracés dans la *Paméla*, donc après l'affaire *Akakia*, reflètent cependant avec assez d'exactitude les dispositions envieuses du président de l'Académie, qui n'attendait qu'une occasion pour manifester une animosité latente.

En même temps qu'il retrouvait Maupertuis, Voltaire faisait la connaissance d'un autre Breton, natif aussi de Saint-Malo : La Mettrie. Ce vigoureux original le laisse quelque peu éberlué. Julien Offray de La Mettrie avait fait sa médecine à Leyde sous le célèbre Boerhaave. Il avait exercé quelque temps comme médecin des gardes françaises. Mais il avait jugé bon de décocher à ses confrères parisiens

---

70. D4256 (6 novembre 1750), à Mme Denis. Pöllnitz, D4377 (13 février 1751), rapportera que Maupertuis s'est senti «flatté» de ce qu'un certain M. Torres «lui a dit en pleine Académie que la terre n'était pas assez grande pour contenir son mérite».

une comédie diffamatoire, *La Faculté vengée*. Il publiait d'autre part des traités d'un matérialisme tapageur, l'*Histoire naturelle de l'âme* (1745), *L'Homme-machine* (1748), suivi de *L'Homme-plante*. Il avait dû s'enfuir. Frédéric s'était fait un plaisir d'accueillir ce non-conformiste truculent. La Mettrie à la cour de Prusse ne se gênait en aucune manière. Il se couchait sans façon sur les canapés. Quand il faisait chaud, il jetait sa perruque par terre et se déshabillait en public presque complètement.[71] Il donnait ses soins aux personnages de l'entourage royal. Mais Frédéric avait eu la prudence de l'engager non comme médecin, mais comme lecteur. A l'automne de 1750, il lit à Sa Majesté l'histoire de l'Eglise. «Il en passe des centaines de pages, et il y a des endroits où le monarque et le lecteur sont prêts à étouffer de rire.»[72] Il continue à écrire. Il vient de faire paraître à Potsdam son *Anti-Sénèque ou le souverain bien*, «fort mauvais livre», au jugement de Voltaire, «dans lequel il proscrit la vertu et les remords, fait l'éloge des vices, invite son lecteur à tous les désordres, le tout sans mauvaise intention.»[73] L'étonnant personnage scandalise et séduit. De la bouche de ce bavard, Voltaire recueille d'utiles confidences. Lorsque «l'athée du roi» meurt, d'une indigestion, en novembre 1751, Voltaire perd un informateur.

Un seul Allemand dans la petite cour de Potsdam: le baron von Pöllnitz. Il est aussi le seul qui soit plus âgé que Voltaire, étant né en 1692 en Franconie. Pöllnitz, toujours à court d'argent, avait parcouru en quête d'une situation stable à peu près tous les pays d'Europe. Il finit par se fixer dans l'entourage du roi-sergent, qui exceptionnellement lui ouvrit généreusement sa bourse. Pöllnitz avait su plaire. Il fut l'un des privilégiés admis aux séances enfumées de la «tabagie». Bien doué pour le rôle de pique-assiette, le baron après la mort du vieux roi se fait accueillir parmi les intimes de Frédéric. Constamment désargenté, et de ce fait à la merci du maître, il en devient le souffre-douleur, cible des railleries, des affronts de celui-ci, jusqu'aux limites de l'odieux. Un des mauvais tours de Frédéric reste célèbre. Un jour que Pöllnitz pleurait misère, le roi lui fit entrevoir qu'un bénéfice de l'Eglise catholique en Silésie pourrait lui être conféré: quel dommage qu'il n'appartienne pas à la confession romaine! Il se hâte donc de se convertir. Mais alors Frédéric lui rit au nez. Sa proposition? Pure plaisanterie. Aucune charge ecclésiastique n'est plus vacante en Silésie; la dernière vient d'être attribuée à quelqu'un d'autre. «Revenez donc à vous-même», conclut le roi. «Je vous livre à vos réflexions, et vous laisse, sur la religion, entièrement le maître de votre conduite.»[74] Le malheureux dut essuyer l'avanie, qui sera suivie de beaucoup

---

71. Thiébaut et d'Argens, cités par Desnoiresterres, iv.49.
72. D4256: trait de la *Paméla*, mais fort vraisemblable.
73. D4256.
74. Lettre de Frédéric à Pöllnitz (28 février 1748), citée par Desnoiresterres, iv.20.

d'autres. Agé, sans ressource aucune, il ne peut quitter la cour où on le bafoue si cruellement. Il y mourra, en 1775. Il sera ainsi le seul à n'avoir point déserté.

Car quelques mois après l'arrivée de Voltaire les compagnons philosophes de Frédéric, l'un après l'autre, prennent le large. Ainsi Chazot. Ayant dû quitter l'armée française à la suite d'un duel, il avait été l'un des premiers intimes du prince à Rheinsberg, avec Jordan et Keyserlingk, maintenant décédés. Voltaire le connaissait bien. Il avait voyagé avec lui à son retour de Prusse en 1743. Chazot comme militaire avait rendu de signalés services. A la bataille de Molwitz (11 avril 1741), il avait sauvé le roi, encerclé, en le couvrant de son corps. Il s'était distingué ensuite sur les champs de bataille de Czaslau, de Hohenfriedberg, en récompense de quoi il avait été promu major. Il excellait en outre dans un autre domaine: il était comme son maître un remarquable flûtiste. Il participait aux petits concerts de Sans-Souci, mais, à la différence de Voltaire, comme exécutant.

Et pourtant on voit que ce compagnon favori va faire, en 1751, tous ses efforts pour partir. Frédéric lui refusant son autorisation, il feint une maladie grave. Il s'est fait traiter pendant six mois d'un abcès à la tête qu'il n'avait pas.[75] En novembre 1751, il quitte enfin la cour de Prusse pour n'y plus revenir.[76]

Même le fidèle Darget partira. Celui-ci était passé du service de l'ambassadeur de France Valori à celui de Frédéric, comme lecteur, secrétaire et homme de confiance. A ce confident discret et dévoué, Voltaire plus d'une fois a demandé d'intervenir auprès du maître. «Fort attaché au roi et à son devoir», Darget souffre en silence. En février 1751, Pöllnitz le trouve «mélancolique»: «dans ses heures de récréation, il parle de se pendre.»[77] Peu après le départ de Voltaire, Frédéric lui accordera son congé, en juin 1753, en protestant: «Je ne suis pas aussi difficile qu'on le croit sur l'article des congés.»[78] Evoquant plus tard le passé, Voltaire rappellera le temps où c'était à qui, entre Darget et Algarotti, «décamperait le premier».[79]

Algarotti en effet, l'homme du *Neutonianismo per le dame*, avait rendu visite à Rheinsberg en 1739. L'année suivante, il avait voyagé dans la même voiture que Frédéric, lorsque le prince était allé se faire couronner à Königsberg. Il avait obtenu du roi le titre de comte et, trois ans avant Voltaire, la dignité de chambellan avec l'ordre du Mérite.[80] Malgré toutes ces récompenses, malgré les agréments que pouvait rencontrer ce Vénitien amateur de l'amour grec, auprès d'un souverain qui

---

75. Selon Voltaire, D5496.
76. D4606; selon Magnan, Chazot partit vers le 20 novembre.
77. D4377 (13 février 1751).
78. D5372 (28 [juin 1753]), Frédéric à George Keith.
79. D7412 (5 octobre [1757]), Voltaire à Darget.
80. Sur Algarotti, et ses relations avec Voltaire et Frédéric, voir *Voltaire en son temps*, ii, notamment p.27, 108, 134, 142.

n'aimait pas les femmes, Algarotti s'était éloigné. Pöllnitz le voit revenir à Potsdam en février 1751, mais avec «l'air d'un flagellé».[81] Il s'échappera définitivement, quelques mois après Darget.[82] La retraite de Voltaire en mars 1753 ne sera donc pas un événement isolé. Maupertuis seul restera plus longtemps que les autres. Mais «pour s'étourdir», il s'est mis à boire.[83]

Frédéric s'est efforcé d'opposer aux déserteurs toutes sortes d'obstacles. «Il fallait un hippogriffe» pour sortir du palais d'Alcine.[84] Et pourtant on sortait. Nous nous interrogeons donc sur les raisons d'une débandade aussi générale.

Le roi incontestablement a changé. Les heures de détente entre compagnons philosophes devisant librement, se font plus rares. Effet de l'âge, sans doute. Mais surtout conséquence du système politique, à la tête duquel se trouve Frédéric. La Prusse était régie par un appareil administratif hautement compliqué. Or, au sommet, tous les leviers sont réunis entre ses mains. Il dirige chaque affaire, ne faisant pas confiance à ses ministres, à qui il ne laisse aucune initiative. Il est en même temps maître absolu de l'armée. Voltaire s'étonne de ce roi qui passe son temps à courir «d'un bout à l'autre de ses Etats pour faire des revues».[85] Mais, roi-connétable, Frédéric a pour devoir de maintenir son armée dans une rigoureuse discipline. Il s'assure en même temps la direction exclusive de la diplomatie. Or de ce côté la situation s'avérera bientôt difficile pour lui. Faut-il régénérer l'alliance franco-prussienne? Mais la France travaille à détacher la Maison d'Autriche de l'Angleterre, ce qui mettra la Prusse en grave danger. Frédéric se prépare donc à un renversement des alliances: soucis qui vont retentir sur ses relations avec Voltaire.

Le roi, ainsi isolé dans sa toute-puissance, sentant le poids de responsabilités écrasantes, se fait de plus en plus impénétrable, étranger à son entourage. Il en vient même à prêter à peine attention aux calomnies qu'on répand sur sa personne: quand paraît à Paris en 1753 l'*Idée de la cour de Prusse*, il traite par le mépris le pamphlet diffamateur, et ne daigne pas s'y intéresser.

Il faudrait aussi tenir compte d'un décalage culturel qui subsiste entre les pays de l'Ouest européen et la Prusse. L'opinion publique par exemple est fort différente dans le royaume de Frédéric II de ce qu'elle est en France. L'idéal des

---

81. D4377 (13 février 1751).

82. D6054 (fin décembre 1754), commentaire.

83. D8872 (25 avril [1760]), Voltaire à d'Alembert. En fait, son voyage de 1753 était préparé dès le début de 1752 (BN, f. fr. 22157, «Journal de la librairie», f.61, 82, 98, 128). Dès le 29 janvier 1752, on lit dans une lettre que lui adressa Mme de Graffigny (publiée par P.-M. Conlon dans *Studies* 2, p.282): «On dit que vous viendrez en France au mois d'avril». Le 16 avril 1753, Pauli écrivait de Halle à Gottsched: «Maupertuis retourne en France officiellement pour des motifs de santé; mais on doute qu'il revoie jamais Berlin» (*Gottsched-Korrespondenz*, xviii.248).

84. D5496 (30 août [1753]).

85. M.i.26.

Lumières inévitablement se heurte aux valeurs de la société féodale encore subsistante en Prusse.

Et, dans ce contexte défavorable, bien vite les imprudences de Voltaire vont envenimer les choses.

3. Le charme rompu

(septembre 1750 - septembre 1751)

Au début de l'automne 1750, l'euphorie persiste. Que Potsdam soit «habité par des moustaches et des bonnets de grenadiers», qu'on y vive au son des tambours, des trompettes et des coups de fusil:[1] Voltaire s'accommode de ces petits désagréments, comme il s'accommode des mauvaises relations postales avec la France: de Berlin, deux postes par semaine seulement, et à Vesel le courrier pour la France attend souvent le passage suivant, «afin de faire un paquet plus gros».[2] A l'en croire, pas le moindre «bout d'épine» parmi les «roses» de son séjour.[3] Il accompagne le roi dans ses allées et venues entre Potsdam et Berlin. C'est son devoir de chambellan. C'est son plaisir. Une telle vie auprès d'un prince en qui revivent César, Marc-Aurèle, Julien, et «quelquefois l'abbé de Chaulieu», et «avec qui on soupe»: il faut qu'on le sache bien à Paris, «c'est le paradis des philosophes».[4] Voltaire force la note, à l'usage des incrédules qu'il a laissés là-bas? A peine. Il n'est pas pour lui de bonheur complet sans théâtre. Or voici qu'il joue en Prusse, on l'a vu, sa *Rome sauvée*, qu'il communique le goût du théâtre – de son théâtre – à la famille royale.

A ces divertissements, il attire une spectatrice qu'il a eu le plaisir de retrouver ici. Mme de Bentinck est arrivée à la cour de Prusse à peu près un mois après lui. L'infortunée comtesse d'Empire vient chercher auprès de Frédéric le salut. Son mari, dont elle est séparée depuis dix ans, s'acharne à la dépouiller de toutes ses possessions. Sa terre de Varel, en Ostfrise, lui a été retirée par la cour de Vienne et a été confiée à la régie du roi de Danemark. Et maintenant sa seigneurie de Kniphausen est menacée de subir le même sort. La comtesse serait alors totalement privée de ressources. Les domaines relèvent dans le Saint-Empire du «Cercle» de Westphalie, dirigé conjointement par le roi de Danemark et par le roi de Prusse. Elle vient donc à Berlin solliciter l'assistance de Frédéric. Celui-ci se montre d'abord favorable. Il fait occuper Kniphausen par un détachement prussien. Mais la comtesse négocie également un gros emprunt auprès des Etats de la Marche: il faudrait que le roi accordât sa garantie; il semble disposé à le

---

1. D4240 (13 octobre 1750) (*Paméla*); D4295 (vers le 12 décembre 1750).
2. D4207 (1er septembre [1750]).
3. D4241 (15 octobre [1750]); voir aussi: «Nous bâtissons ici des théâtres».
4. D4248 (24 octobre [1750]), à Thibouville.

faire. Frédéric assurément n'agit pas ainsi pour les beaux yeux de Mme de Bentinck. Il projette d'établir à Emden un solide établissement naval, qui ferait de la Prusse une puissance maritime.[5] Mais il doit tenir compte d'autre part du jeu diplomatique qu'il mène entre Versailles, Vienne et Londres, avec l'objectif prioritaire de conserver sa chère Silésie. Aussi à l'automne de 1750, rien n'est-il décidé sur «l'affaire Bentinck».

La comtesse doit donc continuer à plaider. Ce qui ajoute à sa joie de retrouver Voltaire. Lui qui a un accès direct auprès du roi va pouvoir intervenir en sa faveur. Voltaire accepte d'enthousiasme. Il jouera en cette affaire le «procureur», c'est-à-dire l'avocat de Mme de Bentinck. Il la conseille sur ses démarches, lui indiquant les opportunités. Il l'aide à rédiger un mémoire qu'il appuiera de vive voix. Il se fait fort «d'échauffer les sentiments de Sa Majesté».[6] Il confère plus d'une heure en tête-à-tête avec Frédéric, afin de le persuader de prendre fait et cause pour la comtesse.[7] Mais progressivement le roi, retenu par d'autres considérations, se montre plus froid. Après le scandale Hirschel, il reprochera à Voltaire de s'être mêlé d'affaires qui ne le concernent pas (février 1751), refusera de garantir l'emprunt (mai 1751), et finira par retirer la garnison de Kniphausen (avril 1754).

A la faveur de ces démarches, une relation étroite s'est établie entre le chambellan et la comtesse. Messages par lettres ou billets, rendez-vous et rencontres, dîners, promenades, échanges de livres, cadeaux: le contact est maintenu jour après jour. Et les sujets d'intérêt ne se limitent pas aux affaires de Kniphausen. Faut-il imaginer que le commerce entre eux alla jusqu'à la dernière intimité? D'aucuns l'ont pensé. «Elle fut presque certainement sa maîtresse»,[8] écrivait Théodore Besterman après la découverte (que nous lui devons) de leur copieuse correspondance. Rien n'indique pourtant que leurs rapports se soient établis sur ce plan. Sans être un dragon de vertu, Mme de Bentinck n'a pas les grâces affriolantes de Mme Denis en sa jeunesse. Grande femme de type nordique, blonde au teint clair, au visage allongé: du portrait d'elle qui nous est parvenu se dégage une impression de prestance plus que de beauté.[9] Elle était née princesse du Saint-Empire: «reine de Saba» visitant Salomon-Frédéric ou Thalestris du

---

5. Voir Magnan, p.82-83. Nous utilisons les notes et commentaires des lettres et billets de Voltaire à la comtesse, p.84-146. La correspondance de la période prussienne serait à rééditer entièrement, en replaçant à leur date les lettres à Mme de Bentinck, et en mettant entre parenthèses les lettres à Mme Denis appartenant à *Paméla*.

6. Magnan, p.90.

7. Magnan, p.126.

8. D.app.103.

9. Portrait reproduit en tête du tome 20 de la première édition de la correspondance par Th. Besterman (Genève 1956).

nouvel Alexandre, tel est le style des compliments que lui adresse Voltaire.[10] Il a du goût pour ces aristocratiques personnes, que leur condition place au-dessus des préjugés. Esprit fort libre, la comtesse ne recule devant aucune hardiesse intellectuelle.[11] En sa compagnie, Voltaire retrouve quelque chose de sa complicité philosophique d'autrefois avec Mme Du Châtelet. Elle sera en Prusse sa seule confidente sûre, dans un milieu où il se sent entouré de méfiance, voire d'hostilité. Dans une cour, même celle du misogyne Frédéric, l'aide d'une femme est précieuse, pour deviner les intrigues secrètes, et détourner les dangers. Entre eux la confiance entière s'établit précisément au moment où Voltaire, en l'automne de 1750, va se fourrer dans de fâcheuses affaires.

De l'affaire Baculard d'Arnaud, il se tire sans grand dommage. On se rappelle comment Frédéric avait appelé à sa cour ce jeune espoir, afin de piquer l'amour-propre de Voltaire. On laissait entendre à Berlin que d'Arnaud, «soleil levant», «consolait Paris de [la] décadence» de l'illustre poète.[12] Le roi conserve auprès de lui ce rival dont il sait que la présence agace son grand homme de chambellan. Mais d'Arnaud, maintenu en position subalterne, est mécontent: il n'a que 5000 livres de pension, il n'est pas admis aux soupers de Potsdam. Il commet une faute: pour une édition rouennaise des *Œuvres* de Voltaire il rédige une préface; Voltaire y porte des additions, que d'Arnaud désapprouve. Celui-ci mande à Fréron que Voltaire a ajouté «des choses horribles contre la France».[13] Le journaliste fait circuler la lettre. Deuxième lettre de d'Arnaud au même, pareillement diffusée dans Paris: le jeune homme se vante que «les reines se l'arrachent, qu'il est las de souper avec elles», que d'ailleurs il va être en Prusse le protecteur des lettres et des arts.[14] Voltaire, furieux surtout de la collusion avec Fréron, demande au roi son renvoi et l'obtient.[15] «Le soleil levant s'est allé coucher.»[16] Voltaire se donne les gants d'intervenir en faveur du banni: que le roi veuille bien le rappeler, avec seulement une interdiction de revenir à Potsdam.[17] Cependant, en sous-main, il le poursuit de sa vindicte. Baculard s'étant réfugié à Dresde, il le dénonce à l'éditeur Walther.[18]

10. D4238 (12 octobre 1750), et Magnan, p.8.
11. En 1789, depuis Hambourg, la comtesse septuagénaire se prononcera pour les droits des femmes. Voir la lettre inédite publiée par André Magnan, *Dix-huitième siècle* 20 (1988), p.72.
12. D4262 (14 novembre [1750]), à d'Argental.
13. D4262.
14. D4280 (24 novembre 1750), d'Argental à Voltaire.
15. Ce que Voltaire traduit, à l'usage de Thiriot, vers le 15 novembre: «Il vient de forcer le roi à le chasser» (D4266).
16. D4279 (24 novembre 1750) (*Paméla*), avec ce commentaire, certainement postérieur à la disgrâce de Voltaire lui-même: «Comme le monarque bel esprit traite un de ses deux soleils!»
17. D4265 (vers le 15 novembre 1750), à Frédéric II.
18. D4286 (6 décembre [1750]), à Walther.

Voltaire l'a emporté. Cependant, dans l'atmosphère de défiance, de délation, de rivalités sans merci qui empoisonne le cercle royal, ce coup d'éclat suscite des remous. Des clans s'opposent.[19] Frédéric reprochera bientôt à Voltaire de lui avoir forcé la main: «Enfin, quoique ce d'Arnaud ne m'ait rien fait, c'est par rapport à vous qu'il est parti d'ici».[20] La réalité est moins simple. Baculard d'Arnaud s'était aussi rendu coupable d'indélicatesses. Il était impliqué dans d'obscures affaires d'argent.[21] Il s'était exprimé de manière inacceptable sur le compte des Allemands.[22] Mais ce remue-ménage, dont Voltaire a été l'instigateur, alimente la chronique berlinoise. Le chambellan bien en cour est à la fois craint et méprisé.[23]

L'affaire Hirschel allait prendre un tour bien autrement périlleux. Il y avait à Berlin deux hommes d'affaires juifs, le père et le fils, nommés tous deux Abraham Hirsch ou Hirschel. Ils appartenaient à la classe supérieure des juifs «privilégiés»: c'est-à-dire qu'ils jouissaient du plein droit de résider, de commercer, d'ester en justice.

Voltaire entre en relation avec eux peu après son arrivée. Le 2 septembre, il prête à Hirschel père 4 430 écus contre une lettre de change, à échéance du 21 mars 1751:[24] on ne sait à quelle opération correspond cette avance d'une somme considérable. Les Hirschel sont aussi joailliers. Le 9 novembre, Voltaire convoque l'un d'eux à Potsdam: qu'il apporte des diamants, Voltaire en a besoin pour une représentation de *Rome sauvée* chez le prince Henri.[25] La question des diamants et bijoux (prêtés ou vendus par les Hirschel) va interférer en la compliquant avec l'affaire, beaucoup plus grave, des bons de la Steuer.

19. Les amis de Baculard d'Arnaud se mobilisent: La Mettrie, Friedrich von Marschall, Chazot. Voir Ann Thomson, «Quatre lettres inédites de La Mettrie», *Dix-huitième siècle* 7 (1975), p.5-19, et «Aspects inconnus du séjour de Voltaire en Prusse», *Voltaire und Deutschland*, p.79-89. Il est question aussi, dans plusieurs documents, d'un complot ourdi par Tinois, secrétaire de Voltaire, et Du Puget, secrétaire du prince Henri.

20. D4400.

21. Voir D4266. Mêmes reproches de la part du prince Henri, son ancien protecteur. Il laisse des dettes (R. L. Dawson, *Baculard d'Arnaud: life and prose fiction*, Studies 141, 1976, p.203).

22. Le prince Henri l'accuse d'avoir dit que «les Allemands étaient des bestiaux qui, il y a quarante ans, marchaient encore à quatre pattes» (Koser-Droysen, p.320-21).

23. Sur les réactions très négatives des princes à l'encontre de Voltaire qui avait interféré dans leurs plaisirs théâtraux, voir Christiane Mervaud, «Voltaire, Baculard d'Arnaud et le prince Ferdinand», *Studies* 183 (1980), p.7-35.

24. Mangold, 15 F. Sur l'ensemble de l'affaire, voir Mangold, complété par J. R. Knowlson et H. T. Betteridge, «The Voltaire-Hirschel dispute: unpublished letters and documents», *Studies* 47 (1966), p.39-52, et Magnan, p.275-78. (Les documents utilisés par Mangold se trouvent actuellement à Merseburg. Certains ont été repris par Th. Besterman dans la *Correspondance*.)

25. D4260 ([9 novembre 1750]).

Le 24 novembre, il remet à Hirschel père 40 000 francs en lettres de change tirées sur son notaire Laleu à Paris. Hirschel s'engage à lui «tenir compte» de ce prêt «le 14 décembre prochain à Berlin».[26] Somme si énorme que les banquiers ne purent la négocier, et qu'il fallut la fragmenter en quatre lettres de change. L'affaire jette un jour sur l'ampleur du capital, immédiatement disponible, que possède Voltaire. Sa puissance financière sera, dans son aventure prussienne, un atout majeur. Présentement elle lui permet de s'engager dans une démarche des plus risquées. A quelle fin, en effet, cette avance? En quoi consistaient les «conventions faites entre nous», pudiquement mentionnées dans le reçu? Bien que Voltaire s'en soit toujours défendu, il n'est pas douteux qu'il confiait les 40 000 francs à Hirschel pour spéculer sur les bons de la Steuer.

Pour comprendre l'affaire, il faut remonter au traité de paix de Dresde entre la Prusse et la Saxe (25 décembre 1745). L'article 11 stipulait que les créanciers prussiens, à l'échéance de leurs billets, seraient intégralement remboursés, par les soins de l'Obersteuereinnahme de Saxe (administration chargée de la répartition et du recouvrement des contributions). Or les dépenses inconsidérées du roi Auguste III de Pologne et de son ministre Brühl ne cessaient de creuser l'abîme du déficit budgétaire. Aussi les billets venus à échéance n'étaient-ils pas honorés. Certains débiteurs les revendaient, avec une perte pouvant aller jusqu'à 35 pour cent. Les acquéreurs de seconde ou de troisième main, *à condition qu'ils fussent Prussiens*, pouvaient exiger de la Steuer, en vertu du traité de Dresde, le remboursement des billets pour leur valeur nominale. Telle est la spéculation en vue de laquelle Voltaire, le 24 novembre, confie 40 000 francs à Hirschel. N'était-il pas Prussien, lui, chambellan du roi de Prusse? C'était là, de prime abord, une opération du même ordre que celles qui lui avaient permis d'édifier sa fortune, aussi licite que les précédentes, si l'on tient compte du fait qu'au dix-huitième siècle, plus encore qu'en tout autre époque, la morale des affaires ne coïncide pas avec la morale tout court. Pourtant, dès le lendemain, Voltaire annule l'opération. Au courrier suivant, il envoie à son notaire à Paris le protêt des 40 000 francs de lettres de change. Aussi lorsque le 12 décembre Laleu reçoit ces lettres présentées par Hirschel, refuse-t-il de les payer.[27]

Que s'est-il passé? Très vite, Voltaire s'est rendu compte qu'il venait de faire un faux pas, et que la spéculation sur la Steuer lui attirerait les foudres de Frédéric. La Saxe, en situation de quasi-banqueroute, négocie un nouvel emprunt

---

26. Mangold, 15 B. Le reçu, signé par Hirschel, rappelle le prêt antérieur de 4 430 écus payable «au 21 mars 1751», plus la somme de 4 000 écus en un billet d'Ephraïm père et fils payable «au 22 mars prochain», somme au sujet de laquelle nous ne savons rien sinon que le «billet d'Ephraïm» a été «rendu» (note sur le reçu du 24 novembre). Les tractations de Voltaire avec les Hirschel, Ephraïm, etc., sont loin d'être entièrement connues de nous.

27. Mangold, 15 D.

auprès du Hanovre (en fait, de l'Angleterre). Mais le roi exige que préalablement ses sujets prussiens détenteurs de billets soient payés : il entend par là les authentiques créanciers d'origine, et non les spéculateurs, au rang desquels on aurait compté son chambellan, s'il avait donné suite à ses projets du 24 novembre. On ne sait dans quelle mesure Voltaire était informé des intentions de Frédéric en la matière. Peut-être Mme de Bentinck était-elle assez bien renseignée pour le mettre en garde, et le persuader de revenir en arrière.[28]

Cependant, Hirschel le fils s'est rendu à Dresde. Il ne réussit pas à acheter des billets de la Steuer.[29] Il revient à Berlin, et apprend le protêt des lettres de change sur Laleu. Il va se plaindre à Voltaire, avec d'autant plus de hardiesse qu'il sent que celui-ci souhaiterait étouffer l'affaire. Car, pour l'apaiser, Voltaire lui achète les brillants prêtés pour son habit de théâtre : il les prend pour 3 000 écus, à soustraire des 4 430 écus avancés à son père en septembre 1750. Hirschel fils rembourse à Voltaire la différence, 1 430 écus. On échange les reçus, et l'affaire paraît terminée.

Voici pourtant que, trois jours après, le chambellan se fait livrer par le même Hirschel des bagues, un miroir, des meubles. Comme le vendeur se présentait pour se faire payer, Voltaire refuse : il gardera le tout pour se dédommager du marché des brillants, trop précipité, qu'il a fait précédemment, les diamants ayant été taxés très au-dessus de leur valeur par un certain Reclam, de mèche avec Hirschel.[30] Tempête. On s'accorde pour demander le lendemain l'arbitrage du major Chazot. Voltaire traite Hirschel de fripon et s'emporte si violemment que Chazot doit expulser les deux contendants.

Pendant ce temps, les lettres de change de 40 000 francs, protestées auprès de Laleu, étaient sur le chemin du retour vers Berlin. Hirschel allait les recevoir. Etant donné l'énormité de la somme, le juif n'allait-il pas tenter de les négocier, même à perte, et ensuite s'échapper ? Voltaire lui fait signer, le 16 décembre, l'engagement de les restituer dès leur arrivée, qui doit être imminente.[31] Mais le 1er janvier, Hirschel ne les a pas encore rendues. Ce même jour, Voltaire porte plainte et le fait arrêter.[32] Voici donc le chambellan de Sa Majesté en procès public avec un juif !

Selon Voltaire, Hirschel n'agirait pas de son seul chef. Il serait secrètement

28. Frédéric avait fermé les yeux sur les trafics qui enrichissaient ses sujets. Il s'agissait pour lui de «tirer son épingle du jeu» et d'«arracher» le plus d'argent possible (*Politische Correspondenz*, vi.388). Il est maintenant engagé dans un processus de liquidation de l'affaire des bons saxons.

29. Du moins pour le compte de Voltaire. D'après la lettre du 18 janvier 1751 à Darget (D4354), il en aurait acquis sans doute pour d'autres clients.

30. Mangold, 2 B, 2 C, 2 D, 2 E.

31. Mangold, 2 A, 15 G.

32. D4330, Voltaire à Frédéric. Hirschel sera rapidement libéré, sous caution.

actionné par ses ennemis qui voudraient obtenir le renvoi d'un favori trop bien en cour.[33] L'accusation ne manque pas de vraisemblance. Car en décembre Mme de Bentinck avait lancé un projet, fort mal venu en pareille conjoncture. Il s'agirait de créer à Berlin une seconde Académie, dont Voltaire serait le président, en concurrence avec celle de Maupertuis. Le plan a été remis au comte de Rothenburg pour être présenté au roi.[34] Maupertuis aurait contre-attaqué en entraînant Voltaire dans un procès scandaleux avec Hirschel.[35]

L'affaire va être jugée par trois hauts magistrats: le grand chancelier, baron von Cocceji, le président de Jariges, le conseiller intime Leuper. Selon l'usage du temps, Voltaire fait des démarches auprès de chacun. Il rend visite, le 8 janvier, au pasteur Formey, lui expose sa cause «au long et avec la plus grande véhémence», et le prie d'intervenir auprès de son ami le président de Jariges. En entrant, Voltaire a traversé le salon sans voir personne d'une assistance pourtant nombreuse. Il sortait rapidement, lorsqu'il aperçoit devant lui la fille de Formey, âgée de quatre ans. L'enfant contemple bouche bée sur l'habit de ce monsieur la croix du Mérite, constellée de diamants. Il s'arrête, lui parle: «Brillantes bagatelles, mon enfant». Puis il disparaît.[36]

La plainte de Voltaire portait sur deux chefs: les lettres de change non restituées; les bijoux surévalués, selon Voltaire: vendus pour 3 000 écus, ils n'en vaudraient que 1 000. A quoi s'ajoutent des péripéties restées obscures: une plainte sur une bague que Voltaire aurait arrachée du doigt d'Hirschel;[37] une contestation sur des arrêtés de compte (19 et 24 décembre) où Hirschel prétend que sa signature a été contrefaite. Quant à la destination des lettres de change protestées, Voltaire soutient, contre toute vraisemblance, qu'il les a remises à Hirschel pour qu'il aille acheter à Dresde, non des billets de la Steuer, mais des diamants et des fourrures. Un essai d'arrangement à l'amiable le 4 janvier échoue. Suit une longue bataille juridique dont toutes les pièces, suivant l'usage du temps, sont envoyées au roi.[38] Nous sommes étonnés d'apprendre que dans le cours du procès, en janvier 1751, Hirschel père mourut.[39] L'action n'en continue pas moins, contre Hirschel junior, comme si le père et le fils constituaient une seule et unique raison sociale.

La sentence est rendue le 18 février.[40] Voltaire a gagné. Hirschel est condamné

33. D4331, D4332 ([2 janvier 1751]), à Mme de Bentinck et à Darget.

34. Magnan, p.87, 274-75.

35. Voltaire accuse Maupertuis dans des lettres au roi (D4388, D4401). Même accusation de la part de d'Argens (*Histoire de l'esprit humain*, Berlin 1765-1768, iv.343).

36. Formey, i.232-33.

37. Voir la déposition de Vatin, valet de Voltaire (Mangold, 21).

38. Mangold, p.xix. Toutes ces pièces sont reproduites par Mangold.

39. D4345; Magnan, p.277.

40. Mangold, 35.

à restituer les lettres de change. Il paiera dix écus d'amende. Sur la valeur des diamants, les juges ne se prononcent pas: ils choisiront des experts chargés de les apprécier.[41]

Succès, mais combien dommageable! L'affaire a fait du bruit, en Allemagne et en Europe. L'ambassadeur de France Tyrconnel envoie son rapport à Versailles sur ces fâcheux démêlés d'un illustre Français.[42] Le *Journal* de Collé en recueille les échos, ainsi que la *Gazette de Hollande*.[43] En Allemagne, le roi avait imposé silence à la presse de Berlin. Mais la *Gazette de Hambourg* du 12 janvier insère un article mettant les torts du côté de Voltaire: il est obligé de rédiger une réponse, qui ne semble pas avoir été publiée alors.[44] L'opinion lui est hostile. Un certain Potier, bibliothécaire du margrave Charles, broche sur l'affaire une comédie satirique, *Tantale en procès*: on y voit le poète Angoule-Tout aux prises avec les usuriers Ismaël et Rabin. Potier produisait sa pièce avec un grand succès chez des particuliers. Interprétant lui-même le rôle principal, il «contrefaisait à merveille la voix et les grimaces de Voltaire».[45]

L'antisémitisme ambiant veut que le fait seul d'avoir un procès avec un juif soit infâmant. Voltaire lui-même en éprouve la pénible impression.[46] Frédéric, pour cette raison et pour d'autres, est furieux. Tant que le procès a duré, il refuse tout contact. Mais dès la sentence rendue, il écrit de Potsdam à son chambellan une lettre terrible.[47] Chaque phrase cingle. Tout ce que le roi avait depuis des mois amassé en silence surgit en virulents reproches. Notamment le fait que Voltaire se soit ingéré dans le domaine de la diplomatie: Voltaire s'est mêlé des intérêts de Mme de Bentinck, à implication européenne, il a fréquenté le ministre de Russie, M. Gross. Frédéric lui signifie durement que c'est au roi seul de s'occuper de la politique extérieure prussienne. *In cauda*, l'affaire des billets saxons, qui relève aussi de la diplomatie. Le roi se pose en souverain bienveillant, qui offrait au poète, pour la fin de ses jours «un port tranquille». Au lieu de quoi, celui-ci joue les trublions: intrigues, cabales; «je vous avertis que...»: la fin de l'épître menace.

Lettre fulminante qui se détache, dans cette correspondance, à l'opposé de la

41. D4389 ([20 février 1751]), à Darget.

42. D4303.

43. Cités par Desnoiresterres, iv.156, 158.

44. Textes publiés par Frédéric Deloffre, dans sa réédition de la *Correspondance* (Paris 1975), iii.1234. Hirschel inonde Berlin d'un libelle (D4357). Sur le double jeu de Frédéric, voir Magnan, p.279.

45. Témoignage de Merian, cité par Desnoiresterres, iv.157. La pièce sera insérée à tort dans les *Œuvres posthumes* de Frédéric II.

46. «J'ai fait une lourde faute d'avoir un procès contre un juif», D4403 ([27 février 1751]), à Frédéric II.

47. D4400 (24 février [1751]).

première lettre, flatteuse, complimenteuse, embarrassée, adressée au grand homme par le kronprinz, le 8 août 1736.

La dignité n'imposait-elle pas à Voltaire, après une telle mercuriale, de rompre et de partir? Il ne semble pas en avoir eu la pensée. Où serait-il allé, d'ailleurs, lié qu'il était sans retour à Sa Majesté prussienne? Au surplus, il se sent coupable. Il préfère donc se soumettre, saisissant l'alternative que lui offrait Frédéric, sous les apparences d'une mise en demeure comminatoire. Si Voltaire ne veut pas se tenir tranquille qu'il reste à Berlin. Sous-entendu: dans le cas contraire, le roi acceptera de le recevoir, de nouveau, à Potsdam.

Voltaire répond donc par une lettre d'excuse, humble et caressante.[48] Il sollicite la permission de se retirer au Marquisat, près de Potsdam. Conscient de ses torts, il s'efforce de liquider l'affaire au plus vite. Aux termes du jugement, il restait à évaluer les diamants par les soins d'experts désignés par les juges. Voltaire propose à Hirschel un compromis. Ces diamants qu'il a achetés 3000 écus, qu'Hirschel les reprenne pour 2000.[49] Ce qui est accepté. Voltaire perd 1000 écus, mais il est enfin débarrassé de cette déplorable affaire. Il va s'efforcer d'en effacer bien vite le souvenir. Il n'en souffle mot dans sa *Paméla*, ce roman par lettres sur l'aventure prussienne, extrait, comme nous l'avons vu, de sa correspondance avec Mme Denis. Il le fera disparaître totalement de ses *Mémoires*, nouveau récit de son séjour en Prusse où il règle ses comptes avec Frédéric.

L'épisode reste révélateur de l'impulsivité, ou si l'on veut de l'activisme voltairien. Il s'est lancé précipitamment dans la spéculation sur les bons de la Steuer, sans en mesurer les risques. Il s'en est retiré aussi rapidement, mais il était déjà trop tard. Sa souplesse lui permet pourtant de s'en tirer aux moindres frais. Il se replie. Il n'est plus question d'un voyage à Paris, encore moins du voyage à Rome pour voir la basilique Saint-Pierre et la «ville souterraine»: projets maintes fois répétés depuis son arrivée en Prusse, sans cesse ajournés, désormais abandonnés.[50] Frédéric lui accorde, comme il le demande, la jouissance de la maison du Marquisat. Il s'y installe au début de mars, peut-être après une audience de plus d'une heure que le roi lui aurait accordée.[51] Cependant quelque

---

48. D4403 ([27 février 1751]).

49. D4398 ([?22 février 1751]), à Darget. Accord signé par les deux parties le 26 février (Mangold, 38, 39).

50. Dès septembre 1750, Voltaire, afin d'éclaircir sa situation à Versailles, projette de partir (D4209). Ce voyage dont il parle en octobre (D4218, D4219) est retardé (D4248, D4249). Le 28 novembre, le départ est fixé vers le 15 décembre (D4283). Il n'en est plus question en décembre (D4294 et *Besuche*, p.112). En janvier 1751, nouveau projet pour le printemps (D4364). Quant au voyage à Rome, il est de l'ordre du rêve (D4207, D4219, D4224, D4409).

51. Il a éludé une première invitation (D4405, 28 février [1751]). Cette audience est attestée par une lettre de Mme de Bentinck (Curd Ochwadt, *Voltaire und die Grafen zu Schaumburg-Lippe*, Bremen et Wolfenbüttel 1977, p.68).

chose s'est brisé dans leurs relations. Il va vivre quelque temps à l'écart, faisant appel, pour se ressourcer, à son recours habituel : le travail. Il s'emploie à terminer *Le Siècle de Louis XIV*, commencé depuis vingt ans.

Les différents logements de Voltaire en Prusse méritent qu'on s'y intéresse : ils en disent long sur son statut ou sur la conjoncture. Jusqu'ici, dans l'appartement du maréchal de Saxe à Potsdam, au château de Charlottenbourg à Berlin, il était resté l'hôte du roi, logé «dans la maison» de celui-ci, comme le précisait la «promesse de bonheur» de Frédéric, écrite de son appartement à la chambre de l'écrivain.[52] Demander à se retirer au Marquisat, dans une résidence de campagne, sise près de la porte de Brandebourg à Potsdam, c'était prendre du champ. Il resterait «à portée de ce grand homme»,[53] mais suffisamment à distance pour vivre à sa guise. Il a demandé la suspension de sa pension pendant tout le temps où, retiré au Marquisat, il ne pourrait remplir ses fonctions officielles. Il supprimerait ainsi un facteur de dépendance. Mais Frédéric le lui refuse. Jamais le roi ne cédera sur cette question de la pension et ce, jusqu'au 26 mars 1753. Son «chambellan» demeure à son service. Il garde ses appointements. Il occupe provisoirement, avec la permission royale, une maison que le départ de d'Argens avait laissée vacante.[54] Un appartement lui est toujours réservé à Potsdam : les apparences sont sauves.

Voilà donc Voltaire «comme une araignée qui fait sa toile dans un coin et qui s'établit jusqu'à ce qu'un coup de balai la fasse déloger».[55] Pour rassurer d'Argental, il déclare que son nouveau logis est une «maison délicieuse».[56] Qu'en était-il réellement ? Il est difficile de se faire une opinion. Nicolaï ne la mentionne ni dans sa *Description des villes de Berlin et de Potsdam* (Berlin 1769), ni dans son *Guide de Berlin, de Potsdam et des environs* (Berlin 1790). On sait que les jardins s'étendaient jusqu'à la Havel,[57] que Frédéric II avait adjoint deux ailes au corps principal du bâtiment.[58] Dans une édition des *Mémoires* du marquis d'Argens, on prétend que le roi avait fait peindre dans le salon des scènes ridicules de la vie du marquis. Furieux, celui-ci fit tout effacer. On ne se prononcera pas sur la

---

52. M.i.53.

53. D4386.

54. La *Vossische Zeitung* du 9 mars, puis la *Gazette de Hollande* du 16 mars, annoncent que le roi lui en a fait présent (*Briefwechsel*, 1898, lxxxii.333). Le prince Ferdinand croit que Voltaire l'a achetée (*Besuche*, p.114).

55. D4413.

56. D4420.

57. D4450 : «une maison de campagne dont une belle rivière baigne les murs», et H. Droysen, «Zu Voltaires letztem Besuche bei König Friedrich», *Zeitschrift für französische Sprache und Literatur* 41 (1913), p.114.

58. Lettre du marquis d'Argens, dans Desnoiresterres, iv.17.

véracité d'une telle historiette,[59] ni sur l'état des lieux quand Voltaire en prit possession. En invitant Mme de Bentinck à prendre «une tasse de mauvais café» et quelque «mauvais plat», il prétendra, non sans humour, qu'il n'a «ni meuble, ni cuisine», mais qu'à cela près, il n'est pas mal «quand il fait beau».[60] Pourtant, dans ce Marquisat dégarni, ont été transportés ses «meubles de passade» grâce aux bons soins du roi qui lui a laissé «équipages, cuisiniers, et caetera».[61] La vérité sur ce cadre de vie est à chercher entre la version dénigrante destinée à Mme de Bentinck qui vient de lui rendre visite et celle, laudative, adressée à ses amis parisiens.

D'Argens sera de retour en Prusse fin août 1751. Voltaire alors lui restitue le Marquisat. Il passe donc le printemps de 1751 et le début de l'été dans son «ermitage», non sans visites à Potsdam,[62] et déplacements à Berlin.[63] Il jouit d'une tranquillité précaire. Son goût de la solitude déplaît. Sachant ce refuge provisoire, il projette, en mars-avril, d'acheter la terre de Hannen en Ostfrise; il y renonce sans qu'on sache pourquoi, alors que l'affaire semblait en voie de règlement.[64] En juin, il cherche un pied-à-terre à Berlin.[65] Il craint une nouvelle marque de défaveur: appréhension dont on ne sait si elle était fondée.[66] Ces mois où n'explose aucune affaire retentissante et qui, pour cette raison, ont été négligés par la critique, n'en sont pas moins marqués par des tensions passagères et de multiples activités. Ils s'offrent comme un bon exemple des travaux et des jours de Voltaire en Prusse, lorsque sa personne ne cristallise pas la rumeur publique.

L'ermite Voltaire n'est pas coupé du monde. Il entretient des correspondances multiples, dont ne subsistent que des blocs erratiques. Ainsi, certain jour, il montre à Darget les dix-huit lettres qu'il a reçues la veille de Cadix; il envoie au roi les six dernières missives de sa nièce.[67] Aucun de ces textes n'a été retrouvé. Il a toujours quelque volume à adresser en hommage, quelque service à rendre,

---

59. D'Argens, *Mémoires* (Paris 1807), p.61-63, notice historique sur le marquis d'Argens. Un trait du même genre est noté par Blaze de Bury, *Le Chevalier de Chazot* (Paris 1862), p.209-10. La victime en était Voltaire, dont on tapisse l'appartement avec des sujets emblématiques dénonçant sa malignité et son envie.

60. D4421.

61. D4420. Il achète des chevaux pour se rendre à la bibliothèque de Sans-Souci (D4413, D4424).

62. Il «soupe avec le premier des hommes», quand il est en bonne santé, D4448; Droysen, p.110.

63. Le 27 mars (Formey, i.244), du 20 au 27 mai en accompagnant le roi, au mois de juin pendant la tournée militaire de Frédéric. Le 27 mars avait lieu une représentation de l'*Armide* de Graun à laquelle le roi assista (*Tageskalender*, p.126). On ne sait si Voltaire l'accompagnait. Il n'apprécie guère, on l'a vu, l'Opéra de Berlin (D4192, D4217).

64. D4465, D4466, D4467, D4471; Magnan, p.281-82.

65. Magnan, p.287-88.

66. D4463.

67. D4463, D4464.

quelque distinction à solliciter, quelque ouvrage à juger.[68] De menus désagréments ne lui sont pas épargnés. Il apprend sans plaisir que Friedrich von Marschall songe à engager Fréron comme correspondant littéraire.[69]

Plus grave est le vol commis par Longchamp, à Paris. A son départ pour la Prusse, Voltaire avait laissé son valet de chambre et secrétaire rue Traversière. Or Mme Denis, au retour d'un séjour à la campagne, s'aperçoit que des manuscrits de son oncle ont disparu. Ses soupçons se portent tout de suite sur Longchamp, qui a les clefs des armoires, et sur les Lafont, mari et femme, anciens domestiques de Mme Du Châtelet.[70] Des perquisitions font découvrir chez les Lafont un recueil des lettres de Voltaire et de Frédéric, chez Longchamp deux manuscrits de *Rome sauvée* et un exemplaire du *Voltairiana*. Selon un rapport de police, on cherchait la correspondance de Voltaire et de Mme Du Châtelet. Les documents sont restitués à Mme Denis.[71] Longchamp se serait vanté d'avoir des vers compromettants de son maître contre le roi et Mme de Pompadour. Le 20 mai, à la suite d'intimidations, il rend tous les autres papiers: des copies de l'*Histoire universelle*, du *Siècle de Louis XIV*, des campagnes de Louis xv, de *La Pucelle*. On imagine les affres de Voltaire. Heureusement sa nièce s'est conduite en cette affaire avec «l'habileté d'un ministre et toutes les vertus de l'amitié».[72]

Ici comme ailleurs, il est à craindre qu'on ne saisisse guère l'épaisseur d'une vie. Qu'il s'intéresse au prospectus de l'*Encyclopédie*, qu'il reçoive des nouvelles des dernières productions de Paris (notamment le *Discours sur les sciences et les arts* de Jean-Jacques Rousseau[73] et la *Défense de l'Esprit des lois* de Montesquieu), qu'il demande un certificat de vie, qu'il fasse allusion à ses derniers «rogatons»,[74]

---

68. D4447, D4537, D4474, D4479, D4523, D4452, D4509. Il recommande un ami de Devaux, Liébault, à la margrave de Bayreuth.

69. D4429, D4433, D4437. Fréron sera remplacé en octobre 1751. Voltaire propose alors Dumollard (D4584).

70. D4449 (24 avril 1751).

71. D.app.109, 112.

72. D4480 (29 mai [1751]), à d'Argental.

73. Comme le souligne Henri Gouhier, *Voltaire et Rousseau, portraits dans deux miroirs* (Paris 1983), p.49, il est difficile de savoir à quelle date Voltaire a lu le premier *Discours* de Rousseau. L'édition était sortie à la fin de 1750 (compte rendu dans le *Mercure* de janvier 1751). Rousseau a dû en adresser un exemplaire à Voltaire, qu'il apostrophe dans son texte: «Dites-nous, célèbre Arouet». Le volume ne semble pas être parvenu à destination, en Prusse. Le 14 septembre 1751, Voltaire ne connaît que le sujet proposé par l'Académie de Dijon, non le *Discours* de Rousseau (D4569). Mais il l'a certainement lu avant la publication du second *Discours*, que Rousseau lui enverra et auquel il répondra en se référant surtout au premier *Discours* (D6451). C'est le duc d'Uzès qui, le 27 août 1751, lui a signalé la publication des ouvrages de Rousseau et de Montesquieu (D4556).

74. D4480, D4516, D4525, D4530.

qu'il se plaigne de l'édition Lambert de ses *Œuvres* et envoie des cartons,[75] tous ces menus faits offrent des aperçus sur ses occupations du moment, sans permettre vraiment d'entrer dans l'intimité d'une vie. Il n'a rien perdu de sa pugnacité ni de sa malice. Après avoir égratigné Fontenelle, Fréron, Marivaux et «l'impertinent jargon d'aujourd'hui», sa *Lettre à MM. les auteurs des Etrennes de la Saint-Jean* tournait à la charge contre Nivelle de La Chaussée.[76] Formey s'étant enquis de quelques précisions sur la vie de Ninon de Lenclos, il gratifie le pasteur d'un morceau d'anthologie. Il retrace la carrière de cette «prêtresse de Vénus» avec force anecdotes «un peu ordurières pour apprivoiser les huguenots». Il cherche à scandaliser, mais il signale à la fin de sa lettre la publication récente de mémoires sur cette «philosophe».[77]

La transparence des cœurs n'est pas son fait; elle n'est même pas de mise dans les lettres à ses meilleurs amis. Des versions soigneusement arrangées de sa situation en Prusse l'emportent sur l'épanchement spontané. La situation le commandait. Il faut démentir les bruits sur sa disgrâce, sur ce grand procès qu'il aurait perdu, sur le roi qui aurait pris contre lui «le parti de l'Ancien Testament». Il n'est donc question que des marques d'attention de Frédéric. Il doit à ce souverain incomparable son loisir: «point de gêne, point de devoir». D'Argental est chargé de donner la plus grande publicité à ces déclarations. Et comme Voltaire a le génie de la réclame, le marquis de Ximénès apprend que le roi de Prusse a ménagé à son chambellan «une manière de vivre conforme à [son] humeur, à [ses] goûts, à [son] âge, à [sa] mauvaise santé». Mme Du Deffand doit être persuadée qu'elle était esclave à Sceaux et à Anet «en comparaison de la vraie liberté qu'on goûte à Potsdam», et qu'on y mange «des fraises, des pêches, des raisins, des ananas au mois de janvier».[78] De ces missives masquées, aucun élément biographique ne peut être retenu, sinon la volonté de Voltaire de sauver la face. Démarche nécessaire, car une «satire affreuse» court Paris.[79]

A ces correspondants parisiens il omet de parler de celle qui, au milieu des épreuves qu'il passe sous silence, lui apporte le plus de réconfort: Mme de Bentinck. Depuis son installation au Marquisat, les quelques lieues qui le séparent

---

75. Cette édition, commencée en septembre 1750, fut l'une des rares éditions à paraître semi-officiellement en France du vivant de Voltaire. Admirée par Frédéric (D4494), elle ne trouve pas grâce aux yeux de Voltaire (D4369, D4381, D4382, D4432, D4443, D4444). Voir ci-dessous, p.61.

76. M.xxiii.485-88; lettre qui circule à Paris en 1751, mais ne paraît qu'en 1770. Les *Etrennes de la Saint-Jean*, recueil de pièces de différents auteurs, parurent en 1742, 1750 et 1751.

77. D4456, D4480.

78. D4480, D4511, D4525.

79. Le manuscrit sera saisi chez l'imprimeur et supprimé. L'auteur, selon d'Hémery, serait Baculard d'Arnaud. Le marquis d'Argens assure qu'il s'agit de Chevrier (*Histoire de l'esprit humain*, Berlin 1765-1768, xii.373).

de Berlin, où la comtesse habite le Spittelmarkt,[80] sont difficiles à franchir. Car il faut une permission spéciale du roi pour approcher de Potsdam. Les revues militaires des 18 et 19 mai leur permettent de se rencontrer, Voltaire attendant la comtesse «à midi, au bord de l'eau».[81] Des allées et venues se multiplient du 1er au 22 juin, alors que le roi est parti en tournée vers Magdebourg; ils se rendent parfois au chevet du comte de Rothenburg qui est malade; ils vont se promener et la comtesse lui offre des *kringels*.[82] Les billets sans apprêt que Voltaire lui adresse reflètent leurs préoccupations du moment. Il y est surtout question des affaires de la comtesse, dont il persiste à s'occuper, malgré les promesses qu'il a faites au roi de ne plus présenter de requête en son nom. Divers plans d'accommodements sont élaborés en haut lieu, sans que la comtesse soit informée. Frédéric s'est résolu à «transiger pour elle sans la consulter».[83] Les pourparlers continuent entres les différentes cours intéressées qui campent sur leurs positions. Lorsque milord Maréchal part pour la France, le 25 août, il a ordre de régler l'affaire selon les «avis» de la France afin de disposer le Danemark à une alliance.[84] Voltaire tantôt prêche à son amie la résignation, tantôt rédige pour elle lettres et mémoires, notamment une pièce essentielle, la procuration que la comtesse donne en mai au ministre Podewils et à Tyrconnel. Désormais, ils négocieront en son nom. Frédéric est «charmé» de cette reddition, Mme de Bentinck tremble. Voltaire la rassure. Il imagine, semaine après semaine, maints expédients, fait intervenir ses relations personnelles à Versailles, puis très vite, mécontente le roi de Prusse. Ses initiatives ne furent pas toujours couronnées de succès. Il put se tromper dans l'appréciation des forces en présence. Mais il était impossible d'évaluer l'état de la négociation, alors que le secret diplomatique était bien gardé. L'action voltairienne donne la mesure d'une amitié vigilante qui préfère l'aide active à l'effusion. Très ancrée dans le quotidien, surveillée en haut lieu, cette amitié du «plus hibou des hiboux»[85] et d'une comtesse très mondaine, troublée seulement par une passagère bouderie,[86] a sans doute éclairé leurs deux vies. Dans cette liaison amicale l'essentiel était qu'ils pouvaient se fier l'un à l'autre.

Voltaire est alors privé de toute autre présence féminine. Aucun espoir d'attirer sa nièce en Prusse.[87] Il ne fait plus sa cour à Berlin. Nul doute que le plaisir de

---

80. D4438. Le Spittelmarkt est situé dans le beau quartier du Werder, non loin du canal de la Sprée.

81. D4421.

82. *Tageskalender*, p.127; D4490, D4678, D4680.

83. Magnan, p.408.

84. *Politische Correspondenz*, viii.439-40.

85. D4609.

86. D4315, D4527, D4656.

87. Sur ce projet, voir D4207, D4211. Mme Denis a décidé de surseoir à toute décision, bien avant les ennuis de son oncle (D4255).

briller lui manque, par exemple auprès de la reine-mère, Sophie Dorothée, qui admire tant ses pièces.[88] Dans la *Paméla*, quand il règle ses comptes, les traits satiriques pleuvent dru sur Potsdam, mais épargnent les sociétés berlinoises: «reines affables, princesses charmantes, filles d'honneur belles et bien faites, la maison de Mme de Tyrconnel toujours pleine et souvent trop». Voltaire est réduit au «couvent moitié militaire, moitié littéraire».[89]

Quelques autres relations sympathiques se profilent sur l'horizon prussien de Voltaire: Darget toujours fidèle, Friedrich von Marschall auquel il emprunte des livres,[90] Algarotti, la «fleur de Venise», «l'ornement de Potsdam» et la consolation de sa vie.[91] Mais dans son paysage intérieur toujours s'impose la présence obsédante du maître qu'il s'est donné. Il ne suffirait pas de prendre le contre-pied de déclarations trop élogieuses. Certes il soupe «avec le premier des hommes quand [il a] un peu de santé», il envoie maints poèmes au «roi des beaux vers et des guerriers», célébrant les travaux de «Mars Apollon».[92] Il corrige les *Œuvres du philosophe de Sans-Souci*, relit les *Mémoires pour servir à l'histoire de Brandebourg*.[93] Surtout il se consacre au grand poème didactique de Frédéric, *L'Art de la guerre*.

Le manuscrit que conservent les archives de Merseburg fournit un témoignage précieux sur cette tâche de «grammairien du roi» qu'il avait sollicitée et qu'il assumait depuis son arrivée à Berlin.[94] Bien qu'à demi disgracié, en mars 1751, il lit au Marquisat le cinquième chant. Il attend le sixième, et les «six jumeaux» seront baptisés «au nom d'Apollon, aux eaux d'Hippocrène».[95] Frédéric corrige son poème selon les directives de Voltaire qu'il suit scrupuleusement. Si les commentaires de l'homme de lettres manquent parfois d'aménité,[96] ils visent à plus de précision et d'élégance, et dénoncent sans pitié tout remplissage. Voltaire ne ménage pas sa peine pour améliorer les 1600 vers de ce long poème.

Mais le quotidien reprend ses droits. Il ne peut se promener à son aise dans les jardins de Potsdam, où de «grands diables de grenadiers lui mettent des baïonnettes dans le ventre».[97] Et voilà que, en dépit de relations apparemment

---

88. En pleine querelle contre Maupertuis, Sophie-Dorothée ira jusqu'à lui faire transmettre ses compliments sur *Le Duc d'Alençon* (Droysen, p.117-18), une de ses pièces dont nous parlerons plus loin (p.80-82).

89. D4256, D4426.

90. D4419, D4425, D4436.

91. Voir la série de lettres difficiles à dater avec précision: D4496, D4497, D4498, D4499, D4500, D4501, D4502, D4503, D4506, D4507.

92. D4448, D4522, 4521.

93. D4510.

94. Manuscrit édité par Th. Besterman, «Voltaire's commentary on Frederick's *l'Art de la guerre*», *Studies* 2 (1956), p.61-206.

95. D4417, D4463, D4510, D4532, D4533.

96. Voir les remarques de Voltaire sur le chant VI (p.81).

97. D4534.

normales, d'anciennes rancœurs sont prêtes à ressurgir. Il lui faut sans cesse répéter au monarque soupçonneux qu'il est «sensible», qu'il reste en Prusse parce que le roi fait «le bonheur de [sa] vie», qu'il n'aime que le travail, la retraite et déteste toutes les intrigues.[98] Voltaire peut vivre encore des moments grisants avec ce souverain hors du commun, mais il ne connaît ni calme, ni sécurité.

Certain jour, La Mettrie vient lui rapporter un propos du roi des plus inquiétants. Après la lecture, Frédéric laissait ce personnage «sans conséquence» lui parler assez librement. Ce jour-là le lecteur confia à Sa Majesté que la faveur dont il honorait son chambellan faisait bien des jaloux. Réponse du roi: «J'aurai besoin de lui encore un an tout au plus; on presse l'orange et on en jette l'écorce.»[99] Sollicité plusieurs fois de répéter le propos, La Mettrie maintient ses dires. Voltaire a-t-il inventé de toutes pièces ce mot célèbre? On en a formulé le soupçon. Il est bien vrai qu'il apparaît dans une lettre de la *Paméla* manifestement refaite.[100] Mais, on le sait, dans ces lettres arrangées tout n'est pas fiction. Frédéric est tout à fait capable d'avoir proféré, dans un mouvement d'humeur, une telle méchanceté. En cet été de 1751, il est bien en train de «presser l'orange», Voltaire peinant sur *L'Art de la guerre* auquel il a apporté la contribution de quelque trois cents vers. Il se peut pourtant que la boutade royale ait été adaptée à l'optique de *Paméla*. Le commentaire qui la suit – indignation, alarme – a certainement été ajouté après coup. De même, il est invraisemblable qu'en août ou septembre 1751, Frédéric ait formé le projet de renvoyer son chambellan dans «un an tout au plus»: ce qui conduirait effectivement au tout début de l'affaire *Akakia*. Dans ses *Mémoires*, Voltaire a raconté l'épisode en donnant de «l'apophtegme» du roi une version quelque peu différente, probablement plus authentique: «Laissez faire, aurait-il répondu à La Mettrie, on presse l'orange, et on la jette quand on a avalé le jus.»[101] Il n'est plus question ici de renvoi «dans un an», ni même, peut-être, de quelque renvoi que ce soit. «Jeter» l'orange dont on a exprimé tout le suc, ce pourrait être aussi bien, lorsqu'un jour on aura cessé de trouver la moindre saveur à ce Voltaire aujourd'hui si prisé, le laisser végéter à la cour, dédaigné, oublié, comme l'est présentement le peintre de Potsdam, le «cher Pesne».[102] Perspective encore moins rassurante que celle d'un brutal renvoi.

---

98. D4463.

99. D4564 (2 septembre 1751), à Mme Denis.

100. Voir Magnan, p.27-30. La date du 2 septembre est certainement fictive. La scène entre Frédéric et son lecteur se situerait nécessairement soit avant, soit après la tournée militaire du roi en Silésie, 25 août-15 septembre.

101. M.i.38.

102. Propos rapporté par deux fois dans la *Paméla* (D4564, D4606). Frédéric avait envoyé à Voltaire en 1738 son *Poème adressé au sieur Antoine Pesne* daté du 14 novembre 1737 (D1426). Ce poème est très élogieux (Frédéric II, *Œuvres*, xiv.34-37).

«Je résolus dès lors de mettre en sûreté les pelures de l'orange.»[103] Judicieuse précaution. Précisément depuis juillet une coalition de ses amis parisiens tente de le convaincre de revenir. Lettres de Mme Denis qui se «fâche tout de bon», de d'Argental et aussi de Richelieu.[104] Sa nièce est en première ligne: «Enfin à quelque prix que ce soit je veux ravoir mon oncle et ne point aller en Prusse», confie-t-elle à Cideville.[105] De ces pressions ne subsiste qu'une lettre de d'Argental du 6 août 1751. L'argumentation des uns et des autres peut néanmoins être reconstituée, notamment par les réponses de Voltaire à Richelieu. Son établissement en Prusse? Une folie. Il a quitté «la patrie la plus aimable, la société la plus douce, les amis les plus tendres», pour un roi qui, nonobstant ses éminentes qualités, ne peut le dédommager de tant de sacrifices. Il est «entouré d'ennemis, d'envieux, de tracasseries», dans cette cour «orageuse» où il a déjà essuyé maints déboires. Dépendant des caprices d'un seul homme, «et cet homme est un roi», Voltaire qui cherchait la liberté s'est «soumis à la contrainte la plus grande». Sa gloire, son intérêt, lui commandent de réparer au plus vite cette erreur, en saisissant le moment où il est regretté en France.[106]

Car en cet été il connaît un regain de faveur sur la scène parisienne. Richelieu et Mme Denis ont obtenu une reprise de *Mahomet*, non joué depuis 1742: huit représentations à partir du 30 septembre, devant des salles bien remplies.[107] En octobre, on donne à Fontainebleau *Zaïre*, puis *Œdipe*.[108] Voltaire demande qu'on en profite pour donner *Rome sauvée*, qui attend toujours d'être créée à Paris. On fait alors usage auprès de lui d'un certain chantage, avec l'assentiment de d'Argental: *Rome sauvée* ne sera jouée à Paris qu'en la présence de son auteur.[109]

A ces pressions amicales, Voltaire répond par deux lettres, d'une ampleur autobiographique qui annonce les *Mémoires pour servir à la vie de M. de Voltaire*. De l'une à l'autre, séparées par un intervalle d'environ un mois, les perspectives ont changé.

La lettre du 31 août argumente un refus net de revenir, du moins dans un avenir proche. Une fois de plus, Voltaire justifie son installation en Prusse, répétant ce qu'il a déjà dit en mai.[110] On le persécutait en France. Le «théatin Boyer» a dressé contre lui le Dauphin, appelé à régner un jour.[111] Ses confrères les gens de lettres et «ceux qui se mettent à persécuter quand on n'implore pas

---

103. M.i.38.
104. Connues par D4531.
105. D4601.
106. D4539 (6 août 1751).
107. En moyenne, mille spectateurs par représentation (D4539 n.4).
108. D'après le *Mercure de France*.
109. D4531.
110. D4561 (31 août 1751) répète les arguments de D4458.
111. On ne pouvait prévoir alors que le fils de Louis xv mourrait avant son père.

leur protection», tous s'entendent pour le tourmenter. Or voici que, se rendant en Italie, il a fait un crochet par Potsdam:

Les grands yeux bleus du roi, et son doux sourire, et sa voix de sirène, ses cinq batailles, son goût extrême pour la retraite et pour l'occupation, et pour les vers et pour la prose, enfin des bontés à tourner la tête, une conversation délicieuse, de la liberté, l'oubli de la royauté dans le commerce, mille attentions qui seraient séduisantes dans un particulier, tout cela me renverse la cervelle. Je me donne à lui par passion, par aveuglement et sans raisonner.

Présentation tendancieuse: si sans doute il a cédé à une certaine ivresse, il n'ignorait nullement que la proposition d'un établissement en Prusse lui serait faite, avec la plus grande insistance. Lui-même s'était prêté au projet.[112] Mais il fournit à Richelieu une version susceptible d'être exploitée à Versailles.

Toujours est-il qu'il se déclare parfaitement heureux, depuis un an qu'il vit à la cour de Frédéric. Seule ombre à sa félicité: être séparé de d'Argental, et d'une nièce qu'il aime «de tout [son] cœur». Autre raison de rester en Prusse: il est occupé à imprimer *Le Siècle de Louis XIV*, il ne peut abandonner cette tâche. Et ce livre ne manquerait pas, publié à Paris, de lui attirer de graves ennuis. Son devoir d'historien lui impose de rapporter des «anecdotes très délicates», de s'exprimer franchement, par exemple, sur ce que le Révocation de l'Edit de Nantes a coûté à la France, sur «la mauvaise conduite du ministère dans la guerre de 1701», etc. «Un historiographe de France ne vaudra jamais rien en France.»

La seconde lettre autobiographique à Richelieu est à dater de la fin de septembre 1751, voire du mois d'octobre.[113] Ferait-elle suite au mauvais propos sur «l'orange» que Frédéric aurait tenu à La Mettrie, après qu'il eut regagné Berlin à l'issue de sa tournée militaire (15 septembre 1751)? L'hypothèse peut être avancée. Car, dans cette nouvelle lettre, Voltaire élabore un véritable plan de retour. Il reprend le thème des persécutions essuyées en France, et celui de son bonheur auprès de Frédéric. Mais il fait valoir de nouvelles considérations. Il nomme ici Mme de Pompadour. Elle était son seul appui à Versailles, et elle s'est détournée de lui. Mais Richelieu ne pourrait-il rétablir son ami dans la faveur de la marquise? Qu'elle veuille bien reconnaître que Voltaire est de ceux «qui dans la littérature peuvent être de quelque utilité». Que *Rome sauvée* soit jouée avec succès à Paris, que Mme de Pompadour s'aperçoive que cette tragédie vaut un peu mieux que la «farce allobroge» de Crébillon qu'elle a protégée. Que Richelieu la persuade de l'attachement de Voltaire pour elle, qui seule «pourrait [lui] faire quitter le roi de Prusse». Qu'elle souhaite qu'il revienne: alors il reviendra, et

112. Voir Mervaud, p.171-81.
113. D4206, datée à tort 31 août 1750 par suite d'une erreur manifeste dans l'édition de Kehl. Magnan, p.154-55, a démontré décisivement que la lettre devait être reportée en septembre 1751.

l'on comprendra qu'il a seulement «sacrifié quelque temps à la cour d'un grand roi à la nécessité d'amortir l'envie».

Ici s'esquisse un projet de retour en grâce à Versailles, par le truchement de Richelieu et l'intercession de la favorite. Un projet dont l'échec définitif, trois ans plus tard, «détermina après une dernière entrevue avec Richelieu, en novembre 1754, l'installation en Suisse».[114]

En cet automne de 1751, le chambellan de Sa Majesté prussienne demeure à son poste. Mais déjà il médite les voies et moyens de son départ.

114. Magnan, p.154.

4. Diversion par le travail

En dépit des tracas quotidiens, l'activité laborieuse de Voltaire ne faiblit pas. Après le traumatisme de l'affaire Hirschel, il ne peut se retrouver lui-même que face à la page blanche; il lui faut s'affirmer dans ce qui est sa raison d'être. Voltaire découvre, ou redécouvre alors les vertus du dialogue philosophique.[1] Le 5 juin 1751, il avait envoyé à Frédéric le *Dialogue entre Marc-Aurèle et un récollet*, qu'il s'est efforcé d'écrire à la manière de Lucien.[2] Il a essayé comme Lucien d'être naïf et de faire penser ses lecteurs. Il se démarque de Fontenelle dont le défaut est de vouloir faire montre de trop d'esprit. Sur le thème de la décadence romaine, il met en scène d'un côté l'empereur et de l'autre un récollet ignare censé représenter les nouveaux maîtres de Rome. Le lecteur est invité à tirer les leçons assez évidentes de ce parallèle entre un grand homme de l'Antiquité et un moine obscur. Dans ce court texte se dessine une structure pédagogique commune à maints dialogues voltairiens: opposition radicale de personnages dont l'un incarne la vérité et le bien, l'autre l'erreur et le mal; l'échange des répliques, à la différence du dialogue philosophique de Diderot, vise moins à une recherche de la vérité qu'à la démonstration d'une vérité préexistante. La démarche, plus polémique qu'heuristique, met en valeur des idées claires, voire simplistes, dans un duel verbal conduit avec brio. Et ce n'est sans doute pas sans raison qu'il rappelle au souvenir de Frédéric ce Marc-Aurèle qu'il lui avait proposé comme modèle dès leurs premières lettres. L'ermite Voltaire, pour prévenir ou désamorcer quelque aigreur, met l'accent sur leur mépris commun de la prêtraille, brandit un exemple, celui de la lumineuse figure de l'empereur romain que le maître incommode du dix-huitième siècle a tout intérêt à méditer.

Au début du séjour prussien, il a mis au point le texte de *Micromégas*. La partie narrative du conte, assez peu développée (si l'on songe à nos récits de science-fiction), a pour fonction d'amener deux dialogues, éminemment philosophiques par l'extrême discordance des interlocuteurs: l'habitant de Sirius, qui mesure trente-deux kilomètres de haut, et le «nain» de Saturne qui n'en a que

---

1. Autres dialogues philosophiques: dans l'édition de Rouen (50R) et dans l'édition Lambert (51P) étaient parus le *Dialogue entre Mme de Maintenon et Mlle de Lenclos*, le *Dialogue entre un philosophe et un conseiller général* et le *Dialogue entre un plaideur et un avocat*. En octobre 1750, Voltaire faisait lire des «petits dialogues» au baron Samuel von Cocceji (D4245).

2. D4486.

deux ; ils s'entretiennent du cosmos, de la pluralité des mondes... Puis, ayant *atterri*, les deux voyageurs de l'espace réussissent, sur notre globe ou globule, à entrer en conversation avec une volée de philosophes (parmi lesquels Maupertuis), mesurant environ un mètre soixante-dix. Les « animalcules » humains déraisonnent métaphysiquement sur la nature de l'âme, mais vont damer le pion aux géants cosmiques en se révélant excellents géomètres et mathématiciens. Il est impossible de préciser ce que ce *Micromégas* doit au *Voyage du baron de Gangan* envoyé à Frédéric en 1739.[3] Il est probable que dans l'euphorie des premiers mois, Voltaire a repris cette « ancienne plaisanterie », agacé par Maupertuis, et désireux de faire sa cour au roi (on sait que *Gangan* contenait une allusion flatteuse à Frédéric, qui disparaîtra du texte définitif). Le manuscrit de *Micromégas* est prêt en décembre 1750. Voltaire l'a confié à M. d'Ammon pour qu'il le fasse imprimer à Paris. Mais dans la capitale française, on a reconnu, et l'intéressé tout le premier, en ce « nain de Saturne » une satire, effectivement assez cruelle, de Fontenelle. L'illustre vieillard – il a quatre-vingt-treize ans – obtient l'interdiction du conte. *Micromégas* ne paraît pas dans l'édition Lambert des *Œuvres* de Voltaire sortie en avril-mai 1751 ; une édition séparée tirée par Grangé est détruite. Cependant en mars 1752 sortent en Allemagne, sous la fausse adresse de Londres, deux *Micromégas* : imprimés l'un par Walther à Dresde, sur le manuscrit envoyé par Voltaire, l'autre par Mevius et Dietrich à Gotha, procédant de l'édition Grangé supprimée.[4] Entre *Zadig* et *Candide*, Voltaire joue avec son Micromégas un jeu où il se délecte : celui des apparitions inopinées et cocasses de personnages ludiques qui lui ressemblent.

Une autre évasion, dans un genre tout différent, s'offre à lui : c'est l'« immense tableau d'un beau siècle », qui lui « tourne la tête », et où il peut être « historiographe de France en dépit des jaloux ».[5] Il avait emporté en Prusse ce qu'il avait rédigé du *Siècle de Louis XIV* : projet dont la première mention remonte à 1732,[6] non pas abandonné mais délaissé, après la publication d'extraits en 1739 et 1740, repris dans les éditions collectives de ses œuvres.[7] Il n'y avait guère travaillé dans

---

3. Voir *Voltaire en son temps*, ii.345.

4. Walther intenta à Mevius et Dietrich un procès, dont les archives ont permis à Martin Fontius, *Voltaire in Berlin* (Berlin 1966), de reconstituer l'histoire éditoriale de *Micromégas*. Voir aussi D. W. Smith, « The publication of *Micromégas* », *Studies* 219 (1983), p.63-91.

5. D4420.

6. D488 ([13 mai 1732]).

7. L'*Essai sur l'histoire du siècle de Louis XIV, par M. de Voltaire* (Amsterdam 1739) contenait l'Introduction et une partie du chapitre I. Le *Recueil de pièces fugitives en prose et en vers par M. de Voltaire* donne, sous le titre d'*Essai sur le siècle de Louis XIV*, l'équivalent des chapitres I et II. Sur les éditions collectives, voir W. H. Trapnell, « Survey and analysis of Voltaire's collective editions, 1728-1789 », *Studies* 77 (1970).

les premiers temps du séjour prussien. Mais après un procès qui l'a déconsidéré, Voltaire se remet à la tâche. Il transcende les petitesses présentes en se faisant le chantre d'une grandeur passée. Pour qui juge d'un «siècle», les ragots du jour sont frappés d'inanité.[8] Des comparaisons peu flatteuses pour le «maître» du moment s'ébauchent. La leçon ne vise plus seulement Louis XV, mais aussi Frédéric II. Retournement important quand on se rappelle que le souverain prussien s'était passionnément intéressé au projet de Voltaire, déclarant même en 1741 à propos de ce «siècle divin»: «j'aimerais mieux l'avoir fait que d'avoir gagné une bataille».[9] Les mesquineries de la cour prussienne ont terni l'image du roi éclairé.

Au Marquisat, Voltaire travaille malgré la pauvreté des bibliothèques.[10] En Prusse, «il y a prodigieusement de baïonnettes et fort peu de livres».[11] Seule exception, la bibliothèque de Sans-Souci, bien fournie,[12] à laquelle Voltaire a accès. Cependant il est obligé aussi d'emprunter à l'extérieur,[13] ou de faire venir des ouvrages par son éditeur Walther.[14] D'après ses emprunts, il paraît avoir complété les chapitres relatifs à l'histoire religieuse. Pour mettre la dernière main à son texte, il lui manque toujours quelque manuscrit, quelque livre. Il se plaint de ne pas avoir des ouvrages essentiels pour le «Catalogue de la plupart des écrivains français» et pour les chapitres sur les arts.[15] Walther lui procure les quarante tomes des *Mémoires pour servir à l'histoire des hommes illustres dans la république des lettres* de Jean-Pierre Nicéron et les onze tomes de la *Continuation des Mémoires de littérature et d'histoire* de P. N. Desmolets.[16] Malgré ces difficultés, il pouvait en mai 1751 proposer à Frédéric d'imprimer à Berlin *Le Siècle de Louis XIV*, offre destinée à calmer certaine susceptibilité du souverain,[17] et dont les sous-entendus ou les attendus ne manquaient pas de piquant. A celui qui l'avait accusé en 1749 de ne rien achever,[18] la meilleure des réponses était donnée. Une leçon se dégage aussi de ce travail mené à bien en dépit des difficultés. Voltaire

8. Le comte d'Argenson rapporte des propos méprisants de Louis XV qu'il commente ainsi: «ce grand poète est toujours à cheval sur le Parnasse et la rue Quincampois» (*Mémoires*, iv.8-9).

9. D2517.

10. Fontius, p.91 et suiv. Frédéric n'accordera une aide aux bibliothèques qu'après 1770.

11. 5 septembre 1752 à d'Alembert, D5005.

12. 2 288 volumes, selon M. Fontius, p.92.

13. Par exemple au pasteur Achard (D4408), les *Mémoires [...] pour servir à l'histoire ecclésiastique*, de d'Avrigny. Il a recours aussi à la bibliothèque du baron von Marschall (D4419, D4425).

14. D4441, D4385, D4430, D4994, etc. M. Fontius a établi la liste de ses emprunts, p.95-102.

15. D4761.

16. Voir D4994. Il les renvoie à Walther.

17. D4463. Le contexte de cette lettre est sans équivoque. Voltaire se défend de différentes imputations.

18. D3866 (13 février 1749).

qui avait cru, ou voulu croire, que «le temps brillant de Louis XIV» renaissait sur les bords de la Sprée,[19] peut seulement le faire revivre par l'écriture, dans cette demeure près de la Havel où, courtisan disgracié, il s'est réfugié. Comprit-il que ces pages célébrant un beau siècle étaient son plus sûr refuge et la marque de son inaliénable liberté? Assurément, Louis XIV restera plus grand que Frédéric II.[20]

Mais où publier le *Siècle*? Voltaire pressent qu'un tel ouvrage rencontrera en France bien des difficultés. Il tâtera donc prudemment le terrain par une publication à l'étranger. Il a d'abord pensé, dès octobre 1750, à Walther à Dresde.[21] Il prend contact aussi avec Lambert à Paris. Deux éditions de son œuvre sont alors en chantier. Il se dit mécontent de l'une comme de l'autre. A l'entendre, rien n'est fait selon ses désirs. Ses lettres à Lambert sont remplies de reproches sur la précipitation avec laquelle on travaille, sur le désordre des matières auquel il faudrait substituer un classement thématique, sur le nombre excessif des volumes qu'il faudrait réduire de onze à neuf, sur la désinvolture de l'éditeur qui ne tient aucun compte de ses avis.[22] Toutes récriminations qui aboutiront à l'offre d'une nouvelle édition en sept ou huit volumes! A Walther qui avait édité ses *Œuvres* en 1748[23] et qui se montre réticent, il a proposé une nouvelle édition qui ferait «tomber celles d'Amsterdam et de France».[24] Il lui promet quelques pièces curieuses,[25] lui avance mille écus sans intérêt pendant un an, corrige avec soin les épreuves, envoie des cartons. Tous ces efforts se solderont par un demi-échec parce que le marché était saturé, mais aussi parce que le classement adopté par Voltaire fut critiqué, et d'abord par Frédéric II: «on dirait que ce sont les cantiques de Luther; et quant aux matières, tout est pêle-mêle».[26]

Voltaire prend aussi des contacts avec Dodsley, à Londres, par l'intermédiaire de son ami Fawkener.[27] Mais il préfère en définitive imprimer à Berlin. Il

---

19. D4180 (7 août [1750]), à d'Argental.

20. D4201 (28 août [1750]): Voltaire avait écrit à d'Argental, dans un moment d'enthousiasme: «Je crois que M. de Pont-de-Vesle avouera sans peine que Frédéric le Grand est plus grand que Louis XIV».

21. D4235. Il relance Walther (D4273, D4305, D4430, D4441).

22. Voir la série des lettres D4369, D4381, D4382, D4432, D4443, D4444, D4484, D4494. Lambert travaillait vite pour concurrencer l'édition de Rouen (Trapnell, 50R).

23. Trapnell, 48D.

24. D4441. Ce sera l'édition Trapnell, 52.

25. L'Avertissement de cette édition met l'accent sur les nouveautés: des chapitres nouveaux, des additions dans *La Henriade*, des changements considérables dans les tragédies, quantité de pièces fugitives nouvelles, l'*Histoire de Charles XII* augmentée.

26. D4946. Les tragédies dans cette édition sont placées en fin de volume.

27. D4529. Finalement, Voltaire fera passer deux «énormes ballots» de l'édition berlinoise, par Fawkener à Hambourg, à destination de libraires londoniens (D4777 et D4884). Dodsley imprimera deux éditions en français, dont l'une sera une édition in-quarto de luxe, vendue par souscription au prix de 16 shillings in 1752 (A.-M. Rousseau, *Voltaire et l'Angleterre*, Studies 145-147, 1976, p.718).

semble que Frédéric le souhaitait.[28] L'ouvrage sort donc des presses mêmes de l'imprimeur du roi de Prusse, Henning, à la fin de 1751, en deux volumes in-douze.[29] Trois mille exemplaires avaient été tirés.[30] Il est présenté comme «publié par M. de Francheville». Ce conseiller aulique, membre de l'Académie de Berlin, connaissait bien le monde de l'édition. C'était un homme très sûr, poète à ses heures.[31] Voltaire a fait mettre sous le nom de Francheville le privilège valant pour la Prusse et pour l'Empire. Le conseiller s'est donc chargé, moyennant rémunération, de la correction des épreuves et en général des rapports avec l'imprimeur.[32] C'est lui qui recevra les propositions de réédition de divers éditeurs d'Europe. Voltaire, craignant les réactions françaises, avait souhaité s'abriter derrière ce prête-nom.

Aussi se permettait-il certaines audaces. Les moindres étaient d'ordre orthographique. Pour la première fois il s'affirme ici novateur en la matière. Il se conforme à l'évolution de la prononciation en distinguant entre -oi et -ai. Il imprime donc était, avait et, selon le cas François (prénom) ou français, réforme qui finira par s'imposer – au dix-neuvième siècle. En outre, il supprime toutes les majuscules, sauf à la première lettre d'un paragraphe. L'initiale d'un nom propre, celle du premier mot suivant un point sont imprimées en minuscules. Un parti aussi radical aurait mis fin au flottement dans l'usage français des majuscules, qui subsiste encore aujourd'hui. Mais Voltaire ne sera pas suivi, et il y renoncera lui-même après l'édition Henning.

Le Siècle de Louis XIV marque une date dans l'histoire de l'historiographie. Jusqu'alors la tâche de l'historien avait été considérée comme étant subordonnée à des finalités autres qu'historiques. Au siècle précédent l'abbé de Saint-Réal avait rédigé une dissertation dont le titre même était parlant, De l'usage de l'histoire. L'histoire «sert»: au moraliste, au politique, au romancier ou au dramaturge. Car selon Saint-Réal, «étudier l'histoire, c'est étudier les motifs, les opinions et les passions des hommes». Autrement dit, on demeure au niveau des individus impliqués dans les événements. On s'en tient à l'analyse psychologique tendant à expliquer leur conduite. Tel était encore le cas de Voltaire dans son Histoire de Charles XII. Mais avec le Siècle, il se propose comme objet non pas l'histoire de Louis XIV, mais celle de son temps, embrassé dans sa totalité. Il fait l'histoire de

---

28. D'après D4463 ([mai 1751]).

29. D4632.

30. D'après D4632, 80 seraient incomplets.

31. D4763. Il commettra un poème sur les vers à soie (D5079). On ne confondra pas ce Joseph de Fresne de Francheville avec son fils, prénommé pareillement Joseph, dont Voltaire utilisera les services comme copiste.

32. D4632 (28 décembre [1751]), à Walther, donne toutes précisions sur l'édition: tirage, prix (2 écus d'Allemagne), diffusion, etc.

la collectivité humaine, saisie en un point du temps et de l'espace. Ce qui détermine son plan, contestable en ce qu'il a de non-chronologique. Voltaire brosse un «tableau». L'événementiel – comme nous disons – est présenté en séries successives: après la politique extérieure (chapitres I-XXIV), la politique intérieure (chapitres XXV-XXX), pour aboutir à ce sommet que sont les quatre chapitres sur les sciences et les beaux-arts, et à ce qui constitue le fond sombre du tableau, les cinq chapitres des affaires ecclésiastiques. Plan qui fait mal apparaître les connexions, par exemple entre la politique de Colbert et la guerre de Hollande, ou entre l'épuisement économique et les défaites de la fin du règne. Mais l'ordonnance choisie répondait au dessein de mettre en évidence, à partir des événements, ce que Voltaire appelle «l'esprit des hommes»: un mental collectif, en relation avec l'institution politique, comme avec les modes matériels d'existence. L'une des pages lumineuses du *Siècle* est celle où l'historien montre comment, après l'arrivée au pouvoir de Louis XIV, la centralisation monarchique a transformé les mœurs des Français. Il se pose la question: comment vivait-on alors, et il s'efforce de produire les éléments économiques d'une réponse. L'information dont il dispose à cet égard nous paraît bien pauvre. Mais il ouvrait une voie. Désormais l'histoire se suffit à elle-même, par son objet qui est le devenir des hommes vivant en société. Nous pouvons apprécier, après plus de deux siècles, l'avenir d'une telle conception. Du *Siècle de Louis XIV* à Marc Bloch, Lucien Febvre, Fernand Braudel – pour ne citer que ces noms – une continuité s'établit.

Dans ses *Remarques sur l'histoire* de 1742, puis dans ses *Nouvelles considérations sur l'histoire* de 1744, Voltaire s'était égayé des contes de nourrice que répètent des historiens dépourvus d'esprit critique.[33] Combattre la fable est une exigence prioritaire. Or le règne du Grand Roi avait été l'objet d'une intense élaboration mythologique.[34] La lucidité voltairienne fait merveille. Le passage du Rhin (12 juin 1672) avait été célébré comme le «prodige» du siècle[35] et «l'opinion commune était que toute l'armée avait passé ce fleuve à la nage, en présence d'une armée retranchée et malgré l'artillerie d'une forteresse imprenable appelée le Tholus».[36] Historien-journaliste, Voltaire s'informe. En réalité, «la sécheresse de la saison avait formé un gué sur un bras du Rhin», l'armée ennemie était démoralisée et le Tholus n'était qu'une maison de péage dans laquelle il y avait dix-sept soldats.

---

33. *OH*, p.41-49.

34. Nicole Ferrier-Caverivière, *L'Image de Louis XIV dans la littérature française de 1660 à 1715* (Paris 1981) et *Le Grand Roi à l'aube des Lumières, 1715-1751* (Paris 1985).

35. Quinze ans après l'événement, Bossuet dans l'*Oraison funèbre du prince de Condé* l'appelait «le prodige de notre siècle et de la vie de Louis le Grand» (*Oraisons funèbres*, éd. J. Truchet, Paris 1961, p.383).

36. *OH*, p.715-16.

L'enquête a détruit la légende. Historien-philosophe, Voltaire s'interroge sur la naissance de celle-ci qu'il attribue au goût du peuple pour l'exagération et à la splendeur du règne.

Voltaire a-t-il su résister aux prestiges de cet «air de grandeur dont le roi relevait ses actions»?[37] Il est sensible au sens de la gloire du souverain qui était salué par «un respect universel», dont le nom «pénétrait chez tous les peuples du monde» et qui, même dans le malheur, garde le sens du beau défi.[38] Voltaire n'ignore pas l'ambition démesurée de ce prince: après le traité de Nimègue, «il fit de la paix un temps de conquêtes» et alarme toute l'Europe.[39] Mais il ne stigmatise pas à la manière de Michelet «l'énormité de la démence orgueilleuse de Louis XIV».[40] Voltaire rend hommage au maître d'œuvre qui sut remettre de l'ordre dans le pays: «l'Etat devint un tout régulier dont chaque ligne aboutit au centre» et qui a laissé de «grands monuments utiles à la patrie.»[41] Louis XIV sut être un grand mécène; les lettres et les arts ont fleuri sous son règne, des bâtiments immenses ont été édifiés. Voltaire décrit la pompe théâtrale du règne, l'éclat de la vie de cour. Mais dans ces tableaux, point «d'univers magique», point de ce «saisissement devant la lumière et le sacré»[42] qu'avaient cultivé les panégyristes du Roi-Soleil. De la même plume qui célèbre le faste d'un règne, Voltaire dénonce ses petitesses ou ses cruautés. Le roi est un homme coupable de faiblesses qui se laisse gouverner par un jésuite, qui persécute les protestants, plus par souci de sa gloire que par conviction,[43] qui affecte de «fausses bontés» à l'égard de Fouquet qu'il veut perdre.[44] Sa redoutable légèreté lui fait signer, du fond de son palais, au milieu des plaisirs, l'ordre de destruction du Palatinat.[45]

Le jugement reste remarquablement pondéré, même en ce qui concerne les questions religieuses. Dans l'édition de 1751, Voltaire pèche par optimisme: l'esprit philosophique gagne de jour en jour et les ridicules disputes sur les cérémonies chinoises appartiennent à un temps révolu. Conclusion qu'il modifiera

---

37. *OH*, p.716.

38. *OH*, p.752, 754, 851 (Louis XIV tente d'envahir la Grande-Bretagne alors que l'entreprise est hasardeuse, par sens de la gloire).

39. *OH*, p.768.

40. Cité par R. Mandrou, *Louis XIV en son temps, 1661-1715*, Peuples et Civilisations (Paris 1978), p.557.

41. *OH*, p.980, 686.

42. J. Starobinski, *L'Œil vivant* (Paris 1961), p.32, 33.

43. *OH*, p.1053.

44. *OH*, p.899. La réflexion générale, «je ne sais pourquoi la plupart des princes affectent d'ordinaire de tromper par de fausses bontés ceux de leurs sujets qu'ils veulent perdre», est peut-être née en marge de l'expérience prussienne.

45. *OH*, p.772-73.

en 1761.[46] Pourtant tout au cours du dix-neuvième siècle, nombre d'éditions, et plus particulièrement celles adoptées par le «Conseil supérieur de l'Instruction publique», retranchent les chapitres XXXV à XXXIX consacrés aux affaires ecclésiastiques.[47]

Voltaire a voulu faire taire «la voix du préjugé» qui s'est élevée contre le règne de Louis XIV.[48] Le monarque n'est point pour lui le «magicien» dérisoire des *Lettres persanes*, pétri de contradictions ridicules et obsédé par le souci de paraître.[49] Malgré sa hauteur, ses erreurs, ses grandes qualités l'emportent enfin et il mérite de rester illustre.[50]

Voltaire croit au rôle moteur des grands hommes dans l'histoire. Ils donnent leur nom à des «siècles», ces «âges heureux» qui servent d'époque à «la grandeur de l'esprit humain». Dans le préambule qui ouvre *Le Siècle de Louis XIV*, Voltaire distingue quatre grands siècles: celui de Philippe et d'Alexandre, celui de César et d'Auguste, celui des Médicis, enfin celui de Louis XIV. L'abbé Dubos avait déjà défini la notion de «siècle», temps où «les arts et les sciences ont fleuri extraordinairement».[51] Mais c'est après la publication de l'ouvrage de Voltaire que l'expression passe dans le langage. Par delà Michelet, contempteur de «l'impardonnable crime» qu'a été ce règne, l'image d'une apogée monarchique est reprise en compte par l'historiographie républicaine. Lavisse dans son *Histoire de France depuis les origines jusqu'à la Révolution* (1911) magnifie ce siècle. Les manuels, dès l'école primaire, diffusent cette vision. L'image de Louis XIV devient ainsi une des composantes de la conscience historique française. «On peut dire», remarque Valéry, «que c'est à partir de [Voltaire] que ce siècle est devenu le Grand Siècle, qu'on l'a considéré comme un siècle tout à fait à part [...] d'une originalité extraordinaire, et, en même temps, d'une majesté qui a été reconnue par tous [...]. C'est à Voltaire qu'on doit cette sorte de canonisation de Louis XIV».[52]

La perspective historique de Voltaire n'est pas la nôtre. Il a vingt-et-un ans à la mort de Louis XIV. Il a été témoin des indécentes manifestations de joie populaire lors du décès du roi.[53] Il appartient à cet «Ancien Régime», qui pour lui était simplement le régime de la France. Notre appréhension de l'histoire s'est élargie: «nous croyons que l'histoire découvre en chaque époque ce qu'elle eut

---

46. Sur les variantes des dernières pages, voir *OH*, p.1728-29. Le trait final du *Siècle de Louis XIV* (p.1109) date de 1761.

47. Voir BN, catalogue, n° 3415, 3422, 3425, 3426, 3448, 3453, 3454, 3460, 3467, 3468.

48. D4960.

49. Montesquieu, *Lettres persanes*, éd. P. Vernière (Paris 1960), lettres 24, 37.

50. Voir le très beau portrait du roi (*OH*, p.950).

51. N. Ferrier, *Le Grand Roi à l'aube des Lumières*, p.101.

52. «Paul Valéry et Voltaire. Propos inédits», *RHLF* (1968), p.383.

53. *Voltaire en son temps*, i.75; *OH*, p.949.

de nécessaire, et par conséquent de légitime», nous sommes sensibles à différentes formes de beauté.[54] Voltaire n'a pas cette «largeur de sympathie»; il a le goût de son temps. Bien des documents ne lui ont pas été accessibles. Mais il a compris que 1660 était une date importante. Peut-être a-t-il, comme le dit encore Valéry, «[mis] ce siècle au tombeau»: «mais par quelle œuvre parfaite, il le dépose dans la gloire».[55] Le Siècle de Louis XIV recueille un héritage, mais ne signe pas la fin d'un monde. Il est traversé par le dynamisme des grands moments de l'histoire. Robert Mandrou clôt son ouvrage consacré à Louis XIV en rappelant le mot de Michelet selon lequel «le mépris et le respect tuent l'histoire».[56] Porté par l'admiration, élaboré au sein de la vigilance critique, l'ouvrage de Voltaire est de ceux qui donnent une nouvelle vie au passé.

Bien évidemment les contemporains ne voyaient pas si loin. On apprécie les mérites littéraires de l'ouvrage: son «beau coloris» selon le langage de l'époque, son style «fleuri, nerveux et coulant», «l'élégante précision [...] jointe à beaucoup de clarté.»[57] Le Siècle remporte un succès de curiosité.[58] L'enquête, journalistique par bien des aspects, supplée à la pauvreté des périodiques: beaucoup de lecteurs sont heureux de s'informer grâce à Voltaire de ce qu'ils ignoraient d'un passé encore tout proche. Pour cette raison précisément l'historien s'exposait à toutes sortes de chicanes de détail, et elles ne lui furent pas épargnées. Un vieux militaire lui fait la leçon sur ce qui est dit des campagnes d'Irlande.[59] Voltaire a qualifié de «petit» le concile d'Embrun, qui n'a réuni que sept évêques: le cardinal de Tencin, qui le présida, se fâche. On l'accuse de n'avoir pas respecté les convenances politiques. «L'histoire raconte les faiblesses comme les vertus»: mais il eût fallu gazer les «faiblesses» de Louis XIV.[60] On s'indigne du traitement voltairien des questions religieuses. Il est, par exemple, jugé intolérable que l'historien suggère, au chapitre XII, que «Turenne pouvait avoir des vues d'ambition» quand il se convertit du calvinisme au catholicisme et reçut en récompense l'épée de connétable.[61] En général, l'éloge décerné avec tant d'insistance à Louis XIV, d'avoir protégé les sciences et les arts, est ressenti – non à tort – comme sous-entendant un reproche à Louis XV et au cardinal de Fleury de négliger ces sciences et ces arts.

Quelques interventions sont plus positives. Cideville, d'Argental, le président

54. Remarque d'A. Adam dans son édition du Siècle de Louis XIV (Paris 1966), p.27.
55. Valéry, Œuvres, éd. Pléiade (Paris 1957), i.519.
56. R. Mandrou, p.558.
57. «Lettre à M. de Voltaire, sur son Histoire de Louis XIV», Mercure de France, juin 1753 (D5285).
58. D5113.
59. D5285.
60. D5011.
61. D4817.

Hénault proposent des additions au «Catalogue des écrivains».[62] Le second tome recueille des suffrages: ceux de Duclos qui a succédé à Voltaire en qualité d'historiographe, du président Hénault, de Frédéric II.[63] Si Chesterfield s'enthousiasme,[64] beaucoup manquent de chaleur. Ni le *Journal des savants*, ni le *Mercure de France*, ni les *Mémoires de Trévoux* ne parlent du *Siècle*; l'*Année littéraire* de Fréron est hostile, ses critiques sont proches de celles que fera La Beaumelle. Mais Clément dans ses *Nouvelles littéraires* (qui deviennent en 1752 les *Cinq années littéraires*) admire une manière neuve d'écrire l'histoire: «c'est avec cette rapidité, cette noblesse, cette impartialité hardie, cette variété de vues et ces réunions de traits, qu'il faut parler à l'esprit, aux yeux et à la mémoire».[65] Les journaux étrangers impriment des comptes rendus le plus souvent élogieux: *Journal britannique*, *Bibliothèque raisonnée*, *Bibliothèque impartiale*, *Nouvelle Bibliothèque germanique*, la *Bigarrure*.[66] Rappelons que Daniel Mornet a établi que le *Siècle* prenait rang parmi les huit livres les mieux représentés dans les bibliothèques privées au dix-huitième siècle.[67] Mais dans les mois qui suivirent sa première édition, ce furent les critiques qui dominèrent en France.

Le concert de protestations ne favorisait guère, on l'imagine, le projet de retour en France, toujours d'actualité au début de 1752. D'Argens étant revenu à la cour de Prusse, Voltaire a quitté le Marquisat et réintégré le «château», soit qu'il loge à Berlin ou à Potsdam. Pourtant durant l'hiver de 1752, à la suite de quelque disgrâce du maître, il s'est mis en pension chez une dame Bock, «derrière le Packhofe».[68] Il n'est pas présent à l'Académie de Berlin le 19 janvier, lors de la séance solennelle pour l'anniversaire du roi, où est lu l'*Eloge de La Mettrie* composé par Frédéric II, faute, semble-t-il, d'y avoir été invité.[69] Décidément, Voltaire commence à rêver d'un «ailleurs». Il envisage pour le printemps prochain un voyage à Paris, alors qu'il est reparti pour Potsdam en compagnie du roi le 26

---

62. D4843, D4848.

63. D4641, D4819, D4869.

64. D4876: «It is the history of the human understanding, written by a man of parts, for the use of men of parts».

65. *Cinq années littéraires* (1752), ii.48; cité par Marc Serge Rivière, «Contemporary reactions to the early editions of *Le Siècle de Louis XIV*», *Studies* 266 (1989), p.245. Tout ce qui a trait à la réception du *Siècle* dans les périodiques est emprunté à cet article (p.236-52).

66. On notera que les périodiques dirigés par Formey, la *Nouvelle Bibliothèque germanique* et la *Bibliothèque impartiale*, insèrent des comptes rendus favorables.

67. Daniel Mornet, «Les enseignements des bibliothèques privées, 1750-1780», *RHLF* 17, 1910, p.460, 465.

68. D4793; Droysen, *Besuche*, p.110.

69. D4775. L'assemblée publique de l'Académie se tenait habituellement le premier jeudi après le 24, jour anniversaire du roi. Cette séance eut lieu un mercredi. Voltaire menait alors une vie retirée. Sans doute n'a-t-il pas été averti de ce changement de date.

février,[70] et qu'il y séjourne pratiquement sans interruption.[71] Le 10 mars 1752, il promet à Cideville de demander permission à «l'enchanteur» auprès duquel il vit de «venir faire un petit tour dans sa patrie» pendant que le roi sera en tournée militaire. Même promesse à Mme d'Argental, à Richelieu, à sa nièce Mme de Fontaine et sans doute à Mme Denis (on se rappellera que nous n'avons pas les vraies lettres adressées de Prusse à celle-ci).[72] Il l'annonce également à Le Baillif qui, après la mort de Tyrconnel, est accrédité comme chargé d'affaires en attendant l'arrivée du chevalier de La Touche.[73]

Un succès théâtral à Paris faciliterait les choses. Or *Rome sauvée* va faire enfin ses débuts à la Comédie-Française. Après maints «rapetassages»,[74] ses amis ont donné leur accord. Le seul rôle féminin, celui d'Aurélie, a été retiré à Mlle Gaussin dont les «grâces attendrissantes» convenaient mal à ce personnage d'«amazone». On lui a préféré Mlle Clairon, pour «sauver Rome une seconde fois».[75] La Noue interprète Cicéron, et Lekain Catilina. La première, le 24 février 1752, est un succès. Les deux derniers actes surtout firent grand effet. Voltaire reçoit alors des lettres enthousiastes de tous ses amis: d'Argental, Chauvelin, Cideville.[76] La pièce en sa nouveauté obtint onze représentations: résultat honorable, sinon triomphal. Voltaire tente d'exploiter à Versailles l'avantage qu'il estime s'être assuré sur Crébillon. Il voudrait dédier sa pièce à Louis xv. Il charge Mme Denis d'en demander la permission.[77] Qu'elle s'adresse à Mme de Pompadour ou au marquis d'Argenson. Ce sera la dédicace «d'un sujet, d'un officier de la maison [du] roi, d'un homme de lettres qui s'est consacré à célébrer l'héroïsme et la vertu.» Il insiste sur sa qualité de sujet français: si Louis xv lui a permis de demeurer auprès d'un autre monarque, il reste là un étranger, «un témoin de plus de sa gloire».[78] La démarche n'avait guère de chance d'aboutir. Elle sera abandonnée.

En mars, ses amis le pressent plus que jamais de rentrer. Mais Voltaire hésite.

---

70. On ne sait depuis combien de temps il était chez Mme Bock. D'après le «Journal du carnaval» de La Beaumelle, il était à Berlin dès le 7 décembre 1751. Le 26 janvier, lorsque le roi retourne à Potsdam, il reste à Berlin, où il est en disgrâce (D4778, D4781). S'installa-t-il alors chez Mme Bock et resta-t-il à cette adresse jusqu'au mois de février? Voir 4793, D4802, D4805.

71. Il est à Berlin les 18 et 19 mars (D4839, D4842), et du 25 au 28 mars (D4852, D4853).

72. D4827, D4831, D4833, D4839.

73. D4837. Tyrconnel meurt le 12 mars. Sur l'arrivée de La Touche, voir D4879, D4882.

74. D4579. Voir *Voltaire en son temps*, ii.388-90. Sur ces modifications de *Rome sauvée*, voir D4604, D4787.

75. D4629. Mlle Gaussin passera dans le camp des ennemis de *Rome sauvée*, malgré les efforts de Voltaire pour l'apaiser (D4787).

76. D4813, D4814, D4818, D4820.

77. D4806 (19 février 1752).

78. Projet de dédicace, envoyé à d'Argental (D4845).

Il craint que le succès de *Rome sauvée* ne se soutienne pas. «Aujourd'hui on bat des mains, demain on se refroidit, après-demain on lapide.»[79] Car il voudrait obtenir aussi des assurances concernant *Le Siècle de Louis XIV*. Voltaire a promis de faire autant de cartons que l'on voudra et les exemplaires qu'il dépêche sont tout «farcis de corrections».[80] Mais les dernières nouvelles ne sont pas encourageantes. Le président Hénault, censeur officieux, a fait son rapport au comte d'Argenson. Après avoir déploré que «le plus bel esprit de ce siècle» soit «un fou» que sa jalousie a banni de France, il forme le vœu qu'on le mette «à portée de revenir», «cet ouvrage pourrait en être l'occasion».[81] Le président Hénault envoie à Voltaire des remarques critiques sur le premier tome, car Louis XIV n'y est pas traité comme il doit l'être. Il ne tarit pas d'éloges sur le second. Voltaire sollicite donc une permission tacite de publier le *Siècle* en France. Il a fait parvenir un exemplaire à Mme de Pompadour qui a reçu Mme Denis.[82] Il a soumis son ouvrage aux «lumières» de Malesherbes, espérant qu'il trouverait grâce auprès de ses compatriotes. Il fait agir d'Argental.[83] Il engage Lambert à entreprendre des démarches. Il a même demandé officiellement le 10 avril 1752 que l'édition berlinoise soit interdite à Paris.[84]

Encore faudrait-il que le président Hénault ait «le courage et la vertu de dire à M. d'Argenson qu'une histoire n'est pas un panégyrique». Encore faudrait-il que Le Baillif, intérimaire à l'ambassade de France, renonce à son intention d'introduire quelques exemplaires en France.[85] Voltaire se rend à l'évidence. Il comprend qu'il n'aura pas en France la permission d'imprimer que «Louis XIV était un grand homme». L'œuvre de celui qui mériterait le titre de «trompette des rois de France» n'entrera que subrepticement à Paris.[86] En revanche, la première édition du *Siècle* était largement diffusée dans les cours européennes, où l'auteur en fait hommage.[87] Fin juillet, début août 1752, le voyage de Mme Denis à Versailles, vraisemblablement pour solliciter en faveur du *Siècle* et préparer au retour de son oncle, était condamné d'avance à l'échec.[88] Comme Voltaire l'avait prévu, *Rome sauvée* ne le sauvait pas, et «les pierres du monument»

79. D4828.
80. D4630.
81. D4641 (31 décembre 1751).
82. D'après D4837. Voltaire a corrigé tous les passages que le président Hénault lui avait indiqués.
83. D4771, D4787.
84. D4863, à Malesherbes.
85. D4832.
86. D4828 (11 mars [1752]), à d'Argental, D4833 (14 mars 1752), à Richelieu.
87. D4789, au baron von Bernstorff; D4791, à Louise Ulrique de Suède; D4792, à la duchesse de Saxe-Gotha; D4796, à Marie-Antoinette de Saxe.
88. D4992.

qu'il avait «élevé à l'honneur de sa patrie» l'écrasaient.[89] Ses amis s'étaient dépensés en vain. Au printemps de 1752, il rêvait encore de venir les embrasser; en juillet les jeux étaient faits. La vérité, sous des formes différentes, n'avait cours ni à Versailles ni à Berlin. «J'ai deux âmes, l'une est à Paris, l'autre auprès du roi de Prusse», déclarait-il.[90] La première ne pouvait se nourrir que de vagues espérances, la seconde devait s'adapter à de multiples contraintes.

Des décès, des départs, des retours modifient le paysage changeant de ses relations. La Mettrie meurt le 11 novembre 1751, le comte de Rothenburg le 29 décembre, milord Tyrconnel le 12 mars 1752. Il écrit de plaisantes oraisons funèbres de l'«homme-machine», mourant pour «avoir mangé par vanité tout un pâté de faisan aux truffes».[91] Il envoie des compliments de condoléance au roi lorsque le second meurt, prétendant qu'il vient de perdre auprès de Sa Majesté «le seul homme qui connût [son] cœur et [ses] sentiments pour Elle.»[92] La mort de Tyrconnel lui inspire quelques lignes féroces:

Il était le second gourmand de ce monde, car La Mettrie était le premier. Le médecin et le malade se sont tués pour avoir cru que Dieu a fait l'homme pour manger et pour boire. Ils pensaient encore que Dieu l'a fait pour médire. Ces deux hommes, fort différents d'ailleurs l'un de l'autre, n'épargnaient pas leur prochain. Ils avaient les plus belles dents du monde et s'en servaient quelquefois pour dauber les gens.[93]

On n'en déduira pas pour autant que Voltaire ait été insensible à ces décès d'hommes jeunes, robustes, apparemment en excellente santé et dont certains étaient de relations agréables. «Quel songe que la vie! et quel songe funeste!»[94] Un air de nostalgie, une bouffée de tristesse vague s'insinuent dans ses lettres, vite réprimés par l'urgence des tâches de celui qui continue à vivre, d'une vie obstinée et maladive. Car Voltaire pendant ces années prussiennes se croit âgé, et insiste volontiers sur sa décrépitude physique, un des leitmotive de sa correspondance étant celui de la perte de ses dents.[95] Cet éternel mourant eut même le plaisir de corriger l'*Ode* que Frédéric avait composée pour «qu'il prenne son parti sur les approches de la vieillesse et de la mort». Il réplique qu'il fait en

---

89. D4787, D4837.

90. D4858.

91. D4605 (13 novembre 1751), à Richelieu. *L'Homme-machine* de La Mettrie a été publié en 1747. Sur la mort de La Mettrie, voir M. Fontius, «Der Tod eines ‹Philosophe›: unbekannte Nachrufe auf La Mettrie», *Beiträge zur Romanischen Philologie* 6 (1967), p.5-28, 226-51.

92. D4636 ([29 décembre 1751]). Voir *Voltaire en son temps*, ii.182-83.

93. D4833. Mais sur Tyrconnel, voir plus haut, p.29-30.

94. D4636.

95. D4365, D4397, D4588, D4626, D4787, D4833.

enrageant ce «triste apprentissage» et rime cette fin proche dans des vers qui ne manquent pas de grandeur:

> La mère de la mort, la vieillesse pesante
> A de son bras d'airain courbé mon faible corps.[96]

Voltaire n'avait pas dit son dernier mot. Il est de ceux qui s'étonnent toujours d'être encore vivants, mais dont le «maigre corps» possède de remarquables ressources.

D'autres départs, moins définitifs, laissent leur trace dans sa correspondance: celui de milord Maréchal, le 25 août 1751, nommé ambassadeur de Prusse à Versailles, celui de Chazot le 20 novembre, celui de Darget surtout le 15 ou le 16 mars 1752, qui va soigner sa vessie en France. Maupertuis a obtenu le 2 mai permission de partir, mais il ne mettra son projet à exécution que beaucoup plus tard. D'autres reviennent, comme le marquis d'Argens (absent de Prusse, on se le rappelle, depuis mai 1750). Dès son retour, Voltaire l'accueille par un billet cordial, puis manifeste quelque dépit du ton guindé du «cher Isaac». Selon Frédéric, un différend survint entre eux. Dans la *Politische Correspondenz*, le roi note à la date du 16 octobre 1751: «D'Argens est de retour de France, il a eu une prise avec Voltaire, mais c'était le roitelet qui se jouait avec l'aigle; vous jugez bien qui l'a emporté».[97] Mais leurs relations paraissent ensuite très bonnes.[98] A plusieurs reprises, Voltaire assure que d'Argens et Algarotti font les délices de la retraite de Potsdam, déplorant que «l'envie de plaire n'entre pas dans [les] mesures géométriques» de Maupertuis.[99]

De la vie de cour à laquelle il est, quoi qu'il en dise, assujetti ne subsistent que des évocations idylliques destinées à ses amis parisiens. Il continue à chanter le refrain de la «vie douce» qu'il mènerait, «plaisant chambellan» dont la seule fonction est de «passer de [sa] chambre dans l'appartement d'un roi philosophe pour aller souper chez lui».[100] Qu'en était-il en réalité? L'examen de quelques dates permet de mieux cerner la question.

Pendant la première quinzaine de septembre 1751, alors qu'il vient d'abandonner sa retraite du Marquisat, Voltaire séjourne à Berlin, et fréquente assidûment Monbijou et Schönnhausen, résidences des deux reines. Dès le 16, il retourne à Potsdam avec le roi qui revient de sa tournée militaire en Silésie, et il y reste jusqu'au 6 décembre.[101] Il n'accompagne pas Frédéric à Berlin, ni les 8 et 9

---

96. Frédéric II, *Œuvres*, x.52-54; D4583.
97. *Politische Correspondenz*, viii.480-81.
98. D4555, D4559, D4925, D4926, D4927.
99. D4831, D4833, D4840, sur d'Argens et Algarotti; D4831, sur Maupertuis.
100. D4831, D4839.
9981. On est bien renseigné sur les déplacements du roi par le *Tageskalender*. Le tableau établi par Th. Besterman (D.app.104, «The movements of Voltaire and Frederick in 1750-1753») est à compléter par la chronologie de Magnan, p.399-421.

octobre, ni les 5 et 22 novembre. En revanche, il reste à Berlin du 7 décembre au 26 février 1752,[102] alors que le roi est rentré à Potsdam le 26 janvier. C'est alors qu'il prend pension chez Mme Bock. Puis il s'installe pour des mois à Potsdam, ne passant que quelques jours en mars à Berlin. Il n'accompagne pas le roi à Berlin, ni en avril ni en mai 1752,[103] et en juin Voltaire et Frédéric n'eurent que peu d'occasions de se rencontrer.[104] Ces précisions permettent de briser le stéréotype d'un Voltaire courtisan dont la vie se passe dans l'ombre et au service du roi de Prusse. Leurs rencontres sont, tout compte fait, assez limitées. Mais leurs relations ne sont pas simples pour autant.

Des périodes d'accord nous sont parvenus quelques billets versifiés sur «l'étonnant génie» de ce «rival de Marc-Aurèle», quelques discussions littéraires occasionnées surtout par les ouvrages du souverain.[105] Des nuages passent néanmoins, plus ou moins sombres. Il y eut l'affaire de la comtesse polonaise Poninska. Cette personne, parente du roi Stanislas, arrive à Berlin fin août 1751 ; elle repart fin octobre. Elle vient solliciter pour ses intérêts.[106] Mme de Bentinck alerte son ami sur les bruits qui courent. Voltaire aurait écrit à cette Polonaise, sous le nom et de la part du roi, qu'il la priait de venir à Potsdam, où justice lui serait rendue. On ajoutait qu'ensuite le secrétaire de Voltaire l'avait suppliée de détruire la lettre de son maître. On racontait que le roi, averti de cette nouvelle manigance de son chambellan, avait envoyé d'Argens et Maupertuis interroger cette dame, laquelle heureusement avait tout nié. Après enquête et interrogatoire de son secrétaire Richier,[107] Voltaire l'accuse de s'être fait le chevalier servant de la comtesse qui effectivement s'est rendue à Potsdam où le roi, «très surpris de la trouver sur son passage», «s'en est débarrassé au plus vite».[108] Voltaire jure n'avoir jamais vu de comtesse polonaise, mais se plaint de ce «singulier pays» où une Polonaise ne peut lui envoyer «un pain polonais» sans que l'on glose à perte de vue : il s'est contenté, en homme bien élevé, de la remercier et de lui donner un portrait du roi Stanislas. On ne sait rien de plus sur cette intrigue supposée, qu'il nie vigoureusement. Un piège lui fut-il tendu, comme le soupçonne Mme de Ben-

102. Voir Droysen, p.109 : date confirmée par deux lettres à la comtesse de Bentinck (Magnan, p.451-52).

103. D4839, D4841, D4896.

104. Du 1er au 6 juin, le roi part en tournée militaire vers Magdebourg, séjourne à Berlin les 11 et 12 juin, part pour la Poméranie du 12 au 18 juin. Voltaire reste à Potsdam, il n'assiste même pas au mariage du prince Henri le 25 à Berlin.

105. D4562, D4563, D4608 et D4560, D4581, D4582.

106. Voir A. Magnan, «Textes inédits pour la correspondance de Voltaire», *RHLF* 76 (1976), p.72-73.

107. Richier avait remplacé Tinois en décembre 1750 et resta au service de Voltaire jusqu'au début de 1752 (D4753, D4755).

108. D4591, D4592. Voltaire charge son secrétaire ; il se dit prêt à le renvoyer.

tinck? Faut-il y voir quelque prolongement de l'affaire Hirschel? Il est question d'une «juive H.» qui aurait escamoté la lettre envoyée par Voltaire à la comtesse Poninska. Du moins cette tracasserie enseigne-t-elle à Voltaire qu'«il ne faut ici parler à personne»,[109] que ses ennemis ne désarment point, qu'il est à la merci de brigues obscures, même si Mme de Bentinck l'aide à naviguer parmi ces écueils. Aussi lui déclare-t-il: «Il n'y a pour moi de comtesse que vous.»[110]

Les «fins d'année» surtout ne lui sont pas heureuses.[111] En décembre 1751, la publication du *Siècle de Louis XIV*, par l'imprimeur royal, suscite une «affaire Henning». Voltaire apprend que l'on débite publiquement le *Siècle* à Francfort-sur-l'Oder, où les feuilles imprimées par Henning sont envoyées au fur et à mesure. Puis il pense être menacé d'une édition pirate à Breslau. Il réagit vivement à cette «perfidie» qui, selon lui, le «perd en France», au moment où il vient de soumettre son manuscrit à la censure officieuse de Hénault.[112] Il s'adresse d'abord à Darget, puis directement à Frédéric. Il demande la saisie de l'édition de Francfort et des perquisitions dans les voitures qui se rendent à Leipzig.[113] Cette requête qui mettait en cause le libraire du roi fut mal reçue.[114] Voltaire assure en vain à Darget qu'il ne songeait à aucun procès, déclaration destinée à être transmise à qui de droit; Frédéric l'en soupçonne. Voltaire doit réfuter cette «calomnie»: il veut faire représenter à Henning sa «turpitude», et voici qu'on l'accuse, lui, d'être un trublion![115]

Le paradoxe n'est qu'apparent qui transforme la victime en coupable. L'affaire Hirschel justifiait tous les procès d'intention. Voltaire ne peut effacer cette tache indélébile qui assure au roi le confort d'accusations toutes faites et lui permet, pour masquer quelque mécontentement plus ou moins avouable, d'endosser le rôle de redresseur de torts. Voltaire en est donc réduit à protester indéfiniment à la moindre anicroche, l'incident le plus mineur menaçant d'être envenimé par les arrière-pensées. Il lui faut sans cesse renouveler des serments d'allégeance à celui qui est «le maître de [sa] destinée».[116] Son seul recours est dans le rappel des «promesses sacrées», des «assurances respectables» d'un souverain décidément bien ombrageux. Sa tactique est de parier sur la «philosophie» de Frédéric et sur son désir de paraître philosophe, qui devraient conjurer sa méfiance invétérée, son pessimisme, entretenus par certain fond de malignité.

109. D4591.
110. D4589.
111. D4635.
112. Voir la série de lettres à Darget, de D4622 à D4625, et D4631.
113. D4635.
114. Elle coïncidait avec le décès de Rothenburg; Voltaire doit se défendre de manquer de cœur, en protestant de son attachement au défunt, comme on l'a vu plus haut.
115. D4622, D4623, D4781.
116. D4808.

Une explication entre les deux hommes s'avère nécessaire. Voltaire prie le roi de l'avertir «s'il y a quelque chose de répréhensible dans sa conduite». Frédéric a peut-être eu vent, par quelque indiscrétion du cabinet noir, des velléités voyageuses de son chambellan. Il est manifestement indisposé par les réticences patentes de Voltaire à réintégrer Potsdam. Voltaire se fait attendre. Il se contente de répéter benoîtement, depuis Berlin, que son plus cher désir serait de retourner auprès du roi: malheureusement ses maladies l'en empêchent.[117] Il s'efforce même de donner mauvaise conscience au monarque, en prétendant que tout ce que l'on mande à Paris détourne sa nièce de venir s'établir en Prusse,[118] allégation qui n'avait aucune chance de produire de l'effet. Enfin, après de nouvelles soumissions, des appels réitérés à la grandeur d'âme du roi, Voltaire reçoit les «paroles de bonté» qu'il quémandait, et qui confirment son statut particulier à la cour de Prusse: celui d'un génie.[119] Peut-être faut-il dater de cette réconciliation le poème «Blaise Pascal a tort», qui paraîtra sous le titre *Les Deux tonneaux* dans *La Bigarrure* au début de 1753. Les rois, comme Dieu, ont deux tonneaux, celui du Bien et celui du Mal. Le poète prie le souverain de boucher pour jamais «le tonneau des dégoûts, des chagrins, des caprices», de verser «les douceurs de la vie» sur son «Olympe sablonneux»:

Et que le bon tonneau soit à jamais sans lie.[120]

Cette escarmouche de l'hiver 1752, même terminée avec les honneurs de la guerre et suivie d'un raccommodement, devait laisser à penser à Voltaire, à un moment où il posait des jalons pour un retour en France. Il se plaint certes, et non sans raison: «Je conjure Votre Majesté de ne pas briser le roseau fêlé que vous avez fait venir de si loin»,[121] mais Frédéric n'a pas tort de juger que ce roseau comme celui de la fable plie, mais ne rompt pas.[122] Un des secrets de cette résistance souple pourrait bien être la multiplicité des intérêts voltairiens. Toujours quelque affaire sollicite son attention. Il lui faut parer au plus pressé, ce qui évite tout ressassement morose et le préserve de la plus insidieuse des dépendances, celle de l'esprit et du cœur. «Voltaire, griffes cachées, faisait le gros dos aux pieds du roi», s'imagine Hugo.[123] Mais il gardait certaine liberté intérieure, liée à sa mobilité d'esprit.

117. Voir D4782, D4793, D4805, D4807.

118. D4778. Il est sûr que le refus de Mme Denis de venir s'établir à Berlin est bien antérieur à cette date. Mais Voltaire avait appris non sans tristesse que sa nièce songeait à épouser le marquis de Ximénès (D4793). Il dut alors regretter de s'être éloigné de Paris.

119. D4819 ([vers le 25 février 1752]).

120. M.x.960-62.

121. D4781.

122. D4819.

123. Hugo pense à Louis XV, mais l'expression vaut tout autant pour le séjour prussien (*William Shakespeare*, dans *Œuvres complètes*, éd. Hetzel, p.325).

C'est précisément cette caractéristique voltairienne qui rend malaisée la tâche du biographe. Les fils d'intrigues diverses s'entrelacent dans la même période. Il faudrait parler de tout à la fois : ce qui manifestement est impossible. La narration par la force des choses tire un fil après l'autre, au risque de négliger les connexions. Dans ce deuxième hiver de Voltaire en Prusse (novembre 1751-mars 1752), nous avons suivi les velléités secrètes de retour en France, les rapports difficultueux avec Frédéric, les complications qu'entraîne la publication du *Siècle de Louis XIV*. Au travers de quoi s'entremêle la première séquence de ses démêlés avec La Beaumelle.

Voltaire le voit arriver à Berlin le 7 novembre 1751. Il jauge le nouveau venu : un homme de lettres «cherchant pratique» à la cour de Prusse.[124] Un de plus. Va-t-il être un second Baculard d'Arnaud, un an après l'éviction du «soleil levant»? Mais celui-ci va s'affirmer un partenaire bien autrement redoutable.

Laurent Angliviel, qui prit par prudence le nom de La Beaumelle lorsqu'il s'exila dans la cité de Calvin, tirait son origine d'une famille bourgeoise de protestants cévenols. Il était né, en 1726, au pays camisard. Claude Lauriol, dans un livre fondamental,[125] a raconté les pressions, voire les persécutions, dont lui et les siens étaient l'objet pour le détacher de la «religion prétendue réformée». Mais, après l'épisode sans lendemain d'une conversion au catholicisme, il reste fidèle à sa foi. Il s'enfuit à Genève pour y recevoir une formation calviniste. Esprit ardent, caractère intrépide, avec un grand amour des lettres, il se sent de taille à réussir par la plume. Un poste de précepteur dans une grande famille du Danemark lui offre l'occasion de «partir à la conquête du Nord».[126] Il lance un périodique, *La Spectatrice danoise*, qui obtient du succès. On crée pour lui un poste de «professeur extraordinaire de langue et belles-lettres françaises à l'Université de Copenhague».[127] Mais il lui faut obtenir l'autorisation du roi de France. Il fait donc le voyage de Paris et de Compiègne pour la solliciter. C'est alors qu'il rencontre Voltaire, pour qui il était porteur d'une lettre de recommandation. Il lui rend visite, et reçoit l'accueil chaleureux que l'illustre poète réserve aux débutants (17 juin 1750). La Beaumelle est invité à une représentation de *Rome sauvée* à Sceaux, chez la duchesse du Maine. Il admire le talent de Voltaire acteur, dans le rôle de Cicéron : «un feu, un enthousiasme, des entrailles, un ton qu'on chercherait en vain parmi les comédiens de profession».[128] Mais il juge, *in petto*, la tragédie de Voltaire inférieure au *Catilina* de Crébillon. Son grand homme, c'est Montesquieu, qu'il rencontre à Paris en juillet 1750.

---

124. D4609.
125. *La Beaumelle, un protestant cévenol entre Montesquieu et Voltaire* (Genève-Paris 1978).
126. Lauriol, p.105.
127. Lauriol, p.165.
128. Lauriol, p.172.

Pour Voltaire il éprouve une aversion qu'il ne cherche guère à dissimuler. Revenu à Copenhague, entre autres activités, il lance un projet d'édition des classiques français. Le recueil réunira «les ouvrages du premier et du second beau». Il demande donc à Voltaire d'y insérer *La Henriade* (sans préciser dans quelle catégorie du «beau» il la rangeait). Voltaire lui envoie un exemplaire corrigé de sa main. Mais La Beaumelle fait la fine bouche: «Je m'étais flatté que vous retrancheriez quelques morceaux, que vous changeriez quelques vers, que vous rayeriez quelques fautes de langage.»[129] Voltaire ne relève pas l'insolence. Brillant et hardi, n'ayant cure de se faire des ennemis, La Beaumelle, calviniste et Français, a contre lui à Copenhague un parti allemand et luthérien, qui barre tous ses projets d'ambition: échec d'un riche mariage, échec de sa candidature à la direction de la Bibliothèque du roi, puis à celle de la Comédie française. On refuse de l'admettre à l'Académie danoise; on lui refuse le poste de précepteur de la famille royale.[130] Amer et furieux, il se venge en improvisant pendant l'été de 1751 ce qui reste son meilleur ouvrage, *Mes Pensées* ou *Le Qu'en dira-t-on*. Il le compose au fur et à mesure qu'il l'imprime: 400 pages de «pensées détachées», qui mériteraient une réévaluation. Il laisse la bride à son esprit et à sa verve, sans écouter aucun conseil de prudence. Il décoche au passage à Voltaire un paragraphe virulent qui va faire bondir le grand homme. La Beaumelle ne prévoyait certes pas que quelques semaines plus tard il allait se trouver à la cour prussienne où l'appui du chambellan de Sa Majesté lui serait fort utile. A Copenhague le scandale est tel que l'auteur de *Mes pensées* doit partir le 20 octobre.

Il s'assure cependant, croit-il, le moyen de se rétablir. Voltaire le sait bien informé des affaires de la comtesse de Bentinck. Le chargé d'affaires français au Danemark, l'abbé Lemaire, lui avait confié le règlement de cette négociation politique. Singulière idée de remettre une question aussi embrouillée aux bons soins d'un homme si peu diplomate! Rapidement La Beaumelle reconnaît l'impossibilité d'aboutir. On l'a empêché de rencontrer le roi. Voltaire s'en réjouit, sans peut-être y avoir contribué. Ses démarches lui auront tout au moins acquis la sympathie de Mme de Bentinck: la comtesse va tenter d'aplanir les différends qui vont s'élever entre les deux hommes.

Voltaire est inquiet. Il sait que La Beaumelle a rassemblé une collection de lettres inédites de Mme de Maintenon: «c'est un fureteur de manuscrits».[131] N'y a-t-il pas là de quoi contredire *Le Siècle de Louis XIV*, au moment où l'ouvrage s'imprime? Voltaire demande communication des manuscrits, le 14 novembre.[132] La Beaumelle refuse, le plus obligeamment possible. Mais soudain Voltaire

---

129. D4492 (22 juin 1751).
130. Lauriol, p.251.
131. D4603.
132. Entrevue attestée, Lauriol, p.266.

découvre l'attaque publique que s'est permise l'auteur de *Mes pensées*. La Beaumelle lui avait fait tenir un exemplaire de son livre, à la prière de Mme de Bentinck qui répondait aux solicitations de son ami.[133] C'est ainsi que Voltaire put lire cette «pensée» (XLIX) qu'il allait rendre célèbre:

Qu'on parcoure l'histoire ancienne et moderne, on ne trouvera point d'exemple de prince qui ait donné sept mille écus de pension à un homme de lettres à titre d'homme de lettres. Il y a eu de plus grands poètes que Voltaire; il n'y en eut jamais de si bien récompensés, parce que le goût ne met jamais de borne à ses récompenses. Le roi de Prusse comble de bienfaits les hommes à talents précisément par les mêmes raisons qui engagent un prince d'Allemagne à combler de bienfaits un bouffon et un nain.

Etre ravalé au rang des «bouffons» et des «nains»: on comprend l'indignation de Voltaire, même si d'autres «pensées» corrigeaient quelque peu cette remarque dédaigneuse.[134] Voltaire sait que le trait sera exploité contre lui. Il en fut question aux soupers du roi,[135] et le 7 décembre, au cours d'une entrevue orageuse, Voltaire en fit un «crime» à son auteur.[136] Seul La Beaumelle raconta cette rencontre. Son récit rapporte les reproches de Voltaire qui se défend avec hauteur d'être sans biens et sans revenus, et qui s'attire cette réplique: «je lui ai répondu que je savais très bien qu'il était riche et aussi bien qu'il n'était point respectable de ce côté-là.» La Beaumelle a même le front de soutenir que Voltaire comprenait mal une remarque écrite à sa «gloire»!

Voltaire «bouffon», «nain»: l'insulte passait manifestement les bornes. Mais il serait difficile d'effacer ce qu'avaient de percutant ces phrases. Voltaire réagit d'autant plus vivement que son adversaire ne manquait pas de clairvoyance. Il dénonçait la sujétion financière, mal supportée, on l'a vu, par le chambellan de Sa Majesté. Il allait accréditer une idée dénigrante que sa formulation piquante rendait difficile à extirper. Voltaire se sentait bafoué dans ses plus anciennes aspirations à la considération. Il voyait ridiculisée l'image d'ami d'un roi philosophe à laquelle il avait tant sacrifié. Un mot rosse et tout un édifice d'illusions s'écroulait.[137] La volonté de vivre avec Frédéric II une aventure exemplaire, celle

---

133. Lauriol, «Un assassinat littéraire, ou Voltaire et les *Pensées* de La Beaumelle», *Le Siècle de Voltaire* (Oxford 1987), p.593-601.

134. Claude Lauriol fait remarquer que la pensée sur les bouffons s'inscrivait dans le prolongement de la pensée précédente qui évoquait l'importance des étrangers dans les pays qui les accueillent («Un assassinat», p.599). Citons aussi la pensée CCXX: «Les talents ne sont bien protégés que par les talents; et il n'appartient qu'au roi de Prusse d'admettre dans sa familiarité Maupertuis, Voltaire, Algarotti, et de dire que ‹les savants et les beaux esprits s'élèvent à l'égal des souverains› (*Mémoires de Brandebourg*, deuxième partie)».

135. D5098, D5192, D.app.121, *OH*, p.1225. La Beaumelle accuse Voltaire de ce forfait. Voltaire s'en défend et accuse le marquis d'Argens.

136. Journal de La Beaumelle, cité par Lauriol, p.269.

137. Voir Mervaud, I, II; et Lauriol, «Un assassinat», p.598-600.

de faire s'incarner des chimères, allait-elle achopper sur un trait impitoyable de ce jeune homme? Il dut peu apprécier les trois autres mentions qui étaient faites de son nom dans le *Qu'en dira-t-on*. «Il n'était loué qu'en un seul, et encore confondu avec Maupertuis et Algarotti, contredit dans un autre, et réfuté dans un troisième non sans autorité.»[138]

On a retenu ce qui était mortifiant pour Voltaire dans cet ouvrage de La Beaumelle. On n'a pas remarqué que Voltaire à son tour compose des *Pensées sur le gouvernement*,[139] succession de remarques inspirées par l'histoire et par l'actualité. Il avait sans doute apprécié la liberté que permet un discours morcelé comme le *Qu'en dira-t-on*. Accusant La Beaumelle d'impertinences scandaleuses, il se fait fort de prouver que l'on peut concilier décence et liberté de jugement.

L'expérience prussienne de La Beaumelle s'avérait fort décevante. Quatre jours après son arrivée, La Mettrie était mort subitement. Un poste était donc à pourvoir auquel le nouveau venu dut songer: non celui d'«athée du roi»,[140] car le huguenot cévenol est sincèrement croyant, mais celui de lecteur et de confident. Il eût fallu gagner la confiance d'un Frédéric de plus en plus soupçonneux, ce qui est hors de portée. A défaut, et le lendemain même de son entrevue avec Voltaire, La Beaumelle s'adresse au roi pour lui soumettre son plan de classiques français. Il se heurte à un refus de Sa Majesté de patronner si peu que ce soit le projet. Mme de Bentinck tente de le rapprocher de Voltaire: sans résultat. Le 3 janvier il rend visite au chambellan, qui feignit ostensiblement de ne pas le voir.[141] Ils sont «brouillés à couteaux tirés»,[142] lorsque la malheureuse affaire Cocchius acheva de compromettre la position de La Beaumelle à Berlin.

Il se laissa prendre à un piège analogue à celui que Voltaire avait imaginé dans *Memnon ou la sagesse humaine*. Le 27 janvier, une jeune personne l'aguiche. Au sortir du spectacle, il l'accompagne chez elle. Mais au lieu d'une bonne fortune, c'est le mari de la dame qui l'y attend. Le vertueux époux dégaine en poussant les hauts cris: le jeune Français a tenté de violer une si pudique épouse. Moyennant quoi le sieur Cocchius s'empare de sa bourse. La garde est appelée. Sur l'ordre du chef de la police, La Beaumelle est emprisonné à Spandau. Du fond de son cachot, il a les plus grandes difficultés à se faire entendre. Des entraves étaient apportées à l'acheminement de ses lettres. Faut-il y voir la main de Voltaire? Celui-ci prétendit s'être entremis en sa faveur, mais on n'a aucune

138. Lauriol, p.175.

139. Voltaire les envoie à Walther le 1er avril 1752 (D4857). Elles paraissent dans la seconde édition de Dresde. Elles se démarquent de Montesquieu auquel se réfère La Beaumelle.

140. La Beaumelle dénigre à tort La Mettrie comme «le héros du déisme» (Lauriol, p.266).

141. Lalande à Wagnière, dans Longchamp et Wagnière, ii.92.

142. Lettre à son frère, dans Lauriol, p.275.

preuve de ces bons offices.[143] Le 1er février le couple Cocchius fut saisi de corps, puis banni à perpétuité le 8. La Beaumelle avait obtenu justice. Sa réputation à la cour n'en était pas moins irrémédiablement ruinée, et cela principalement, croit-il, par la faute de Voltaire. Le 9 ou le 10 février, tentative de réconciliation, mais le 14, nouvelle dispute : à Voltaire qui lui demande de mettre un carton dans une nouvelle édition de *Mes pensées*, il oppose un refus cinglant et promet de le pourchasser «jusqu'aux enfers». Incertain sur son avenir et désireux d'effacer ce faux pas, il ne quitte Berlin pour Gotha que le 30 avril, la rage au cœur, bien décidé à se venger.[144]

Voltaire et La Beaumelle étaient experts dans l'art de se faire des ennemis irréconciliables. Ils le prouvèrent avec éclat. L'un ne put supporter l'impertinence agressive d'un jeune homme de vingt-cinq ans qui se mêlait de donner des leçons à ses aînés et se trouvait d'ailleurs en collusion certaine avec Maupertuis.[145] L'autre se crut victime des menées obscures d'un homme de lettres bien renté, bien nanti, dont la vanité le faisait rire. Ces deux redoutables polémistes étaient destinés à se mesurer de nouveau en combat singulier.

La haine que lui voue La Beaumelle n'est pas de celles dont Voltaire se défait facilement. Mais dans le tourbillon qu'est sa vie, chaque «affaire» est vite remplacée par une autre aussi sensationnelle.

Sans doute a-t-on accordé trop d'importance au différend de Voltaire et de Lessing et une approche plus sereine s'avère-t-elle nécessaire.[146] Encore étudiant, et tout à fait inconnu comme écrivain, Lessing pour se faire quelque argent avait servi d'interprète pendant l'affaire Hirschel.[147] Or Voltaire apprend que son secrétaire Richier a confié subrepticement un exemplaire du *Siècle de Louis XIV* à ce jeune Allemand, son ami, qui est parti de Berlin sans le restituer. Aussitôt il fait écrire à Richier une première lettre adressée à Lessing, lequel la trouvera «la plus singulière du monde» : on le traite comme un voleur de manuscrit.[148] Voltaire lui-même écrit au jeune homme : il le prie, poliment, de renvoyer l'exemplaire provenant d'un vol. Qu'il n'aille surtout pas le publier. Voltaire lui en remettra un autre s'il veut le traduire en allemand, et le faire traduire en

---

143. En revanche, il s'efforce d'envenimer le différend survenu entre La Beaumelle et Tyrconnel (D4800, D4801).

144. *Lettre de M. de La Beaumelle à M.*, p.328-31.

145. Magnan, p.229 ; D5042a commentaire.

146. Voir Ute van Runset, «Lessing und Voltaire, ein Missverständnis ? Untersuchung eines Einflusses und seiner deutsch-französischen Rezeption», *Nation und Gelehrtenrepublik*, *Lessing im europäischen Zusammenhang* (München 1984), p.257-67.

147. Mangold, p.2.

148. D4755.

italien, comme il en a exprimé l'intention.[149] Quelques jours après, Lessing renvoie à son ami l'exemplaire, accompagné d'une lettre habile, parfois désinvolte, destinée autant à Voltaire qu'à Richier. Il avoue sa faute. Il a pris sans permission ce qui lui avait été prêté en cachette, mais en partant de Berlin, il avait encore à lire «quatre feuilles», et cet ouvrage n'est pas de ceux que «l'on peut finir partout parce qu'ils nous ennuient partout». Mais il n'a aucune envie de traduire *Le Siècle de Louis XIV*, car pour bien traduire Voltaire il faudrait «se donner au diable».[150] Les délais de la correspondance sont tels que le 15 janvier l'auteur du *Siècle de Louis XIV* est toujours sans nouvelles. Il mande à Walther qui «est sur les lieux» de «déterrer» ce Lessing pour lui faire entendre raison. Il écrit lettre sur lettre. Le 22 janvier enfin, il a «rattrapé» l'exemplaire. Il est rassuré.[151]

L'incident était clos pour Voltaire. Il ne l'était pas pour Lessing. L'urbanité de surface de la missive du philosophe n'en laissait pas moins deviner, sous les ménagements, la défiance et le soupçon. Lessing avait acquis à cette occasion une notoriété douteuse.[152] Il se vengea en composant une épître latine, qui n'a pas été retrouvée et dont il déclara à Richier que «Voltaire ne l'aurait jamais affichée à sa fenêtre».[153] Voltaire s'était affolé pour une étourderie de jeune homme. Il s'était fait un ennemi dont il ne pouvait deviner la future audience.

Au milieu de tous ses tracas quotidiens, il continue de travailler. Il écrit «des *Siècles* et des *Histoires de la guerre de 1741*, et des *Romes sauvées*, et autres bagatelles, et même par ci par là quelques chants de *La Pucelle*.»[154]

Parmi ces «autres bagatelles», prend rang une étonnante performance de sa création théâtrale. Il gardait un faible pour son *Adélaïde Du Guesclin*, pièce mal aimée par le public. Avant même de partir pour la Prusse, il rêvait de la ressusciter.[155] Or voici qu'à la cour de Frédéric, il tire de son ancienne *Adélaïde* trois pièces nouvelles: *Le Duc d'Alençon ou les frères ennemis*, *Amélie ou le duc de Foix*, et *Alamire*. Triple *remake*, que l'édition de Michael Cartwright a éclairé d'un jour nouveau.[156]

---

149. D4753 (1er janvier [1752]).

150. D4755. Lessing pourtant traduira Voltaire en 1752, notamment l'*Essai sur le siècle de Louis XIV*; voir BN, catalogue, n° 3031.

151. D4763, D4776.

152. Son ami Mylius lui mandait: «Votre affaire avec Voltaire a fait une grande sensation. Vous êtes plus connu depuis votre départ, que vous ne l'étiez pendant votre séjour ici» (Desnoiresterres, iv.169).

153. D4753 commentaire.

154. D4907 (10 juin [1752]).

155. D3965 (24 [juillet 1749]), à d'Argental: il a en tête ce qui deviendra *Le Duc de Foix*. Sur *Adélaïde Du Guesclin*, voir *Voltaire en son temps*, i.318-21.

156. *OC*, x. Les développements qui suivent sont grandement redevables à l'excellente introduction de Michael Cartwright, p.3-60.

Le Duc d'Alençon est une version abrégée en trois actes, destinée aux acteurs amateurs de la cour prussienne. Le personnage d'Adélaïde ne paraît plus sur la scène: à la cour de Frédéric, il était difficile de trouver des interprètes pour les rôles féminins. Déjà dans la pièce de 1734, Adélaïde restait une figure toute passive, simple objet de la rivalité des deux frères, voix sans doute de la conscience nationale, mais celle-ci était plus éloquemment exprimée par Coucy. Rien de plus facile donc que de faire de cette héroïne «l'Arlésienne» de la nouvelle pièce. Quant aux rôles masculins, Voltaire, pensant au prince Henri et à ses frères, extrait de sa rédaction première un précis facile à jouer, et facile à suivre par un public dont la connaissance du français n'était pas parfaite. Et il se contente de transférer l'action de Cambrai à Lusignan en Poitou. Nous n'avons pas d'information sur la représentation de ces *Frères ennemis*: sans doute lorsque Frédéric félicite Voltaire pour ce qui est, selon lui, le «chef-d'œuvre tragique» du poète, la pièce a-t-elle été jouée déjà par les princes à Berlin ou à Potsdam.[157]

Le Duc de Foix par contre était destiné au public parisien de la Comédie-Française. La pièce demeure en cinq actes. L'héroïne paraît, rebaptisée Amélie:[158] il faut, à Paris, un rôle pour «l'amoureuse». Mais le drame est transféré dans le duché de Foix au huitième siècle. Les envahisseurs sont ici non plus des Anglais mais des Maures. Disparaît ainsi ce qui avait choqué en 1734: le rôle déplaisant attribué à un prince de sang français, le coup de canon qui eût été, à cette époque lointaine, anachronique. A cela près, le texte est celui d'*Adélaïde* révisé et amélioré, avec des emprunts à la version du *Duc d'Alençon*. *Amélie ou le duc de Foix* fut donc joué à la Comédie-Française le 17 août 1752. La pièce réussit, en grande partie grâce à Lekain. Voltaire dispose désormais pour défendre son théâtre devant le public parisien du meilleur interprète. Lekain sut gagner les bonnes grâces des auditeurs par un discours préliminaire où il s'expliquait sur les rapports entre *le Duc de Foix* et *Adélaïde Du Guesclin*, et sur le fait que le premier rôle lui était confié à lui débutant, et non à Grandval titulaire de l'emploi. Puis interprétant le personnage du duc lui-même, il rendit parfaitement l'énergie des tirades, et fit valoir la puissance dramatique de l'action, en accord avec l'attente d'un public dont le goût est en train d'évoluer. Il continuera à soutenir la pièce: la Comédie-Française la reprendra vingt-sept fois entre 1752 et 1761.

Que dire maintenant d'*Alamire*? On ne sait au juste quand ni pourquoi Voltaire procéda à cette étrange troisième mouture. A la différence des deux autres réfections d'*Adélaïde*, celle-ci ne fut jamais jouée: elle ne sera publiée qu'en 1985, dans l'édition de Michael Cartwright. L'action émigre encore plus vers le sud.

---

157. D5074 (novembre 1752).

158. Nom de la princesse Amélie qui joua Zaïre, à une représentation de cour où Voltaire interprétait le personnage de Lusignan (D4344, voir Magnan, p.20: la représentation eut lieu le 5 janvier 1751). Voir ci-dessus, p.31.

«La scène est à Osma dans la Castille», dans «l'Espagne sanglante» occupée par les Maures. Adélaïde, *alias* Amélie, porte désormais le nom d'Alamire. Comme dans les versions précédentes, elle est partagée entre l'amour de deux frères mais qui se nomment ici Gonsalve et Pélage. Il se peut que par cette implantation hispanique, Voltaire ait voulu rappeler l'ambiance héroïque du *Cid*. Cependant sous ce nouvel habillage, les personnages, les sentiments, le conflit demeurent inchangés. Les mêmes vers sont censés évoquer la même fidélité dans l'amitié, les mêmes ravages de la passion dans une nature ardente et emportée. A des siècles de distance, sous des cieux bien différents, les mêmes schémas sont tenus pour efficients, en une sorte de négation de l'histoire et de la géographie par la tragédie, dont l'irréalité postule la pérennité des situations et des sentiments tragiques. Cas exemplaire qui illustre l'absence de couleur locale propre au théâtre classique et qui, non sans paradoxe, a été le fait d'un historien comme Voltaire.

Mais bientôt il allait donner des ouvrages d'une tout autre portée que ce tout venant de sa production théâtrale.

5. Avant l'orage: l'été de 1752

(juin-septembre 1752)

Que de travaux, toujours, dans ces mois qui précèdent l'affaire *Akakia*! On citera pour mémoire «cent vers» refaits dans *La Henriade*, deux chants ajoutés à *La Pucelle*.[1] Une tâche plus conséquente est une nouvelle édition du *Siècle de Louis XIV* qu'il annonce augmentée d'un tiers.[2] Il amende son texte, ajoute deux «morceaux précieux» que lui fait parvenir le duc de Noailles,[3] tient compte des «délicatesses misérables» des uns et des autres: pour complaire au cardinal de Tencin, le concile d'Embrun cesse d'être «petit»... Mais il est trop tard pour ajouter que Charles de Feriol, oncle de d'Argental, n'a point voulu se dessaisir de son épée à la cour du Grand Turc.[4] Des contrefaçons hollandaises et françaises menacent. Il enjoint à Walther d'imprimer «à quatre presses», «jour et nuit». Aussi le premier tome sort-il fin août. Un Avertissement, paru dans la *Gazette d'Utrecht*, spécifie que s'y trouvent des morceaux écrits de la main de Louis XIV.[5] En réponse aux critiques qui lui avaient été faites, Voltaire a augmenté le «Catalogue des écrivains»: vingt nouveaux articles ont été ajoutés, quinze ont été révisés.[6] Il a inséré une partie des instructions de Louis XIV à Philippe V d'Espagne que lui avait communiquées le duc de Noailles.[7] A l'intention de la reine Louise Ulrique de Suède, il mettra un signet dans l'exemplaire de celle-ci pour souligner les nouveautés: «l'homme au masque de fer, la paix de Ryswick, le testament de Charles II, roi d'Espagne, le mariage clandestin du fameux Bossuet, évêque de Meaux».[8] Sans doute faut-il mettre l'accent sur le souci qu'a eu Voltaire de mettre

---

1. D4853, D4907. Il trouve même le temps de s'intéresser à un manuscrit d'Hugues d'Hancarville que lui a communiqué Mme de Bentinck (D4893, D4921, D4932, D4962, D4967, D5021, D5023, D5030, D5039).

2. D4904 (5 juin 1752).

3. D4960; il s'agit de deux morceaux qui seront insérés au chapitre XXVIII.

4. D5011, D5048.

5. D5095 n.2.

6. La liste des *errata* et *addenda* a été établie par J. Quignard, «Un établissement de texte: *Le Siècle de Louis XIV* de Voltaire», *Lettres romanes* 5 (1951), p.305-38.

7. *OH*, p.954. Sur les coupures qu'il a faites, voir D4960; il ne garde que les conseils politiques, supprime des «maximes d'un grand-père»: «Aimez votre femme: vivez bien avec elle: demandez-en une à Dieu qui vous convienne».

8. D4993. Le mariage de Bossuet lui a été suggéré par Secousse (D4969, D5002).

à profit les remarques qui lui avaient été adressées. L'ensemble peut être envoyé au pasteur Roques en novembre, pendant qu'à Paris on s'arrache la nouvelle édition.[9]

Pourquoi ne publierait-il pas aussi l'*Histoire de la guerre de 1741*, son travail d'historiographe qui est comme la suite du *Siècle*? Il complète, corrige et améliore ce texte qu'il avait abandonné au printemps de 1749. Mais sa nièce et d'Argental l'avertissent. Il serait de la dernière imprudence de «donner au public une portion aussi essentielle de l'histoire du roi sans son attache».[10] Il charge donc le président Hénault de sonder les dispositions du ministre, le comte d'Argenson. A celui-ci, il fait parvenir le manuscrit par Le Baillif, avec une lettre flatteuse.[11] Il envoie une copie à Mme de Pompadour. Il courtise le duc de Richelieu, le maréchal de Belle-Isle,[12] promet au maréchal de Noailles de reproduire les lettres qu'il avait écrites au roi en 1743.[13] Mais en réponse on lui recommande de ne pas donner son ouvrage au public.[14] Il aurait aimé s'affirmer le grand historien des temps modernes. Une fois de plus, il se heurtait à l'hostilité de Louis xv.

Newton, Leibniz et la philosophie restent présents à son esprit. Il a composé un *Eloge historique de Mme la marquise Du Châtelet*.[15] Il louait la traductrice des *Principes* de Newton, le français étant «beaucoup plus propre que le latin à répandre dans le monde toutes ces connaissances nouvelles».[16] Il rappelait que dans ses *Institutions de physique* elle avait exposé la philosophie de Leibniz avec «méthode» et «clarté», mais que, «défaite de tout esprit de système», elle avait eu le courage de changer d'opinion: «blasphèmes» sur la métaphysique qu'il priera Formey de lui pardonner. Ce dernier manifeste le désir d'imprimer cet éloge. Voltaire acquiesce. Le texte paraît dans la *Bibliothèque impartiale* (Leyde) de janvier-février 1752. Mais lorsqu'il reçoit le périodique, il y trouve une «étrange faute»: Mme Du Châtelet «se livrait *au plus grand nombre*, au lieu de *au plus grand monde*». Il prie Formey de corriger une telle méprise qui favoriserait «les mauvaises plaisanteries de ceux qui respectent peu les sciences et les dames».[17]

Leibniz revient au premier plan des préoccupations voltairiennes. Au début

---

9. D4899, D4908, D5002, D5011, D5079. Walther et les éditeurs hollandais mènent une lutte sans merci (Fontius, p.33-39).

10. D4843 (19 mars 1752).

11. D5028 (3 octobre 1752): il évoque leurs années de collège, et le temps où ils étaient ensemble dans «l'allée noire».

12. D4907, D4966.

13. D4960. Ces lettres ne seront pas citées dans le *Précis du siècle de Louis XV*.

14. D6488, D6500, D6441.

15. L'*Eloge* a été communiqué à Formey en janvier 1751 (D4365a), sans doute en tant que secrétaire de l'Académie de Berlin.

16. M.xxiii.518. La traduction de Mme Du Châtelet fut publiée en 1756 par les soins de Clairaut.

17. D4846 (21 mars [1752]).

de cette même année, Voltaire a adressé à ce même Formey une «farce tant soit peu leibnizienne», le *Dialogue entre un brahmane et un jésuite*, qui paraîtra dans le numéro du 5 février de l'*Abeille du Parnasse*.[18] Il y mettait aux prises, sur les rives de l'Inde, un religieux hindou et un missionnaire de la Société de Jésus sur la question de «la nécessité et l'enchaînement des choses». Le premier soutenait à grand renfort d'exemples burlesques que tous les événements sont liés, démontrant qu'en avançant le pied gauche au lieu du pied droit sur la côte de Malabar, il a été cause de l'assassinat d'Henri IV. L'autre ne trouvait à objecter à ces beaux raisonnements que l'affirmation de la liberté de l'homme et les «futurs contingents». A quoi le brahmane réplique que «être libre, c'est faire ce qu'on veut, et non pas vouloir ce qu'on veut». Ceux qui prétendent par la prière modifier «l'ordre établi par une main éternelle et toute-puissante» s'abusent. Il ne faut point prier Dieu, «il faut l'adorer», et «prier c'est se soumettre».[19] En cette «farce leibnizienne», nous rencontrons une des formules-clefs de la «religion de Voltaire».

Il n'a pas renoncé à traiter ce même genre de problèmes sur un ton tout autre, gravement solennel. En cette même année il versifie les quatre chants d'un poème qu'il intitule d'abord *La Religion naturelle*.

A l'origine, La Mettrie. Voltaire avait déploré (et ce jour-là, on se le rappelle, il était absent) qu'ait été prononcé devant l'Académie de Berlin, le 19 janvier 1752, un *Eloge* de feu «l'athée du roi», «écrit de main de maître». «Tous ceux qui sont attachés à ce maître en gémissent. Il semble que la folie de La Mettrie soit une maladie épidémique qui se soit communiquée.»[20] Le matérialisme de la brebis galeuse de la philosophie aurait sans doute moins ému Voltaire s'il n'avait reçu publiquement une caution royale. L'*Eloge* fustigeait la «haine des dévots», les brigues des théologiens et, après avoir retracé la carrière médicale de La Mettrie, évoquait de manière assez allusive ses «ouvrages de philosophie spéculative», surtout *L'Homme-machine* où se trouvent «quelques pensées fortes sur le matérialisme». La Mettrie a porté «hardiment le flambeau de l'expérience dans les ténèbres de la métaphysique» et il n'a trouvé que «de la mécanique où d'autres avaient supposé une essence supérieure à la matière».[21] Le roi se portait garant publiquement des qualités de cœur et d'esprit de celui auquel il accordait le double titre d'honnête homme et de savant médecin.

Mais si le monarque goûtait l'originalité de la pensée de La Mettrie, c'était à condition qu'elle restât réservée à quelques initiés. Il avait interdit la vente de ses

---

18. D4785 ([20 janvier 1752]), datation traditionnelle qui reste plausible, vu les délais d'impression; édition non signalée par Bengesco, voir Fontius, p.115.
19. *Dialogues philosophiques*, éd. R. Naves (Paris 1966), p.30-34.
20. D4779.
21. Frédéric II, *Œuvres*, vii.22-27.

Œuvres philosophiques parues en 1751 à Berlin, qui pourtant ne comprenaient pas l'ouvrage le plus hardi, l'*Anti-Sénèque*. La Prusse n'était point en matière d'imprimerie la terre de liberté dont avaient rêvé les philosophes français. Il existait une censure. Ann Thomson a découvert, parmi les paquets de livres confisqués conservés à Merseburg, le *Traité de la vie heureuse* et l'*Epître à mon esprit* de La Mettrie, classés comme «scandaleuse Schriften».[22] Même si, comme le pense Martin Fontius, Frédéric a voulu faire un geste, sans conséquences pratiques, destiné à apaiser le clergé ou les bonnes âmes, scandalisées par la protection accordée à ce matérialiste,[23] cette interdiction des *Œuvres philosophiques* contraste avec la déclaration du roi, se targuant dans l'*Eloge* de la protection qu'il accorde à ceux qui se recommandent de lui par le double titre «de philosophe et de malheureux».

Jeux de prince donc, que cet intérêt pour les doctrines ou les saillies impertinentes d'un marginal, que ses confrères philosophes traitent un peu en excommunié.[24] Le roi aime le «fonds de gaieté intarissable» de La Mettrie. Il s'amuse en privé de ses incartades, tout en lui imposant, comme à tous, le respect de la discipline en vigueur.[25] Pour Frédéric, les spéculations de La Mettrie restent un délassement de qualité, et n'engagent pas l'action pratique. Voltaire les prend peut-être plus au sérieux qu'il ne convient, car il croit, lui, profondément aux idées. Aussi va-t-il s'efforcer de contrebalancer une influence néfaste dont il exagère la portée. On n'a pas accordé suffisamment d'attention à ce contexte prussien auquel Voltaire invite à réfléchir. Il met l'accent sur la relation étroite que son poème entretient avec le roi de Prusse: c'était, affirme-t-il dans la Préface de l'édition qu'il donnera de ce poème, «un secret entre un grand roi et l'auteur»; il faut regarder l'ouvrage «comme une lettre où l'on expose en liberté ses sentiments»; il doit subsister comme «le monument d'une correspondance philosophique».[26]

Mais en outre, en 1756, en tête de la première édition autorisée de *La Loi naturelle* (nouveau titre de *La Religion naturelle*), la Préface indique que le poème fut composé en réponse à une «petite brochure qui parut en ce temps-là. Elle

22. Ann Thomson, *Materialism and society in the mid-eighteenth century: La Mettrie's Discours préliminaire* (Genève 1981), p.13. Un édit du 11 mai 1749 s'efforçait de contrôler les livres scandaleux.

23. M. Fontius, «Der Tod eines ‹Philosophe›: unbekannte Nachrufe auf La Mettrie», p.234. Sur l'attitude de Frédéric à l'égard de La Mettrie, voir le témoignage de König (Magnan, p.269-71).

24. Sévérités du baron d'Holbach (A. Thomson, p.181) et de Diderot (J. A. Perkins, «Diderot et La Mettrie», *Studies* 10, 1959, p.49-100).

25. On est tenté de ne point accorder de crédit aux racontars de Thiébault selon lesquels La Mettrie «agissait en tout envers Frédéric comme envers un camarade» (v.406-408). Une lettre du roi, citée par A. Thomson (p.12), montre que La Mettrie est traité sans ménagement. Frédéric lui enjoint de retourner incessamment à Berlin, sous peine de perdre sa pension.

26. *La Loi naturelle*, éd. F. J. Crowley (Berkeley 1938), p.239-40.

était intitulée *Du Souverain Bien* et elle devait l'être *Du Souverain Mal*.»[27] La Mettrie en effet avait imprimé en 1750 et 1751 un *Anti-Sénèque ou le souverain bien*.[28] Voltaire résume: ce «raisonneur malheureux» prétend «qu'il n'y a ni vertu ni vice, et que les remords sont une faiblesse de l'éducation qu'il faut étouffer». Car selon La Mettrie, «le vice et la vertu ne sont que des mots et rien de plus», l'homme est une machine «dépendant des nerfs», mue par «un mouvement inconnu, un penchant invincible, une force, une puissance qui l'entraîne malgré elle». Conclusion: le scélérat n'est pas plus coupable de sa perfidie que «l'arbre des fruits corrompus qu'il porte». «Vertueux sans mérite, et vicieux sans crime», en bonne logique l'homme doit faire l'économie du remords. Ceci, dans le *Discours préliminaire* des *Œuvres* (Berlin 1751), où La Mettrie offre un condensé de ses doctrines. Voltaire a épinglé cet hymne effréné dans son exemplaire de l'*Anti-Sénèque* (p.88-89):

Que la pollution et la jouissance, lubriques rivales, se succèdent tour à tour, et te faisant jour et nuit fondre de volupté, rendent ton âme, s'il se peut, aussi gluante et lascive que ton corps. Enfin puisque tu n'as point d'autres ressources, tires-en parti: bois, mange, ronfle, dors, rêve et si tu penses quelquefois, que ce soit comme entre deux vins, et toujours ou au plaisir du moment présent ou au désir ménagé pour l'heure suivante. Ou si, non content d'exceller dans le grand art des voluptés, la crapule et la débauche n'ont rien de trop fort pour toi, que l'ordure et l'infamie restent ton glorieux partage; vautres-y toi, comme font les porcs et tu seras heureux à leur manière.

Pour finir, ce défi: «Je n'invite point au crime, à Dieu ne plaise! mais seulement, par une suite du système, au repos dans le crime.»[29]

La Mettrie appelait les idées qui lui échappaient des «nudités d'esprit».[30] Voltaire préférait des pensées plus habillées. Aussi va-t-il opposer des bataillons serrés d'alexandrins à ces foucades cyniques, rédigées dans une prose parfois percutante, parfois ennuyeuse. Il met au service de la bonne morale l'expression qui, pour lui, enveloppe de noblesse les grandes idées: le discours en vers. S'il choisit cette forme, c'est aussi qu'il entend convaincre Frédéric, grand amateur de morale versifiée. De l'alexandrin pour réfuter l'athéisme: la poésie gardait tout son prestige chez les hommes de ce temps.

L'immoralisme de La Mettrie heurtait en Voltaire une de ses plus fermes convictions: le principe d'un sens inné du Bien et du Mal gravé dans le cœur de

---

27. Crowley, p.240.

28. Réédition avec les variantes d'un ouvrage précédent, *Traité de la vie heureuse par Sénèque, avec un discours du traducteur sur le même sujet* (Potsdam 1748). Sur les éditions de l'*Anti-Sénèque*, voir J. O. de La Mettrie, *Discours sur le bonheur*, éd. J. Falvey, Studies 134 (1975).

29. BV, nº 1893.

30. Cité par Aram Vartanian, «Le philosophe selon La Mettrie», *Dix-huitième siècle* 1 (1969), p.167n.

l'homme par Dieu.[31] Son poème défend donc, avec éloquence, une conception de l'homme, de la morale, et aussi d'une saine philosophie et d'une saine politique. C'est à Berlin en 1752 que Voltaire ouvre la première campagne contre le matérialisme, scission dans le parti philosophique qui prendra d'autres formes, mais dont la manifestation initiale doit être relevée. Les provocations de La Mettrie mettaient en péril une vision du monde et sans doute les bases mêmes de l'accord avec le souverain éclairé auprès duquel Voltaire était venu s'établir. Autour de l'idée de loi naturelle s'ordonne l'univers, sans qu'il soit besoin de faire appel au Dieu incompréhensible des chrétiens, avantageusement remplacé par un Etre suprême que Voltaire ne découvre plus seulement dans le cosmos, mais aussi dans la conscience:

> Dans le fond de nos cœurs, il faut chercher ses traits.
> Si Dieu n'est pas en nous, il n'exista jamais.

Et le poème s'achève par une prière à ce «Dieu qu'on méconnaît», «ce Dieu que tout annonce»:

> Si je me suis trompé, c'est en cherchant ta loi.
> Mon cœur peut s'égarer, mais il est plein de toi.

La première partie qui défend la thèse déiste «respire l'enthousiasme intellectuel de la vertu». Elle répond «à un dessein en somme édifiant».[32]

Le titre initial du poème, comme on sait, était *La Religion naturelle*,[33] et Voltaire dut combattre les réticences du roi. Celui-ci s'était moqué des remords attribués à Alexandre le Grand après l'assassinat de son ami, tué dans un accès de colère.[34] Ces réflexions épouvantent Voltaire qui réclame «un peu d'illusion». Il minimise la portée de son ouvrage. Il n'aurait eu en vue que de prêcher la tolérance (c'est le sujet de la troisième partie du poème), et «quand cette religion naturelle se bornera à être bon père, bon ami, bon voisin, il n'y aura pas grand mal». Le 5 septembre, il déclare avoir remanié son texte: «vous trouverez l'ouvrage plus fort, plus selon vos vues.»[35] On ignore l'étendue de ces corrections. En fait, il s'efforce de dresser, face au dieu caché d'Isaac et de Jacob, une divinité raisonnable, garante de l'ordre et des valeurs, «idée-force» et «idée-frein», pour reprendre l'expression si éclairante de Jean Ehrard,[36] arme efficace contre le fanatisme et barrière de sécurité contre les débordements d'une philosophie immoraliste.

31. Voir les textes cités par Crowley, p.186-87.

32. R. Pomeau, *La Religion de Voltaire* (Paris 1969), p.282-83.

33. Voir D5008. C'est le titre de toutes les éditions non autorisées qui ont précédé la première édition donnée par Voltaire, qui adopte celui de *Loi naturelle* (voir Crowley, p.210-12).

34. Voir la fin de la première partie du *Poème*, et D4995.

35. D5008.

36. *L'Idée de nature en France dans la première moitié du XVIIIème siècle* (Paris 1963), p.786.

Cet ouvrage, qui suscitera un tollé général lors de sa publication, se situait en fait dans une tradition spiritualiste. Il s'efforçait de promouvoir une «morale uniforme, en tous temps, en tous lieux», et jetait aussi les bases d'une politique. La quatrième partie développe le thème selon lequel «c'est au gouvernement à calmer les malheureuses disputes de l'école qui troublent la société». La référence à l'empereur Julien dit l'Apostat, ce «scandale de l'Eglise, et des rois le modèle», s'épanouit dans ce dernier point en conseils à l'adresse des souverains (bien que l'auteur se défende de leur en donner). Voltaire prétend exposer les «nobles leçons» que dispensait Frédéric en personne. Ce quatrième chant, redite versifiée de tant de lettres, expression de tant d'espoirs, n'était point simple clause de style ou développement inévitable. Il s'agissait de combattre certaines assertions de La Mettrie. Dans sa *Politique du médecin de Machiavel*, celui-ci avait dénoncé le parasitisme des philosophes dans la société: des «frelons», disait-il.[37] S'il s'efforçait d'établir «le droit inaliénable» de la spéculation philosophique, il lui déniait toute conséquence pratique. Le peuple, «traitant sans façons de fous les philosophes, comme les poètes», les trouve «également dignes des Petites Maisons»;[38] «ainsi chansons pour la multitude que tous nos écrits». L'antiphilosophisme de La Mettrie s'appuie sur une séparation radicale entre morale et politique, ou mieux sur l'idée que la morale, fruit arbitraire de la politique, n'a pas à intervenir dans la philosophie. Ces audaces qui lui font dire: «Ecrivez comme si vous étiez seul dans l'univers», se doublent d'un désengagement. Le vertige individualiste de La Mettrie frappe de plein fouet tous ceux qui veulent organiser un parti actif, défenseur des idées nouvelles. Or Voltaire préconise l'alliance de la philosophie et du pouvoir. Il dédie à celui

> Dont les exploits, le règne et les ouvrages
> Deviendront la leçon des héros et des sages

cette méditation sur la loi naturelle: tout ensemble acte de foi en ce Dieu que tous doivent reconnaître et acte d'espérance dans l'avenir de la philosophie.

La Mettrie fut un peu le Neveu de Rameau de Voltaire. Ces «fous» qui «rompent avec cette fastidieuse uniformité que notre éducation, nos conventions de société, nos bienséances ont introduites», sont investis d'un pouvoir: celui de restituer à «chacun une portion de son individualité naturelle» et de «faire sortir la vérité».[39] Ce «grain de levain qui fermente» fait sortir deux articles du credo voltairien: un Dieu moral, un roi éclairé, entités destinées à faire pièce aux divinités incompréhensibles des religions et aux souverains réels si éloignés de

---

37. Cité par A. Vartanian, «Le philosophe selon La Mettrie», *Dix-huitième siècle* 1 (1969), p.174. Seuls les médecins sont utiles dans la société. Ils doivent remplacer les magistrats.

38. «Discours préliminaire», p.XXIII, cité par A. Vartanian, p.173.

39. Diderot, *Le Neveu de Rameau*, éd. Jean Fabre (Genève 1963), p.5.

l'idéal. Le Neveu interroge sans relâche Diderot, l'obligeant à mettre au jour les tensions ou les contradictions de sa pensée. Son homologue incite Voltaire à célébrer en alexandrins ses croyances intimes. Voltaire n'ignorait pas que l'indocilité d'esprit est la première des vertus philosophiques, que le penseur reste toujours «l'adversaire intériorisé des illusions collectives».[40] Mais il voulait croire que, grâce à son action, un progrès de l'esprit humain, une réforme des sociétés étaient possibles. Des plaisanteries sur ce «fou de La Mettrie» ne pouvaient conjurer les dangers potentiels de ses théories. La noblesse des vers devait, croyait-il, faire taire ce rire impertinent des fous qui prétendent rire les derniers.[41]

Voltaire plaide pour la respectabilité de la philosophie que ce fou mettait en péril. Dans son *Ouvrage de Pénélope*, La Mettrie n'avait-il pas raconté avec une verve suicidaire l'histoire de son doctorat? Se voyant avec robe, rabat, bonnet carré, et ne sachant pas quatre mots de médecine, il se «tenai[t] les côtés à force de rire», en répétant: «Je suis docteur, moi je suis docteur».[42] Voltaire ne méprisait pas ainsi les «grelots et marottes», les insignes et décorations. Faire le fou, était-ce un statut, un rôle à la cour de Frédéric? Lui qui n'avait sans doute pas oublié le mot de La Beaumelle, il se drapait dans le manteau du philosophe, en cette triade qui mettait en scène un prince, un «fou» et un «sage». La marotte ne pouvait porter ombrage au pouvoir, et Frédéric l'avait bien compris,[43] mais le poète qui rappelait les prérogatives de la loi naturelle, bien que plus conformiste en matière de morale, était plus gênant pour le despote. L'anarchisme du premier laissait au prince les mains libres. Le second se prétendait investi d'une mission, en déclarant que son poème est «l'exposition» des idées du souverain et des «exemples» qu'il donne au monde.

Les bons sentiments sont parfois mal récompensés. Frédéric, qui trouve le poème de *La Loi naturelle* très beau, se montre bien réservé quant à la quatrième partie, celle qui traite du «gouvernement»: «reste à faire quelques réflexions non pas sur la poésie, mais sur le fond et la conduite du quatrième chant, dont je me réserve à vous entretenir à mon retour.»[44] On ignore la teneur de ces réticences sur le rôle des souverains; on peut les soupçonner.

40. Vartanian, p.176.

41. C'est l'ultime défi du Neveu de Rameau: «Rira bien qui rira le dernier».

42. *Ouvrage de Pénélope* (Berlin 1748-1750), ii.120-22.

43. Voir Maurice Lever, *Le Sceptre et la marotte, histoire des bouffons de cour* (Paris 1983). On s'explique aussi les sévérités de Diderot dans son *Essai sur la vie de Sénèque*: «La Mettrie, dissolu, impudent, bouffon, flatteur, était fait pour la vie des cours et la faveur des grands» (Paris 1872, ii.29).

44. D5013 ([9 ou 10 septembre 1752]). Les flatteries sur son *Eloge de La Mettrie* (D5008) ne l'avaient pas désarmé.

L'entourage philosophique de Frédéric venait de s'enrichir d'une nouvelle recrue : l'abbé de Prades, arrivé le 15 août 1752.[45] Il venait d'être la cible d'une des premières offensives contre l'*Encyclopédie*. Il semble pourtant n'avoir été qu'un «malgré lui» de la guerre philosophique. Issu d'une bonne famille de notables méridionaux, il n'avait point vocation pour devenir un de ces irréguliers, à l'esprit aventureux, à la manière de La Mettrie. Grâce à ses relations, il fait ses études de théologie à Paris, à la Sorbonne. Au terme du cursus, il soutient selon l'usage, pendant huit heures d'horloge, une thèse en latin sur *La Jérusalem céleste*. Le jury ne fait aucune difficulté pour lui décerner le bonnet de docteur. Martin de Prades pouvait donc s'attendre à parcourir désormais la belle carrière qu'ouvrait ce grade. Mais il s'était lié avec le groupe encyclopédiste. Il avait donné l'article «Certitude» au dictionnaire de Diderot et d'Alembert. D'autres théologiens, soupçonneux, se mirent donc à scruter le latin tortueux de *La Jérusalem céleste*. Ils y découvrirent ce qu'ils cherchaient : des propositions scandaleuses.[46] La thèse est dénoncée et déférée au parlement. Après un nouvel examen, elle est censurée par la faculté de théologie (27 janvier 1752) et condamnée par le pape Benoît XIV (22 mars 1752). Diderot prend la défense de son collaborateur, ce qui aggrave son cas. Pour échapper à une arrestation, Prades doit s'enfuir hors du royaume. Il vient chercher asile à Berlin, non sans désarroi.

Voltaire et d'Argens l'accueillent chaleureusement. Ils lui procurent gîte et couvert, et facilitent ses premiers contacts. Avec une réelle délicatesse, Voltaire prie le réfugié d'accepter sans scrupules ces «misères», dépréciant ce qu'il offre («un petit entresol très vilain», «un bouge»), minimisant ses dépenses («il ne m'en coûterait que très peu de chose pour ajouter à ce que la table du roi fournit»), joignant sans y faire la moindre allusion une lettre de change pour les frais de voyage : «Passons, vous et moi, par-dessus la honte que j'ai de vous offrir si peu. Agissons en philosophes, comme si nous nous étions déjà connus il y a longtemps.»[47]

Ces libéralités méritent de servir de correctif au thème rebattu de la ladrerie de Voltaire, si largement orchestré à propos du séjour berlinois. A ces histoires

---

45. Il était né à Castelsarrasin, en 1724 (et non 1720). Voir la dernière en date des études sur Prades, qui cite, notes 1, 2, 3, 4, les travaux antérieurs : J.-Fr. Combes-Malavialle, «Vues nouvelles sur l'abbé de Prades», *Dix-huitième siècle* 20 (1988), p.377-97.

46. Prades avait-il eu réellement l'intention de dissimuler dans son ouvrage, peu accessible, une pensée subversive ? J.-Fr. Combes-Malavialle en doute, soulignant par exemple la parfaite orthodoxie de ce qui est dit du déisme. Un réexamen de ce texte difficile serait utile.

47. D4949 ([18 juillet 1752]). On apprend qu'une lettre de change était jointe à cette missive par la lettre de d'Argens (D4950). A la demande de d'Alembert, Mme Denis avait écrit à son oncle en faveur de l'abbé (voir D4990). La venue de l'abbé de Prades à Berlin intéresse l'histoire littéraire à plusieurs titres. Il facilitera la diffusion de la *Correspondance littéraire*. Les frères du roi s'y abonneront.

de bougies chipées,[48] d'habit noir emprunté à un brave Berlinois et rendu inutilisable,[49] à ces accusations de vol au cours de parties d'échecs avec les princes, Voltaire subtilisant les pistoles des enjeux,[50] à toutes ces inepties débitées complaisamment et qui ont la vie dure,[51] il n'est que justice d'opposer une telle solidarité à l'égard d'un homme de lettres persécuté, cette bonté active qui refuse de prendre le visage mortifiant de la bienfaisance, cette chaleur de l'accueil qui gomme par avance la gêne que pourrait ressentir l'obligé. On objectera qu'un avare peut faire des économies de bouts de chandelle – c'est le cas de le dire – et se montrer capable de quelque dépense ostentatoire. On dira que la générosité de Voltaire va à un «hérésiarque», un homme de son parti dont il voulait faire à Berlin sa créature. Encore fera-t-on remarquer que Voltaire aurait fait un pari dans ce cas, car rien ne permettait d'assurer que l'abbé de Prades trouverait grâce aux yeux du roi. On suggèrera enfin que Voltaire n'ignore pas sans doute que l'abbé de Prades bénéficie des sympathies de Richelieu et de la protection de d'Argenson.[52] Des procès d'intention, même justifiés, ne supprimeront pas cette cordialité envers un homme qu'il ne connaissait pas.

L'épisode est le plus souvent passé sous silence.[53] Il mérite de ne l'être point. Qu'on relise les lettres parallèles du marquis d'Argens et de Voltaire en cette occasion. On appréciera la sollicitude de celui-ci qui ne craint pas de descendre dans les moindres détails, qui prévient les faux-pas du nouvel arrivant et l'informe des commodités nécessaires à un homme de lettres: proximité de Leipzig pour emprunter des livres ou pour les faire débiter lors des foires, services postaux.

48. Formey, i.236; les bougies qui devaient revenir aux domestiques étaient confisquées par Voltaire. Voir aussi Thiébault, p.248-49, selon lequel Voltaire était défrayé de tout: bois de chauffage, café, thé, sucre. Comme il était fort mal servi, il se plaignait au roi qui lui répondit: «Ah! n'employons pas à de si petites bagatelles les moments que nous pouvons donner aux Muses et à l'amitié.» Il aurait conclu: «Eh bien! n'en parlons plus; je donnerai ordre qu'on les supprime.» Voltaire, en guise de représailles, vendait les bougies qui lui étaient allouées et chipait celles qui se trouvaient dans l'appartement du roi. On cite ces détails pour montrer comment la biographie de Voltaire a été écrite à partir de ragots.

49. Voltaire avait besoin d'un habit noir au moment d'un deuil de la cour. Le négociant Fromery lui prêta le sien qui était trop large. Voltaire l'aurait fait rétrécir et renvoyer tel quel (Formey, i.236). Selon Thiébault (p.282-83), le tailleur, au lieu de rentrer les coutures aurait coupé le tissu. On notera que Thiébault ne se trouvait pas à Berlin, et que Formey omet de signaler quand eut lieu ce deuil de cour.

50. Formey, i.235.

51. Jean Orieux cite, sans référence, ces chamailleries à propos de bougies et de café, mais, magnanime, prétend que les princes le laissaient gagner aux échecs... (*Voltaire*, Paris 1966, p.460-61).

52. Combes-Malavialle, p.383. La famille de l'abbé a noué des relations avec ces importants personnages.

53. Signalons une exception notoire, la biographie de Voltaire par Th. Besterman (Londres 1959), p.324-25.

Les indications indispensables sur Potsdam, cette « ville toute guerrière », quelque insinuation sur les agissements de Maupertuis mettaient à mots couverts au fait de la situation. Voltaire, contrairement au marquis d'Argens, plus prudent et plus avisé, n'hésitait pas à se compromettre. Ainsi le quotidien le plus terre-à-terre coexistait dans sa lettre avec des considérations sur les « ennemis de la raison », qui « abusent des armes de la religion pour se déchaîner contre les philosophes ». On lui accordera volontiers le sens du concret et celui des valeurs emblématiques, mais il faut dire plus. Dans cette exquise politesse, dans les raffinements du tact, dans la cordialité du ton se détectent aussi les qualités de cœur.[54]

Prades arrivait au moment où Voltaire allait tenter d'engager les philosophes de Potsdam dans une entreprise de prosélytisme. La présence de « l'hérésiarque » avait produit dans le cercle une certaine effervescence. Ses mésaventures, mais aussi les difficultés que rencontrait l'*Encyclopédie* donnent à penser à Voltaire. Le 5 septembre, dans une lettre à d'Alembert, il loue cet ouvrage qui « sera la gloire de la France et l'opprobre de ceux qui vous ont persécutés. » Il remarque cependant que ce dictionnaire devrait être fait « loin des sots et des fanatiques, sous les yeux d'un roi » philosophe, qu'il est superflu de nommer.[55] En Prusse, les bibliothèques manquent, mais on peut faire venir des livres de Dresde. Les avantages de la situation sont patents : une certaine liberté de penser et d'écrire loin des foudres de la Sorbonne, quelques fortes têtes susceptibles de travailler sous la houlette de Voltaire, « pour l'avancement de la raison humaine ».[56] Le roi de son côté aimerait attirer d'Alembert à Berlin, pour prendre la présidence de l'Académie des sciences après Maupertuis, alors gravement malade. Il patronnera donc volontiers une publication qui ferait pièce, dans une certaine mesure, à l'*Encyclopédie*, et démontrerait la sottise du gouvernement français.

Voltaire après l'affaire Lessing avait renvoyé son secrétaire Richier. Pour le remplacer, il a engagé Alexandre Côme Collini. Ce jeune Florentin était venu chercher fortune en Prusse deux ans plus tôt, sous la protection de deux femmes ses compatriotes, la danseuse Barbarina, la cantatrice Astrua. Il s'était présenté à Voltaire et avait fait bonne impression. Il voudrait entrer au service de l'illustre poète. Mlle Astrua a soin de parler de lui chaque fois qu'elle rencontre Voltaire. Enfin en avril 1752 le grand homme l'appelle à lui à Potsdam. Il le reçoit « avec une bonté paternelle, sans morgue et sans prendre ce ton de supériorité que donne à certains hommes la fortune ou la réputation ».[57] Il l'installe près de son appartement, dans une grande pièce qu'il partage avec l'autre secrétaire,

54. Voir aussi le billet que Voltaire écrit à d'Argens après sa première entrevue avec l'abbé de Prades (D4986).
55. D5005.
56. D5008 (5 septembre [1752]). Expression reprise textuellement par Frédéric (*Œuvres*, xx.38).
57. Collini, p.30.

Francheville, fils du Francheville sous le nom duquel avait été publié *Le Siècle de Louis XIV*. Voltaire avait employé le père et le fils à la correction des épreuves. En outre, il a engagé le fils, un jeune homme qui avait du goût pour la poésie, comme copiste.[58] Apparemment, celui-ci ne suffisait pas à la tâche. L'écrivain prend donc à son service l'Italien qui gagne vite sa confiance. Mais le soir, étant couché, avant de s'endormir, il se fait lire par lui en version originale l'Arioste ou Boccace. Il lui arrive alors de bavarder librement avec son secrétaire. Or, le 28 septembre, Voltaire s'est mis au lit «fort préoccupé». Il apprend à Collini qu'au souper du roi :

> on s'était amusé de l'idée d'un dictionnaire philosophique, que cette idée s'était convertie en un projet sérieusement adopté, que les gens de lettres du roi et le roi lui-même devaient y travailler de concert.[59]

Déjà on a distribué les premiers mots de l'alphabet. Dès le lendemain, Voltaire, «vif et ardent», se met à la besogne.[60]

Au bout de quelques jours, à Frédéric assez étonné de sa productivité, il envoie un premier article dont on ignore le thème, puis «Athée», «Baptême», «Ame», «Abraham», «Moïse», «Julien».[61] Il a tout intérêt à maintenir ce commerce philosophique avec le souverain, alors qu'il s'est engagé, comme nous le verrons, dans l'affaire qui oppose König à Maupertuis et qui l'opposera lui-même au roi. Ce dernier accorde une protection active à l'entreprise. Méthodique, Frédéric assigne au rédacteur pour tâche prioritaire de dresser la table alphabétique des articles, pour en fixer le nombre et choisir les principaux. Il insiste sur l'unité du but qui doit être visé. La teneur des textes rédigés en 1752 suggère que cette unité est à chercher du côté de la lutte contre ce qui portera plus tard le nom d'«infâme».[62]

Voltaire s'essayait dans une forme convenant bien à son génie analytique. Depuis longtemps, sans avoir l'idée d'un dictionnaire, il pensait déjà par articles. Il privilégie la forme courte, allégée de toute référence pesante. Il suit l'ordre alphabétique, sans s'y astreindre : l'inspiration ou les incitations du moment lui

---

58. La première mention de Francheville le fils apparaît dans D5079 (18 novembre 1752). Voir aussi D5102 (13 décembre 1752), où nous apprenons que Voltaire a logé quelque temps à Berlin chez Francheville le père.

59. En fait, l'idée était dans l'air. Dès 1750, il avait été question dans l'entourage du roi «d'écrire l'esprit de Bayle» (D4910), projet qui verra le jour en 1765 lorsque paraîtra un *Extrait du Dictionnaire historique et critique* de Bayle dont Frédéric rédigea l'Avant-propos.

60. Collini, p.32. On a des indices du projet de *Dictionnaire* dès la fin d'août (voir Magnan, p.226). Le souper a peut-être donné l'impulsion nécessaire.

61. La séquence D5052-5057, et D5073-5074.

62. Le mot sera employé, au féminin, par Frédéric II pour la première fois le 18 mai 1759 (D8304).

font évoquer la figure de l'apostat,[63] ou consacrer un article à Moïse. Il a trouvé d'emblée un ton où prévaut l'impression de naturel et qui est pourtant le comble de l'art.[64] Il crée un genre qui tient de l'essai, du «propos», libre vagabondage d'un esprit cultivé, «utile par les choses et agréable par le style». En Prusse, à notre connaissance, Voltaire a écrit moins de dix articles. Pourtant dans ce corpus limité se dessinent les linéaments de l'œuvre future, le *Portatif* de 1764. L'article, forme suffisamment malléable, se prête aux fantaisies de l'esprit. Il accueille des éléments de conte: les pérégrinations d'Abraham, ses grossières filouteries, la grossesse de Sara à l'âge respectable de quatre-vingt-dix ans, succès comique assuré; évocation qui fait vignette du père des croyants caracolant «dans le désert horrible de Cadès, avec sa femme grosse, toujours jeune et toujours jolie». Il recueille des argumentations bien liées comme les articles «Moïse» et «Julien», ou un ensemble de réflexions comme l'article «Baptême». Voltaire découvre tout l'intérêt d'une enquête discontinue, instrument judicieusement adapté à la polémique. La Bible, réduite en fragments où s'épanouissent des histoires grotesques ou insensées, sera disqualifiée. Elle ne pourra plus prétendre détenir un sens global et respectable. Voltaire a forgé, en quelques semaines, un discours morcelé d'une redoutable efficacité.

Entreprise qu'il conçoit comme collective et non individuelle. Il rêve d'un petit groupe de frères travaillant de concert, qui «coulerait à fond les saints Pères».[65] A-t-il envisagé les problèmes attachés à tout travail d'équipe? S'est-il soucié de l'harmonisation nécessaire lorsqu'entrent en jeu différents collaborateurs dont les points de vue, dont la qualité pouvaient faire difficulté? Mais il sait que si l'on prévoit tous les obstacles on ne fait rien. Il résout toutes les interrogations de la manière la plus expéditive qui soit: en donnant l'exemple et en s'attelant à la tâche sans tarder. Il sollicite la participation du roi, propose de recruter des rédacteurs, s'efforce de réveiller l'ardeur du marquis d'Argens, se préoccupe de la gestion financière de l'affaire.[66] Car, difficulté supplémentaire, celle-ci, à peine lancée, dépend du bon plaisir du souverain. Aux gênes de tout travail collectif, s'ajoutaient celles qu'entraîne un patronage royal. Les premières disparaîtront d'elles-mêmes, seul Voltaire ayant pris au sérieux ce propos de table. Les secondes s'avèrent délicates.

Voltaire joue le jeu avec une diligence qui tient du harcèlement. Le roi est censé donner son avis sur chaque nouvel article en particulier, comme sur les normes de rédaction par rapport à Bayle: Sa Majesté ne pense-t-elle pas que

---

63. C'est un des thèmes récurrents de sa correspondance avec Frédéric. Voir Christiane Mervaud, «Julien l'apostat dans la correspondance de Voltaire et de Frédéric», *RHLF* 76 (1976), p.724-43.

64. Frédéric l'avait bien noté, après avoir lu les articles «Ame» et «Baptême» (D5056).

65. D5057.

66. D5057, D5058. Il propose l'abbé Yvon qui travaillait pour l'*Encyclopédie*.

l'ébauche sur «le père des croyants» est «plus pleine, plus curieuse et plus courte» que l'article «Abraham» du *Dictionnaire historique et critique*?[67] Frédéric, lecteur exigeant, est sensible à la qualité des textes qui lui sont soumis, mais garde tout son esprit critique. L'article «Athée» ne le convainc pas; il suggère de modifier l'article «Julien». L'«incrédule majesté» et son «théologien de Belzébuth»[68] trouvent un terrain d'entente sur le plan des idées. Il n'en est plus de même lorsque sont abordées des questions matérielles. Un «mémoire détaillé» envoyé par Voltaire ne semble pas avoir reçu l'agrément royal. Voltaire avait proposé de sacrifier une partie de sa pension pour financer l'entreprise, car ce serait «une prodigieuse indiscrétion» que de demander au roi de payer ses «fantaisies».[69] Frédéric flaira un piège. S'il avait accepté cette transaction, le chambellan Voltaire, qui restait assujetti à une dépendance dans la mesure où il touchait des émoluments, recouvrait sa liberté pécuniaire. Voltaire savait qu'il plaidait cette cause en vain. Les choses restèrent en l'état, d'autres événements se chargeant de bousculer les projets de cette nature. Mais des ironies seraient déplacées sur l'activité de Voltaire en ce domaine où il fait preuve de réelles qualités, rendues hélas! inopérantes par la situation complexe où il se trouvait. Ce ne fut pas «la faute à Voltaire» si ce rêve d'un groupe de frères, travaillant pour la bonne cause, ne se réalisa pas.

Une autre œuvre, vers le même temps, exprimait le dessein d'une propagande collective sous la houlette de l'apôtre Voltaire. Depuis quelques mois circulait à Berlin et à Potsdam, parmi quelques initiés, le *Sermon des cinquante*. La date de rédaction de ce texte majeur (du moins dans la perspective voltairienne) reste inconnue. Il se peut, comme le pensait I. O. Wade, qu'il remonte à l'époque de Cirey, et que la date de 1749 inscrite sur une édition, donnant un texte visiblement archaïque, ne soit pas fictive.[70] Il est sûr en tout cas que La Beaumelle en eut connaissance pendant son séjour en Prusse.[71] Voltaire dans deux lettres à la comtesse de Bentinck, du 10-15 juin et du 16 juin 1752, en fait mention, sans écrire le titre: mais les termes ne peuvent s'appliquer qu'au *Sermon des cinquante*.[72] Nous apprenons ainsi qu'il en existe alors quelques exemplaires imprimés et que le *Sermon* est diffusé aussi en manuscrit. Voltaire s'efforce d'accréditer l'attribution

---

67. D5057.

68. Expressions employées respectivement dans D5053 et D5055.

69. D5057.

70. I. O. Wade, *Voltaire and Madame Du Châtelet, an essay on the intellectual activity at Cirey* (Princeton 1941), p.149.

71. Voir R. Pomeau, *La Religion de Voltaire*, p.182, n.117.

72. Et non à l'*Anti-Sénèque* de La Mettrie, comme le propose Th. Besterman (D4900, D4921); pour les dates, voir Magnan, p.134, 136. L'année suivante (mai 1753), Hochstatter cherchera un exemplaire pour la comtesse, qui manifestement connaît bien l'œuvre (Magnan, p.359).

à La Mettrie, et s'indigne qu'on le considère comme l'auteur. Il n'avouera jamais la paternité d'une aussi virulente diatribe, qui aurait pu lui attirer le pire des sorts. Une «nouvelle édition» du *Sermon*, datée de 1753, porte en sous-titre : «On l'attribue à Mr. du Martaine ou du Marsay, d'autres à la Métrie ; mais il est d'un grand Prince très instruit» (Frédéric II). Dans ses *Instructions à Antoine-Jacques Rustan* de 1768, où il cite un long passage du *Sermon*, Voltaire dit que l'auteur en est un «prince respectable».[73] Dans *L'Examen important de milord Bolingbroke* en 1767, la plaisanterie du *Sermon* sur la supériorité des Juifs en matière de poux lui est imputée.[74] Frédéric ne protesta point contre ces attributions. Nul pourtant n'a jamais hésité à reconnaître la plume de Voltaire dans l'éloquence passionnée de ces pages. Les avis divergent, il est vrai, sur la part qui lui revient. L'hypothèse d'un travail collectif doit-elle être retenue ? Reprenant sur de nouvelles bases la «genèse du *Sermon des cinquante*», Jan Lavicka, dans un article récent, propose un scénario où interviendraient ceux que Voltaire a nommément désignés, La Mettrie et Frédéric II.[75]

Le préambule du *Sermon* évoquant l'assemblée des cinquante serait à mettre en relation avec les pratiques religieuses de cinquante-deux familles déistes qui vivaient aux confins de la Silésie et de la Bohême. Ces territoires avaient été occupés par les troupes prussiennes entre 1741 et 1744. Frédéric II y avait dépêché, afin de provoquer une vague d'immigration dans ses Etats, un pasteur silésien, homme instruit, ouvert à des idées non-conformistes, Jean Liberda. Sa mission consistait à «prendre contact avec les éléments non-catholiques de la paysannerie tchèque et à les persuader d'aller cultiver les terres du roi de Prusse pour y jouir de la liberté de conscience». Liberda pouvait adresser directement ses rapports au roi. Voltaire aurait donc eu connaissance, par l'intermédiaire de Frédéric II, de textes concernant ces déistes. Il aurait découvert l'existence d'un «déisme populaire, archaïque et plus agressif envers la religion révélée que celui des déistes anglais». Fait-il allusion, comme le pense Jan Lavicka, à ces déistes de Bohême lorsque dans les derniers paragraphes de la *Défense de milord Bolingbroke*, ouvrage de 1752 dont nous parlerons bientôt, il évoque non seulement des philosophes qui ont «embrassé le déisme par les illusions d'une sagesse trompeuse», mais aussi des déistes qui sont «de la religion d'Adam, de Sem, de Noé»?[76] On ne peut l'assurer.

A supposer donc que des documents, inconnus de nous, aient été communiqués

---

73. M.xxvii.119.

74. *OC*, lxii.179. Cette plaisanterie est dans le second point du *Sermon des cinquante* (M.xxiv.446).

75. J. Lavicka, «La genèse du *Sermon des cinquante*», *Studies* 256 (1988), p.49-82.

76. M.xxiii.553. Voltaire dans ce texte fait-il sienne la distinction qui se trouve dans l'article «Déistes» de l'*Encyclopédie* entre d'une part les «free-thinkers» et d'autre part des «antitrinitaires ou nouveaux ariens» dont ces déistes de Bohême seraient proches ?

à Voltaire à Potsdam, la question de leur apport dans le *Sermon des cinquante* reste entière. On entre dans le domaine des conjectures. Faut-il pour expliquer l'empreinte calviniste de ce *Sermon* supposer que Claude-Etienne Jordan, ami intime de Frédéric, ait travaillé sur un texte remis plus tard à Voltaire? Faut-il imaginer que La Mettrie y ait mis la main?[77] Et alors quel aurait été le rôle de Voltaire? Mise au point définitive ou refonte totale? Voltaire avait-il déjà en portefeuille une ébauche du *Sermon* lorsqu'il arriva en Prusse? La compléta-t-il alors? De quelle époque datent les textes écrits en marge du *Commentaire littéral* de dom Calmet et ceux qui ont peut-être été empruntés au *Testament* du curé Meslier?[78]

Bien des obscurités subsistent. Même si Voltaire emprunta à bien des textes, le *Sermon des cinquante* porte sa marque. Il lui fallut du courage pour encourir les risques auxquels l'exposait, même sous le couvert de l'anonymat, un tel brûlot anti-chrétien.

Le *Sermon* confirmerait, s'il en était besoin, que la propagande anti-religieuse ne peut guère éviter d'épouser les formes de la religion. Voltaire suppose une assemblée de fidèles dans une ville peuplée et commerçante. Ces «cinquante» ressemblent à une secte de dissidents protestants. Prière, sermon, dîner, suivi d'une quête pour les pauvres. Le credo de l'orateur – Voltaire lui-même – dans la «Prière», comme dans l'exorde du *Sermon*, est celui du poème sur *La Loi naturelle*: «la religion est la voix secrète de Dieu qui parle à tous les hommes.» Mais «l'Etre suprême», «Dieu de tous les globes et de tous les êtres», a été grossièrement défiguré par les juifs, puis par les chrétiens. Que l'Adonaï de l'Ancien Testament et ses sectateurs se livrent aux pires turpitudes morales: c'est le «premier point». Que toutes ces histoires défient le bon sens et ne méritent pas le moindre crédit: voilà le «deuxième point». Le troisième point attaque le Nouveau Testament. Il est trop évident que l'Etre suprême n'a pu s'avilir jusqu'à s'incarner. Il est extravagant de lui prêter toutes les misères de la condition humaine. La péroraison exhorte à aller plus loin que «nos pères». Si la Réforme a aboli «quelques erreurs, quelques superstitions», il est temps désormais d'«achever l'ouvrage»: abolir le christianisme au profit d'«un culte sage et simple d'un

---

77. Jordan meurt en 1745. Sur les apports présumés de Jordan, Frédéric et La Mettrie, voir J. Lavicka, «La genèse du *Sermon des cinquante*».

78. J. Lavicka établit des rapprochements très solides entre des passages du *Sermon* et le *Commentaire littéral*. Certes, Voltaire a réclamé le *Dictionnaire de la Bible* et le *Commentaire littéral* en septembre 1752 (D5023). Mais ce sont des ouvrages qu'il avait consultés aussi à Cirey. Même remarque pour les filiations possibles établies entre le *Sermon* et le *Testament* du curé Meslier. Frédéric possédait une copie de Meslier dans sa bibliothèque, mais ce n'est pas forcément en Prusse que Voltaire a consulté ce manuscrit.

Dieu unique».[79] Que les «frères» travaillent à cette grande révolution, dont le prédicateur croit apercevoir de divers côtés des signes avant-coureurs.

Voltaire apporte d'autre part, en cette fin d'été, une contribution qui sera, celle-ci, publique. Il répond à Formey, coupable d'avoir attaqué la foi nouvelle. On sait combien il avait été fasciné jadis par la personnalité brillante de lord Bolingbroke.[80] Or celui-ci était décédé le 21 novembre 1751. Une traduction française par Barbeu Du Bourg de ses *Lettres sur l'histoire* venait de paraître.[81] Publication assez bien accueillie pour ce qui avait trait à des jugements politiques, mais vivement critiquée dans les parties où Bolingbroke contestait l'authenticité de la Bible.[82] A cette occasion, Formey se distingua. Le secrétaire de l'Académie des sciences prit prétexte d'un compte rendu, dans la *Nouvelle Bibliothèque germanique*, d'une dissertation du théologien zurichois Zimmerman *Sur l'incrédulité* pour faire une vive sortie contre les esprits forts. On y apprenait que l'incrédulité est «la maladie épidémique du siècle», que «la classe des auteurs qui attaquent la religion est véritablement composée du rebut de la République des Lettres», et Formey se demandait si de semblables écrits doivent être permis et si «les voies juridiques sont propres à les extirper». Le premier devoir des princes est de faire respecter Dieu, donc de «réprimer les écrits profanes et sacrilèges», car les rois cessent de représenter la divinité sur cette terre dès qu'ils laissent tranquillement «les attentats les plus énormes contre Dieu rester impunis».[83] Voltaire, tout au contraire, estime que «ce qu'il y a de plus hardi dans [les] *Lettres sur l'histoire* est ce qu'il y a de meilleur». Il relève le gant.

Il présente sa *Défense de milord Bolingbroke* comme étant l'œuvre d'un pasteur anglican, le docteur Goodnatur'd Wellwisher, «chapelain du comte de Chesterfield»: masque transparent qui ne trompa personne. Le prétendu pasteur reconnaît que la foi seule fait croire aux invraisemblances du Pentateuque, dont la chronologie est confuse, la géographie inexacte. Il fait valoir que l'Europe est remplie de déistes. Ils sont «dans la magistrature, dans les armées, dans l'Eglise, auprès du trône et sur le trône même.» Sur le trône? Formey avait eu la hardiesse de faire «une étrange sortie» sur ceux qui pensent que «de sages lois, la discipline militaire, un gouvernement équitable, et des exemples vertueux, peuvent suffire pour gouverner les hommes, en laissant à Dieu le soin de gouverner les consciences.»

---

79. Texte établi par Jacques Van den Heuvel (Voltaire, *Mélanges*, Paris 1961, p.253-70).

80. Voir *Voltaire en son temps*, i.143-44, 163-64, 195-96, 215, 225-26.

81. Un exemplaire annoté par Voltaire se trouve dans sa bibliothèque (BV, n° 455), voir *Corpus des notes marginales de Voltaire*, i.381-83.

82. Voir les textes des *Mémoires de Trévoux* et de la *Bibliothèque raisonnée* de 1752, cités par D. J. Fletcher, «The fortunes of Bolingbroke in France in the eighteenth century», *Studies* 47 (1966), p.216-17.

83. *Nouvelle Bibliothèque germanique* (Amsterdam 1752), xi.78-96. Formey en 1752 commence à publier son *Philosophe chrétien*.

Le trait manifestement visait Frédéric II. La *Défense de milord Bolingbroke* rapporte comment «un très grand homme» qui pouvait «se venger comme homme» et «punir comme prince», avait répondu, en philosophe: «Il faut que ces misérables soient bien persuadés de nos vertus, et surtout de notre indulgence, puisqu'ils nous outragent sans crainte avec tant de brutalité.» Le docteur Goodnatur'd Wellwisher reproche aux protestants – tel Formey – leur dureté à l'égard des déistes. Il répète ce que Voltaire depuis longtemps aime à croire: que le déisme prolonge la Réforme. Le texte s'achève par un appel à la tolérance à l'égard de ces philosophes, adorateurs d'un Dieu, qui prêchent une morale sur laquelle «personne ne dispute», mais répudient des dogmes «sur lesquels on dispute depuis dix-sept cents ans, et sur lesquels on disputera encore».[84] Il ne s'agissait pas, on le voit, de simplement défendre la mémoire d'un mort illustre. Au surplus, Bolingbroke s'était bien gardé de se proclamer déiste, persuadé qu'il était que l'on devait respecter les préjugés. Voltaire se sert de Bolingbroke pour promouvoir ses propres idées. Il le dira à Formey: «Vous avez écrit contre les déistes qui ne vous ont jamais fait de mal, et le roi et moi, qui sommes déistes, nous avons pris le parti de notre religion».[85]

Il a donc répondu à Formey dans la *Défense de milord Bolingbroke* comme s'il était le porte-parole des déistes de Potsdam. Il paraît alors sur le point de prendre leur tête pour une audacieuse entreprise de propagande. Ruiner le christianisme par la critique des livres saints, convaincre les chrétiens de fanatisme et de superstition, opérer une mutation en particulier chez les Réformés, vers une «religion naturelle»: méthodes et objectifs sont déjà ceux de la future campagne contre «l'infâme». Il se flatte de disposer d'un bras séculier prestigieux, celui de Frédéric II, et d'une bonne équipe, les philosophes de Sa Majesté. Par cet engagement, Voltaire se condamne déjà à l'exil. König n'a pas tort de le juger «étourdi» et de soupçonner Maupertuis et Algarotti de «politique» quand ils prennent ostensiblement le parti de l'Eglise afin de ne point se fermer l'accès aux pays chrétiens.[86] Frédéric se réjouit de l'imprudence de Voltaire qu'il souligne malignement en accusant réception de l'article «Baptême» et de la *Défense*: «votre Dictionnaire imprimé, je ne vous conseille pas d'aller à Rome».[87] Voltaire fait fi

---

84. M.xxiii.547-54.

85. D5164 ([17 janvier 1753]). En fait, Voltaire se défend «comme un diable» (D5173) parce qu'il a des comptes à régler. Formey l'avait accusé de plagiat (D4887, D4888, D4889). Voltaire se moquera des plaintes de Formey (D5172, D5173). Celui-ci lui fera payer cher ses plaisanteries dans un compte rendu rageur sur la *Défense de milord Bolingbroke* paru en 1754 dans la *Bibliothèque impartiale* (ix.279-96, x.353-65). Il n'omettra pas alors d'évoquer la *Diatribe du docteur Akakia* (p.285). Sur les rapports de Voltaire et de Formey, voir J. Marx, «Une liaison dangereuse au dix-huitième siècle: Voltaire et J. H. Formey», *Neophilologus*, avril 1969, p.138-46.

86. Jugement de König après sa visite à Berlin en 1750 (Magnan, p.271-72).

87. D5056.

de ces dangers. Il obtient la permission d'imprimer l'apologie de Bolingbroke, qui sort des presses de Berlin le 20 novembre.[88] Mais il est déjà trop tard.

Les nuées menaçantes pointaient à l'horizon depuis des semaines. Rien à voir avec ces «bagatelles» inséparables de son horizon quotidien: accusation de plagiat dans les «feuilles fréroniques» à propos d'un madrigal de 1743 adressé à la princesse Ulrique,[89] épigramme assassine qui circule à Paris,[90] hargne du parti dévot qui se scandalise d'une fadaise, quelques vers désinvoltes au cardinal Quirini.[91] Voltaire avait jadis dédié sa *Sémiramis* au cardinal Querini, bibliothécaire du pape.[92] Celui-ci veut ériger une église catholique à Berlin et sollicite l'obole de Voltaire qui lui répond de manière désinvolte. Il lui envoie une ode célébrant la tolérance établie par un prince qui sait rendre ridicule

> Cette sainte inhumanité,
> Cette haine dont, sans scrupule,
> S'armait le dévot entêté
> Et dont se raillait l'incrédule.[93]

Le cardinal publie ces vers et des lettres de Voltaire. Des copies circulent déjà à Paris en juin et en juillet. On se les arrache et on s'indigne: Voltaire se rend «odieux» à tous les bons croyants.[94] Ces quelques vers, repris dans les gazettes,[95] font plus de bruit qu'ils n'en méritent, alors que la situation de Voltaire va devenir délicate. A Berlin, il a lancé un véritable défi. Pressentant le danger, Voltaire a mis sa fortune à l'abri. Le 5 août, il avait proposé à Charles-Eugène, duc de Wurtemberg, toujours désargenté, un prêt de 40 000 écus d'Allemagne moyennant une rente viagère. Il prie son correspondant de tenir la démarche secrète. Incertitude, à cette date, ou manœuvre en trompe-l'œil? Il est difficile de le dire. Toujours est-il que l'acte fut signé le 27 septembre. La rente se monte à 10 pour cent pour lui et à 5 pour cent pour Mme Denis. Le capital est garanti par une hypothèque sur le comté de Montbéliard, enclave dans le royaume de France qui appartient au duc.[96]

---

88. D5055, D5086.

89. *Voltaire en son temps*, ii.189. Ayant déniché un madrigal de La Mothe, Fréron dans sa livraison du 5 avril 1752 insinue que «l'aigle de notre âge» ressemble au «geai de la fable» et ironise sur le thème: les beaux esprits se rencontrent.

90. Jean Balcou, *Fréron contre les philosophes* (Genève 1975), p.60-62.

91. D4759, D4941, D4991.

92. M.iii.487.

93. D4759.

94. D4951.

95. Voltaire soupçonne Darget d'être à l'origine de cette publicité. Les vers paraissent dans la *Bibliothèque impartiale*, juillet-août 1752 (vi.1.154-56), et dans les *Cinq années littéraires* de Clément (vi.124-27). Ils sont mentionnés dans la *Gazette d'Utrecht* du 29 août 1752.

96. D.app.120.

Dès juillet 1752, mais en catimini, puis au grand jour fin septembre, il intervient dans le différend opposant Maupertuis au bibliothécaire du Stathouder, König. Frédéric est informé. Le zèle de Voltaire pour le projet d'un *Dictionnaire* de Potsdam, entre autres motivations, tend à éblouir le roi, afin de le détacher de Maupertuis. Il réussit dans une certaine mesure. Frédéric se contente d'abord de mises en garde indirectes, celle-ci par exemple, à propos de l'article «Athée»: «je crois qu'il ne faudrait pas citer des gens de lettres pour vivre tranquilles ensemble.»[97]

En effet, Voltaire a publié dans la *Bibliothèque raisonnée des ouvrages des savants de l'Europe* (Amsterdam juillet-septembre 1752) sous la date du 18 septembre,[98] une *Réponse d'un académicien de Berlin à un académicien de Paris*: deux petites pages percutantes contre Maupertuis. Piqué au vif, et ne supportant pas que soit attaqué le président de son Académie, Frédéric répond lui-même par une *Lettre d'un académicien de Berlin à un académicien de Paris*. L'orage a éclaté, qui va bientôt s'amplifier en tempête.

---

97. D5054 (octobre/novembre 1752). Des allusions sur l'usage nécessaire du bon sens pour bien se conduire ont valeur d'avertissement (D5074).
98. D5019.

6. *Akakia*, ou la rupture

(septembre 1752 - mars 1753)

Les relations de Voltaire avec Maupertuis remontaient, on se le rappelle, à 1732. Au long de ces années, avaient alterné moments d'enthousiasme et déconvenues, protestations d'amitié et aigreurs. Voltaire s'était moqué de la piteuse capture de Maupertuis à la bataille de Mollwitz.[1] Il avait omis son nom dans le *Discours de réception* à l'Académie, et n'avait sans doute pas oublié que le savant fut l'un des amants de Mme Du Châtelet. Un contentieux s'était amassé, qu'alimentent de mauvais souvenirs. Sans doute à l'arrivée de Voltaire en Prusse, les deux hommes s'étaient-ils d'abord fait bonne figure. Maupertuis rend justice au nouveau venu qui fait «les délices du roi»: «c'est un des ornements des fêtes qui viennent de commencer».[2] Voltaire, le 1er août, passe la revue des agréments de Potsdam. Il n'omet pas de signaler «une vie douce et occupée, tantôt avec Frédéric le Grand, tantôt avec Maupertuis».[3] Mais Buffon note avec clairvoyance que «ces deux hommes ne sont pas faits pour demeurer ensemble dans la même chambre».[4] Rivaux en puissance, une lutte sans merci entre eux était inscrite dans l'ordre des choses.

Les difficultés inhérentes à leur situation respective n'étaient pas minces. Voltaire, promu chambellan-ami, jouissait d'un statut fondé sur des affinités électives avec le souverain, sur des invites et des promesses exprimées dans une correspondance privée. C'est à la fois le domaine du flou et de l'ineffable, l'ordre du cœur que la raison connaît mal, le discours épistolaire avec son trompe-l'œil, qui prévalent sur la définition de fonctions précises. L'hôte du roi de Prusse avait reçu décorations et pension sans contrepartie dûment spécifiée. Mais il était passé au service de Frédéric, ce qui impliquait des obligations.

Face à cette nébuleuse, Maupertuis jouissait en Prusse d'une position de

---

1. Voltaire et Mme Du Châtelet sont émus quand ils apprennent cette nouvelle (D2472, D2473). Rassuré sur le sort de Maupertuis, Voltaire plaisante: «Maupertuis se fait prendre par des paysans de Moravie qui le mettent tout nu, et lui prennent plus de cinquante théorèmes qu'il avait dans ses poches» (D2488). Frédéric et Voltaire versifient cette aventure.
2. Cité par Desnoiresterres, iii.435.
3. D4178.
4. Buffon, *Correspondance inédite* (Paris 1860), i.48.

premier plan, stable et bien définie.[5] Pour tous, il est « le président », respecté et craint en tant que tel. Frédéric, qui ne s'intéresse guère aux sciences mais qui, pour des raisons de prestige, veut que son Académie s'illustre, lui a remis de pleins pouvoirs : « Rien ne se fera que par lui [le président perpétuel], ainsi qu'un général gentilhomme commande des ducs et princes dans une armée sans que personne s'en offense »,[6] a-t-il écrit de sa propre main dans le Règlement de l'Académie. Le roi a réduit le rôle des curateurs, des membres de l'aristocratie préposés jusqu'alors à la direction des affaires académiques.[7] Le roi a fait de lui « une sorte de ministre de la recherche »,[8] mais aussi un gestionnaire. Il distribue les pensions aux académiciens, selon le mérite, ce qui lui donne de puissants moyens de pression, comme on le verra dans l'affaire König. Il procède à des nominations à titre étranger pour accroître le prestige de l'institution (d'Alembert, Voltaire, Montesquieu, Bernoulli) et poursuit une politique de recrutement judicieuse (Euler, Beguelin, Merian). Il ne tolère ni la médiocrité ni la paresse, comme l'avait annoncé son discours : *Des devoirs de l'académicien*. Le savant entrant à l'Académie renonce à sa liberté, s'assujettit à des devoirs : le titulaire doit lire dans l'année deux mémoires, l'associé au moins un. Le président dans ses rapports au roi décerne compliments et critiques et juge sans appel.[9]

A Berlin, Maupertuis était quelqu'un avec qui il fallait compter. Par son mariage avec Mlle de Borck, une fille d'honneur de la princesse Amélie, il était allié à l'aristocratie prussienne. Dès 1747, il montrait son désir d'intégration dans le pays où il était venu vivre en faisant un éloge dithyrambique du soldat prussien, « en parlant de *nos* frontières, de *nos* villes, comme s'il avait toujours vécu en Prusse ».[10] Par Formey, il est en relation avec le milieu du Refuge et il est considéré comme le protecteur des Français qui viennent à Berlin. Fêté par les cercles mondains, et d'abord par celui de Mme de Bentinck, il est aussi fort apprécié des frères du roi.[11]

5. « Un homme tel que lui fonderait à Berlin dans l'occasion une Académie des sciences qui serait au-dessus de celle de Paris », avait écrit Voltaire au prince royal en 1738 (D1537). On avait suivi son conseil.

6. Maupertuis, *Œuvres* (Lyon 1756), iii, règlement de l'Académie.

7. Trois des quatre curateurs menacèrent de démissionner. Un seul maintint sa décision.

8. *Histoire du docteur Akakia*, éd. J. Tuffet (Paris 1967), p.XLV.

9. Il dénonce les dépenses excessives des anatomistes. A la suite de cette plainte, le roi prend des mesures (*Briefwechsel mit Maupertuis*, p.241-43).

10. G. Pons, « Les années berlinoises de Maupertuis ou Maupertuis vu par les Allemands de son temps », *La Bretagne littéraire au XVIIIe siècle*, Annales de Bretagne et des pays de l'ouest 83 (1976), p.686.

11. Voir Le Sueur, *Maupertuis et ses correspondants* (Paris 1896), p.97 ; Ch. Mervaud, « Voltaire, Baculard d'Arnaud et le prince Ferdinand », *Studies* 183 (1980), p.26 ; *Publikationen aus den Preussischen Staatsarchiven* 90 (1917), p.13 et suiv. (correspondance avec Auguste-Guillaume), p.42 et suiv. (correspondance avec le prince Henri).

Voltaire et Maupertuis, dans l'esprit de leur maître commun, répondaient à des fonctions distinctes : d'une part les belles-lettres, aimées et pratiquées par un prince qui se voulait écrivain, d'autre part les sciences, patronnées par un souverain qui veut arracher son pays au sous-développement culturel. L'obtus Frédéric Guillaume avait décrété que le philosophe Wolff devait quitter le royaume «sous peine de strangulation»,[12] son fils avait réussi à attirer chez lui le plus grand des écrivains français. Le roi-sergent avait enjoint à la «société des sciences» créée par Leibniz de se consacrer désormais à des travaux utiles, en foi de quoi le président était chargé du calendrier et devait chasser les loups-garous. Son fils avait confié le sort de son Académie à un jeune savant dynamique, ayant des qualités d'organisateur. La présence simultanée de Voltaire et de Maupertuis signait une victoire du roi. Voltaire et Maupertuis étaient destinés à se mouvoir dans des aires différentes. L'un, hôte du roi, réside au «château»; l'autre est à Berlin. La charge du premier est de ne rien faire, sinon corriger les œuvres du souverain. L'essentiel est qu'il soit là, à la fois caution et emblème. Le devoir du second est de créer un centre culturel. Mais, en dépit de leur spécialisation respective, des interférences ne pouvaient manquer de se produire, capables de rompre l'équilibre conçu pour la satisfaction de Sa Majesté. Les fonctions sont occupées par des individus.

Maupertuis, malgré sa situation brillante, n'avait pas trouvé en Prusse «le contentement d'esprit» que lui avait jadis souhaité Mme Du Châtelet.[13] Il se heurte à une sourde hostilité des Allemands. Son mariage avec une femme fort noble mais «parfaitement nulle»[14] ne lui apporte pas un grand réconfort. Il se console auprès de sa ménagerie : sa maison est remplie de perroquets, de perruches, de chiens et de chats.[15] Il se réfugie dans l'alcool.[16] Parfois cet exilé a le mal du pays, et la maladie ne fait qu'accentuer ses tendances atrabilaires. Voltaire, charmeur mais insupportable, assez vite l'avait trouvé peu sociable : dès le 19 novembre 1750, ils passent pour brouillés.[17] Mutuelle antipathie doublée d'incompréhension. Leur lutte commune en faveur du newtonianisme appartient au passé. Maupertuis était peu apte à apprécier les ouvrages de son rival, lui qui se vantait selon Collé de n'avoir jamais lu Molière et dénonçait les effets néfastes du théâtre.[18] Inversement Voltaire restait fort étranger aux recherches de Maupertuis. L'*Essai de philosophie morale* (1749) du président ne réduit-il pas le

---

12. E. Lavisse, *La Jeunesse du grand Frédéric* (Paris 1891), p.107-108. Dans sa première lettre à Voltaire, Frédéric s'était posé en défenseur de Wolff (D1126). Voir Mervaud, p.27-31.

13. D2348 (22 octobre [1740]).

14. Selon Thiébault, v.319.

15. Formey, i.217.

16. Frédéric, à maintes reprises, lui conseille de ne plus abuser de l'eau-de-vie (*Briefwechsel mit Maupertuis, Publikationen aus den Preussischen Staatsarchiven* 72, 1898, p.119, 123, 131).

17. *Publikationen* 90, lettre 7.

18. Voir *Publikationen* 90, p.13 et suiv.

bonheur à une formulation mathématique? L'*Essai de cosmologie*, en 1750, ne prétend-il pas prouver l'existence de Dieu par une équation, en vertu d'un principe universel de moindre action qui sera à l'origine de l'affaire König? Attiré par les sciences de la vie, Maupertuis, après sa *Vénus physique*, s'était intéressé aux problèmes de la génération, des races humaines et des variations héréditaires. Mais sa méthode qui se contente d'écrits brefs où il lance des conjectures, sans se donner la peine de les vérifier, sa tendance à aller jusqu'au bout d'une idée sans se soucier des faits: tout cela paraît à Voltaire élucubrations saugrenues dont va s'emparer joyeusement le «docteur Akakia».

Aussi les rancœurs s'étaient-elles accumulées entre les deux hommes. Voltaire, empiétant sur le domaine réservé du président, avait fait nommer, malgré lui, l'abbé Raynal au poste d'associé étranger. Il a supplanté Maupertuis à la cour et à la ville: il l'a brouillé avec Mme de Bentinck et éclipsé pendant les petits soupers. Esprit fort quand il était jeune, Maupertuis, à Berlin, est revenu ostensiblement à la pratique religieuse. Les «moines» du «couvent» de Potsdam s'en gaussent.[19] Le roi ne fait plus appel à lui pour corriger ses œuvres, tâche dont il s'acquittait avant l'arrivée de Voltaire.[20] Bref, relégué au second plan, Maupertuis se montre inamical. Il a pris parti pour Baculard d'Arnaud, pour La Beaumelle; il a éconduit Voltaire qui lui demandait d'intervenir en sa faveur lors de l'affaire Hirschel. Faisait-il sur son rival des insinuations perfides? Voltaire l'accuse de calomnie à propos du mot qui lui fut attribué sur le «linge sale donné à blanchir».[21] Or voici qu'en cet été 1752 Maupertuis s'expose à des représailles.

En avril 1752, le président incontestablement s'est rendu coupable d'un abus de pouvoir. Il s'enorgueillissait d'avoir découvert un des secrets de l'univers, en publiant dans l'*Essai de cosmologie* son principe de moindre action. Il croit avoir démontré que la quantité d'action nécessaire pour tout changement dans la nature est la plus petite possible. Mais il trouve un contradicteur en la personne de König. L'ancien précepteur de Mme Du Châtelet était devenu bibliothécaire du Stathouder et professeur de droit naturel en Hollande. Maupertuis l'avait fait nommer en 1749 membre associé de l'Académie de Berlin. König, au cours d'une

19. Sur l'affaire Raynal: D4135 et commentaire; passant outre au refus très net de Maupertuis (D4247), Voltaire s'est adressé au roi; Raynal est nommé le 29 octobre 1750, d'où violent ressentiment de Maupertuis (D4970, D.app.121, 11); sur la rivalité auprès de Mme de Bentinck: D4315, D4325, D4544; sur la jalousie de Maupertuis: H. de Catt, *Unterhaltungen mit Friedrich dem Grossen* (Leipzig 1884), p.66, Thiébault, ii.340; sur les plaisanteries antireligieuses à son égard: Formey, i.216; Baculard d'Arnaud et La Beaumelle, *Vie de Maupertuis*, p.136-37, 142.

20. *Publikationen* 72, p.247, 251, 254.

21. Le roi lui ayant envoyé des vers à corriger, Voltaire aurait déclaré: «Ne se lasse-t-il point de m'envoyer son linge sale à blanchir?» (D4956). Voltaire attribue ce mot à Maupertuis qui le lui aurait imputé (D8245, à Formey).

visite en septembre 1750, lui avait présenté des objections au principe de moindre action, en le priant de les examiner et lui offrant de les supprimer. Le président, outré du «ton d'égalité» de König, rejeta l'écrit et lui dit «avec dédain qu'il pouvait en faire ce qu'il voulait».[22]

Ce qu'il en fit, ce fut de le publier en latin dans les *Nova acta eruditorum* (mars 1751). La découverte de Maupertuis y reçoit des éloges, mais König affirme que la loi avait été déjà formulée par Leibniz. A l'appui de son dire, il cite un fragment d'une lettre adressée par le philosophe à Hermann, professeur à Bâle.[23] Maupertuis s'alarme: va-t-il perdre la gloire d'avoir découvert le principe de moindre action? Le 28 mai 1751, il demande à König où se trouve cette lettre. Le 26 juin, celui-ci répond qu'il en tient une copie d'un certain Heinzi, lequel a été décapité à Berne.

Maupertuis entreprend alors de convaincre son adversaire de faux. Il demande par la voie diplomatique des recherches dans les papiers de feu Henzi. On ne trouve rien. Sur quoi König est sommé de produire «l'original de la lettre [...] dans l'espace de quatre semaines après la réception de la présente».[24] Maupertuis refuse toute discussion sur le fond comme le proposait son adversaire. Point de débat savant, mais le recours à une procédure administrative, appuyée par les plus hautes autorités. Il fait intervenir Frédéric auprès du régent de Berne (16 octobre 1751). Le roi demande que, s'il se retrouve des lettres de Leibniz, «une copie fidèle et légalisée dans les meilleures formes» lui soit envoyée et que, s'il ne s'en trouve pas, un certificat lui soit expédié, car il y va de l'honneur de son Académie des sciences et belles-lettres.[25] Le 10 décembre, König s'excuse de ne pouvoir produire l'original. Nouvelle mise en demeure de Maupertuis: König ne peut que transmettre, le 12 mars 1752, une réponse de Bâle attestant qu'il ne se trouve plus de lettres dans les papiers de Hermann.[26] C'est donc à l'Académie de Berlin de se prononcer. Euler, tout dévoué à Maupertuis, présente le rapport (31 mars): il se dit convaincu que la lettre de Leibniz est un faux. Après quoi l'Académie déclare (13 avril 1752) que le fragment allégué par König a été «forgé pour faire tort à M. de Maupertuis»; en conséquence elle n'hésite pas «à le dépouiller par cette déclaration de toute l'autorité qu'on aurait pu lui attribuer».[27] Maupertuis avait eu l'élégance de ne point assister à la séance. Il n'avait pas d'inquiétude sur l'issue. S'agissant d'un problème difficile de physique théorique,

---

22. Formey, i.176.

23. Ce texte est reproduit par Ch. Fleischauer, «L'*Akakia* de Voltaire», *Studies* 30 (1964), p.33.

24. Courrier adressé à M. de Hellen, chargé d'affaires prussien auprès des Etats Généraux.

25. *Briefwechsel mit Maupertuis*, p.267. Le roi intervient de nouveau le 28 février 1752 (p.270).

26. Cette correspondance est citée à la suite de l'*Appel au public*, dont il va être parlé.

27. De nos jours, on penche pour l'authenticité de cette lettre. Sur cette séance, voir Harnack, *Geschichte der Königliche Preussischen Akademie der Wissenschaften zu Berlin* (Berlin 1900), i.336, n.3.

la plupart des académiciens étaient incompétents, et tous dépendaient du président pour leur pension. Elle fut supprimée à Sulzer qui avait émis quelques objections.[28]

Il ne restait plus à König qu'à renvoyer sa patente d'académicien associé (16 mai 1752) et à se faire rendre justice. Le Jugement de l'Académie est rendu public en mai 1752, sans avoir été notifié à König.[29] Maupertuis en fait envoyer vingt exemplaires à l'Académie des sciences de Paris. König porte l'affaire devant l'opinion, par un *Appel au public* (août 1752). Méthodiquement, il expose les faits. Professeur de droit, il dénonce l'iniquité du procès. Il rappelle fortement que l'égalité, la liberté sont essentielles à la profession des lettres, et qu'aucune assemblée n'a le droit de s'arroger «une juridiction ou supériorité quelconque sur quelques autres hommes de leur profession et de leur état.» Il revendique non sans éloquence l'absence de toute sujétion ou dépendance dans la recherche de la vérité: «en tant que citoyen de la république des savants, il ne reconnaît aucun supérieur, aucun juge particulier. Le public seul est son juge naturel.»[30]

Dans ce public, il avait rencontré déjà un puissant appui: celui de Voltaire. Les deux hommes avaient renoué connaissance à Berlin en septembre 1750.[31] Voltaire dès le 1er juillet suit l'affaire dans un sens favorable à König. Il confie, sous le sceau du secret, à Mme de Bentinck deux exemplaires d'un manuscrit «modéré» et «vrai en tous points» destinés à König et à l'éditeur du *Journal des savants*, Marc Michel Rey. Il y est démontré que «les philosophes qui tirent tant de vanité de leur algèbre ont beaucoup plus d'amour-propre que de raison».[32] Durant l'été, les gazettes de Leipzig attaquent le Jugement de l'Académie.[33] Voltaire est en relation avec König.[34] Il a lu, sans doute, l'*Appel au public* dès sa publication en août 1752. Il l'estime convaincant.[35] Il décide d'intervenir publiquement. Car voici qu'après l'abus de pouvoir académique, Maupertuis aggrave son cas, au cours de cet été, par des publications pour le moins contestables sur le plan scientifique. Il donne une *Lettre sur le progrès des sciences*, intégrée immédiatement à l'édition de ses Œuvres, et reprise d'autre part dans des *Lettres*, lesquelles sont «un bon exemple du désir de Maupertuis de laisser sa pensée s'orienter dans les

28. D5125, D.app.121.
29. *Appel au public*, p.160-61.
30. *Appel au public*, p.47.
31. Formey, i.177-78. König a rendu visite à Voltaire le 21 septembre.
32. D4932, D4935; Voltaire s'inquiète du sort de ces paquets dans D4962. On n'a pas retrouvé jusqu'ici la trace de ce texte. Etait-il de Voltaire? J. Tuffet en doute (p.LXXI-LXXII).
33. D'après une lettre d'Euler dans *Lettres concernant le Jugement* (*Maupertuisiana*).
34. D4978.
35. D5021 (25 septembre 1752).

directions les plus différentes.»[36] Couchant sur le papier des projets de recherches possibles, il mêle à des intuitions fécondes des rêves parfois étranges : réunir un collège international de savants dans une «ville latine»; forer un trou jusqu'au noyau de la terre; explorer les terres australes, prendre contact avec les géants (supposés) de Patagonie, et disséquer leurs cerveaux, afin d'étudier les mécanismes mentaux; deviner l'avenir par «un état plus exalté» de l'âme qui l'arracherait au présent... Idées «pour voir», que Voltaire va feindre de prendre pour des propositions fermes, d'où il appert que leur auteur a l'esprit dérangé.

Voltaire s'engage par une double publication anonyme, dans le même tome de la *Bibliothèque raisonnée*, juillet-septembre 1752.[37] Il rend compte (p.158-72) des *Œuvres* de Maupertuis. Il en souligne la faiblesse philosophique : l'affirmation d'une économie des forces dans la nature, prouvée par le principe de moindre action, se trouve en contradiction avec l'affirmation conjointe d'une profusion de cette même nature. Il se gausse des imaginations de la *Vénus physique* (les membres du fœtus se réunissent par attraction), de la *Lettre sur le progrès des sciences* : voyage sous le pôle, création d'une ville latine, exaltation de l'âme par l'opium, dissection des géants. Ainsi s'ébauchent les plaisanteries de l'*Akakia*. Il s'égaie des formulations mathématiques destinées à prouver l'existence de Dieu et à mesurer le bonheur. Tous ces écrits sont à considérer comme un «délassement d'esprit plutôt que comme des ouvrages sérieux». Conclusion : «Maupertuis a augmenté ici [en Prusse] son amour-propre et a perdu son talent.»[38]

La *Réponse d'un académicien de Berlin à un académicien de Paris*, dans le même volume de la *Bibliothèque raisonnée* (p.227-28), est un factum des plus efficaces : un historique précis et percutant où sont mises en évidence les erreurs, la mauvaise foi, les menées odieuses d'un tyran pour perdre un savant dont le seul crime était de ne pas être de son avis. Maupertuis est convaincu «à la face de l'Europe savante non seulement de plagiat et d'erreur, mais d'avoir abusé de sa place pour ôter la liberté aux gens de lettres».[39]

La parution de la *Bibliothèque raisonnée* fait grand bruit.[40] Elle coïncide avec la levée de boucliers qui suit l'*Appel au public*. Elle coïncide aussi avec la publication des *Lettres*, fin septembre ou début octobre : opuscule où, peu

36. Tuffet, p.LVIII.

37. On peut lire le compte rendu dans M xxiii 535-45, et la *Réponse* dans la correspondance, D5019. Le même volume de la *Bibliothèque raisonnée* donnait aussi un article «Sur le *Jugement de l'Académie* et l'*Appel* de König», p.173-209.

38. D5021. Dans la *Bibliothèque raisonnée*, le compte rendu de Voltaire comporte une longue note (M.xxiii.537-38) que Beuchot attribue au rédacteur de la revue et qui met l'accent sur la grande conformité entre la pensée de Leibniz et celle de Maupertuis.

39. D5019.

40. Pour en juger, voir la *Lettre d'un cosmopolite à un académicien de Londres* (Magnan, p.319).

opportunément, Maupertuis renchérit sur les étranges propositions de sa *Lettre sur le progrès des sciences*.[41]

Voltaire espérait que Frédéric allait juger à sa juste valeur un homme aussi décrié. Il n'ignorait pas que le roi n'avait guère apprécié l'*Essai de philosophie morale* du président qu'il aurait traité de «capucinade».[42] Précisément son compte rendu des *Œuvres* s'achevait sur un éreintement de cet ouvrage, où il dénonçait les palinodies de son auteur. Il misait sur le fait que Maupertuis avait demandé et obtenu permission, le 2 mai, de quitter la Prusse pour se faire soigner en France, que le problème de sa succession se posait.[43] Enfin se moquer de Maupertuis en privé n'était pas interdit, loin de là. Lors des fêtes données à Oranienbourg par le prince de Prusse en septembre 1752, la comtesse de Bentinck peut débiter des plaisanteries sur le «conclave monadologique» des académiciens de Berlin et sur la ville latine.[44] Frédéric en personne aurait composé un *Voyage à la ville latine*. On hésiterait à accorder crédit à l'affirmation de Voltaire dans ses *Mémoires* selon laquelle Frédéric lui aurait communiqué son manuscrit, si ce fait singulier n'était attesté d'autre part.[45]

Voltaire ne s'est donc pas lancé inconsidérément dans la lutte. Mais il a mal apprécié les forces ou les intérêts en présence, sous-estimant les réactions d'un souverain dont l'Académie des sciences était tournée en ridicule, son président, un haut fonctionnaire, allié à la noblesse, traîné dans la boue, les membres de cette institution accusés de couardise et de malhonnêteté, enfin le roi lui-même compromis, puisqu'il a été mis de moitié dans les démarches de Maupertuis.

Frédéric était rentré de Silésie le 20 septembre.[46] Sans doute ses services de police l'ont-ils averti rapidement de l'ingérence de son chambellan dans la querelle.[47] Celui-ci ne désarme pas. Le 11 octobre, il envoie à la comtesse de

---

41. Voltaire n'avait pas encore connaissance de ces *Lettres* quand il rédigea le compte rendu de la *Bibliothèque raisonnée*.

42. D'après une lettre de König à Haller (Magnan, p.272).

43. Des contacts avaient été pris avec d'Alembert, *Briefwechsel mit Maupertuis*, p.278n., et Frédéric II, *Œuvres*, xxv, appendice, et xxvii.

44. Magnan, p.310-11.

45. Par un ouvrage sur Frédéric II de 1785, cité par Koser-Droysen, iii.107n., et dans une lettre de Voltaire (3 juin 1760), D8957, où il ne pouvait alléguer des faits controversés. Voir Magnan, p.352-53, qui reproduit un texte résumant ce *Voyage*. Or Voltaire dans la *Diatribe* ne s'égaie pas sur la ville latine, hésitant sans doute à rivaliser avec le roi. Il le fera plus tard dans le *Traité de paix*.

46. *Tageskalender*, p.131.

47. Des échos inédits rapportés par Mme de Bentinck proposent une autre version des faits: Voltaire aurait été chargé de rendre compte à Sa Majesté de cette querelle de savants. Il aurait d'abord donné tort à König, puis aurait changé d'avis en lisant l'*Appel au public* et en aurait informé Frédéric. Celui-ci l'aurait prié de ne point se mêler de cette affaire, ce que Voltaire aurait promis. Toutes affirmations sans recoupements possibles et qui paraissent improbables (texte cité par Magnan, p.328-32).

Bentinck, afin qu'elle le diffuse, un extrait de la gazette manuscrite de Cologne du 18 août 1752 qui dénonce les menées de Maupertuis auprès des autorités des Pays-Bas.[48] Le roi ignore «absolument le fond de la dispute», du moins l'affirme-t-il.[49] Il reste dans l'expectative, témoin attentif, mais qui, soit hésitation, soit politique, n'intervient pas directement. Tout au plus met-il en garde Voltaire dans un billet lourd de sous-entendus sur ces querelles «pour et contre Leibniz»,[50] tout en exhortant Maupertuis à mépriser «les cris de la haine et de l'envie».[51] C'est le 4 novembre seulement que le roi manifeste son soutien en rendant visite «de cinq à six heures du soir» à Maupertuis.[52] Céda-t-il à un chantage du malade, qui aurait insinué que la «haine de Voltaire avançait le terme de sa vie»?[53] Le 5 novembre, de retour à Potsdam, il essaie encore de réconforter le président, lui assurant que ses *Lettres* sont «bien faites et profondes». Il lui enjoint de ne pas se soucier du «bourdonnement des insectes».[54] Le 7 novembre, il lui envoie le manuscrit de sa *Lettre d'un académicien de Berlin à un académicien de Paris*: il s'est décidé à rompre le silence puisque l'Académie est restée muette. Le 11 novembre, l'ouvrage est imprimé et des exemplaires envoyés en Hollande, en France, dans l'Empire.[55] La *Lettre*, anonyme, ayant été maltraitée par le *Journal de Hambourg*,[56] une seconde édition, fin novembre, porte les armes royales et fait taire les critiques.

Frédéric craignait qu'on puisse attaquer son écrit «du côté du style, de la langue et de l'ordre des choses.» En fait, la lettre est très soignée.[57] Mais il se faisait des illusions quand il affirmait: «Quant aux preuves, personne n'y pourra répondre». Le factum s'enlisait dans le dithyrambe. Les académiciens étaient censés rendre à leur président «le tribut d'admiration qu'on doit à sa science et à son caractère». A Berlin, il jouit de «la gloire qu'Homère eut longtemps après sa mort». Le texte pratiquait le manichéisme. Dans le camp des méchants, la «médiocrité des talents» de König et d'un «faiseur de libelles sans génie». Dans celui des bons, l'Académie unanime derrière sa figure de proue parée de toutes

---

48. Magnan, p.307-308.
49. *Briefwechsel mit Maupertuis*, p.267.
50. D5054.
51. *Briefwechsel mit Maupertuis*, p.278-79.
52. Les gazettes, vraisemblablement par ordre, rendent compte de cette marque ostensible de soutien.
53. C'est ce que prétend la comtesse de Bentinck, qui glose ainsi la «sensibilité» de Frédéric (Magnan, p.330).
54. *Briefwechsel mit Maupertuis*, p.280.
55. *Briefwechsel mit Maupertuis*, p.281.
56. Voir Fontius, p.49-50, 102. Voltaire jure n'avoir aucune part à de telles recensions (D5159). Mylius serait l'auteur d'un texte très violent, dont la traduction sera envoyée à Versailles: «que cette lettre soit ou ne soit pas une plaisanterie, il est clair que l'auteur est ou très mal informé de l'affaire ou qu'il ment impunément» (Magnan, p.320).
57. Qui l'a revue? D'Argens? L'abbé de Prades?

les vertus et de tous les savoirs. Pourquoi, dans ce cas, se donner la peine de réfuter des adversaires aussi vils ? La gratitude de Frédéric envers celui qui avait rendu vie à une Académie «longtemps languissante» l'inspirait mieux. Il traçait de Maupertuis le portrait d'un administrateur de qualité. En contrepartie, Voltaire est traité de «misérable», de «furieux», d'«ennemi méprisable d'un homme d'un rare mérite», de «malheureux écrivain» qui avec une lâcheté inouïe attaque un mourant.[58]

Voltaire ne plie pas sous l'orage. Il cherche une porte de secours. Il s'avise de vouloir dédier *Rome sauvée*, cette pièce où «l'amour de la liberté» triomphe, au Suprême Conseil de Berne.[59] Simultanément, il fait face à l'ennemi. Le 17 novembre, il envoie à König une longue lettre signée, destinée à être largement divulguée. Il prend hautement le parti du professeur de La Haye. La lecture de l'*Appel au public* l'aurait fait revenir «sur le champ» des préjugés qu'il nourrissait à son encontre. Il en résume l'argumentation à l'usage de celui qui ne veut pas en prendre connaissance, car cette lettre a pour véritable destinataire le roi lui-même. La lettre de Leibniz est authentique et, loin de prévenir l'opinion de Maupertuis, elle la combat. C'est avec une «franchise intrépide» que Voltaire se décide à juger du fond de la question, rappelant qu'il a combattu le sentiment de Mme Du Châtelet et celui de König sur les forces vives: «Je ne pus sacrifier ce qui me paraissait la vérité à une personne à qui j'aurais sacrifié ma vie.»[60] Dont acte. Cet exemple avait valeur d'explication pour sa conduite présente.

«Enthousiaste» sur ce qui lui paraît vrai, Voltaire dénonce avec vigueur les brigues et menées de Maupertuis,[61] qui a soutenu sa première erreur par «une persécution», a fait condamner et flétrir un honnête homme sans l'entendre, «lui a ordonné» ensuite de ne point se défendre et de se taire. Les plaintes de «tous les gens de lettres de l'Europe» se joignent à celles de König, car «où en seraient les lettres et les études en tout genre, si on ne peut être d'un sentiment opposé à celui d'un homme qui a su se procurer du crédit»? Ce tyran odieux n'est qu'un fou. Le texte s'achève sur l'énumération des suggestions ridicules contenues dans ses *Lettres*: dissection des cerveaux de géants aux terres australes, percée d'un grand trou pour aller jusqu'au noyau de la terre, imaginations curieuses concernant les malades enduits de poix-résine, élucubrations sur la maturité de l'homme qui est la mort ou sur l'exaltation de l'âme. Il faut ouvrir les yeux de ceux qui, «chargés de grandes affaires», ont été trompés.[62]

---

58. Frédéric II, *Œuvres*, xv.59-64.

59. Voir D5064. Il se heurte aux réticences du Conseil (D5151). Après une nouvelle démarche, D5177 (26 janvier 1753), il reçut une réponse négative le 21 février (D5213).

60. D5076 (17 novembre 1752).

61. Même le défenseur de Maupertuis, Frédéric, est agacé par ses interventions. Il lui conseille de ne plus s'adresser à la princesse d'Orange (*Briefwechsel mit Maupertuis*, p.282-83).

62. D5076.

Que pouvait attendre Voltaire d'une telle lettre? Espérait-il obliger le roi à lire les arguments en faveur de König? Frédéric s'était trop engagé pour se dédire, et Voltaire ne l'ignorait pas. Il paraît avoir cédé au plaisir d'avoir raison, au désir de vengeance, à celui de la joute peut-être, au refus intime de l'abdication, renforcé par le légitime sentiment de défendre la liberté de penser et le statut de l'homme de lettres.

Voltaire s'en serait-il tenu là? C'est peu probable. En tout cas, il est informé fin octobre que La Beaumelle prépare une édition annotée du *Siècle de Louis XIV*, encouragé (du moins s'en persuade-t-il) par Maupertuis.[63] Il ne ménagera donc pas le président, ce «tyran absurde».[64] Il a bientôt sous la main le moyen de le ridiculiser à jamais: cette *Diatribe du docteur Akakia*,[65] où il s'égaie des folies du savant dans ses *Œuvres*, et surtout dans ses *Lettres* récemment parues.

Cette première édition de Berlin fut tirée confidentiellement à cinq douzaines d'exemplaires.[66] Aucun n'a été retrouvé. Tous apparemment furent brûlés, dans les conditions que nous verrons. La plus ancienne édition dont on dispose est la deuxième, parue chez Luzac à Leyde en décembre. On peut supposer qu'elle reproduit le même texte. Elle réunit plusieurs pamphlets: la *Diatribe du docteur Akakia, médecin du Pape*, le *Décret de l'Inquisition de Rome*, le *Jugement des professeurs du Collège de la Sapience*, enfin, par ceux-ci, l'*Examen des lettres*. Il s'ensuit une grande variété dans le ton et la reprise des mêmes railleries sous des formes différentes: d'abord par un médecin sans malice qui juge au nom du bon sens; puis par le père Pancrace, inquisiteur pour la foi qui anathématise, ayant découvert «force propositions téméraires, malsonnantes, hérétiques et sentant l'hérésie»;[67] enfin par des professeurs relevant les bévues d'une copie bâclée et dispensant les conseils appropriés. Le jeu consiste à supposer que les textes en question ont pour auteur un jeune inconnu qui aurait emprunté le nom du président. On proteste que jamais Maupertuis n'aurait pu écrire de telles sottises – tout en démontrant qu'il en est bel et bien l'auteur.

Dans cette prolifération de fantoches, on remarquera le chef de file. Voltaire s'amuse à endosser la houppelande d'un médecin, et médecin du pape qui plus est. Eternel malade, il mime le personnage de ceux qu'il a si souvent consultés.

63. D5049, D5050.
64. Voir sa lettre à La Condamine dont il connaît l'amitié pour Maupertuis (D5041).
65. Il n'est pas aisé d'en dater la rédaction. La lettre à Formey (D5061) où Voltaire annonce qu'il a pris le parti de «tourner les sottises en railleries» est-elle du 4 novembre (catalogue de vente) ou de décembre (Formey)? La rédaction dut avoir lieu vers la mi-novembre, l'impression avant le 25 novembre. Dans un billet à Collini (D5072), Voltaire le prie de recopier son «schiribizzo».
66. D.app.118.
67. Le dévot Maupertuis est donc condamné par l'Eglise.

Le déguisement médical pourtant n'est pas de ceux auxquels il recourt volontiers. Le cas de Voltaire en Akakia paraît même unique.[68] Mais Maupertuis avait empiété sur le domaine de la Faculté. Le médecin du pape défend ses confrères et leur art. Il s'élève contre les médications prescrites par le président: enduire les malades de poix-résine, les faire pirouetter en cas d'apoplexie, etc. Mais voici que bientôt Akakia doit prodiguer ses soins non plus au pape, mais à Maupertuis lui-même, lequel manifestement en a le plus grand besoin. C'est ce qui apparaîtra dans les suites de la *Diatribe*, en même temps que se confirmera l'identification de Voltaire avec Akakia. Le bon médecin! Il prend rang dans la série des bonnes âmes voltairiennes, les Memnon, les Zadig, en attendant les Candide, les Ingénu. Il restera, dans la famille, le seul docteur en médecine.

Sa *Diatribe* de 1752 fait force références aux *Lettres*, dont les citations sont dans l'ensemble fidèles selon la lettre, mais faussées selon l'esprit. Voltaire ne travestit pas la pensée de Maupertuis: il condense en un mot percutant et affirmatif ce qui restait de l'ordre des conjectures diffuses. Il ne tente pas une critique d'ensemble. De nombreux points sont abordés, mais sous forme d'allusions rapides, en évitant les discussions philosophiques. Voltaire glisse un mot sur la théorie de la moindre action. Mais sa cible de prédilection reste la lettre «Sur la médecine» et celle «Sur le progrès des sciences». Négligeant le fait que les suggestions avancées ne sont que des rêveries, tout au plus des hypothèses de travail, il insiste sur leurs conséquences pratiques. Ainsi le bon docteur Akakia s'insurge-t-il contre les réformes médicales du «candidat»: que les malades cessent de payer leur médecin...

En marge de la critique de ce «jeune auteur déguisé sous le nom du président» se dessine le portrait cruel du président lui-même. La caricature est si ressemblante que la victime ne pourra se dépêtrer de cette véritable tunique de Nessus. Le public, puis une partie de la critique, vont se former de Maupertuis une idée issue des plaisanteries voltairiennes. Il est toujours difficile de se déprendre des images que Voltaire crée de ses ennemis. L'assimilation entre ce «jeune auteur ignoré» et le président d'une grave académie se fait par paliers successifs. Elle culmine dans le dixième point du *Jugement des professeurs*, qui rassemble toute l'histoire de la querelle avec König. Un postulat malicieux annonçait qu'il ne fallait pas imputer à Maupertuis, cet «admirable philosophe», des *Lettres* qui pour un tiers au moins reprennent des ouvrages antérieurs. Si la nature agit avec la plus grande économie, cet inconnu fait de même! Puis les citations, les allusions se multiplient, les deux personnages fusionnent pour révéler l'identité d'un «président de Bedlam» que sa folie des grandeurs, sa vanité, son ignorance, son goût de la cabale ont perdu. A cet amateur de formules algébriques est assené,

---

68. Si l'on se réfère à la liste de ses pseudonymes établie par Th. Besterman, *OC*, cxxxv.382-90.

sous forme de pastiche, ce coup de grâce: «Lorsque dans un auteur une somme d'erreurs est égale à une somme de ridicules, le néant vaut son existence.» Mise à mort, qui reste follement drôle, où les trouvailles d'expression, la verve endiablée, l'ingéniosité des traits d'esprit entraînent vaille que vaille le lecteur désarmé.[69]

Comment faire imprimer des feuilles aussi incendiaires? Le libraire Bauer refuse de les éditer sans autorisation. Voltaire lui fait alors parvenir un billet de la main de Sa Majesté, celui qui l'autorisait à faire paraître la *Défense de milord Bolingbroke*.[70] Mais selon d'Argens un officier, qui faisait imprimer dans le même atelier un ouvrage sur les fortifications, surprend les exemplaires de l'*Akakia*, alerte Maupertuis, lequel a recours au roi.[71] Fredersdorff, homme de confiance de Frédéric, mène l'enquête. Le 27 novembre, la *Diatribe* est découverte. Le 29 novembre, le roi rassure son président: «je me suis emparé du Kaiaka».[72]

Furieux, le roi exige que Voltaire signe un billet compromettant, rédigé de la propre main du souverain. Le coupable doit s'engager, tant qu'il est logé «aux châteaux», à n'écrire contre personne, soit contre le gouvernement de France, contre les ministres, soit contre d'autres souverains, ou contre «les gens de lettres illustres», auxquels il doit rendre «les égards qui leur sont dus»;[73] à ne point abuser des lettres de Sa Majesté et à se gouverner «d'une manière convenable à un homme de lettres qui a l'honneur d'être chambellan de sa Majesté, et qui vit avec des honnêtes gens».[74] Ce libellé tendancieux, à la fois large et précis, faisait de Voltaire un séditieux en puissance, capable de menacer les gouvernements ou de s'en prendre à des têtes couronnées. On remarquera qu'il n'y avait eu de sa part aucune implication de cet ordre, à moins de considérer comme crime de lèse-majesté l'audace de professer une opinion différente sur la loi de moindre action et sur les sanctions académiques.

Que Voltaire ait signé, sans indiquer ses réserves, il se fermait tout recours. La promesse de n'écrire «contre personne» d'une extension infinie le livrait à celui qui déjà forgeait des procès d'intention quant au sort de ses lettres, une de ses obsessions majeures. Aussi essaie-t-il de déjouer le piège en protestant de son respect pour les puissances, de son loyalisme à l'égard de sa patrie, rappelant qu'il a été historiographe de France. Il conjure le roi d'étudier «le fond de la querelle avec Maupertuis», arguant qu'il ne lui avait point été ordonné de ne

---

69. Sur l'art de ce pamphlet éblouissant, voir Tuffet, p.CVII-CXXXIV.

70. Voir D.app.118.

71. *Histoire de l'esprit humain*, iv.351. Il s'agirait d'un certain Lefebvre, espion de Maupertuis (Koser-Droysen, ii.386).

72. D5087, Frédéric à Maupertuis.

73. Voir le résumé qu'en donne Frédéric dans D5087, à comparer avec D5085.

74. D5085. La première partie du texte, rédigée par le roi, est suivie par les dénégations de Voltaire, qui appose sa signature en bas de page.

point se défendre. Si Voltaire a attaqué dans cette affaire qui mettait en cause la liberté d'expression, c'est qu'il se pose en victime de manœuvres non spécifiées de Maupertuis, mais qui devaient être comprises à demi-mot par Frédéric. S'agit-il, sous cette forme sybilline, du mot sur «le linge sale donné à blanchir»? On peut le présumer, non l'affirmer. Que valait cette soumission arrachée de haute lutte? Le roi pensait avoir résolu la question puisque la force avait parlé. Il se leurrait en assurant à Maupertuis qu'il devait désormais «être tranquillisé de toutes les façons», puisqu'il avait enjoint à Voltaire de «renoncer au métier infâme de faiseur de libelles».[75]

La saisie de l'*Akakia* fut suivie d'une première «brûlure», bien attestée,[76] mais qui a donné lieu à des récits où l'on prend la mesure de l'affabulation que les mémorialistes du temps s'autorisèrent. Thiébault prétend qu'après avoir reçu un billet «fort galant» du monarque, Voltaire se serait rendu dans son cabinet. Frédéric lui aurait remontré l'énormité de sa conduite. Voltaire, touché par ces reproches, serait parti chercher son manuscrit. Tous deux décidèrent de le livrer aux flammes. Mais avant de détruire ce chef-d'œuvre, le roi aurait exigé que son auteur le lise en entier: «ce sera un dépôt chéri que ma mémoire conservera précieusement», aurait-il promis. Le sacrifice est consommé par les deux compères mourant de rire, «et tandis que le cahier brûlait, se formaient des danses antiques et sacrées devant le foyer».[77]

La réalité fut moins pittoresque. L'air n'était point à la gaîté. Le roi avait un sujet légitime de courroux. Voltaire avait abusé de la permission qui lui avait été accordée pour un autre ouvrage. Frédéric ne témoigna pas de son mécontentement avec cette «douceur» dont le créditent les auteurs du temps.[78] «Votre effronterie m'étonne», «si vos ouvrages méritent qu'on vous érige des statues, votre conduite vous mériterait des chaînes», tonne le roi. Voltaire demande «justice ou la mort».[79] Une lettre de Frédéric à sa sœur Wilhelmine en dit long sur le climat qui régnait alors à Potsdam: «Sans son esprit, qui me séduit encore, j'aurais en honneur été obligé de le mettre dehors».[80]

Lorsque, le 8 décembre, le roi part pour Berlin, Voltaire ne reçoit pas

---

75. D5087.

76. Par Sulzer (D5117 commentaire); par Frédéric (D5087, D5255); par la gazette manuscrite de Cologne (texte dans Magnan, p.320-21).

77. Thiébault, i.261-67. Voir aussi d'Argens, *Histoire de l'esprit humain*, iv.345. Formey, i.269, prétend que le roi reçut la *Diatribe* avec bonté et pria Voltaire d'anéantir totalement l'édition.

78. Encore de Luchet, p.233.

79. D5096 et D5097 ([vers le 5 décembre 1752]).

80. Frédéric II, *Œuvres*, xxvii.232. Frédéric a «lavé la tête» à son chambellan (D5100), et il prétend l'avoir intimidé du côté de la bourse.

d'invitation à s'y rendre.[81] Il quitte Potsdam le 11 décembre, et va loger chez le conseiller Francheville, rue des Pigeons, au Marché des Gendarmes. Il conjure le drame par le travail, le meilleur antidote aux passions journalières. Il va revoir son *Histoire de la guerre de 1741*, il se remet à son *Histoire universelle*.[82] Il gémit sur son «érésipèle rentré», sur sa décrépitude physique. Il rêve toujours d'un voyage à Paris, mais doit se contenter pour le moment de se faire «un printemps avec des poêles».[83] Aucune confidence, sauf ce mot à d'Argental: «comptez que je pleure quelquefois d'être loin de vous».[84] Même s'il n'écrivit point alors la célèbre lettre sur le «petit dictionnaire à l'usage des rois», il médita sans doute, en ce mois de décembre 1752, sur quelques-uns de ses articles, et il devait songer à «sauver l'écorce» de cette orange pressée.[85]

L'«affaire des libelles», comme disait le roi,[86] n'était pas finie. Le libraire Luzac imprimait à Leyde l'*Akakia*. Voltaire avait dû lui demander de remettre tous les exemplaires au résident de Prusse.[87] Mais Luzac comprit qu'il y avait là gros à gagner. Son édition se répand dans Berlin, le 21 décembre, diffusée aussi par Voltaire, et fait grand bruit.[88] Frédéric eut l'impression d'avoir été berné. Il décide de recourir aux grands moyens. Il fait saisir les exemplaires, les fait lacérer et brûler le 24 décembre sur les places publiques, par la main du bourreau, notamment dans le voisinage de l'auteur. Procédure rarissime en Prusse. Il ordonne de recueillir les cendres d'*Akakia* et les envoie à Maupertuis en guise de «poudre rafraîchissante».[89] Le roi se chargeait d'orchestrer l'affaire. La veille de l'exécution, il avait rédigé un article pour les gazettes, qui parut, traduit textuellement, dans le *Spenersche Zeitung* du 26 décembre: on annonçait qu'un pamphlet horrible serait brûlé et on précisait que l'auteur passait pour être M. de Voltaire.[90]

Qu'en pensait donc M. de Voltaire? Thiébault raconte qu'il se mit à la fenêtre et regarda brûler la *Diatribe*: «Ah! voyez-vous l'esprit de Maupertuis qui s'en va

81. Dès le 5 décembre, le bruit court d'une réconciliation entre Voltaire et Frédéric qui, vraisemblablement, n'avait pas eu lieu (Droysen, *Besuche*, p.118).

82. Il fera don d'un manuscrit à la duchesse de Saxe-Gotha en avril 1753.

83. D5113 (18 décembre [1752]), à d'Argental; D5117 (19 décembre 1752), au médecin Jacques Bagieu.

84. D5113.

85. D5114: lettre de *Paméla*, où il est difficile de mesurer la part de la réécriture (Magnan, p.48).

86. D5100 ([10 décembre 1752]).

87. D5117 commentaire. Thiébault, ii.67, imagine tout un manège de Voltaire.

88. D4662, D5156, lettres redatées par A. Magnan du 26 décembre 1752 et où Voltaire diffuse l'*Akakia*; Lehndorff, p.33. Par ailleurs, Voltaire essaie de se dédouaner auprès de Frédéric (D5088, au marquis d'Argens).

89. Formey, i.270; Frédéric II, *Œuvres*, xiv.170; D5120.

90. Article reproduit dans Koser-Droysen, ii.392.

tout entier en fumée? Oh, quelle fumée noire et épaisse!»[91] Les hommes d'esprit sont censés plaisanter en toutes occasions. En cette veille de Noël, Voltaire avait bien des sujets de préoccupation. Il avait envoyé en Hollande un additif à la *Diatribe*, la *Séance mémorable*, pamphlet burlesque qui désigne le président sans le moindre travestissement, évoque l'assistance qui bat des mains, le secrétaire qui consigne sur des registres le résultat des expériences entreprises. Car l'objet de cette séance extraordinaire est de procéder à l'expérimentation des idées de Maupertuis, d'où la bouffonnerie de ces quelques pages. Et déjà la «lettre à König»[92] circule à Berlin. Voltaire supplie le libraire Gosse de ne point l'imprimer.[93] Il craint de nouveaux sévices. A-t-il eu vent de la campagne de presse qui s'amorçait contre lui? La *Gazette d'Utrecht* publie le 2 janvier un article violent qui traite l'*Akakia* de «production aussi indigne que misérable qui ne peut partir que d'un cœur corrompu». En proie, quoi qu'il s'en défende, à des «terreurs paniques», il adresse fiévreusement de courts billets à la comtesse de Bentinck, au prince Henri, au duc de Wurtemberg.[94]

Persuadé qu'«on va achever sa mort qu'on a commencée»,[95] il est déterminé à quitter Berlin pour toujours. Le 1er janvier 1753, il renvoie à Frédéric la clef de chambellan et l'ordre du Mérite, accompagnés de quatre vers écrits sur l'enveloppe:

> Je les reçus avec tendresse;
> Je vous les rends avec douleur;
> C'est ainsi qu'un amant, dans son extrême ardeur,
> Rend le portrait de sa maîtresse.[96]

Il s'est mis sous la protection de l'ambassadeur le chevalier de La Touche, «comme un Français, comme un domestique du roi [de France], comme un officier de sa maison»,[97] et il le spécifie au roi de Prusse auquel il adresse une respectueuse lettre de démission. Il se souviendra seulement des «bienfaits» de celui dont il rappelle les «promesses sacrées». Il évoque leur amitié passée, et

---

91. Thiébault, ii.267-68. Collini, p.45, écrit que Voltaire «finit par plaisanter sur cette exécution», et Denina qu'il se laissa aller à des invectives (*Essai sur la vie et le règne de Frédéric II*, Berlin 1788, p.119).

92. D5076.

93. D5124.

94. D5104 à D5107, D5122. Le prince Henri semble jouer alors double jeu: il communique à Maupertuis un papier compromettant, qu'il a obtenu de Mme de Bentinck, dont la conduite alors ne manque pas de légèreté. Voltaire confie au prince de Wurtemberg «un paquet très essentiel».

95. D5105.

96. Collini, p.48. Le *Commentaire historique* (M.i.94) et la *Lettre de J. E. Roques* (Hanovre 1755) donnent des versions différentes du troisième vers.

97. D5133. La Touche, auquel Voltaire a remis «une cassette et des papiers cachetés», transmet à Versailles un mémoire de Voltaire (D5125 commentaire) et demande des ordres au cabinet français.

espère que Frédéric fera preuve à son égard de «quelque humanité». Avec «douleur», il demande son «congé».[98]

Acte décisif. Mais Voltaire ne quittera la Prusse que le 26 mars 1753. Restent donc à parcourir ces trois mois d'incertitude qui précèdent la séparation effective.

Selon Collini qui fit justice de récits fantaisistes, le jeune Francheville, chargé de porter ce paquet au château, le remet à Fredersdorff avec une lettre de Voltaire priant celui-ci de communiquer cet envoi au roi.[99] Le chambellan renonce aux huit mois échus de sa pension: il demande qu'ils soient remplacés par une marque de faveur: le portrait de Sa Majesté. Il souhaite partir «sans éclat».[100]

Disons un mot de ce Fredersdorff, qui va désormais servir habituellement d'intermédiaire entre Voltaire et Frédéric. C'était un de ces hommes à tout faire qui, à l'ombre d'un souverain absolu, deviennent l'exécutant indispensable de ses volontés, et celui à qui s'adressent les solliciteurs. Ainsi sans aucun titre officiel ils prennent par leur seule situation une importance démesurée. Fredersdorff remplissait auprès de Frédéric «les emplois les plus disparates», à la fois secrétaire, intendant, valet de chambre, grand maître d'hôtel, grand échanson et grand panetier.[101] Il est la voix de son maître quand le maître veut feindre de ne point parler directement.

Le jour même (1er janvier 1753), une demi-heure après,[102] Fredersdorff arrive en fiacre chez Voltaire. Il rapporte la clef et la croix. Il prie le chambellan d'écrire une autre lettre: le monarque en ce cas pourrait «écouter» «la bonté de son caractère».[103] S'ensuit une discussion orageuse dont Collini perçoit les éclats depuis la pièce voisine. Voltaire finit par reprendre ses décorations. Il consent à écrire de nouveau. Le second message comporte surtout des interrogations: «Mais comment paraître, comment vivre? je n'en sais rien.» Conscient que l'irréparable était accompli, il fait preuve de bonne volonté. Il ne sollicite pas son pardon, mais peint sa situation «affreuse», qui doit éveiller la compassion du souverain. Il insinue que toute vie commune est désormais impossible. Il laisse à «l'humanité» du roi le soin de statuer sur son sort.[104]

98. D5132: il remet les «distinctions» dont il avait été honoré, geste qui, symboliquement, le libère de ses liens prussiens.

99. Collini, p.48-49, qui réfute la version romancée de Duvernet, p.157: Voltaire aurait dit à son domestique dans l'antichambre même du roi à Potsdam: «Débarrasse-moi, mon ami, de ces marques honteuses de servitude», et il les aurait suspendues à la clef de la chambre du roi. Mais le 1er janvier 1753, Voltaire est à Berlin, non à Potsdam...

100. D5134a (1er janvier 1753), à Fredersdorff.

101. Collini, p.49.

102. D'après D5135.

103. D5134.

104. D5134 (1er janvier 1753).

Immédiatement, Voltaire informe le chevalier de La Touche. Il lui demande d'intervenir comme arbitre. Il est même question d'un souper. Mais Voltaire ne veut pas s'y rendre sans être secondé par l'ambassadeur.[105] Le lendemain, selon un mémorandum de La Touche, le roi aurait écrit à Voltaire de Potsdam «une lettre pleine de bonté».[106] Voltaire néanmoins persiste dans sa résolution, suppliant Sa Majesté «de vouloir bien accepter sa démission entière».[107] Ni Voltaire ni même Frédéric n'avaient intérêt à ce que se produisent de nouveaux éclats. Ils observent en ce début de janvier une certaine mesure. De sorte que des rumeurs fantaisistes de réconciliation se répandent. Voltaire se serait rendu auprès du roi, se serait, «à l'entrée de la porte», prosterné devant Sa Majesté, récitant le psaume 51ème, celui de l'âme pénitente; le roi l'aurait relevé...[108] En réalité, Voltaire refuse de sortir de sa maison sous prétexte d'indisposition. Quelles étaient de part et d'autre les arrière-pensées? Frédéric entend maintenir sur son chambellan son droit de souveraineté, afin de sévir, éventuellement, avec encore plus de sévérité si de nouvelles brochures paraissent, en supplément de la *Diatribe*. C'est ce que signifie le renvoi de la clef, de l'ordre du Mérite et du brevet de pension. Il voudrait retenir ce Voltaire dont à travers les bouffées de mépris et de colère il continue à subir le charme. Son départ manifesterait à la face de l'Europe un échec de son prestige de souverain éclairé. Et d'un homme à la plume virulente, qui a connaissance de tant de secrets, tout n'est-il pas à craindre s'il se met hors de portée? D'où les promesses de pardon et les invitations. Il fait savoir au coupable par l'abbé de Prades qu'un «consistoire» s'est tenu, que le «souverain pontife» a cru pouvoir l'absoudre en partie et qu'il pourrait lui pardonner ses fautes après «quelque acte de contrition et de pénitence imposée».[109] Les périodiques, *Spenersche Zeitung* (31 janvier), la *Gazette de Cologne* (3 février), font courir le bruit que Voltaire avait fait amende honorable et que le souverain magnanime avait pardonné.[110]

Echos sans doute inspirés. Il est vraisemblable que le roi se servait des journaux pour parvenir à ses fins, comme d'ailleurs Voltaire l'a toujours fait au cours de sa vie. En fait l'auteur d'*Akakia* est bien décidé à partir. Par la voie diplomatique, le 5 janvier il envoie en France son testament et des papiers de famille. Mais il veut quitter la Prusse avec décence. Après avoir cédé à la peur dans les tout

---

105. D5135, et la dépêche de von Bülow, ambassadeur de Saxe, du 1er janvier (Koser-Droysen, ii.393).

106. Voir D5137 commentaire, D5149, D5160 commentaire. Voltaire avait tout intérêt à conserver ce texte, qui fut sans doute confisqué à Francfort.

107. D5137 (4 janvier 1753), commentaire.

108. Dépêche de von Bülow, 5 janvier, Koser-Droysen, ii.393.

109. D5152 ([vers le 15 janvier 1753]). Voltaire enverra seulement un démenti à la *Spenersche Zeitung* du 18 janvier sur les publications qui inondaient Berlin.

110. Von Bülow accorde du crédit à ces nouvelles (Koser-Droysen, ii.396).

premiers jours, il se reprend, et s'efforce de sortir au mieux de ce guêpier. Il adopte une attitude de résistance passive. Voltaire a fait insérer dans la *Spenersche Zeitung* une déclaration par laquelle il se défendait d'avoir la moindre part aux publications dont Berlin était inondé,[111] mais il ne cède pas aux pressions du roi qui l'aurait invité à le suivre à Potsdam le 27 janvier.[112] Et bien loin de faire amende honorable, il continue à mener une lutte sans merci contre Maupertuis, malgré une campagne d'intimidation dans les gazettes, malgré les épigrammes qui circulent à Berlin où l'on chante son histoire dans les rues sur *l'air des pendus*, chanson célèbre à l'époque.[113] La *Lamentable histoire d'un meurtre* raconte en plusieurs couplets comment un «écrit impie» fut brûlé.[114] Il fait circuler dans Berlin une lettre de d'Argental qui peint le président comme «un homme dur jusqu'à la férocité, jaloux, envieux, intraitable et impossible à apprivoiser».[115] Il mande à Formey qu'on a vendu six mille *Akakia* en un jour.[116] Les plaisanteries de l'*Akakia* inspirent des divertissements de société comme cet *Evangile selon saint Marshall* retrouvé dans les papiers de la comtesse de Bentinck.[117] Il s'efforcera même de détacher Formey de Maupertuis, en lui annonçant que l'Académie des sciences de Paris, la Royal Society de Londres ont condamné le président et que Wolff, si cher au pasteur, fait de même.[118] Dans sa *Lettre à M. Roques*, en tête du *Supplément au Siècle de Louis XIV*, Voltaire cite une lettre de Wolff reconnaissant que «la vérité est tout entière du côté du professeur König».[119] Un front européen s'est constitué contre Maupertuis qui pourtant avait fait envoyer partout la *Lettre d'un académicien de Berlin* et l'avait fait traduire en italien et en allemand.[120]

Pour la première fois, dans la vie de lutte qui est celle de Voltaire, l'affaire prend à son initiative une dimension européenne.

Il mène le combat en Hollande, soutenant König qui va faire paraître sa *Défense de l'Appel au public*.[121] A Leipzig, il prend contact avec Gottsched, avec Mylius

---

111. Texte cité, D5152 commentaire. Voir aussi D5161 et le démenti du *Public Advertiser* (D5160 commentaire).

112. Lehndorff, i.48, et D5181.

113. *Gazette de Cologne*, 9 janvier 1753. L'article paraît avec l'aveu du roi.

114. Fontius, p.118-19.

115. Magnan, *RHLF* 82 (1982), p.486-87.

116. D5163 (17 janvier 1753).

117. Magnan, p.335-44.

118. D5223 (4 mars [1753]). Formey se dérobe, en alléguant une crise de rhumatisme (i.185). Formey est l'auteur de *La Belle Wolfienne ou abrégé de la philosophie wolfienne*, 4 vol. (1746).

119. *OH*, p.1227. Voltaire avait noué des relations avec Wolff au début de son séjour en Prusse (D4259, 8 novembre [1750]).

120. Voir D5199 et *Briefwechsel mit Maupertuis*, p.283.

121. D5185 (29 janvier 1753).

qui traduira en allemand la *Diatribe*. Mylius lui a rendu visite à Berlin et fut témoin de sa pugnacité.[122] Mais son effort porte surtout sur la France. Il compose des mémoires justificatifs.[123] Il demande à sa nièce de répandre la *Diatribe*, de faire imprimer par Lambert l'histoire du procès avec toutes les pièces. Il importe de déconsidérer Maupertuis: celui-ci vient de jouer à Voltaire un mauvais tour capable de ruiner ses espoirs de retour. Le président a fait parvenir à Paris, «par le courrier du cabinet», la défense de l'abbé de Prades intitulé *Le Tombeau de la Sorbonne*. Il affirme que ce texte est de Voltaire, et nul n'en doute en France, d'autant moins que le texte s'achève par une mise en cause du «despote littéraire» qui a voulu ôter à König la liberté de se défendre. Voltaire proteste, critique le style de l'ouvrage, attribue certains passages à l'abbé Yvon.[124] Cette imputation est d'autant plus dangereuse que Voltaire sans doute n'est pas étranger à ce *Tombeau de la Sorbonne*. L'a-t-il révisé? Il a en sa possession une feuille de l'original qu'il envoie à Paris pour se disculper.[125] Sa part dans la genèse et dans la rédaction de ce texte mériterait d'être éclairée. A ce propos il adresse à Frédéric la mise au point souvent citée: «Il y a des choses que je fais, il y a des choses sur lesquelles je donne conseil, d'autres que je ne fais point.»[126]

Il répète dans des lettres destinées à circuler que cet «ouvrage de ténèbres» fut fabriqué en Hollande par des «réfugiés échauffés». Il met en scène des théologiens dont Voltaire ignore le nom. Pour se disculper il dépêche Mme Denis auprès du comte d'Argenson, auprès de Mme de Pompadour: qu'elle fasse entendre à la favorite que Frédéric la méprise. Voltaire croit pouvoir faire fond sur des indices d'un éventuel rappel en France qui étaient parvenus, vers la mi-novembre 1752, tout ensemble du comte d'Argenson et de Mme de Pompadour...[127] Mais, la suite allait le confirmer, il ne peut compter sur Versailles. Des ordres sont donnés au chevalier de La Touche de ne se mêler «en aucune façon» des démêlés de Voltaire avec le souverain prussien.[128]

En même temps, le protégé de Maupertuis, La Beaumelle, lui cause force soucis. L'auteur du *Qu'en dira-t-on* s'était rendu compte que *Le Siècle de Louis*

---

122. D5206, D5090, et Magnan, p.242. Sur Gottsched, voir plus loin, p.131 et suiv. D'après D5090, D5269a, Christlob Mylius, cousin de Lessing, lié avec König, Gottsched, Mme de Bentinck, a servi à Voltaire d'intermédiaire, et même d'agent, dans la querelle avec Maupertuis. Quand il cherchera à faire imprimer sa traduction de la *Séance mémorable*, en avril 1753, il échappera de justesse à une arrestation (D5262).

123. D5139, D5183.

124. D5051.

125. D5159. Voltaire s'inquiète peut-être un peu vite. Clément déclare le 15 janvier qu'il n'y a pas quatre exemplaires de cet ouvrage à Paris (*Cinq années littéraires*, ii.410).

126. D5051.

127. D5159, D5496, D5706, et Magnan, p.47.

128. D5168; réponse à la demande du chevalier de La Touche du 6 janvier (D5137).

XIV serait pour lui un bon champ de bataille.[129] Après avoir publié à Francfort (octobre 1752) les *Lettres de Mme de Maintenon*, et la *Vie de Mme de Maintenon*, il imprime une édition annotée du *Siècle*. Voltaire prie le pasteur Roques, bien disposé à son égard, d'interposer ses bons offices.[130] Mais le rôle de médiateur n'est pas tenable entre ces deux combattants également persuadés de leur bon droit, et de la noirceur de leur adversaire. Le 3 février 1753, Voltaire a lu l'édition en trois volumes, avec les pages de présentation et les notes mordantes de La Beaumelle.[131]

Elle s'ouvrait par des *Conseils à l'auteur du «Siècle de Louis XIV»*, divisés en trois lettres que le pasteur Roques avait essayé sans succès de racheter au libraire Eslinger à Francfort.[132] Il y était dit sans ambages que le projet d'écrire l'histoire de Louis XIV est «fort au-dessus de M. de Voltaire», il y était fait allusion aux affaires de Voltaire en Prusse et des sarcasmes lui étaient prodigués. Le troisième tome était clos par une «lettre dernière» où Voltaire était invité à «céder de bonne grâce au malheur d'avoir soixante ans», le thème de la sénilité étant orchestré à maintes reprises. Les annotations relevaient les négligences de style, les anecdotes inutiles, l'absence de références aux sources utilisées.[133] Elles s'efforçaient de démontrer que Voltaire ne possédait pas la hauteur de vue nécessaire à l'intelligence des faits, qu'il abusait des paradoxes, qu'il préférait le brillant au vrai. Au delà de la polémique, elles respiraient l'esprit huguenot de leur auteur, et sa haine de l'absolutisme incarné par Louis XIV.

L'édition de La Beaumelle «ne semblait pas promise à un grand destin»,[134] si Voltaire n'avait entrepris de la réfuter et de lui donner un «renom européen» en la liant à son combat contre le président de l'Académie des sciences de Berlin.[135] Dès le 20 février 1753 il envoie à Walther son *Supplément au Siècle de Louis XIV*, bien que Collini ait essayé de l'en dissuader.[136] Il n'ignorait pas qu'il allait faire de la publicité à La Beaumelle. Mais il ne supportait pas que ce «jeune présomptueux» lui fît la leçon. Il dresse la liste interminable des erreurs de cet «audacieux ignorant» qui «barbouille» au hasard des notes. Il affirme que La Beaumelle procède à des tirages particuliers du *Qu'en dira-t-on* ajoutant, dès qu'il

---

129. Voir Lauriol, p.290.

130. D5049 (28 octobre 1752), D5077 (17 [novembre 1752]). Voir Lauriol, p.339-42.

131. D5192.

132. Voir D5098 commentaire.

133. Sur cette édition, on se reportera à l'analyse de Cl. Lauriol (p.305-13), qui montre que ces notes, fort sévères au demeurant, ne sont pas à ranger simplement dans la catégorie des invectives.

134. Lauriol, p.339, jugement fondé sur l'accueil que reçut cet ouvrage. Voltaire, d'après La Beaumelle, s'était efforcé d'en empêcher l'entrée en France (D5215).

135. «Il faut combattre et contre Maupertuis qui a voulu ma perte, et contre La Beaumelle qu'il a employé pour m'insulter», à Roques, D5192 (3 février [1753]).

136. Collini, p.59.

est sorti d'un pays, des feuillets injurieux sur son gouvernement. Il dénonce l'attentat contre la mémoire du Régent, les insultes contre le roi de Prusse, il l'accuse d'être l'ennemi des lois et des puissances. Enfin il le compare à «ces fous furieux qui, à travers les grilles de leurs cachots, veulent couvrir les passants de leur ordure», et il prétend que l'auteur de ce libelle «ne mériterait que d'être renfermé avec eux, ou de suivre les Cartouches, qu'il regarde comme de grands hommes.»[137]

La Beaumelle de son côté rédigeait une pièce fulminante,[138] composait des notes violentes sur le mémoire de Voltaire,[139] les envoyait à Mme Denis accompagnées d'une lettre cinglante. Il promet d'écrire une suite de la *Voltairomanie* incluant un abrégé de la vie et un examen des œuvres de Voltaire, une «relation de l'affaire du juif»: «je le poignarderai en publiant ses crimes dont j'ai une liste assez exacte»,[140] Mme Denis se plaignait à d'Argenson «d'être en butte à un homme aussi fou que celui-là». Elle reprenait les accusations de son oncle, prétendait que La Beaumelle avait traité Louis XIV et Louis XV de tyrans, et réclamait la protection du ministre.[141] En foi de quoi, défense fut faite à La Beaumelle, fin mars 1753, de répondre à Voltaire, mesure qui préludait à son incarcération à la Bastille le mois suivant. Mais la lutte devait rebondir. Si Voltaire prépare une «philippique», La Beaumelle lui opposera une «catilinaire».[142]

Dans cette guerre à outrance,[143] Voltaire, quoi que l'on puisse penser de ses agissements, était soutenu par la conviction que la raison déciderait en sa faveur. Il a l'indubitable présomption de vaincre d'où sortiront tant de «rogatons». Il veut croire que les «tours atroces» du «tyran académique» finiront par couvrir celui-ci d'ignominie aux yeux du roi: «alors nous verrons ce que César mieux instruit pensera de César mal informé.»[144] Mais César restait sourd. Il fallait le quitter.

«Il est plus difficile de sortir d'ici que de la Sibérie», mandait Voltaire à sa nièce.[145] Les semaines passaient et la situation restait bloquée: attentisme du roi

---

137. M.xv.133. Autre appel à la justice à propos de Pimpette (p.127).

138. La pièce était prête le 10 mars (Lauriol, p.343). Selon le Journal de d'Hémery, elle contenait «des anecdotes très plaisantes et très mortifiantes pour Sa Majesté voltairienne.»

139. Ce *Mémoire de M. de Voltaire, apostillé par M. de La Beaumelle* paraîtra en 1753.

140. D5220 (3 mars 1753). On notera que La Beaumelle était mal soutenu dans sa lutte, Maupertuis s'avisant alors de se plaindre qu'on lui ait attribué les *Lettres* de l'édition annotée du *Siècle de Louis XIV* (D5227).

141. D5228 ([vers le 10 mars 1753]).

142. Lauriol, p.347-48; D5227.

143. Voltaire accuse La Beaumelle d'avoir volé des documents (D5112, D5113, D5162).

144. D5203 ([vers le 10 février 1753]).

145. D5159 (16 janvier [1753]).

et résistance passive de l'écrivain. A Maupertuis qui le harcèle, Frédéric répond : «comment empêcher un homme d'écrire, et comment l'empêcher de nier toutes les impertinences qu'il a débitées?» Il avoue son impuissance : «Quant à ce qui se vend à Paris, vous comprenez bien que je ne suis pas chargé de la police de cette ville».[146] Il fait surveiller Voltaire,[147] fait acheter toute l'édition de l'*Akakia* en allemand à Leipzig,[148] ordonne des perquisitions, mais on ne trouve rien. Cependant il fait envoyer aussi à Voltaire du quinquina par Fredersdorff. Voltaire résiste à une lettre obligeante.[149] Tandis que Maupertuis «triomphe auprès des dames»,[150] il reste «séquestré». Tout au plus se console-t-il en rimant le chant xv de *La Pucelle*.[151] Il continue à mettre en ordre ses affaires. Le 31 janvier est conclu le second contrat de rentes avec le duc de Wurtemberg, ce qui lui permet de tourner une difficulté majeure : celle de «faire rentrer un fonds d'environ quatre mille écus d'Allemagne» qu'il a placées en Prusse.[152] En février, il désespère de partir comme il l'avait prévu, ayant demandé à Walther de lui trouver à Dresde ou à Leipzig un «appartement commode pour [lui], un secrétaire et deux domestiques».[153] Il essaie de peser sur la décision du roi en faisant paraître dans la *Gazette d'Utrecht* du 20 février un communiqué : il désavoue les libelles diffamatoires parus contre Maupertuis, remarque que les disputes entre gens de lettres ne doivent être traitées ni en affaires d'Etat, ni en affaires criminelles, rappelle qu'il a remis sa démission et qu'il supplie le souverain de bien vouloir l'accepter.[154] Il imagine même un instant de s'enfuir déguisé en curé réformé, Collini conduisant une charrette où il aurait caché ses bagages dans du foin.[155] Mais il n'eut pas à recourir à de telles extrémités. Frédéric finit par céder. Le 9 mars, Voltaire obtient la permission de retourner en France.[156] Installé depuis peu dans le faubourg de Stralau, il s'était séparé de Francheville fils qu'il avait

146. *Briefwechsel mit Maupertuis*, p.286-88.

147. Peut-être même s'est-il abaissé à circonvenir un Irlandais, M. de Clifton, qui partait pour Dresde. Voltaire lui aurait remis un paquet pour Mme Denis. M. de Clifton aurait soustrait une lettre de Voltaire pour la remettre aux autorités prussiennes. Simple écho diplomatique, mais qui en dit long (Magnan, p.325-26).

148. Péripétie rapportée dans la *Bibliothèque impartiale* de janvier-mars 1753 (voir J. Tuffet, p.LXXXVI).

149. D5199, D5200.

150. D'après Mme de Bentinck (D5203, D5212).

151. Collini, p.59.

152. D.app.120, III et D5200. Pourtant des difficultés s'étaient élevées pour le paiement des rentes du premier emprunt. Mais Voltaire n'avait pas le choix.

153. D5189, D5195, D5199.

154. Koser-Droysen, ii.396n. Les numéros suivants du même périodique reprennent cette argumentation. Devra-t-il demander une seconde fois son congé (D5217)?

155. Collini, p.54.

156. Lehndorff, p.59.

placé auprès de la comtesse de Bentinck. Il avait fait remettre à la bibliothèque du roi tous les livres qu'il avait empruntés.[157]

Restait l'essentiel : prendre congé de ce souverain qu'il avait tant admiré, et contre lequel il était toujours fâché. Il fallait négocier pour ne point quitter la Prusse en disgracié. Le 11 mars, Voltaire sollicite une entrevue à Potsdam avant son départ pour les eaux de Plombières. Il promet de revenir s'il recouvre un peu de santé, et si le roi le rappelle. Il se dit prêt à rendre la clef de chambellan, la croix de l'ordre du Mérite, son titre de pension, proposant de ne point recevoir les trois mille écus des dix mois précédents, car il n'a été d'aucune utilité.[158] Mais cette démarche inspirée par le souci des convenances est contrecarrée par un incident.

L'affaire König avait, on l'a vu, un retentissement européen. Un libraire de Londres s'était avisé de réunir en un *Maupertuisiana* toutes les pièces concernant le président de l'Académie de Berlin. Mais il y avait ajouté les *Eloges* académiques de La Mettrie et de Jordan, composés par Frédéric II. Rien ne pouvait être plus inopportun, au moment où Voltaire cherchait l'apaisement. C'était rappeler au roi, protecteur du tyran Maupertuis, qu'il avait justifié la liberté de penser, dans l'*Eloge* de La Mettrie. L'affaire n'était donc pas finie. Et Voltaire, qui avait reçu le *Maupertuisiana* accompagné d'une lettre de König ouverte par la police,[159] n'était-il pas responsable de la relance ? Il mesure immédiatement le danger. Il répond à König qu'il désavoue le *Maupertuisiana*. Il condamne ceux qui y ont inséré des *Eloges* tout à fait étrangers à l'affaire. Il envoie à Frédéric une copie de sa réponse, en déclarant qu'il rompra avec König, si celui-ci manque le moins du monde à ce qu'il doit au roi.[160]

Mais la démarche ne réussit pas. Dans un moment de colère, Frédéric rédige un «Pressis d'une lettre à Volterre» qui, réécrit par l'abbé de Prades, paraîtra dans la *Gazette de Hollande* du 17 avril, puis dans la *Gazette d'Utrecht* du 20 avril, et dont il subsiste de nombreuses copies datées, à une exception près, du 16 mars 1753.[161] C'est un brutal billet de congédiement. Le roi réclamait impérativement que soient remis avant le départ de l'écrivain «le contrat d'engagement, la clef, la croix et le volume de poésies». Les injures n'étaient pas ménagées à celui qui prenait «le prétexte des eaux de Plombières» et qui était accusé, conjointement avec König, d'attaquer les ouvrages du roi.

157. Collini, p.52.

158. D5229.

159. D5230 (12 mars 1753) : elle lui était parvenue ouverte. Le cabinet noir, qui continue à le surveiller, ne se donnait pas la peine de recoller les lettres qui avaient été ouvertes.

160. D5230, D5231 (12 mars 1753).

161. Le «Pressis» est reproduit dans le commentaire de la lettre rédigée par de Prades (D5232). Tous les manuscrits et toutes les éditions portent la date du 16 mars, à l'exception d'une copie par l'abbé de Prades, aujourd'hui perdue, mais dont l'existence est attestée.

Or apparaît ici un irritant problème de chronologie. Dans une lettre datée de la veille, 15 mars [1753], dont on possède le manuscrit holographe, Voltaire se plaint que le style de l'abbé de Prades ne lui ait pas paru «doux». Puis il le supplie de lui arranger une ultime entrevue avec le roi à Potsdam.[162] Pour assurer une séquence logique, les critiques ont antidaté ou postdaté les pièces de ce petit dossier. Desnoiresterres, suivi par Koser et Droysen, a redaté la lettre de Voltaire à l'abbé de Prades du 17 mars, afin qu'elle réponde à celle du 16 dictée par le roi. Th. Besterman préfère dater le billet de congédiement de Frédéric du 15 mars, afin que Voltaire puisse lui répondre le jour même. Cependant une question se pose. Cette très grossière mise en demeure de Frédéric, dont il subsiste un canevas et des versions imprimées, a-t-elle été réellement envoyée à son destinataire?[163] On sait que le 17 mars Voltaire se rend à Potsdam,[164] qu'il est bien reçu, et qu'à la suite d'un entretien de deux heures, «Frédéric était entière-ment revenu à la confiance et à l'amitié».[165] De tels revirements laissent perplexes. Ils ont toujours été mis au compte des sentiments contradictoires que nourrissent, l'un à l'égard de l'autre, Voltaire et Frédéric.

La question de l'envoi du billet de congédiement ne touche pas seulement l'interprétation des derniers jours de Voltaire en Prusse. Elle intéresse aussi celle de l'arrestation de Francfort. Si le message a été envoyé, la «barbarie iroquoise» de Francfort se justifierait par la légitime défense. C'est la thèse soutenue par la plupart des critiques allemands.[166] Le roi, selon ceux-ci, s'efforçait de récupérer ce qui était illégalement détenu par l'indélicat écrivain. Pris en flagrant délit de désobéissance à des ordres pourtant clairs, Voltaire pouvait à juste titre être suspecté. Des mesures coercitives l'empêcheraient ainsi de commettre d'autres délits, c'est-à-dire d'user malhonnêtement de l'œuvre de poésie. Desnoiresterres s'étonnait que Frédéric eût laissé partir son ex-chambellan «sans lui rafraîchir la mémoire» et s'expliquait mal les mobiles de Voltaire.[167] En effet, pourquoi emportait-il ces «décorations étrangères à son état», alors qu'on les lui réclamait et après avoir voulu sans cesse s'en défaire?[168] Pourquoi compromettre par cette ultime folie l'apparente réconciliation qu'il avait tant désirée? Etourderie

---

162. D5234, à l'abbé de Prades.

163. D5234 n'est-il pas une réponse à une lettre sèche de l'abbé de Prades, aujourd'hui perdue, et non à la lettre du roi (D5232) de la main de l'abbé?

164. Voir Lehndorff, p.62.

165. Collini, p.56. Voltaire lui aurait dit que Maupertuis avait été immolé à leur réconciliation. Pour une version romancée de cet épisode, voir de Luchet, i.272.

166. Particulièrement par Varnhagen von Ense, *Voltaire in Frankfurt-am-Main* (Leipzig 1859), mais aussi par H. Haupt, qui veut reprendre le dossier avec plus d'impartialité, «Voltaire in Frankfurt 1753», *Zeitschrift für französische Sprache und Literatur* 27 (1904), p.167-70.

167. Desnoiresterres, iv.449.

168. D5229 du 11 mars réitérait ces propositions.

incroyable, imprudence folle, rouerie insigne : aucune de ces hypothèses n'est satisfaisante.

Lorsque la brutale lettre du 16 mars paraîtra dans les gazettes, Voltaire réagira comme quelqu'un qui la lit pour la première fois. Il proteste qu'on a «abusé» du nom de Sa Majesté, et réfute toutes les allégations de ce texte.[169] Quant à Frédéric, quand il eût à justifier l'arrestation de Francfort, il négligea curieusement de faire valoir dans son argumentation cette faute voltairienne (le prétendu refus de restituer ce qu'on lui demandait).[170] Enfin Mme Denis, qui, le 11 juin 1753, sollicite la grâce royale, fait remarquer au souverain que son oncle n'avait emporté son livre de poésie qu'avec sa «permission»,[171] et aucun démenti ne lui sera opposé. Frédéric lui répond seulement qu'il ne veut pas que «ce dangereux poète garde plus longtemps» son ouvrage.[172] Il ne dit pas qu'il l'avait conservé malgré son interdiction, ce qu'il n'aurait pas manqué de faire valoir si tel avait été le cas.

Voltaire n'emportait donc pas frauduleusement les poésies du philosophe de Sans-Souci, objet principal du litige. Par voie de conséquence, s'il avait gardé ses décorations, c'est bien qu'il en avait eu permission, car jamais les insignes ne sont dissociés de la demande de remise du livre. Collini d'ailleurs précise expressément que Voltaire sur ce point ne mérite aucun reproche.[173] Qu'en conclure ? Que Frédéric a bien eu l'intention de réclamer, injurieusement, tout ce qu'il avait donné ou confié à Voltaire. Sa lettre de congédiement a-t-elle pour autant été envoyée ? On ne saurait le dire, car Frédéric peut s'être ravisé. Du moins peut-on affirmer que si la lettre a été expédiée, le roi, oralement ou par écrit, a annulé ses ordres précédents. On comprend mieux ainsi que Voltaire, avant son départ, ait été fêté à Potsdam.

Reste une autre hypothèse.[174] Le texte daté du 16 mars 1753 serait un faux, fabriqué en vue d'une publication dans les gazettes, alors que Voltaire avait quitté la Prusse, et destiné à «mettre le rebelle au ban de l'Europe», donc à justifier le traquenard de Francfort. Certains indices appuient cette conjecture.[175] Pourtant, dans l'état actuel de nos connaissances, la place doit être réservée à un autre

---

169. D5270 (28 avril [1753]), à Frédéric.

170. Aucune trace de cet argument, pourtant sans réplique, dans les lettres que le roi écrivit alors (D5323, D5329, D5372, D5378).

171. D5316. Dans les circonstances où fut écrite cette lettre, Mme Denis ne pouvait se permettre ni erreur, ni mensonge sur ce point majeur.

172. D5329 ([19 juin 1753]).

173. Collini, p.58 : «Il est encore concluant que le roi, lorsque Voltaire se disposa à prendre congé de lui, ne redemanda point non seulement les décorations qu'il avait déjà refusées, mais encore aucun livre, aucune lettre, aucun papier.»

174. Formulée par Magnan, p.251-55.

175. La coïncidence entre les instructions envoyées à Freytag (11 avril, D5254) et la date d'ordre d'insertion dans les gazettes (vers le 10 avril) mérite d'être notée.

scénario: en avril, lorsque de nouveaux textes satiriques contre Maupertuis inondent Berlin, le roi peut avoir utilisé son brouillon de lettre et la version rédigée par l'abbé de Prades, qu'elle ait été ou non envoyée à Voltaire en mars.

En ce mois de mars 1753, les apparences étaient sauves. Voltaire a reçu, le 23, les trois mille écus de sa pension.[176] Il va quitter la Prusse muni de grosses sommes d'argent. Il promet de revenir en octobre. Il envoie des billets d'adieu à d'Argens et au chevalier de La Touche.[177] Il croit à une manœuvre de dernière minute du roi lorsque, dans la nuit qui précède son départ, Mme de Bentinck lui dépêche un courrier pour le prier de ne point quitter Potsdam tant que ne seraient point éclaircies les causes du mécontentement de Frédéric contre elle.[178]

Sans tenir compte de cet appel, le 26 mars au petit matin, Voltaire prend congé de Frédéric qui part lui-même pour la Silésie.[179] Quitte-t-il Potsdam dans des dispositions telles qu'elles horrifient la comtesse de Bentinck?[180] Dans une lettre à d'Argental, il se montrait belliqueux: il estimait avoir le droit de laisser à la postérité la condamnation du roi.[181] Frédéric a-t-il composé, ou médite-t-il des vers rageurs que recueillera l'abbé de Prades, où il traite «Voltaire le païen» de «fourbe», d'«intrigant», d'«effronté» et place son nom à côté de celui de la Brinvilliers?[182] En vérité, nul ne sait rien de leurs ultimes pensées lors de leur séparation. Pour l'historien du moins un fait est avéré: Voltaire et Frédéric ne se reverront jamais.

---

176. D5229 commentaire. Le 24 il envoie Collini à Berlin pour y prendre des lettres de change (Collini, p.57).

177. D5240, D5241.

178. Voir D5496. En réalité l'irritation du roi contre Mme de Bentinck était multiple. L'amitié de la comtesse pour Voltaire n'était pas le principal chef d'accusation (*Politische Correspondenz*, ix.369-70).

179. Collini, p.57. Le récit de Thiébault (ii.348) paraît romancé.

180. Mme de Bentinck au prince Henri, 26 mars 1753: «Les cheveux m'en dressent à la tête», sans autre précision (Magnan, p.350).

181. D5217.

182. Vers reproduits dans le commentaire de D5232. On ignore leur date.

7. Leipzig, Gotha, Cassel

(fin mars - 31 mai 1753)

A neuf heures du matin, ce 26 mars 1753, Voltaire quittait Potsdam dans son «carrosse coupé, large, commode, bien suspendu, garni partout de poches et de magasins», chargé de deux malles à l'arrière, de valises à l'avant et tiré, selon le besoin, par quatre ou six chevaux de poste. Sur le banc, deux domestiques. A l'intérieur, Voltaire et son secrétaire Collini, avec «deux ou trois portefeuilles» qui renfermaient des manuscrits, une «cassette où étaient son or, ses lettres de change, ses effets les plus précieux».[1] Après deux jours de route, les voyageurs arrivent à Leipzig, le 27 mars à six heures du soir. Le libraire Breitkopf les accueille. Ils descendent d'abord à l'auberge «Zum blauen Engel», puis s'installent dans un appartement de la rue Neumarkstran, probablement retenu par l'éditeur Walther.[2] Voltaire restera en cette ville trois semaines.

Pourquoi Leipzig? Voltaire n'avait pas voulu se diriger tout de suite vers la France, car de ce côté-là la situation demeure incertaine. Il s'inquiète de savoir sur qui il peut compter à Versailles.[3] Il saisit l'occasion que lui fournit Frédéric. Le roi de Prusse, à la plume intempérante, vient de publier coup sur coup trois *Lettres au public*:[4] textes burlesques sur les rumeurs de coalition. Voltaire en adresse deux à Paris, afin que l'on sache bien là-bas à qui il avait affaire. Il décoche une épigramme au «nouveau Julien, ennemi du ciel, du monde»:

> Vous écrivez trop souvent au public.
> Mais craignez qu'il ne vous réponde.[5]

A tout hasard cependant, il tente aussi des travaux d'approche en direction de Lausanne.[6]

Il rencontrait à Leipzig un milieu favorable. Ville des foires, centre d'édition

---

1. Collini, p.71-72.
2. Collini, p.62. On ne sait où ils ont passé la nuit du 26 au 27 mars.
3. D5247, avec des noms codés pour désigner Louis xv, d'Argenson, Saint-Contest. Déchiffrement dans Jean Nivat, «Quelques énigmes de la correspondance de Voltaire», *RHLF* 53 (1953), p.439-63.
4. La dernière du 20 mars 1753, d'après D5236 (Frédéric II, *Œuvres*, xv.69-77).
5. Droysen, *Besuche*, p.397n. Fréron rapporte que, selon Maupertuis, Frédéric voulait faire arrêter Voltaire pour le punir de cette épigramme (J. Balcou, *Le Dossier Fréron*, 1975, p.55).
6. D5244 (30 mars [1753]), à Polier de Bottens.

depuis le dix-septième siècle : près de là se trouve celui qui est alors avec Lambert son principal éditeur, Walther. Il va surveiller l'édition chez lui du *Supplément au Siècle de Louis XIV*, de *Rome sauvée* et de ses œuvres en sept volumes.[7] Il allait en outre nouer des relations avec les milieux lettrés de la ville, des wolffiens ennemis de Maupertuis. L'université de Leipzig, fondée en 1409, jouissait d'une grande renommée. Des savants y publiaient les *Acta eruditorum*. En juin 1752, ils avaient refusé d'insérer dans ce périodique le Jugement de l'académie de Berlin.[8] Voltaire était entré déjà en relation épistolaire avec l'illustre professeur de poésie à l'université, Johann Christoph Gottsched.[9] Ce défenseur de la langue allemande, traducteur en allemand du *Dictionnaire* de Bayle, rédigeait deux revues littéraires, *Der Büchersaal* et *Das Neueste aus der anmutigen Gelehrsamkeit*. Il y avait rendu compte favorablement des ouvrages de Voltaire. Absent de Leipzig à l'arrivée du poète français, il lui rend visite dès son retour. Les jours suivants, il va le voir quotidiennement, et lui trouve «plus de vertu, de connaissances, de bienveillance pour les Allemands qu'il ne l'avait pensé».[10] Ils s'entretiennent de la littérature allemande.[11] Voltaire corrige une traduction que Gottsched lui a confiée, celle de *Hermann oder das befreite Deutschland*, «*Henriade* germanique» du baron Schönaich.[12] Celui-ci reproduira dans la seconde édition de son *Hermann* une lettre où Voltaire en loue la «sublime poésie»:[13] ce jugement sur un poème qui ne manque pas de souffle devait servir la cause des lettres allemandes. Gottsched fait connaître à Voltaire le célèbre historien juriste, professeur à l'université, Johann Jacob Mascov,[14] et surtout l'octogénaire feld-maréchal comte Friedrich Heinrich von Seckendorff, qui invite l'écrivain français pour les fêtes de Pâques, dans sa résidence de Meuselwitz.[15] Le vieil officier saxon avait fait toutes les campagnes des guerres de Succession d'Espagne, de Pologne et d'Autriche. Il raconta à son hôte comment, en 1730, après la tentative de fuite du prince héritier

---

7. D5245.

8. Tuffet, p.LXXXVIII.

9. Vers le 15 février 1753, il lui demande par une lettre en latin de se prononcer pour König, contre Maupertuis (D5206).

10. D5249 (4 avril 1753). Gottsched n'appréciera que médiocrement *Le Siècle de Louis XIV* (D4908).

11. Collini, p.64-65.

12. D5260; Sven Stelling-Michaud et Janine Buenzod, «Pourquoi et comment Voltaire a-t-il écrit les *Annales de l'Empire*», *Voltaire und Deutschland*, p.218, n.30.

13. D5248.

14. Mascov sera cité dans le *Traité de paix*.

15. «Pourquoi et comment…», p.218, n.33, 34.

Frédéric, il était intervenu auprès du roi-sergent pour le dissuader de lui faire trancher la gorge.[16]

Ce séjour à Leipzig constitue un épisode curieux de la «réception» de Voltaire en Allemagne. Avec Mme Gottsched, les relations tournèrent court, celle-ci se refusant «pour l'honneur des Allemands» à rendre visite à Voltaire, qui lui rendit la pareille. Invité chez elle, qui s'apprêtait à le recevoir devant une société choisie, «avec une politesse toute française», il se fait excuser assez cavalièrement.[17] Mme Gottsched raconte à son amie Henriette von Runckel «qu'il ne sort pas parce qu'il se donne pour plus malade qu'il n'est».[18] Mais cette traductrice d'*Alzire* et de *Zaïre* (1741-1746), d'ouvrages sur la querelle de König et Maupertuis en 1752,[19] n'en est pas moins une alliée objective.

Voltaire alors, et pour la première fois, entre en contact avec un milieu intellectuel authentiquement germanique, différent des cercles francisés qu'il a jusqu'ici fréquentés. Séduit, il fait un aveu qui dépasse peut-être la simple politesse: il regrette d'ignorer l'allemand. Il se risque même à écrire quelques mots en cette langue.[20] Mais il s'en tint là. Lui qui parle et écrit l'anglais et l'italien, qui a séjourné au total plus longtemps en Allemagne qu'en Angleterre, il ne fit jamais d'effort pour apprendre la langue du pays. Le contraste est frappant avec son attitude à l'égard de l'anglais. La différence s'explique. D'abord sa situation personnelle en Allemagne en 1750-1753 ne ressemble nullement à ce qu'était la sienne à Londres en 1726. L'effet de l'âge, une moindre disponibilité d'esprit sont aussi à prendre en considération. Surtout, il ne voit pas en l'allemand une langue de culture, contrairement à l'anglais et à l'italien. Il ne devine pas que cette langue est à la veille de le devenir. Il partage sans doute sur ce sujet le jugement, combien sévère et injuste, de Frédéric II. En 1753 l'*Aufklärung*, le *Sturm und Drang* appartiennent encore à un avenir difficilement prévisible. Si nous en discernons nous-mêmes les prémices chez Gottsched et ses amis, c'est que nous avons le privilège de connaître le prodigieux essor culturel de l'Allemagne dans le dernier tiers du siècle.[21]

La sympathie de l'intelligenzia de Leipzig, en avril 1753, constitue néanmoins

---

16. M.i.13. Frédéric ne lui en fut pas reconnaissant. Il a tracé un portrait sans complaisance de Seckendorff dans ses *Mémoires de Brandebourg*. Seckendorff écrira en 1756 un mémoire sur l'*Histoire de la guerre de 1741* pour en réfuter certains passages.

17. D5261.

18. D5261, traduction de Michel Mervaud.

19. H. A. Korff, *Voltaire im literarischen Deutschland des 18. Jahrhunderts* (Heidelberg 1918), p.608.

20. D5260, à Schönaich. Il écrit aussi deux phrases en allemand à Gottsched (D5269, 25 avril 1753). En outre, on rencontre une phrase allemande dans sa correspondance avec la comtesse de Bentinck: «Ich hab seine brief ontfangen, madame» (D7807, 29 juillet 1758), ce qui est du mauvais allemand; il aurait dû écrire: «Ich habe seine Brief empfangen».

21. Voir R. Pomeau, *L'Europe des Lumières* (Paris 1991), ch.vi, «Génie de l'Allemagne».

pour lui un soutien précieux. Car l'affaire *Akakia* va rebondir par une imprudence de Maupertuis. Le président est inquiet. Il soupçonne Voltaire de n'avoir pas dit son dernier mot. Hors d'atteinte, affranchi de tout contrôle, le malin vieillard ne va-t-il pas imprimer de nouveaux libelles? Jusqu'alors Maupertuis était resté dans l'ombre, laissant le roi agir à sa place. Le 3 avril, perdant tout sang-froid, il imagine que la crainte de représailles effectives imposera silence à son ennemi. Il lui expédie une lettre de menaces.[22] En cas de nouvelle attaque, il viendra trouver Voltaire en personne pour tirer de lui «la vengeance la plus complète», le «respect» et «l'obéissance» ayant jusqu'alors «retenu [son] bras». Quelle aubaine pour Voltaire! Le bon docteur Akakia prend aussitôt sa plume. Le «natif de Saint-Malo» qui refusait de payer son médecin veut donc maintenant l'assassiner! peut-être prétend-il le disséquer, comme s'il était un géant des terres australes? Mais, ajoute Akakia, «si vous me tuez, ayez la bonté de vous souvenir que M. de La Beaumelle m'a promis de *me poursuivre jusqu'aux enfers.*» Or le trou conduisant au centre de la terre, qu'on doit creuser par ordre du président, et qui mènera en enfer, n'est pas encore commencé... Au reste le bon Akakia est malade, depuis quinze jours: son assassin le trouvera alité... On le voit, l'identification de la marionnette et de son auteur est devenue totale. C'est encore Akakia qui envoie au «secrétaire éternel» de l'Académie de Berlin – Formey – sa démission: ainsi le président n'aura pas l'embarras de prononcer l'éloge, comme le veut l'usage, de l'académicien décédé qu'il aura lui-même assassiné. C'est par voie de presse que les destinataires reçurent ce courrier d'«Akakia». Le journal de Leipzig *Der Hofmeister* du 10 avril publie, en traduction allemande, un condensé de la lettre de Maupertuis: «Je vous déclare que ma santé est assez bonne pour vous trouver partout où vous serez, pour tirer de vous la vengeance la plus complète. Rendez grâce au respect et à l'obéissance qui ont jusqu'ici retenu mon bras. Tremblez.»

Voltaire a, de sa pleine autorité, ajouté le dernier mot, qui aurait mérité d'être dans le texte authentique. Est joint un signalement d'un certain «quidam philosophe» qui «marche en raison composée de l'air distrait et de l'air précipité, l'œil rond et petit, la perruque de même, le nez écrasé, la physionomie mauvaise»... Une récompense, «assignée sur les fonds de la ville latine», est promise à qui l'arrêtera aux portes de Leipzig. Puis vient la *Lettre du docteur Akakia au natif de Saint-Malo*, dont le post-scriptum demande au président de prendre date pour assassiner tous ceux qui se sont moqués de lui.[23] Simultanément l'ensemble paraît en français dans une brochure au titre piquant, *L'Art de bien argumenter en philosophie, réduit en pratique par un vieux capitaine de cavalerie, travesti en philosophe*: l'allusion au piteux passé militaire de Maupertuis souligne le ridicule de ses provocations.

22. D5246.
23. Tuffet, p.29-33, 44 et 88, n.126.

133

Comme il ne peut mener «seul la guerre», Voltaire demande à Gottsched d'inciter Wolff à se plaindre auprès du roi de Prusse des fausses accusations de Maupertuis.[24] Mais il n'a pas besoin d'aide pour bafouer son ennemi. Mis en verve par ce rebondissement inattendu, il rédige alors son *Traité de paix conclu entre Monsieur le Président et Monsieur le Professeur*, qu'il datera du 1er janvier 1753. La première édition appelait de leurs noms (Maupertuis, König) les contractants et datait leur traité du 1er juin 1753. Pour des raisons d'efficacité, Voltaire a antidaté au 1er janvier 1753 ce texte où se détecte l'influence de Gottsched et de ses amis.[25] Il prend la défense des philosophes allemands, faisant promettre au président d'avouer désormais que les «Copernic, les Kepler, les Leibniz, les Wolff, les Haller, les Mascov, les Gottsched sont quelque chose» et qu'il a étudié sous les Bernoulli. Voltaire énumère les gloires de la philosophie allemande, en leur adjoignant un Polonais, Copernic, et des Suisses de langue allemande, Haller et Bernoulli. Plusieurs paragraphes soulignent les mérites éminents de Wolff et introduisent les regrets d'Euler qui complètent la palinodie de Maupertuis. Euler, ce «phénix des algébristes», bête noire des wolffiens, confesse n'avoir jamais appris la philosophie, s'engage à raisonner «un quart d'heure» avant de retrousser ses manches «pour calculer trois jours et trois nuits de suite», se repent d'avoir mal lu les ouvrages de König et rougit «d'avoir révolté le sens commun» par certaines de ses conclusions.[26] Voltaire réunit tous les libelles qu'il a composés depuis le début de la querelle en une édition faite à Leipzig par Breitkopf de l'*Histoire du docteur Akakia*. Il n'aura sans doute pas le temps de la revoir avant son départ.[27]

A Berlin, Lehndorff a jugé la provocation en duel de Maupertuis comme le «comble de la folie», tandis que la réponse de Voltaire paraît «adorable».[28] Celui-ci a envoyé copie de la lettre du président et de la réponse d'«Akakia» à Frédéric. Il espère que cette «dernière sottise de Maupertuis» ouvrira enfin les yeux du roi. Il pourrait ainsi «revenir avec plus d'assurance de retrouver les anciennes bontés de Sa Majesté.»[29] Nous savons à quel point il s'abuse. Il n'a nulle

24. D5252 (6 avril 1753). Sur l'animosité de Wolff et de Maupertuis, voir Tuffet, p.84.

25. Ainsi le *Traité de paix* se trouve démenti par l'irascible président, ce qui met en valeur les réponses d'Akakia. J. Tuffet a fait remarquer à juste titre que ce traité est postérieur à la lettre de menaces de Maupertuis, car il s'inspire d'un pamphlet circulant contre Euler, *La Berlue*, paru au plus tôt en mars. Il utilise aussi la *Lettre de M. le marquis de L. N. à Mme la marquise A... G...*, parue à l'automne précédent.

26. Voir Tuffet, p.38-43. L'édition de Kehl supprimera ces repentirs d'Euler.

27. Un exemplaire conservé à Halle porte cette mention manuscrite (de Breitkopf?): «J'ai reçu cette histoire des propres mains de M. de Voltaire à Leipzig le 16 avril 1753» (cité par Tuffet, p.xcii).

28. Lehndorff, p.67.

29. D5253 (10 avril [1753]), à Mme de Bentinck.

conscience des nuages s'amoncelant contre lui à Berlin, lorsque le 18 avril il quitte Leipzig, non sans avoir vu «les beaux jardins qui l'entourent».

Il chemine sans hâte vers l'Ouest, vers la France. Il demeure dans l'expectative de nouveaux signes favorables venant de Versailles. Il attend donc de recevoir de Mme Denis des lettres d'explication, voire de directive. Ses faits et gestes sont désormais orientés vers la nièce-maîtresse, à qui il a fixé rendez-vous à Strasbourg.[30]

Le 21 avril, il arrive à Gotha. Il descend à l'auberge des Hallebardes. Il avait en cette ville un admirateur, Gottfried Christoph Freisleben, bibliothécaire au château et traducteur en allemand de *Micromégas*. Il devait loger chez lui. Mais dès que le duc et la duchesse de Saxe-Gotha apprennent sa présence en leur ville, ils l'invitent en leur château de Friedenstein. Ils l'y installent dans l'appartement réservé aux hôtes de marque.[31]

Il va y résider pendant près d'un mois. Il avait rencontré à Paris en 1749 le jeune prince héritier, Frédéric de Saxe-Cobourg.[32] Il avait fait sa cour à la duchesse Louise-Dorothée en lui envoyant l'édition de ses *Œuvres* en mai 1751, puis en février de l'année suivante un exemplaire du *Siècle de Louis XIV* qui fut grandement admiré à Gotha.[33] On était, à la cour de la duchesse, «philosophe». Louise-Dorothée s'affirmait une wolffienne convaincue. Elle recevait de Paris les *Nouvelles littéraires* de l'abbé Raynal relayées à partir de mai 1753 (au moment où Voltaire se trouvait au château) par la *Correspondance littéraire* de Grimm. Dans cette cour toute francisée, le voyageur trouve, selon Collini, «une société choisie, des égards et des consolations».[34] Sa visite est un événement. Le duc note dans son almanach l'arrivée et le départ du grand homme.[35] Freisleben, métromane intrépide,[36] compose un poème en son honneur. Quel jour favorable que celui où l'on peut rencontrer Voltaire!

> Tu me fais voir Voltaire, et dans ce seul grand homme
> Tu me fais voir tous ces rares talents

---

30. D5247 (4 avril [1753]), de Leipzig: «J'attends amplement de vos nouvelles et des miennes [...] Ne me déguisez rien de ma déconvenue.»

31. Collini, p.65. Sur ses relations avec Freisleben, voir D4944, D4976, D5666.

32. Jenny von der Osten, *Louise-Dorothée Herzogin von Sachsen-Gotha, 1732-1767* (Leipzig 1893), p.60 et suiv.

33. D4474, D4812.

34. Collini, p.66.

35. Voir H. A. Stavan, «Voltaire et la duchesse de Saxe-Gotha», *Studies* 185 (1986), qui est une mine de renseignements.

36. En envoyant à Voltaire sa traduction de *Micromégas*, il avait joint à sa lettre (D4976) une longue épître en vers, reproduite par Fontius, p.181-83.

> Qui dans les temps les plus brillants
> Faisaient l'honneur de la Grèce et de Rome.[37]

On se met en grands frais pour le recevoir. Logé dans la «chambre des Electeurs», il est servi par les officiers du duc, véhiculé dans ses équipages. Cour qui se veut fastueuse : la duchesse avait élevé à quatre cents le nombre des charges. Voltaire se rend-il compte alors qu'un tel train de vie dépasse de beaucoup les moyens de ce duché ? On verra plus loin la duchesse tenter de combler le déficit de ses finances en empruntant de grosses sommes à Voltaire. Le duché de Saxe-Gotha, aujourd'hui une partie de la Thuringe, ne comportait que 15 000 habitants sur un territoire exigu de 52 000 mètres carrés. La capitale gardait une allure rustique : «charrettes et charrues devant les maisons, oies et canards dans les mares.»[38] Une seule librairie, une seule pharmacie, et à l'église d'interminables offices luthériens.

Au château de Friedenstein en revanche, malgré la lourdeur de cette triste bâtisse, ce ne sont que fêtes somptueuses, grands dîners, accompagnés d'un orchestre de trente musiciens. Aux beaux jours, on se rend au château de Friedrichswerth, entouré de forêts. On joue Racine, Regnard, Marivaux, Voltaire. L'esprit de la cour, sous l'influence de la duchesse, est wolffien et réfractaire au dogme. Jacques Auguste Rousseau, conservateur du médaillier ducal, déplorait en juillet 1750 que le déisme ait des «appas pour tous ceux qui frisent le bel esprit» et qu'il empêche «qu'on ne goûte ici tout livre sensé qui tend à défendre la religion».[39]

A cet auditoire très favorablement disposé, Voltaire lut des passages de *La Pucelle*. «Dunois, Chandos, La Trimouille et le père Grisbourdon auraient tout quitté pour une cour telle que Gotha.»[40] Il se rappellera avec ravissement ces semaines qu'il a passées auprès de «la meilleure princesse de la terre, la plus douce, la plus sage, la plus égale, et qui, Dieu merci, ne faisait point de vers.»[41] Louise-Dorothée, née princesse de Saxe-Meiningen en 1710, et qui avait épousé en 1728 Frédéric de Saxe-Gotha, prince d'intelligence médiocre, était une femme très cultivée qui se distinguait par sa vivacité d'esprit et sa curiosité intellectuelle.[42] Certes elle n'avait aucune prétention en matière de versification française, contrai-

---

37. Stavan, p.36, n.22.
38. Stavan, p.30.
39. Cité par Fontius, p.13, d'après le fonds Formey de la Deutsche Staatsbibliothek de Berlin. J. A. Rousseau (1729-1808) avait été nommé à Gotha grâce à la protection de Formey. Il sera toujours scandalisé par les agissements de Voltaire, et particulièrement par son *Dictionnaire philosophique*.
40. D5298 (28 mai [1753]).
41. M.i.41.
42. Collini, p.65 ; Formey, ii.35. Elle trouvait grâce même auprès de Frédéric II, avec lequel elle entretint une volumineuse correspondance politique. Il lui envoyait de ses vers, se montrait parfois prévenant, presque toujours spirituel (voir ses *Œuvres*, xviii).

rement à Frédéric II. Mais elle ne dédaignait point de composer des maximes et des portraits à la manière des auteurs français du dix-septième siècle.[43] Elle avait pour meilleure amie Franziska von Neuenstein, devenue par son mariage Mme de Buchwald. Voltaire n'oubliera jamais celle qu'il nommait «la grande maîtresse des cœurs».[44] Il retrouvait à Gotha l'entourage parisien du prince héritier: son gouverneur le baron de Thun, le Kammerjunker Friedrich von Wangenheim, un ancien pasteur de Genève Emmanuel Christoph Klüpfel,[45] enfin le baron H. A. von Studnitz, représentant officieux du duc de Saxe-Gotha à Versailles. Il rencontra sans doute l'Alsacien Wilhelm de Rotberg, fondateur du célèbre *Almanach de Gotha*. Par la presse locale et les carnets du maître d'hôtel, qui mentionnait la présence de Voltaire aux dîners et soupers, mais aussi aux jeux, concerts, bals masqués, nous savons que celui-ci a largement profité des mondanités de Gotha. Il est admis à la table des souverains, placé à côté de Mme de Buchwald. Il assiste aux fêtes données le 25 avril pour l'anniversaire du duc.[46]

Ce séjour chez une «princesse infiniment aimable» lui rappelle Sceaux et la duchesse du Maine, qui meurt précisément en cette année 1753. De même que la duchesse avait fondé, on se le rappelle, l'ordre de chevalerie de la Mouche à miel, à Gotha existait, depuis 1739, un ordre des Hermites de bonne humeur, dont les «frères» et les «sœurs» se recrutent parmi les personnes de la cour.[47] On ne sait si Voltaire eut le temps d'être adoubé. Mais on sait par lui que l'on fait à Gotha meilleure chère que chez la duchesse du Maine et que l'on y vit «dans une liberté plus grande qu'à Sceaux».[48]

Sans doute Voltaire n'avait-il pas l'intention de séjourner longtemps à Gotha, mais la duchesse sut adroitement le retenir. Pour lui complaire, il accepte de travailler à un «abrégé de l'histoire de l'Allemagne», qu'il commence «au milieu de la bibliothèque ducale».[49] Collini y travaille assidûment pendant les semaines passées à cette cour, faisant avec Freisleben des recherches et des extraits. Voltaire aurait dit y avoir trouvé des secours inconnus à Berlin.[50] Dans les salles glaciales

---

43. Stavan, p.32-33.

44. D5298. Mme de Buchwald à laquelle Goethe, Wieland, Herder lurent leurs œuvres, ne dédaignait pas l'allemand, mais préférait le français.

45. C'est «le bon Klüpfel» de Rousseau: celui qui entraîna Jean-Jacques chez les filles de la rue des Moineaux; voir l'édition Voisine des *Confessions* (Paris 1964), p.1015-17.

46. Stavan, p.36-37.

47. Les statuts étaient en français; voir Kurt Schnelle, «F. M. Grimms Bildungswege in Deutschland», *Wissenschaftliche Zeitschrift der Karl Marx Universität* 16 (1967). A Bayreuth, Wilhelmine avait créé une «Abbaye de la joie».

48. D5786 (23 avril 1754).

49. Collini, p.66.

50. D'après une lettre anonyme, mais vraisemblablement de Jacques Auguste Rousseau, citée par Fontius, p.93.

de la tour orientale du château, enveloppé d'un manteau de fourrure il écoutait les lectures qu'on lui faisait, et il dictait son texte.[51] Ennuyeux pensum, «l'ouvrage le plus méthodique et le plus pénible» qu'il ait jamais fait.[52] Cependant il ne lui est pas indifférent de consacrer un livre à cet Empire germanique où la Prusse avait perturbé le jeu politique. Face aux *Mémoires de Brandebourg* qu'il avait corrigés, il évoquait d'autres réalités allemandes, percevait une donnée fondamentale de ces pays, «cette lutte opiniâtre du droit féodal contre le pouvoir suprême».[53] Le tableau «De l'Allemagne», chapitre II du *Siècle de Louis XIV*, rédigé pendant son séjour en Prusse, atteste qu'il avait saisi la nature de l'institution impériale. Il s'était efforcé, à partir des sources dont il disposait sur les données constitutionnelles de l'Empire, de porter un jugement équitable.[54] «Je suis Allemand en Allemagne», écrira-t-il à Mme Du Deffand, après avoir achevé les *Annales de l'Empire*.[55] Il ne pouvait surmonter le handicap de la langue. Mais son esprit vif était sollicité par une réalité historique complexe. On ne s'étonnera pas de constater que ce travail, commencé à l'instigation de la «meilleure des princesses possibles», ait eu des prolongements. Dans *Candide*, il donnera à son héroïne le nom de Cunégonde, emprunté à une princesse germanique des *Annales*.

Il manifesta sa reconnaissance à Louise-Dorothée d'autres manières encore. Il lui offrit un manuscrit du futur *Essai sur les mœurs*, sous le titre *Essai sur les révolutions de ce monde*, qui se trouve toujours dans la bibliothèque de Gotha. Il lui dédia son poème *De la Religion naturelle*, composé l'année précédente à Potsdam et d'abord offert à Frédéric II:

> Souveraine sans faste, et femme sans faiblesse,
> Vous dont la raison mâle et la ferme sagesse
> Sont pour moi des attraits plus chers, plus précieux
> Que ces feux séduisants qui brillent dans vos yeux;
> Digne ouvrage d'un Dieu connaissez votre maître.[56]

Le chant IV, qui évoquait la politique du roi de Prusse, fut supprimé dans la version destinée à la duchesse, et le chant III s'achevait par une prière de huit vers. Fut ajouté en revanche un malicieux portrait d'un certain Théodore. C'était une figure tout en contraste, celle d'un roi «vainqueur des préjugés, savant, ingénieux», «assemblage éclatant de qualités contraires / faisant des malheureux

---

51. Sven Stelling-Michaud, p.209-10, qui cite le témoignage de Collini rapporté par Nicolaï (n.51). Sur le froid en Thuringe, voir D5786.

52. Collini, p.66.

53. Avertissement des *Annales de l'Empire*.

54. Voir Klaus Malettke, «Deutschland und die Deutschen im *Siècle de Louis XIV*», *Voltaire und Deutschland*, p.139-52.

55. D5786.

56. Voir cette dédicace dans l'édition procurée par F. J. Crowley (1948), p.201.

et plaignant leurs misères», «dangereux politique et dangereux auteur». En bref, son «patron», son «disciple» et son «persécuteur»: il «hait la vérité» dans la bouche d'un autre, mais «rougit de son caprice».[57] On reconnaît Frédéric. Ce «portrait» demeura caché dans le manuscrit laissé à Gotha, et ne fut jamais publié.[58] Sage précaution au moment où Voltaire s'achemine à son insu vers le piège de Francfort.

Le 15 mai, il reprend sa route vers l'Ouest. Il voyage en personnage important. Le voyant arriver dans sa grosse berline, avec secrétaire et domestiques, les maîtres de poste, les aubergistes le reçoivent «avec tout le respect qu'on porte à l'opulence». On l'appelle «Monsieur le Chambellan», «Monsieur le Baron», «Monsieur le Comte», le plus souvent «Son Excellence».[59] Il couvre le trajet de Gotha à Cassel par petites étapes en une dizaine de jours. A peine descendu dans cette ville dans l'auberge «The Inn of London», il est invité par le prince au château de Wabern, résidence d'été de la cour. Il y restera deux jours. Il n'a donc guère le temps de voir Cassel, petite cité de 20 000 habitants, capitale d'un Etat qui en comptait 350 000 et qui avait gardé une certaine rusticité. Mais la splendeur de la cour était, suivant la tradition baroque, un instrument de prestige. Il est fort bien accueilli par le landgrave Guillaume VIII et par son fils Frédéric. Le prince héritier, qui avait suivi à Lausanne les cours de Jean-Pierre Crousaz, professeur de mathématiques et de philosophie, parlait et écrivait bien le français.[60] Après la guerre de Succession d'Autriche, il s'était marié à une fille de George II d'Angleterre. Voltaire l'avait déjà rencontré à Berlin, où Frédéric II avait fort bien reçu l'héritier de Hesse-Cassel, afin de maintenir cet Etat dans le camp prussien. Le prince aimait les discussions intellectuelles. Confie-t-il au visiteur son intention secrète de se convertir au catholicisme? Voltaire est formel:

A mon passage à Cassel, le prince de Hesse me parla beaucoup de ce qui fait aujourd'hui son embarras, et celui de sa maison. Il avait quelque confiance en moi, et j'ose croire que si j'étais resté plus longtemps dans cette cour, j'aurais prévenu ce qui est arrivé. Il serait resté damné, et il aurait vécu tranquille.[61]

57. Crowley, p.199.

58. Quelques années plus tard, Voltaire recommandera à la duchesse d'enfouir ce «petit article» dans un éternel oubli, D6801.

59. Collini, p.72.

60. Dans le «Règlement pour l'instruction du prince Frédéric», il était spécifié: «Il ne parlera qu'en français, et quand on lui parlera allemand, il répondra en français» (J. Schlobach, «Der Einfluss Frankreichs in Hessen-Kassel», *Aufklärung und Klassizismus in Hessen-Kassel unter Landgraf Friedrich II, 1760-1785*, Kassel 1979, p.1).

61. D6115 (29 janvier [1755]), à la duchesse de Saxe-Gotha. Cette conversion fut une affaire d'Etat. Voir H. A. Stavan, «Landgraf Frederic II de Hesse-Cassel and Voltaire», *Studies* 241 (1986), p.163-65.

Dans la suite de leur correspondance, et surtout après la visite que le prince fera à Ferney en 1766, il arrivera à Frédéric de Hesse-Cassel de discuter de matières religieuses.[62] En outre, lors de ces deux jours de Wabern, sont attestées une visite du cabinet de physique du prince, celle des salines de Friedberg-in-der-Wetterau, des discussions sur les expériences qui peuvent être utiles et sur celles qui ne sont qu'«amusantes».[63] Voltaire emploie donc son temps en «conférences» avec celui qu'il appelle «le juste et bienfaisant» landgrave de Hesse.[64]

Mais voici que passe une ombre. On signale la présence à Cassel du baron de Pöllnitz. Voltaire l'aperçoit, lui dit quelques mots, et s'inquiète. Que vient faire ici ce courtisan tout dévoué à Frédéric II? L'abbé Duvernet hasarde une anecdote. Selon un prisonnier à la forteresse de Magdebourg auquel l'abbé de Prades se serait confié, Pöllnitz aurait proposé à Frédéric II, qui se plaignait de Voltaire, de poignarder celui-ci. Mais l'indignation du roi prouva au baron qu'il faisait fausse route.[65] Pöllnitz, dont le but avoué est d'aller prendre les eaux à Ems, est-il chargé d'espionner Voltaire? Hypothèse vraisemblable: c'est une fonction dont déjà il s'acquittait à Berlin. Pöllnitz n'est d'ailleurs pas le seul familier de Frédéric à se promener sous ces latitudes. Maupertuis y aurait séjourné, selon Voltaire, quatre jours au début de mai 1753, afin de faire imprimer un libelle de La Beaumelle, *Mémoire de M. de Voltaire apostillé par M. de La Beaumelle* (Francfort 1753) et dès le 12 mai l'aurait envoyé à la cour de Gotha.[66]

Voltaire avait prévu d'aller goûter les délices d'une autre petite cour germanique: celle de Wilhelmine à Bayreuth.[67] Il offre même un capital de 15 000 écus

62. Stavan, «Landgraf Frederic II», p.170-71. A noter qu'au souhait du prince de s'entretenir avec le vieillard «sur des points capitaux de la religion», sur Moïse, sur le Nouveau Testament (D13642), Voltaire se dérobe (voir D13857).

63. Voir la lettre de Voltaire du 11 juin 1753 (Morris Wachs, «Voltaire and the landgrave of Hesse-Cassel: additions to the correspondence», *Studies* 241, 1986, p.187-88) et la lettre du prince du 16 juin (D5322).

64. Collini, p.66; de Luchet, p.259.

65. L'anecdote de Duvernet est largement réfutée par Collini, p.67 et suiv.

66. D5246 n.3, D5298, D5306 et D.app.134. Voltaire accuse Maupertuis d'avoir introduit des changements de sa façon au texte de La Beaumelle, ce que dénie celui-ci. Voir Lauriol, p.385. Le passage de Maupertuis à Cassel est confirmé par une lettre inédite de J. F. Reiffstein à Gottsched, datée de Cassel même le 13 mai 1753, qui apporte quelques précisions utiles: «Mr Maupertuis aura fait ici un séjour de dix jours incognito; au début il a été pris pour M. de la Beaumelle parce qu'il a fait imprimer ici une feuille (ci-jointe) sous ce nom, mais au moment de son départ il a laissé quelques feuilles (ci-joint l'une d'elles) qui paraissent contenir sa défense et celle de l'Académie contre König, on a donc pu, avec plus de vraisemblance, le tenir pour le Président plutôt que pour la Beaumelle» (Leipzig, Karl Marx Universität, Gottsched-Korrespondenz, xviii, f.316-17, document communiqué par Sven Stelling-Michaud à André Magnan – les «pièces jointes» manquent). La Beaumelle était alors enfermé à la Bastille; Maupertuis quitta Berlin le 29 avril 1753.

67. Il a écrit à la margrave le 3 avril, puis le 21 avril (*Œuvres*, xxviia.218, 226).

pour réparer les dégâts causés par l'incendie du château. On ne sait pourquoi Voltaire renonce à la visite promise. S'il s'était rendu à Bayreuth, Frédéric lui aurait peut-être fait redemander l'édition de ses vers.[68] La margrave garde un faible pour Voltaire. Elle a bien ri des plaisanteries contre Maupertuis. Mais, sœur du roi, elle n'est pas fâchée que le poète lui ait manqué de parole.[69]

Il reste que depuis Leipzig la route de Voltaire avait été ponctuée de séjours charmants. Tant de prévenances de la part de ses hôtes princiers successifs compensaient les amertumes des mois précédents. Contrairement à ce qu'insinue la malveillance de La Beaumelle,[70] il ne fréquente pas les grands en client ou en parasite.[71] A cette époque de sa vie, il a commencé à leur prêter de l'argent. La rentabilité de ces contrats de rente était moins évidente que leur valeur emblématique. On sait quelles facilités il accorda à ce mauvais payeur qu'était le duc de Wurtemberg. En somme, après s'être «purgé» d'une «surabondance de fiel» en faisant marcher les presses à Leipzig, comme le lui reproche véhémentement Frédéric,[72] il avait connu pendant plus d'un mois une certaine douceur de vivre, la griserie d'être hautement apprécié. Il avait fait provision de souvenirs aimables, de délicieuses satisfactions d'amour-propre, de visages admiratifs, de grâces féminines, combien agréables après les compagnies viriles de Potsdam.

Il a certes besoin de ce petit trésor de bonheur, lorsqu'il reprend la route le 30 mai pour un voyage qui aurait dû être sans histoire, mais qui va lui réserver la plus grande humiliation de sa vie. Il arrive le soir à Marbourg, où il passe la nuit. Le lendemain, un incident contraint les voyageurs à une halte. A une demi-lieue de la ville, Voltaire s'aperçoit qu'il a oublié sa tabatière, présent d'une grande valeur d'un prince dont Collini ne précise pas le nom.[73] Aussitôt le dévoué secrétaire rebrousse chemin. Il retrouve la boîte sur la table de nuit de la chambre qu'avait occupée Voltaire. On en fut quitte pour l'émoi, encore que le principal intéressé n'en manifestât guère.[74] Il se remet en chemin. Après avoir traversé Giessen, Butzbach et Friedberg, dont il visite les salines, il arrive à Francfort-sur-le-Main, le 31 mai vers huit heures du soir, bien éloigné de soupçonner ce qui se tramait dans l'ombre contre sa liberté, sa dignité et son repos.

68. D5255.

69. D5267.

70. *Le Siècle politique de Louis XIV* (Sièclopolis 1753), p.396, sur l'aiguière en argent et les médailles offertes par la duchesse de Saxe-Gotha en récompense d'un «couple de vers».

71. J. Sareil, *Voltaire et les grands* (Genève 1978), p.9.

72. D5263 (19 avril 1753).

73. Peut-être Frédéric, qui avait fait cadeau à Voltaire d'une «boîte d'or», vraisemblablement une tabatière (D2867).

74. Collini, p.74-75.

8. Guet-apens à Francfort
(1er juin - 18 juin 1753)

Quelques signes avant-coureurs d'une persécution prussienne étaient apparus. Depuis le départ de Voltaire, l'air n'était pas à la gaieté à Potsdam. Le 15 avril, Frédéric arrive à l'improviste chez sa sœur Frédérique, margrave d'Anspach, et provoque dans la famille royale un trouble effrayant. Pourquoi? A cause de la mauvaise humeur persistante du roi contre Voltaire. Certains, prudemment, faisaient comme Lehndorff, le chambellan de la reine Elisabeth Christine. Ils se divertissaient, mais en cachette, des facéties du docteur Akakia, lesquelles se lisent sous le manteau à Berlin.[1]

La comtesse de Bentinck en subit le contrecoup. Sa disgrâce est complète. Podewils, sur les ordres du maître, le 17 mars lui a reproché sa «noire ingratitude», sans «entrer en aucune explication avec elle»: il la renvoie à sa conscience qui lui «expliquera bientôt tout ce dont il s'agissait».[2] Elle a déplu «souverainement», pour d'autres raisons encore que ses relations avec Voltaire. Ne s'est-elle pas avisée de nouer une intrigue sentimentale avec le prince Henri, que Frédéric avait marié en juin 1752 pour l'assagir?[3] Elle a favorisé l'union du jeune prince de Wurtemberg avec une nièce du roi. Peut-être même s'est-elle entremise dans les démarches suspectes du prince Louis de Wurtemberg qui voulait passer au service de l'Autriche. Enfin sa correspondance réglée avec la princesse Elisabeth d'Anhalt-Zerbst, mère de la grande-duchesse Catherine de Russie (la future tsarine), irrite en haut lieu. Mme de Bentinck essaie de désamorcer les soupçons. Elle feint de croire que son amitié pour Voltaire est la seule cause de sa disgrâce. Elle prétend lui avoir dispensé des conseils de sagesse. Après son départ, elle propose de communiquer leur correspondance pour sa justification. C'est à cette entreprise que l'on rattache deux curieuses lettres où la comtesse sermonne Voltaire, et prodigue les serments d'allégeance personnelle à l'égard d'un monarque qui, hélas! «n'a presque jamais rendu justice à [son] cœur».[4] Ces lettres furent

---

1. Lehndorff, p.67.

2. *Politische Correspondenz*, ix.369-70, et F. W. Schaer, «Charlotte-Sophie Gräfin von Bentinck, Friedrich der Grosse und Voltaire», *Niedersächsisches Jahrbuch für Landesgeschichte* 43 (1971), p.81-121. Ces reproches lui sont notifiés le 17 mars, jour où Voltaire se rend à Potsdam.

3. Voir la correspondance de Mme de Bentinck et du prince Henri, reproduite par A. Magnan.

4. A. Magnan et C. Mervaud, «Sur les derniers jours de Voltaire en Prusse. Lecture de deux nouvelles lettres de la comtesse de Bentinck à Voltaire», *RHLF* 80 (1980), p.22, et n.73.

divulguées à Berlin. Elles diffusaient une version frédéricienne des faits. A Voltaire, tous les torts; au souverain, tous les droits. Seul un «enragé» pouvait résister à d'aussi pathétiques exhortations d'une amie fidèle. Il aurait dû, écoutant son cœur, aller demander au roi son pardon, car rien ne saurait le «consoler de n'avoir plus cette idole». On ne sait si les copies parvinrent à leur destinataire réel, Frédéric. Le roi était trop expert en supercherie pour se laisser duper par des textes maquillés. Mais, s'il en eut connaissance, il ne fut sans doute pas mécontent de cette campagne de justification. Il fit savoir à la comtesse, le 20 avril, que ce n'était pas «l'affaire de Voltaire et de [ses] liaisons particulières avec lui» qui avait déplu.[5] Pourtant, avant d'obtenir son pardon le 20 mai,[6] Mme de Bentinck de nouveau dut se rendre à Canossa.

On se souvient que Voltaire, avant son départ, avait placé son secrétaire Francheville le jeune chez son amie. Le 10 avril, de Leipzig, il s'inquiète de son sort.[7] Une longue épître de sa correspondante, datée du 26 mai, l'informe que «Francheville est au roi» (ayant été engagé comme copiste), et affirme qu'il sera heureux.[8] Les mêmes tendres panégyriques du «prince unique» qui sera illustre dans les siècles des siècles, la reprise du discours éthico-sentimental, le recours à des préciosités ou à une phraséologie sentencieuse incitent à ranger cette lettre auprès de celles qu'on vient d'évoquer, textes réécrits en vue d'une disculpation. La lettre du 26 mai, adressée à Voltaire, avait toute chance d'être ouverte par le cabinet noir, Mme de Bentinck le savait. Elle authentifiait en quelque sorte les lettres précédentes.[9] La comtesse travestit la pensée de Voltaire. La remarque de son ami: «on m'avait prédit que le roi de Prusse me ferait mourir de chagrin»,[10] est par elle glosée en ces termes: «Vous me parlez enfin de votre situation vis-à-vis roi avec ce ton attendri que j'attendais, que j'ai vu venir et que vous devez à votre caractère.»[11] Singulière lecture! Qui ne s'explique que trop par la situation de la comtesse. Ces discours écrits sous la pression en quelque sorte de Frédéric, faussés par l'urgence du sauve-qui-peut, laissent à penser sur la dépendance de ceux qui vécurent dans l'orbite du roi de Prusse. Cette parole serve met en valeur l'audace de la parole provocante de Voltaire.

5. Schaer, texte 20.

6. Schaer, texte 22. En réalité, elle ne retrouva ni la faveur du roi, ni son crédit à la cour.

7. D5253.

8. D5296. Une partie serrée venait de se jouer: Mme de Bentinck, soumise aux pressions de Fredersdorff avait dû, à son corps défendant, «offrir au roi et Francheville et tout ce qui [lui] appartenait».

9. La correspondance de la comtesse était surveillée. Frédéric avait fait intercepter un courrier de la princesse d'Anhalt-Zerbst qui lui était adressé.

10. D5289 (17 mai 1753).

11. D5296 (26 mai 1753).

La présence de Maupertuis à Potsdam jusqu'au 18 avril, avant son départ de Prusse le 29,[12] contribua sûrement à alimenter chez Frédéric une psychose de la trahison. La farce de Leipzig ne le déride pas, loin de là. Voltaire ayant ridiculisé dans le *Hofmeister* la provocation en duel du président, la réplique ne se fait pas attendre. Dans le plus court délai, le billet de Maupertuis paraît *in extenso* à Berlin,[13] puis dans la *Nouvelle bigarrure* (La Haye, mai 1753), précédé d'un préambule «vu et approuvé» par Frédéric II, où il était déclaré que Voltaire en avait fait courir «des morceaux tronqués et altérés». On s'étonne que ce poète ait osé s'adresser aux magistrats de Leipzig, alors qu'un «faiseur de libelles» doit tout craindre de la justice.[14]

Frédéric est visé personnellement lorsque l'*Eloge des trois philosophes*, diffusé après le départ de Voltaire, reproduit, outre les *Eloges* par le roi de Jordan et de La Mettrie, la *Lettre d'un académicien de Berlin* destinée à défendre Maupertuis. En tête, se lisent quelques vers parodiant l'*Ode* de Frédéric *sur le rétablissement de l'Académie* :

> De ses mains toujours chastes
> Il écrit dans leurs fastes
> Quelques noms immortels.
> Ode d. R. d. P.[15]

Voltaire est-il à l'origine de cette édition? Le roi l'en accuse.[16] A sa suite l'argument a été retenu pour justifier le guet-apens de Francfort.[17] Frédéric fut-il informé que Voltaire «abusait des lettres remplies de bonté» qu'il lui avait adressées?[18] Selon Varnhagen von Ense, qui ne cite pas ses sources mais qui eut accès à des archives dont certaines peuvent avoir disparu, on avait rapporté au roi un propos de Voltaire disant «qu'ayant été assez heureux pour échapper aux cages de Sa Majesté, ce ne serait certes pas de son plein gré qu'il y rentrerait».[19] Frédéric se prétend donc attaqué. «J'ai eu ma part de l'affaire et j'ai été assez bon

---

12. *Tageskalender*, p.133.

13. Koser-Droysen, iii.3 note. Ce billet paraît sous le titre «Copie de la lettre de M. de Maupertuis à Voltaire».

14. D5246 commentaire. Un de ces «libelles», la *Séance mémorable*, était alors largement répandu. Voltaire, le 19 avril 1753, par crainte de représailles, s'efforce d'empêcher la diffusion de l'*Akakia* à la foire de Berlin (D5262 et commentaire).

15. L'ode de Frédéric (*Œuvres*, x.27) disait: «Les filles de Mémoire [...] / N'écrivent dans leurs fastes / De leurs mains toujours chastes / Que des noms immortels.»

16. «Je sais à n'en pas douter que le trait part de vous» (D5263).

17. H. Haupt, «Voltaire in Frankfurt 1753», *Zeitschrift für französische Sprache und Literatur* 27 (1904), p.166. Pour cette importante étude, publiée en trois livraisons (1904, 1906, 1909), nous indiquerons désormais le tome et la page.

18. D5257 (14 avril 1753), l'abbé de Prades à Maupertuis. Ces nouvelles venaient de Paris.

19. Varnhagen von Ense, *Voltaire in Frankfurt am Main* (Leipzig 1848), p.7.

que de le laisser partir», écrit-il à sa sœur. A milord Maréchal il déclare: «Il a lâché en partant des satires contre moi.»[20] Fut-il persuadé par les ennemis du poète que celui-ci lui avait manqué? Ou justifie-t-il les mesures qu'il prend contre lui? Du moins une chose est sûre. Il craint que le redoutable polémiste ne «distille de nouveaux poisons» et ne compose un «ouvrage terrible». Sans vérifier, il répond aux noirceurs supposées de Voltaire par des noirceurs réelles.

Selon la transmutation bien connue de l'amour en haine, il s'abandonne à une rage de vengeance. «On roue bien des coupables qui ne le méritent pas autant que lui», mande-t-il à sa sœur, le 12 avril,[21] justifiant ainsi tout ce qu'il médite ou tout ce qu'il a déjà entrepris. La peur des représailles voltairiennes, le désir de ne pas laisser impunies les plaisanteries du docteur Akakia, peut-être le désir de briser la résistance de l'adversaire lui font ouvrir les hostilités. Persuadé que la meilleure défense est l'attaque, il met sur pied un plan offensif d'envergure.

La pièce maîtresse du dispositif, et chronologiquement l'une des premières mesures, est prise avec une précipitation qui aura, nous le verrons, de graves conséquences. Un traquenard est tendu à un point de passage obligé, juste avant que le voyageur ne s'éloigne hors de portée. Le 11 avril 1753, des instructions sont envoyées au «conseiller de guerre» Freytag, résident prussien à Francfort, ville libre d'Empire. Il lui est notifié de réclamer au favori disgracié, «au nom de Sa Majesté, la clef de chambellan ainsi que la croix et le ruban de mérite» et de se saisir, après de minutieuses perquisitions dans tous ses «paquets et emballages» ou «cassettes», de «lettres et écritures de la propre main de Sa Majesté», ainsi que d'un livre dont le titre devait être spécifié dans une note. Le tout serait expédié à Potsdam. Au cas où Voltaire qui est «très intrigant» ferait des difficultés pour se dessaisir «desdits objets à l'amiable», il fallait le menacer d'arrestation, et même, si besoin était, l'arrêter effectivement. Alors «on devra s'emparer de tout sans compliment».[22] Ainsi, au moment où Voltaire s'égayait à composer pour un journal de Leipzig l'avis de recherche farfelu du «quidam philosophe» Maupertuis, Frédéric mettait en place le piège pour récupérer d'un dangereux fugitif les «joyaux de la couronne brandebourgeoise»,[23] à savoir ses poésies.

Or, ce 11 avril et durant les semaines qui allaient suivre, Voltaire se trouvait à portée de main dans ces principautés allemandes où il séjournait. Pourquoi ne pas essayer d'obtenir la restitution de ces «objets» par d'autres entremises et par des voies plus civilisées? Frédéric envisage bien une telle éventualité, le 12 avril,

---

20. D5255 (12 [avril 1753]), D5258 (vers le 15 avril 1753).
21. D5255.
22. D5254. Nous citons ce texte d'après la traduction de Desnoiresterres, reproduite par Moland. Il en sera de même pour tous les documents allemands traduits dans cette édition. Les autres traductions sont dues à Michel Mervaud.
23. C'est ainsi que Voltaire s'exprime ironiquement (M.1.41).

soit le lendemain des ordres envoyés aux fonctionnaires de Francfort. Si Voltaire passe par Bayreuth, mande-t-il à sa sœur, le roi enverra quelqu'un «pour lui redemander la clef et la croix qu'il a encore, et surtout une édition de mes vers qu'il a envoyée à Francfort-sur-le-Main, et que je ne veux absolument pas lui laisser, vu le mauvais usage qu'il est capable d'en faire».[24] On s'étonne qu'une démarche semblable n'ait pas été tentée à Gotha, où Voltaire resta près d'un mois. H. Haupt avoue que les raisons de Frédéric sur ce point ne sont pas claires.[25] Répugnait-il à demander ce service à la duchesse de Saxe-Gotha? On penserait plutôt que sous l'empire de la colère il a préféré la manière forte avec ce qu'elle comportait d'humiliant pour celui qui en serait la victime. Voltaire sentirait qu'on ne brave pas impunément le roi de Prusse. A Freytag qui soulevait des objections, Fredersdorff, le 29 mai, répond que «le de Voltaire demeurera quelques mois à Gotha», et que par conséquent, «la commission [...] peut attendre jusqu'à ce que le de Voltaire vienne à passer par Francfort».[26] L'homme de confiance trahissait-il les intentions du maître? Les exprimait-il cyniquement? On pencherait pour la seconde hypothèse. Le coup d'éclat confié à des subalternes présente l'avantage de leur laisser les basses besognes: fouiller dans les bagages, s'emparer de lettres... Un émissaire envoyé à Gotha devrait compter avec la bonne volonté de Voltaire. Il fallait justifier cette démarche, remercier la duchesse de sa coopération. Et que d'explications en perspective! Que de commentaires de l'homme de lettres! La voie la plus expéditive rabattrait le caquet voltairien.

Comme deux précautions valent mieux qu'une, Frédéric prévoit le cas où le malicieux poète échapperait au piège de Francfort et reviendrait en France. Il charge milord Maréchal, son ambassadeur à Versailles, de redemander à Voltaire «un livre» qu'il lui a donné et toutes les lettres qu'il lui a écrites.[27] On imagine l'embarras du diplomate à accomplir une mission aussi imprécise. Qu'un esprit exact et judicieux comme Frédéric ait tramé ces embûches, avec un tel manque de clarté, indique bien qu'il était en proie à une rage passionnée, non exempte de quelques inavouables relents de crainte.

Pourquoi tant de bruit pour des poèmes, et qui plus est, imprimés?[28] Ils avaient valeur d'inédits. Frédéric a cédé par trois fois à la tentation de voir ses œuvres imprimées. C'est en mai 1749 qu'il s'est décidé à réunir ses écrits en un volume

24. D5255. Il ne fait pas mention de son désir de recouvrer, même par la force, ses lettres: c'est une demande bonne pour Freytag. Il se trompe sur la destination des bagages de Voltaire: ils n'ont pas été expédiés à Francfort. Fausse nouvelle? Ou association d'idées, Frédéric évoquant Francfort parce que c'est là que les bagages doivent revenir?

25. Haupt, t.27, p.168, n.30.

26. D5301. Freytag s'inquiétait parce que son acolyte Schmidt devait s'absenter quelques jours.

27. D5258 (vers le 15 avril 1753).

28. Nous verrons que les fonctionnaires prussiens imagineront que ces textes étaient manuscrits.

sous le titre: *Œuvres du philosophe de Sans-Souci*.[29] Une seconde édition en trois volumes, fort rare, porte le même titre. Elle date de 1750. Le tome I qui reproduisait *Le Palladion*, un poème satirique, aurait été détruit. Les tomes II et III comprennent des Odes, des Epîtres, des Pièces diverses, des Lettres en vers et en prose. En octobre 1751, une troisième édition des *Œuvres du philosophe de Sans-Souci* est mise en chantier. Elle tient compte des corrections proposées par Voltaire.[30] Cette faiblesse d'homme de lettres de Frédéric est entourée de maintes précautions: impression sur les presses du Château, tirages limités, refus de communiquer ses œuvres.[31] Le roi de Prusse réserve la lecture de ses productions à quelques intimes. Faveur accordée, puis refusée selon le bon vouloir du souverain qui jouit à la fois des commodités du secret et des satisfactions liées à une diffusion limitée. Ambivalence de sentiments qui est à l'origine de ses réactions passionnelles.

Dans cette perspective, ce n'est pas le contenu de l'œuvre qui importe au premier chef.[32] Qu'elle entre dans le domaine public sans le royal aveu de son auteur est un crime de lèse-majesté.

On ne se porte pas garant de l'usage que Voltaire aurait pu faire des lettres et poésies du roi de Prusse. A tout hasard, Frédéric le crédite de son propre manque de scrupule. Il confie à Maupertuis, afin qu'il puisse en faire usage, la copie d'un billet humiliant adressé à Voltaire.[33] Maupertuis diffuse ce billet, le baron Scheffer à Stockholm en eut une copie qu'il communiqua à Hénault.[34] Frédéric s'efforce de brouiller Voltaire et König. Il fait reproduire dans les gazettes sa lettre de congédiement qui n'avait peut-être pas été envoyée,[35] précédée d'un avertissement sur le paiement des pensions de son chambellan et accompagnée d'un commentaire perfide: König avait dessein de lui manquer et Voltaire l'en aurait averti. La fin de l'article faisait état de «preuves originales de nature à ne pouvoir être désavouées»,[36] dont personne, bien évidemment, ne pouvait s'aviser de demander communication. D'où protestations vaines de König dans la *Gazette d'Utrecht* du 24 avril et de Voltaire dans une lettre privée envoyée par l'intermédiaire de la

---

29. Ce volume contenait *Le Palladion*. Le seul exemplaire existant en 1906 n'a pas été retrouvé.

30. J. Vercruysse, «L'œuvre de *Poéshie* corrigée: notes marginales de Voltaire sur les poésies de Frédéric II», *Studies* 176 (1979), p.51-62.

31. Frédéric refusa de communiquer *Le Palladion* à l'ambassadeur de France, Valory (J. Vercruysse, p.54).

32. Cette question sera traitée plus loin.

33. Voir D5257 à Maupertuis où il envoie D5096.

34. *Mémoires du duc de Luynes*, xii.466.

35. Il s'agit de D5232 qui parut dans la *Gazette de Hollande* du 17 avril et dans la *Gazette d'Utrecht* du 20 avril. Voir la discussion, ch.VI, p.126-28, sur cette lettre.

36. Koser-Droysen, iii.5n.

margrave de Bayreuth.[37] Frédéric impose par voie de presse une image de Voltaire qui interdit à ce dernier tout recours et qui justifie par avance les mesures prises ou à prendre contre cet intrigant.

Il s'attache à le diffamer en France. A Darget, le 10 avril, il mande : « Vous ne sauriez croire toutes les duplicités, fourberies et infamies qu'il a faites ici. » Si lui-même a pris le parti de Maupertuis, c'est parce que celui-ci est « un fort honnête homme », trop susceptible malheureusement : « un peu trop d'amour-propre l'a rendu trop sensible à la morsure d'un singe qu'il aurait dû mépriser, après qu'il a été fouetté. »[38] A milord Maréchal il fait tenir un historique des méfaits de Voltaire. Sa version est un tel tissu de mensonges que l'ambassadeur lui demande la permission de rétablir la vérité sur un fait de notoriété publique : Voltaire n'a pas été « chassé » des Etats du roi. Frédéric acquiesce,[39] mais prie milord Maréchal d'intervenir auprès des autorités pour empêcher Voltaire d'imprimer des impertinences. De tant de mauvaises actions, il révèle le mobile, bien infamant : la jalousie. Voltaire voulait devenir président de l'Académie de Berlin ![40] Frédéric se donne le beau rôle. Après avoir accusé son ex-chambellan de manœuvres dignes de César Borgia, il se réclame, lui, de la « candeur » des bons Allemands, et s'affirme capable de démasquer les artifices de l'ennemi.[41]

Les jeux étaient faits. Certes, la margrave de Bayreuth n'envoya que le 11 mai à son frère la lettre que Voltaire lui avait adressée :[42] cette négligence fut sans doute lourde de conséquences. Quand Frédéric la reçut, un point de non-retour était atteint. Il ne pouvait plus entendre les protestations, fussent-elles sincères. Les promesses, les assurances de respect, les démentis n'entament point la froide détermination d'un souverain qui craint d'être bafoué. Sa hantise de la fourberie voltairienne le rend insensible au doute, à plus forte raison à ces « remords » d'une âme que Voltaire veut croire « philosophe et juste ».[43] Alors entrent en scène les subalternes avec leurs errements et leurs erreurs, mais couverts par l'autorité du maître.

---

37. König ne fut pas dupe de la manœuvre du roi (voir D5269a). Il fait paraître quelques lignes fermes et d'une parfaite convenance. Voltaire, de son côté, proteste (D5270, 28 avril [1753]). Il ne publie aucun démenti, sans doute par crainte de la fureur du roi.

38. Frédéric II, Œuvres xx.39.

39. D5277, D5286.

40. D5258. Même accusation dans une lettre à sa sœur (D5255). Ragot rapporté par Fréron (J. Balcou, Le Dossier Fréron, p.57).

41. D5263 (19 avril 1753). Moland doutait de l'authenticité de cette lettre, reproduite par La Beaumelle (Vie de Maupertuis, Paris 1856, p.185-88). Mais Koser et Droysen ont retrouvé une copie de la main de l'abbé de Prades envoyée à Maupertuis. Th. Besterman, dans son commentaire, se demande si le texte a été envoyé à Voltaire.

42. Koser-Droysen, iii.7n.

43. D5290 (18 mai 1753).

Frédéric connaissait assez mal ceux qu'il chargeait à Francfort d'une mission délicate. Le baron von Freytag était résident en cette ville depuis 1737 et le marchand J. F. Schmidt avait été nommé le 19 mai 1750 en qualité de conseiller aulique.[44] Ni l'un ni l'autre, semble-t-il, n'avait la moindre idée de la réputation littéraire de Voltaire en Europe. Les instructions royales, lacunaires et imprécises, auraient nécessité l'intervention d'un exécutant particulièrement adroit et surtout capable d'initiative. Freytag les reçoit le 19 avril: l'ampleur de ses responsabilités le jette dans le trouble. Il n'est pas douteux que Sa Majesté attache la plus haute importance à cette besogne hérissée de difficultés. Le résident devra déjouer maintes embûches pour se faire restituer «la clef de chambellan, la croix et le ruban du Mérite», mais en outre «beaucoup de lettres et écritures de la propre main de Sa Majesté», et un livre dont on avait oublié d'indiquer le titre. Sans perdre de temps, il rédige un mémoire en sept points, qu'il communique à celui qui doit l'aider dans ces circonstances délicates, le marchand Schmidt, avec prière à ce dernier de bien vouloir ajouter ses «propres idées».[45] Freytag dresse un plan de bataille, avec un luxe de précautions à la mesure de la complexité de la tâche. La formulation des ordres royaux était bien faite pour lui laisser croire que si le fugitif s'échappait, emportant quelque manuscrit du monarque, des intérêts d'Etat seraient en jeu. Le résident, en recevant le pouvoir d'arrêter en pays étranger un chambellan disgracié, en étant dispensé de faire preuve d'aucun égard, se sent incité à imaginer des stratagèmes qui donneront une haute idée de sa prévoyance. Aussi ne lésine-t-il pas sur les moyens. Des gardiens aux portes de la ville sont chargés de guetter l'approche de l'ennemi, de s'informer de son lieu de résidence, de dépêcher un exempt derrière sa voiture, de prévenir sur l'heure Schmidt. Des récompenses de vingt kreutzers et d'un ducat seront distribuées, des consignes strictes sont données, avec répartition des rôles: ainsi seront assurés la diffusion du signalement du suspect, l'établissement d'une liste de tous les Français résidant à Francfort (au cas où l'inquiétant personnage s'aviserait de changer de nom). Comme les questions pourraient mettre en défiance Voltaire, on trouverait des prétextes, par exemple la remise d'un paquet. Des espions enquêteront dans les différents hôtels de la ville, d'autres seront embusqués aux avant-postes de Friedberg et de Hanau: ils recevront pour rémunération de leurs bons services un thaler par jour.[46]

Maître de poste, surveillants de l'octroi, espions, argousins de tous poils, tous sont sur le pied de guerre. Tout est prévu. Freytag écrit à Fredersdorff avec la

---

44. Haupt, t.27, p.173, n.38. En juillet 1752, le roi avait songé à confier à Freytag des négociations avec la cour de Mayence. Cette mission ne fut pas exécutée. On ignore pourquoi.

45. D5265. Schmidt répond en déclarant qu'il est d'accord avec ces propositions, en particulier ce qui a trait à la surveillance du courrier de Voltaire (D5265 commentaire).

46. D5265.

conscience du devoir accompli: nous avons pris de telles mesures que nous pouvons espérer ne pas le manquer.[47] Il aurait fallu au moins la licorne d'Amazan, peut-être le troupeau de licornes qui, dans *La Princesse de Babylone*, défait les anthropokaies, pour mettre en déroute tous ces hommes de peine de Freytag dûment rétribués.

Mais le zélé serviteur n'est pas sûr d'exécuter le reste de sa mission à l'entière satisfaction du prince. Le 21 avril, il demande «avec la plus grande soumission» des éclaircissements. Si Voltaire allègue qu'il a expédié ses bagages ailleurs, devrat-on le retenir prisonnier jusqu'à ce qu'il les ait fait revenir? Quel est le titre de l'ouvrage dont on doit se saisir?[48] Un nouvel ordre du cabinet du 29 avril confirme les instructions précédentes, sans les éclairer complètement. Freytag apprend que le livre est intitulé *Œuvres de poésie*, mais on ne précise pas qu'il est imprimé. Schmidt en conclut qu'il s'agit d'un recueil manuscrit,[49] explication logique d'un tel émoi. Quant aux «lettres et écritures» des premières instructions, elles se sont transformées en «manuscrits royaux», ce qui n'est pas tout à fait synonyme et dénote un manque de précision de Fredersdorff. Une chose est sûre: il faut retenir Voltaire prisonnier jusqu'au retour de ses bagages et alors les fouiller méticuleusement.[50]

Le 22 mai, nouvelle inquiétude de Freytag. Schmidt est obligé de se rendre le 28 mai à Emden, à l'assemblée générale de la Société prussienne du commerce asiatique, et propose d'être remplacé par le sénateur Rucker, lequel s'est montré «assez prussien à l'égard des affaires de l'Eglise réformée»,[51] un conflit qui opposait les Etats protestants, dont la Prusse, au Vénérable Conseil de Francfort.[52] Freytag qui exagérait la gravité de la moindre bévue, de la plus petite anicroche, s'empresse d'en référer aux autorités supérieures. Convient-il de mettre dans le secret une tierce personne? Il propose, quant à lui, son secrétaire Dorn que ses fonctions mettent à la dévotion de Sa Majesté.[53] Fredersdorff répond le 29 mai, que le conseiller Schmidt sera de retour avant le passage de Voltaire, et que de

47. D5266: «mesures» en français dans le texte.

48. D5266.

49. D5280 (6 mai 1753).

50. D5272 (29 avril 1753). Comme Freytag, on ignore le nombre de «lettres, écritures» ou «manuscrits royaux» que Voltaire avait en sa possession. Peut-être Frédéric désirait-il récupérer ce *Voyage à la ville latine*, plaisanterie contre Maupertuis dont il était l'auteur, et que Voltaire avait emporté de Potsdam (D8957 commentaire). Ce texte qui n'a pas été retrouvé a peut-être fait partie des papiers que se fera remettre Freytag.

51. Freytag fera valoir ses états de service (D5312).

52. Les Réformés revendiquaient le droit de célébrer publiquement leurs offices à l'intérieur de la ville. Le Palatinat, l'Angleterre, la Hollande, la Hesse-Cassel, la Prusse étaient intervenus à plusieurs reprises en leur faveur. Les deux parties cherchaient à faire avancer leur cause par la corruption.

53. D5292 (22 mai 1753).

toute façon il n'est pas opportun de prendre un autre assistant.[54] Mais Voltaire arrive avant que cette réponse du cabinet parvienne à son destinataire.

Le 31 mai au soir, Voltaire s'installe au Lion d'or dans l'appartement qu'il a fait retenir d'avance. Aussitôt le plan de Freytag s'exécute:

A peine était-il descendu à l'auberge du Lion d'or, qu'un postillon aux armes de l'Empire vint, de la part de deux prétendus gentilshommes suédois, s'informer si deux voyageurs qu'ils avaient vu traverser la ville en carrosse n'étaient pas des seigneurs de la cour de Stockholm. On répondit sans détour que les deux étrangers étaient M. de Voltaire et M. Collini.[55]

Le lendemain, 1er juin au matin, les voyageurs se préparaient à reprendre la route. A ce moment Freytag se présente et demande à parler à M. de Voltaire. Il est accompagné du sénateur Rucker, un «bourgeois de mauvaise mine» selon Collini,[56] et du lieutenant de Brettwitz. Freytag avait pensé demander à «un très noble et très sage magistrat» de lui envoyer «un officier supérieur avec son aide de camp et quatre hommes».[57] Mais une arrestation publique, il l'avoue carrément, poserait problème. Du moins, de Brettwitz, officier recruteur, peut à tout moment lui prêter main forte: avantage supplémentaire, ce lieutenant ne sachant pas un mot de français obéira sans comprendre.

Voici Freytag en présence de Voltaire. S'attendait-il à se trouver devant un redoutable bretteur, voire un brigand de grand chemin? Il voit en face de lui un homme qui a «l'air d'un squelette», qui se dit mourant, qui se trouve mal. Jouerait-il la comédie? Après avoir fait sortir Collini, il lui fait part des très gracieuses intentions de Sa Majesté.[58] Voltaire n'exige pas un ordre exprès des magistrats. Le nom de bourgmestre donné à Rucker l'a surpris. Eût-il réclamé ces formalités nécessaires que sa demande eût été vaine.[59] Freytag est décidé à user de la force, si besoin est.

Suit une séance qui dure de neuf heures du matin à cinq heures de l'après-midi. «Deux caisses, une grande valise, ainsi que deux portefeuilles» sont ouverts. Voltaire ne cesse de faire «mille *contestations* de sa fidélité» à l'égard du roi de Prusse. A l'issue, le butin du résident comprend: un paquet, donné en dépôt à l'officier sans avoir été ouvert, un poème dont Voltaire eut beaucoup de peine à

54. D5301.
55. De Luchet, p.260, et D5266. Les espions de Freytag étaient en poste depuis six semaines quand Voltaire arrive, d'où le montant des frais dont il sera question plus tard.
56. Collini, p.76.
57. D5305 (1er juin [1753]). Contrairement à ce qu'il affirmera plus tard (D5314), il a d'abord songé à une arrestation publique.
58. D5312, D5314.
59. F. Varrentrapp déplore que Voltaire n'ait pas exigé des garanties légales (D5325).

se séparer, une «lettre réversale», la clef de chambellan, avec la croix et le ruban de l'ordre du Mérite. En outre, il s'est emparé de deux paquets de papiers personnels de Voltaire, en guise de caution, pour garantir la promesse qu'il lui a extorquée de ne point quitter la ville tant que la malle contenant le livre de *Poésies* ne serait pas revenue.[60] Enfin, sur les sept heures du soir, Voltaire envoie «le décret de sa nomination de chambellan», et le lendemain matin une lettre de la main du roi qui était tombée sous la table.[61]

Inquiétude du résident. Combien de papiers doit-il trouver? D'ailleurs il ne connaît point l'écriture de Sa Majesté. Aussi suggère-t-il, dans un rapport au cabinet, une solution qui le déchargerait de ses responsabilités écrasantes: qu'on envoie de Potsdam un secrétaire du roi, qui procédera à une perquisition plus exacte. On fera remarquer que lorsque Freytag adresse cette requête il a en main un échantillon de l'écriture du roi: la lettre que Voltaire lui a fait parvenir le 2 juin au matin. En revanche, il est curieux de noter que le 1er juin Freytag a écrit: «Après que le roi mon maître m'ait chargé dans sa lettre de sa propre main datée de Potsdam le 11 avril»...[62] Or ces instructions sont écrites par Fredersdorff. Freytag aurait-il cherché pendant toute la journée dans les bagages de Voltaire des écrits de la main de l'homme de confiance du souverain? L'hypothèse mériterait d'être vraie. En tout cas, Freytag ne songe qu'à se dérober. Le 9 juin, de nouveau, il voudra se débarrasser de son encombrant prisonnier. Il propose de le reconduire bon gré mal gré dans les Etats du roi.[63]

Voltaire a dû subir l'humiliation d'une fouille. Il écrit à Leipzig pour que sa malle lui soit réexpédiée.[64] Comme ces heures pénibles ont éprouvé sa santé, Freytag lui envoie le meilleur médecin de la ville.[65] A-t-il mis à sa disposition, comme il le prétendra, sa cave et sa maison entière? Le résident reste en tout cas méfiant. Il a dû renoncer à le faire garder de près par quelques grenadiers, car à Francfort la discipline militaire laisse à désirer. Mais il a pris des mesures pour le surveiller avec le maître d'hôtel, un certain M. Hoppe dont le frère sert comme lieutenant dans les armées prussiennes. Voltaire s'est constitué prisonnier sur parole. En contrepartie, il a tout juste obtenu deux billets signés du résident: un reçu par lequel on s'engageait à lui rendre «deux paquets d'écriture cachetés de

60. Il y aura contestation sur cette promesse (D5308, D5312). On ignore le contenu des paquets, le titre du poème, la teneur de la «lettre réversale».

61. D5312.

62. D5305.

63. D5314.

64. D5312 commentaire. Freytag est également intervenu de son côté.

65. Sans doute Lecerf, car le médecin Johann Christian von Senckenberg, le frère du sénateur, aurait refusé d'avoir affaire à des «pitres, aussi savants soient-ils» (d'après Kriegk, *Der Brüder Senckenberg*, p.240, cité par Haupt, t.27, p.179).

ses armes»;[66] une promesse de rendre sa liberté à Voltaire dès que le «gros ballot» où est «l'Œuvre de poésie» sera à Francfort et que cette œuvre sera en possession de Freytag.[67]

Tels furent les résultats de cette journée. On ne se hasardera pas à en évoquer l'ambiance, qui varie selon les récits des uns ou des autres. Freytag fut-il grossier?[68] Essaya-t-il de tempérer la sévérité de ses ordres par quelques politesses?[69] Un détail au moins montre à qui Voltaire avait affaire. Le résident raconte que son prisonnier fit mille instances pour qu'on écrive à Fredersdorff, afin de ne pas être retenu plus longtemps à Francfort. Il demande que cette lettre soit envoyée par estafette. Or Freytag n'est pas d'humeur à gaspiller les fonds de l'Etat: les frais de la journée s'élèvent déjà à trois louis. Il se sert donc de la poste ordinaire.[70] Grave erreur de Voltaire, qui n'a pas proposé de payer ces frais supplémentaires! Freytag n'était sans doute pas un homme condamné au carcan et qui a tiré la brouette,[71] mais un fonctionnaire prussien imbu de ses prérogatives, enclin à faire du zèle, n'accordant pas le moindre crédit à la parole donnée et prêt, quant à lui, à ne pas respecter la sienne. Dès le 5 juin, il prétendra que son billet du 1er juin n'a été écrit que pour «consoler» Mme Denis![72] Mais quel était cet ouvrage, cette «Œuvre de poésie», que Voltaire attend pour obtenir, croit-il, sa liberté? La bibliographie de Frédéric comprend à cette date trois éditions des Œuvres du philosophe de Sans-Souci. Les deux premières sont de 1749 et de 1750. Selon Collini,[73] Voltaire avait emporté un exemplaire sur lequel il avait travaillé,[74] imprimé en 1751, avec la date de 1752. Il doit donc restituer un exemplaire des «ŒUVRES / DU / PHILOSOPHE / DE / SANS-SOUCI. / TOME PREMIER / (vignette) / (double ligne) / MDCCLII». Collini ajoute que dans ce volume se trouvait Le Palladion, indication peu vraisemblable, le roi ayant donné ordre de détruire les exemplaires qui reproduisaient ce poème.[75] Point n'était besoin de cette circonstance aggravante. Frédéric, on l'a vu, ne peut souffrir que son œuvre

---

66. D5312 et commentaire. Au dos, Voltaire écrivit: «Promesses de M. de Freidag».

67. D5303; il existe plusieurs versions de ce billet, avec des variantes minimes qui n'en altèrent pas le sens.

68. De Luchet, p.260.

69. Freytag insiste sur ses prévenances. Desnoiresterres le croit sur parole (p.448).

70. D5312.

71. M.i.41.

72. Selon Freytag, ce billet est sans valeur. En effet, il aurait cédé aux instances de Voltaire qui voulait envoyer à sa nièce un texte susceptible de la consoler.

73. Collini, p.93.

74. Sur lequel il avait donc quelques droits. Voir l'excellente mise au point de J. Vercruysse, «L'œuvre de Poeshie corrigée», p.51-52. On se reportera aussi à B. Krieger, Friedrich der Grosse und seine Bücher (Berlin, Leipzig 1914), et à Mervaud, p.240-41.

75. Voir les témoignages rapportés par J. Vercruysse, p.54.

lui échappe. D'autres raisons le poussent peut-être à vouloir récupérer l'ouvrage emporté par l'ex-chambellan. Voltaire avait-il en mains un volume enrichi de notes marginales? Ses annotations, malgré l'urbanité du ton, ne manquent point de vivacité.[76] Et de quels commentaires aurait-il pu agrémenter la lecture des poèmes du roi! Sans doute faut-il également prendre en compte le désir du roi de ne point voir divulgués les sarcasmes et impiétés dont sa Muse était prodigue.[77]

Voltaire, cependant, se réfugie dans le travail. Il se remet aux *Annales de l'Empire*.[78] L'étude est pour lui le plus sûr remède aux bourrasques de la vie. Il le dira dans un de ses *Discours en vers sur l'homme*, où il supprime un éloge du roi de Prusse pour lui substituer ces vers:

> Quand sur les bords du Mein deux écumeurs barbares,
> Des lois des nations violateurs avares,
> Deux fripons à brevet, brigands accrédités,
> Epuisaient contre moi leurs lâches cruautés,
> Le travail occupait ma fermeté tranquille;
> Des arts qu'ils ignoraient leur antre fut l'asile.[79]

Mais le travail ne l'empêche pas de se défendre, plume à la main. Dès le 4 juin, il compose une longue lettre à König destinée à être diffusée. Il y répond aux attaques portées contre lui par l'*Epilogueur moderne*, périodique hollandais de son ennemi Rousset de Missy, auquel il est abonné.[80] Cette lettre est imprimée, peut-être par ses soins. Freytag se plaindra qu'il fasse débiter des factums. Le lendemain, 5 juin, il s'adresse à l'empereur lui-même, François Ier, dont dépend juridiquement la ville de Francfort. Il le conjure de lui accorder sa protection, «afin qu'on ne fasse rien contre les lois» à son égard dans sa ville impériale de Francfort. Il relate son arrestation «sans aucune formalité, sans le moindre ordre de magistrat, sans aucune apparence de justice». Il demande que des mesures soient prises pour que Freytag, qu'il soupçonne de «desseins violents», ne «puisse impunément se rendre maître de la personne et de la vie d'un étranger». Il promet

76. Voir l'article de J. Vercruysse. Le tome unique de 1752 ne comporte qu'une seule annotation, mais l'exemplaire personnel de Voltaire pouvait en comporter bien d'autres.

77. En 1760, lorsque paraîtront à Lyon et à Paris deux éditions des *Œuvres du philosophe de Sans-Souci*, Frédéric s'empressera, afin de détruire le mauvais effet produit par ses œuvres, de leur opposer une autre édition sous le titre de *Poésies diverses* d'où il avait retranché tout ce qui pouvait lui causer du tort, politiquement parlant. Voir Mervaud, p.351-54, et J. Lemoine et A. Lichtenberger, «Frédéric II poète et la censure française», *Revue de Paris*, 15 janvier 1901, p.287-318.

78. Collini, p.77.

79. «Sur la nature du plaisir». Il reste sur le qui-vive. Lorsque Schmidt, de retour d'Emden, se présente à lui, Voltaire le fixe quelques instants et lui demande: «Venez-vous pour recommencer?» Schmidt bat rapidement en retraite (de Luchet, p.263-64).

80. Comme l'a montré Fontius, p.131-32. Cette lettre (D5307) répond point par point à des accusations portées dans différents numéros de ce périodique.

de se rendre à Vienne où l'on pourrait n'être pas mécontent s'il avait l'honneur de se présenter au souverain et de lui «parler».[81] Il fait passer cette lettre «à cachet volant» au chancelier von Ulfeld,[82] ajoutant qu'il aurait à révéler à l'empereur et à l'impératrice «des choses qui les concernent». Enfin, dans un moment d'affolement, le 7 juin, il suggère qu'on lui écrive et que l'adresse porte «le titre qui serait [sa] sauvegarde. Par exemple, à M. de ... Chambellan de Sa Sacrée Majesté».[83]

Les «mesures brutales» dont il se sentait menacé étaient-elles trop vagues, comme le déclare H. Haupt, pour donner à la cour d'Autriche un motif d'intervention?[84] Il ne s'agissait pas de «lever des armées ou de le disputer à la pointe de l'épée au résident de Prusse».[85] Il suffisait de rappeler fermement au bourgmestre de Francfort les franchises de la ville. Une réponse indirecte fut donnée au libraire Varrentrapp. Comme celui-ci s'était adressé, en faveur de Voltaire, au comte Johann Philipp von Cobenzl, personnage influent à Vienne, il lui fut répondu que son correspondant ne voulait pas se mêler «ni de près, ni de loin» de cette affaire.[86] Frédéric de son côté, informé des démarches de son ex-chambellan, fait circuler des «réponses» qu'il a peut-être inventées. Il rapporte à son ambassadeur en France un bon mot: la reine de Hongrie a fait savoir à Voltaire qu'il «n'avait de place que sur le Parnasse, et comme il n'y en avait pas à Vienne, on ne pourrait l'y recevoir convenablement». Frédéric prétend aussi que Voltaire a demandé au roi George II d'Angleterre, alors ennemi de la Prusse, de le prendre à son service moyennant une pension annuelle de 800 livres sterling: impudence qui aurait été repoussée avec indignation par ce monarque peu ami des arts et de surcroît fort avare.[87]

L'offre de Voltaire de se rendre utile à la cour d'Autriche a suscité de vives condamnations.[88] Le procédé certes ne paraît pas des plus licites, même si l'on peut plaider que «c'était moins sa faute que la faute de ceux qui le poussaient à ces extrémités».[89] Mais l'appréciation, plus ou moins sévère selon le point de vue adopté, importe moins que la question de fond soulevée par les suppliques de Voltaire. Il posait clairement le problème. Il a été arrêté dans une ville libre d'Empire par un chargé d'affaires de Prusse dont la tâche était uniquement de veiller à la sûreté et aux intérêts de ses nationaux. Lorsque Freytag lui refuse la

81. D5308 (5 juin 1753).
82. D5309 (5 juin 1753). Il ignore que von Ulfeld est disgracié depuis avril.
83. D5311.
84. Haupt, t.27, p.182.
85. Desnoiresterres, iv.455.
86. D5319 et D5325 commentaire.
87. D5421 (13 [juillet 1753]).
88. Haupt (t.27, p.182) parle d'indigne trahison.
89. Desnoiresterres, iv.457.

permission de changer d'hôtel et de rencontrer le duc de Meiningen, Voltaire s'écrie : « Comment ! votre roi me peut faire arrêter ici, dans une ville impériale ! Pourquoi ne l'a-t-il pas fait dans ses Etats ? »[90] Sur cette question, les positions sont divergentes. Du côté français, on a dénoncé cette violation du droit des gens, cette « petite scène du bon plaisir ».[91] Vision erronée selon H. Haupt, qui se propose de la détruire. Son argumentation se réduit à affirmer que l'arrestation de Voltaire a été approuvée par le bourgmestre et le Conseil de la ville. Th. Besterman a fait remarquer à juste titre que les autorités de Francfort ont été mises devant le fait accompli, sans que leur accord ait été préalablement sollicité. Plus tard, lorsqu'il faudra bien les informer, elles l'accepteront tacitement, en demandant qu'on leur fournisse des documents justificatifs.[92]

On ajoutera que l'intervention tardive, embarrassée, du Conseil de Francfort ne signifie pas que le droit ait été respecté. Si Frédéric n'adresse aucune demande au Conseil, c'est que l'état des forces le lui permet. Les autorités de la ville ne dédaignent pas les moyens les plus contestables pour gagner la faveur du roi de Prusse, pour l'empêcher d'agir en faveur des Réformés.[93] Que le Conseil ferme les yeux sur un abus de pouvoir, ne supprime pas pour autant la violation de la loi. On ne peut accepter le raisonnement de H. Haupt qui, par ailleurs, fait preuve d'une remarquable objectivité. Même si la procédure pour l'essentiel a été menée, par la suite, selon les normes en vigueur pour l'aide juridique que devaient se prêter les Etats de l'Empire,[94] l'arrestation dans un Etat étranger par un représentant prussien d'un ressortissant d'un troisième Etat ne peut se justifier. Freytag lui-même a bien conscience d'œuvrer aux confins de l'illégalité. Il voit de graves inconvénients à ce que l'affaire soit portée devant le Conseil de la ville. Son prisonnier se donne le titre de gentilhomme de la chambre à la cour de France : dans cette circonstance, les magistrats feront beaucoup de difficultés pour autoriser l'arrestation.[95] Milord Maréchal, quant à lui, ne s'embarrasse pas d'arguties juridiques lorsqu'il rappelle à Frédéric les menaces qu'il a proférées pour intimider Mme Denis. Les rois ont « les bras longs » ; « quatre grenadiers prussiens suffiraient pour enlever son oncle, nonobstant tout privilège de la foire. »[96] Rien de plus clair. Il était simplement question du droit du plus fort.

Tandis que les autorités de la ville feignent de tout ignorer de peur d'être obligées d'agir, Voltaire s'est assuré quelques soutiens discrets : le duc Anton Ulrich von

90. D5314 (9 juin 1753), propos rapportés par Freytag.
91. Desnoiresterres, iv.449, 487.
92. D.app.123.
93. Dans l'affaire évoquée plus haut, n.42. Voir Haupt, t.27, p.174.
94. Haupt, t.27, p.173, n.40.
95. D5312.
96. D5277 (1er mai 1753).

Meiningen, ami des arts, et hostile à Frédéric II; le résident de Mayence Reibelt, qui lui a rendu visite pour lui conseiller de se réclamer de l'Empereur;[97] en outre «certains alchimistes, imprimeurs et libraires renommés».[98] Entendons des membres de la loge maçonnique fondée en 1742, qui s'adonnaient aux spéculations de l'alchimie,[99] et parmi les libraires principalement Franz Varrentrapp, éditeur de deux journaux, l'*Avant-coureur* et les *Frankfurtische Berichte*.[100] Voltaire est aussi en relations avec le sénateur Johann Erasmus von Senckenberg, juriste éminent mais qui mène une vie scandaleuse. Il appartient au parti autrichien, minoritaire mais actif. Freytag le dépeint comme un «scélérat» qui «n'a pas son pareil ici en méchanceté et en impiété et qui contrecarre les affaires prussiennes».[101] Voltaire reçut également une visite dont il se serait bien passé: celle de Van Duren, l'éditeur hollandais de *L'Anti-Machiavel*. Il vient lui présenter une note de vingt ducats que l'écrivain lui doit depuis treize ans, en qualité de mandataire de Frédéric! Voltaire lui administre une gifle. Plainte de Van Duren, et procès. Voltaire doit payer les dépens et accuse le bourgmestre de s'être malhonnêtement taillé la part du lion.[102]

Voltaire et Mme Denis avaient prévu de se retrouver à Strasbourg. Mais, apprenant les événements, la nièce change sa destination. Elle arrive à Francfort le 9 juin. Peu après, elle reçoit la lettre que lui a écrite de Paris, le 1er juin, milord Maréchal. De cet ambassadeur de Prusse en France, la postérité a retenu le portrait sympathique tracé par Rousseau dans ses *Confessions*. C'est un personnage assez différent que révèle le présent épisode. Sur l'ordre de son maître, il avait soumis la nièce de Voltaire à des pressions, avant son départ. Il exigeait la restitution du contrat d'engagement de son oncle: mais le document restait introuvable.[103] Sa lettre du 1er juin vise à impressionner Voltaire, qui en est le vrai destinataire. Sous des apparences de bonhomie spirituelle, l'ambassadeur insinue des menaces. Il énumère les pays où Voltaire est indésirable,[104] puis

97. D5311.

98. Freytag s'en plaint dans D5355 et D5361.

99. Kriegk, p.47.

100. Haupt, t.27, p.181, n.66.

101. D5396. Voltaire fait adresser son courrier chez un certain James de La Cour (D5313, D5396).

102. Collini, p.181, et M.i.43.

103. D5282. D'Argental aussi l'a cherché vainement dans ses papiers. Voltaire ne l'a pas avec lui à Francfort. A défaut, il signe une déclaration par laquelle il l'annule et s'engage à le rendre dès qu'il sera de nouveau entre ses mains (11 juin 1753, D.app.124). On voit mal pourquoi il aurait voulu garder ce document, comme l'affirme Haupt, p.184, si ce texte, comme l'affirme Voltaire, n'était pas à proprement parler un «contrat».

104. Faut-il rappeler que milord Maréchal n'aurait pu se rendre dans sa patrie sans risquer sa tête? Les frères Keith, deux Ecossais jacobites, avaient été accueillis à bras ouverts à Potsdam. Frédéric, qui n'était pas fâché de vexer le roi d'Angleterre, avait nommé Georges Keith ambassadeur en France.

rapporte une sinistre histoire qui se serait passée lors de la conquête du Pérou par les Espagnols. Une dame se déchaînait contre Pizarro : un certain Caravajal, après avoir essayé de l'apaiser, la fit pendre au balcon. Pour que l'apologue soit sans équivoque, milord précise : « Si quelque grand et fort Preisser [Prussien], offensé des discours de votre oncle, lui donnait un coup de poing sur la tête, il l'écraserait. » La gracieuseté finale, « empêchez votre oncle de faire des folies, il les fait aussi bien que les vers », se conjugue avec de venimeuses allusions aux prisons où l'on meurt « subitement ».[105] Ce Prussien qui devance les ordres, n'est-ce point Freytag ?[106]

L'arrivée de sa nièce procure à Voltaire un appui précieux. Elle écrira tout ce qu'il n'eût pu ni voulu dire. Dès le 11 juin, elle s'adresse au roi de Prusse. Elle lui dépeint la situation cruelle de son oncle, arrêté dans une auberge où on ne lui permet même pas de « respirer l'air ». La rigueur de cette détention ne se justifie nullement à l'égard d'un captif dont la soumission aux ordres royaux a été totale. Il s'est plié à toutes les exigences. Il est prêt à rendre le livre de poésies qu'il emportait avec « la permission » de son auteur. Il a lui-même demandé que ses bagages soient renvoyés directement à l'adresse de Freytag – ce qui était une erreur, comme on le verra bientôt. Mme Denis, quant à elle, s'engage à faire remettre toutes les lettres qui se retrouveront à Paris ; elle envoie à milord Maréchal la résiliation de Voltaire, faute d'avoir en mains le contrat d'engagement. Tant de « bonne foi » doit désarmer le courroux de celui qui traite avec « tant de dureté » l'homme qui lui a toujours été attaché avec « tant d'enthousiasme ». Au terme de ce plaidoyer, l'éloquente solliciteuse cite la promesse du roi du 23 août 1750 : « je serais au désespoir d'être cause du malheur de mon ennemi, comment pourrais-je l'être du malheur de mon ami ? »[107]

Après avoir écrit cette lettre « trempée de [ses] larmes », Mme Denis dicte à un homme sûr, Collini, une longue missive qui mettait le comte d'Argenson au fait de la situation. On n'empêchait point les prisonniers de communiquer avec l'extérieur,[108] ou du moins ils déjouaient les contrôles, car ils étaient l'objet d'une surveillance étroite. Voltaire reçoit-il un paquet ? On lui demande des comptes. Il répond qu'il veut faire présent à MM. Schmidt et Freytag de ses *Œuvres*.

105. D5304. Cette lettre, révélée par Varnhagen von Ense, se trouvait dans les archives d'Etat relatives à l'affaire de Francfort. Elle fut donc extorquée à Mme Denis.

106. Le rapprochement n'est pas gratuit. Le 6 juillet, Freytag déclarera qu'il n'aurait pas hésité à vider son pistolet sur Voltaire, si ce dernier avait refusé de s'en retourner à Francfort après sa tentative de fuite du 23 juin.

107. D5316. Mme Denis prétend avoir apporté avec elle une copie de la lettre du roi (voir D5315). Or, Voltaire, lors de la perquisition du 1er juin, avait déjoué la vigilance de Freytag. Il avait réussi à garder une copie de ce document puisque, le 5 juin, il communiquait cette « promesse de bonheur » à l'empereur d'Autriche (voir D5308).

108. Mme Denis d'ailleurs ne se trouve pas encore en état d'arrestation.

Hypocrisie, ou déclaration spirituelle? Th. Besterman pense, non sans raison, que Voltaire voulait montrer à ces obscurs fonctionnaires à qui ils avaient affaire.[109]

Le dimanche 17 juin au soir,[110] après une longue attente, la malle arrive de Leipzig[111] à Francfort. On va donc en extraire «l'Œuvre de poésie», remettre le livre à Freytag, et l'arrestation prendra fin. Les voyageurs pourront continuer librement leur route. Voilà ce qu'espère Voltaire d'après la promesse écrite du résident. Or, tout au contraire, l'arrivée de la malle, bien loin d'apporter la solution, aggrave considérablement la situation.

Le précieux bagage avait été porté, non pas à l'hôtel du Lion d'or chez Voltaire, mais selon les instructions du prisonnier dans la maison même de Freytag. Voltaire avait cru habile de donner cette preuve de confiance. Or une fois en possession, chez lui, de la malle tant attendue, le résident refuse de l'ouvrir.

Collini, le matin, s'est rendu plusieurs fois chez Freytag, «avec importunité», selon celui-ci. Voltaire lui-même est sorti, avec la «permission» du geôlier, pour aller chez Schmidt. On lui dit que l'ouverture est remise à l'après-midi, après l'arrivée de la poste. Mais deux heures plus tard Freytag fait connaître qu'il n'ouvrira pas la malle. Ayant pris connaissance du courrier du cabinet, reçu le 18 juin, il annonce que «l'intention du roi est que tout reste dans l'état où est l'affaire à présent, sans fouiller et sans dépaqueter le ballot en question, sans renvoyer la croix et la clef, et sans innover la moindre chose jusqu'à la première poste qui arrivera jeudi qui vient».[112] Finassant, Freytag prétend que ces mesures sont dues à son rapport très favorable du 5 juin, dans lequel il avait loué la résignation du prisonnier, son obéissance et rapporté ses «contestations sincères» de fidélité envers le souverain.[113]

Les prétendus bons offices du résident se soldaient donc par une prolongation de l'emprisonnement. Voltaire ne fut pas dupe d'un aussi grossier stratagème. Si le roi penchait pour l'indulgence, pourquoi attendre le jeudi suivant? La situation était inquiétante. Que voulait-on de lui? A quelles exigences inconnues serait-il soumis? Une scène violente éclate. Freytag «vomit force injures» contre Voltaire. Il menace de l'emprisonner dans sa propre maison. Il refuse de communiquer –

109. D5320, Varnhagen von Ense, p.39, et M.xxxviii.53.

110. D5336, D5423, Collini, p.78, de Luchet, p.268. Seul Freytag prétend qu'elle est arrivée le 18 (D5351).

111. Voltaire dit que le livre est dans une malle tantôt à Leipzig, tantôt à Hambourg. Varnhagen von Ense, p.18, prétend qu'il savait bien qu'elle était à Leipzig. Explication dénigrante sans fondement. La malle devait être expédiée de Leipzig à Hambourg. Voltaire n'avait aucune raison de cacher sa destination ou de retarder, par quelque mensonge, son arrivée.

112. Collini, p.78, et D5328.

113. Il suffit de lire ce rapport de Freytag (D5312) pour constater combien ces allégations sont mensongères. Sur la date de ce rapport, voir D5312, notes textuelles.

et pour cause – l'ordre du roi. Voltaire invoque les promesses du billet du 1er juin. Freytag réplique, avec la plus extrême mauvaise foi, que ce papier n'avait aucune valeur, ayant été donné *pro forma*.

Le mardi 19, alors que Freytag le menace de «nouvelles mesures», Voltaire fait porter sa grande cassette à l'abri, chez le duc de Meiningen. Il se rend auprès du conseiller Schmidt, puis de Freytag qu'il essaie de fléchir. Il essuie de nouvelles rebuffades. Il finit par promettre de rester prisonnier sur parole jusqu'au jeudi.[114] Il aurait même tenté de bénéficier du droit d'asile en voulant se rendre dans le couvent des johannites de la ville.[115]

Comment expliquer l'attitude de Freytag? Depuis le début de l'affaire, il n'en finissait pas d'attendre les instructions précises qu'en bon subalterne il appliquerait consciencieusement. Il n'avait cessé de demander des renseignements complémentaires. Disons-le à sa décharge, il ne les a jamais obtenus. Fredersdorff lui fit seulement connaître le titre du livre à récupérer: *Œuvre de poésie*. Indication fausse: les éditions du roi sont intitulées: *Œuvres du philosophe de Sans-Souci*. Le 7 juin, Freytag a fait part de son embarras: combien de caisses faut-il faire revenir? De combien de papiers doit-il s'emparer? Le 9, nous l'avons vu, il suggère que le prisonnier soit reconduit, *manu militari*, dans les Etats de Prusse. Mais le roi est en tournée hors de sa capitale. On touche ici au vice fondamental des gouvernements despotiques. En l'absence du maître tout-puissant, les subordonnés n'osent prendre aucune initiative. Il faut attendre. Aux demandes répétées de Freytag, Fredersdorff répond, le 11 juin, que, Sa Majesté n'étant pas encore de retour, des «ordres ultérieurs» ne parviendront qu'à la poste suivante. D'ici là, il convient d'agir «selon les ordres précédents».[116] Tel est le message évasif que Freytag reçoit au courrier du 18 juin.

Sa perplexité est grande. Puisque le livre est vraisemblablement dans la malle, Schmidt serait d'avis d'ouvrir celle-ci et, une fois «l'Œuvre de poésie» récupérée, de relâcher le prisonnier. Mais la lettre de Fredersdorff recommandait de ne pas se soucier de «tout ce que l'impatience de Voltaire» pourrait lui faire dire. Freytag n'était-il pas invité, par là, à encourir cette «impatience»? Il préféra donc attendre le jeudi suivant. On remarquera à sa décharge qu'il était bien incapable d'imaginer que le roi voulait simplement recouvrer son livre, sans exiger que tous les colis soient visités. Comment risquer la perte d'un seul manuscrit royal? Il adopte donc l'attitude qui le met, croit-il, le mieux à couvert. Sans doute, il y avait une issue. On a fait remarquer, à juste titre, que le résident pouvait dans cette

114. D5351. Voltaire a-t-il reconnu alors, comme le prétend Freytag, pour se disculper, que le billet du 1er juin avait été donné *pro forma*? C'est fort peu vraisemblable.
115. D5396.
116. D5318.

incertitude exposer les faits ouvertement à son prisonnier.[117] Il fallait avoir le courage d'avouer qu'il avait demandé des compléments d'information, braver la fureur de Voltaire, au lieu d'essayer grossièrement de l'amadouer.

Mais Freytag est tenaillé par la peur. Ce n'est pas sans raison que Montesquieu a décelé dans la «terreur» le «principe» du gouvernement despotique. Freytag est terrorisé à l'idée qu'au moindre faux-pas il peut être enfermé à son tour dans quelque forteresse. Selon une dialectique carcérale bien connue, la peur paralysante du geôlier se traduit en brimades pointilleuses à l'égard du captif, danger permanent, source de fautes professionnelles.

En cette soirée du 18 juin 1753, l'affaire de Francfort dérape. Dans son souci d'exécuter scrupuleusement ses ordres, Freytag va se trouver en réalité en porte-à-faux par rapport à ces mêmes ordres. Et il n'a pas prévu de la part de son prisonnier une réaction qui va compliquer les choses sérieusement.

117. Haupt, t.27, p.186.

9. Dans les griffes de Freytag[1]
(19 juin - 8 juillet 1753)

Voltaire se trouve dans un état d'esprit qui nous fait penser au Monsieur K. de Kafka : sentiment d'impuissance, incertitude sur son sort, culpabilité indéfinie. Il n'accepte pas ce «procès» au chef d'accusation fluctuant, ces exigences d'extension imprécise, cette ombre de l'absurde qui se profile sur sa vie. Il s'arrête à un parti violent, celui de fuir.

Le mercredi 20 juin, dans l'après-midi, vêtu d'un costume de velours noir, Voltaire accompagné de Collini et d'un domestique, n'emportant que ses manuscrits et son argent enfermé dans une cassette, sort de son auberge. S'étant dirigé vers l'hôtel de la Couronne de l'Empire, il prend place dans une voiture de louage qui revient de Mayence et y retourne. Il perd quelques minutes précieuses : il recherche un carnet qu'il a perdu, et la rue est encombrée par une longue file de charrettes à foin.[2] Sans ces charrettes, ici aurait pu s'arrêter cette biographie. Le retard a peut-être sauvé la vie de Voltaire, car Freytag a donné ordre de lui loger une balle dans la tête si on l'appréhendait hors du territoire de Francfort.[3] A trois heures, hors d'haleine, l'espion posté par le résident au Lion d'or vient donner l'alerte : le prisonnier s'est enfui. Freytag dépêche des messagers sur les trois routes principales, de Hanau, Friedberg et Mayence. Il emprunte au chancelier électoral de Trèves, le baron Munch, son carrosse d'Etat à six glaces qui stationnait là et roule au plus vite vers la porte de Bockenheim... C'est lui-même qui raconte cette course-poursuite au service de Sa Majesté, afin de se mettre en valeur. La réalité fut peut-être moins glorieuse. Selon Collini et de Luchet, la voiture de Voltaire fut arrêtée à la porte de la ville par un simple valet d'écurie, l'un des mandataires du résident qui avait été averti à temps. Voltaire détruisit certains de ses papiers et réussit à cacher son manuscrit de *La Pucelle*.

A peine Freytag a-t-il rejoint le carrosse immobilisé, il déverse sur le fugitif «imprécations et injures». Voltaire riposte sur le même ton.[4] On revient vers la

---

1. L'expression est de la duchesse de Saxe-Gotha, D5462 (2 août 1753).

2. D5351, et de Luchet, p.272.

3. D5396. Il ne s'agit pas, semble-t-il, d'une exagération de Freytag pour se faire valoir auprès de Fredersdorff. Voltaire fait état de menaces semblables (voir son «Journal de ce qui s'est passé à Francfort»).

4. Collini, p.79, et D5351. Freytag prétend que Voltaire l'accusa d'avoir accepté mille thalers à condition de fermer les yeux sur son évasion.

ville, au milieu d'une populace attroupée, dans une berline presque «ouverte», escortée de soldats. Freytag s'est installé comme un «exempt de police» à côté de ses prisonniers.[5] Le carrosse se dirige vers la maison du marchand Schmidt, où l'on débarque. On barricade la porte. Des factionnaires sont apostés pour contenir la foule. On conduit Voltaire et Collini dans un comptoir. Entourés de commis, de valets et de servantes, ils sont traités avec le plus grand mépris. L'affaire ayant été chaude, on trinque à la santé de Son Excellence M. de Freytag. Celui-ci se met à pérorer. Mme Schmidt, qui a refusé de saluer Voltaire, l'écoute bouche bée: elle pleure «sans savoir pourquoi, applaudissant à son courageux sang-froid».[6] On fouille les prisonniers. On s'empare de tout ce qui se trouve dans leurs poches, y compris la montre, la tabatière et quelques bijoux de Voltaire. On saisit la cassette. Voltaire qui ne peut se passer de tabac réclame sa tabatière. On lui répond que l'usage est de «s'emparer de tout».[7] Collini insiste pour que soit dressé un procès-verbal: on le menace d'être jeté dans un corps de garde.

Voltaire a-t-il alors tenté de s'échapper, comme le prétend Freytag?[8] Que signifie le sketch tenant de la farce rapporté par Collini? Apercevant une porte entr'ouverte, il se précipite, poursuivi par une escouade de courtauds de boutique et de servantes, Mme Schmidt à leur tête. Il s'écrie: «Ne puis-je donc pourvoir aux besoins de la nature?» On se range en cercle autour de lui. Collini le voit courbé, se mettant les doigts dans la bouche, et faisant des efforts pour vomir. Le secrétaire angoissé lui demande s'il se trouve mal, et Voltaire lui répond: «*Fingo, fingo*» («je fais semblant»). Schmidt qui se croit offensé le menace: «Malheureux! vous serez traité sans ménagement.»[9] Là-dessus arrive Dorn, s'écriant que s'il avait attrapé le fugitif en route, il lui aurait fait sauter la cervelle, propos qui n'était peut-être pas une simple rodomontade.

Freytag a dû en référer aux autorités de la ville. Le bourgmestre, Johann Carl von Fichard, homme assez âgé, fait d'abord beaucoup de difficultés, «parce que la requête royale faisait défaut et parce que M. de Voltaire se trouvait au service du roi de France».[10] Cependant Freytag insiste. Il montre les lettres du roi du 11 et du 29 avril.[11] Il vient à bout des résistances du bourgmestre. Il faut régler

---

5. Il fait valoir à Fredersdorff, combien une telle proximité est pour lui humiliante (D5351). Freytag se rendait-il compte que ce prisonnier à ses yeux méprisable, avait été un favori du roi son maître?

6. De Luchet, p.275.

7. Collini, p.81. Freytag ne s'est pas vanté de cette fouille dans le rapport qu'il adresse au cabinet. Il prétend que Voltaire lui avait remis dans le carrosse toutes ses richesses (D5351). On voit mal cette transaction se faisant au vu et au su des badauds. Freytag ne se sentait pas la conscience bien nette sur ce point. Tant d'argent chez ce captif ne laissait pas insensibles ses geôliers.

8. D5351.

9. Collini, p.81-82.

10. D5351.

11. D5334; la date du 22 avril est sans doute une erreur, pour le 29 avril. On lui montre D5254 et D5272.

aussi le sort de Mme Denis, restée à l'hôtel du Lion d'or. Schmidt à son tour se rend chez von Fichard. Il obtient que cette «drôlesse effrontée», qui «s'en allait par la ville étourdir les magistrats», soit consignée dans son hôtel et que le secrétaire soit emprisonné. On notera que Freytag, dans son mémoire justificatif du 6 juillet, déclarera que Schmidt de son propre chef fit arrêter Mme Denis, non parce qu'elle était coupable, mais parce qu'elle pouvait «gâter [leur] affaire».[12] Bien évidemment, Mme Denis aurait dû laisser opérer en paix les fonctionnaires prussiens.

Au bout de deux heures d'attente chez Schmidt, après les libations des gardiens, les prisonniers sont conduits dans «une mauvaise gargote», à la Corne de bouc, sous prétexte que l'hôtelier du Lion d'or ne voulait plus de Voltaire en raison de son incroyable ladrerie.[13] Avant le transfert, les portefeuilles, la cassette sont jetés dans un coffre vide et le cadenas qui le fermait muni du sceau de Voltaire et de celui de Freytag. Un officier se fit remettre les épées des prévenus. Un détachement de douze soldats commandés par un sous-officier les attendait à la Corne de bouc. Voltaire et Collini sont enfermés qui, dans une chambre, qui, dans un galetas, gardés respectivement par trois ou quatre soldats, baïonnette au canon. Voltaire demande à être servi par ses domestiques: demande rejetée par Schmidt.[14] Et Mme Denis? Le secrétaire Dorn, pour des raisons d'évidente commodité, veut tenir les trois prisonniers sous la même clef. Le rusé personnage, accompagné de trois soldats, se rend à l'hôtel du Lion d'or. Il laisse sa troupe dans l'escalier. Il va dire à Mme Denis qu'il vient la chercher de la part de son oncle. Il lui offre son bras. Mais à peine sortie, les trois soldats l'entourent, l'entraînent à travers la foule, ce qui la jette dans des «convulsions horribles». A la Corne de bouc, Dorn s'installe dans la chambre de sa prisonnière, se fait servir à dîner et vide force bouteilles. Après quoi, selon les dires de Voltaire, Mme Denis dut se défendre des pires importunités de Dorn en appelant au secours.[15] On ne tranchera pas cette délicate question. Mais que les formes rebondies de la nièce aient émoustillé le secrétaire éméché paraît assez vraisemblable. En revanche on n'accordera aucun crédit aux explications embarrassées de Freytag selon lequel

12. D5396.

13. Collini, p.82, D5351. L'hôtelier ayant laissé s'échapper Voltaire, le transfert peut avoir d'autres causes que l'avarice du délinquant.

14. Collini, p.82, de Luchet, p.279-80, M.i.42. Le nombre des soldats est selon Collini et de Luchet de trois par chambre, selon Voltaire de quatre.

15. D5336, D5357, D5408, D5416, D5423.

la présence de son secrétaire était due à une requête expresse de la prisonnière qui lui avait donné un louis d'or pour rester auprès d'elle![16]

Pour cette nuit du 20 au 21 juin 1753 force nous est d'abandonner Mme Denis à son triste sort. Les souffrances de sa nièce vont devenir une des «scies» voltairiennes. Mais il est juste de remarquer que l'héroïne de l'aventure eut à souffrir des violences injustifiables, même si, plus tard, elle devait tenir fort bien à Paris le rôle de la malheureuse victime. Le cri d'indignation de Collini garde toute éloquente pertinence: «Et c'est à Francfort, dans une ville qualifiée libre, que l'on insulta Voltaire, que l'on viola le droit sacré des gens, que l'on oublia des formalités qui eussent été observées à l'égard d'un voleur de grand chemin.»[17]

Au soir de cette journée mouvementée, dans les deux camps on se met à écrire. Freytag et Schmidt rédigent une requête au Conseil de Francfort: ils demandent l'arrestation de Voltaire à l'hôtel de la Corne de bouc jusqu'à l'arrivée des ordres de Frédéric II. Motif: violation de la parole donnée et tentative d'évasion. Ils font valoir qu'il s'agissait de «papiers royaux qu'on estime plus que des territoires», affirment que le livre de poésies n'a pas été rendu, mais cachent qu'ils ont refusé de s'en saisir. Ils mentent sciemment.[18]

A dix heures du soir, Voltaire conjure la margrave de Bayreuth d'intervenir. Il dénonce «l'horrible violence» commise contre Mme Denis et démontre qu'ayant satisfait à ses engagements il était en droit de partir comme le stipulait la promesse de Freytag. Wilhelmine est priée de communiquer cette lettre au roi.[19]

Le lendemain jeudi 21 juin était à la fois jour de poste et jour de séance du Conseil de Francfort. Réunis le matin, les magistrats avaient été informés des violations du droit perpétrées contre Voltaire et les siens.[20] On prend connaissance du rapport de Freytag et Schmidt. On décide de laisser l'affaire «*in statu quo*». Mais on demande aux conseillers prussiens que la réquisition royale promise porte aussi sur les deux autres personnes arrêtées, Mme Denis et Collini, et sur le coffre confisqué contenant de l'argent.[21] Ces décisions, transmises par le greffier,

---

16. D5396. Comment cet argent fut-il obtenu? Haupt se demande s'il ne fut pas extorqué par chantage (t.30, p.90, n.96). Un louis d'or vaut 24 livres. C'est une somme très coquette. Rappelons que le chef des archers dans *Manon Lescaut* demande deux louis d'or pour fermer les yeux sur la présence de Des Grieux auprès de Manon.

17. Collini, p.83.

18. D5334 (20 juin 1753). La requête sera envoyée le lendemain. Ils affirment que Voltaire avait promis de rester jusqu'au retour de *tous* ses bagages, ce qui est faux, Freytag l'avoue dans D5396.

19. D5331. Peut-être Voltaire écrit-il alors un billet de tour testamentaire (D5332) qui reflète son accablement.

20. Il avait trouvé moyen de les informer (D5423), par des amis francfortois, peut-être par Senckenberg.

21. Archives de Francfort, citées par Haupt, t.30, p.90.

mettent Freytag dans l'embarras. Il sait qu'il n'obtiendra pas de Potsdam les réquisitions demandées. Pour être dispensé de les produire, il propose à l'envoyé de la ville des concessions. L'équipe de garde sera retirée, à l'exception de deux soldats qui se relaieront à la porte de Voltaire. Le coffre sera rendu dès l'après-midi, Freytag se réservant de conserver en dépôt les écrits qui s'y trouvent. Il s'engage à ne rien entreprendre avant d'avoir remis au Conseil la réquisition de Sa Majesté royale de Prusse. Il rappelle qu'il s'agit d'un «certain livre rare contenant de la poésie et que M. de Voltaire, nonobstant l'ordre du roi, n'a pas encore restitué». Il continue donc à mentir, dissimulant que c'est lui-même qui s'oppose à la restitution du livre.

L'après-midi, son embarras va s'accroître. La poste apporte la réponse du cabinet. Fredersdorff, en date du 16 juin, fait savoir que Freytag ne doit plus «mettre obstacle» au voyage projeté de Voltaire à Plombières. Sa liberté lui sera rendue, à la seule condition qu'il écrive de sa main et signe la promesse de «renvoyer fidèlement *in originali* le livre qui appartient à Sa Majesté dans un délai bref que l'on déterminera, sans en prendre ou en laisser prendre copie», après quoi il fallait le «laisser partir en paix avec politesse».[22] On pouvait croire que cette lettre du 16 juin allait terminer l'affaire. On se contentait d'un simple engagement pour ce qui était du livre de poésies; il n'était plus question ni de lettres ni de manuscrits. Le roi, après son «heureux retour», a pris connaissance du premier rapport de Freytag, il est tranquillisé. Il dicte alors ces nouvelles instructions, sans souci de cohérence ou d'explication, entendant être obéi sur le champ. Les ordres sont parfaitement clairs, même s'ils sont en contradiction avec ceux du 29 avril. Ils représentent, cette fois, l'expression directe de la volonté royale.

Or Freytag, fonctionnaire jusqu'ici tellement respectueux des consignes, va s'appliquer à ne pas exécuter les derniers ordres reçus. Contrairement à ce qui a été trop souvent écrit, le résident n'est pas un balourd dépassé par les événements. Les épisodes qui vont suivre révèleront un personnage madré, habile à négocier. Il va finasser interminablement avec le Conseil de Francfort et, par courrier, avec le cabinet de Potsdam. Son but: conserver le plus longtemps possible les prisonniers sous sa coupe; au passage, discrètement, prélever de l'argent sur ces gens qui en ont beaucoup. M. de Freytag est cupide. Ses acolytes Schmidt et Dorn le sont plus encore.

Dans la journée du 21 juin, la garde de Voltaire est bien réduite à deux soldats, mais non sans un rebondissement qui en dit long sur les arrière-pensées du geôlier. Il avait dû promettre la mise en liberté de Mme Denis et de Collini. Le sous-lieutenant Textor se rend dans l'après-midi à la Corne de bouc pour les

---

22. D5324 (16 juin 1753).

libérer. Les conseillers prussiens s'interposent. Ils se chargeront eux-mêmes de la mission. Le naïf Textor les croit et s'en retourne. Collini a récupéré son épée. Mais Freytag lui signifie ainsi qu'à Mme Denis qu'ils ont la liberté de se promener uniquement dans la maison, sans en sortir. Il faut empêcher la nièce d'aller solliciter le bourgmestre. Après quoi il aura le front de rapporter à Potsdam que Mme Denis avait été «tout de suite libérée».[23]

Freytag était d'humeur irascible en cette après-midi du 21 juin. Il a fait apporter à la Corne de bouc la malle de Leipzig et le coffre où ont été enfermés la veille les objets confisqués aux prisonniers. On ouvre la malle. Le volume de poésie est retiré et scellé en présence de Voltaire. Mais Freytag ne l'enverra à Potsdam que le 25 juin, après qu'il lui a été impérativement réclamé.[24] Quant au coffre, il a été fracturé. On s'est approprié une partie de l'argent qu'il contenait.[25] Protestation de Voltaire au Vénérable Conseil, le 27 juin.[26] A Frédéric II, le 9 juillet, il se plaindra d'avoir été «dépouillé et rançonné»: «on lui a pris linge, habits, bagues, argent, tout jusqu'à des ciseaux et des boucles».[27] Dans le «Journal de ce qui s'est passé à Francfort», il précise qu'on lui a dérobé «papiers, bagues, un sac de carolins, un sac de louis d'or et jusqu'à une paire de ciseaux d'or et de boucles de souliers».[28]

Les conseillers prussiens, craignant d'en être de leurs poches, ont-ils pris les devants? Car la question d'argent les inquiète. Ils avaient dû se porter caution auprès du Conseil de Francfort de tous les frais que pouvait occasionner l'arrestation de Voltaire.[29] Et le dernier ordre du roi ne porte aucune mention d'un quelconque remboursement des sommes engagées. Ils imaginent donc de faire payer par Voltaire les dépenses de sa capture et de son emprisonnement.[30] Freytag lui fait signer, le 21 juin, un mémoire en mauvais français où le montant est fixé à 128 thalers 42 creuzers.[31] Mais on ne spécifie pas si la somme englobe le montant total de la détention, ou bien le coût journalier, lequel serait alors exorbitant.

---

23. D5396 (6 juillet 1753).

24. D5361. Freytag a reçu le 25 juin un ordre impératif de la cour (D5346). Dans son rapport du 23 juin, il signalait négligemment qu'il avait recouvré le précieux ouvrage.

25. Collini, p.89. A noter que Freytag avait déclaré au Conseil qu'il garderait les papiers qui s'y trouveraient. Avait-il opéré cette ponction avant de rendre le coffre?

26. D5366.

27. D5408.

28. D5423 (14 juillet 1753). Aucun inventaire n'a été établi, d'où des variations dans l'énumération des vols (D5470; M.i.42).

29. D5334 (20 juin 1753).

30. Freytag, dans son rapport du 26 juin, signale cette mesure comme allant de soi (D5361). Son initiative ne suscite aucune protestation du cabinet.

31. Voir D5336.

C'est cette dernière menace qui pèse sur les prisonniers jusqu'au 29 juin.[32] D'ailleurs, il était strictement impossible, en ce 21 juin, d'évaluer un montant global, la durée de l'emprisonnement n'étant pas connue. Conscient de la difficulté, H. Haupt pense que cette somme a été fixée «au petit bonheur».[33] Du moins les géôliers entendaient-ils être largement dédommagés. On reste dans le flou. C'est pourquoi Schmidt barre de sa main les mots «qu'on a évalués à la somme de 128 thalers 42 creuzers».[34]

Du 22 au 26 juin la situation des prisonniers reste inchangée. L'autorité brutale de Freytag, l'énervement de Voltaire et de Mme Denis amplifient une vétille, une obscure affaire de laquais qui aurait été mal reçu.[35] Freytag pourtant se sent mauvaise conscience. Il récupère, par intimidation, sous la promesse (non tenue) d'une libération, les pièces qui pourraient être produites contre lui: les deux billets remis à Voltaire le 1er juin (celui qui fixait les conditions de sa libération, et l'engagement de lui restituer «deux paquets d'écriture»).[36] Il rédige une déclaration: Voltaire et ses co-détenus promettent de rester dans leur chambre jusqu'à l'arrivée de nouveaux ordres du roi, de ne jamais écrire ni parler de ce qui était arrivé, de payer les frais de détention, de rendre les œuvres de poésie du roi auquel le coupable demanderait pardon, de renvoyer immédiatement toute lettre du roi qui se retrouverait, de se soumettre en cas de contravention à un nouvel emprisonnement en quelque pays que ce soit.[37] Freytag avait sous les yeux, en rédigeant ce texte, les instructions de Fredersdorff du 16 juin (arrivées le 21 juin). Il retenait l'idée d'une déclaration écrite de la main de Voltaire, mais en dénaturait le sens. Celle-ci n'était exigible que si Voltaire n'avait pas rendu le livre et ne concernait qu'une promesse de restitution de l'ouvrage en question. Freytag outrepassait les ordres reçus et se mettait même en contradiction avec eux. Il étend les exigences aux «manuscrits royaux» qui n'étaient plus en cause. Au lieu que Voltaire recouvre sa liberté comme il était spécifié, il doit se déclarer d'accord avec une prolongation de sa détention et de celle de ses compagnons, qui était le seul fait des fonctionnaires prussiens. Le prisonnier doit donner un blanc-seing à son persécuteur, reconnaître le bien-fondé des mesures de coercition dont il a été l'objet. Il s'agit de le briser moralement. La demande d'observer le silence montre bien que les agents de Frédéric étaient conscients de l'illégalité de leurs démarches.

---

32. Voir la série des lettres de Mme Denis au roi (D5336, D5353, D5375). Mme Denis n'a pas intérêt à mentir.

33. Haupt, t.30, p.97.

34. Collini, p.88-89, D5364, D5350 commentaire.

35. D5344, D5345, D5348.

36. Voir D5353. Freytag a récupéré D5303 et le texte reproduit dans le commentaire de D5312. Voltaire ne rentrera en possession de ses «deux paquets d'écriture» que le 5 juillet (D5391).

37. Texte cité dans D5336 commentaire.

Les prisonniers demeurent dans la plus grande incertitude quant à leur sort. Ils ignorent encore qu'un ordre de libération avait été envoyé de Potsdam. Ils auraient dû en être informés. En réponse à la lettre de Mme Denis du 11 juin, le roi justifie le processus engagé contre Voltaire: il rappelle tous ses méfaits, flétrit sa conduite, affirme qu'il a été dans l'obligation de sévir. Il lui a fait redemander les «marques de distinction» qu'il lui avait accordées et ses poèmes, vu «l'usage condamnable» qu'il en pourrait faire. Cette rude semonce était précédée d'une indication essentielle: «Les ordres sont donnés pour qu'on laisse à M. de Voltaire la liberté de poursuivre son voyage».[38] La lettre est envoyée à Freytag, avec prière de la remettre à sa destinataire.[39] Mais Freytag l'intercepte. Il garde donc ses prisonniers sous sa coupe. Aussi Voltaire accepte-t-il la déclaration qu'on exige de lui. Mais il la rédige à sa manière. En respectant tous les points formulés par Freytag, il truffe son texte de traits ironiques. Il met en évidence les absurdités, les abus de pouvoir, les malhonnêtetés de ses geôliers. Ainsi la déclaration qui devait faire taire la victime, la priver de tout recours, est subvertie par cette fausse naïveté éclairante. Après avoir prouvé l'illégalité de son emprisonnement, Voltaire déclare benoîtement: «Par conséquent, je suis emprisonné très justement, et quoique je ne sache pas pourquoi ma nièce a été emprisonnée, je confesse qu'elle l'a été aussi très justement.»[40]

Ce même 23 juin, où Voltaire rédige sa «déclaration», Freytag fait son rapport au cabinet de Potsdam. Il fait appel au châtiment royal car «la chose a pris une tout autre face». Au récit de la fuite manquée de Voltaire s'ajoute une présentation des méfaits du captif qui a osé, dès le second jour de sa détention, faire imprimer un texte défavorable à ses geôliers, et qui se répandrait en injures sur le «très haut et très bien né» Fredersdorff. Freytag n'oublie pas qu'il a promis solennellement aux autorités de la ville l'arrivée prochaine d'une lettre de réquisition du roi son maître. Aussi s'efforce-t-il de décider Fredersdorff à établir un «ordre ostensible du roi» avec «approbation très gracieuse de [sa] conduite en cette affaire». Il va même jusqu'à demander «une carte blanche avec la signature de Sa Majesté le roi, et l'en-tête ‹Réquisition aux magistrats de Francfort concernant le de Voltaire›», qu'il remplirait lui-même.[41] Pour le résident l'autorité souveraine a été bafouée en sa personne, mais la sanction exemplaire qu'il appelle de ses vœux serait aussi la royale approbation de sa conduite. Le châtiment prouverait la faute, donc reconnaîtrait la sagacité du geôlier. Précisons, pour

38. D5329. Lettre écrite par l'abbé de Prades au nom du roi et que Mme Denis ne recouvrera pas.
39. D5330.
40. D5350 (23 juin [1753]). Dorn, profitant de la situation, fera signer à Voltaire le 25 une autre déclaration (D5423) et empochera un pourboire de Mme Denis, but de sa visite (Collini, p.89-90).
41. D5351, adressée à Fredersdorff.

l'honneur du cabinet de Potsdam, que l'impudent Freytag ne recevra pas la «carte blanche» qu'il sollicite.

Les conditions de détention demeurent draconiennes. Mme Denis a reçu permission de rendre visite à Mme von Freytag. Mais il lui est interdit de sortir en ville. L'hôtelier de la Corne de bouc a servi un repas à Collini dans une pièce du rez-de-chaussée; vive réprimande de Dorn: le prisonnier doit rester dans son galetas.[42] Aussi les malheureux, dont la situation lamentable s'éternise, écrivent-ils de tous côtés. On a pu sourire de cette activité épistolaire sans répit.[43] Mais écrire, en de pareilles circonstances, ce n'est pas seulement implorer de l'aide, c'est exister autrement que dans la condition de détenu.[44] Mme Denis s'adresse au roi le 25 juin et transmet une copie de sa lettre au chevalier de La Touche.[45] Le 26, elle peint son «état violent», prie le marquis de Montperny d'user de son influence pour que la margrave de Bayreuth intercède en leur faveur.[46] Voltaire, le même jour, se décide à implorer la clémence de Frédéric II, lui demandant pardon et promettant d'oublier Maupertuis.[47] A cinq heures du soir, nouveau mémoire envoyé au roi de Prusse.[48] Le 29, Mme Denis lui adresse une requête, une autre ou peut-être la même lui parviendra par l'intermédiaire de sa sœur Wilhelmine.[49] Les prisonniers informent également de leur situation la cour impériale, celle de France, l'ambassadeur de France à Berlin.[50]

Pourtant, le 26 juin, les choses commencent à évoluer. La veille, Freytag avait reçu l'«Ordre au baron de Freytag de laisser partir Voltaire» qui le sommait de relâcher le poète dès qu'il aurait promis de rendre le livre de poésies.[51] Après concertation avec Schmidt, Freytag pour ne pas perdre la face devant les autorités de la ville a désobéi à ces injonctions.[52] Mais il avait compris le persiflage de la «déclaration» rédigée par Voltaire. Il charge Dorn de lui faire signer un nouveau mémoire en quatre points, aux clauses moins contraignantes.[53] Voltaire est sur le

---

42. D5364 (26 juin 1753).

43. Haupt, à diverses reprises.

44. Voir Bernadette Morand, *Les Ecrits des prisonniers politiques* (Paris 1976), qui montre que l'écriture reste le seul recours du prisonnier.

45. D5353, D5354.

46. D5359.

47. D5356.

48. D5363.

49. D5375, D5376, D5377.

50. D5357, D5369, D5370, D5376. La Touche reçoit aussi une requête de la seconde nièce de Voltaire, Mme de Fontaine (D5371).

51. D5346. Texte très court, signé par le roi et impératif.

52. D5355, D5360. L'affaire est «épineuse», selon Freytag.

53. D5365. Le passage concernant Mme Denis dans le mémoire signé par Voltaire (D5350) et cité dans ce chapitre (p.169) a irrité Freytag (voir D5364).

point d'apposer son paraphe lorsque le greffier Diffenbach s'annonce : il ajourne la signature. Aussitôt Freytag, dans son rapport du 26 juin au cabinet, en prend prétexte pour se dire dans l'impossibilité de relâcher le récalcitrant.[54] Il s'efforce de justifier juridiquement son refus d'obéissance, arguant qu'un serviteur peut bien arrêter quelqu'un, mais qu'il ne lui est pas permis de l'élargir « sans avoir préalablement pris l'ordre suprême ». Il n'a reçu aucune réponse touchant la tentative de fuite de Voltaire. Il insiste pour que le coupable soit enfin puni comme il le mérite. Il laisse paraître, dans sa diatribe, le désarroi du sbire attendant en vain que son maître châtie enfin ce captif traité avec trop de mansuétude.[55]

Voltaire passe à une attitude offensive. En effet, Diffenbach lui a fait savoir, de la part du Conseil, que Mme Denis et Collini étaient libres. Il transmet une demande d'adoucissement des conditions de sa propre détention. En outre, à cette date, Voltaire est informé du contenu des instructions reçues par Freytag, notamment de la lettre de Fredersdorff du 16 juin. Sans doute est-ce Dorn, fort sensible aux espèces sonnantes et trébuchantes, qui a trahi le secret. Il met donc l'accent sur la contradiction entre les ordres du souverain et le comportement de ses fonctionnaires. Il requiert très légitimement qu'un rapport soit adressé à Frédéric II. Mais il veut aussi qu'on lui procure satisfaction pour les avanies qu'il a subies, propose Senckenberg comme commissaire chargé de cette affaire et fait état de son désir de retourner au Lion d'or.[56] Le Conseil en délibère le 28. La nomination de Senckenberg, la libération de Voltaire sont refusées.[57] Mais il est décidé que le syndic Burgk rédigera une lettre circonstanciée au roi de Prusse.[58]

Suivent des palabres entre les conseillers prussiens et les autorités de la ville. Le 28 juin, Freytag se voit rappeler par Diffenbach qu'il doit produire les lettres réquisitoriales de Frédéric II, promises le 20 juin. Schmidt, convoqué à l'hôtel de ville au sujet des frais de détention, répond brutalement qu'il ne s'agit pas de ses affaires mais de celles du roi de Prusse.[59] Le Conseil prend son temps. Le 4 juillet, Diffenbach se rend de nouveau auprès de Freytag pour que la détention de Voltaire soit levée, celui-ci s'engageant à rester à Francfort jusqu'à l'arrivée de la décision royale. Refus de Freytag : il espère que la question sera réglée le lendemain, jour de poste. Si tel n'était pas le cas, on attendra de nouveau, sa seule concession étant de promettre que tous les jours à onze heures un point de

---

54. Bien que Voltaire ait, répétons-le, satisfait les exigences du roi.

55. D5361.

56. D5366. Johann Erasmus von Senckenberg fut, parmi les notables de Francfort, le seul à défendre les intérêts du prisonnier. Voltaire l'utilise comme intermédiaire et comme avocat auprès du Conseil de la Ville. Une fois libéré, il le désignera comme « son ange gardien de Francfort » (D5422, 14 juillet [1753]).

57. D'où une nouvelle supplique de Voltaire (D5374).

58. Haupt, t.30, p.115 ; D.app.126.

59. Actes de Francfort, cités par Haupt, t.34, p.159.

la situation sera établi et communiqué à Voltaire, pour le consoler et le faire patienter.[60] Freytag s'en tient à la même ligne de conduite: conserver le plus longtemps possible le détenu en son pouvoir, en espérant qu'enfin le châtiment royal s'abattra sur le coupable.

Mais il va céder du terrain, jour après jour. Le 5 juillet, ponctuellement, Diffenbach se présente chez les conseillers prussiens. Ils se montrent beaucoup plus conciliants. Ils ont reçu ce jeudi 5, jour de courrier, un billet dénué de bienveillance de Frédéric, à qui parvenaient de tous côtés les appels au secours de Voltaire et de sa nièce. Le roi, en date du 26 juin, s'étonne de l'arrestation de Mme Denis: «je ne vous avais rien ordonné de tout cela.» Mécontent de ce «coup d'éclat», il ordonne la libération immédiate de Voltaire et de ses co-détenus: «Rendez-leur donc la liberté dès ma lettre reçue.»[61] Freytag déclare à Diffenbach qu'il est d'accord pour que la sentinelle soit retirée et que Voltaire retourne au Lion d'or. Mais on ne doit pas lui rendre son épée avant le 9 juillet. Empêtré dans son propre système, le résident veut croire que le roi n'a pas encore reçu son rapport du 23 juin sur la tentative de fuite. Il essaie de gagner du temps jusqu'au 9 juillet, jour de poste, au cas où par miracle une approbation souveraine de dernière minute viendrait le réconforter.

Mais dès le lendemain, 6 juillet, il renonce à ses exigences. Il donne au bourgmestre le pouvoir de remettre à Voltaire son épée et par là même sa complète liberté.[62] Freytag se trouve dans une mauvaise passe. L'abbé de Prades a adressé le 30 juin, sur l'ordre du roi, une nouvelle lettre à Mme Denis,[63] où il est dit que son arrestation n'avait jamais été ordonnée par le souverain, que Voltaire devait être libre dès qu'il aurait rendu ce qui lui était demandé, que des ordres étaient envoyés pour leur élargissement. Il était indiqué que Freytag avait dû lui remettre une première lettre.[64] Mme Denis prie poliment le résident de lui donner le message qui lui est destiné. Il se dérobe prétendant n'avoir pas reçu de «lettre du roi».[65]

Freytag est fort inquiet. Ce 6 juillet, il s'adresse à Fredersdorff pour se justifier. Il sollicite l'intervention de l'homme de confiance afin que les réclamations de

---

60. D5388. Au moment où les affaires prennent mauvaise tournure, Freytag accuse Schmidt de ne pas vouloir consentir à la libération de Voltaire. Quant à lui, il l'accepterait à condition que la ville s'engage à payer les frais et le décharge d'avoir à produire une réquisition du roi. Comme Diffenbach refuse cette transaction, il le prie de garder silence sur cette proposition.

61. D5362.

62. D5394.

63. Voir plus haut, p.169.

64. D5378.

65. Effectivement c'était une lettre écrite par l'abbé de Prades au nom du roi. Mme Denis spécifie qu'il s'agit d'une «lettre écrite de Potsdam au nom du roi de Prusse» (D5390), mais n'obtient rien.

Voltaire ne soient pas entendues.[66] Il essaie de diffamer Senckenberg en envoyant des documents qui l'accusent. Il prétend que Voltaire «a commis ou a l'intention de commettre quelque énormité». Il ment en disant qu'il lui a rendu ses papiers de famille. A l'appui, il joint un «Extrait du billet de Voltaire remis le 5 juillet 1753 l'après-midi après trois heures». Ce texte est un faux éhonté. Il est non pas de Voltaire, mais de Mme Denis. Celle-ci après avoir réclamé la lettre du roi interceptée, avait ajouté quelques mots de politesse. Freytag les recopie, à l'exclusion de ce qui précédait. De plus, dans la phrase finale, «on lui fait beaucoup de compliments et on compte sur son esprit de conciliation, sur sa justice et sur la bonté de son cœur», il supprime les mots «et on compte»: ainsi le texte se transforme en grossière flatterie.[67] On signale d'autant plus volontiers cette malhonnêteté, que c'est sur ce texte falsifié, attribué de plus à Voltaire, que des jugements très durs sur l'hypocrisie et la lâcheté de l'homme de lettres ont été formulés, accréditant le thème de la pleutrerie voltairienne.[68]

Voltaire est revenu au Lion d'or en ce 6 juillet. Sa première visite est pour le bourgmestre Carl von Fichard. Il récupère son épée.[69] Ici s'ouvre la dernière phase de cette lamentable affaire. Paradoxalement, le Conseil de la Ville, qui vient de libérer le prisonnier, devient son principal adversaire. Car Voltaire et Mme Denis demandent justice par deux requêtes, l'une en latin, l'autre en français, soumises au Conseil.[70] Même protestation par devant notaire. Mais ils n'obtiennent pas gain de cause. Le Conseil décide d'ajouter à la lettre écrite la veille au roi de Prusse la notification de la libération de Voltaire. Le texte envoyé à Potsdam expose en détail les événements, blâme les conseillers prussiens, mais se limite à souhaiter que le roi ordonne désormais à ses fonctionnaires d'informer préalablement le Conseil avant d'exécuter ses ordres.[71] Voltaire doit se contenter de l'envoi de ce rapport.[72]

Renonçant à se battre, il décide de quitter la ville prétendue libre.[73] Il veut

---

66. D5396.

67. Le texte, qui se trouvait dans les archives royales de Prusse, est cité par Haupt, t.34, p.162, n.205. Il est conforme en tout point à celui que reproduit Varnhagen von Ense, p.264.

68. Varnhagen von Ense, p.264. Le critique allemand qui s'est institué le défenseur de Freytag, abusé ici par sa malhonnêteté, stigmatise violemment la conduite de Voltaire. Même Desnoiresterres a parfois du mal à se déprendre de ces accusations (p.490-91).

69. D5394.

70. D5392, D5393.

71. D5391.

72. Le Conseil rappelle à Schmidt ses promesses quant au paiement des frais, réclame à Freytag la lettre du roi qui justifierait l'arrestation de Voltaire, mais refuse à ce dernier de lui communiquer copie du Mémoire du 21 juin des deux conseillers prusssiens.

73. Il voulut d'abord «laisser sa tête à Francfort ou avoir justice» et songea à séjourner à Hanau (voir D5467).

pourtant, au préalable, se faire restituer l'argent de son voyage, saisi lors de son arrestation. Or à la suite d'obscures tractations entre Freytag, Schmidt et le Conseil, il est mis en demeure de débourser 190 florins 11 creuzers. C'est à ce total que s'élèvent les pourboires à distribuer aux différents larbins employés par Freytag et Schmidt, les frais de transport de la malle, ceux de la garde et les commissions distribuées aux autorités de la ville.[74] Comme il eût été aléatoire d'attendre un remboursement de Potsdam, tous se sont mis d'accord sur un moyen sûr et expéditif: Voltaire paiera. Dans la foulée, on dispense Schmidt de ses promesses antérieures, de payer les frais de l'arrestation. Cochers, laquais, espions, hommes de main, aide de camp et même monsieur le Bourgmestre sont rétribués par Voltaire. Les gratifications, dont le détail est envoyé à Potsdam, varient avec les services rendus et avec la qualité.[75] Et ce n'est pas tout. Voltaire devait être spolié jusqu'au dernier sol, à la suite d'un incident rocambolesque, qui faillit tout remettre en question.

Le 7 juillet au matin, Voltaire envoie le notaire Myck, adjoint du notaire Böhm, avec un pouvoir chez Schmidt pour récupérer son argent, ou ce qui en reste, soit 80 louis d'or. Pour on ne sait quelle raison, l'argent est remis à Dorn qui, accompagné de Myck est chargé de le porter à Voltaire au Lion d'or. La vue du gaillard effronté mit-elle Voltaire en fureur? Selon Dorn, il se saisit d'un pistolet qu'il braque sur lui, ce qui donne l'occasion à ce brave de détaler – en emportant le butin. Dorn se rend à l'hôtel de ville, porte plainte pour que l'auteur de l'attentat soit puni.[76] Des dépositions sous serment contradictoires subsistent aux archives de Francfort. Myck indique que Voltaire était passé, un pistolet à la main, devant la porte de la chambre où il se trouvait avec Collini et Dorn, et que Dorn avait pris la fuite sans raison. Myck et Böhm déclarèrent que le pistolet n'était pas chargé. Voltaire prétendit qu'il voulait faire réparer l'arme et n'avait aucune intention d'attaquer Dorn. Collini se range à cette version des faits.[77] Mais dans ses *Mémoires* il prétendra que son maître a cédé à un mouvement de colère et qu'il a eu tout juste le temps de lui repousser le bras.[78] Freytag s'empresse de mander à Potsdam cette nouvelle péripétie. Il insiste sur les dangers encourus au service du roi et réclame pour la consolation du malheureux Dorn, de sa femme et de ses enfants, tous malades des suites de leur frayeur, l'argent laissé

---

74. D.app.125.

75. Haupt, t.30, p.96-97, et t.34, p.165, fait remarquer que le montant des frais évalué le 21 juin à 122 thalers s'est trouvé considérablement réduit. Sur la question fort complexe des monnaies et de leur cours, voir *Panorama der Friedericianischen Zeit*, éd. Jürgen Ziechmann (Brême 1985), p.591-98.

76. D.app.127.

77. D5401, déclaration latine de Voltaire, signée par Collini, Myck et Böhm.

78. Collini, p.91.

par Voltaire.[79] Celui-ci est de nouveau menacé d'arrestation. Mais, sans doute sur l'ordre du bourgmestre, qui devait souhaiter son départ, Diffenbach «arrange tout».[80] Voltaire et Collini quittent précipitamment Francfort le 7 juillet, sans prendre le temps de faire leurs adieux à leur chargé d'affaires Senckenberg.[81] Mme Denis, le lendemain, part pour Paris. Pourquoi l'oncle et la nièce se séparent-ils? Sans doute pour des raisons d'urgence tactique. Il importe de préparer le retour de Voltaire en France, tâche hérissée de difficultés. Mme Denis quitte donc cette Allemagne où elle a été molestée pour retrouver son champ d'action habituel.

Cette «affaire d'Ostrogoths et de Vandales» étant finie,[82] il convient, en raison de l'amertume qu'elle laissa à Voltaire, de hasarder quelques réflexions. Sujet épineux, qui focalisa des passions alimentées par le nationalisme, cette humiliation majeure de l'homme de lettres français doit pouvoir être traitée aujourd'hui avec l'impartialité que Desnoiresterres appelait déjà de ses vœux.[83] Le temps de la sérénité étant venu, il faut faire la part des erreurs humaines, du jeu des intérêts et de celui des forces, des malheureux hasards[84] dans ces scènes ubuesques. Des imprécisions et variations des ordres royaux aux scrupules et brutalités de zélés fonctionnaires, des foucades voltairiennes aux faiblesses du Vénérable Conseil de Francfort, de la lenteur des communications à l'émergence d'une logique carcérale, des facteurs multiples se sont entrecroisés.

En tentant de démêler au jour le jour cet écheveau, il s'avère qu'il faut briser le stéréotype du fonctionnaire prussien à l'obéissance aveugle, automate borné d'un régime despotique, conduit par le sens du devoir aux pires exactions et par conséquent irresponsable. Les accusations lancées par Voltaire contre Freytag, «banni de Dresde après avoir été mis au carcan et condamné à la brouette», et contre Schmidt, «condamné ci-devant à l'amende pour fausse monnaie»,[85] le puissant comique des scènes rapportées dans les *Mémoires pour servir à la vie M. de Voltaire*, la trouvaille concernant «l'œuvre de poéshie du roi mon maître»[86]

79. D5402 (7 juillet 1753). Selon Varnhagen von Ense, cette demande est rédigée par Dorn en personne qui l'a ajoutée dans un post-scriptum. Frédéric n'accordera aucune attention aux malheurs de la famille Dorn.

80. D5399, Collini, p.91.

81. D5403.

82. M.i.43.

83. Desnoiresterres, iv.435.

84. On notera que si Voltaire avait patienté un jour de plus, au lieu de tenter de fuir le 20 juin, Freytag, qui reçut l'ordre de le relâcher le 21 juin, n'avait aucune raison de le retenir. On ne garantit pas pour autant sa libération.

85. M.i.41.

86. L'original de D5303 n'a pas été retrouvé, mais on remarquera que, par écrit, Freytag ne commet pas cette faute plaisante (voir D5312 et son reçu du 1er juin dans D5312 commentaire).

ont suscité une forte réaction en sens contraire, illustrée par un ouvrage qui fit du bruit en son temps, celui de Varnhagen von Ense, *Voltaire in Frankfurt-am-Main*.[87] L'écrivain allemand avait découvert maints inédits dans les archives de Berlin, dont les rapports du résident qu'il prit pour vérité absolue. Il dénonçait avec vigueur les mensonges, artifices, lâchetés de Voltaire. Il déplorait certes que Frédéric ait fait exécuter ses ordres, d'ailleurs mal formulés et bien propres à induire en erreur des subalternes, par des agents diligents mais peu éclairés, malheur auquel, selon lui, sont exposés tous ceux qui commandent. Ainsi, il n'y avait point de responsables. Le roi était à plaindre d'avoir été mal compris. Les fonctionnaires n'étaient point à blâmer, ils avaient fait de leur mieux. On pouvait presque s'apitoyer sur leur sort, vu les difficultés auxquelles ils avaient été confrontés. La partialité patente de cette étude suscita des répliques,[88] mais marqua de son influence insidieuse la tradition biographique. Desnoiresterres, qui s'en indigne, croit s'en déprendre en ironisant sur cet «honnête résident», sur ces balourds aux prises avec une affaire trop délicate pour leur gouverne. Or tel n'était pas le cas. H. Haupt, auquel il convient de rendre hommage, rétablit la vérité sur bien des points, en mettant en évidence les mensonges ou malhonnêtetés des conseillers prussiens. A sa suite et après examen des différents textes écrits par Freytag, il apparaît que ce prétendu lourdaud était des plus clairvoyants en ce qui concernait ses propres intérêts, peu scrupuleux lorsqu'il les croyait en jeu, à la fois angoissé par ses responsabilités, imbu de son autorité et prêt à faire du zèle. En lui s'incarne, par delà ses caractéristiques individuelles, une des figures du geôlier, simple agent d'un pouvoir absolu, investi tout à coup du droit de tyranniser un captif, naguère honoré et maintenant réduit à merci. D'où des brimades tatillonnes, alimentées à la fois par la peur de commettre un impair et par le plaisir de commander, voire d'humilier. Freytag n'était point ce fantoche comique qu'agite Voltaire pour notre plus grand plaisir, mais un de ces petits chefs auxquels il vaut mieux ne pas avoir affaire, un de ces subalternes qu'engendrent les gouvernements despotiques, main-d'œuvre idoine pour les plus basses besognes. Toute tyrannie trouve pour la servir semblables valets. Mais peut-être un des recours possibles contre cette «espèce» est-il, lorsqu'on s'est enfin échappé, de rire et de faire rire. Voltaire ne s'en est pas privé, car «l'extrême ridicule va loin».[89]

Dans cette triste histoire, un deuxième point mérite d'être souligné: la faiblesse du Conseil de Francfort. De simples agents du roi de Prusse pouvaient en toute impunité bafouer ses prérogatives, contrecarrer ses décisions ou ne pas respecter

87. Leipzig 1848.
88. Saint-René Tallandier, «Une page de la vie de Voltaire, l'affaire de Francfort d'après les récits allemands», *Revue des deux mondes*, 15 avril 1865, p.836-73.
89. D5385 (3 juillet [1753]).

les promesses qu'ils lui avaient faites. Voltaire resta prisonnier à Francfort parce qu'il s'était trouvé en butte non seulement au courroux d'un souverain, au zèle de ses agents, mais aussi aux palinodies des magistrats d'une ville qui n'avait de libre que le nom.

Un dernier point serait à examiner: la responsabilité personnelle de Frédéric dans les diverses humiliations infligées à Voltaire. Nous attendrons pour nous prononcer de prendre connaissance de l'appréciation définitive que le roi portera, dans quelques semaines, sur les initiatives de Freytag.

Tous les événements seraient-ils enchaînés dans le plus mauvais des mondes possibles? Car enfin si Voltaire n'avait pas cédé aux séductions d'un roi philosophe, s'il n'avait point défendu la liberté du savant face à ce tenant de l'orthodoxie scientifique qu'était Maupertuis, s'il ne s'était égayé des ridicules du président de l'Académie de Berlin, Voltaire n'aurait jamais eu à voir avec ces obscurs, Freytag, Schmidt, Dorn. Mais «malheur est bon à quelque chose», écrira-t-il un jour.[90] Pour atteindre sa véritable stature, le poète humilié de Francfort a été heureusement débarrassé de sa croix, de sa clef de chambellan, de son ruban de l'ordre du Mérite, de ces «brimborions» qui auraient limité sa liberté d'action.

---

90. Aux dernières lignes de *L'Ingénu*.

10. Les lendemains d'une avanie

(juillet 1753 - janvier 1754)

L'évadé de Francfort, pendant les semaines qui suivent, va regarder vers Paris et Versailles, en vue d'un retour. Mais il ne perd pas de vue le lieu de sa détention qu'il vient de quitter. Il a une vengeance à tirer de Freytag et consorts. Et ne pourrait-il pas récupérer quelque chose de tout l'argent qu'on lui a extorqué?

Il s'arrête d'abord à quelques lieues, dans la principauté ecclésiastique de Mayence. Il y séjournera jusqu'au 28 juillet. Le prince-évêque, électeur et grand chancelier de l'Empire, vit là plus en mondain qu'en homme d'Eglise. Il n'avait trouvé à son avènement (1731) qu'une ville triste, aux rues étroites. Les deux principales curiosités étaient la chartreuse et le château dit de la Favorite.[1] Il en fait édifier un autre, à Pommersfelden: un grand corps de logis flanqué de deux pavillons et de deux ailes, au milieu de jardins. Il y reçoit ses courtisans, soit dans le pavillon central, soit dans une sorte de grotte ornée de fontaines et de statues en bronze. Face au château, des écuries en demi-lune. A Mayence, on a le culte du cheval. Un salon somptueux, peint à fresque, donne sur le manège. Des heures durant, l'évêque et ses familiers regardent les évolutions des cavaliers, parient sur les sauteurs d'obstacles. Pour conjurer l'ennui qui sévit dans cette cour ecclésiastique, on fait manœuvrer à l'autrichienne l'effectif de la garnison. L'été, comme en ce mois de juillet 1753, l'évêque et sa suite font la fortune de la bourgade voisine, Schwalbach, où sont organisées toutes sortes de réjouissances: concerts, comédies allemandes, bals. Les salles de jeux ne désemplissent pas et, lors de redoutes masquées, l'évêque, plus libre que dans sa résidence, ne dédaigne pas de porter un loup afin de s'octroyer un anonymat qu'il serait de mauvais goût de lui contester.[2]

Voltaire retrouvait là une Allemagne selon son cœur, celle des petites cours, où il est accueilli avec faveur. La maison de Stadion, le baron von Hardenberg et son épouse, le comte de Pergen, ambassadeur impérial, s'efforcent de lui faire oublier les traitements odieux auxquels il vient d'échapper.[3] «J'ai été», écrit-il, «un peu comme les chevaliers errants qui passaient d'un château enchanté dans

---

1. *Mémoires de Charles-Louis, baron de Pöllnitz* (Londres 1759), iv.104-105.

2. Pierre Lafue, *La Vie quotidienne des cours allemandes au XVIIIème siècle* (Paris 1963), p.50, 70-71.

3. D5413, D5457 et D5423, envoyée par l'intermédiaire du comte de Pergen.

une caverne; mais aussi ils allaient ensuite d'une caverne dans un château».[4] Il n'en continuait pas moins de ressentir les sévices de la caverne.

A peine sorti de Francfort, il adresse une requête au Vénérable Conseil de la ville. Il demande qu'on rende compte au roi de Prusse «de la manière dont on a violé, en son nom, le droit des gens». Il exige la punition de Dorn et la restitution de l'argent confisqué par Schmidt. Il insiste pour que lui soit communiqué le *Pro Memoria* des agents de Frédéric, daté du 20 juin, pièce détenue par les autorités de Francfort qui refusaient de la transmettre au plaignant.[5] Il revient à la charge par des requêtes en latin le 9 et 12 juillet qui font «crever de rire»: il accuse Dorn d'intentions malhonnêtes à l'égard de Mme Denis, début d'une campagne au comique involontaire.[6] Il est appuyé sur place par Senckenberg qui, ayant eu accès au dossier, remontre au Sénat que sa responsabilité est engagée.[7] Argumentation inutile, Schmidt fait prévaloir son point de vue. Le «malade affligé» de Mayence se plaint des lenteurs de la procédure. Il croit même avancer ses affaires en revenant lui-même dans la ville. Malgré le danger, il passe deux jours à Francfort, les 26 et 27 juillet, à l'auberge de la Pomme d'or.[8] Il s'enquiert des moyens d'intenter un procès à Freytag. Vains efforts. Le Conseil fait des réponses dilatoires: il se contente d'adresser de beaux rapports à Potsdam, en conclusion desquels il s'en remet au bon vouloir de Frédéric II.[9] Les magistrats osent seulement contester le montant des frais de détention qui aurait dû être arrêté par la justice de la ville. Leur seule réclamation un peu ferme concerne l'argent indûment gardé par Schmidt et qui devrait être déposé à l'hôtel de ville! Les autorités de Francfort sont surtout préoccupées par l'affaire de l'Eglise réformée, où elles ont besoin de l'appui prussien. Le bon droit de Voltaire est sacrifié à cet intérêt.[10]

Soudain un revirement de Potsdam les confirme dans leur mauvaise volonté. Le 14 juillet arrive à Francfort une lettre de Fredersdorff. L'homme de confiance

4. D5441, à la duchesse de Saxe-Gotha.

5. D5404. Haupt, t.34, p.160, a relevé la malveillance gratuite de critiques comme Strauss et Carlyle, qui prétendaient que Voltaire avait intentionnellement laissé son argent à Francfort pour pouvoir ensuite se plaindre d'avoir été dépouillé.

6. D5431 qui se moque des deux mémoires (D5410 et D5416).

7. Le mémoire très augmenté de Senckenberg du 13 juillet (D5419) paraît ébranler un moment l'inertie du Conseil, mais ces messieurs restent «craintifs». Voltaire remercie Senckenberg en lui envoyant la nouvelle édition de ses *Œuvres* (D5422). Senckenberg lui adresse sa dissertation sur le droit féodal (D5426).

8. Senckenberg, qui loge dans une maison franche appartenant au chapitre de Saint-Alban, ne peut loger Voltaire (D5426). Il lui déconseille d'aller chez le Résident de Mayence ou chez Varrentrapp que Voltaire rencontre le 27 juillet (D5461).

9. Par exemple D5407 (9 juillet 1753), D5449 (24 juillet 1753).

10. Ce qu'explique Senckenberg à son correspondant, D5438 (21 juillet 1753).

de Frédéric assure Freytag de la totale satisfaction du roi, lui ordonne de n'entrer pas plus avec Voltaire qu'avec les magistrats de la ville en explications sur sa conduite, car il a agi «d'après les instructions de [son] souverain et comme personnage ayant un caractère royal». Quant au «Voltaire qui est un homme sans honneur, Sa Majesté ne veut en aucune manière se commettre avec lui». Et Fredersdorff s'exprime en termes grossiers sur celui qui avait été le favori de son maître.[11] Freytag et Schmidt triomphent. Ils diffusent ces bonnes nouvelles, insistant sur les «expressions fort dures» qui caractérisent l'écrivain.[12]

Deux autres lettres de Frédéric lui-même confirment sa position.[13] Le roi fait savoir qu'il n'a pas été informé des mauvais traitements dont se plaint Voltaire, ni que sa nièce ait été impliquée dans l'affaire. Mais il doute que son agent Freytag ait outrepassé ses ordres. Si tel était pourtant le cas, la faute en est à Voltaire. Le Conseil sait bien que le poète, en dépit de la parole qu'il lui avait donnée, a voulu prendre la fuite. Enfin la lettre se clôt sur une assertion cynique : les magistrats n'ont point à être embarrassés, car Voltaire est dénué de protection et on sait que jusqu'à ce jour le retour dans sa patrie lui a été interdit, à cause de sa mauvaise réputation. On remarquera les contre-vérités. Frédéric n'a pas ordonné l'arrestation de Mme Denis mais il en a été «informé». Voltaire n'avait point promis aux magistrats de Francfort de ne point quitter la ville, lorsqu'il se décida à s'enfuir, n'ayant eu affaire jusqu'alors qu'aux seuls agents prussiens.[14]

Que s'est-il passé depuis ce 26 juin et ce 2 juillet où le roi blâmait durement la conduite de ses fonctionnaires ?[15] Sans doute faut-il mettre en première ligne les interventions de Fredersdorff.[16] Mais d'autres facteurs ont dû jouer : la décision de Voltaire d'obtenir réparation par voie de justice, sa campagne de diffamation contre les fonctionnaires prussiens,[17] la médiation de l'ambassadeur

11. D5425.

12. D5438.

13. L'une du 21 juillet que Haupt (t.34, p.187, n.268) a consultée dans les archives de Berlin est aujourd'hui perdue. On en connaît le contenu par D5458 et D5461. La deuxième est D5450 du 24 juillet. Dans la première, le roi approuve la libération de Voltaire et assure la ville de sa faveur. Il avait ordonné à son secrétaire de cabinet, Eichel, de faire «un compliment gracieux» (Haupt, t.34, p.186).

14. Senckenberg note à juste titre qu'il n'est point question de l'argent pris à Voltaire (D5458).

15. D5362, D5383.

16. D5484 (18 août), il confie à Freytag qu'il a obtenu du roi qu'il n'écouterait pas Voltaire. Il affirme à Mme Denis que le roi est le seul responsable (D5492).

17. Bien que ses appels au secours adressés à Vienne au cours de sa détention fussent demeurés vains, Voltaire le 14 juillet a adressé au cabinet autrichien le «Journal de ce qui s'est passé à Francfort-sur-le-Main» (D5423). Freytag a été condamné à la brouette, Schmidt condamné pour avoir rogné des espèces, et Dorn est un notaire cassé par sentence. Le comte de Pergen, ambassadeur impérial, intervient auprès du Conseil de Francfort, lequel répond avoir agi sur réquisition du roi de Prusse. Sur cette campagne de diffamation, voir aussi D5408.

de France, le chevalier de La Touche, dont l'intervention fut jugée intolérable,[18] enfin l'agacement quand arrivèrent à Potsdam les missives du prisonnier de Francfort accompagnées d'un plaidoyer de la margrave de Bayreuth,[19] ou les jugements sévères de son ambassadeur à Paris sur les agissements de Freytag, qui reflétaient l'opinion publique.[20] Le roi lutte sur tous les fronts. A ce «fol» de La Touche, il révèle des propos ironiques que Voltaire aurait tenus sur son compte.[21] A milord Maréchal qui avait dénoncé les «sottises» des conseillers prussiens, il rétorque qu'on ne doit condamner personne sans l'entendre.[22] Voltaire et Mme Denis ont fait tant de «frasques» qu'ils se sont attirés les mauvais traitements de Freytag qui aurait dû être «moins juridique». Frédéric renchérit encore dans les jours suivants par une nouvelle réponse au Conseil de Francfort, rédigée par Podewils. Si la nièce de Voltaire a été arrêtée, cela n'a guère d'importance, vu que tous deux formaient un couple de mauvais sujets. Pour ce qui est des empiétements juridiques de Freytag et de Schmidt, les magistrats sont invités à faire preuve d'indulgence. Freytag et Schmidt ont peut-être outrepassé quelque peu les limites qui leur étaient prescrites. Mais leur conduite relève sans doute de quelque mouvement de zèle.[23] Le roi couvre donc les agissements de ses agents.

Aussi pouvons-nous désormais nous prononcer sur la responsabilité de Frédéric dans l'affaire de Francfort. Il n'a pas ordonné directement dans leur détail les affronts infligés à Voltaire et à Mme Denis. Il était absent de sa capitale au moment des faits. Mais il les a approuvés après coup. Il doit donc en porter la faute devant la postérité.

Pour les Francfortois, en tout cas, les apparences étaient sauves. Le roi protestait qu'il reconnaissait les légitimes prérogatives de la ville. Le Conseil adopte donc le parti le plus simple : laisser dorénavant dormir cette affaire. Frédéric de son côté se flatte de ne plus être désormais importuné par «le fol de poète et sa Médée». Il s'efforçait même de se donner le beau rôle en pardonnant «méchancetés et friponneries et satires et calomnies», et mentait effrontément en prétendant avoir «chassé» Voltaire.[24]

18. D5388 commentaire, D5415.
19. D5377. La margrave avoue éprouver de la «compassion» pour Voltaire.
20. D5435. Peut-être a-t-il reçu la lettre-bilan que Voltaire avait écrite à sa nièce (D5413) et qui était largement diffusée. Voltaire s'y défend d'avoir été «prussien».
21. Frédéric charge son ministre de rapporter à La Touche cette réflexion attribuée à Voltaire. «ce pauvre La Touche, je le berce par des lettres et des compliments de la Pompadour, il se croit le rival de Louis xv» (D5388 commentaire).
22. D5464.
23. D5468 (4 août). Selon Haupt, qui a consulté le brouillon de cette lettre, Podewils a adouci les expressions de Frédéric concernant Mme Denis.
24. D5474 (10 août 1753), à milord Maréchal.

Restait pourtant le problème de la restitution de l'argent. Schmidt s'était dérobé. Il ne rendrait pas ce qu'il détenait : les choses avaient changé après l'injure faite à Dorn. Frédéric avait fait valoir que Voltaire, s'étant attiré par sa mauvaise conduite son arrestation, devait en supporter les frais.[25] Le 31 juillet, ses nouveaux ordres à Freytag sont libellés de telle façon que la voie reste ouverte aux interprétations : «Ne manquez pas, dès ma lettre reçue, de le satisfaire là-dessus, et quant aux frais qu'il ne veut peut-être pas payer, il n'est pas nécessaire pour cela de lui retenir le tout. Ne gardez que ce qu'il faudra pour les payer et rendez-lui le reste.»[26] Freytag multiplie les faux-fuyants. Il a voulu rendre l'argent à Voltaire, mais celui-ci a disparu et on n'entend plus parler de lui. Les frais ont été calculés trop justes. La somme à restituer ne se monte qu'à 520 thalers : on la lui remettra quand il se présentera lui-même (autrement dit, jamais, dans l'esprit de Freytag).[27] Fredersdorff, une fois de plus, cherche à nuire à Voltaire : il conseille à Freytag de prendre toutes les précautions possibles avant de remettre cet argent et de ne rien restituer sans reçu préalable.[28] Voltaire s'étant adressé au roi, celui-ci fait répondre par Podewils qu'il ne répondrait plus, «que cela n'en valait pas la peine et qu'autrement la correspondance n'aurait plus de fin».[29] Le spolié s'obstine cependant. Il finira par obtenir, le 13 septembre, la restitution en tout et pour tout de mille francs : une aumône. «On a gardé tout le reste».[30]

A cette date, Voltaire a depuis longtemps quitté Mayence. Le 28 juillet, il s'était mis en route pour Mannheim, où il était invité par l'Electeur palatin. Il avait traversé les terres du Palatinat encore marquées par les dévastations des armées françaises de Turenne. Emu de ce spectacle, il préféra se faire passer pour un gentilhomme italien. Il tint avec un aubergiste de Worms une conversation en langue toscane, émaillée de «mille choses singulières». Il avait retrouvé toute sa gaîté.[31]

Il arrive le 29 à Mannheim. L'Electeur, qui réside alors à Schwetzingen, l'envoie chercher. Désormais il est logé à la cour électorale. On s'ingénie à le combler d'attentions et de faveurs.[32] Le prince Charles Théodore, né aux Pays-Bas, avait étudié à Leyde et à Louvain. A son avènement en 1743, il avait essayé

25. D5450.
26. D5460 (31 juillet 1753).
27. D5472.
28. D5484.
29. Texte cité par Haupt, t.34, p.197.
30. D5508.
31. Collini, p.104-106.
32. Sur ce séjour dans le Palatinat, voir Henry A. Stavan, «Voltaire und Kurfürst Karl Theodor, Freundschaft oder Opportunismus ?», *Voltaire und Deutschland*, p.3-12, auquel nous empruntons de nombreux détails.

de promouvoir quelques réformes. Mais il avait vite renoncé pour se consacrer à une vie de plaisirs. D'intelligence plus vive que profonde, il aime le luxe, les beaux-arts. Le prestige de sa cour, l'une des plus brillantes d'Allemagne, est son souci dominant. Il a fait de Mannheim une capitale culturelle.

Voltaire l'a traversée trop vite pour remarquer l'originalité de cette ville, construite selon un urbanisme «éclairé» sur un plan géométrique: à l'intérieur d'un cercle, au confluent du Neckar et du Rhin, toutes les rues se coupent à angle droit. Il ne semble pas connaître le palais électoral, l'un des plus vastes d'Europe, édifié à la périphérie de la ville, en bordure du fleuve. C'est à Schwetzingen qu'il passe les deux semaines de son séjour. Cette résidence du prince, entre Mannheim et Heidelberg, ne déployait pas encore tous les fastes «rococo» aujourd'hui offerts aux regards du touriste. Ni la mosquée, ni la pseudo-ruine romaine, ni la pièce d'eau en tortillon pour le «bain des oiseaux», ni le canal avec un pont chinois, ni les temples de Minerve, d'Apollon, de Mercure et de la Botanique n'étaient encore construits. C'est dans les décennies suivantes que l'Electeur palatin se ruinera à faire bâtir ces merveilles. En revanche, Voltaire a connu le château, reconstruit dans la première moitié du siècle: c'est là sans doute qu'il loge. Il a pu apprécier en connaisseur le très beau théâtre que vient d'installer à proximité l'architecte français Nicolas de Pigage: avec ses deux étages de loges, richement ornées, sa scène profonde, c'était un admirable écrin pour les spectacles de cour.

Quant à ses hôtes, il nous est donné de les voir, par les portraits officiels conservés à Schwetzingen, et par la description qu'en laissera quelques années plus tard le voyageur Boswell. Charles Théodore, visage plein, grand front dénudé, apparaît à son visiteur écossais «très boucané, très grand, très fort». Son épouse Elisabeth Augusta était, selon le même, «très maquillée, excessivement condescendante». Son portrait montre un type de beauté nordique, blond et rose, d'un bel embonpoint, sans approcher cependant des «trois cent cinquante livres» qu'atteindra Madame la baronne de Thunder-ten-Tronckh.[33]

Pour accueillir Voltaire, les fêtes se succèdent: «comédie française, comédie italienne, opera buffa, ballets, grande chère, conversation, politesse, grandeur, simplicité»...[34] Charles Théodore, en guise de surprise, l'a conduit au théâtre de Pigage pour y entendre *Zaïre*. Les acteurs viennent lui présenter leur hommage, solliciter des conseils dont il n'est pas avare. On lui fait encore la galanterie de jouer dans cette merveilleuse salle *Alzire*, *Nanine*, *L'Indiscret*.[35]

Sous ces lambris dorés, parmi une société choisie, Voltaire revit. Malgré les maladies dont il se plaint, sa «vieille verve» ranimée esquisse le plan d'une

---

33. *Boswell chez les princes* (Paris 1955), texte français de C. Bertin, p.176. La visite de Boswell est de 1764.

34. D5469 (5 août [1753]), à Mme Denis. Voir aussi Collini, p.106.

35. D5475, D5485.

nouvelle tragédie, «toute pleine d'amour», «la rêverie d'un vieux fou»: *L'Orphelin de la Chine*, inspirée sans doute par l'*Histoire universelle* à laquelle il continue à travailler ainsi qu'aux *Annales de l'Empire* dans la belle bibliothèque de l'Electeur.[36] Il a de nombreuses conférences avec Charles Théodore qui ne portent pas uniquement sur la littérature et l'histoire. Le prince se ruine. Ainsi nous savons qu'en 1756 il engloutira 300 000 florins dans des dépenses somptuaires. Il profite donc du passage de son hôte pour lui emprunter 100 000 livres. D'autres demandes d'argent, nous le verrons, vont suivre.

Voltaire demeure cependant à l'affût des nouvelles de Paris, supputant les chances d'un retour possible. La cour de France se serait étonnée que des passeports du roi aient été si peu respectés.[37] Mme Denis, dès son retour, a rendu visite à milord Maréchal, ambassadeur de Prusse, pour se plaindre des mauvais traitements qui lui ont été infligés. L'héroïne de Francfort, qui se répand dans les salons, est regardée comme une martyre de l'amitié.[38] Les ministres étrangers font prendre de ses nouvelles. L'ambassadeur prussien doit se dépenser à désavouer «à Versailles et dans toutes les maisons tout ce qui s'est passé à Francfort».[39] Il essaie d'amadouer Mme Denis dont les plaintes l'impressionnent. Il suggère à Frédéric que Freytag et Schmidt soient sanctionnés pour «avoir abusé du nom respectable» de Sa Majesté.[40]

Dans le même temps l'habile ambassadeur agit sur Mme Denis. Par on ne sait quelles promesses, il obtient d'elle un désistement dans l'affaire de Francfort. Le 20 juillet devant notaire elle résilie la procuration qu'elle avait laissée à son oncle pour porter plainte contre les conseillers prussiens.[41] Elle fait savoir au Conseil de Francfort qu'elle ne veut «nulle excuse ni réparation des sieurs Freytag et Schmidt».[42] Délibérément elle affaiblit la position de Voltaire qui s'en montre «très affligé». Sans doute faut-il faire dans cet abandon la part de la frivolité. La

---

36. D5485. Il en est à Rodolphe II (D5471). En partant il remettra au prince un manuscrit de l'*Histoire universelle* et un exemplaire des *Mémoires pour servir à l'histoire de la maison de Brandebourg*, offert par Frédéric (Collini, p.108).

37. C'est du moins ce qu'affirme Voltaire au bourgmestre de Francfort.

38. D5451.

39. D5467, D5470, D5492, D5522.

40. D5435 (19 juillet 1753).

41. Texte cité dans le commentaire de D5452. Elle conseille à Voltaire de renoncer dans une lettre perdue à laquelle Voltaire répond par D5451 (25 juillet 1753). Il semble que Mme Denis lui ait fait seulement part de son intention, car Voltaire le 29 août continue à contester les comptes de Schmidt au nom des rescapés de Francfort (D5494). Il n'est au courant du désistement de sa nièce que le 3 septembre (D5500).

42. D5452. Copie de ce texte est adressée à Frédéric II (D5459). Le Conseil de Francfort en prend connaissance le 7 août. Mme Denis prétend n'avoir donné son pouvoir à son oncle que contrainte et forcée (D5459).

nièce, ressaisie par les mondanités parisiennes, veut tourner la page. Qu'on ne lui parle plus de ses mésaventures francfortoises!

Le 15 août, Voltaire est arrivé à Strasbourg. Il loge quelques jours dans la mauvaise auberge de l'Ours blanc,[43] puis s'installe, plus durablement, près de la ville, à proximité de la porte des Juifs, dans la petite maison d'une Mme Léon. Il va demeurer là pendant un mois et demi.

Il attend, pour continuer sur Paris, un signe qui ne vient pas. Mme Denis est chargée de négocier son retour. Mais en haut lieu on est hostile.[44] Voltaire ressasse une fois de plus son plaidoyer: il s'est laissé entraîner en Prusse par d'incroyables pressions, «des billets doux qui auraient séduit sainte Thérèse». Il n'en est pas moins resté «bon Français»: la preuve en est qu'il écrivit là-bas Le Siècle de Louis XIV.[45] Belles argumentations que Mme Denis doit faire valoir avec éloquence à Fontainebleau. Las! Un nouvel obstacle surgit, dont on ne sait s'il fut un coup du sort ou une manœuvre de ses ennemis.

Une virulente satire se répand dans Paris, intitulée Idée de la personne, de la manière de vivre du roi de Prusse, datée de juin 1752. Cette datation coïncide avec les allusions au mariage du prince Henri, lequel eut lieu le 25 juin de cette année. Voltaire répète qu'il en eut alors connaissance.[46] Largement diffusé par voie manuscrite dans toute l'Europe, ce texte est imprimé vers la fin de juillet 1753.[47] Les autorités en France n'interviennent que fin août;[48] le texte se vend «à très bon marché».[49]

Cette mince brochure dénote une connaissance certaine de Berlin, rapporte des détails précis sur le mode de vie du souverain, souligne les contradictions d'un régime qui «permet d'assommer les hommes à coups de bâton et [...] défend de fouetter un cheval de poste».[50] Le portrait du roi est émaillé de rosseries (sur ses goûts, son avarice, sa brutalité). La famille royale est traitée sans complaisance.

---

43. Non par lésinerie, selon Collini, p.110, mais par un trait de sensibilité. Il avait promis à un jeune serveur de Mayence de loger chez son père qui tenait à Strasbourg une auberge peu florissante. Détail confirmé par D5524.

44. Le 8 août, d'Argenson note dans son journal que «l'on refuse au poète Voltaire la permission de rentrer en France» (Journal et mémoires, éd. Rathery, Paris 1866, viii.95).

45. D5503, D5505. Il soupçonne Frédéric dont le plus grand talent est de «mentir comme un laquais» d'avoir aigri la cour de France (D5488).

46. D5493, D.app.134.

47. Voir l'appendice bibliographique établi par J. Vercruysse, «L'Idée du roi de Prusse, un portrait de 1752 en quête d'auteur», Voltaire und Deutschland, p.100.

48. L'enquête révèle le nom d'un colporteur Etienne Philippe Cretot et celui d'un abbé Rouzier qui a fait imprimer 1200 exemplaires.

49. D'Argenson, Journal et mémoires, viii.106-107. Voltaire le reçoit le 27 août.

50. Idée du roi de Prusse [1753], p.5.

On y a joint deux textes de Voltaire, une lettre du 9 juillet et sa déclaration de Francfort du 11 juin.[51] On lui attribue le tout, bien que le texte soit sans complaisance à son égard, le traitant de «squelette d'Apollon». Frédéric appuie en ce sens «à toutes fins utiles», allant jusqu'à prétendre que Voltaire, «pour déguiser son style», a fait traduire en allemand cet écrit et de l'allemand l'a fait retraduire en français.[52] Voltaire se défend. Le 30 août, il charge Mme Denis de remettre à milord Maréchal une lettre à faire tenir à son «maître botté». Il répète ses serments de fidélité au souverain prussien dont il est devenu le «chevalier errant». Le coupable? Ce ne peut être que «l'Erostrate de l'Europe», l'«Arétin des marmitons»:[53] La Beaumelle. «Il faut que La Beaumelle en soit l'auteur»,[54] lequel pourtant à ce moment-là se trouve à la Bastille depuis avril. En fait l'*Idée du roi de Prusse* reste aujourd'hui «en quête d'auteur».[55]

Le résultat de telles imputations ne se fait pas attendre. La détention de La Beaumelle est prolongée. Et Voltaire n'obtient pas permission de revenir à Paris. Il insiste. Ses «lettres d'Alsace» à Mme Denis font allusion à d'obscures tractations, sous des noms de code.[56] Mais rien à espérer. Le voilà entre deux rois, l'un, «le dernier des hommes» ou «l'imbécile abbé Godin» (Louis xv), l'autre (Frédéric), ce «coquin de Cernin», ce «cousin Denis», par référence à Denys de Syracuse, qui est un «mal vivant».[57] Très ancrée dans le quotidien, toute bruissante de projets et d'arrangements indispensables, souvent assombrie par la tristesse, cette correspondance pleine de redites et de recommandations laisse peu de place à l'épanchement. Pourtant un événement imprévu resserre leurs liens intimes: Mme Denis est enceinte.[58] Effet, bien évidemment, des retrouvailles de Francfort.[59] Voltaire accueille la nouvelle avec joie, insoucieux, semble-t-il, du

51. D5413, D.app.124.

52. D5514.

53. L'expression «Arétin des marmitons» se justifie par la place que tiennent les détails sur les dépenses de table à la cour dans cette satire (nombre de couverts, de plats, de cuisiniers), soit plus d'une demi-page pour un texte qui en comprend six.

54. D5503, D5495. Voltaire en réalité s'interroge, hasarde le nom du défunt comte Tyrconnel qui avait la dent dure (voir son «Tableau de la cour de Berlin», *Journal de l'Institut historique* 5, 1836, p.13-30).

55. Voir la mise au point de J. Vercruysse, «*L'Idée du roi de Prusse*», p.91-102, et Lauriol, p.362-63. Il paraît établi que Voltaire n'en est pas l'auteur. Il fait circuler un texte contre Frédéric ii, envoyé à sa nièce dans le fond d'une tabatière (D5524, D5535, D5541).

56. Ericard = Louis xv, Cernin = Frédéric, Mme Daurade = Mme Denis, avec des variantes. Sur ces tractations, voir D5500, D5503, D5529.

57. D5519, D5524, D5529.

58. D5503 (8 septembre 1753).

59. Frédéric, bien informé par ses espions, a écrit à sa sœur: «Voltaire fait le malade à Francfort, et sa nièce fait semblant de le secourir en l'épuisant» (D5500, propos rapporté par Voltaire et dont on ignore comment il en eut connaissance.). Freytag, dans l'un de ses rapports, avait insinué que Mme Denis était la maîtresse de Voltaire (D5351).

scandale que produirait une paternité avunculaire. Mme Denis au contraire est inquiète.[60] La fausse couche qui ne tarde pas à survenir écarte d'elle une grave préoccupation. Voltaire quant à lui en est désolé. A son âge, comment réparer cette perte? Ici, une fois de plus, le biographe s'interroge sur ce qui aurait pu être, si l'enfant, ayant Voltaire à la fois pour père et pour grand-oncle, avait vécu.

Entre l'oncle et la nièce, il ne s'agit pas de lettres d'amour au sens habituel: plutôt celles d'un compagnonnage traversé parfois par des flambées de désir[61] ou par des récriminations jalouses.[62] Ces billets hâtifs de Voltaire sont pensés dans l'optique d'un couple avec répartition des tâches, concertation pour régler les problèmes, alliage des préoccupations les plus quotidiennes et des élans du cœur. Le statut de nièce-amante de Voltaire n'était point une sinécure. Chaque courrier impose une série de démarches: parler au poète Bernard,[63] voir d'Argental,[64] intervenir pour que le maréchal de Coigny offre l'hospitalité à l'écrivain qui a besoin de «logements un peu vastes», sinon il meurt de «langueur»;[65] remettre une missive à milord Maréchal et diffuser les vers que l'avocat Sébastien Dupont vient de composer à la gloire du fugitif;[66] obtenir une audience du marquis d'Argenson, aller à Fontainebleau où pourtant il ne faut pas fatiguer par des sollicitations;[67] s'informer si Darget retourne en Prusse;[68] écrire d'urgence à M. Gayot,[69] donner des nouvelles un peu circonstanciées de la cour et de la ville. On comprend que parfois la nièce récrimine, se plaignant de l'impatience de celui qui a toujours plusieurs fers au feu et se montre bien incapable de se tenir tranquille. Mme Denis se conduit parfois en «héroïne», mais il lui arrive d'être négligente, de poser des questions sottes, de bavarder mal à propos et de se faire tancer par son oncle. Les «détails» prennent la «place du sentiment».

Une question est agitée qui ne trouvera pas si tôt sa réponse: à défaut de Paris, où se rejoindre et s'installer, au moins provisoirement? En Normandie? Voltaire refuse catégoriquement. Le galant Cideville qui leur offre cet asile a des vues sur Mme Denis, laquelle ne le décourage nullement.[70] On pensera par la suite à la

60. A Mme Denis qui lui reproche de ne pas lui répéter qu'il l'aime, Voltaire répond par une déclaration à la fois naïve et brutale de son désir (D5500).
61. Voir D5500.
62. Jalousie de Voltaire (D5500, D5508). Jalousie de Mme Denis à propos d'une Mme Lange (D5508, D5519, D5535).
63. D5482, D5496, D5500, D5503.
64. D5482.
65. D5482. Il n'usera pas de cette hospitalité, mais il convenait qu'il ait été invité.
66. D5500, D5480.
67. D5505.
68. D5524.
69. D5500, D5503.
70. D5503, D5508, D5524.

terre de M. de Sainte-Palaye, près d'Auxerre, au château d'Oberhergheim appartenant au préteur de Strasbourg, au domaine de Horbourg, aux portes de Colmar. Voltaire s'abandonne à des rêves de gentilhomme campagnard: bâtir une maison très agréable selon leur fantaisie, «voilà mon roman», mande-t-il à sa nièce. «Ce n'est peut-être pas le vôtre.»[71]

En effet, ce n'est pas le sien. Elle se meut avec délices dans les cercles parisiens. Elle refuse de s'en éloigner. Voltaire se dépite d'apprendre qu'elle tient table gaiement en son absence.[72] Elle s'irrite que son oncle soit banni de la capitale, et que ce grand laborieux s'accommode de sa «solitude auprès de Strasbourg» où il peut travailler: «Il me vient quelquefois du monde, et je m'enfuis. Une caverne ou vous, voilà ma vie».[73] Mme Denis n'a aucun goût pour les cavernes, ni même pour les retraites. Comme tous ceux qui sont voués au plaisir, elle supporte mal le rythme de vie de qui se consacre au travail. Elle pressent qu'il lui faudra un jour choisir entre les agréments de la capitale et l'opulence laborieuse loin de Paris qu'il lui offre.[74] Consciemment ou non, elle refuse présentement ce choix.

En sa «caverne» strasbourgeoise, Voltaire est moins solitaire pourtant qu'il ne l'écrit à sa nièce. Les personnages les plus considérables de la ville lui rendent visite: M. de Lussé, intendant d'Alsace, le cardinal Armand de Rohan-Soubise, l'abbé d'Aydie.[75] Il ne tenait qu'à lui d'occuper l'appartement que lui offre le maréchal de Coigny en son hôtel. Il renoue avec une ancienne connaissance, la comtesse de Lutzelbourg, qui vit dans son château de l'Isle Jard à proximité de la maison qu'il habite.[76] L'avocat Sébastien Dupont prend contact avec lui.[77] Strasbourg est aussi une ville savante. Il dispose là de secours qu'il n'aurait pas ailleurs pour terminer ses *Annales de l'Empire*. Il tire des renseignements précieux de Johann Daniel Schöpflin, auteur de l'*Alsatia illustrata*, de réputation européenne.[78] L'érudit professeur, jugeant le brillant poète «frivole et superficiel»,

---

71. D5551, D5552, D5556.
72. D5500.
73. D5519 (18 septembre [1753]).
74. Voltaire lui constitue des rentes (D5488, D5532).
75. D5482, D5485.
76. Voir *Voltaire en son temps*, i.194, ii.311-12. Le frère de Marie-Ursule de Lutzelbourg, née de Klinglin, accusé de corruption, venait de mourir en prison, le 6 février 1753. Sur la famille Klinglin, voir D.app.129.
77. D5480.
78. D5500, D5503, Collini, p.112. Voir Jürgen Voss, «J. D. Schöpflins Wirken und Werk», *Zeitschrift für die Geschichte des Oberrheins* 109 (1972), p.281-321, et S. Stelling-Michaud et J. Buenzod, «Pourquoi et comment Voltaire a-t-il écrit les *Annales de l'Empire*?», *Voltaire und Deutschland*, p.220, n.65.

l'oriente poliment vers son disciple Jean-Michel Lorenz.[79] Lorenz le persuade qu'il trouvera des ressources importantes à Colmar.

Voltaire part donc pour Colmar, le 2 octobre 1753, en passant par Münster. Il prend pension chez une Mme Goll, 10 rue aux Juifs. Il restera en cette ville jusqu'au 8 juin 1754, et y reviendra en août pour plus de trois mois.

Il s'acclimate vite à sa nouvelle résidence. «Le vin et les habitants sont fort bons à Colmar.»[80] Il trouve partout «des livres et des ressources» pour ses *Annales de l'Empire*. Des livres? Il se consacre à «Messieurs Corringius, Vitriarius, Struvius, Spener, Goldstal et autres messieurs du bel air».[81] Des ressources? Il rencontre à Colmar des gens «d'un mérite solide et communicatif», notamment Christian Friedrich Pfeffel. Ce secrétaire du comte de Loos «n'a pas la mine d'être un Tite-Live» mais «ces gens-là savent l'histoire comme nos Français savent les chansons».[82] Pfeffel est l'auteur d'un *Abrégé chronologique de l'histoire et du droit public d'Allemagne*, que Voltaire consulte et dont il aura deux éditions dans la bibliothèque de Ferney. Il dispose sur place d'un imprimeur, le propre frère du professeur Schöpflin auquel il prête 20000 francs sans intérêt.[83] Les *Annales* étant terminées, c'est à lui qu'il confie le manuscrit. Il a la curiosité de visiter la fabrique de papier de Schöpflin, à Luttenbach. Il passe là quinze jours en octobre, avec Collini, en pleine montagne des Vosges.[84] Ils s'installent, tant bien que mal, dans la fabrique même, «un grand bâtiment isolé, exposé aux quatre vents», servis par les ouvriers et les filles de la papeterie. Voltaire, on se le rappelle, s'était vingt ans plus tôt intéressé à un projet de faire du papier avec de la paille.[85] C'est la première fois qu'il voit de près, sur les lieux mêmes, la production de pâte à papier, à partir des sapins des Vosges. A Luttenbach, il s'intéresse aussi au château proche de Horbourg. C'est l'un des biens du duc de Wurtemberg sur lequel il a une hypothèque, en contrepartie d'un prêt. Il songe à l'acheter. Mais l'ayant visité (23 octobre), il ne trouve là que «des masures et des terres mal cultivées».[86] Sur le papier de Luttenbach, le premier tome des *Annales* est achevé d'imprimer le 5 janvier 1754.[87] Les *Annales de l'Empire* n'ont point bonne presse. Voltaire, tout le premier, s'est empressé de décrier cet ouvrage qui défriche un

79. Sur Lorenz, voir A. Salomon, «Jean-Michel Lorenz, 1723-1801», *Revue d'Alsace* 70 (1924), p.444-61.
80. D5537.
81. D5578 (23 novembre 1753). Les notes de Th. Besterman identifient ces auteurs.
82. D5537, D5541, D5547, D5569.
83. Il est bientôt inquiet à ce sujet (D5616, D5621, D5633).
84. Collini se plaint (D5559); Voltaire s'accommode de cette solitude (D5547, D5552).
85. *Voltaire en son temps*, i.302.
86. Collini, p.116-17.
87. D5616.

champ très vaste, mais «plein de bruyères et de ronces», peu susceptible de plaire aux gens de goût qui «frémissent au nom d'Albert l'Ours».[88] Il s'accorde le mérite de l'exactitude.

Ce premier tome comprend la dédicace à la duchesse de Saxe-Gotha, une Lettre de M. de V. à M. de **, professeur en histoire, l'Avertissement, la Chronologie des empereurs et des papes, parfois agrémentée de notices malicieuses, puis les vers techniques, enfin les Annales jusqu'à l'année 1347.[89] Voltaire commence à envoyer en France et en Allemagne, y compris à Frédéric II, des exemplaires de cet «almanach depuis Charlemagne».[90]

Collini assure cependant qu'il n'a alors aucune intention de revenir en Allemagne. Deux princes en effet lui causent du souci, le duc de Wurtemberg et toujours Frédéric.

Il met à profit son séjour alsacien pour obtenir le paiement des rentes que lui doit le duc. D'après les contrats du 27 septembre 1752 et du 31 janvier 1753, il devait percevoir d'une part 4 200 reichsthalers, payables tous les trois mois, dont le premier terme était échu en décembre 1752, et d'autre part 3 300 reichsthalers payables aussi tous les trois mois, dont le premier terme était échu le 1er juillet 1753.[91] Sommes considérables: en raison des mésaventures de l'homme de lettres, aucun versement n'avait été effectué. En outre, un différend s'était élevé sur la conversion en francs français. Voltaire réclamait le paiement suivant le cours du thaler de Brandebourg, ces contrats ayant été établis à Berlin. Le 18 avril 1753, le duc de Wurtemberg donne l'ordre de déférer à cette demande. Mais le baron de Gemmingen, gouverneur de Montbéliard, chargé de ce paiement, s'obstine à exiger qu'il soit établi selon le thaler d'Empire, soit à 3 livres argent 15 sols pièce, car «la différence fait un objet assez considérable».[92] Voltaire, le 7 octobre, accepte finalement de recevoir les 5 850 thalers qui lui sont dus «sur le pied de 3 livres 15 sols le thaler», en se réservant de «s'arranger pour l'avenir».[93] Le 18 octobre, il reçoit 21 937 livres. Perte sèche: 1 463 livres.[94] Tandis qu'un intérêt dû au

---

88. D5579.

89. Il met au point le second volume, s'occupe d'une édition de ses «Œuvres mêlées» destinée à Lambert (D5621).

90. D5626, D5636, D5644.

91. Voir D.app.120, textes I et III. Les contrats précisent que ces rentes sont dues à Voltaire sa vie durant. Ensuite, Mme Denis recevra, sa vie durant, 2 000 thalers par an pour le premier, et 600 thalers tous les trois mois pour le second. Voir Paul Sackmann, *Eine ungedruckte Voltaire-Correspondenz, herausgegeben mit einem Anhang: Voltaire und das Haus Wurtemberg* (Stuttgart 1899); Frédéric Rossel, *Autour d'un prêt hypothécaire, Voltaire créancier de Wurtemberg. Correspondance inédite* (Paris 1900); Daniel Muller, *Les Rentes viagères de Voltaire* (Paris 1920).

92. D5542 (9 octobre 1753).

93. D5540. Voltaire est payé en thalers d'Empire (D.app.120, II).

94. Selon le cours du thaler de Brandebourg, 4 livres, Voltaire aurait reçu 23 400 livres.

banquier M. de Turckheim est payé scrupuleusement (les banquiers «veulent qu'on les satisfasse à point nommé»),[95] la mauvaise volonté du baron de Gemmingen était patente lorsqu'il s'agissait de satisfaire les revendications de Voltaire.[96]

Du côté de Frédéric II, une tentative de rapprochement a échoué. Deux «belles princesses» s'étaient avisées de «rapatrier» l'écrivain dans l'esprit du roi. La duchesse de Saxe-Gotha projette de les réconcilier par l'entremise du comte de Gotter.[97] Voltaire accepte de composer une lettre qui serait présentée à Potsdam, mais il craint que le souverain soit «plus jaloux de pallier son tort que de le réparer».[98] Il compte davantage sur la médiation de la margrave de Bayreuth qui est en chemin pour Berlin. A «sœur Guillemette», il avoue ses torts, mais plaide sa cause: la postérité, après avoir lu «tant de monuments» de la correspondance dont Frédéric l'a honoré et de «l'idolâtrie» que l'homme de lettres a eue pour lui, s'étonnera que tout ait fini «par la prison et par insulter une femme innocente».[99] Bientôt, la négociation de l'une et l'autre princesse s'en est allée «en fumée»: «Il y a des choses qui ne se rajustent point».[100] Frédéric encourage Maupertuis à poursuivre sa lutte inégale contre Voltaire. Il approuve le 15 septembre un pamphlet que le président lui a soumis: c'est une «courte histoire de la conduite de Voltaire» en Prusse.[101] S'agit-il de l'ouvrage qui a été lu à Paris chez Falconet et qui serait intitulé *La Querelle*?[102] S'agit-il de l'un des deux mémoires qui seront adressés quelques mois plus tard à La Beaumelle? Ce dernier déplore que Maupertuis soit «despote et paraisse piqué».[103] Le 30 octobre, Voltaire reçoit à Colmar une brochure du «méchant Lapon».[104]

Il ne répond pas. Car il travaille alors à disposer la mine à retardement, qui ne doit éclater qu'après sa mort: sa *Paméla*. Dès le 22 août, il avait demandé à Mme

---

95. D5563.

96. Voltaire n'a pas trop insisté, parce qu'il réclame qu'un «contrat en forme» soit passé. D'après D.app.120, les textes signés au moment de la transaction valaient contrat, sans en être un. Il demande aussi d'être dispensé de produire tous les trois mois un certificat de vie, ce qui fut, après bien des démarches, accepté (D5540, D5639, D5641, D5671, D5694 commentaire).

97. D5513 (15 septembre 1753) et D5517 (17 septembre 1753).

98. D5522 (22 septembre [1753]). Voltaire broche pourtant une transposition plaisante de ses aventures (D5533) qui ne déride point le maître.

99. D5523 (22 septembre [1753]).

100. D5537.

101. D5514. Sur ce texte, voir *Nachträge zu dem Briefwechsel Friedrichs des Grossen mit Maupertuis*, éd. H. Droysen (1917), p.7-8.

102. *La Querelle* date de 1753, mais c'est un texte dirigé contre Maupertuis. Voltaire a-t-il été mal informé (D5504)?

103. Lauriol, p.393, n.521.

104. D5557. Voltaire accuse La Condamine de la diffuser. Il la désigne sous le titre de *La Querelle*.

Denis de lui retourner les lettres qu'il lui a écrites de Prusse:[105] il veut donner forme à «l'arrangement» dont il lui a déjà parlé. Mais sa nièce résiste, approuvée par le fidèle d'Argental. Craignant quelque incartade, elle prêche la patience, la modération. Cependant Voltaire piaffe d'impatience. «C'est une folie et un crime de différer», alors que jamais il n'aura ni autant de loisir pour y travailler, ni les idées si présentes.[106] Sa nièce ayant enfin cédé, il reçoit les papiers à la mi-novembre.[107] Un mois plus tard, il est occupé à «rédiger, mettre en ordre les lettres à une certaine Mme Daurade» [Mme Denis], car «on peut faire de ce rogaton un ouvrage dans le goût de *Paméla*, une espèce d'histoire intéressante et suivie qui sera curieuse pour le dix-neuvième siècle».[108] L'ouvrage – un recueil d'une cinquantaine de lettres – est terminé le 24 janvier. Voltaire s'en dit très satisfait. Cela «fourmille d'anecdotes» et tout est «dans la plus exacte vérité». Il en suppute malignement la fortune future: «je voudrais un jour revenir de l'autre monde pour en voir l'effet». Le voilà assuré de sa vengeance «Cernin [Frédéric II] n'y gagnera pas et la postérité le jugera.»[109]

Mais qu'est devenu cet *Anti-Frédéric*? Plusieurs hypothèses ont été formulées.[110] Comme il a été dit plus haut, la dernière en date, proposée par André Magnan, est convaincante. Une analyse des dysfonctionnements relevés dans les lettres de Prusse à Mme Denis conclut à l'inauthenticité de ces textes qui seraient le produit d'une réécriture et appartiendraient de ce fait à cette *Paméla* jusqu'alors introuvable.

Si les lettres à Mme Denis «ont empoisonné toute la tradition biographique du séjour à Berlin»,[111] elles pourraient bien être une voie d'accès à la connaissance

---

105. D5488. Projet conçu peut-être lors de la brûlure de l'*Akakia*, esquissé dans D5217 (26 février [1753]).

106. D5535, 1er octobre [1753]).

107. D5570, D5572. On notera que D5612 est à placer avant D5572 (Voltaire attend sa grande malle de Paris).

108. D5594 (20 décembre [1753]).

109. D5621 et D5633.

110. On en compte cinq. 1) La disparition de l'ouvrage, supprimé par Mme Denis (J. Stern, *Voltaire et sa nièce Mme Denis* (Paris 1957), p.76-84). 2) La non-existence de *Paméla*, mystification destinée à tromper la vanité de Mme Denis (voir note 2 de D5535 qui reprend l'argumentation défendue par Th. Besterman dans la première édition de la *Correspondance* de Voltaire). 3) L'assimilation à une première version des *Lettres d'Amabed* (A. Jovicevich, «A propos d'une Paméla de Voltaire», *French review* 36 (1963), p.276-83); hypothèse développée dans l'édition de la Pléiade des *Romans et contes* de Voltaire, notice de Fr. Deloffre et J. Hellegouarc'h (Paris 1979), p.1095-1100. 4) La possibilité d'un véritable roman sentimental (R. Ridgway, *Voltaire and sensibility* (Montréal-London 1973), p.214). 5) L'identification avec les lettres de Prusse (J. Nivat, «Quelques énigmes de la correspondance de Voltaire», p.459-62; A. Magnan, «Pour saluer *Paméla*: une œuvre inconnue de Voltaire», *Dix-huitième siècle* 15 (1983), p.357-68, et *Dossier Voltaire en Prusse, 1750-1753*, Studies 244, 1986).

111. Magnan, «Pour saluer», p.367.

du séjour de Voltaire à Colmar. Les distorsions qu'elles font subir à la vérité, quant au déroulement des faits de 1750 à 1753, sont autant d'informations fiables sur ce que Voltaire a voulu et pensé en Alsace. Elles nous introduisent au cœur même d'une sensibilité à vif, d'un imaginaire marqué par des blessures indélébiles, mais aussi d'un esprit combatif qui calcule ses effets. Quelles forces ont poussé un écrivain aussi peu doué pour l'introspection, aussi éloigné de tout narcissisme ? Même si Voltaire est resté pratiquement dans son lit pendant les dix semaines où il a compilé ces lettres, il a revécu l'immense déception berlinoise et l'a arrangée pour la postérité.

Colmar est ainsi une étape singulière de la biographie de Voltaire, celle où il rédige une autobiographie menteuse. Menteuse dans le détail des faits et plus encore dans son statut. Se donnant pour des lettres authentiques, passant pour telles, ces pseudo-mémoires ne s'avouent jamais pour ce qu'ils sont : un ouvrage qui est de l'ordre de la mystification. Refuge intérieur, voix justicière d'outre-tombe, jardin secret d'une vengeance longuement mûrie, brûlot prêt à servir en cas de besoin, maintenant ou plus tard, selon les circonstances, la composition de *Paméla* l'aidait à vivre.

Il est hanté par Frédéric, métamorphosé en Denys de Syracuse. On a parlé de la «haine personnelle» qu'il lui portait alors.[112] Pourtant aux bouffées de détestation se mêle l'effort d'analyse. L'élan passionnel du ressentiment se transmue en discours. Il est canalisé par ce désir d'avoir le dernier mot, d'infliger au glorieux souverain un masque grinçant dont il ne se défera point. Voltaire échafaude des plans destinés à effacer une inacceptable humiliation et par là dépasse les pulsions primitives de la haine. Le 14 décembre, angoissé par l'état de santé de Mme Denis dont le sang a été «empoisonné» à Francfort, il ressasse de vieilles terreurs : «Vous souvenez-vous qu'on m'avait fait craindre le poison?»[113] La cour de Frédéric devient celle des Borgia.

Certes, on souhaiterait connaître la teneur du matériau original. Faute de pouvoir restituer le texte palimpseste, on se contentera d'indiquer les lignes directrices selon lesquelles le compilateur a organisé son travail.

La première relève d'une vision manichéenne. Le bon droit voltairien s'oppose aux torts du souverain. Victime innocente d'un prince pervers, Voltaire se lave de toutes imputations et charge indûment Frédéric. A preuve la relation mi-ironique, mi-attristée du désastre de Baculard d'Arnaud, et le silence sur l'affaire Hirschel. Pas un mot sur le «chien de procès». Mais, tandis qu'il se déroule, des plaisanteries sur le bisaïeul du roi de Prusse, sur la lésinerie du roi-sergent, puis

---

112. Magnan, p.70.
113. D5591, à Mme Denis. La *Paméla* a été écrite alors que Voltaire est en proie à une «inquiétude mortelle» quant à la santé de sa nièce, qu'il se sent coupable et qu'il s'affole (D5584, D5586, D5587, D5591).

un portrait de milord Tyrconnel, des échos d'une représentation de *Zaïre* à Berlin.[114] Mieux vaut évoquer les beaux yeux de Mme Tyrconnel que ses démêlés peu glorieux avec «l'Ancien Testament». Ainsi sont effacés les indécences de son séjour prussien, tandis que se détache avec force la figure d'un prince mû par une duplicité fondamentale.

Quelle ingratitude chez le Salomon du Nord! Voltaire se peint en «grammairien» de Sa Majesté, attelé à la rude tâche de corriger les nombreuses et fastidieuses productions royales. Il compose à l'usage de son élève couronné «une rhétorique et une poétique suivies».[115] Toujours utilement ou noblement occupé, il paraît ignorer les querelles d'acteurs, les démarches de librairie, les affres de l'auteur, tout ce qui fait le quotidien d'un écrivain sans cesse sur la brèche. Alors qu'on répète dans la fièvre *Rome sauvée* à Paris, en janvier 1752, Voltaire n'aurait entretenu sa nièce que de la froidure, des processions de courtisans montant l'escalier «avec un grand manteau de peaux de loups et de renards», et du courage des dames, bravant les frimas, «les bras nus, la gorge découverte, et l'amplitude bouffante du panier ouvert à tous les vents».[116] Comme si la «farce allobroge» de Crébillon n'avait point été présente à son esprit! Qu'on se le dise! Inoffensif, ennemi des intrigues, Voltaire n'a pu être conduit à croiser le fer qu'à la suite d'un incroyable concours de circonstances, parce qu'il était en butte à la jalousie d'un «méchant Lapon», à l'aveuglement et à la malignité de son maître, et parce qu'il a voulu, dans une cour en proie à des tracasseries sans nombre, être le héraut de la vérité injustement persécutée, le défenseur de la liberté de penser face à l'odieux despotisme académique.

Songeant à séduire des lecteurs parisiens auxquels il livrerait des croquis piquants des mœurs tudesques, il veut mettre les rieurs de son côté et d'abord par ses impudentes indiscrétions: allusions au manque de galanterie du roi à l'égard des dames, aux mignons du d'Assoucy couronné.[117] Sous son regard satirique, l'entourage royal, outre «les moustaches et les bonnets de grenadiers»,[118] prend des allures caricaturales. Voici ce fou de La Mettrie dont «les idées sont un feu d'artifice toujours en fusées volantes», qui passe «pour rire de tout» et «pleure quelquefois comme un enfant d'être ici».[119] Voilà Maupertuis qui n'a pas les «ressorts liants» et qui deviendra au fil des mois tout à fait fou, au sens propre, et fou dangereux, puisqu'il a été jadis «enchaîné à Montpellier dans un de ses accès».[120] Et quelle succession d'anecdotes: l'histoire du c. de Montperny, des

114. D4344 substitue aux angoisses et soucis de janvier 1751 la fausse désinvolture d'un échotier.
115. D4564.
116. D4770 (18 janvier 1752).
117. D4269.
118. D4240.
119. D4256, D4564.
120. D4256, D5025.

petits soupers transformés en «festins de Damoclès», du tripot académique du tyran philosophe![121]

Au milieu de tout cela, l'historiographe de France, que l'on a privé injustement de son titre, dont le voyage avait été l'occasion d'un pélerinage sur le champ de bataille de Fontenoy,[122] ne fait sa «cour qu'à la vérité»,[123] en consacrant ses veilles au *Siècle de Louis XIV*. Alors qu'en réalité il sollicitait permission et conseils, harcelant les autorités dans l'espoir de revenir en France, il ne paraît ici craindre que des chicanes orthographiques et se permet en conséquence une docte dissertation sur «l'habitude barbare d'écrire avec un o ce qu'on prononce avec un a».[124] Décidément, Voltaire devrait être rappelé avec honneur par la cour de France.

Or c'est précisément ce qui n'arriva pas. Trois jours après avoir terminé *Paméla*, le 27 janvier 1754 un «coup de foudre» le frappe.[125] La «volonté du maître» lui est signifiée. Interdiction d'approcher de Paris et de Versailles. Ordre royal qui désormais détermine sa vie pour longtemps, pour toujours peut-être.

121. D4205, D4895, D4956, D5025, D5067.
122. D4169.
123. D4628.
124. D4770.
125. D5638, à Mme Denis. D'après *Correspondances littéraires inédites*, éd. Jochen Schlobach (Paris, Genève 1987), p.243, Louis XV, dès le 27 juin 1753, aurait dit publiquement «qu'il ne voulait point que M. de Voltaire vînt à Paris». D'Argenson aurait transmis le message. Mais Voltaire alors prisonnier à Francfort ne semble pas l'avoir reçu.

11. «Sauve qui peut»[1]
(janvier - novembre 1754)

En ce début de 1754, une nouvelle affaire vient aggraver la situation : l'édition Néaulme de l'*Abrégé de l'histoire universelle*. On sait que depuis 1739 Voltaire travaillait, par intermittences, à une histoire générale dont le titre deviendra en 1756 l'*Essai sur les mœurs et l'esprit des nations*. Des fragments de celle-ci ayant été publiés, Voltaire avait signalé, par une lettre du 5 juin 1752 à la *Bibliothèque impartiale*, qu'il avait perdu au cours de ses voyages «tout ce qui regarde l'histoire générale depuis Philippe second et ses contemporains jusqu'à Louis XIV», ainsi que le chapitre des arts. Le possesseur de ce manuscrit imparfait était prié de le restituer à son auteur.[2] Un adversaire acharné de Voltaire, Rousset de Missy, proposa, par la voix de sa feuille l'*Epilogueur moderne* (7 août 1752), de le rendre, moyennant finances.[3] Voltaire ne donna pas suite : le manuscrit de Rousset de Missy n'était pas celui qu'il cherchait. Il essaie en vain de faire agir la justice, puis de s'accommoder avec Rousset de Missy.[4] Ce manuscrit fut de nouveau offert à Voltaire en octobre 1752 par l'intermédiaire de son ami Devaux, l'amant de Mme de Graffigny : un «valet de chambre de Monseigneur le prince Charles de Lorraine» possédait une copie qu'il était prêt à céder. Nouveau refus de Voltaire et pour la même raison.[5]

Bien que traversant les crises que l'on sait, Voltaire continue à travailler à son ouvrage. Dans le même temps des manuscrits plus ou moins incomplets circulent. Or voici qu'en novembre 1753 le libraire Néaulme de La Haye publie un *Abrégé de l'histoire universelle depuis Charlemagne jusques à Charlequint par Mr. de Voltaire*. Cet *Abrégé* ne répond pas à son titre. Il s'arrête à Charles VII, roi de France. Le

1. «Ce monde-ci est un vaste naufrage. Sauve qui peut», D5640 (28 [janvier 1754]), Voltaire à Cideville.

2. D4904. Sur cette affaire embrouillée, voir l'édition de l'*Essai sur les mœurs* par R. Pomeau (Paris 1963) ; Martin Fontius, *Voltaire in Berlin* (1966) ; Henri Duranton, «La genèse de l'*Essai sur les mœurs* : Voltaire, Frédéric II et quelques autres», *Voltaire und Deutschland*, p.257-68.

3. L'article de l'*Epilogueur moderne* est reproduit par M. Fontius (p.110-11) qui retrace les relations de Voltaire et de Rousset de Missy (p.121-50, 227-42).

4. Voir la Préface de l'*Abrégé*, édition Walther (*Essai sur les mœurs*, éd. R. Pomeau, ii.878-79). Réfugié à Utrecht, Rousset de Missy était hors d'atteinte des magistrats d'Amsterdam auxquels Voltaire s'était adressé.

5. D'après D5036.

libraire invite l'auteur à compléter cet ouvrage. Dans son «Avertissement», Néaulme prétend avoir reproduit fidèlement le texte, se permettant tout juste de corriger l'orthographe de Voltaire à laquelle le public ne réussit pas à s'accoutumer.[6] Cet ouvrage est annoncé par la *Correspondance littéraire* dès le 15 septembre.[7] Voltaire reçoit le volume à Colmar vers le 20 décembre. Sans doute prévoyait-il depuis des mois ce qui le menaçait. Il avait dû entrer en relations avec Néaulme à Berlin, où le libraire possédait une boutique.[8] Mais dès qu'il ouvrit le volume, il fut atterré. Aux premières lignes il lisait: «Les historiens, semblables en cela aux rois, sacrifient le genre humain à un seul homme.» Celui qu'on savait mortellement brouillé avec Frédéric II ne s'avouait-il pas cyniquement l'ennemi de tous les souverains? D'autres traits aussi dangereux l'affichaient comme l'adversaire de la religion chrétienne. La *Correspondance littéraire* réagit dans ce sens. Dans son compte rendu du 1er janvier 1754, le rédacteur cite des traits qui caractérisent le style de Voltaire, et d'abord la phrase sur les souverains. Il l'accuse malignement d'un «attachement secret pour la religion des Turcs» qu'il fait valoir au détriment des chrétiens, ce qui conduit à la pointe finale: «les mauvais plaisants disent que l'auteur ira se faire circoncire à Constantinople, et que ce sera là la fin de son roman».[9] Jean Néaulme lui «coupe la gorge».[10] La prison: voilà l'obligation qu'il aura à l'impudent éditeur.[11]

Il est certain que Jean Néaulme ne tenait pas de lui le manuscrit qu'il a publié. Mais quelle en était la provenance? Voltaire accuse Frédéric comme l'auteur, volontaire ou involontaire, de cette catastrophe. Il exhume une ancienne mésaventure du Salomon du Nord: à la bataille de Sohr, le 30 septembre 1745, les housards du prince Charles de Lorraine enlèvent la cassette du roi et dans celle-ci un manuscrit de l'*Abrégé*. Un «domestique» du prince l'aurait vendu, directement ou indirectement, au libraire.[12] Frédéric était certainement informé de l'impression de l'*Abrégé*.[13] Mais il dénie toute responsabilité: c'est *Le Siècle*

---

6. *Essai sur les mœurs*, ii.860.

7. *Correspondance littéraire*, éd. Tourneux, ii.285, où il est dit que l'édition se prépare en Hollande.

8. Fontius, p.149, sur la foi de «deux lettres de Voltaire» au libraire qui sont attestées, mais que nous n'avons pas, pense que Voltaire aurait donné son accord à condition que l'œuvre paraisse sans nom d'auteur. Duranton, p.262, conclut que vraisemblablement il s'est laissé «forcer la main» par le libraire.

9. CLT, ii.308-10.

10. D5596.

11. Lettre à Jean Néaulme du 28 décembre 1753 qui paraîtra dans le *Mercure de France* en février 1754 (*Essai sur les mœurs*, ii.864).

12. Telle est la version qu'il présente dans une lettre-préface aux *Annales de l'Empire* (*Essai sur les mœurs*, ii.868). Dans D5623, il dit avoir reconnu le manuscrit donné à Frédéric. Il lui en avait envoyé deux (D2623, D2669, D2747).

13. D5512. Il s'est fait communiquer deux lettres que Voltaire avait écrites à Néaulme.

de Louis XIV qu'ont pris les housards. On sait d'ailleurs que si Frédéric avait voulu perdre Voltaire, il disposait d'une arme encore plus dangereuse que l'*Abrégé*: le manuscrit de la scandaleuse *Pucelle*. Il est de plus très improbable que Frédéric ait fait passer discrètement son manuscrit à Rousset de Missy qui s'était signalé par la virulence de sa propagande anti-prussienne.[14] Donnée politique qui conduit à écarter toute connivence entre eux. A défaut de Frédéric, on peut penser à Longchamp qui a volé des manuscrits de Voltaire, en 1751, dont celui de l'*Histoire universelle*: pris de peur, il les a restitués, mais n'en avait-il pas conservé des copies?[15] D'autres filières encore sont possibles, puisque de l'aveu de Voltaire le manuscrit de son *Histoire universelle* est «entre les mains de plus de trente personnes».[16]

Quelle qu'en soit l'origine, l'édition Néaulme mettait en grand péril l'auteur. L'archevêque de Paris ne va-t-il pas lancer un mandement contre l'*Abrégé*?[17] Voltaire fait établir par acte notarié, le 22 février, à Colmar que le texte de Néaulme est très différent du manuscrit véritable. Les notaires ont collationné l'*Abrégé* avec un manuscrit «usé de vétusté» que M. de Voltaire a fait venir de sa bibliothèque de Paris, lequel donne évidemment le vrai texte. Ces messieurs ont lu, non pas «les historiens, semblables en cela aux rois, sacrifient le genre humain à un seul homme», mais «les historiens ressemblent en cela à quelques tyrans dont ils parlent: ils sacrifient le genre humain à un seul homme»; plus loin, non pas «le roi de Perse eut un fils qui, s'étant fait chrétien, se révolta contre lui», mais «un fils qui, s'étant fait chrétien, fut indigne de l'être et se révolta contre lui». Et ainsi de suite.[18] Voltaire diffuse ce procès-verbal notarial. Il rédige une lettre ostensible à Néaulme qui désavoue et condamne ce livre «rempli d'erreurs et d'indécences».[19] Il fait insérer un démenti dans la *Gazette d'Utrecht*.[20] En tête de l'édition Jean Decker, à Bâle, des *Annales de l'Empire*, il proteste dans une «Lettre de M. de V. à M. de ***, professeur en histoire» contre des erreurs de datation, des phrases qui n'ont aucun sens: on lui fait dire tout le contraire de

---

14. Frédéric fait créer par Formey et Francheville une revue pour s'opposer aux allégations de Rousset de Misssy (Fontius, p.142).

15. *Essai sur les mœurs*, i.xii-xiii.

16. D5036 (7 octobre [1752]).

17. D5607. L'édition est largement débitée à Paris où Néaulme l'a apportée dans des ballots de toile (D5677).

18. Dans Collini, p.121-24. Ce manuscrit est intitulé *Essai sur les révolutions du monde et sur l'histoire de l'esprit humain depuis le temps de Charlemagne jusqu'à nos jours mil sept cent quarante*. Il n'y a point de page sans de grandes différences. Des observations favorables aux pontifes sont omises (voir D.app.133).

19. D5604 (28 décembre 1753).

20. D5700. Démenti imprimé dans la *Gazette* du 19 mars 1754.

ce qu'il a dit.[21] Il envoie à Mme de Pompadour une supplique éplorée,[22] multiplie les désaveux auprès de ses « chers confrères de l'Académie »,[23] écrit au marquis d'Argenson,[24] charge Richelieu de veiller sur ses intérêts.[25] A Malesherbes, après l'avoir supplié d'interdire le livre en France, il fait tenir un dossier censé le disculper.[26]

En définitive, il n'arriva rien de ce qu'il redoutait. Malesherbes se déclare prêt à témoigner que Voltaire n'a aucune part à l'édition Néaulme, que ce dernier s'est procuré un manuscrit sans que l'homme de lettres ait été de connivence. Le directeur de la Librairie le rassure sur les intentions de Christophe de Beaumont : l'archevêque de Paris est pour le moment tout occupé de l'affaire du père Berruyer.[27] Faut-il d'ailleurs tant s'agiter ? Malesherbes lui conseille fermement de se « tenir tranquille » : ses « fréquentes apologies [lui] font sûrement plus de tort que de bien ».[28]

Les relations de l'oncle et de la nièce se sont détériorées. Voltaire accuse Mme Denis de l'avoir mal servi dans l'affaire de l'*Abrégé* : elle a omis de « supplier » Malesherbes de supprimer l'édition Néaulme. Il s'en plaint directement au directeur de la Librairie. A l'instigation de l'intéressée, Malesherbes certifie que Mme Denis s'est acquittée « exactement » de toutes les commissions dont elle était chargée.[29] La vérité est qu'elle se refusait à ces interventions répétées exigées par son oncle. Elle est excédée de tout ce qu'on lui demande. Et pourtant, craignant quelque limitation de ses pouvoirs, elle refuse d'être aidée. Elle empêche son oncle d'engager un homme de confiance et préfère se plaindre. En moins de trois semaines une vague d'instructions a déferlé sur elle, sommée de contre-attaquer sur tous les fronts : régler les problèmes matériels, obtenir au moins une réparation de principe de Malesherbes, « exiger » que le roi soit instruit de l'innocence de l'homme de lettres, car « c'est une justice, on [la lui] doit, et [il est] en droit de la demander ».[30] A ces injonctions se mêlent des reproches sur le train de vie fort dispendieux que mène à Paris la mondaine Denis. Son notaire Laleu a établi un

---

21. *Essai sur les mœurs*, ii.869.
22. D5606 ([30 décembre 1753]).
23. D5610, D5616.
24. D5616.
25. D5609.
26. D5608. Pour réparer le scandale, il s'est remis au travail ; il prend contact avec Walther et Lambert (D5618, D5623), obtient difficilement de Mme Denis une copie qui était en sa possession (D5627, D5633, D5643, D5652, D5670, D5673).
27. D5624. Voir le compte rendu de la *Correspondance littéraire* (CLT, ii.310-11).
28. D5717 (vers le 10 mars 1754).
29. D5658, D5659, D5687.
30. D5658 (7 février [1754]). Autres récriminations de Voltaire (D5652, D5670).

relevé des sommes tirées par la nièce : 2 400 livres le 28 décembre, 2 400 livres le 9 janvier, soit 4 800 livres en une dizaine de jours.[31] Alors Mme Denis entre en fureur. Elle envoie à son oncle, le 20 février, une lettre cruelle : «L'amour de l'argent vous tourmente.» Mais elle avait d'abord écrit : «L'avarice vous poignarde», et les mots raturés restent lisibles. Elle continue : «Ne me forcez pas à vous haïr [...] Vous êtes le dernier des hommes par le cœur, je cacherai autant que je pourrai les vices de votre cœur.»[32] Ce n'est pourtant pas la rupture.

Blessé par l'ingratitude de celle qui lui «tenait lieu de fille», Voltaire dans l'affaire de l'*Abrégé* avance toujours en terrain miné. Comment faire preuve de sa bonne foi alors que les éditions se multiplient ? Philibert de Genève s'apprête à contrefaire l'édition de Hollande que Jacob Vernet a plus ou moins bien corrigée. Voltaire ayant eu l'imprudence d'envoyer quelques rectificatifs, le libraire annonce que son édition a été «corrigée et augmentée par l'auteur».[33] Double jeu dangereux auquel Voltaire ne sait pas résister : intervenir, même si peu que ce soit, alors qu'il se prétend étranger à ce qui se fait. Les impératifs commerciaux l'emportent. La lettre de mise au point du 13 mars met en évidence les ambiguïtés de la conduite voltairienne. Il désavoue l'édition Philibert, pour laquelle il a seulement envoyé «un petit article concernant l'évaluation des monnaies sous Charlemagne» : il n'a donc pas la moindre part à cette édition.[34] Même argumentation pour les errata dépêchés aux libraires de Dresde et de La Haye, qui ne regarderaient que des «fautes d'impression». Les subtilités de cette casuistique éditoriale échappent aux autorités. Et comment empêcher la campagne de calomnie de Rousset de Missy ?[35] Et que de tracasseries avec Néaulme![36]

Des plaintes continuelles, des affaires à rebondissements,[37] des réclamations discutables, un bruit confus de démentis, de contre-vérités : comment Voltaire ne lasserait-il point ? Aucun espoir assurément de gagner sa cause à la cour ou à

---

31. D.app.137. C'est une somme considérable, supérieure aux 4250 livres de rente que Voltaire reçut en héritage (D5719). D'après Jean Sgard, c'est plus que le salaire annuel d'un cadre moyen et l'équivalent du revenu annuel «bourgeois» (J. Sgard, «L'échelle des revenus», *Dix-huitième siècle* 14, 1982, p.425-33). Pour obtenir l'équivalence en francs 1982, il faut multiplier cette somme par 80, et en francs 1990, par 100. D'où la question : qu'a-t-elle pu acheter ?

32. D5685.

33. D5722 (13 mars 1754) et D5733 (16 mars 1754).

34. D5722.

35. Voltaire envoie au publiciste copie de deux de ses anciennes lettres de 1737 (D1288, D1295), afin de lui faire prendre conscience de son ingratitude. C'était nettement insuffisant pour le faire taire en 1754. Voir D5662.

36. D5664, D5702.

37. Voltaire s'avise de mystifier un baron qui voulait le convertir en faisant annoncer sa mort (D5621, D5622). Nouvelle qui défraie les gazettes (D5651). Frédéric II compose une épigramme sur ce fol que Charon, nocher des enfers, outré de son avarice, renvoie dans notre monde (D5628).

la ville. Le mal était fait et de telles plaies ne se referment jamais, l'archevêque de Paris le lui a fait sentir.[38] Or l'horizon s'obscurcit aussi en Alsace.

Entrent en scène ici les «jésuites allemands» d'Alsace, selon Voltaire «aussi despotiques parmi nos sauvages du bord du Rhin qu'ils le sont au Paraguay».[39] Candide enfoncera son épée «jusqu'à la garde dans le ventre du baron jésuite», le frère de sa chère Cunégonde. En attendant ces représailles imaginaires, Voltaire qui se sent aussi étranger à Colmar que le sera son héros au Paraguay, se trouve confronté à des membres de la Compagnie de Jésus fort différents de ceux qu'il avait jusqu'alors rencontrés. Ses anciens maîtres étaient des savants que Voltaire ménageait et qui le ménageaient. Le père François-Antoine Krust, directeur de l'importante Congrégation des Messieurs et de la Confrérie de l'Agonie du Christ, et le père Sébastien Mérat, prédicateur à l'église du collège, avec lesquels Voltaire a maille à partir, ont fait des carrières de missionnaires. La maison de Colmar se veut militante, et ce caractère s'accentue sous le rectorat du père Krust qui a commencé en 1752. La situation peut se résumer ainsi:

Habitué à des religieux prudents, constamment suspectés d'infidélité envers le roi, en butte aux tracasseries des parlements, il trouve des jésuites sûrs d'eux, exerçant un véritable pouvoir dans la ville, y compris même à l'intérieur du Conseil souverain.[40]

Le Conseil d'Alsace veut instrumenter contre l'*Abrégé de l'histoire universelle* et son auteur.[41] Voltaire accuse d'abord un «évêque de Porentru»,[42] puis remonte jusqu'au jésuite Mérat qui «s'est avisé de [le] désigner un peu fortement dans ses sermons»:

Ce saint homme a poussé le zèle jusqu'à écrire apostoliquement à l'évêque de Porentru qui a Colmar dans son diocèse. Ce digne prince de l'Empire a écrit après boire au procureur général d'Alsace, et ce procureur général après boire a résolu de déférer à son parlement le livre de la prétendue histoire universelle; les présidents des deux chambres m'en ont averti.[43]

Scénario vraisemblable, sans préjuger du nombre de bouteilles bues, car des liens très forts existaient à Colmar entre magistrats et clergé, les premiers étant d'anciens élèves des pères.[44]

Que faire? S'adresser d'abord à un ancien ami, le comte d'Argenson, secrétaire

---

38. D5653 (5 [février 1754]). Voir D5670, D5697.

39. D5691.

40. Louis Chatellier, «Voltaire, Colmar, les jésuites et l'histoire», *Revue d'Alsace* 106 (1980), p.73: article très documenté.

41. D5668 (12 février [1754]).

42. D5670 (12 février [1754]): en fait l'évêque de Bâle qui réside à Porrentruy.

43. D5672 (14 février [1754]). Le président de Klinglin a averti Voltaire (D5673).

44. Sur les interventions des jésuites auprès des hommes de loi, sur la complaisance de ces derniers à leur égard, voir L. Chatellier.

d'Etat de l'Alsace. Qu'il intervienne auprès du procureur général, qu'il envoie «trois lignes» afin d'empêcher qu'on ne fasse «un incendie de cette étincelle». Mais, accès de goutte ou accès d'indifférence, le comte d'Argenson se dérobe.[45] Voltaire s'adresse donc au père Joseph de Menoux qu'il connaît de longue date, celui-ci ayant été le confesseur du roi Stanislas. Il lui demande de faire comprendre au père Mérat qu'«une bouche chargée d'annoncer la parole de Dieu ne doit pas être la trompette de la calomnie, qu'il doit apporter la paix et non le trouble».[46] Mais il a affaire à forte partie. Menoux défend le père Mérat, insinuant que des gens dévoués à la religion «par conviction, par état, par devoir, par zèle» ne peuvent toujours se taire. Doucereux, il plaint Voltaire de n'avoir point encore «trouvé un ami», forme des vœux pour sa conversion, assortis de cette pointe finale: «Que ne puis-je vous estimer autant que je vous aime!»[47] Voltaire tracera plus tard un portrait au vitriol de ce jésuite «grand cabaleur, grand intrigant, alerte, serviable, ennemi dangereux et grand convertisseur», qu'il a accusé de s'être enrichi malhonnêtement mais dont il affirme, en connaissance de cause, que ce n'est point un sot.[48] Pour le moment, il doit ravaler sa rancœur, car il a appris que ces «jésuites allemands» ont fait brûler le *Dictionnaire* de Bayle dans Colmar, il y a quatre ans: «un avocat nommé Muller, homme supérieur, porta son Bayle dans la place publique et le brûla lui-même». Nouvelle qu'il mande ironiquement à ses amis, censés lui envoyer par la première poste leur Bayle, afin qu'il soit sacrifié, tandis que d'autres jésuites «plus adroits font imprimer Bayle par Trévoux».[49] Mais, dès le 10 mars, il n'a plus rien à craindre.[50] En attendant de faire payer cher ses ennuis alsaciens au père Krust, durement épinglé dans *Candide* où il est accusé d'aimer tendrement les novices, Voltaire «échappé à peine à cette persécution absurde» se déchaîne contre ces «ours à soutane noire» qui gouvernent une «ville moitié allemande, moitié française et entièrement iroquoise».[51]

Il a eu plus de peur que de mal. Le voici pourtant prêt à reprendre son bâton de voyageur. Mais comment éviter l'accusation de désobéissance? Les ordres royaux à son encontre, formulés verbalement, sont imprécis et le resteront.[52] Il mande son dessein à Mme de Pompadour, arguant du fait qu'il n'a reçu «aucun ordre

45. D5672 (14 février [1754]), D5686 (21 février 1754).
46. D5680 (17 février 1754).
47. D5690 (23 février 1754).
48. D8630 (3 décembre [1759]), à Mme Du Deffand.
49. D5682, D5691, où le nombre des dictionnaires brûlés se monte désormais à sept.
50. D5714.
51. D5706 (3 mars [1754]), D5705.
52. Lors de son retour à Paris en 1778, les services de Louis XVI chercheront dans les archives et ne trouveront aucune décision lui interdisant l'accès de la capitale.

positif» du roi et ajoutant qu'il prendra le silence de sa correspondante pour une permission.[53] Partir, telle est donc la solution à laquelle il s'arrête en cette période vraiment sombre où son seul réconfort est son ami d'Argental.

«L'ange» va dénouer la situation, du moins sur le plan des affections de Voltaire. Mme Denis fait amende honorable. L'oncle pardonne malgré les «vérités mortifiantes» qu'il soupçonne: «Peut-être que l'article des reproches extraordinaires de madame Denis, est encore le moindre sujet de plainte que j'aurais». Il veut tout oublier, se taire, «tirer le rideau sur tout cela».[54] Le repentir de la nièce est puissamment aidé par des considérations matérielles. Voltaire a pris ses dispositions. Il lui versera jusqu'à sa mort sa pension, l'augmentera dès que ses affaires auront pris «un train sûr et réglé»: elle jouira d'une «fortune assez honnête». C'est tout ce qu'il peut et doit faire.[55]

Ces décisions furent transmises à l'intéressée qui se plaignait au médiateur, d'Argental. Le 12 mars, Mme Denis lui parlant toujours de sa fortune, il lui envoie un mémoire faisant le point sur la question.[56] Il démontre qu'il a su faire fructifier les 4 250 livres de rentes qu'il a reçues en héritage. Grâce à ses soins, il dispose maintenant d'argent placé à Cadix, à Leipzig, en Hollande, et «ce qui est à Cadix est un objet assez considérable». Il a accumulé des rentes viagères qui sont «un objet assez fort» et qui sont destinées à lui assurer, ainsi qu'à sa nièce, un train de maison luxueux. Pour Mme Denis, l'heure du choix a sonné, et elle le comprit. Depuis des mois Voltaire lui répète qu'il n'est venu en France que pour elle. Elle n'ignorait pas que la duchesse de Saxe-Gotha ou l'Electeur palatin s'efforçaient de l'attirer, que les instances de Lausanne se multipliaient. Avait-elle eu vent aussi de ces singuliers bruits sur le mariage de son oncle?[57] Il s'agissait donc, soit de demeurer à Paris avec cette fortune «assez honnête» que lui assurait Voltaire, près de ceux qui faisaient le cadre de sa vie, soit de passer désormais les mois et les années avec l'écrivain dans l'opulence, mais loin des salons et des plaisirs de la capitale. Cruel dilemme pour une mondaine. Fin mars, Mme Denis, repentante, fait savoir à son oncle que son plus cher désir est de vivre avec lui.[58]

La réconciliation se marque d'abord par une reprise de la correspondance à son niveau le plus quotidien. Point d'état d'âme, mais un tour d'horizon complet où il est fait allusion pour la première fois au conte de *Scarmentado* et à une

---

53. Voir D5727, D5742, D5744.
54. Repentir du 17 mars, d'après D5744. Voltaire décide de se taire le 21 mars (D5742).
55. D5699 (28 février 1754).
56. Charles Wirz a retrouvé la lettre du 12 mars 1754 dont on ne connaissait qu'un fragment (D5718). Voir l'«L'Institut et Musée Voltaire en 1985», *Genava* 34 (Genève 1986), p.197. Le mémoire joint à cette lettre est D5719.
57. D5698, D5708, et D5814 sur les instances de Lausanne.
58. D5753 (30 mars [1754]).

«petite plaisanterie de *Barbarigo*», sans doute un autre conte aujourd'hui perdu.[59] Mme Denis s'empresse de rendre tous les services demandés. Ainsi jusqu'au départ de Colmar, le 8 juin, alterneront instructions destinées à régler les multiples affaires en cours et avertissements destinés à éclairer sa nièce. D'une part Voltaire, «dictateur perpétuel», a l'œil à tout : livres à vendre, paquets à envoyer, réponses à faire. D'autre part, il analyse la situation. Toujours malade, éloigné pour jamais de Paris, ne devant songer qu'à un «établissement dans la postérité», il invite Mme Denis à ne point se bercer d'illusions : «Avez-vous bien réfléchi à tout ? [...] Je suis condamné pour jamais à la solitude une grande partie du jour, dans quelque pays que je sois, fût-ce la plus brillante cour».[60]

Balayant toutes les objections, sa nièce veut venir à Colmar. Mais Voltaire préfère un rendez-vous à Plombières où Mme Denis a manifesté dès le mois de février le désir de se rendre en compagnie des «anges» d'Argental.[61] A Colmar, ses difficultés avec la Compagnie de Jésus n'ont pas pris fin. Sa correspondance avec le père de Menoux est publique. Voltaire ayant protesté, le jésuite compatit à ses malheurs, se dit mortifié que le père Fagnier, son supérieur, ait laissé transpirer ses lettres, mais il interprète ce «surcroît de chagrins» comme un signe d'élection de la Providence, ce qui lui fait bien augurer du salut de Voltaire. La Société attaque l'*Abrégé de l'histoire universelle*. Menoux dans un *Discours sur l'histoire* a formulé en matière de méthode des exigences qui sont autant de critiques de l'œuvre voltairienne. Le *Journal de Trévoux* dans un compte rendu de février et mars 1754 relève des erreurs et débusque le projet anti-chrétien.[62] Voltaire se sent en position de faiblesse dans cette petite ville dévote. Remettant à plus tard les représailles, il croit devoir détourner de lui la «colère sacrée» en faisant ses pâques.

Il va se confesser, non chez les jésuites, mais au couvent des capucins. D'où une relation, destinée aux salons parisiens : il a confessé que, malade depuis six mois, il n'a pas eu de grandes tentations ; ses péchés se réduisent à avoir été en colère contre un jésuite. «Ah! si ce n'est que contre un jésuite, répond le capucin, il n'y a pas grand mal», et il décerne un «beau billet de confession».[63] Après quoi, le dimanche 14 avril, accompagné de Collini, Voltaire va communier, toujours au couvent des capucins. Son secrétaire, curieux d'examiner la contenance de son maître «pendant cet acte important», nous a conservé cet instantané : «Il présentait

---

59. D5744 (24 mars [1754]).
60. D5762 (9 avril 1754), D5779 (16 avril 1754).
61. D5653, D5658.
62. D5770 (12 avril 1754) ; L. Chatellier, p.74-76 ; *Mémoires de Trévoux*, février 1754, p.281-309, mars 1754, p.655-70. Le rédacteur donne à Voltaire des leçons de critique historique à propos des croisades, de saint Louis, de Jeanne d'Arc.
63. D5779 (16 avril [1754]), à Mme Denis.

sa langue et fixait ses yeux bien ouverts sur la physionomie du prêtre. Je connaissais ces regards-là.» En remerciement il adresse aux bons pères douze bouteilles de vin et une longe de veau.[64]

On dit à Paris qu'il vient de faire sa «première communion». C'est en tout cas la première de ses communions à scandale. Il n'hésitera pas à répéter un geste, pour lui dénué de signification, quand il croira détourner par là une persécution. Il avait prévu de longue date sa communion de Colmar: un mois auparavant il se flattait d'apporter à l'Isle Jard un billet de confession: «Je conçois», écrit-il pour se justifier, «qu'un diable aille à la messe quand il est en terre papale comme Colmar ou Nancy.»[65]

On sera d'accord avec Collini pour penser que cette comédie, qui le déconsidère, ne trompa personne. Elle lui vaut les sarcasmes de Frédéric.[66] De ce côté, l'animosité reste vive. En janvier, il a adressé au roi de Prusse les *Annales de l'Empire*, accompagnées d'une grande lettre, par l'intermédiaire de la margrave de Bayreuth.[67] Le souverain répond par une missive très élaborée, qui dispense des éloges parcimonieux aux *Annales*.[68] Les hostilités n'étaient point closes pour autant. Voltaire ne veut plus avoir affaire ni avec Ericard ni avec Dubillon (Louis XV et Frédéric II). Frédéric fait savoir à milord Maréchal que ceux «qui jouent avec des singes en sont mordus quelquefois», ce qui lui est arrivé avec Voltaire.[69] A Darget, il mande que Maupertuis et Voltaire lui adressent des «lettres remplies d'injures qu'ils se disent», le prenant pour «un égoût».[70] Pourquoi cette recrudescence de hargne? Sans doute parce que Voltaire continue à se moquer du «méchant diable xx» qui l'a chassé de Prusse.[71] Dans l'ombre, Fredersdorff, Maupertuis travaillent à empêcher toute réconciliation. La Beaumelle, sorti de la Bastille en octobre 1753, a mis au point une brochure qui couvre Voltaire «d'ignominie». Elle n'a pas été conservée. Mais on a retrouvé un état antérieur, *Voltaire à Berlin par M. le baron de B.*, remarquable par sa vigueur et sa précision.[72] La plume vengeresse de La Beaumelle reste pour lui une menace. La *Réponse au Supplément du Siècle de Louis XIV* ayant obtenu une permission tacite est imprimée et les premiers exemplaires sont distribués (9 mai). Il en expédie à La Haye, Francfort et Londres «afin que Voltaire divertisse toute l'Europe». Il a poussé l'audace jusqu'à envoyer ce cinglant pamphlet à Voltaire lui-même. Mais le

---

64. Collini, p.128.
65. D5721 (13 mars 1754), et D5756, à d'Argens, donc destiné en fait à la cour de Prusse.
66. *Politische Correspondenz*, xi.339.
67. Frédéric II, *Œuvres*, xxvii.241: lettre non retrouvée.
68. D5737 (18 mars 1754).
69. D5815 (15 [mai 1754]).
70. D5811.
71. D5756, à d'Argens. Les «xx» font allusion à la manie mathématique de Maupertuis.
72. Claude Lauriol qui se propose de l'éditer en a donné une description rapide, p.395, n.529.

destinataire a refusé le paquet. Voltaire ne sous-estime pas cependant son adversaire, car dans les provinces on a plus vendu «l'édition infâme du *Siècle* de La Beaumelle» que la sienne.[73]

De son lit qu'il n'aurait point quitté depuis des mois, sinon pour faire ses pâques, Voltaire continue à tout régenter. Il donne ses ordres sur les moindres détails, réglant au jour le jour ses complexes affaires financières.[74] Dûment dirigée, Mme Denis est toujours chargée de la vente de ses biens à Paris : tableaux, cabinet de physique, collections de livres. Il recommande à sa nièce de sauver les apparences dans ces ventes qui ne doivent point ressembler à un inventaire : «c'est bien assez d'avoir fait [ses] pâques, sans avoir l'air des *de profundis*.»[75]

Comment, aux prises avec tant de soucis et malgré ses maladies, réussit-il à travailler ? Extraordinaire résistance que la sienne, puissamment aidée par le goût de vivre et le stimulant de l'œuvre à accomplir. Après l'édition Néaulme de l'*Abrégé* une urgence s'impose : pour réparer le tort qui lui a été fait, publier un texte qu'il puisse avouer. Il ne soupçonne pas ou ne veut pas soupçonner que sa cause est entendue, qu'un ouvrage historique tel qu'il l'a conçu, même relu avec soin pour en retrancher les hardiesses, est fondamentalement inacceptable dans la France des années 1750-1760. Mais cette illusion le maintient sur le pied de guerre et l'incite à se consacrer à un travail pénible. Il est rentré en possession d'un ancien manuscrit. Il se fait envoyer par sa nièce des livres nécessaires, et s'est attelé à la rédaction d'un troisième tome.[76] Il lui arrive de douter : «Si on ne dit pas la vérité, on dégoûte, si on la dit, on est lapidé. Que faire ?»[77] Mais il va de l'avant. Le 6 juin, sur le point de quitter Colmar, il envoie à Malesherbes le troisième tome, qu'il regarde comme «son apologie pour les deux premiers». Il a un quatrième tome tout prêt, et le cinquième est commencé.[78] Afin d'«imprimer à [sa] fantaisie» l'ouvrage intitulé désormais *Essai sur l'histoire universelle*,[79] il a pris des contacts avec Walther, avec les Cramer…, pendant que l'avidité des libraires a jeté sur le marché en moins d'un an neuf éditions non autorisées de l'*Abrégé*. La conjonction de ces deux données conduit à une situation labyrinthique. Et pendant que paraît à la mi-mars le second tome des *Annales de l'Empire*,

---

73. Lauriol, p.395 ; D5824 (21 mai [1754]). Tout Paris s'y intéresse (D5828).

74. D5766 (ruine de Bernard), D5767 (rappel à l'ordre du maréchal de Richelieu), D5804 (affaires de Cadix), D5830 (affaires de Leipzig), vente de rentes constituées sur les postes (D.app.135).

75. D5809.

76. D5638, D5644, D5652, D5653, D5658, D5670, D5673.

77. D5829 (28 mai [1754]).

78. D5836 (6 juin [1754]).

79. C'est ainsi qu'il désigne le troisième tome, D5802, à Walther.

trois rééditions du premier sont en cours; il envoie des cartons à Lambert, aux Cramer, promet à Walther de lui procurer de nouveaux matériaux.[80]

Il prétend avoir connu avec les *Annales* «toute la plénitude de l'horreur historique». Il se plaint que la duchesse de Saxe-Gotha l'ait transformé en «pédant en -us, comme Circé changea les compagnons d'Ulysse en bêtes».[81] On l'a trop volontiers cru sur parole. Des liens étroits existent entre les *Annales* et l'*Histoire universelle*: à la suite de l'article consacré à Ferdinand III, il a inclus un «Tableau de l'Allemagne depuis la paix de Westphalie» qui, à grands traits, et dans un réel esprit de synthèse, s'efforce de présenter l'état de l'Allemagne. Il reste persuadé que ses *Annales*, faites pour être consultées comme un dictionnaire, en réalité se lisent, tandis qu'il est impossible de «lire Hénault de suite».[82] Il résume l'esprit de son œuvre: «La grande partie du droit public qui n'a été pendant six cents ans qu'un combat perpétuel entre l'Italie et l'Allemagne est l'objet principal de ces *Annales*.»[83] Droits douteux, se réduisant finalement à «celui du plus fort que le temps seul rend légitime», ce qu'il exprime dans la formule: «Le temps, l'occasion, l'usage, la prescription, la force font tous les droits.» Même s'il ramène trop la Réforme à des questions de fiscalité pontificale, il se rend compte qu'un des événements majeurs du seizième siècle fut ce «changement de la religion dans la moitié de l'Europe». Il manifeste de l'intérêt pour la guerre des paysans, rappelle leurs revendications, car «ces espèces de sauvages firent un manifeste que Lycurgue aurait signé»: «ils réclamaient les droits du genre humain, mais ils les soutinrent en bêtes féroces.»[84]

A ces travaux, à la mise au point des *Œuvres mêlées*,[85] il ajoute une collaboration à l'*Encyclopédie*. Au moment où le *Dictionnaire* avait commencé à paraître, son transfert en Prusse l'avait empêché de s'y intéresser. Mais en ce printemps de 1754, depuis Colmar, il veut se faire «compagnon dans l'atelier de l'*Encyclopédie*». Il envoie à d'Alembert des «cailloux pour fourrer dans quelques coins du mur».[86] Aussitôt des différences de conception apparaissent entre lui et les directeurs. Il leur a adressé un article «Littérature», «petit essai de quatre à cinq pages» qu'il vient de dicter sur le champ. Il y a joint un article «Ame» fait en Prusse.[87] Mais cette offre de service ne reçoit pas de réponse positive. Mme Denis lui fait savoir

---

80. D5723, D5787, D5750, D5830.

81. D5816 (16 mai [1754]).

82. D5644 (31 janvier [1754])

83. D5810 (12 mai 1754).

84. *Annales de l'Empire* (M.xiii.254, 484, 489).

85. D5618, D5679, D5696, D5744. Voltaire a eu l'intention d'imprimer des lettres de Frédéric II, mais s'est ravisé.

86. D5832, D5836. D'Alembert a pris contact avec lui au moment de l'exil de l'abbé de Prades.

87. D5824. Il critique indirectement l'article «Ame» de l'*Encyclopédie* et désire qu'on le sollicite pour des articles philosophiques sans le cantonner dans le secteur des belles-lettres.

que l'on exigeait pour l'article «Littérature» de plus amples détails. Or Voltaire estime qu'on ne doit point écrire un in-folio sur un sujet si rebattu, qu'il suffit dans un dictionnaire de «définir, d'expliquer, de donner quelques exemples».[88] Sa conception de l'article de dictionnaire, déjà ébauchée à Potsdam, l'éloigne de l'honnête synthèse sur les différentes littératures qu'on attend de lui. Il faudrait plutôt demander «l'article du malheur des gens de lettres et de leurs persécutions». Privilégiant la formulation piquante et qui laisse à penser, il définit la littérature comme «une guerre perpétuelle entre des abeilles et des guêpes». Il accepte pourtant de rendre son article «aussi ennuyeusement inutile qu'on voudra».[89]

Et dans ses moments de loisir, il retouche par-ci par-là d'anciens ouvrages en vue du rendez-vous de Plombières. Il va apporter aux eaux une «Jeanne un peu mieux atournée», il a «rajusté» *Zulime*:[90] il s'agit de plaire aux d'Argental et à Mme Denis. C'est donc avec un bon bagage de manuscrits en portefeuille qu'il part de Colmar le 9 juin 1754, n'emmenant avec lui qu'un seul domestique et un copiste.[91]

Il avait l'intention de s'arrêter brièvement en chemin dans l'abbaye bénédictine de Senones, que dom Calmet, prieur depuis 1728, avait considérablement agrandie et embellie.[92] Mais en montant dans son carrosse il reçoit une lettre de sa nièce interdisant provisoirement Plombières: Maupertuis doit s'y rendre accompagné de La Condamine. Il va donc faire un long «noviciat» de trois semaines chez les pères bénédictins.

Sa visite était prévue depuis le mois de mai. Dom Sinsart, le père supérieur, l'annonçait alors, assurant qu'il est «très partisan des Bénédictins»: «c'est le seul ordre qu'il aime, parce que nous étudions et que nous laissons le monde comme il est, sans nous mêler d'intrigues».[93] C'était l'occasion pour Voltaire de réaliser un très ancien projet. En février 1748, il voulait déjà se rendre dans ce séjour de la science. Il écrivait à dom Calmet: «Il ne me faudrait qu'une cellule chaude, et pourvu que j'eusse du potage gras, un peu de mouton et des œufs, j'aimerais mieux cette heureuse et saine frugalité qu'une chère royale.»[94] En fait de «cellule chaude», bien qu'on fût en juin, il doit faire du feu continuellement, car il vente, il pleut et des grêlons «gros comme des œufs de poule d'Inde» cassent ses vitres.[95] On ne sait s'il fut satisfait de l'ordinaire des moines. Mais on nous dit qu'il a

---

88. Voir la discussion de D5832.
89. D5824, D5836. L'article «Littérature» de l'*Encyclopédie* est signé D. J. (voir D.app.136).
90. D5820, D5788.
91. Collini est resté à Colmar.
92. Voir l'*Histoire de l'abbaye de Senones*, rédigée par dom Calmet et continuée par dom Fangé, son neveu (Epinal 1879), p.110-18.
93. D5826 commentaire.
94. D3618.
95. D5850.

vécu à l'abbaye «en quelque sorte comme un religieux, n'ayant voulu pendant tout ce temps-là manger qu'avec la communauté au réfectoire, et ne converser qu'avec les religieux».[96]

Dom Calmet et lui se témoignent une estime réciproque. Il trouve là une riche bibliothèque, «presque aussi complète que celle de Saint-Germain-des-Prés»,[97] que le savant abbé par une politique d'achats suivie avec persévérance n'avait pas peu contribué à rendre la plus belle de la province. Dom Calmet lui «déterre de vieux bouquins», après s'être hissé, à l'âge de quatre-vingts ans, en haut de branlantes échelles. Tout le monastère se serait mobilisé pour l'aider, les moines cherchant «les pages, les lignes, les citations».[98] Il a fureté dans saint Augustin, Origène, Alcuin, compulsé «dom Mabillon, dom Martène, dom Thuillier, dom Ruinart», et des capitulaires du temps de Charlemagne, de vieilles chroniques du temps d'Hugues Capet,[99] toutes «antiquailles» nécessaires pour son histoire universelle, mais aussi pour les articles destinés à l'*Encyclopédie*, car «c'est une bonne ruse de guerre d'aller chez ses ennemis se pourvoir d'artillerie contre eux».[100]

Ce long séjour fait jaser. D'Argens prétend qu'il suit les processions, s'appuyant sur son secrétaire qui est protestant : ainsi on a pu voir l'Incrédulité au bras de l'Hérésie.[101] Voltaire doit se défendre d'avoir dit vêpres et matines et de porter un crucifix à sa ceinture.[102] La vérité est qu'il s'est amusé à jouer au moine. Il a vécu «délicieusement au réfectoire», lui qui annonçait à Mme Denis qu'il avait manqué sa vocation : «C'était d'être moine» car il «aime la cellule». Il ajoutait : «Je voudrais que vous pussiez vous faire nonne avec moi [...], mais je suis un vieux moine, vous aimeriez mieux peut-être un novice.»[103] Il entre dans un personnage de religieux, comme il entre dans celui de Lusignan, lorsqu'il joue sa *Zaïre*.

Enfin sonne l'heure des grandes vacances. Maupertuis est parti. Le 2 juillet, Voltaire monte en carrosse et roule vers Plombières, n'ayant aucune foi aux vertus des eaux, mais en ayant beaucoup à celles de l'amitié.

---

96. *Histoire de l'abbaye de Senones*, p.125.

97. D5901.

98. D5843 (12 juin [1754]).

99. D5845, D5850, D5866, D5901.

100. D5968 (27 octobre [1754]), à la duchesse de Saxe-Gotha. Il a rédigé un article «Esprit» (*OC*, xxxiii.51-58) qui paraîtra dans le volume v de l'*Encyclopédie*.

101. De Luchet, p.18. D'après dom Fangé, p.125, il aurait assisté le jour de la Fête-Dieu à la procession et à tout l'office et s'en serait montré très édifié.

102. D5983, sarcasme de Frédéric qui lui reprochera aussi d'avoir un crucifix dans sa chambre (D6013).

103. D5821 (19 mai [1754]).

Lorsque Voltaire arrive à Plombières, le 4 juillet, les d'Argental y sont déjà. Joie des retrouvailles! Voltaire est «hors de lui». Mme d'Argental, avertie par son valet qui s'est mis à crier «comme un fou», se précipite dans l'escalier. «Nous arrivons dans ma chambre, raconte la comtesse, tous ceux qui allaient de côté et d'autre dans les rues reviennent sur leurs pas et forment un gros énorme de monde vis-à-vis ma fenêtre, à la face duquel nous nous embrassons comme des pauvres.»[104] Un quart d'heure après, voici d'Argental. Toute une grande journée avec les «anges»! Mme Denis et Mme de Fontaine n'arriveront à Plombières que le lendemain dans l'après-midi.

Voltaire y restera trois semaines. La ville d'eaux, au fond de l'étroite vallée de l'Eaugronne, où coulent vingt-sept sources d'eau chaude, connaissait un essor remarquable depuis les travaux exécutés en 1725, par Léopold de Lorraine. La station était surtout célèbre pour ses bains et ses étuves. Le malade y demeurait des heures durant, empaqueté dans une chemise de grosse toile. Mais Voltaire est incrédule aussi en matière de thermalisme. Il ne fait qu'une apparition à la fontaine, ce qui ne suffit pas à «laver» son sang.[105]

La cure n'était le plus souvent qu'un prétexte. Il y avait cette année-là «un monde prodigieux» à Plombières: «toute la cour de France». On se crève de bonne chère, on joue: «cela s'appelle prendre les eaux».[106] Selon un jeune curiste, le président de Ruffey, l'arrivée de Voltaire répand dans la station «une influence poétique qui a fait naître un grand nombre de vers et de chansons».[107] Après de longs mois de solitude, il retrouve les plaisirs de la société. Il paie son écot par des vers de circonstance sur les menus incidents de la saison. Pris pour arbitre entre la marquise de Bélestat et le comte de Lorges, s'accusant mutuellement de vol au jeu, il s'en tire par une galanterie à l'adresse de la dame:

> Vous vous plaignez à tort, on ne vous a rien pris:
> C'est vous qui ravissez des biens d'un plus haut prix,
> Qui sur nos libertés ne cessez d'entreprendre;
> Votre cœur attaché sait trop bien se défendre;
> Et la mère des Jeux, des Grâces et des Ris
> Vous condamne à le laisser prendre.[108]

De nouveau, après une triste quarantaine, voici les plaisirs de la conversation, les frivolités des cercles mondains, le charme des compagnies féminines. Voici

---

104. D5861 (4 [juillet] 1754).

105. Il avait écrit à Mme Denis: «Nous laverons notre sang ensemble» (D5788). Selon Mme d'Argental, Voltaire raisonne «comme une huître» lorsqu'il s'agit de sa santé (D5861).

106. D5850, D5868, D5881, D5897.

107. De Ruffey, *Histoire lyrique des eaux de Plombières pour l'année 1754*, connue par Desnoiresterres, v.47-48.

108. M.x.554.

surtout sa chère Denis : rendez-vous sentimental et rendez-vous d'affaires étroitement liés. «Nous raisonnerons de toutes nos affaires et nous y mettrons un ordre
certain», avait-il promis en avril.[109] Il s'agissait entre autres de savoir s'il valait
mieux placer son bien sur «Ericard» ou sur «Cernin», ou plus vraisemblablement
sur aucun des deux. Il devait faire un nouveau testament.[110] Tous ces arrangements impliquaient des décisions essentielles. Voltaire et Mme Denis devaient
raisonner, «à tête reposée» ou «à tête échauffée», de leur destinée.[111] Rien n'a
transpiré de ces entretiens. On en suit seulement la progression dans les lettres
que Mme Denis adresse à son soupirant Cideville. Le 6 juillet, elle lui annonce
qu'elle va «passer quelque temps» avec son oncle. Le 21, lettre de rupture, pleine
de ménagements : elle n'ira pas à Launay cette année ; elle a lieu d'être «très
contente» de son oncle et l'accompagne à Colmar. A Plombières s'est clos un
chapitre de la vie de Voltaire. Désormais, à l'exception d'une courte période en
1768, Voltaire et Mme Denis ne se sépareront plus. En cette fin de juillet 1754,
Mme Denis espère encore que son oncle choisira de rester en France.[112]

Il abrège le séjour, prévu pour un mois. Des affaires le pressent de partir. Le
libraire Josef Friedrich Schöpflin a commis un faux pas. Ayant imprimé à
Colmar sans permission l'*Essai sur l'histoire universelle*, il s'avise de demander à
Malesherbes d'interdire l'édition autorisée de Lambert. D'où lettre sur lettre de
Voltaire à Malesherbes, à Lambert. ce qui peut expliquer son retour à Colmar.
Il y eut sans doute d'autres causes : le vide des journées dans la station thermale,
où Voltaire est privé de sa drogue, le travail ; peut-être des questions financières ;
sûrement le fait que le choix de Mme Denis est dorénavant acquis.

De retour à Colmar, toujours chez Mme Goll, Voltaire n'est plus seul. Il doit
compter désormais avec sa «garde-malade», puisque c'est ainsi qu'il désigne Mme
Denis. Il va y demeurer encore plus de trois mois, dans l'expectative.

Bientôt, Mme Denis s'ennuie. Elle dort, elle mange, elle paresse.[113] Elle
s'occupe aussi à retravailler sa tragédie grecque, cette *Alceste* qui ne sera jamais
jouée, ni imprimée, ni, vraisemblablement, terminée.[114] Voltaire de son côté est
«à la Chine». Il transporte dans ses bagages les brouillons de sa nouvelle pièce,
L'Orphelin de la Chine, remise sur le métier à Plombières, afin de mettre à profit

---

109. D5795 (30 avril [1754]).
110. D5811.
111. D5804.
112. D5868, D5888.
113. D5946 (8 octobre [1754]), à Cideville.
114. De temps en temps, Mme Denis manifeste de semblables velléités. Pendant le séjour de
Voltaire en Prusse, elle s'était avisée de vouloir faire jouer sa *Coquette punie*. Voltaire qui n'avait pas
emporté ce texte à Berlin, comme l'y invitait Baculard d'Arnaud (D4150), s'efforce de dissuader sa
nièce, craignant pour elle et pour lui le ridicule (D4885, D4953, D4907).

les conseils des «anges» d'Argental.[115] Ses «magots», comme il les nomme, ont été étirés en cinq actes, «qui ne sont que cinq langueurs». Il les réduit à trois. D'Argental voudrait déjà faire jouer cet *Orphelin* à Paris. Voltaire juge la conjoncture défavorable. Le *Triumvirat* de Crébillon, patronné par Mme de Pompadour, triomphe. Et on ne manquerait pas de faire des «applications dangereuses», la conduite d'Idamé, épouse exemplaire et héroïne de l'*Orphelin*, étant regardée comme la condamnation de la favorite.[116] Il espère qu'on reprendra plutôt *Rome sauvée*. Au lieu de quoi, on veut donner sans l'avoir consulté son ancien opéra de *Pandore*, rebaptisé *Prométhée*.[117]

Mais voici que la monotonie des jours est heureusement interrompue par une rencontre imprévue. Les margraves de Bayreuth sont de passage à Colmar. Wilhelmine, le 23 octobre, prie Voltaire à souper à la Montagne noire, «un cabaret borgne de la ville». Le lendemain, elle a voulu voir «absolument» Mme Denis. Elle aurait réparé par ses bontés le mal qui avait été fait au nom de son frère. Placée entre Voltaire et Frédéric, la princesse pratique un double langage. Rendant compte au roi de l'entrevue, elle donne un tour dénigrant à son récit. Voltaire aurait pleuré et aurait conté sa «gamme». Elle trace de la nièce un portrait sans complaisance: «une grosse femme» qui «s'est jetée dans l'écriture».[118]

Pendant que Voltaire informe tous ses amis de sa bonne fortune, assurant que tout cela avait «l'air d'un rêve», Frédéric s'empresse d'annuler les gracieusetés de sa sœur. Il continue à dauber sur «la grande dévotion» de Voltaire à Senones. Le retour de Maupertuis à Berlin, le 28 juillet, ne peut qu'attiser son irritation. Irritation encore accrue par l'attribution à Voltaire d'une *Epître*, dont l'auteur, vraisemblablement un comédien non identifié, exprime sa hargne à l'encontre d'un prince d'une avarice et d'une mauvaise foi inconcevable.[119] Voltaire lui a envoyé le troisième tome de l'*Essai sur l'histoire universelle*, tout en réclamant inlassablement justice pour sa pauvre nièce malade de «l'aventure affreuse» de Francfort.[120] Requête qui exaspère le roi. Aussi les bruits qui courent d'un retour de l'ex-chambellan à la cour prussienne n'ont-ils aucun fondement.[121]

Mais où Voltaire ira-t-il? Il n'a nulle raison de jeter ses regards vers l'Allemagne, à l'exception de Mannheim où l'Electeur palatin espère le recevoir pour l'hiver. Sa nièce a osé lui parler de nouveau d'Auxerre, mais s'il a «vingt projets en l'air»,

---

115. D5519, D6379: il reprend un ancien canevas commencé en Prusse.

116. D5899 (3 août 1754), D5922 (8 septembre 1754).

117. D5929, D5930, D5957.

118. D5969, D5964.

119. Ce texte est reproduit par l'auteur anonyme de *Frédéric le Grand* (Amsterdam 1785) et par Denina, *Essai sur le règne et la vie de Frédéric le Grand* (Berlin 1790), p.120.

120. D5983, D5912.

121. Voltaire avait mis les choses au point dans une lettre à la duchesse de Saxe-Gotha, D5898 (30 juillet 1754). Mme Denis envoie un démenti à Lambert, D5908 (18 août 1754).

pas un n'est pour la France.[122] En revanche il mène d'actives transactions en
Suisse par l'intermédiaire de l'avoyer de Berne, Jacques Clavel de Brenles. On
lui propose la terre d'Alaman, un château sur les bords du Léman, entre Rolle
et Morge. Il demande des assurances concernant les conditions d'acquisition en
Suisse. Un catholique peut-il posséder des biens fonds? Peut-il jouir du droit de
bourgeoisie à Lausanne? Peut-il tester en faveur de parents demeurant en France?
Pour ce «tombeau agréable», il ne peut mettre plus de 225 000 livres: il donnerait
150 000 comptant, le reste en billets de Cadix.[123] En novembre, le marché achoppe
sur les exigences financières des vendeurs. Voltaire se résigne donc à accepter,
provisoirement, la proposition de Jean Georges de Guiguer de mettre à sa
disposition le château de Prangins au nord de Nyon.[124] En route, il s'arrêtera à
Lyon où il doit rencontrer le maréchal de Richelieu «en bonne fortune».

Au moment de partir, une menace surgit. Des manuscrits de *La Pucelle*
circulent dans Paris. Fréron en a parlé dans son *Année littéraire*: Voltaire s'imagine
que le journaliste en possède une copie. Le conseiller au parlement Pasquier a lu
le poème chez un de ses amis. Une édition serait-elle imminente? Voltaire croit
savoir que le «maudit chant de l'âne» s'imprime selon sa version originale et non
suivant celle qu'il a expurgée.[125] Cette *Pucelle*, comme on le verra, n'a pas fini
de lui causer des soucis.

Le jour de son départ, le 11 novembre, un incident ridicule survient. Il s'en
est fallu de peu que Collini ne fût pas du voyage. Le secrétaire n'en souffle mot
dans ses *Mémoires*. Mais il en a donné, dans une lettre à Josef Schöpflin et dans
une autre à l'avocat Sébastien Dupont, deux récits, complémentaires, où son
maître fait piètre figure.[126] Collini est excédé de travail: un véritable esclavage,
sous un patron tyrannique et capricieux. Il est bien décidé à quitter Voltaire,
lorsqu'une exigence de celui-ci vient combler la mesure. La berline est devant la
porte, prête à s'ébranler. Le véhicule doit maintenant porter Mme Denis et son
bagage. Le philosophe le juge trop lourdement chargé. Il ordonne à Collini d'en
retirer son portemanteau qui contient une douzaine de chemises et quelques
vêtements: qu'il vende le tout! Le secrétaire répond que dans ces conditions il
quitte son service: qu'on lui règle ses gages. Voltaire lésine sur le calcul: il ne
veut pas payer le mois de novembre qui n'est pas terminé. Finalement, après
avoir conféré avec Mme Denis, il se montre plus accommodant, et Collini accepte

---

122. D5961, D5900, D5946.
123. D5942, D5960, D5971.
124. D6008 (3 décembre 1754).
125. D5972. Le conseiller Pasquier, grand amateur de livres interdits, est impitoyable à l'égard des
auteurs. Au moment de l'affaire La Barre, il déclare qu'il ne faut pas brûler les livres, mais les
auteurs (D13544).
126. D6000, D6006.

de rester. La berline roulera jusqu'à Lyon et au-delà, sans que la surcharge du léger portemanteau provoque d'accident.

Les voyageurs traversent la haute Alsace, la Franche-Comté. Ils s'arrêtent le 13 novembre à Dijon. Ils y soupent en compagnie du président de Ruffey qui ne leur fait pas grâce de ses vers.[127] Le 15 novembre, ils arrivent à Lyon, «avec le train et la vanité d'un parvenu, chargé des dépouilles du tiers et du quart», selon une mauvaise langue locale.[128] Voltaire descend à l'auberge du Palais-Royal. En ce «cabaret», il reçoit la visite du maréchal de Richelieu, qui se rend même auprès de lui trois fois dans la même journée, outrepassant les ordres.[129]

Il retrouve aussi dans cette ville la margrave de Bayreuth, dont les bons offices vont s'avérer utiles. Il rend une visite au cardinal de Tencin, archevêque de Lyon, oncle de son ami d'Argental. Mais l'entretien tourne court. Collini qui l'accompagnait raconte que l'antichambre de Son Eminence était pleine de courtisans. Voltaire entre seul, puis ressort au bout d'un instant, disant à son secrétaire: «Mon ami, ce pays n'est point fait pour moi.»[130] Voltaire dans ses *Mémoires* rapporte ce qui selon lui s'est passé. Tencin commence par lui dire, «confidemment», qu'en qualité de ministre il ne peut lui donner à dîner en public, parce que le roi de France est fâché contre lui de ce qu'il l'avait quitté pour le roi de Prusse. A quoi Voltaire aurait répondu qu'il ne dînait jamais «et qu'à l'égard des rois [il était] l'homme qui prenait le plus aisément son parti, aussi bien qu'avec les cardinaux».[131] Voltaire fut sans doute plus mesuré dans son propos car ensuite, par l'entremise de la margrave de Bayreuth, une deuxième entrevue eut lieu, qui se passa bien.

Il eut encore à se plaindre d'une sortie du père Tolomas, un régent de collège: le père s'avisa de prononcer «un discours aussi sot qu'insolent» contre les auteurs de l'*Encyclopédie*.[132] Autrement, à Lyon, que d'honnêtes gens! Le public ovationne Voltaire au théâtre lorsqu'il assiste à une représentation de *Brutus*.[133] Le 26 novembre, l'Académie, dont il est membre depuis 1745, le reçoit. Il est accueilli par Charles Bordes, ami de Mably et de Condillac, qui avait réfuté dans le *Mercure* les thèses du *Discours* de Rousseau *sur les sciences et les arts*.[134] L'académicien loue

127. D5986. Il lui offre six bouteilles de vin de Bourgogne.
128. D.app.141.
129. D.app.141. Selon le marquis d'Argenson, Richelieu avait seulement obtenu d'avoir une entrevue avec Voltaire (*Mémoires*, viii.368). Richelieu intervient en sa faveur auprès de Mme de Pompadour (D6015).
130. Collini, p.143-44.
131. M.i.43.
132. D6013. D'Alembert protesta.
133. D6016, D6045.
134. Voltaire l'avait alors félicité (D4809).

longuement «l'homme unique en qui les connaissances et les talents les plus opposés se rapprochent», le poète qui «réunit le sentiment et la pensée», le dramaturge qui «agite le cœur», mais en «élevant l'âme», le philosophe qui «pare la vérité du voile des grâces», l'historien qui «parle plutôt des lois qui ont affermi les Etats que des combats qui les ont ébranlés, des révolutions des mœurs que des trônes, des talents rares que des crimes illustres», pour qui, enfin, «le héros, c'est l'homme utile, le grand homme c'est le sage».[135]

Lyon est décidément une «ville charmante». Mme Denis voudrait bien s'y fixer. Mais Voltaire y est mal logé, sans livres, en proie aux désagréments d'une installation de passage. Le 10 décembre, il se décide à partir pour cette «maison très belle et très commode» qu'on lui prête à Prangins. Une sourde inquiétude cependant l'habite. Mme Denis, que les festivités de Lyon ont enchantée, ne sera-t-elle point rapidement dégoûtée des Alpes? Jusqu'où ira la «constance» de sa nièce «pour la retraite»?[136]

135. D.app.141, qui donne la liste des membres présents.
136. D6015.

12. «Tenir à la liberté de tous les côtés»
(décembre 1754-février 1755)

C'était le 12 décembre 1754, jour de fête nationale à Genève. Toute la journée la cité avait célébré l'anniversaire de l'Escalade.[1] Elle commémorait cette nuit du 11 au 12 décembre 1602, où elle avait repoussé les soldats du duc de Savoie qui, par surprise, par des échelles appuyées contre les remparts, avaient réussi à s'introduire dans la ville. La fête avait été célébrée cette année-là avec d'autant plus de ferveur qu'il avait été question de la supprimer, par égard pour les Savoyards avec lesquels on avait signé des traités avantageux. La protestation populaire avait été si vive que les autorités de la ville avaient rétabli les festivités. Les portes de la ville, encore entourée de remparts,[2] se fermaient impitoyablement à quatre heures et demie du soir. Mais ce 12 décembre celle de Cornavin était restée ouverte, exceptionnellement. On attendait Voltaire.

Une personnalité, le conseiller François Tronchin, allait accueillir l'illustre voyageur. Plus que tout autre il se réjouissait du passage à Genève d'un auteur admiré qu'il allait recevoir sous son toit. Ce magistrat avait une âme d'artiste. Dans sa jeunesse il avait fait à Paris des études de droit. Il y découvrit avec émerveillement le théâtre pour lequel il se prit d'une véritable passion. Il ne manquait pas de talent. Il composa une *Marie Stuart* qui fut jouée en 1734 par la Comédie-Française, puis devant la cour à Fontainebleau. Pour le jeune Tronchin, devenu avocat, le modèle à imiter était moins Cujas que l'auteur d'*Œdipe* aperçu en 1723 à la Comédie-Française.[3] Jamais depuis ce jour mémorable le jeune étudiant en droit n'avait pu approcher Voltaire. En 1736, il épousa à Paris Marie-Anne Fromaget, fille du directeur de la Compagnie des Indes, et revint s'établir définitivement à Genève. En 1738 il était entré au Conseil des Deux Cents, organe législatif de la république. Surtout, depuis 1753, il était l'un des vingt-cinq membres du Petit Conseil ou Magnifique Conseil chargé de l'exécutif. Il

---

1. J. Spon, *Histoire de Genève*, rectifiée et augmentée par Abauzit et Gautier (Genève 1730), i.425-40. «L'Escalade eut lieu le 12 décembre selon le vieux calendrier et le 22 décembre selon le nouveau» (p.429). Cela pourrait expliquer l'erreur de Collini qui semble dater l'arrivée de Voltaire à Genève selon le nouveau calendrier: «Nous partîmes de Lyon le 21 décembre et arrivâmes le lendemain au soir à Genève».

2. La destruction des anciennes fortifications de Genève commença seulement en 1849.

3. *Voltaire en son temps*, i.148.

sera dans la cité de Calvin un ami constant et, au besoin, le médiateur le plus efficace du philosophe.

Une trentaine de lieues séparent Lyon de Genève. Le courrier ordinaire les parcourt en deux jours. Le carrosse de louage qui transportait Voltaire, Mme Denis et Collini, mit un jour de plus. De ce voyage on ne sait rien, sinon qu'à Nantua Voltaire fut témoin de l'arrestation d'un inconnu que les gendarmes soupçonnaient d'être un ministre protestant. La scène de l'arrestation dut émouvoir Voltaire, puisqu'il voulut intervenir auprès des gendarmes.[4] Il fit observer que la volonté du roi était que les ministres calvinistes sortissent du royaume, et qu'au lieu d'arrêter cet homme, ils devaient plutôt favoriser son passage en Suisse. On ne l'écouta guère. Une prime était offerte pour l'arrestation d'un pasteur. L'inconnu, comme pour renforcer les soupçons, déclara qu'il venait de Paris, mais qu'il était originaire de Nîmes, région où les protestants étaient nombreux. Les tractations en tout cas avaient fait perdre du temps aux voyageurs qui s'arrêtèrent le soir à Nantua, au lieu de Bellegarde. Il fallut rattraper le lendemain le retard sur l'itinéraire prévu: ce qui explique l'arrivée tardive ce 12 décembre au soir.

Une fois dépassé Chatelaine, il ne restait qu'une longue descente vers Genève. A la lueur du jour tombant, Voltaire aurait pu apercevoir à sa droite une grande maison carrée au milieu de beaux jardins: il n'aurait pu soupçonner qu'elle ferait un jour ses «délices». Derrière les voyageurs, on tira le pont-levis qui quelques années plus tôt avait produit un sinistre effet sur le jeune Jean-Jacques.[5] Sur une large esplanade s'élevaient à gauche le bureau de l'octroi et à droite le poste avancé occupé par des soldats. Un deuxième pont traversant le fossé principal menait à la porte de Cornavin. Juste après, se trouvait le logis du corps de garde: c'est là que le carrosse s'arrêta.[6]

On accueillit «à merveille» l'écrivain célèbre pour qui avait été gardée ouverte la porte de la ville au-delà de l'heure réglementaire. Voltaire exprima ses remerciements. «Mais ces messieurs ont eu la politesse de dire qu'ils tenaient toujours leurs portes ouvertes au mérite».[7] Puis, par la rue de Coutance toute proche, on quitta le quartier Saint-Gervais, on franchit le Rhône au pont de l'Ile et par la rue de la Cité et la rue de la Boulangerie (appelée aujourd'hui Grand Rue) on atteignit le haut de la ville. La maison des Tronchin se trouvait au Bourg-du-Four, à l'angle que fait la place avec la rue des Chaudronniers ou rue Saint-

4. D6037.

5. J.-J. Rousseau, *Les Confessions*, éd. J. Voisine (Paris 1964), p.45.

6. Cette reconstitution des lieux a été faite d'après la maquette de Genève qui se trouve à la Maison Tavel et divers documents mis à disposition par M. Piller, bibliothécaire à la Bibliothèque publique et universitaire de Genève, auquel nous exprimons nos remerciements.

7. D6028, Mme Denis et Voltaire à Gauffecourt (15 décembre [1754]).

Antoine.[8] C'est là que Voltaire, pour son premier passage à Genève, logea du 12 décembre au soir jusqu'au matin du 14.[9]

On ne sait au juste qui étaient «ces messieurs» qui firent à l'écrivain ce soir-là les honneurs de l'accueil. François Tronchin semble n'avoir réuni que des membres de la «tribu Tronchin», suivant l'expression de Voltaire.[10] Il bannit du souper toutes les femmes à l'exception de la sienne et de Mme Denis. Deux jeunes cousines, dont les maris se trouvaient parmi les convives, durent, avec la complicité des domestiques, se cacher derrière les rideaux dans l'encoignure des fenêtres, et pour n'être pas trahies par leurs pieds, elles restèrent juchées sur un tabouret pendant tout le souper. L'une était Elisabeth Boissier, devenue Mme Tronchin la jeune par son mariage avec le procureur Jean-Robert Tronchin, l'autre était sa belle-sœur Suzanne Tronchin, épouse de Jacques Gallatin.[11] «Leur projet réussit comme elles l'avaient désiré et elles furent très contentes.» Elles admiraient Voltaire de parler «comme il écrit avec beaucoup de facilité, de grâce et de tour dans l'expression».[12]

Le lendemain 13 décembre, Voltaire reçut sans doute quelques visites, et

8. A la suite de Henri Tronchin, *Le Conseiller François Tronchin et ses amis* (Paris 1895), p.11, on situe souvent l'habitation du conseiller à Saint-Jean «au bord du Rhône, et à l'endroit où le fleuve quitte la ville». Qu'il ait eu là une «campagne» n'est pas impossible, mais non sa résidence principale. Sinon comment comprendre qu'il ait ordonné qu'on maintînt ouverte la porte de Cornavin?

9. La mémoire de Collini se révèle infidèle: «On fit parvenir dans la ville le nom de Voltaire et sur le champ l'ordre fut donné d'ouvrir à lui et à toute sa suite. Nous ne restâmes que trois ou quatre jours à une auberge de Genève, et nous passâmes dans le pays de Vaud, au château de Prangins» (p.146). Il faut croire qu'il se retrouva seul à l'auberge et qu'il ne participa pas aux réceptions offertes en l'honneur de son maître.

10. Antoine Tronchin (1664-1730), banquier à Lyon, conseiller à Genève et premier syndic, avait eu quatre fils: Pierre (1694-1769), membre du Conseil des Deux Cents; Louis (1697-1756), pasteur et professeur de théologie; Jean-Robert (1702-1788), banquier à Lyon, puis fermier général à Paris en 1762; François (1704-1798), le conseiller et l'hôte de Voltaire. Jean Tronchin (1672-1761), frère d'Antoine, avait eu également quatre enfants: Jean-Robert (1710-1793), procureur-général, futur auteur des *Lettres de la campagne*; Jacob (1717-1801), lettré et amateur d'art; Anne et Suzanne. On trouvera un arbre généalogique de la famille Tronchin, par Th. Besterman, dans D.app.139. On se gardera de confondre les deux cousins Jean-Robert Tronchin, tous deux en relation avec Voltaire: l'un, né en 1702, est banquier à Lyon, et administre les fonds de Voltaire; l'autre, né en 1710, est procureur-général à Genève. Théodore Tronchin le médecin (1709-1781) est un cousin assez éloigné de ceux-ci: il descend d'Antoine (1623-?), un frère de leur grand-père Louis (1629-1705).

11. Cette Mme Gallatin n'est ni la voisine de Voltaire à Tourney, comme le croyait André Delattre, ni la propriétaire du Grand Cologny comme le croyait Th. Besterman, mais Suzanne Tronchin (voir n.12). Voir J.-A. Galiffe, *Notices généalogiques sur les familles genevoises* (Genève 1829-1830), ii.356.

12. Du Pan à Suzanne Catherine Freudenreich (D6033). Même impression chez Collini à la même époque: «L'entendre et le lire étaient la même chose. Il parlait clairement et distinctement et témoignait de l'impatience lorsqu'il ne rencontrait pas en ceux avec qui il conversait cette netteté de prononciation» (p.130).

vraisemblablement celle de Jacob Vernet,[13] qui venait de s'entremettre dans la contrefaçon de l'*Abrégé de l'histoire universelle*: pasteur «éclairé», il tenait à saluer le prestigieux auteur de *La Henriade*. L'oncle et la nièce firent surtout la connaissance de leur hôte. Ainsi naquit une sympathie qui allait se changer en fidélité durable, malgré les rapports orageux que Voltaire entretint plus tard avec Genève. François Tronchin venait juste d'atteindre la cinquantaine; mais il n'avait rien perdu de l'enthousiasme ni même de la belle allure de sa jeunesse. Un portrait de Liotard le montre, raffiné et passionné, assis à son bureau, commentant avec quelque interlocuteur invisible une œuvre de Rembrandt. Sur le bureau, une partition musicale rappelle que cet amateur de peinture était aussi un excellent violoniste qui dans sa jeunesse s'était même essayé à la composition; un compas souligne l'intérêt que portait à l'architecture cet homme qui fut l'ami de Soufflot; et un livre le désigne lui-même comme un auteur, un amateur de belles-lettres.[14] On imagine sa fierté de recevoir chez lui cette vedette européenne des lettres.

Le soir du 13, le souper fut offert par le médecin Théodore Tronchin, que Voltaire avait connu autrefois en Hollande. Il habitait la même maison, mais l'entrée s'ouvrait sur la place du Bourg-du-Four. Depuis quelques mois, de retour dans sa patrie, le médecin s'était installé dans cette ancienne maison de famille. Sa carrière jusqu'alors s'était déroulée en Hollande, rapide et brillante. Mais le mercantilisme de ces villes portuaires, le relâchement des mœurs des habitants, l'abandon des principes républicains après le rétablissement du stathoudérat, le déterminèrent à regagner la terre de son enfance. Il avait auparavant envoyé à Genève ses deux enfants pour les soustraire à l'influence pernicieuse de la Hollande. Lui-même regagna son pays à la fin de l'été 1754, et avait repris ses activités médicales dans la ville haute.[15] Il était indispensable que Voltaire allât souper chez le docteur Tronchin. Officiellement le passage du voyageur en pays étranger était motivé par le mauvais état de sa santé, qui l'obligeait à consulter le célèbre médecin de Genève. On savait déjà partout qu'il avait «une violente sciatique» qui inquiétait sa nièce, «un rhumatisme goutteux» qui l'empêchait de

13. «Quand j'arrivai à Genève, il fut le premier qui me rendit visite», se souviendra-t-il plus tard (D7396). Cette visite n'a pu avoir lieu qu'à l'arrivée de Voltaire à Genève plutôt qu'à son installation aux Délices.

14. Jean-Etienne Liotard (1702-1789) peignit ce portrait peu après son retour à Genève en 1758. Il connut Voltaire à Ferney, mais ne fit pas de portrait de lui, autant qu'on sache.

15. Théodore Tronchin «s'établit alors dans une ancienne demeure de sa famille, située au cœur de la vieille Genève, sur cette place si irrégulière et si pittoresque de Bourg-de-Four que domine la cathédrale» (H. Tronchin, *Un médecin du XVIIIe siècle: Théodore Tronchin*, Paris 1906, p.25). Mais l'enfance de Théodore Tronchin s'était déroulée au Grand Cologny – que Voltaire cherchera bientôt à acheter, et dans cette grande maison patricienne qui jouxte l'Hôtel de ville et que son père dut vendre en 1728, après avoir fait faillite. H. Lüthy, *La Banque protestante* (Paris 1961), ii.12.

bouger. Il fallait donc que le docteur Tronchin prescrivît une cure à Aix-les-Bains et conseillât quelques remèdes préparatoires. Un entretien particulier accompagna la réception que Théodore Tronchin offrait ce soir-là,[16] non une consultation à proprement parler mais une prise de contact. Au reste pendant les quelques années que Voltaire demeura au voisinage de Tronchin, aucune maladie précise de quelque gravité, exigeant son intervention, ne peut être signalée. Pour Tronchin Voltaire était malade naturellement et non occasionnellement. Plus que de médecines il avait besoin d'une oreille amicale sinon complaisante. Tronchin semble s'être borné à écouter attentivement un malade qui parfois le consultait par lettre:

Voici un problème de physique. Hier, Monsieur, quand vous partîtes, j'étais près de m'évanouir. Tout mon corps était en convulsions. Je me mets au lit et au bout d'une heure la transpiration m'ôte toutes mes douleurs. Il y a trente et même quarante ans que je suis dans cet état. Que direz-vous donc? Que prononcerez-vous?[17]

Pour Tronchin Voltaire était un cas à observer plus qu'un sujet à guérir. Et pour Voltaire parler de sa santé revenait à s'interroger sur le mystérieux composé de son être: il est «un problème de physique». Le médecin et son malade s'apprécieront, se rechercheront, mais jamais ne s'abandonneront à une amitié sans réserve.

Autour de Voltaire Théodore Tronchin rassembla non des membres de sa famille comme l'avait fait la veille son cousin François, mais un petit nombre de personnalités en vue de Genève. Parmi celles-ci, Jean Jallabert:[18] à la fois savant et homme politique, il faisait partie du Magnifique Conseil et enseignait à l'Académie les mathématiques et la philosophie. Ses travaux sur l'électricité l'avaient rendu célèbre dans l'Europe entière. Il semble avoir déjà rencontré Voltaire soit à Paris soit à Berlin – où il était académicien et en relations avec Maupertuis – puisqu'il trouve Voltaire «bien vieilli». Avec lui Théodore Tronchin a pu inviter des confrères, comme Cabanis que quelques jours plus tard on voudra appeler au chevet de Mme Denis malade.[19] Le résident de France M. de Montpéroux était sans doute présent. La lettre que dès le lendemain il envoie au ministre des Affaires étrangères se fait l'écho de la conversation qu'il eut avec Voltaire.[20] Il était important pour celui-ci de faire savoir à Versailles qu'il ne s'était pas retiré en Suisse à la suite de quelque esclandre, mais pour des raisons de santé et afin de trouver la solitude nécessaire à ses travaux.

16. Cet entretien se déduit de D6032.

17. D6226.

18. D6020 commentaire: Jallabert à de Brosses, 23 décembre: «Je soupais il y a dix jours avec Voltaire et Madame Denis».

19. D6059. C'est Mme Denis qui demande à «voir le docteur Tronchin accompagné de Cabanis». Par la suite on perdra de vue ce dernier.

20. D6025 et D6027, Voltaire à Richelieu, 15 décembre [1754].

Le lendemain matin, 14 décembre, on partit pour Prangins, comblé de prévenances : « Bon Dieu que tous les Tronchin sont aimables ! » s'écriera Mme Denis.[21] Genève au grand jour leur parut belle.[22] Elle l'était plus que jamais en ce milieu du siècle, après la construction des magnifiques hôtels particuliers de la rue des Granges et de la rue des Chanoines qui lui faisaient à son sommet une remarquable couronne. Un front d'immeubles étroits, pressés, percés le plus souvent de fenêtres à accolade et jumelées, cerclait la place en contrebas de la cathédrale, qui fut le *forum* des Romains. Boutiques et auberges entretenaient l'animation, signalées par leurs enseignes ouvragées dont certaines subsistent encore, « la Pomme d'or », « la Coquille », « le Cheval noir ». Dans la rue de l'Hôtel de ville, à côté des grands édifices publics, s'élevaient de somptueuses demeures patriciennes de construction récente. Dans la Grand Rue, au bas de ces étroites façades gothiques, libraires et imprimeurs ouvraient leurs boutiques. On laissa à gauche la librairie des frères Cramer[23] et, à droite, l'aristocratique hôtel du résident de France.[24] On pénétra dans la rue de la Cité pour arriver à la place Bel-Air, que borde le Rhône. De l'autre côté du fleuve s'étend le quartier populaire de Saint-Gervais, qu'avait grossi l'afflux des réfugiés, surtout français au lendemain de la Révocation de l'Edit de Nantes. Après la porte de Cornavin, on prit à droite la route de Suisse, appelée aussi route de Lausanne : la campagne commençait aux murs de Genève. Entre le territoire de Genève et celui de Berne, la France avait intercalé de part et d'autre de la Versoie, une extension du pays de Gex. Et Genève possédait sur le territoire français l'enclave de Genthod et sur le territoire bernois celle de Céligny.[25] Cette extraordinaire imbrication obligeait à traverser six fois la frontière, heureusement non gardée, en moins de quatre lieues.[26] Après Nyon la route s'élève jusqu'à Prangins, distant d'une bonne lieue. A l'est du village, tout au bout du plateau qui domine le lac se dressait le château. Voltaire, Mme Denis et Collini furent accueillis par M. de Ribaupierre. Il était le « châtelain », non le possesseur du château, mais une sorte de fonctionnaire chargé à la fois de l'administration et de la justice sur le vaste territoire de la seigneurie.[27] Il administrait aussi depuis 1730 le domaine particulier du seigneur, le baron de Guiguer, banquier à Paris, qui venait rarement à Prangins.

Les voyageurs, presque sans bagages, allaient prendre leurs quartiers d'hiver

---

21. D6028.

22. D6023.

23. La librairie donnait sur la Grand Rue, et l'imprimerie sur la rue Saint-Germain.

24. L'actuel n° 11.

25. Ces enclaves genevoises étaient d'anciens fiefs du prince-évêque de Genève, que la ville revendiqua après la fuite de l'évêque à Annecy.

26. Voir les cartes établies par Cassini et par Mallet.

27. Ribaupierre occupait avec sa famille les appartements de l'aile nord, qui regroupait aussi divers locaux liés à ses importantes fonctions : chambre de justice, archives, prison.

dans ce château immense et désolé, aux trois ailes flanquées de quatre tours carrées. Ils s'installèrent dans la tour du Nord, qui regardait vers Lausanne.[28] Mme Denis s'activa pour faire venir meubles et vêtements. Elle fit à son oncle la «galanterie» d'une robe de chambre fourrée, qu'il n'aura que vers la fin janvier. Voltaire redoutait pour cette Parisienne l'ennui de l'exil. Mais elle se montra «bien ferme dans la résolution de supporter [la] solitude. Les femmes ont plus de courage qu'on ne croit».[29] Elle avait pris la direction du «ménage» jusque-là confiée à Collini. Il fut augmenté bientôt d'un excellent cuisinier et de domestiques (on prévoyait huit à neuf personnes). Du voisinage vint aussi un jeune garçon au visage fin, au regard honnête, qui manifestait de l'intelligence, du goût pour les belles-lettres, auquel Voltaire donna même des leçons de latin. Il s'appelait Jean-Louis Wagnière, il venait d'avoir quinze ans. Ici fait son entrée dans la vie de Voltaire celui qui allait devenir le modèle des secrétaires. Il avait une écriture impeccablement régulière: on la reconnaît aujourd'hui dans d'innombrables manuscrits du maître, tracés de sa main. Entré si jeune au service de Voltaire, il lui restera indéfectiblement attaché, et lui survivra pour continuer à servir les intérêts et la mémoire du philosophe. Plein d'admiration pour un patron dont il subit la séduction plus que tout autre parmi les proches, il devient son disciple, et rédigera à la fin de sa vie des notes qui restent l'une des sources sûres de la biographie de Voltaire, à compter de la date où nous sommes parvenus.

Présentement, il n'est que le modeste sous-ordre du secrétaire en titre Collini. Celui-ci ne suffisait plus à la tâche, et nous l'avons vu déjà tout disposé à quitter ses fonctions. Par son statut, quoique homme de confiance, Collini ne se distinguait pas vraiment du reste de la domesticité. Il dînait certes à la table du maître, entendait toutes les conversations, recevait la dictée des lettres de Voltaire et de Mme Denis. Mais il restait un étranger, témoin obligé et par profession discret. Il faisait face avec humour, tout en se plaignant. Par lui nous sont parvenus quelques détails sur la vie quotidienne à Prangins.

Ce lac Léman est terrible. Les vents y règnent et battent le château de Prangins, de façon que le philosophe, qui y est enfermé et calfeutré, en est tout ébahi. La dame parisienne, peu accoutumée aux lacs et aux vents, meurt continuellement de peur au bruit des aquilons; et moi je n'ai à craindre que le bruit et la fureur d'Apollon. Tout cela m'amuse un peu. J'entends crier d'un côté: Faites bon feu; de l'autre: Fermez bien toutes mes

---

28. Suivant la tradition, Voltaire aurait occupé la plus grande chambre, juste à l'angle extrême de la tour. Plus vraisemblablement il couchait dans la pièce contiguë, plus petite et plus facile à chauffer, la grande chambre servant de salle à manger et de salon. Mme Denis, qui voyait le lac de son lit, aurait occupé l'autre petite chambre à l'opposé de celle de son oncle. Mlle Chantal de Schoulepnikoff, conservatrice du château, formule l'hypothèse que l'appartement aurait pu se trouver dans la «tour côté montagne», si les aménagements en cours étaient alors terminés.

29. D6068.

fenêtres! L'un demande son manteau fourré, l'autre s'affuble la tête de cinq ou six bonnets; et moi je viens, je vais, j'écris, je meurs de froid et de rage.[30]

L'hiver qui s'abattit du haut du mont Jura fut sévère. Partout l'activité se ralentit, la campagne environnante devint blanche et silencieuse. «Que faisons-nous donc à ce château?» se demande Collini.

Primo on s'ennuie un peu. Secundo on est de mauvaise humeur [...]. Tertio on fait beaucoup d'histoire. Quarto on mange fort peu comme de coutume, car on veut être sobre. Quinto on y philosophe tout aussi mal que dans les grandes villes, et en dernier lieu on ne sait pas ce qu'on deviendra. Voilà en raccourci le tableau de la vie des nouveaux hôtes de Prangins et ce tableau doit vous paraître tant soit peu gothique. J'ai oublié un trait à la miniature: c'est un jeune homme triste toujours écrivant à côté d'un mourant qui roule des yeux pleins de vie et de colère [...] Il voudrait pouvoir à son tour quitter le lac, le château, et tous ceux qui l'habitent.[31]

Dans ce château battu des vents, les motifs d'irritation ne manquaient pas à Voltaire. Ils attisaient son ardeur au travail. Il révise *Le Siècle de Louis XIV*. Il envoie à mesure de nouvelles corrections à Paris, à Lambert qu'il presse de continuer l'édition de ses œuvres complètes: sans grand succès. Heureusement, il vient de reprendre contact à Genève avec ceux qui vont devenir ses éditeurs attitrés, pendant plus de vingt ans: les frères Cramer. L'année précédente, quand il était encore à Colmar, il avait reçu une lettre pleine de déférence où ces libraires lui offraient leurs services. Ils proposaient de publier les *Annales de l'Empire*, plus une édition collective de ses œuvres. Ils l'invitaient à venir résider à Genève. En août, l'un des deux frères, Philibert Cramer, avait fait le voyage de Colmar. Séduit, Voltaire avait suggéré à Lambert de s'associer à ces Genevois pour imprimer son *Histoire universelle* et ses «œuvres mêlées».[32]

La famille Cramer, venue du Holstein en 1634, exerçait à Genève depuis plusieurs générations le métier de libraire-imprimeur. Au moment où Voltaire les rencontre, l'entreprise est dirigée par Gabriel Cramer, trente-deux ans, et son cadet Philibert, vingt-sept ans. Plus tard Philibert quittera l'édition pour une carrière mondaine et politique. C'était, aux dires de Voltaire, un «très beau garçon, quoiqu'un peu *dossu*», «aussi paresseux qu'aimable», mais ayant «de l'esprit, du goût».[33] Il se fera nommer au Conseil des Deux Cents, puis au Petit Conseil, remplira des fonctions ministérielles et des missions diplomatiques. Ce sera donc son frère qui sera le libraire selon le cœur de Voltaire: il le nommera

---

30. D6124 (31 janvier 1755).

31. D6045. Son correspondant Sébastien Dupont, le «cher Démosthène», avait aussi des prétentions aux belles-lettres. Ils rivalisèrent entre eux à qui écrirait le mieux. Ce n'était pas la première fois qu'ils daubaient sur Voltaire vu de dos.

32. D5775, D5921.

33. D10874 (2 janvier 1763), à Mme d'Argental. *Dossu*: forme dialectale, «qui a le dos voûté».

vite son «Caro Gabriele», son cher «Caro», voire, les jours de pique, «Monsieur Caro». Bel homme aussi, «dont le front chauve est encore cher aux belles»,[34] aimant la bonne chère et les vins fins, il se révélera un acteur brillant dans les spectacles des Délices et de Ferney. Mais Voltaire apprécie surtout ses qualités d'éditeur. La maison Cramer dispose à travers d'Europe d'un réseau étendu de correspondants. Leur «Grand livre», registre de leurs expéditions (aujourd'hui aux archives d'Etat de Genève), permet d'en juger : ce qu'ils impriment est diffusé dans tous les principaux centres d'Angleterre, des Pays-Bas, d'Allemagne, de Suisse, d'Italie, et de France, malgré les entraves. La publication à l'échelle européenne que Voltaire recherche depuis l'époque des *Lettres philosophiques*, les Cramer vont la lui assurer avec le maximum d'efficacité. Ainsi l'immense production voltairienne va submerger les obstacles que tente d'opposer en France un régime archaïque de l'édition. A Genève même, il s'en faut que les presses soient totalement libres. Mais Gabriel Cramer n'a cure des enquêtes et saisies que sporadiquement l'autorité tente d'effectuer. Il s'entend à l'endormir ou à la déjouer. Plus tard, à partir de 1764, Voltaire aura recours aussi à Gabriel Grasset. Mais, à la date où nous sommes, Cramer lui procure de grandes facilités d'impression. Et bientôt cet auteur qui écrit beaucoup et vite – trop vite – découvrira l'intérêt d'avoir à portée de main son éditeur : avantage que ne pouvaient lui offrir ni Lambert à Paris, ni Walther à Dresde.

Dès la fin de janvier 1755, «on fait rouler les presses de Messieurs Cramer», pour imprimer l'*Histoire universelle*.[35] Les frères viennent à Prangins chercher les nouveaux textes, et apporter les épreuves. C'est ailleurs, au loin, que des menaces se dessinent. Il y a cette *Pucelle*, dont on annonce de tous côtés l'imminente publication. L'ancien opéra de *Pandore* donne aussi du souci à son auteur.

Depuis le début de 1740,[36] Voltaire avait dans ses papiers le livret en cinq actes de cette œuvre lyrique. Pendant trente-trois ans, jusqu'en 1773, il tentera de la faire jouer, sans jamais y parvenir. Une «pièce bizarre», reconnaît-il. Le sujet combine des mythologies fabuleuses : le thème de Pygmalion, les légendes de Prométhée, de la guerre des Titans contre les dieux, et bien entendu la légende Pandore. Au lever du rideau, une jeune fille d'une parfaite beauté gît, inerte. Prométhée, qui l'a créée et en est épris, se lamente : il n'a pu lui donner la vie. Mais il va ravir au ciel le «feu sacré du tendre Amour». Il en anime Pandore, qui à son tour s'éprend passionnément de lui. Jaloux, les dieux, commandés par Jupiter, enlèvent la jeune fille jusqu'en leur Olympe. Tandis qu'elle se débat, Prométhée et les Titans escaladent la montagne sainte pour la délivrer. Il faut

34. *La Guerre civile de Genève*, chant v (*OC*, lxiiiA.139). C'est en 1768 que Voltaire taxe Gabriel Cramer de calvitie. Son front était-il déjà dégarni quinze ans plus tôt ?

35. D6124.

36. D2130 (5 janvier 1740).

que le Destin intervienne : les Titans sont foudroyés, Pandore libérée. Cependant, avant de la relâcher, Jupiter lui remet une boîte fermée. Revenus sur la terre – alors un vrai paradis – Pandore et Prométhée filent un parfait amour. Après avoir empêché la jeune fille d'ouvrir la boîte, Prométhée doit s'absenter. A ce moment survient le Tentateur, sous les traits de Mercure. Comme le serpent auprès d'Eve, il persuade Pandore d'enfreindre l'interdit. Mais, à peine la boîte ouverte, la nuit recouvre la terre et tous les maux possibles se répandent. Prométhée à son retour ne peut que constater le désastre. C'était donc une version nouvelle du mythe s'efforçant d'expliquer l'origine du mal moral et physique : «un opéra philosophique qui devrait être joué devant Bayle et Diderot».[37] Cependant, à ce mal omniprésent les dernières répliques du cinquième acte proposent sinon un remède, du moins un palliatif : l'Amour. Ce dieu lui-même apparaît, consolateur des malheureux mortels. Et Pandore conclut :

> Nous serons au bord des précipices,
> Mais l'Amour les couvrira de fleurs.

Voltaire déclare «aimer beaucoup» cette pièce qui «met la philosophie à l'Opéra».[38] Il n'épargnera pas sa peine pour trouver un compositeur qui la mette en musique et pour la faire jouer. Rameau, pressenti, s'était récusé.[39] De guerre lasse, il l'avait publiée en 1748, au tome III de l'édition Walther de ses œuvres. Sollicité par Richelieu, dès 1744, Royer l'avait mise en musique. Une représentation est annoncée comme imminente en septembre 1754.[40] Mais en décembre Voltaire s'aperçoit que cette *Pandore* qu'on s'apprête à jouer à Paris est «défigurée». Royer s'est entendu avec un certain Sireuil pour modifier le livret et l'adapter à sa musique. Voltaire crie qu'on l'a «disséqué». Il «demande justice».[41] Bientôt il consent à un compromis. *Pandore* sera présentée sous le titre *Fragments de Prométhée*, «avec les changements et les additions que M. Royer a crus propres à sa musique». *Pandore* sous cette forme allait donc être enfin portée à la scène. Mais Royer meurt avant la première. Les tentatives ultérieures pour faire jouer cette pièce échoueront toutes.[42]

Voltaire, provisoirement hébergé à Prangins, est en quête d'une installation

---

37. D12966.
38. D15950.
39. D2252.
40. D5923 (8 septembre 1754).
41. D6035, D6036.
42. En 1765, Laborde a composé une nouvelle musique sur le livret (D12954, D12966). L'opéra devait être représenté pour le mariage du Dauphin en 1770. Mais le duc de Duras s'y oppose (D15369, D16665). Autre tentative et nouvel échec pour le mariage du comte d'Artois en 1773 (D18351, D18352). Ainsi ni le futur Louis XVI ni le futur Charles X n'auront entendu *Pandore* aux fêtes de leurs noces.

définitive sur les bords du Léman. Mais il rencontre à Genève une difficulté. Il a confirmation le 20 décembre par Clavel de Brenles que les lois du pays interdisaient à un catholique d'être propriétaire. A défaut d'un achat, une location était possible. On lui a parlé d'une maison à Lausanne, nommée La Grotte, «où il y a un beau jardin». On lui signalait aussi celle d'un M. de Hervard, proche de Vevey.[43] Ces renseignements proviennent des nombreux visiteurs lausannois et aussi de Ribaupierre, dont la vaste châtellenie comprenait plusieurs villages, et de son fils Marc Etienne, avocat à Nyon, véritable centre commercial entre la Bourgogne, la Savoie et la Suisse.[44] A leur arrivée à Genève, Voltaire et Mme Denis s'étaient liés avec un personnage influent qui avait fait fortune dans le commerce du sel, Jean-Louis Vincent Capperonier de Gauffecourt.[45] Ce Gauffecourt les met en rapport avec les nombreuses relations qu'il avait dans le pays de Vaud. Ainsi le major Roch, un jeune officier au service du roi de Sardaigne, en congé cet hiver-là dans sa famille, vint rendre visite à Voltaire dès son installation à Prangins.[46] De tous côtés on faisait au voyageur des offres de service. Des pasteurs comme Polier de Bottens à Lausanne, Bertrand à Berne, Allamand à Bex, Roque à Hameln, lui adressaient vœux et félicitations. D'autres personnes, passant par Nyon, venaient le saluer.[47] Leur passage interrompait la monotonie de la vie dans ce château sans voisinage. Vint à Prangins M. de Giez, jeune banquier ouvert, intelligent, dont les manières plurent à Voltaire. Il proposa à l'écrivain de prendre en location Montriond, une campagne qu'il habitait aux portes de Lausanne.[48] Elle jouissait d'une vue superbe sur le lac, elle comportait vignes et dépendances. Voltaire donna son accord de principe. On attendait seulement un temps plus clément pour visiter les lieux.[49]

43. La Grotte appartenait à la famille Loys de Rochat, et le château de Vevey à Jacques-Philippe d'Hervart, seigneur de Saint-Légier.

44. *Les Chroniques suisses, politiques, littéraires et industrielles*, 16ᵉ livraison, 19 mai 1847, p.504-505, affirment que Voltaire aurait voulu acquérir la grande maison située à côté du château de la ville de Nyon, et que les autorités de la ville l'en auraient empêché: «Le motif de cette décision est la nature des opinions philosophiques dudit sieur Arouet de Voltaire». Contrairement à ce que prétend l'auteur anonyme de cet article, les registres municipaux de cette ville ne contiennent aucune mention de cette prétendue affaire. Nos remerciements vont à Charles Wirz, qui nous a procuré le texte de cet article, et à M. G. Champrenaud, archiviste de la ville de Nyon, qui a procédé aux vérifications.

45. Gauffecourt (1691-1766), en relation d'affaires avec les milieux financiers français, partageait son temps entre Paris et Genève. C'est lui qui, étant revenu en juin 1754 de la capitale française en Suisse en compagnie de J.-J. Rousseau et de Thérèse Levasseur, avait vilainement tenté de séduire celle-ci (*Confessions*, p.462).

46. D6028.

47. Collini, p.147. Etrangement, les visiteurs attendus, comme Polier de Bottens et Clavel de Brenles, ne vinrent point à Prangins.

48. La maison appartenait à M. Panchaud, qui demeurait le plus souvent à Berne, où le retenait son commerce.

49. D6072.

Quelques jours plus tôt François Tronchin avait écrit à Mme Denis qu'il était prêt à introduire au Conseil la demande d'autorisation de séjour de Voltaire. Les frères Cramer l'avaient averti des propositions qu'on faisait dans le pays de Vaud. Les deux imprimeurs, qui espéraient réaliser l'édition des œuvres complètes de Voltaire, pouvaient craindre la concurrence de Bousquet, ancien associé de leur père établi à Lausanne depuis 1738. L'entente avec M. de Giez engageait Genève à gagner de vitesse la ville rivale. Le 16 janvier Gabriel Cramer offrit à Voltaire une très belle maison de campagne à vendre aux portes de la ville, sur la colline de Saint-Jean, avec des jardins jusqu'au bord du Rhône. Le propriétaire, le banquier et conseiller Jean-Jacques Mallet, en demandait 90 000 livres. On pria Gabriel Cramer d'aller visiter les lieux, et de conférer avec François Tronchin sur les moyens de tourner la loi. La rapidité de la décision pourrait surprendre alors que rien ne pressait vraiment. Mais la propriété de Mallet jouissait d'une grande réputation chez les Genevois. Et Mme Denis semblait lasse de sa vie de nomade. Elle était en correspondance suivie avec les deux frères Tronchin. Elle faisait le tri de toutes les propositions immobilières. Et quand son oncle n'était pas « bien déterminé », elle se flattait de savoir l'art « de le pousser » de façon à « en venir à bout ».

Les deux mois qui allaient s'écouler avant l'installation aux Délices sont faits de négociations complexes sur le prix à payer et le choix de l'indispensable prête-nom. Voltaire, occupé par ailleurs à ses tâches d'écrivain, laissait à sa nièce le rôle principal dans les négociations avec François Tronchin et son frère Jean-Robert, les frères Cramer, Labat, et Mallet le vendeur. Cette affaire se déroulait dans le milieu de la haute bourgeoisie de Genève, si bien qu'elle devint affaire d'Etat et fut évoquée au sein du Magnifique Conseil. Elle intéressait aussi le résident de France, M. de Montpéroux, ami de Mallet et de Voltaire, et chargé de faire savoir en haut lieu qu'un malade est obligé de résider près de son médecin.

Le dimanche 19 janvier, Gabriel Cramer arrive à Prangins avec sa moisson de renseignements. Son enthousiasme le rend si éloquent que l'oncle et la nièce, « nonobstant la rigueur du temps », décident de se rendre à Saint-Jean pour visiter les lieux.[50] Ils sont séduits par cette belle résidence, déjà meublée, prête à être habitée. Ils furent frappés par la forme ovale des vestibules ; on la retrouvera au château de Ferney dont ils seront les architectes. La maison, d'une architecture classique, était simple vue de l'extérieur, mais les jardins qui l'entouraient la changeaient en un véritable château. Gédéon Mallet et son fils Jean-Jacques avaient innové en associant intimement intérieur et extérieur. Depuis la terrasse de plain-pied avec les salons, on surplombait les jardins à la française avec leurs allées et leurs parterres. Partant d'un vestibule, une longue galerie à droite

50. D6092. Mme Denis annonce leur arrivée pour le lendemain vers quatre heures après midi.

prolongeait la maison. Mme Denis vit d'emblée le beau salon qu'elle tiendrait là l'été, et Voltaire le magnifique espace théâtral à animer. Dehors, entre quatre marronniers, on avait créé un salon en plein air, d'où l'on voyait le Rhône au sortir du Léman, Genève s'étageant sur sa colline, l'étendue du lac dominée au loin par la chaîne du Mont-Blanc. Paysage sublime! A droite de la cour d'entrée, se trouvaient les dépendances:[51] granges, pressoirs, remises, poulaillers, écuries. «De belles terres et une belle galerie m'ont fait genevois.»[52]

Rêver n'empêchait pas Voltaire de compter. Il refusait de dépasser les 80 000 livres. Cramer devait obtenir un rabais, s'il voulait absolument l'attirer à Genève. Les maisons ne manquaient pas, même à Saint-Jean. Voltaire et Mme Denis visitèrent du même pas la campagne de Pierre Pictet, jouxtant celle de Mallet: panorama identique, avec en outre une vue sur le confluent de l'Arve et du Rhône. C'était pour lors une ferme aménagée avec goût, mais qui ne soutenait pas la comparaison avec la maison de Mallet.[53] De retour à Genève, Gabriel Cramer obtenait de Mallet un rabais de 2 000 livres, tandis que Voltaire et Mme Denis allaient consulter François Tronchin. Le principe d'un achat sous le nom d'un Genevois était acquis. Mais quels seraient les droits du bailleur de fonds? Voltaire voulait jouir de son bien sans restriction, pouvoir le modifier, le vendre, le léguer, alors que le prête-nom serait seul reconnu par la loi. Il prêterait son argent à un acheteur qui, pour paiement des intérêts, lui céderait à vie la libre disposition de la maison. Pour préserver les droits de son héritière, on prévoyait, en cas de décès de Voltaire, la restitution à Mme Denis d'une partie de la somme avancée. François Tronchin trouva équitable de faire contribuer le prête-nom à la mise de fond initiale pour une part à convenir, et proposa son frère Jean-Robert pour cette transaction. A défaut, il offrait sa propre entremise. Voltaire l'informa que les frères Cramer s'étaient déjà engagés à lui rendre ce service. Il ignorait que cette priorité mettait en jeu leur amour-propre, et ferait surgir des difficultés qui retarderaient la conclusion de l'affaire.

Le 23 janvier, il dictait à Collini les propositions qu'il faisait à Jean-Robert Tronchin,[54] lorsque survient Gabriel Cramer avec une offre nouvelle. Le matin même sa mère avait conféré avec Mallet sans rien obtenir au-delà des deux mille livres de rabais déjà consenties. On était loin de l'offre limite de Voltaire. Il croyait donc la négociation rompue. Il proposait une autre campagne, sise à Cologny, appartenant à Mme Gallatin. Voltaire en réalité, était disposé à accepter le prix

---

51. Aujourd'hui, l'hôtel «Le Clos Voltaire» utilise les anciens dépendances des Délices.

52. D6224.

53. D6096. Deux ans plus tard, Pierre Pictet fera construire à la place de la vieille ferme une très belle maison que Voltaire appellera le Château Lolotte. Voir Jean-Daniel Candaux, «La construction du Château Lolotte à Saint-Jean», *Musées de Genève* 86 (juin 1968).

54. D6097, D6125.

de Mallet; il manœuvrait seulement pour laisser les frais notariés à la charge du vendeur. Il décida cependant d'aller visiter les lieux sans attendre : cela permettrait d'exercer une pression sur Mallet, et Cologny aussi pouvait plaire.

La maison de Cologny offrait une très belle vue sur le lac et sur la ville. En outre une ferme qui en dépendait rapportait un revenu annuel non négligeable. Voltaire donna un accord verbal : Mme Gallatin le considéra comme un engagement définitif. Mais le lendemain 24 janvier, M. de Montpéroux, qui d'ailleurs était ami de Mallet et de François Tronchin, s'étonna que Voltaire ait pu renoncer à la belle propriété de Saint-Jean. Voltaire rétorqua qu'il ne s'était encore engagé par aucune signature, et qu'il attendait pour la fin de la journée la réponse de Mme Gallatin. Le résident lui fit comprendre que les choses devenaient urgentes dans une ville qui guettait ses intentions. Voltaire se rallia alors à l'avis en faveur de Saint-Jean. Mais Gabriel Cramer, qui devait servir de prête-nom dans l'opération, soudain était devenu hésitant. Il avait pris conscience des difficultés qui surgiraient nécessairement pour le cas où Voltaire désirerait revendre Saint-Jean. Propriétaire nominal, il deviendrait propriétaire réel avec obligation de rembourser à Voltaire les fonds engagés ! Il ne pouvait aller plus avant sans consulter d'abord sa famille. François Tronchin de son côté ne pouvait proposer l'entremise de son frère tant que les Cramer n'auraient pas renoncé spontanément à la leur. Devant ces incertitudes, et pour arrêter au moins les volontés, une promesse de vente fut signée entre le banquier Labat, mandaté par Mallet, et Voltaire lui-même en attendant la décision de Cramer. Gabriel Cramer alla exposer sa situation à deux de ses parents, le syndic Jean Cramer et le célèbre médecin Jean Isaac Cramer. Tous deux l'avertirent des risques considérables qu'il encourait en proposant ses bons offices à Voltaire. Rien ne garantissait en effet que le célèbre écrivain se fixerait en Suisse définitivement. Il fallait donc se prémunir contre quelque suite fâcheuse. Le mieux était de renoncer. Cependant Gabriel Cramer s'adressa à Delorme, le notaire de la famille : il lui demande de trouver quelque ressource juridique qui le mettrait à l'abri tout en rendant le service promis.

Mme Gallatin, de son côté, feignant d'ignorer l'accord conclu avec Mallet, fit parvenir ce même jour vers neuf heures du soir sa réponse positive à l'acceptation de Voltaire le matin. Collini copia une lettre à Mme Gallatin, qui fut soumise à François Tronchin : avec toutes les politesses possibles, Voltaire lui faisait savoir que ni elle ni lui ne se sont «engagés à rien».[55] Genève bruissait de rumeurs. On parla de l'affaire au Conseil, dont vendeur et négociateurs faisaient partie. Toute cette agitation tombait fort mal au moment où Voltaire devait demander une autorisation de séjour. Il savait que tous au Conseil n'étaient pas favorablement disposés à son égard.

55. D6106, D6107.

Pourtant la permission de séjourner en territoire genevois, présentée par François Tronchin, fut accordée le jour même de la demande, le 1ᵉʳ février 1755.[56] Voltaire n'avait pas lieu d'être aussi satisfait de la convention passée avec Mallet : quinze jours s'étaient écoulés depuis sa signature, et il n'avait pas encore reçu le projet de contrat. Deux négociations étaient menées parallèlement. D'un côté le notaire Delorme cherchait à pallier le manque de moyens financiers des Cramer. Il proposait cet expédient : Voltaire prêtait aux Cramer la somme nécessaire à l'achat de Saint-Jean ; il y logeait gratuitement pour prix des intérêts jusqu'au remboursement du capital ; les Cramer feraient une donation à Voltaire en cas de départ (ou à Mme Denis en cas de décès) qui revendrait ainsi un bien qu'il n'avait pas le droit de posséder ; Voltaire signerait une décharge aux Cramer par laquelle il s'interdirait de rien leur réclamer lors de la revente, inévitablement à perte, de Saint-Jean. Voltaire ne voulait ni traiter avec les Cramer ni se brouiller avec eux. Il en était réduit à endurer les atermoiements de Delorme. Labat quant à lui avait conçu un projet de contrat conforme à l'accord verbal entre Voltaire et Tronchin. Lui aussi s'impatientait. Il se plaignait à Jean-Robert Tronchin, qui fut étonné d'apprendre que Labat était mêlé à cette affaire. Le banquier lui communiqua les conditions qu'il avait transmises à son frère depuis près d'un mois : il acceptait de devenir l'acquéreur de Saint-Jean en apportant le tiers du prix, et de laisser Voltaire en disposer à son gré contre paiement du reste. Sans être identiques elles se rejoignaient. Jean-Robert Tronchin offrait 30 000 livres ; Voltaire ne lui demandait que 10 000 livres à l'achat, mais 40 000 à sa mort réversibles sur Mme Denis. La différence était de 10 000 livres en faveur de Voltaire mais Tronchin économisait 20 000 livres à l'achat, dont les intérêts couvriraient à terme la différence. Ce n'était pas un mauvais marché. Moins de dix ans plus tard, Voltaire renoncera aux Délices, et Jean-Robert Tronchin deviendra acquéreur de la propriété à un prix bien inférieur à celui de l'achat. François Tronchin s'y installera et y vivra jusqu'à la fin de ses jours. Lui aussi convoitait la fameuse galerie, car il avait l'une des plus belles collections de tableaux qu'un particulier ait réunie en son temps.

Voltaire allait précipiter les choses, pendant que Delorme cherchait encore la solution dans le maquis du droit. Il fit comprendre aux Cramer qu'ils devaient d'abord régler la dissolution de leur société avec les frères Philibert.[57] Les Cramer renoncèrent et demandèrent à François Tronchin d'appeler son frère. Voltaire renvoya à Labat plusieurs projets de contrat où il inscrivait un prête-nom chaque

---

56. D6127.

57. A la mort de leur père (1737), son épouse avait fondé une société entre ses enfants et les frères Philibert pour une durée de dix ans. Renouvelée pour cinq ans en 1748, elle était dissoute de fait depuis 1753, mais l'acte ne sera dressé que le 15 juin 1755. Voir John R. Kleinschmidt, *Les Imprimeurs et libraires de la république de Genève, 1700-1798* (Genève 1948), p.91-94.

fois différent; il en fit même un autre où il n'apparaissait plus sous son propre nom. Labat se fâcha. Voltaire fit savoir à Mallet par les Cramer qu'il ne se sentait nullement engagé par la convention signée.[58] Mallet crut que l'affaire allait échouer. Inquiet, il pria François Tronchin de se rendre à Prangins dès le lendemain avec Delorme, mais sans Labat, fort irrité de la tournure qu'avaient prise les choses. De son côté Mme Denis, qui était «sur des épines», suppliait qu'on en finît.[59] Les prières de Mallet et les soupirs de Mme Denis décidèrent Tronchin à braver «l'âpreté du froid». Il monta jusqu'à Prangins, en redescendit avec la signature de Voltaire. A Genève Mallet griffonna la sienne, et le lendemain 10 février on pouvait annoncer que tout était consommé.[60] Voltaire s'employa à adoucir les blessures d'amour-propre avec quelques flatteries. Ainsi fit-il avec Delorme, et surtout avec Labat, par qui passaient les paiements comme mandataire de Mallet.

Du côté de Lausanne, les choses s'étaient présentées beaucoup plus simplement. Une location, même chère, qu'on pouvait annuler en fin de bail, était moins onéreuse et plus sûre qu'un faux achat à Genève. A Clavel de Brenles Voltaire demande des précisions sur la location de Prélaz, près de Lausanne. Il y avait encore à Vevey le château d'Hauteville, dont il entretint le pasteur Bertrand. «Ma philosophie ne fait guère de différence entre une cabane et un palais.»[61] D'autres maisons lui seront encore offertes qu'il visitera en même temps que Montriond.

La conclusion du marché de Saint-Jean l'encouragea à terminer la négociation de Lausanne. Il attendait le redoux pour se rendre dans la capitale vaudoise, lorsqu'il apprit que Mme de Bentinck s'apprêtait à quitter Leipzig pour s'établir en Suisse, à Neuchâtel, à Lausanne ou à Vevey.[62] Il avança son voyage afin de chercher un logement pour elle. Du 21 au 25 février, il séjourna à Montriond chez M. de Giez. Dès avant de partir, il était décidé à conclure l'affaire.[63]

Le Grand-Montriond, sur le chemin d'Ouchy, était une des campagnes les plus considérables des environs de Lausanne: un bâtiment central d'une quarantaine de mètres de long, deux ailes d'une vingtaine encadrant une cour d'honneur; «quatorze fenêtres de face, trois chambres entièrement meublées [...], belle cuisine, écurie pour huit chevaux, remise pour deux carrosses, vastes galetas, greniers, grande cave, jardin, verger, avenue, promenade».[64] En outre, trois autres

58. D6147.
59. D6143.
60. D6150, D6151. Voir les pièces relatives à l'achat des Délices dans D.app.145.
61. D6122 (31 janvier 1755), D6121.
62. D6170.
63. D6072 (7 janvier 1755): «J'ai déjà conclu pour Montrion sans l'avoir vu, et je me flatte que Mr de Gis ne signera de marché qu'avec moi.»
64. C'est en ces termes que Voltaire décrit la maison à Mme de Bentinck, qu'il souhaite loger (D7228, 8 avril [1757]).

chambres vides que Voltaire meublera, et au rez-de-chaussée un grand salon flanqué d'un autre plus petit. Ces pièces de réception s'ouvrent sur une terrasse dominant les jardins d'agrément. La vue s'étend sur des champs en pente douce, cultivés en blé ou plantés de vigne, et, par delà Ouchy ramassé autour de son donjon, jusqu'au Léman, voire par temps clair jusqu'à Evian et aux Alpes.

Voltaire avait pensé d'abord louer la propriété tout entière: il se contenta de l'habitation et des dépendances. Il abandonnait «les prés et les vignes et les pigeons et les poules dont il espérait être le propriétaire». Car Montriond «était pour l'hiver». Ce sera le «séjour de la simplicité, de la philosophie et de l'amitié».[65] Comme partout où il s'installait, il décida les travaux à entreprendre et laissa des consignes aux maçons de manière que tout fût prêt pour le mois de juin. Mme de Bentinck pourrait ainsi s'y installer, en attendant de trouver une demeure qui lui convienne. Voltaire se plaisait dans la compagnie du jeune ménage des Giez, pleins de charme et de gentillesse. Quelques mois plus tard le décès du jeune banquier le touchera profondément.[66] Avant de partir «il fit un effort pour grimper au château du Bailli».[67] La visite, même rapide, s'imposait: il était désormais Lausannois.

Le soir même de son retour à Prangins, il écrit un mot à Labat de venir le voir. Il y est question d'«aplanir des difficultés», de «rendre un service» qui serait de sa compétence.[68] Tout porte à croire qu'il s'agissait de réunir les fonds pour le paiement des Délices et de Montriond en fonction des disponibilités. La négociation de Saint-Jean terminée, Voltaire voulut faire oublier à Jean-Louis Labat ses froissements d'amour-propre. Il lui confia ses affaires de Genève. C'est à sa banque que seront domiciliées les rentes semestrielles que Voltaire touchait du duché de Wurtemberg, qu'arriveront aussi certains revenus des placements en Amérique du Sud. Les rapports entre les deux hommes allaient être de plus en plus amicaux. Pendant que Voltaire achetait Saint-Jean, Jean-Louis Labat négociait pour l'achat de la baronnie de Grandcour. Il s'y installera bientôt avec ses deux filles, modèle vivant de ce jardinier heureux de *Candide*.[69] Chargé du

---

65. D6171.
66. D6513, D6581.
67. D6189 (28 février 1755).
68. D6183, D6152, D6158.
69. Le marquis d'Argenson, qui ignorait sans doute à cette date que Voltaire avait encore loué Montriond, écrivait dans son *Journal* le 26 février: «Voltaire étale enfin ses richesses: il a loué à vie une belle maison au bord du lac de Genève où il arbore une grande représentation et invite ses amis [...] On lui attribue plus de cent mille livres de rente avec beaucoup d'argent comptant» (D6184 commentaire). On pourrait se faire une idée de la dépense de Voltaire par quelque comparaison, compte tenu que la livre suisse était légèrement supérieure à la livre française. L'appartement parisien lui coûtait 1 200 livres par an (D6082), Montriond un peu plus de 800 livres. Voltaire estimait que les Délices lui reviendraient à 120 000 livres une fois les aménagements faits, ou suivant un autre mode de calcul à 85 000 livres au bout de dix ans, soit 8 500 livres par an. Quoi qu'il en

règlement de Saint-Jean, il avait déjà reçu à la signature du compromis un acompte de 20 000 livres sur les 77 200 que devait Voltaire. Le solde de 57 200 livres devait être payable le Ier mai suivant. Il pouvait être réuni par le rapatriement des 34 000 livres en dépôt chez Dumont à Leipzig, les 14 000 livres des rentes trimestrielles versées par Turckheim et les versements que Voltaire ferait chez Labat à Genève. Il l'appelait à Prangins pour en conférer avec lui. Ses dispositions allaient en être changées. Finalement il ne payera pas Saint-Jean avec la provision amassée chez Labat, mais donnera instruction à Jean-Robert Tronchin le 5 mars de faire usage d'«un billet de 52 000 livres de M. de Montmartel pour achever de payer M. Mallet.»[70]

Les tractations sur Saint-Jean, sur Montriond, ne détournent pas Voltaire de ses préoccupations littéraires. Lekain, par une lettre reçue le 27 janvier, laissait espérer sa visite. Il devait aller jouer à Dijon : la relâche de la semaine sainte lui offrirait l'occasion de se rendre auprès du maître qu'il vénérait. Voltaire était prêt à demander à Richelieu un congé pour l'acteur. Mme Denis faisait entendre que son oncle n'aurait peut-être pas le cœur assez dur pour laisser celui-ci repartir «les mains vides».[71] L'allusion vise probablement *L'Orphelin de la Chine*. L'arrivée de Lekain lui imposait donc d'achever cette œuvre depuis longtemps en chantier. Les manuscrits laissés à Colmar lui étaient parvenus à la mi-janvier. La priorité restait cependant accordée à l'œuvre historique, et la *Jeanne* réclamait une attention urgente. Quant à l'*Orphelin*, serait-il en trois ou en cinq actes ? Voltaire trouva bientôt le moyen de passer à cinq actes. Avec les deux scènes surprenantes qui clôturaient l'acte v, Voltaire tenait une tragédie régulière animée d'un crescendo dramatique saisissant. Dès le 6 février il annonça à d'Argental les cinq actes, et ne cessa de songer au moment opportun pour une représentation à la Comédie-Française qui signifierait pour lui le début d'une reconquête de Paris.[72]

Par le même courrier, il annonçait les quatre derniers chants de cette *Pucelle* pour qui on l'a tant fait trembler. Depuis plusieurs mois il craignait une édition pirate de son poème héroï-comique. De toutes parts on lui demandait confirmation de bruits colportant que l'impression était en cours. On lui précisait parfois le prix de vente du livre. Fort inquiet, il questionnait ses correspondants. *La Pucelle*, divertissement pour le huis-clos entre amis, ne pouvait devenir publique sans que l'auteur courût de gros risques. Voltaire s'était donné un canevas à rebondisse-

---

soit, Voltaire ne regardait pas à la dépense pour ses logements. A titre de comparaison, Rousseau disposait pour vivre d'une pension de 1 200 livres, à laquelle s'ajoutait son salaire de copiste, et le salaire annuel de Lekain à la Comédie-Française était de 2 500 livres.

70. D6196. Le paiement prévu pour le Ier mai aura lieu en définitive le 16 mai.

71. D6111.

72. D6137.

ments érotiques. Il narrait comment, dans la France ravagée par l'envahisseur anglais, le roi Charles VII s'oubliait dans les bras de sa maîtresse la belle Agnès Sorel. En la ville d'Orléans assiégée, les défenseurs sont aux abois, lorsque soudain Denis, brave bonhomme de saint, protecteur du royaume, descend au milieu d'eux, à cheval sur un rayon de soleil. Il faut, explique-t-il, traiter le mal par son contraire : le saint va opposer à la paillardise de Charles et d'Agnès la vertu d'une pucelle. Il va donc quérir à Domrémy la chaste Jeanne. Désormais le salut de la France sera lié à la virginité de l'héroïque guerrière. Maints assauts sont tentés contre elle : plus d'une fois Denis, *deus ex machina*, doit se précipiter pour la sauver *in extremis*. On conçoit qu'une pareille trame donnait prétexte aux éditeurs pirates de corser l'original par des interpolations plus que lestes. Ils ne s'en privèrent pas. Voltaire lui-même, dans sa verve gaillarde, ne s'était pas fait faute de multiplier les inventions scabreuses. Il alla jusqu'à imaginer que l'âne, monture de l'amazone, enflammé d'un désir lubrique, entreprit d'attenter à la pudeur de sa maîtresse. Ce chant de l'âne, alors le neuvième, suscitait, non sans raison, les plus vives alarmes à Prangins.

Voltaire n'avait encore révélé à personne qu'il donnait une suite à son poème. Pour sa *Pucelle* comme pour son *Histoire universelle* il suivait une même ligne de conduite : établir un texte réputé seul authentique, par référence auquel tout ce qui pourrait paraître serait falsification et calomnie. Songeait-il déjà à le publier ? Rien n'est moins sûr. Mieux valait déposer un texte chez d'Argental, qui s'en autoriserait pour démentir les éventuels éditeurs. De plus, en répandant cette rumeur, il faisait croire à une édition prochaine et hésiter les possesseurs d'un texte incomplet. Mais comment recouvrer ce neuvième chant, porteur de tous les dangers, que jadis chez Mme Du Châtelet Mlle Du Thil avait recopié en cachette ? Voltaire demandait à d'Argental de proposer à celle-ci l'échange des quatre nouveaux chants contre celui de l'âne. Mais comment s'assurer qu'aucun maître-chanteur ne gardait par devers lui une copie ?

Cette *Pucelle* pouvait lui causer à Genève de graves ennuis. Sur ces entrefaites, il reçut de Jacob Vernet une sérieuse mise en garde. Depuis la visite du pasteur à Voltaire lors de son passage à Genève, on ne l'avait pas revu. On songeait pourtant à lui à Prangins comme témoin pour la signature du contrat de Saint-Jean,[73] au moment même où il rédigeait sa lettre du 8 février. Vernet y conjurait Voltaire de ne pas toucher «au vif» de la religion, comme jadis dans «des œuvres de jeunesse», mais de «concourir [...] avec tous nos gens de lettres pour détourner notre jeunesse de l'irréligion qui la conduit toujours au libertinage».[74] Vernet n'a pas dû écrire de gaieté de cœur ce pathétique appel. Visiblement il ne parle pas

73. D6139.
74. D6146.

234

seulement en son nom. C'était un usage dans les pays protestants qu'une sorte d'admonestation fraternelle fût adressée par l'ami le plus proche de celui qu'il convenait d'avertir, et l'éditeur de l'*Abrégé de l'histoire universelle* était alors le plus indiqué. La sincérité de son appel n'est pas contestable. A Jean-Jacques Rousseau il avait avoué qu'il s'abstenait de rencontrer Voltaire, et c'est Rousseau qui avait pris la défense de l'auteur de *Zaïre*:

On ne peint point comme il a fait les charmes de la vertu et les douceurs de l'amitié sans avoir un cœur propre à sentir l'une et l'autre. Jamais je ne désirerai si fortement qu'il justifiât mes préjugés en sa faveur qu'aujourd'hui que le voilà dans ma patrie. Puisse-t-il instruire et aimer mes compatriotes et laisser nos gens de lettres aussi bien unis qu'il les a trouvés.[75]

Ainsi Vernet, incertain, n'avait plus le cœur d'aller voir son ami à Prangins. Mais il avait pris la plume au nom des « gens sages » qui lui avaient fait part de leur inquiétude. Ce n'était pas marque de fanatisme ou d'intolérance, comme on l'a souvent écrit, seulement un révélateur: nombreux étaient ceux qui à Genève avaient peur de Voltaire.

Il est bien évident que la cité avait considérablement changé depuis le temps de Calvin. L'illustre réformateur n'aurait reconnu de sa ville que les bastions qu'il avait aidé à édifier. La population s'était accrue, surtout depuis l'arrivée massive des Français à la Révocation de l'Edit de Nantes. Ces immigrés, qui en étaient maintenant à la deuxième ou à la troisième génération, réclamaient des droits politiques et faisaient peser sur Genève une perpétuelle menace de troubles. Dans les quartiers populaires où s'entassaient l'abondante main d'œuvre des boutiques et des ateliers, on agitait les idées républicaines d'autrefois, si différentes de celles de l'oligarchie patricienne qui gouvernait la ville. Les réfugiés et leurs descendants constituaient à Genève la classe des « natifs »: un prolétariat victime de toutes sortes de discriminations. Ils n'avaient pas le droit de vote, ni aucun droit politique. Ils étaient en outre astreints à verser des redevances spéciales qui les maintenaient à un niveau de vie précaire. Voltaire sera plus tard confronté à l'agitation sociale résultant d'une situation aussi injuste. Au-dessus des « natifs » prenaient rang les Genevois de souche, les « citoyens »: Jean-Jacques Rousseau appartenait par sa naissance à cette catégorie relativement privilégiée. L'assemblée des citoyens élisait le Conseil des Deux Cents, d'où émanait le Petit Conseil, véritable gouvernement de la république. Au moment où Voltaire arrive à Genève, le Petit Conseil s'est en fait emparé de tous les pouvoirs, et il est lui-même accaparé par un petit nombre de grandes familles. De sorte que la république s'est muée en une étroite aristocratie.

La transformation de l'Etat avait accompagné l'évolution économique et sociale

75. D6063 commentaire.

de la ville. La bonne bourgeoisie de Genève s'activait dans les banques et le commerce. De grosses fortunes s'étaient constituées. Sur la colline autour de Saint-Pierre des palais s'étaient élevés, image des ambitions de leurs occupants. Les lois somptuaires de Calvin reculaient chaque jour devant l'ingéniosité des architectes et des décorateurs, Français ou Italiens. Opulente, instruite, voyageant à travers l'Europe entière pour ses affaires, l'aristocratie genevoise goûtait sans remords les plaisirs de l'art naguère bannis de ses murs. Il lui faudra bientôt un théâtre. C'était une anomalie en effet qu'une ville qui possédait tant de savants et de lettrés continuât à proscrire le théâtre en vertu d'anciennes lois que le cosmopolitisme des Genevois avait rendues désuètes. En recevant Voltaire, Genève donnait droit de cité à tous les raffinements modernes.[76] Théologiens et docteurs, rassemblés dans l'Académie, participaient aux recherches les plus avancées en Europe, éditaient les œuvres de Montesquieu, de Giannone, de Voltaire, collaboraient même à l'*Encyclopédie*. Attachés à leur calvinisme ancestral (dans presque chaque famille il y avait un pasteur), ils n'imaginent pas de divorce entre la foi et la raison. Mais ils avaient le sentiment d'une fausse sécurité : l'expansion du profane créait une dynamique nouvelle. On craignait que la jeunesse ne se laissât entraîner, et on s'attachait à la protéger. Car manifestement des lézardes menaçaient l'édifice.

Voltaire n'était pas informé de tout ce qui se disait à Genève sur son compte. Il fut surpris par la lettre de Vernet. Il répondit dès le lendemain poliment, un peu sèchement.[77] Ses rapports avec son correspondant resteront courtois encore

76. Ce n'était pas sans la résistance des vieux calvinistes. En ce milieu de siècle, il y avait à Genève une sorte de querelle de générations qu'illustre à merveille le procès en dissolution de société entre François Tronchin et son oncle Thélusson, puissant banquier qui se repentait de l'avoir associé à ses affaires, en 1728. La société fut dissoute en 1740 et le procès est de 1748. Voici les griefs que l'oncle adressait au neveu : « Au lieu de vous former et d'avancer en relations et connaissances, vous reculiez, uniquement occupé de la musique. Vous couriez les concerts, vous composiez, vous couriez après la réputation de musicien. A force de plaintes et d'instances vous y renonçâtes. Fut-ce pour vous appliquer au solide ? Non, votre goût fixé à la bagatelle s'attache à une pièce de théâtre que vous aviez faite à Amsterdam. Le hasard me la fit découvrir. Je me fâche. Vous m'opposez la décision de votre famille qui, dites-vous, veut qu'elle soit jouée. Ce malheureux ouvrage vous a coûté plus de 1 000 écus et trois ans de temps et de soins à le faire corriger, apprendre et jouer. Que vous en est-il revenu ? Le nom d'un homme qui n'est point propre au commerce, qui néglige ses affaires pour courir après le frivole. J'interroge votre conscience : ce serment que vous me fîtes en 1736 de ne plus faire des vers, l'avez-vous bien tenu ? Au fort du service des blés en 1739 [il y eut disette de blé en France en 1738, et Thélusson fut chargé d'en fournir], n'avez-vous pas donné toute votre attention à une pièce de vers pour demander une grâce à M. le Cardinal [Fleury] ? Si donc la fortune vous a manqué, qui doit s'en plaindre ? » Cité par Lüthy, ii.184, qui commente : « Représentatif d'un certain type de Genevois modelé par le calvinisme, entier, dur, austère, autoritaire et hautain, Thélusson appartient déjà presque à une époque révolue ».

77. D6149. Nous ne connaissons malheureusement de cette réponse que quelques phrases, publiées en 1790 par Michel Jean Louis Saladin.

un certain temps. Mais le pasteur était trop sincèrement calviniste pour ne pas souffrir à la publication prochaine de l'*Essai sur les mœurs*, dont il s'était fait l'éditeur dans sa forme première qui ne comportait pas encore l'histoire de la Réforme. Et pouvait-il imaginer que Voltaire inspirerait un article sur Genève dans lequel l'ouverture des théologiens aux Lumières passerait pour un abandon de la foi en Jésus-Christ? La guerre n'était pas encore déclarée. L'auteur de *La Pucelle* était seulement prié de ne pas pervertir la jeunesse.

Peu après l'achat de Saint-Jean, il apprit par Thiriot la mort de Montesquieu, survenue à Paris, le 10 février 1755. Son correspondant lui donnait des détails sur le fin du président, sur sa confession, sur l'assistance dévouée de la duchesse d'Aiguillon. Voltaire ne fut nullement contristé par le décès du philosophe bordelais. Les derniers moments de Montesquieu lui inspirent un tableau cocasse, avec des bouillons, des bonnets, des seringues, un billet de confession, et la duchesse «sœur-du-pot» des philosophes parmi tout cela. L'éloge funèbre est expédié lestement. L'*Esprit des lois* manquait de méthode et ses citations étaient inexactes.

Ce livre n'a jamais été attaqué que par les côtés qui font sa force, il prêche contre le despotisme, la superstition et les traitants. Il faut être bien mal avisé pour lui faire son procès sur ces trois articles. Ce livre m'a toujours paru un cabinet mal rangé avec des beaux lustres de cristal de roche. Je suis un peu partisan de la méthode et je tiens que sans elle aucun grand ouvrage ne passe à la postérité.[78]

Voilà l'*Esprit des lois* promis à une mort prochaine. En son temps, le président n'avait pas non plus été très tendre pour Voltaire, dans lequel il voyait un bel esprit plutôt qu'un bon esprit. Il n'avait jamais beaucoup aimé la poésie. Dans le cas de Voltaire, il n'aimait pas non plus le poète. Quand Mme d'Aiguillon lui demandera quelques vers pour une nouvelle édition de ses œuvres, Voltaire se récusera:

Madame la duchesse d'Aiguillon m'a commandé quatre vers pour M. de Montesquieu, comme on commande des petits pâtés; mais mon four n'est point chaud, et je suis plutôt sujet d'épitaphes que faiseur d'épitaphes [...] L'*Esprit des lois* en vaudra-t-il mieux avec quatre mauvais vers à la tête?

Certes non, mais on voulait seulement un hommage pour cette édition qui se préparait à Genève même. «Il faut que je sois bien baissé, puisque l'envie de plaire à Mme d'Aiguillon n'a pu encore m'inspirer».[79]

«Bien baisse»? Éternel refrain, moins crédible que jamais au seuil du printemps de 1755. Il s'est assuré la vie confortable de «l'honnête homme». En Suisse comme en France, l'usage est de disposer d'une résidence pour l'été, et d'une autre pour

78. D6185.
79. D6267.

l'hiver. Il avait songé d'abord à une alternance entre la Suisse et la France. Il a préféré un autre parti : il va «terminer [ses] voyages à [se] promener d'un bout du lac à l'autre». Le gros avantage est que sur ces terres helvétiques, il reste toute l'année en pays libre. De Genève à Lausanne, il tient «à la liberté de tous les côtés».[80]

80. D6161.

13. Les Délices, ou «prétendues Délices»

(mars-octobre 1755)

Voltaire n'allait pas conserver à son domaine de Saint-Jean le nom du quatrième évangéliste, au surplus auteur supposé de l'Apocalypse. Il le rebaptisa les Délices.[1] Le 1er mars 1755, les Délices «reçurent leur possesseur». C'en était fini de la «terre d'emprunt» de Prangins.[2]

Ce ne fut pas, comme plus tard à Tourney, une entrée en grande cérémonie. Il solennise sa prise de possession dans une *Epître*:[3]

O maison d'Aristippe! ô jardins d'Epicure!

Mais le poème à n'en pas douter fut composé à Prangins, d'où l'on voit mieux la chaîne du Mont-Blanc former «un théâtre», avec au centre du tableau le château de Ripaille, invisible depuis Genève. Cet hymne à la liberté n'en célèbre pas moins un moment privilégié d'une existence nouvelle: chant de libération, remerciement au peuple qui accueille l'exilé, et programme de vie. Dans sa nouvelle demeure, au milieu de son jardin, le poète ne prétend pas jouir du bonheur parfait, mais «on peut quelquefois embrasser au moins son image», à la manière d'Aristippe qui fut heureux dans son palais et d'Epicure qui enseigna la philosophie dans ses jardins à Athènes. Il promène son regard sur le paysage devant lui, en admire la beauté, songe à tous les héros de l'histoire antique et moderne qui se sont illustrés sur «ce théâtre de neige et de gloire», et s'arrête un moment au château de Ripaille où autrefois le duc Amédée de Savoie s'était retiré, «des soins et des grandeurs écartant toute idée», et qu'il abandonna «bizarrement» pour être pape. Le lac le plus fameux n'est pas celui qu'a chanté Virgile, mais celui-ci, le Léman, parce qu'auprès de lui se trouve «le trône» de la Liberté. C'est elle qui a animé les hommes de ces cantons contre tous les voisins qui prétendaient leur imposer le joug. Leur simplicité ignorante du faste

---

1. Il se souvient peut-être d'un ouvrage fort connu, *Etats et délices de la Suisse* (Leyde 1714), sorte de guide géographique et touristique par Abraham Ruchat, souvent réédité au cours du siècle. L'expression «les prétendues délices» apparaît dans D6396, après l'affaire Grasset.

2. Le château de Prangins offrira encore une bonne halte à Voltaire et à Mme Denis dans leurs déplacements. Beaucoup plus tard, en 1776, Voltaire voudra acquérir le domaine de La Lignière, à l'extrême bout de la propriété, comme le révèle le Journal encore inédit de Guiguer de Prangins (renseignement aimablement communiqué par la famille).

3. *Epître* [...] *en arrivant dans sa terre, près du lac de Genève* (M.x.362-66).

et des faux honneurs repose sur la vertu qui fit la gloire des peuples antiques. C'est ici que se trouve cette liberté que la Grèce et que Rome ont perdue depuis longtemps, qui a fait de nos jours quelques pas mal assurés en Europe, mais qui règne sur ces rives où elle se confond avec les lois mêmes. L'opposé de Genève, c'est Constantinople, où la liberté a été mise en esclavage:

> Dans le vaste Orient ton sort n'est pas si beau,
> Aux murs de Constantin, tremblante et consternée,
> Sous les pieds d'un vizir tu languis enchaînée
> Entre le sabre et le cordeau.

Dès l'installation aux Délices se trouve dressée cette barrière symbolique entre l'Orient, où la destinée domine sous la forme d'un tyran capricieux, et le jardin de Voltaire confondu avec Genève, où la liberté défend contre les menaces extérieures la capacité de la personne humaine à créer et à aimer. La liberté et l'amitié présideront aux Délices: «O deux divinités! vous êtes mon recours».

Quand parut, au début de juillet 1755, cet hymne à la liberté qui ne manquait pas de souffle, il obtint un succès certain. Les Suisses furent sensibles à l'éloge de leur histoire et de leur pays. Mais l'*Epître* rencontra aussi des censeurs. A Paris, Piron se moqua: puisque Voltaire se trouvait si bien en Suisse, son fauteuil à l'Académie allait se trouver inoccupé. Ce serait une bonne œuvre que de le céder à l'abbé Trublet.[4] A Genève, il y eut des voix pour trouver suspect cet éloge de la liberté de la part d'un homme qui, sa vie durant, avait courtisé les rois, et n'était venu dans un pays libre que parce qu'on ne l'acceptait plus à Versailles. C'est ce que Jean Trembley, l'un des syndics de Genève, écrivait à Charles Bonnet.[5] A Turin, le ton fut jugé irrespectueux à l'égard d'Amédée VIII, jadis ermite de Ripaille. Le baron Foncet, ministre des Affaires étrangères, dans une lettre à Jean-Louis Du Pan, fit connaître le mécontentement de la maison de Savoie. On n'était plus au temps de l'Escalade. On savait à Genève que la cour de Turin avait introduit à Rome le procès en canonisation de l'illustre ancêtre, l'unique pape de la famille. Compréhensif, le Magnifique Conseil vota la suppression du poème de Voltaire.[6] Comme tant d'autres œuvres «supprimées», l'*Epître* ne s'en porta pas plus mal.

La retraite dans une demeure protégée par le domaine qui l'entoure et par la richesse qu'elle suppose, n'est pas le fait d'un Voltaire brusquement devenu casanier. Dans l'état de disgrâce qui le réduisait à un perpétuel voyage (il n'avait du roi son maître que la permission de voyager), il avait besoin, contre les caprices de la destinée, d'un refuge permanent, qu'il pouvait quitter et retrouver à

---

4. D6343 (19 juillet 1755).
5. D6355 (26 juillet 1755).
6. 14 juillet 1755, D.app.148. Le procès de canonisation d'Amédée VIII n'aboutira pas.

l'occasion. La propriété offre la stabilité des lois qui la protègent. La solitude que le poète désire n'est pas non plus le rêve d'un misanthrope, elle admet les amis et même les veut nombreux.

La maison de M. Mallet était «charmante, commode, spacieuse». Elle aurait largement suffi à Voltaire et à Mme Denis s'ils n'avaient voulu la peupler de leurs hôtes, l'installer de manière à les y fixer le plus longtemps possible. «Il n'y avait pas une seule chambre à donner!» Vite, on met les maçons à l'ouvrage! Et comme si ce n'était pas assez d'aménager les étages, on fit construire une petite aile au bout de la galerie. On s'attaqua aux dépendances: au-dessus des pressoirs, de l'orangerie, on fit des «loges» pour les amis. On tend les salons de velours cramoisi. On tapisse les fauteuils de velours d'Utrecht rehaussé de galons vieil or. On achète des meubles. Tout est sens dessus-dessous, tout devrait être terminé en un seul jour. Cette fièvre n'épargne pas les jardins. On fait venir de Lyon ou de Paris tout ce qui peut se semer ou se planter. Voltaire commande à Jean-Robert Tronchin

des œilletons d'artichauts dont nous manquons absolument, [...] la plus grande quantité possible de lavande, de thym, de romarin, de menthe, de basilic, de rue, de fraisiers, de mignardises, et de thadicée, de baume, de percepierre, d'estragon, de sariette, de pimper-nelle, de sauge, et d'hysope pour nous laver de nos péchés, etc., etc., etc., etc., etc., etc., [...] Voilà, Monsieur, l'objet de ma passion présente et c'est la plus grande que j'aie après celle de pouvoir vous posséder ici. Daignez donc faire en sorte que notre jardin soit le mieux fourni du territoire de Genève.

On fait en effet agrandir le potager. On crée des «avenues à travers vignes».[7] En vérité Voltaire n'ajoute pas grande chose à une propriété qui avait fait son émerveillement. L'entraînement de la plume est ici manifeste, mais il exprime l'une des formes du bonheur chez lui: l'effervescence des initiatives.

Il revêt des personnages divers dans le déploiement d'une intense activité. A l'achat des Délices il s'était nommé «concierge» de Jean-Robert Tronchin. Il se fait «jardinier» peu après, puis «planteur de choux». Comme la vue de ce «beau lac» ressemble à la situation de Constantinople, il devient «bostangi». Cela l'amuse tant d'être un jardinier turc qu'il le répète à satiété dans ses lettres à Tronchin, pour qui il est aussi «maçon» et «charpentier», «intendant des bâtiments», «peintre», et même mieux, «barbouilleur». Cette prolifération d'emplois est comme une verve de l'âme, une dépense de soi dans une vitalité retrouvée qui va de pair avec une prodigalité certaine. Il a pour le moment deux jardiniers, douze domestiques, vingt ouvriers. En quelques mois, à l'en croire, il dépensera 40 000 livres en aménagements divers. Entre l'oncle et la nièce parfois passait l'ombre d'une discussion pour réduire l'excessive dépense. Mais Mme Denis

7. D6235, D6251.

obtenait tout. C'est ainsi que Voltaire efface un passé récent de souffrances et d'humiliations.

Nous oublions dans notre ermitage les rois, les cours, les sottises des hommes; nous ne songeons qu'à nos jardins et à nos amis. Je finis enfin par mener une vie patriarcale, c'est un don de Dieu qu'il ne nous fait que quand on a la barbe grise, c'est le hochet de la vieillesse.[8]

Pour la première fois apparaît sous la plume de Voltaire la métaphore du patriarche. Pourtant l'occupant des Délices n'est pas un vieillard, c'est un homme disponible, intérieurement rajeuni, déterminé à «se procurer du bonheur».[9] S'imaginant sur les bords du Bosphore, il réclame à Pâris-Duverney des tulipes, venues naguère de Turquie. Il accompagne sa vie quotidienne de références humanistes: «Il faut tout faire ici. Je fonde Carthage.»[10]

Dans le tourbillon des travaux, en attendant Lekain qui s'était annoncé depuis le 18 mars, Voltaire continue à travailler à *L'Orphelin de la Chine*. Il ne semble pas satisfait du Gengis en cinq actes. Il transformait insensiblement son tigre tartare en héros des temps modernes, et le premier il n'était pas convaincu de la réussite: «C'est Arlequin poli par l'amour. C'est plutôt le Cimon de Boccace et de La Fontaine: ‹Cimon aima, puis devint honnête homme›. Voilà le sujet de la pièce.»[11] La venue de Lekain procure l'occasion de mettre le texte à l'épreuve. Voltaire juge l'expérience décevante. Lekain, selon lui, manque de voix. Le rôle de Gengis sera l'un des plus difficiles à mettre au point pour l'acteur dont Voltaire raille la manière de prononcer, à la fin, le mot «vertu» comme s'il récitait un compliment. Il fallait encore travailler. Quand Lekain quitte les Délices,[12] Voltaire ne lui confie pour d'Argental, avec quatre chants de *La Pucelle*, que les quatre derniers actes de l'*Orphelin*. Mais quelle journée inoubliable, qu'il laisse croire improvisée, que celle du 2 avril où l'on joua *Zaïre*, devant tout Genève! Etaient présents les syndics, Mallet, Labat, les Cramer, tous les Tronchin. Presque tout le Conseil s'était retrouvé aux Délices. Lekain, devant le maître, sut prendre les accents

---

8. D6214, à Mme de Lutzelbourg (24 mars 1755).

9. Voir D6846.

10. D6223. C'est alors qu'une ancienne connaissance se manifeste auprès de lui: Guyot de Merville, l'amant de Pimpette, l'ami de J.-B. Rousseau et de Desfontaines, l'éditeur de *La Ligue* (voir *Voltaire en son temps*, i.62, 172). Etant désormais fixé à Genève, il tente de renouer (D6247, 15 avril 1755). Il fait amende honorable de ses attaques contre Voltaire. Il offre de lui dédier une édition de ses propres œuvres. Il propose ses services pour l'impression des ouvrages du grand homme à Genève. Voltaire répond par un refus froidement poli (D6252). Guyot de Merville disparaît ensuite. Le 4 mai, on repêche un noyé près d'Evian. Etait-ce lui? On a prétendu qu'il se serait donné la mort, désespéré du refus de Voltaire. Cela paraît peu croyable.

11. D6200. Sur le jeu de Lekain dans le rôle de Gengis, voir D6229.

12. D6229: on suppose que Lekain prit la route après la représentation, le 2 avril au soir.

passionnés et tendres de Nérestan, son plus beau rôle. Lusignan donna la réplique, que Voltaire déclamait à la perfection. Zaïre s'empara de Mme Denis, excellente tragédienne. «Je n'ai jamais vu verser plus de larmes; jamais les calvinistes n'ont été si tendres», se réjouit Voltaire. Il en tire gloire: «Calvin ne se doutait pas que des catholiques feraient un jour pleurer des huguenots dans le territoire de Genève.»[13] Par le théâtre, Voltaire avait entrepris la conquête des Genevois, comme il espérait par le même moyen reconquérir le cœur des Parisiens.

A cette fin, il va installer en ses Délices une salle de spectacle. La représentation du 2 avril avait dû être donnée dans un salon ou une galerie, hâtivement aménagé. En juillet, Voltaire et Mme Denis décident de se doter d'un vrai théâtre. On le construit dans le salon d'été. Il sera fonctionnel, mais de dimensions réduites, un «théâtre de marionnettes». On n'y admettra que «très peu de monde». Car, malgré le succès du 2 avril, ou pour cette raison même, on craint des réactions hostiles à Genève. Déjà cependant on prévoit d'y jouer *Alzire* et de nouveau *L'Orphelin de la Chine*.[14] La salle n'était pas terminée, quand M. de Paulmy accompagné de l'intendant de Bourgogne, M. de La Valette, vint rendre visite aux Délices.[15] On ne put donner aux visiteurs une vraie représentation de l'*Orphelin*; seulement une lecture à plusieurs voix, texte en main; M. de Paulmy «n'a pas mal lu le quatrième acte», et il a pleuré, de même que M. de La Valette.

Voltaire se plaint parfois de la distraction que lui donnent les maçons, les charpentiers, les jardiniers. Pure façade. Tant d'occupations ne nuisent pas à la créativité. Dans sa chambre au premier étage, juste au-dessus de la serre,[16] il travaille d'arrache-pied. L'édition des œuvres complètes va l'occuper l'année entière. Il faut fournir du travail régulièrement à l'imprimeur. Voltaire révise toute son œuvre antérieure, modifiant le texte, parfois dans des proportions considérables. Cramer fait imprimer à mesure. Les volumes devaient paraître d'un seul coup pour éviter les contrefaçons. Le plan même de l'édition était original.[17] Les quatre volumes consacrés au théâtre, au lieu de suivre *La Henriade* qui ouvrait la collection, venaient après les quatre volumes de *Mélanges* et l'*Histoire de Charles XII*. Les volumes d'œuvres historiques, en nombre encore indéterminé, suivaient à partir du tome XI. Restait à achever l'*Essai sur les mœurs*, de manière à faire la jonction avec *Le Siècle de Louis XIV*. *L'Orphelin de la Chine*

13. D6229, D6231.

14. D6340 (18 juillet [1755]), D6344, D6352.

15. D6340. Le 28 juillet, les travaux sont toujours en cours.

16. On suit ici la tradition (Lucien Fulpius, «Une demeure historique: les Délices de Voltaire», *Genava* 21, 1943, p.38-39), mais rien n'est moins sûr. Voltaire apprécie aux Délices le plain-pied, ce qui ne peut se comprendre que si au rez-de-chaussée il disposait de toutes les commodités sans avoir à se rendre à l'étage. Il faut donc croire qu'il travaillait aussi ailleurs que dans la chambre du premier.

17. Voir la description de l'édition, BN, catalogue, n° 55.

marquait le pas, mais Voltaire ne s'arrêtait que pour mieux y penser. Au milieu de ces efforts, *Jeanne* lui procurait la détente nécessaire. C'est elle aussi qui lui donnera pendant des mois la plus vive inquiétude.

C'était son œuvre de prédilection, le fruit de trente années d'improvisation. Grâce à la liberté de son plan, de nombreux épisodes étaient venus s'ajouter au récit primitif. Allègrement écrite elle gardait la marque des circonstances et de sa genèse, qui empêchaient une édition en l'état. On y lisait surtout trop de personnalités touchant à des amis qui ne s'en doutaient guère, trop de traits satiriques ou désinvoltes admissibles tout au plus dans des lectures privées. Voltaire a fait passer par Lekain à d'Argental quatre chants, dont celui de l'Ane.[18] Il relit maintenant l'ensemble du poème, et la nécessité s'impose de l'amender. Il révise donc son poème, l'oreille aux aguets.

Au début de mai, Thiriot l'informe qu'il court dans Paris «des lambeaux très informes et très falsifiés» de cet «ancien poème».[19] On a truffé ces fragments de «choses fort indécentes»: de quoi allécher le public. La «pauvre Pucelle» est devenue «une putain infâme». On a donc grand peur aux Délices que de «petits auteurs affamés» n'impriment ces manuscrits scandaleux. On supplie le comte d'Argenson et M. de Malesherbes de l'empêcher.[20] Une autre information vient alarmer Voltaire. Darget, son ancien compagnon de Prusse, maintenant rentré en France, loge à Vincennes comme intendant de l'Ecole militaire. Or il a donné chez lui une lecture publique du poème entier, en quinze chants. Darget confirme, en spécifiant que les auditeurs étaient tous de fervents admirateurs de l'auteur. Il promet qu'il ne laissera pas prendre de copie.[21] Voltaire ne s'inquiète pas moins. D'où provient ce manuscrit? Darget reconnaît qu'il fut rapporté de Prusse par son beau-frère. Ce qui fait naître de noirs soupçons. Il serait dû au copiste Tinois, qui y a inséré des vers de sa façon et l'a vendu 50 ducats «à un grand prince». Mais n'y a-t-il pas là derrière un mauvais tour de Frédéric? Le roi avait «juré» à Voltaire que son exemplaire ne sortirait pas de ses mains. Il l'aurait pourtant confié à Darget, dans l'idée que Darget le ferait imprimer, et qu'alors Voltaire «serait forcé de lui demander asile».[22] Darget s'efforce de rassurer les Délices. Son beau-frère n'a laissé personne prendre copie du manuscrit. Il l'a remporté en quittant Paris et ne le communiquera pas. On a proposé au duc de

---

18. D6229, D6261.

19. D6267 (9 mai 1755).

20. D6273 (21 mai), D6278, D6279 (23 mai). Malesherbes répond qu'il ne donnera aucune permission «directe ou indirecte» (D6291). Mais comment empêcher une impression clandestine?

21. D6274, D6275, D6289.

22. D6306, D6308, D6316.

La Vallière une *Pucelle*? Ce n'est pas la sienne. Darget représente avec juste raison qu'il existe bien d'autres manuscrits que celui du beau-frère.[23]

Le fait est, en effet, que nombre de copies circulent comportant des additions graveleuses ou dangereuses.[24] Voltaire imagine alors une parade. Non pas celle qu'on a souvent alléguée depuis Palissot et son «Discours préliminaire» aux *Œuvres* de 1792: Voltaire lui-même aurait multiplié les versions scandaleuses pour les discréditer toutes et empêcher la diffusion de *La Pucelle*.[25] C'est le contraire qui est vrai. Il va opposer aux textes en circulation «l'exemplaire véritable», unique et seul authentique. Il établit un manuscrit «bien corrigé [...], bien honnête ou moins malhonnête», en quinze chants, dont celui de l'Ane, devenu presque décent.[26] Il l'a fait lire chez lui au résident de France et à «un magistrat». Ces messieurs s'en sont amusés sans y rien trouver de choquant.[27] Il le fait copier et l'expédie à d'Argental, à Thiriot, au duc de La Vallière, à Formont, à sa nièce Mme de Fontaine, au duc de Richelieu, et même à Mme de Pompadour.[28] Après l'affaire Grasset, dont nous allons parler, il fait partir pour Paris Collini, muni de ce même «exemplaire unique». Son homme de confiance en fera établir (aux frais de Voltaire) autant de copies qu'on voudra. Un exemplaire sera remis à M. de Malesherbes: il faut que «le véritable ouvrage soit un peu connu».[29] Non qu'il ait l'intention d'imprimer cette *Pucelle*, comme l'a cru d'Argental et comme l'en soupçonne le lieutenant de police Berryer.[30] Même assagie, *La Pucelle* demeure trop libre. Elle doit rester à l'état de manuscrit. L'objectif de Voltaire est d'empêcher que les autres *Pucelles*, ces infâmes, ne soient tirées sur des presses clandestines.

Il se sent effectivement sous le coup d'une telle menace, qui le jette dans le plus grand émoi. Le 28 mai, il a avisé d'Argental que *La Pucelle* allait être imprimée par un certain Corbi, avec la complicité du libraire François Grasset. Ce Grasset aurait acheté 1 000 écus un manuscrit dont il y a tout à craindre.[31] Plus tard, ayant recueilli des informations, Voltaire précisera. Corbi n'est qu'un «facteur de librairie». Grasset lui a offert 4 000 exemplaires de *La Pucelle*, qui seraient imprimés à Lausanne. Le manuscrit viendrait de M. de Montolieu, baron

23. D6339 ([vers le 15 juillet 1755]).
24. J. Vercruysse en donne un florilège, *OC*, vii.82-86.
25. J. Vercruysse, *OC*, vii.74.
26. D6293 (4 juin).
27. D6305 (13 juin).
28. D6299, D6305, D6313, D6334, D6345.
29. D6358 ([27 ou 28 juillet]).
30. D6313, D6335; à la demande du comte d'Argenson, Berryer surveille Thiriot, dont l'exemplaire a été intercepté par la police.
31. D6284, à d'Argental; D6285, à Thiriot.

vaudois que Voltaire en février 1754 déclarait connaître depuis longtemps.[32] L'origine première serait encore une fois Tinois.[33] Sur François Grasset, Voltaire a obtenu des renseignements, peu favorables, par les Cramer. Il avait été, à ses débuts, leur commis. Il les avait volés. Il envoyait à l'étranger, pour son propre compte, «une grande quantité de livres». Mais les Cramer ne l'ont pas déféré à la justice : il était le fils de leur nourrice, leur «frère de lait».[34] Grasset continue donc à avoir son domicile à Genève. Mais il est passé au service d'un libraire de Lausanne, Bousquet. Au début de juin, Grasset se trouve dans la capitale vaudoise, revenant de Paris. Voltaire est persuadé qu'il en a rapporté une copie «infâme et détestable» et qu'on le presse de l'imprimer. Très inquiet, Voltaire fait intervenir Polier de Bottens et Clavel de Brenles pour l'intimider.[35] En fait il est à peu près certain que Grasset ne possédait à ce moment aucune copie de La Pucelle et que le manuscrit menaçant se trouvait à Genève même, en d'autres mains.

Mais voici que le 22 juillet une demoiselle Du Bret vient proposer à Voltaire de lui vendre pour 40 louis d'or une Pucelle manuscrite. Or cette Du Bret demeure à Genève dans la même maison que Grasset.[36] Voltaire a donc hâte d'avoir une explication avec celui-ci. Il lui fait adresser par Collini des invites de plus en plus insistantes. Il lui promet d'intervenir en sa faveur auprès des Cramer. Il lui fait entrevoir l'espérance d'éditer son «véritable ouvrage». Il se dit prêt à lui envoyer son carrosse, à le loger chez lui.[37]

Après beaucoup d'hésitations, Grasset se rend aux Délices, le 25 juillet. Il y retournera le lendemain. Sur les démêlés de ces deux journées, nous disposons de plusieurs récits : ceux, assez brefs, de Voltaire, où Grasset est traité comme un misérable; deux autres, de Jallabert et de Montpéroux, le second étant le plus précis et le plus fiable.[38] Nous avons surtout les deux narrations de Grasset, à Bousquet puis à François Tronchin, versions apologétiques.[39] Le libraire s'y donne le beau rôle. Mais incontestablement certains traits sont pris sur le vif, telles les réactions violentes de Voltaire, les interventions de Mme Denis, dans son trouble appelant son oncle devant témoins «mon ange», «mon cœur», et mélangeant le tu et le vous. Le 25, Voltaire a reçu Grasset fort aimablement. Le

32. D5669 (12 février 1754), à Clavel de Brenles; Montolieu l'aurait acheté 100 ducats.
33. D6402 (12 août [1755]), à Polier de Bottens.
34. D6401 (11 août 1755), Du Pan à Freudenreich.
35. D6320, D6295, D6297.
36. D6370, D6402.
37. D6302, D6342, D6349, D6353. On se rappellera que les Délices sont hors les murs de Genève, et que les portes de la ville se fermaient en fin d'après-midi. Voltaire logeait pour la nuit les visiteurs qui s'étaient attardés.
38. D6360 (28 juillet), Voltaire à d'Argental; D6362 (29 juilllet), à Clavel de Brenles; D6386 (5 août), à Darget; D6391 (6 août), Jallabert à de Brosses; D6392 (6 août), lettre de Montpéroux.
39. D6361 (28 juillet), D6416 (16 août); Grasset écrit de Lyon.

libraire proteste qu'il n'a pas *La Pucelle* et qu'il n'a pas l'intention de la publier. Voltaire parle alors de l'offre de Mlle Du Bret, qui habite à la même adresse que Grasset. Grasset assure qu'il ne la connaît pas. Mais il va s'informer. Voltaire l'invite à déjeuner pour le lendemain.

Dans l'intervalle Grasset, selon son récit,[40] a fait visite à sa voisine Mlle Du Bret. Elle l'adresse à une «personne de Rive», qu'il refuse de nommer. Il s'y rend. Il lit le XIVe chant, une horreur... Il demande le prix: 50 louis. La provenance? Le prince royal de Prusse. Avec la permission du détenteur, il copie de sa main dix-sept vers. Le lendemain, 26 juillet, il retourne aux Délices. Voltaire lit les dix-sept vers, qui le jettent dans le plus grand émoi. On passe néanmoins à table. Puis on se rend dans l'appartement de Voltaire, où se trouvent Mme Denis et le banquier Henri Cathala, correspondant à Genève de Jean-Robert Tronchin. Voltaire refuse de restituer, comme il avait promis, les dix-sept vers écrits de la main de Grasset. Le libraire se retire. Mais Cathala le rappelle. Alors Voltaire le saisit au collet: «Rends-moi ce manuscrit, tu l'as, c'est toi qui en es l'auteur, c'est toi qui l'as composé!» Les domestiques étant survenus, une bagarre s'ensuit. Grasset, à l'en croire, se défend comme un lion. Il dégaîne son épée (il l'avait prise pour se donner l'allure d'une personne distinguée, à la française). Il se dégage et effectue sa sortie en prononçant de nobles paroles: «Fourbe, je te fais grâce de la vie». Après quoi, il se rend chez le Premier syndic, pour porter plainte. Mais le magistrat est absent. Voltaire de son côté est allé porter plainte auprès du résident de France et des autres syndics. Aussi le soir Grasset est-il arrêté à son domicile. Le lendemain il est libéré sur ordre du Petit Conseil. Selon lui, les autorités se seraient confondues en humbles excuses. Selon Voltaire, il aurait été «admonesté vertement».[41] Quoi qu'il en soit, il quitte Genève. Il part pour l'Espagne mandaté par la maison Bousquet de Lausanne.[42]

Grasset n'est certainement pas aussi noir que le fait Voltaire. Mais il n'est pas non plus aussi innocent qu'il l'a prétendu, notamment dans l'entrevue du 25 juillet. Il avouera ensuite que le lendemain de son arrivée à Genève il avait été pressenti par un aventurier, Maubert de Gouvest.[43] Celui-ci («l'homme de Rive»?) lui propose un manuscrit de *La Pucelle*. Grasset accepte d'abord, puis refuse quand il prend connaissance du texte.[44] Bousquet avait sans doute de bonnes raisons d'ouvrir une enquête sur l'affaire.[45] Une autre piste apparut alors.

40. D6361, que nous suivons en ce qui paraît crédible.
41. D6387, à Polier de Bottens.
42. D6410.
43. On lira sa notice, «Gouvest, Jean-Henri Maubert de (1721-1767)», dans le *Dictionnaire des journalistes*, sous la direction de Jean Sgard (Grenoble, 1976).
44. D6416.
45. J. D. Candaux, «Les débuts de François Grasset», *Studies* 18 (1961), p.224-25.

Un certain Covelle déclare qu'il avait remis lui-même à Grasset la feuille incriminée et met en cause lui aussi M. de Montolieu. Selon ce dernier, le manuscrit appartenait à son fils, qui l'aurait acquis à la cour de Bayreuth. De toutes façons, le rôle de Grasset paraît assez louche.

Voltaire ne s'en tire pas non plus sans dommage. A Genève, «bien des gens le verraient partir sans regret».[46] A Lyon, le bruit court que Louis xv demanderait à la république de l'éloigner.[47] Il n'en sera rien, mais la rumeur prouve que sa réputation est atteinte.

Le Consistoire, autrement dit la Compagnie des pasteurs, s'était également ému. Le 1er août, le modérateur avait fait une démarche auprès du Premier syndic: ses confrères s'alarmaient de voir proliférer à travers la ville «onze vers d'un manuscrit infâme intitulé La Pucelle d'Orléans, que l'on attribue au sieur de Voltaire».[48] Théodore Tronchin qui était membre du Consistoire veillait sur les intérêts de l'hôte des Délices. Il lui fait prendre l'initiative de condamner l'écrit en question. Le 4 août, le Conseil, à la demande de Voltaire lui-même, décrète que les vers scandaleux seront brûlés.[49] Le même jour, Théodore Tronchin lut devant le Consistoire une lettre du poète dans laquelle il se plaignait des vers impies qu'on lui attribuait. «Après cette lecture, il n'est personne qui puisse oser dire que Voltaire doit être soupçonné d'avoir fait ces vers. Et tous les pasteurs en convinrent».[50]

Voltaire n'en avait pourtant pas fini avec la Vénérable Compagnie. Le lendemain 5 août elle revenait à la charge: fallait-il interdire les représentations théâtrales aux Délices? On a peine à comprendre aujourd'hui à quel point cette question tenait à cœur aux deux parties. Le clergé de Genève, par bien des aspects à l'avant-garde de son temps, retardait à propos du théâtre sur les villes protestantes voisines. Il menait un combat d'arrière-garde contre l'invasion du plaisir et du divertissement. Quant à Voltaire, il ne pouvait vivre sans théâtre. La venue de Lekain, le passage de M. de Paulmy, la fréquentation presque journalière des Cramer, excellents acteurs, celle de François Tronchin, auteur de pièces de théâtre, les dernières retouches à L'Orphelin de la Chine, tout contribuait à pousser Voltaire à ignorer les lois de Calvin. A la fin de juillet, le bref séjour aux Délices du premier pasteur de Berne raviva l'espoir d'une sorte d'autorisation tacite. On joua devant lui Alzire et l'on fit un essai sur scène de l'Orphelin.[51] Elie Bertrand fut enchanté, il ne souleva aucune objection contre le théâtre; peut-être parla-t-

46. D6393; voir aussi D6397.
47. D6409.
48. Candaux, p.226.
49. Registre du Conseil, ccIv.389, 389 bis, et D6380.
50. Jean Louis Du Pan à Freudenreich, D6384.
51. D6390, D6421.

il même des activités théâtrales dans sa propre ville. L'opposition des pasteurs genevois n'était donc qu'un cas d'espèce. On en viendrait à bout par des spectacles qui n'effaroucheraient pas les bonnes mœurs.

La Compagnie des pasteurs ne condamna pas la comédie aux Délices, mais elle fit savoir son mécontentement par l'intermédiaire du professeur Louis Tronchin, le frère aîné. L'heure n'était pas aux éclats. Voltaire se soumit en apparence de bonne grâce:

Monsieur votre frère le prêtre m'avait promis de dire à la Vénérable Compagnie que je suis son très humble valet. Je me flatte qu'il s'en souviendra. Celui qui vous doit l'air qu'il respire ici n'y doit déplaire à personne. Je veux bien que vos ministres aillent à l'opéra-comique, mais je ne veux pas qu'on représente dans ma maison devant dix personnes une pièce pleine de morale et de vertu si cela leur déplaît.[52]

En réalité il s'inquiétait. Quel changement depuis qu'au printemps il avait pris possession de sa terre. L'*Epître* composée à cette occasion avait été interdite, des vers de *La Pucelle* brûlés sur ordre du magistrat, et sa liberté réglementée jusque dans sa propre maison!

En ce mois d'août 1755, il a le sentiment que l'asile qu'il s'est choisi pourrait n'être pas définitif. Il se répète qu'il est heureux et déterminé à le rester, mais ce pourrait être dans un autre coin du monde:

Tous les lieux sont égaux quand il gèle, mais dans les beaux jours, je ne connais rien qui approche de ma situation. Je ne connaissais ni ce nouveau plaisir, ni celui de semer, de planter et de bâtir. Je vous aurais voulu dans ce petit coin de terre, j'y suis très heureux, et si les calomnies de Paris venaient m'y poursuivre, je serais heureux ailleurs.[53]

Ailleurs: l'idée se fait jour en son esprit que ses Délices pourraient n'être pas le séjour où il passera la fin de sa vie. Le 8 août il signe avec François Tronchin un amendement à son contrat d'achat des Délices: le remboursement prévu de 38 000 livres à ses héritiers pourrait être effectué à lui-même à tout moment, s'il décidait de partir. Le jour même il écrit à Jean-Robert Tronchin: «Ma maison des prétendues Délices me coûte déjà plus de 120 000 livres. Quand vous et votre famille voudrez en jouir, je m'accommoderai comme vous voudrez et dès à présent si cela vous convient.»[54]

De son exil genevois, Voltaire continue à regarder vers Paris. Il espère regagner la faveur de la capitale, et celle de Versailles, grâce à un beau triomphe sur la scène. Malheureusement, voici que les comédiens se querellent, au risque de compromettre le succès de l'*Orphelin*. Lekain revendiquait le rôle de Gengis-

---

52. D6400.
53. D6381.
54. D.app.145, vi; D6396.

Kan. Grandval le lui disputait et menaçait de ne pas jouer si on persistait à lui donner celui de Zamti. Ni Voltaire ni le duc de Richelieu ne parvenaient à apaiser le conflit. L'acteur Sarrazin, âgé de soixante-quatorze ans, pouvait reprendre du service dans le rôle de Zamti, tenant à la fois de Polyeucte et de Joad. Mais pour Idamé, à quelques semaines de la première, on n'avait pas décidé encore entre Mlle Clairon et Mlle Dumesnil. Voltaire regrettait qu'on n'eût pas remis à d'Argental «un pouvoir absolu sur ces gredins et pour mettre au cachot le premier impertinent de la troupe qui refuserait d'obéir à vos ordres. C'est ainsi assurément qu'on devrait en user.»[55]

En fin de compte, le 20 août, la première de *L'Orphelin de la Chine* connut à Paris un franc succès. Même la cabale applaudit. Le conflit entre les comédiens ayant été résolu au détriment de Mlle Dumesnil et de Grandval, Mlle Clairon fit merveille: elle avait su trouver les accents pathétiques ou déchirants d'une mère défendant la vie de son enfant.[56] L'excellence de son jeu porta ombrage à celui de Lekain. On avait craint pour le septuagénaire Sarrasin aux prises avec un rôle de jeune homme: il ne s'attira que des éloges. Lekain parut faible: sa voix était trop douce pour un Tartare habitué à crier ses ordres sur les champs de bataille. «Il est fort propre à jouer les rôles muets», dira Voltaire.[57] L'acteur semble avoir été dérouté par l'ambiguïté du personnage, à la fois féroce et sensible, barbare et conquis par la civilisation. Il joua beaucoup mieux les jours suivants. Mais plus tard, lorsqu'il reprendra le rôle, il ira encore demander le ton juste à Ferney, et Voltaire l'interrompra en cours de représentation.[58] Lekain cherchait l'unité du personnage au lieu de jouer sur ses contrastes. Pour Voltaire les disparates du rôle ne se résolvaient que dans une diction constamment paroxystique. D'emblée et d'instinct, Mlle Clairon avait trouvé le ton juste.[59]

Après les pièces de tradition gréco-romaine (*Rome sauvée*, *Oreste*), Voltaire revient à la tragédie de sujet exotique, dans la lignée de *Zaïre*, *Alzire*, *Mahomet*, *Zulime*. Transportant la scène jusqu'en Extrême-Orient, il flatte le goût de son public pour les choses de la Chine. Les décors, les costumes (la robe de Mlle Clairon et l'extraordinaire accoutrement de Lekain en Gengis) donnent l'impression d'un

---

55. D6408.
56. D6428, Darget à Frédéric II (22 août 1755), et commentaire: le succès a désarmé la cabale et il est dû principalement à Mlle Clairon. D6446: même appréciation sur le jeu de Mlle Clairon.
57. D6445, Voltaire à Richelieu (26 août [1755]).
58. D6683 (10 janvier 1756), lettre de Lekain visiblement arrangée: peu après la création de *l'Orphelin*, le comédien se rend aux Délices (D6683 dit: à Ferney). Son interprétation de Gengis mit Voltaire en fureur («Tu m'assassines»). Après quoi, sur les leçons du Maître, il modifia son jeu et à la reprise à Paris il fit grand effet.
59. *L'Orphelin* fut joué neuf fois, sans que la recette diminuât. Il fut repris à la fin d'octobre, après avoir été représenté à Fontainebleau le 22 octobre; voir D6424 commentaire.

authentique dépaysement. Nous sommes aujourd'hui plus réticents. Est-il si Tartare ce Gengis amoureux, «conquérant sauvage» (acte v, scène 1) qui appelle son Idamé «cruelle» et «Madame»? La tragédie française implique un style, des mœurs, dans lesquels il paraît impossible de transférer la réalité chinoise d'une époque lointaine.

Voltaire s'est inspiré de la traduction d'une pièce par le P. Prémare dans cette somme des informations en provenance des missionnaires jésuites qu'est la *Description de la Chine* du P. Du Halde.[60] Mais sa pièce s'éloigne considérablement du modèle original. Dans *L'Orphelin de la famille Zhao*, l'auteur, Ji Jun Xiang (début de l'époque Yuan, treizième siècle après J.C.), reprend une très antique histoire remontant au septième siècle avant J.C. C'est le drame d'une vengeance dans une vendetta entre familles. L'abominable Tu An-gu, favori de l'empereur, a juré d'exterminer la maison de l'honnête Zhao Dun. Action des plus sanguinaires (Tu fait massacrer trois cents membres de la famille Zhao), et qui s'étend sur une vingtaine d'années. Aussi Voltaire la compare-t-il aux «farces monstrueuses de Shakespeare et de Lope de Vega». «C'est un entassement d'événements incroyables.»[61] Pour simplifier, disons que l'exécrable Tu veut encore assassiner Zhao So, nouveau-né, dernier survivant mâle de la famille. Le médecin Cheng Ying hésite à sauver cet ultime rejeton, jusqu'à ce que la mère de l'enfant l'y décide en se tuant devant lui. Cheng va même jusqu'à substituer son propre fils pour soustraire l'orphelin aux recherches. Il pousse l'héroïsme jusqu'à assister, figé et muet, à la mort de son enfant, «mis en pièces» par Tu. Vingt années passent. Zhao So est devenu le favori de l'empereur. Sous le nom de Zhao Wu, il se croit le fils du médecin. Mais sa véritable origine lui est révélée. Alors il va impitoyablement exercer sa vengeance. Il capture Tu, le livre au bourreau, «qui l'exécute lentement en le coupant en morceaux sur l'ordre du souverain. Zhao Wu reprend le rang de ses ancêtres.»[62] Pièce morale, mettant en valeur l'idée que les crimes des méchants finissent toujours par être punis. La tragédie de Ji Jun Xiang se classe parmi les dix grands classiques du théâtre chinois. Elle a fait l'objet de multiples adaptations, les trois dernières datant des années 1960.[63]

De tous ces remaniements, celui qui s'éloigne le plus de l'original est évidemment l'*Orphelin* de Voltaire. L'action est ici déplacée d'une vingtaine de siècles, du septième avant J.C. au treizième de notre ère, au lendemain de la conquête

---

60. Quatre volumes, qui portent dans la bibliothèque de Voltaire de nombreuses marques de lecture. Voir *Corpus des notes marginales*, iii.256-90.

61. Epître dédicatoire au duc de Richelieu (M.v.297).

62. Meng Hua, *Voltaire et la Chine*, thèse à l'Université de Paris-Sorbonne, 1988, exemplaires dactylographiés, p.491. On trouvera dans cet ouvrage, p.487-92, une analyse détaillée de la pièce de Ji Jun Xiang, et p.492-500, un exposé des traditions utilisées par le dramaturge chinois.

63. Métastase en Europe en tira également un opéra, l'*Eroe cinese*, que Voltaire connaît.

mongole de la Chine. L'économie du drame comme sa signification s'en trouvent totalement modifiées. Le bébé Zhao So disparaît, relégué dans les coulisses comme l'Astyanax d'*Andromaque*. Voltaire en sa place introduit comme personnage principal Gengis-Kan qui vient de s'emparer, à la tête de ses Tartares, de la capitale de l'empire Cambalu, c'est-à-dire Pékin (aujourd'hui Beijing). Il fait rechercher pour le mettre à mort le dernier rejeton de la dynastie vaincue, «l'orphelin de la Chine». Zamti, mandarin confucéen, avec l'aide de son épouse Idamé, a réussi à cacher l'enfant encore au berceau. Mais il faut donner le change aux Tartares: héroïquement, malgré les supplications d'Idamé, Zamti substitue à l'enfant impérial son propre fils. Le subterfuge est découvert. Une expédition de secours coréenne ayant échoué, Zamti, Idamé, les deux enfants sont exposés à mourir dans des supplices raffinés. L'amour va les sauver. Car jadis Gengis-Kan, sous le nom de Témugin, avait fait un séjour à Pékin. Il s'était épris d'Idamé, qui l'avait repoussé. Scène de reconnaissance: maintenant maître tout puissant et cruel, il reconnaît en celle qui protège l'orphelin la jeune fille autrefois aimée. Il sent renaître ses sentiments pour elle. Ce sont les bouffées d'amour d'un barbare violent, capable dans un accès de tuer la femme qui lui résiste. A l'acte v, il somme Idamé de choisir: ou elle se donne à lui, ou elle sera massacrée, avec son époux et les deux enfants. On perçoit cependant que la sauvagerie de Gengis commence à s'amollir. Acculés, Zamti et Idamé décident de se donner la mort. Ils allaient se frapper ensemble du même poignard, quand Gengis surgit et les désarme. Dernière grande scène: le conquérant a compris; il est gagné par tant de grandeur d'âme. Il pardonne. Les deux époux, les deux enfants auront la vie sauve. Le mandarin Zamti sera rétabli dans ses dignités. Comme Idamé demande à Gengis la cause d'un si étonnant changement, il répond: «Vos vertus»: mot de la fin où s'exprime une fois de plus l'optimisme moral du dramaturge.

La leçon se dégage clairement. L'amour aidant, le Tartare a subi l'ascendant de la Chine policée qu'il a conquise. Les vaincus, représentés par Zamti et Idamé, affirment, dans la pire détresse, leur supériorité sur leurs sauvages envahisseurs. La jeune femme pour expliquer son refus d'épouser un barbare comme Témugin, fait l'éloge de l'Empire du Milieu, en quelques vers qui ne manquent pas de pertinence historique (acte i, scène i):

> De nos peuples jaloux tu connais la fierté,
> De nos arts, de nos lois l'auguste antiquité,
> Une religion de tout temps épurée,
> De cent siècles de gloire une suite avérée,
> Tout nous interdisait, dans nos préventions,
> Une indigne alliance avec les nations.

Les divers traits de la Chine, telle que Voltaire l'imagine, sont ici rassemblés: c'est le peuple du monde le plus anciennement civilisé («arts et lois»), et d'une antiquité «avérée», c'est-à-dire attestée par des archives. L'aspect négatif est aussi indiqué: «fierté» et «préventions» qui font mépriser ce qui est hors du vaste empire, comme si les autres nations croupissaient toutes dans la barbarie. On se demande comment un Etat si parfait a pu s'effondrer militairement sous les coups de Gengis. Mais c'est l'excellence morale, ce sont les «vertus», que Voltaire souligne chez ses Chinois vaincus de l'*Orphelin*: haute moralité puisée, suggère-t-il,[64] dans le confucianisme, une doctrine qu'il identifie à sa propre «religion naturelle» (acte I, scène I):

> [...] la nature même, en toute nation,
> Grava l'Etre suprême et la religion.

«Religion de tout temps épurée» qui s'est conservée à la Chine. Zamti, porte-parole voltairien, honore «ce Dieu de la terre et des cieux, ce Dieu que sans mélange annonçaient nos ancêtres, méconnu par le bonze» (acte I, scène 6). Ainsi, en 1755, alors que l'auteur ne songe point encore à engager la croisade contre «l'infâme», cette nouvelle tragédie, comme plusieurs de ses devancières, insinue les thèmes d'une propagande.

L'Orphelin de la Chine aura une singulière destinée. C'est, à ce jour, la dernière en date des tragédies de Voltaire qui ait eu les honneurs de la Comédie-Française. Lorsqu'en 1964 la France reconnut la République Populaire de la Chine, André Malraux, alors ministre de la Culture, pour accueillir l'ambassade nouvellement installée, fit jouer *L'Orphelin de la Chine*. Choix moins surprenant qu'on ne pourrait croire: la pièce chinoise, on le sait, demeure aujourd'hui fort vivante.[65] L'œuvre de Voltaire fut montée avec un grand luxe de décors et de costumes. Elle n'obtint que cinq représentations, et la presse fut très sévère. Pourtant le public ne s'ennuyait pas.[66] Il était pris par l'agencement dramatique, efficacement combiné par ce vieux routier de la scène qu'était Voltaire. Seules les déclarations confucéennes de Zamti et d'Idamé passaient assez mal. Indice sans doute que ce théâtre de Voltaire agit plus par sa dramaturgie que par son message philosophique.

Message fort actuel en 1755. Dans la première édition de l'*Orphelin*,[67] à la suite du texte, Voltaire a soin de publier sa lettre à Rousseau, remerciant le citoyen de

64. Confucius n'est pas nommé. Mais Voltaire avait eu l'idée de faire de Zamti un descendant du Maître (voir D6500). La référence demeure quoiqu'implicite.

65. *L'Orphelin de la Chine* de Voltaire fut joué en traduction chinoise, avec un plein succès, à Tian Jin (Tien-Tsin), le 20 juillet 1990, dans le cadre d'un colloque sur les relations culturelles entre la Chine et la France. Le metteur en scène, M. Lin Zhao-hua, avait eu l'idée heureuse d'insérer, entre les actes de la tragédie française, les principaux épisodes de la pièce chinoise. Le contraste entre la pièce de Voltaire, jouée dans le style le plus sobre, et l'exubérance baroque de l'opéra de Ji Jun Xiang était saisissant.

66. Nous pouvons en témoigner (R. P.).

67. Edition Cramer, n° 214 de Bengesco. La lettre à Rousseau est D6451.

Genève pour son «nouveau livre contre le genre humain» (le *Discours sur l'inéga-lité*). La tragédie fait implicitement la leçon au pourfendeur des lettres et des arts. Ces barbares, tant vantés par Jean-Jacques, qui s'affiche même comme l'un d'eux (*Barbarus hic ego sum*, disait l'épigraphe du premier Discours), Voltaire par l'exemple de Gengis montre ce qu'ils sont : d'effroyables massacreurs, ne sachant que détruire, jusqu'à ce qu'ils se convertissent à la civilisation. L'épître dédicatoire à Richelieu, en tête de la même édition, prend bien soin d'insister. L'histoire de l'*Orphelin* démontre «la supériorité naturelle que donnent la raison et le génie sur la force aveugle et barbare». L'existence d'un théâtre est un élément de cette supériorité. La Chine cultive l'art du spectacle (quoique grossièrement) depuis «plus de trois mille ans» selon Voltaire, suivie plus tard par la Grèce et par Rome : ce sont les seuls peuples qui aient connu «le véritable esprit de la société». «Rien, en effet, ne rend les hommes plus sociables, n'adoucit plus leurs mœurs, ne perfectionne plus leur raison, que de les rassembler pour leur faire goûter ensemble les plaisirs purs de l'esprit.» Le peu de pays où ne sont pas acceptés les spectacles ne sont pas «mis au rang des pays civilisés». Ceci est dit à la cantonade. Les compatriotes de Jean-Jacques qui ne veulent pas de théâtre à Genève comprendront.

Voltaire avait dans ses papiers une réponse plus directe à Rousseau : le morceau intitulé *Timon*.[68] La date de sa composition est incertaine, mais sans doute de peu postérieure à la lecture du premier *Discours*, sur les sciences et les arts. Il se prépare à le publier dans le volume de *Mélanges* qu'impriment les Cramer. Timon a brûlé tous ses livres, tous sans exception, même Cicéron, Virgile, Racine, La Fontaine, etc. «Ce sont des corrupteurs du genre humain [...] Les sciences sont le plus horrible fléau de la terre. Sans elles nous aurions toujours eu l'âge d'or.» Le dialogue fait ressortir ce qu'avait de simpliste le paradoxe du premier *Discours*. L'interlocuteur (c'est-à-dire Voltaire) cite les ravageurs de l'humanité, «Attila, Genséric, Odoacre et leurs pareils» : ont-ils «étudié longtemps dans les universi-tés»? «Je n'en doute nullement», répond Timon. «Ce n'est qu'à force d'esprit et de culture qu'on peut devenir méchant». Les deux dialoguants cheminent dans la campagne, pour aller souper chez un ami. Au coin d'un bois, ils sont assaillis par des voleurs, qui les dépouillent «de tout impitoyablement». L'interlocuteur demande à «ces messieurs dans quelle université ils avaient étudié». Réponse : «Aucun d'eux n'avait jamais appris à lire.» L'hôte qui, après cette mésaventure, les accueille en sa campagne compte parmi les plus savants hommes de l'Europe. «Timon, suivant ses principes, devait s'attendre à être égorgé.» Au contraire, le savant leur offre vêtements, argent et un excellent souper. Qu'à cela ne tienne. «Timon, au sortir du repas, demanda une plume et de l'encre pour écrire contre

68. M.xxiii.483-84.

ceux qui cultivent leur esprit.» Le trait final touche juste et porte assez loin. Rousseau se débat dans une contradiction. Ennemi des lettres, il est lui-même homme de lettres, s'adressant à un public lettré. Non seulement par ses *Discours*, par son article «Economie politique» de l'*Encyclopédie*, mais par sa comédie de *Narcisse*, par son opéra du *Devin de village*, bientôt par un roman. Il sortira d'embarras grâce à un raisonnement à double détente. Corruptrice, la société recèle aussi en elle-même les contrepoisons. Dans une société policée, les sciences et les arts offrent en même temps le recours contre les nuisances qu'ils engendrent. Le remède est dans le mal.[69]

Il ne semble pas que Voltaire ait connu cette ingénieuse argumentation, ou qu'il y ait pris garde. De même Rousseau ne paraît pas avoir remarqué dans le fourre-tout des *Mélanges*, en 1756, ce *Timon* qui le visait. En revanche il a bien reçu la lettre de Voltaire du 30 août 1755 et y a réagi.

Voltaire tient en main le *Discours sur l'inégalité* que son auteur lui a envoyé. Il a eu tout juste le temps de feuilleter les premières pages. C'est donc encore au *Discours* de 1750 qu'il répond.[70] Il plaisante Rousseau, sur un ton affable. «On n'a jamais tant employé d'esprit à vouloir nous rendre bêtes. Il prend envie de marcher à quatre pattes quand on lit votre ouvrage.» Sans doute, «les belles lettres et les sciences ont causé quelquefois beaucoup de mal». Il s'agit des persécutions qui s'abattent sur les auteurs. Voltaire cite Le Tasse, Galilée, les encyclopédistes et lui-même. Cependant, il est de plus graves malheurs : les massacres, les guerres. Et ce ne sont point les gens de plume qui en sont responsables. «Les grands crimes n'ont été commis que par de célèbres ignorants.» Il reprend les arguments du *Timon*. «Les lettres nourrissent l'âme, la rectifient, la consolent.» Il ne fait pas grâce non plus à Rousseau du trait *ad hominem*: «elles font même votre gloire dans le temps que vous écrivez contre elles. Vous êtes comme Achille qui s'emporte contre la gloire, et comme le P. Malebranche dont l'imagination brillante écrivait contre l'imagination.» Et Voltaire termine: «je suis très philosophiquement, et avec la plus tendre estime, Monsieur» etc.[71]

Jean-Jacques répondit presque aussitôt, comme inspiré par la lettre du grand homme. Il ne releva point l'absence de référence à son nouvel ouvrage. En ce début de septembre, il était sûrement heureux et fier de donner la réplique au plus illustre de ses contemporains, le plus apte peut-être à le comprendre, tant celui-ci avait fait l'expérience de l'ennui attaché à l'existence humaine et de l'artifice qui gâte les sociétés les plus raffinées. Rousseau admire toujours Voltaire. Il le connaît surtout par ses œuvres, il l'imagine semblable à ses héros que la

---

69. Voir Jean Starobinski, *Le Remède dans le mal* (Paris 1989), p.165-232.

70. Comme l'a montré Henri Gouhier, *Rousseau et Voltaire, portraits dans deux miroirs* (Paris 1983), p.61 et suiv.

71. D6451.

vertu rend sublimes. Le spectacle de *L'Orphelin de la Chine* l'a transporté de joie. Peut-être même, secrètement, pouvait-il se flatter d'avoir inspiré à Voltaire l'idée de cet *Orphelin*, comme réponse indirecte au premier *Discours*. Voltaire reçut donc du citoyen de Genève la lettre qui pouvait le mieux le servir :

Méprisez de vaines clameurs par lesquelles on cherche moins à vous faire du mal qu'à vous détourner de bien faire. Plus on vous critiquera, plus vous devez vous faire admirer. Un bon livre est une terrible réponse à des injures imprimées. Et qui vous oserait attribuer des écrits que vous n'avez point faits ?[72]

Rousseau avait accepté que sa lettre fût publiée. Il était trop tard pour que l'échange épistolaire figurât dans l'édition des Cramer, et même dans celle de Lambert. Les deux lettres furent ensemble reproduites dans le *Mercure de France*.

Parmi les maux causés par les lettres, Voltaire dénonçait à Rousseau deux publications infâmes dont il était menacé : une *Pucelle* atrocement «défigurée», et les *Mémoires* sur la guerre de 1741 qu'on lui a volés.

Reprenons le «feuilleton» de *La Pucelle* où nous l'avons laissé, en août 1755. Une fois Grasset disparu,[73] la menace des éditions pirates subsistait. Maubert de Gouvest, disparu lui aussi, et d'autres cherchaient certainement à tirer de l'argent des copies qu'ils détenaient.[74] Dès le 12 juillet, un certain abbé de La Chau, prêtre «habitué» à l'Hôpital de Paris, a proposé à La Beaumelle un manuscrit qu'il dit complet. La Beaumelle accepte. Il profite des fonds dont il dispose en vue de la deuxième édition de ses *Mémoires de madame de Maintenon* pour imprimer en même temps, à Amsterdam, *La Pucelle* cédée par La Chau. Elle est en quatorze chants. La Beaumelle y ajoute un propos liminaire, «A M. le poète», où il persifle Voltaire. Les volumes portant la marque Paris, 1755, commencent à entrer en France à la fin d'octobre. Baculard d'Arnaud mais aussi la comtesse de La Marck et Mme Geoffrin se chargent d'en écouler les exemplaires.[75] Maubert de son côté tente de négocier son manuscrit. Il semble l'avoir proposé en Angleterre.[76] Voltaire en tout cas est informé qu'il l'a offert à Francfort, au libraire Eslinger. Le prix demandé étant exorbitant, Eslinger refuse.[77] Ce manuscrit est

---

72. D6469.

73. Grasset avait publié à la fin du mois d'août sa lettre à Bousquet (D6361) qui se terminait par les humbles excuses qui lui auraient été faites au nom du Conseil. Le Conseil lui intenta un procès, en son absence. Il fut condamné de prise de corps (23 septembre). Il ne pouvait plus revenir à Genève sous peine d'arrestation.

74. D6484 (12 septembre [1755]).

75. Voir l'édition de J. Vercruysse, *OC*, vii.33-34, à compléter par Lauriol, p.458-59.

76. Mme Denis mande qu'il est «avec des Anglais» (D6414, 16 août 1755).

77. D6547 (24 octobre). Même version dans D6581.

en douze chants: il est important de le noter.[78] Car Voltaire pour se défendre a changé de tactique. Il ne s'en tient plus à opposer aux versions réputées infâmes un exemplaire plus honnête, censé être le seul véritable. Il va susciter contre les éditions, ou menaces d'éditions, en douze ou quatorze chants une édition qui les discrédite, parce qu'elle est plus complète, en quinze chants.

Bien entendu, la tractation doit être aussi secrète que possible. Aussi les trois lettres qu'il adresse à ce sujet à sa nièce Mme de Fontaine sont-elles en langage codé, avec recours à des pseudonymes comme au temps des lettres d'Alsace à Mme Denis (Mme Daurade, Ericard...). Le décryptage,[79] rendu plus difficile parce que des allusions à *L'Orphelin de la Chine* interfèrent avec celles de *La Pucelle*, laisse subsister des énigmes. Néanmoins le sens général apparaît assez clairement. Le 13 août, Voltaire mande à Mme de Fontaine qu'elle n'a pas sa «part entière», c'est-à-dire que son manuscrit de *La Pucelle* est incomplet. Il lui manque «trois guenilles» (trois chants) que d'Argental lui remettra.[80] Nouvelle lettre, le 16 août, d'abord par Mme Denis: il faut absolument que «le quinzième chapitre» existe, c'est-à-dire que le manuscrit doit être en quinze chants.[81] Puis Voltaire prend la plume: que M. Lange (d'Argental) et M. Lamoi (Collini? alors à Paris) consultent la personne à qui M. de Florian (Voltaire?) envoya «la chose» (*La Pucelle*), il y a environ deux mois, allusion probable à l'un des destinataires haut placés à qui Voltaire a fait parvenir en juin le manuscrit «véritable»: le duc de La Vallière, Richelieu, Malesherbes, voire Mme de Pompadour... Il importe surtout que l'édition ne sorte pas pendant les représentations de *L'Orphelin de la Chine*. Le codage de la troisième lettre, vers le 20 août, se fait plus hermétique, car l'affaire se précise. Il faut monter les «quinze diamants de petits carats que M. Lange vous a apportés, pour le bracelet de Mme de Fleurieux».[82] Qui est Mme de Fleurieux?[83] Mais on comprend bien qu'il s'agit de constituer un manuscrit en quinze chants. Après quoi, il faut «recommander cette monture à Lempereur». Lempereur: ce nom désigne, selon toute vraisemblance, Eslinger, libraire à Francfort, ville impériale. C'est chez lui en effet que paraît au début d'octobre 1755 l'édition intitulée *La Pucelle d'Orléans*, «Poème, divisé en quinze

---

78. D6591 (20 novembre [1755]). Voltaire l'a su par Eslinger, ce qui prouve l'existence de tractations, plus ou moins directes, entre ce libraire de Francfort et les Délices. Dans D6548 (24 octobre) Voltaire disait que le manuscrit proposé par Maubert avait treize chants.

79. Par Margaret Chenais, «New light on the publication of the *Pucelle*», *Studies* 12 (1960), p.9-20, et par J. Vercruysse, *OC*, vii.29-33.

80. D6404.

81. D6414.

82. D6425.

83. J. Vercruysse, *OC*, vii.31, l'identifie avec Mme de Fleurieux, épouse du secrétaire de l'Académie de Lyon, que Mme Denis charge de faire ses emplettes en cette ville.

livres, par M. de V***».[84] Elle est en vente à Francfort, mais avait été imprimée à Louvain. En présence de cette publication, Voltaire adopte une attitude double. A Genève, à Lausanne, il désavoue hautement cette «capucinade effrontée». Il réclame son interdiction.[85] Mais il la recommande discrètement à des intimes comme la duchesse de Saxe-Gotha. La duchesse voulait se faire envoyer de Paris une copie de *La Pucelle*. Voltaire lui en a promis une: qu'il la confie donc à M. de Waldner, à Bâle.[86] Mais un mois plus tard, Voltaire fait savoir à la duchesse qu'il est bien inutile de recourir à ce M. de Waldner. Que la duchesse se procure donc à Francfort, chez Eslinger, l'édition qui vient d'être publiée «en Hollande».[87] Voltaire se dit «très fâché que cette plaisanterie soit imprimée», mais il sera «consolé si elle peut faire passer quelques moments à Votre Altesse sérénissime qui ne soient pas des moments d'ennui». A Elie Bertrand il fera connaître que la duchesse de Saxe-Gotha «prétend» que cette *Pucelle* d'Eslinger «n'est pas trop malhonnête», et qu'il n'y a que les dévots qui puissent être scandalisés.[88] L'édition Eslinger avait en outre l'avantage de mettre La Beaumelle dans l'embarras. Avant même d'avoir paru, sa *Pucelle* en quatorze chants est périmée. Il devra en faire en toute hâte un tirage où le chant xv est relié à la suite.[89]

Voltaire en décembre pourra constater qu'il a, en définitive, assez bien «tiré [son] épingle du jeu». Il a «évité le grand scandale».[90] Il en rend hommage à la destinataire des trois lettres cryptées, Mme de Fontaine sa nièce, qui eut sans doute dans l'affaire un rôle décisif. Il est si rassuré qu'il a déjà proposé à Walther de Dresde, occupé à imprimer *L'Orphelin de la Chine*, de publier aussi *La Pucelle*.[91] Il ne s'inquiètera guère en 1756 des éditions pirates de Maubert et de Grasset. Il continue à renier sa fille: il a bien spécifié à Walther que cet ouvrage qui lui «est tombé entre les mains» n'est pas de lui… C'est en 1762 seulement qu'il se décidera à donner chez les Cramer la première édition authentique et reconnue de son poème. *La Pucelle* alors aura atteint vingt chants.[92]

Autre publication qui corroborerait la malfaisance des lettres, comme le veut Jean-Jacques, ou plutôt celle des libraires. Voltaire apprend que Le Prieur

84. Description par J. Vercruysse, *OC*, vii.97, 98.
85. D6581 (14 novembre), à Polier de Bottens.
86. D6472 (9 septembre 1755), D6518.
87. D6532 (9 octobre 1755). Voltaire placerait-il Louvain en Hollande?
88. D6547 (24 octobre). Voltaire a-t-il reçu de la duchesse une lettre approbative qui ne nous serait pas parvenue? Ou présume-t-il que sa correspondante réagira comme il l'y incitait dans D6532?
89. J. Vercruysse, *OC*, vii.98, no.4, 5.
90. D6631 (16 décembre 1755), à Mme de Fontaine.
91. D6565 (5 novembre 1755), à Walther.
92. J. Vercruysse, *OC*, vii.103, no.24.

imprime à Paris, avec privilège, l'*Histoire de la guerre de 1741*.[93] L'affaire pouvait prendre une dimension politique, à la veille de la guerre de Sept Ans. Par le jeu du renversement des alliances, les alliés d'hier devenaient les ennemis d'aujourd'hui et inversement. Le texte demandait à être révisé. A son départ de Berlin, Voltaire avait renoncé à publier ce qu'il appelait «les campagnes du roi». Mais il en avait confié une copie à Mme de Pompadour, une autre à Richelieu et une autre au comte d'Argenson. Selon lui on imprimait sur l'un de ces trois exemplaires qui avait été volé. Comme l'édition se faisait au grand jour, et qu'elle intéressait les personnes les plus considérables du royaume autant que l'auteur lui-même, il devait être tout simple de la supprimer. Il demande à Mme de Pompadour et à d'Argenson d'intervenir énergiquement. Il proteste auprès des syndics de la librairie contre les agissements indignes dont il est victime, et leur demande de «prévenir le débit de toutes ces œuvres de ténèbres», incluant dans ce lot *La Pucelle d'Orléans*, œuvre de «quelques jeunes gens sans goût et sans mœurs».[94]

Voltaire ignorait que le manuscrit avait été dérobé dans les archives qu'il avait laissées à la garde de Mme Denis en s'en allant à Berlin. Mme Denis n'osait le lui dire. Le Prieur avait acheté la copie au chevalier de La Morlière, lequel l'avait acquis, disait-on, du marquis de Ximénès, naguère amant de Mme Denis. Elle le savait «insensé», mais non pas «un fripon à pendre».[95] Elle envoya des lettres désespérées à Mme de Pompadour, au président Hénault, à Malesherbes, les suppliant d'arrêter la diffusion de l'ouvrage.[96] Elle était prête à dédommager le libraire. Elle écrivait à d'Argental, à Collini de donner partout l'alerte, mais sans rien en dire à son oncle, à qui elle cachait encore cette «nouvelle noirceur».[97] Elle se démena tant qu'elle finit par irriter Malesherbes: c'est de lui que d'Argental aurait appris que La Morlière avait acheté 25 louis d'or à Ximénès un manuscrit anonyme, mais garanti du célèbre auteur. Comment la vigilance de Mme Denis avait-elle été surprise? Malesherbes crut à une complicité. Elle protesta: «M'avez-vous fait l'injustice de me croire assez folle pour confier un ouvrage aussi important que celui-là à Chymène?»[98] Elle prétendit s'être servie des brouillons pour emballer des objets, et les avoir remis sur leur demande à des servantes alors qu'elle s'apprêtait à les brûler, fournissant ainsi involontairement l'occasion à Ximénès de s'emparer de quelques cahiers.[99] Piètre histoire. Ou ces papiers étaient des brouillons sans ordre – mais ce n'est pas là la manière de Voltaire –

---

93. D6365 (31 juillet [1755]): l'affaire de cette édition est concomitante de celle de *La Pucelle*.
94. D6449 (30 [août 1755]).
95. D6437 (24 août [1755]).
96. D6441, D6440, D6442.
97. D6443.
98. D6440.
99. D6440.

ou bien ils étaient réunis en cahiers – mais dans ce cas on ne s'en sert pas pour des emballages. Et comment La Morlière aurait-il payé 25 louis d'or un manuscrit informe et anonyme? A la même époque un rapport de police signale qu'il a répandu un des premiers un manuscrit de *La Pucelle*. La Morlière n'avait-il pas puisé à la même source les deux manuscrits qu'il distribuait alors? Voltaire et Mme Denis soupçonnaient encore au début de juillet «un domestique infidèle», et d'Argenson «avait eu la complaisance d'envoyer faire des recherches infructueuses».[100] Qui pouvait être ce domestique indélicat, sinon Longchamp?[101] Il avait juré qu'il avait restitué tous les manuscrits, mais il avait pu en tirer des copies auparavant, notamment de *La Pucelle*, qui serait ainsi tombé entre les mains de La Morlière.

Quant à l'*Histoire de la guerre de 1741*, Collini et d'Argental cherchèrent à dissuader Le Prieur de mettre en vente le volume. Le libraire se récria: il prétendait non seulement récupérer le prix du manuscrit et les frais d'impression, mais également être indemnisé pour le manque à gagner. On se montra donc plus souple. Voltaire accepterait de publier son ouvrage une fois révisé, et de réserver à Le Prieur la priorité de l'édition. Mais que deviendraient les 1 600 exemplaires déjà imprimés? On concéda encore qu'on pourrait ajouter des cartons, des corrections, des additions à ces volumes.[102] Sur ces entrefaites parut à Rouen l'édition de la *Guerre* faite par La Morlière, en attendant en novembre une contrefaçon en Hollande et une traduction en Angleterre.[103] La négociation avec Le Prieur était dès lors sans objet, mais l'interdiction était maintenue. Son édition et son manuscrit furent saisis et mis à la Bastille où l'éditeur faillit les rejoindre. Il se sauva à temps, demanda grâce: au début de janvier, on lui rendit ses livres, mais on garda le manuscrit.[104]

Cette *Histoire de la guerre de 1741* était, on se le rappelle, le travail de Voltaire historiographe du roi sur la guerre de Succession d'Autriche (1741-1748). Il se flattait d'avoir rempli sa tâche, à la différence de ses prédécesseurs les historiographes Boileau et Racine qui n'avaient pas écrit une seule ligne des campagnes de Louis XIV. Il avait rédigé son ouvrage presque au jour le jour d'après les dépêches des armées parvenues à Versailles. Quoique disgracié, il avait ensuite tenu à le terminer, et dans le même esprit officiel: éloge des armes françaises, éloge du roi. Les dernières lignes évoquent un Louis XV pacifiant définitivement l'Europe. Considérations combien inopportunes, en 1755, au moment où un nouveau conflit allait mettre fin à la paix précaire de 1748! Voltaire ne laissera

100. D6335: il s'agit de *La Pucelle*.
101. Sur ce vol, voir ci-dessus, p.50.
102. D6442, D6455, D6506.
103. Edition Maurens, p.XXXIX.
104. Edition Maurens, p.XL, n.23.

jamais publier le texte intégral de son œuvre historiographique.[105] Il en reprendra seulement des fragments qu'il intègrera à cette suite du *Siècle de Louis XIV* qu'est le *Précis du siècle de Louis XV*.

La *Guerre* et plus tard le *Précis* suppléaient à la carence de nouvelles dont souffre le public au dix-huitième siècle. Sur les opérations militaires et leur arrière-plan diplomatique, les journaux du temps ne disent presque rien. Après coup, mais avec un faible recul, comme déjà l'*Histoire de Charles XII*, l'*Histoire de la guerre de 1741* et le *Précis* apportent une information de caractère journalistique : synthétique mais néanmoins assez détaillée. Aussi l'*Histoire de la guerre de 1741* n'aurait-elle pas manqué de lecteurs, si elle avait pu être diffusée. Les libraires le savaient.

Voltaire y confirme son goût pour les récits militaires, abondamment attesté par le reste de son œuvre historique. Ce n'est pas seulement par conscience professionnelle qu'il a rédigé de bout en bout sa tâche d'historiographe. Il y a en lui une vocation d'historien militaire : vocation quelque peu honteuse, désavouée implicitement par sa philosophie. Mais son goût dramatique de l'imprévu y trouve son compte. Sa philosophie aussi, en un sens. Le déroulement des guerres longues, déjouant habituellement les calculs des stratèges et des politiques les plus fins, ne prouve que trop à quel point la destinée ou le hasard apparaît comme la seule règle des événements de ce monde.

Les affaires de *La Pucelle* et de l'*Histoire de la guerre de 1741* n'étaient pas les seuls soucis éditoriaux de Voltaire. En cet automne de 1755, il est en relations avec trois éditeurs, répartis dans l'espace européen : George Conrad Walther à Dresde, Michel Lambert à Paris, les frères Cramer à Genève. Tous trois ont publié ou sont occupés à publier des éditions collectives de ses œuvres. Walther a donné en 1748-1750 les *Œuvres de M. de Voltaire*, neuf volumes in-8°. Il y a ajouté en 1754 un dixième volume (*Rome sauvée*, *Oreste*, *Micromégas*, des dialogues, des lettres, des textes divers). En 1752, il a fait une édition in-12, en sept volumes, qu'il complètera tardivement, en 1770, par un «tome IXème» (*sic*). En novembre 1755, Voltaire lui propose encore, à mots couverts, nous l'avons vu, de publier *La Pucelle*, et ouvertement *L'Orphelin de la Chine*.[106] Il lui offre dans la même lettre de rééditer à Dresde l'édition genevoise de ses *Œuvres* par les Cramer (dont nous allons parler). Mais la collaboration de Voltaire avec Walther touche à sa fin. L'éditeur de Dresde ne publiera ni *La Pucelle*, ni *L'Orphelin de la Chine*, ni l'édition collective reprenant celle des Cramer. Voltaire lui adressera encore une lettre (1er janvier 1756) pour l'informer que l'*Histoire de la guerre de 1741* n'est

---

105. Il faudra attendre 1971 pour que Jacques Maurens en donne une édition critique, à partir des manuscrits existants, *Histoire de la guerre de 1741* (Paris 1971).

106. D6565 (5 novembre 1755).

pas de lui et qu'il ne faut pas la publier.[107] Leur correspondance (du moins celle qui nous est parvenue) s'arrête là. Voltaire se trouve désormais trop éloigné de Dresde. Et d'ailleurs les opérations militaires en Allemagne vont bientôt entraver les relations postales.

Il dispose de deux autres éditeurs plus proches, dont l'un très proche. Michel Lambert à Paris a en cours depuis 1751 des *Œuvres de M. de Voltaire* qui s'achèveront en 1758 et compteront onze volumes in-12. Voltaire a envoyé Collini dans la capitale en juillet pour s'occuper de cette édition en même temps que de *La Pucelle*. Depuis un an, Lambert avait interrompu l'impression des volumes. Voltaire se demande s'il n'a pas renoncé.[108] Mais le libraire parisien a sans doute eu vent de la concurrence genevoise. Il confie à Collini, qui revient aux Délices vers la mi-septembre, un «paquet» (d'épreuves?) et deux tomes fraîchement imprimés. Pendant son séjour le secrétaire de Voltaire s'est pris d'amitié pour Lambert. Une amitié où son antipathie à l'égard des Cramer entre pour quelque chose. Il tient ces libraires genevois pour «des pirates trop avides de butin».[109] Dans la concurrence qui va opposer les deux éditeurs, Collini prend parti pour le parisien. Il le conseille secrètement, il l'informe des corrections et changements apportés à l'édition des Cramer.[110] Car Voltaire, nous l'avons dit, a chargé ceux-ci d'une nouvelle édition, qui sortira bientôt, en 1756, sous le titre de *Collection complète des œuvres de M. de Voltaire*, dix-sept volumes in-8°. Les Cramer en l'entreprenant ignoraient l'existence de l'édition Lambert, pourtant commencée depuis quatre ans: ce qui laisse à penser sur la circulation de l'information dans le monde de l'édition, à cette date. Quand ils l'apprennent, ils se montrent fort mécontents. Voici Voltaire embarrassé. Il propose un partage: Lambert diffusera en France, les Cramer à l'étranger. Ils refusent un compromis qui les priveraient d'un marché fructueux. L'auteur leur promet alors d'attendre deux mois pour envoyer à Paris corrections et changements.[111] Voltaire n'est pas moins gêné, on le conçoit, à l'égard de Lambert. Il l'accuse. C'est par sa faute qu'il a dû s'adresser à la concurrence genevoise.[112] Que n'a-t-il fait connaître à temps son intention de continuer! Il peut y avoir du vrai dans cet argument. Mais la préférence accordée aux Cramer a une cause plus évidente. Voltaire l'explique à Walther. Les éditeurs de Genève ont l'avantage d'être «sur les lieux». L'auteur ainsi «travaille à mesure qu'on imprime».[113] «Il ne me vient pas une feuille de

107. D6668.
108. D6546 (22 octobre 1755).
109. D6511 (22 septembre 1755), Collini à Lambert.
110. D6528 (1er octobre 1755), D6549 (24 octobre 1755).
111. D6511.
112. D6537 (13 octobre [1755]).
113. D6565.

l'imprimeur dont je ne change le quart ou la moitié. »[114] Voltaire d'ailleurs n'est pas aussi fâché qu'il le dit de cette concurrence d'éditions. Depuis longtemps, la publication en plusieurs lieux, de préférence assez distants les uns des autres, est un principe de sa politique éditoriale.

Au milieu des tracas qui constituent son pain quotidien, l'aménagement des Délices s'est poursuivi. On y avait fait des embellissements nombreux et coûteux : un carré de vignes avait été transformé en pré, une adduction d'eau était venue irriguer un terrain sec, les dépendances avaient été agrandies ou aménagées, on avait créé de nouvelles allées ; c'était maintenant le temps, à l'approche de l'automne, de planter des pêchers et des allées de marronniers. Il fallait aussi rendre plus élégantes l'entrée et les cours, les gravillonner, les séparer des dépendances.[115]

En ces agréables Délices, Voltaire se plaît à accueillir des visiteurs dont certains viennent de loin. C'est en 1755 qu'il commence, en sa résidence, à devenir l'escale ou le but d'un voyage. Après Lekain, après M. de Paulmy et le pasteur bernois Elie Bertrand, il a le plaisir de recevoir à la fin d'octobre deux jeunes admirateurs que Thiriot et d'Argental lui ont recommandés.[116] Palissot, que protège Choiseul, était originaire de Nancy, où très tôt il s'était distingué par ses talents. Il allait reconnaître un emploi qu'on lui proposait à Lyon. Il a voulu faire un détour par Genève pour rendre visite à Voltaire. Mais Claude Pierre Patu est, lui, venu spécialement dans l'intention de voir le grand homme. Il est hébergé pendant une semaine aux Délices et s'en retourne ensuite à Paris.[117] Il arrivait de Londres. Bon angliciste, chaud partisan de Shakespeare, il s'était lié là-bas avec l'acteur Garrick, qui remet en honneur sur les scènes anglaises le théâtre shakespearien. La lettre que Patu lui adresse des Délices fait revivre pour nous Voltaire chez lui. L'illustre poète « avec l'air d'un mourant » montre « tout le feu de la première jeunesse ». Son accueil enivre le visiteur. Une « chère splendide », les manières « les plus polies, les plus affables, les plus engageantes ». Patu ose pourtant protester contre les « expressions si fausses, si peu réfléchies » de son hôte au sujet de Shakespeare. Voltaire concède que « c'était un barbare aimable, un fou séduisant ». Mais il ne peut lui pardonner son « irrégularité ». Il plaisante : si les Anglais nous pirataient moins sur les océans, « il aurait plus ménagé le créateur de [leur] théâtre ». Patu lit alors avec enthousiasme une scène de *Roméo et Juliette*. Voltaire l'avoue : c'est « très beau, très touchant, très naturel ». Il se met à relire la pièce entière : l'homme de théâtre qu'il est admire la « catastrophe » finale. Patu se flatte que, s'il pouvait rester quelques jours de plus, il convertirait « le dieu de notre

114. D6546.
115. D6550, D6554, D6564, D6543.
116. D6541, D6556.
117. D6562 (1er novembre 1755), Patu à Garrick.

littérature» à Shakespeare. Ce jeune homme présumait manifestement de ses capacités.[118]

Une triste nouvelle allait assombrir l'horizon des Délices. Le 23 ou le 24 septembre, Voltaire était parti pour Montriond. M. de Giez occupait toujours avec sa famille la résidence qu'il avait louée. Il se réjouissait de revoir cet homme jeune, si sympathique, avec qui il avait lié une vive amitié. Mais parvenu à Prangins, il reçoit un message : son ami est très gravement malade, on craint pour ses jours. Ne voulant pas ajouter à l'embarras de la maison, il renonce à sa visite et revient aux Délices.[119] Bientôt il apprend le décès de M. de Giez.[120] Lui qui avait accueilli avec une froideur railleuse la disparition de Montesquieu, est bouleversé de cette mort. Il ne peut s'empêcher d'en parler à des correspondants, qui certes ne connaissaient pas le Lausannois.[121] Ce jeune père de famille était sur le point de réussir. Gai, de brillante santé, il était en train de construire sa fortune. «Il avait semé et il meurt sans recueillir.» Ecrivant au pasteur Elie Bertrand, Voltaire médite brièvement sur la mort. «Nous sommes environnés tous les jours de ces exemples. On dit il est mort ; et puis, serre la file ; et on est oublié pour jamais.»[122] Que, de la colonne humaine en marche, quelqu'un tombe, on «serre la file» : la place vide est occupée par les suivants, et plus personne ne pense au disparu.

Mais qu'était-ce que la mort de M. de Giez en comparaison de ce qui allait advenir dix jours après, à l'autre extrémité de l'Europe ? La mort allait frapper la misérable humanité par masses entières. Au moment même où Voltaire aux Délices discute de Shakespeare avec Patu, et s'émeut de lire le macabre dénouement de *Roméo et Juliette*, à Lisbonne des dizaines de milliers d'hommes, de femmes, d'enfants périssent dans les flammes ou écrasés sous les décombres.

---

118. D6562. Patu a lu en outre des passages de *Macbeth* et du *Roi Jean*.
119. D6513, D6514.
120. D6546 (22 octobre).
121. D6545, à S. Dupont ; D6546, à Lambert ; D6550, à d'Argental.
122. D6547 (24 octobre). Sur le sens de la métaphore, voir D4822.

14. Désastre à Lisbonne
(novembre 1755 - mars 1756)

L'un des plus violents séismes de l'histoire avait ébranlé la côte atlantique le 1er novembre 1755, vers 10 heures du matin. Les secousses durèrent plus de cinq minutes et furent ressenties jusqu'à Bordeaux. Lisbonne fut jetée à terre presque entièrement. Près de trente mille personnes périrent sous les décombres, ou dans l'incendie qui se propagea à travers les ruines. Les ménagères – à l'église pour l'office de la Toussaint – avaient laissé chez elles leurs fourneaux allumés. A Cadix, un raz de marée pénétra dans la ville, abattant les murs, emportant les habitants. Le gigantesque frisson secoua l'Atlas marocain, du nord au sud. Tanger, Meknès, Agadir s'écroulèrent. Il y eut des milliers de morts. Le même jour d'autres secousses furent ressenties à Milan et à Amsterdam. Dans la capitale du Portugal, les survivants épouvantés s'enfuyaient de la ville et campaient dans les environs. D'autres se livrèrent au pillage. Le roi et sa famille restèrent pendant plusieurs jours hors de la ville, logés dans des carrosses. Le désordre était tel que l'ambassadeur de France ne put envoyer de courrier à Versailles qu'au bout de quatre jours. La nouvelle ne fut connue à Paris que vingt-trois jours plus tard.

Nous avons aujourd'hui l'explication scientifique de ce mouvement de l'écorce terrestre, dans cette zone allant de l'Atlantique à l'Asie Mineure, exposée aux séismes dévastateurs. La plaque de l'Afrique avait glissé d'un cran sous celle de l'Europe. Mais en 1755 les causes de la catastrophe restaient mystérieuses, suscitant chez les esprits les plus rationnels toutes sortes d'interrogations physiques ou métaphysiques.

A Genève l'information parvint le 23 novembre. «La ville de Lisbonne a été renversée, pour les huit neuvièmes, par un tremblement de terre [...] On croit qu'il y a péri cent mille âmes».[1] Voltaire l'apprend en même temps que tous les Genevois. Il corrigeait alors les épreuves du premier volume des *Mélanges* où se trouvent les *Discours en vers sur l'homme*. Il achevait aussi de rédiger pour l'*Essai sur les mœurs* les chapitres consacrés à l'Inquisition dans la péninsule ibérique. Le rapprochement se fit soudain dans son esprit entre le providentialisme de Pope dont s'inspiraient ses *Discours*, et l'absurde séisme qui remettait en question la

---

1. D6596, lettre du conseiller Du Pan, qui tenait ces renseignements d'une lettre de l'ambassadeur de France à Lisbonne.

lénifiante solution philosophique du problème du mal. Le jour même, il écrit à Jean-Robert Tronchin:

Voilà, Monsieur, une physique bien cruelle. On sera bien embarrassé à deviner comment les lois du mouvement opèrent des désastres si effroyables dans *le meilleur des mondes possibles*. Cent mille fourmis, notre prochain, écrasées tout d'un coup dans notre fourmilière, et la moitié périssant sans doute dans des angoisses inexprimables au milieu des débris dont on ne peut les tirer. [...] Que diront les prédicateurs, surtout si le palais de l'Inquisition est demeuré debout? Je me flatte qu'au moins les révérends pères inquisiteurs auront été écrasés comme les autres. Cela devrait apprendre aux hommes à ne point persécuter les hommes, car tandis que quelques sacrés coquins brûlent quelques fanatiques, la terre engloutit les uns et les autres.[2]

Le 28 il a «la triste confirmation du désastre de Lisbonne et de vingt autres villes». Le *Nouvelliste suisse* de novembre publie que «la plus grande partie des habitants de Lisbonne a péri». Les courriers de la capitale portugaise arrivent enfin, jetant la consternation à Genève, à Lausanne, à Berne et partout en Europe. Après avoir pris connaissance de la lettre du Genevois Bouthillier de Beaumont, alors en voyage d'affaires, Voltaire résume: «Le Portugal n'est plus».[3] Bien des familles genevoises éprouvèrent les plus vives inquiétudes pour les leurs, qu'un commerce très actif avec le Portugal et les pays d'Amérique retenaient dans la ville dévastée. Les nouvelles étaient encore rares. On n'en avait pas du port, où était concentrée la petite colonie des commerçants étrangers. Un certain sentiment de culpabilité s'empara de ceux qu'un tel désastre rendait honteux de vivre. On renonçait aux plaisirs, on allait écouter les sermons dans les temples. Les hommes de religion répondirent comme ils purent à l'interrogation angoissée des fidèles. De Lisbonne les lettres parvinrent plus nombreuses et détaillées vers la fin du mois. Les négociants rassuraient leurs familles, décrivaient la ville en ruines, évaluaient les pertes. Les missives les plus importantes étaient lues au Petit Conseil comme des rapports officiels. Après Lisbonne et Cadix, on apprenait que Séville avait été touchée, puis Meknès, puis Agadir. L'image du Jugement dernier se présentait à des esprits formés par les Ecritures. A Berne, le pasteur Elie Bertrand prononça un sermon le 30 novembre, qui fut aussitôt imprimé par les Cramer et vite épuisé. Un jour le courrier n'arriva pas à Genève, et l'on crut que de graves inondations avaient recouvert Lyon. Peu après la terre trembla en Suisse aussi, et détruisit la ville de Brigue dans le Valais.

Comme toujours, l'attitude de Voltaire n'est pas simple. Son imagination est violemment frappée: chez lui également, la comparaison avec le Jugement dernier revient comme un refrain dans les lettres du début de décembre.[4] L'Inquisition,

---

2. D6597.
3. D6609.
4. Voir D6600, D6607, D6608, D6620, D6621.

les jésuites du Paraguay et ceux de Colmar font les frais de son irritation. Toutefois il arrive que le ton devienne ambigu, à la limite de la plaisanterie : au Jugement dernier « il n'a manqué que la trompette » ! Ce public terrifié, il le sait déjà prêt à l'oubli : « Sur la nouvelle de l'anéantissement du Portugal, on se prépare à de nouveaux opéras en Italie, on va donner de nouvelles comédies à Paris. » Lui-même avait cru d'abord être à l'abri en sa résidence suisse : « Les Alpes sont bon contrepoids aux secousses, elles sont en tous sens l'asile du repos. » Pourtant la terre tremble également aux Délices, trois jours plus tard, le 9 décembre : « Nous avons été honorés aussi d'un petit tremblement de terre. Nous en sommes pour une bouteille de vin muscat qui est tombée d'une table et qui a payé pour tout le territoire. » Il est heureux d'en être quitte à si bon marché.

Ce qui m'a paru d'assez singulier c'est que le lac était tout couvert d'un nuage très épais par le plus beau soleil du monde. Il était deux heures et vingt minutes. Nous étions à table dans nos petites Délices et le dîner n'en a pas été dérangé. Le peuple de Genève a été un peu effarouché. Il prétend que les cloches ont sonné d'elles-mêmes mais je ne les ai pas entendues.[5]

Cependant les premières nouvelles de Lisbonne sont publiquement rectifiées le 12 décembre. On avait exagéré le désastre. « On dit que la moitié de cette ville est encore sur pied. » « Les 100 000 péris de Lisbonne sont déjà réduits à 25 000. »[6] Quant à lui, en tout cas, quoiqu'il soit « honteux dans des événements aussi épouvantables de songer à ses petites affaires particulières », deux jours après avoir appris la catastrophe, « de peur de nouveaux tremblements de terre », il s'est hâté d'envoyer à son banquier une lettre de change de Cadix qu'il « gardait inutilement ». Comme il le répète sur un ton qui oscille entre le remords et le cynisme, « il faut pourtant songer à ses petites affaires », et il ne s'en prive pas.[7] Il ne se prive pas non plus de triompher parce que l'Inquisition – qui devait justement faire un auto-da-fé de juifs à Lisbonne le 1er novembre – a été « engloutie », comme il l'avait souhaité.[8]

L'événement pourtant l'a profondément marqué. Selon le témoignage digne de foi du conseiller Du Pan, une de ses premières paroles a été : « la Providence en a dans le c... ».[9] Dans une langue moins verte il écrira le 2 décembre : « Le *tout est bien* et l'optimisme en ont dans l'aile. » Le thème du tremblement de terre

---

5. D6623 (10 décembre 1755).

6. D6629, D6635 et le *Nouvelliste suisse* de décembre. Le 12 décembre Du Pan écrivait qu'on avait reçu à Genève « le contenu d'une lettre de Mme de Baschi à Mme de Pompadour, qui réduit la perte de Lisbonne au quart des maisons et à 5 ou 6 000 âmes » (B.P.U. Genève, Suppl. 1539).

7. Voir par exemple D6605, D6606, D6613.

8. D6597, D6611. Le *Nouvelliste suisse* de décembre explique le nombre élevé des victimes par l'afflux à Lisbonne de gens venus pour la Toussaint, mais surtout pour assister à l'auto-da-fé.

9. D6766 note. Le propos était adressé à Vernet.

revient dans ses lettres comme une obsession. Il prendra cette catastrophe comme exemple dans l'article «Fausseté» de l'*Encyclopédie*. Désormais il va s'attaquer à l'optimisme systématique de Pope et de Leibniz: le «tout est bien» de Pope est repris comme un refrain ironique dans sa correspondance, concurremment, déjà, avec «le meilleur des mondes possibles»[10] qui rythmera *Candide*. Sous le coup de l'émotion, Voltaire met en chantier son *Poème sur le désastre de Lisbonne*. Utilisant selon son habitude le vocabulaire religieux, il l'appelle son *sermon*, induisant en erreur certains critiques qui ont cru que le texte à l'impression le 4 décembre était le poème de Voltaire, alors qu'il s'agit du sermon, au sens propre du terme, du pasteur Bertrand sur le même sujet.[11] La composition du *Poème* doit remonter aux premiers jours de décembre. Il conservera en effet le nombre initial des 100 000 victimes, dont il ne connaîtra l'exagération qu'à la mi-décembre. Cette hypothèse est confirmée par le témoignage de Du Pan qui écrit le 7 décembre que Voltaire «fait une pièce de vers sur la catastrophe», et qui en parle avec une certaine précision, sans toutefois la connaître lui-même.[12] L'histoire de ce poème sera longue et complexe.

Pour autant, les embellissements des Délices ne sont pas interrompus, et les travaux littéraires non plus. L'impression des *Œuvres mêlées* se poursuit d'après l'édition parue en 1752 à Dresde chez Walther. On corrige cette édition allemande, en particulier sa ponctuation que l'auteur trouve «très fautive». Mais l'intervention de Voltaire ne se limite pas à ces fautes matérielles. Il ne peut s'empêcher de corriger toutes les pièces dont il est mécontent. «Il y a à chaque page des corrections et des additions si considérables que tout cela fait en quelque façon un nouvel ouvrage», écrivait-il le 5 novembre à Walther. Il informe Lambert – à qui il avait déjà annoncé en septembre l'adjonction de quarante articles – que «la plupart des changements absolument nécessaires [...] sont entre les mains des libraires de Genève», qu'il avait fallu entre autres «refaire presque entièrement un volume de la physique de Newton», que lesdits libraires «se flattent que dans trois mois ils auront fini [ses] *Œuvres mêlées*», ajoutant toutefois que cela lui «paraît bien difficile puisqu'elles ne sont pas encore corrigées.»[13] La rédaction de l'*Essai sur les mœurs* suit pareillement son cours. Quand Voltaire quitte les Délices

10. Voir par exemple D6603, D6605, D6607, D6610 et D6597, D6615.

11. D6630, D6651 et la lettre de Voltaire à Bertrand du 10 février 1756 (D6725) où il parle et de son propre «sermon en vers qu'il ne croit pas fait pour l'impression», et du sermon du pasteur «en prose», de l'impression duquel il s'occupe encore. Le sermon de Bertrand prononcé à Berne le 30 novembre portait sur «La considération salutaire des malheurs publics [...] après la nouvelle de la déplorable catastrophe arrivée à Lisbonne». Le *Journal helvétique* de décembre annonce sa publication par les Cramer, ainsi que celle d'un autre de ses sermons «sur le tremblement ressenti en Suisse et ailleurs le 9 décembre».

12. Du Pan aux Freudenreich, 7 décembre (D6617).

13. D6758, D6565, D6546, D6471.

en décembre 1755, les imprimeurs sont déjà à l'œuvre: il leur a même donné des cartons, pour les chapitres du tome premier tout au moins.[14]

A n'en pas douter, la vie continuait. L'hiver était là, et comme il avait été convenu, Voltaire allait se faire «marmotte» au pied des Alpes. Après le décès de M. de Giez on avait mis les scellés à la maison. Un mois plus tard les domestiques étaient allés faire les préparatifs pour recevoir le nouveau maître. Mme Denis inspecta les lieux durant la dernière semaine de novembre.[15] Elle fit à Lausanne plusieurs visites.[16] Elle monta, éblouissante dans sa robe dorée, jusqu'au château de la ville pour présenter au bailli les respects du poète. Le 2 décembre elle était de retour aux Délices.[17] Collini se trouvait à pied d'œuvre depuis plusieurs jours avec les bagages. Le 14 décembre, un an jour pour jour après leur arrivée à Prangins, l'oncle et la nièce quittent les Délices pour «passer une partie de l'hiver dans [un] petit ermitage appelé Montriond au pied de Lausanne, à l'abri du cruel vent du Nord».[18]

A Lausanne on est d'esprit plus libre encore qu'à Genève et la vie de société y est plus développée. Aussi Voltaire est-il attendu avec impatience et curiosité. Quand il arrive, l'affaire de l'édition pirate de *La Pucelle* est oubliée, et on se précipite chez lui: le 16, il a «presque tout Lausanne». Von May, un ancien notable bernois, ami de Haller, qui résidait dans la ville et qui consigna sur le séjour de Voltaire des témoignages précieux, mais non particulièrement favorables, écrit le 22: «J'ai enfin vu le dieu Volterre [sic] de qui la divinité s'est accrue d'une bonne moitié à Lausanne». Pour accepter une invitation il avait attendu de connaître l'attitude des notables, et avait été pleinement rassuré. Le bailli Tscharner est venu «avec tout le château»; «Mme Denis [...] une femme charmante [...] est déjà avec Mme Tscharner comme deux commères.» Viennent à Montriond, entre autres, Clavel de Brenles dont la femme, jolie et aussi spirituelle que lui, avait composé des vers en l'honneur de *L'Orphelin de la Chine*, Constant d'Hermenches et sa jeune épouse, la belle Louise de Seigneux, le banneret Seigneux de Correvon, qui retrouve ici le bourgmestre et le professeur Rosset. Si certains pasteurs gardent leurs distances et sont à l'affût, «il en vient quelques-uns dans [le] petit ermitage», «tous fort aimables et très instruits». Voltaire est particulièrement lié avec «le premier pasteur» Polier de Bottens, avec qui il était

14. D6664, chapitres «Des Indes» et «De la Perse».
15. D6593, D6608.
16. On peut le supposer d'après D6615 qui la dit «enchantée» de Lausanne. Sur sa visite au château, voir D6624 commentaire.
17. D6611.
18. D6621, D6626.

déjà en relation avant de se rendre en Suisse, qui viendra jusqu'aux Délices pour le voir au printemps et collaborera à l'*Encyclopédie*.[19]

Ceux qui le voient alors pour la première fois sont frappés par sa maigreur et son «air cadavre». Von May ne peut croire qu'il n'a que soixante et un ans et ne lui donne pas six mois à vivre. Il est difficile de discerner vérité et exagération dans les gémissements continuels de Voltaire sur cette mauvaise santé qui lui sert parfois d'excuse pour échapper à de désagréables obligations. Les plaintes du «pauvre malade» ne sont guère prises au sérieux par Collini qui écrit à son ami Sébastien Dupont qu'après le succès à Paris de *L'Orphelin de la Chine* son maître «en a été moins *mourant* qu'à l'ordinaire». Ce qui est certain c'est qu'il redoute la mort: il «en tremble», dit son médecin Théodore Tronchin. C'est à la crainte d'une mort suivie d'un anéantissement total que von May attribue son acharnement au travail particulièrement remarquable en cette année 1755-1756: «il s'étourdit par la composition», écrit-il, comme d'autres «s'étourdissent par le vin, le jeu, etc.» Haller attribue à cette crainte de la mort, qui est une donnée permanente de sa personnalité, l'intérêt de Voltaire pour Lisbonne.[20]

Quand Voltaire est installé confortablement, il n'aime pas se déplacer. Mme Denis se plaint en janvier de ne pouvoir lui faire quitter sa demeure de Montriond «chaude comme une étuve», pour aller chercher à Genève le manuscrit de l'*Histoire de la guerre de 1741*.[21] Après avoir fait préparer une berline, il n'ira pas à Lyon voir Mlle Clairon jouer *L'Orphelin de la Chine* pour l'inauguration du théâtre. Il n'ira pas davantage à Vienne où l'invite l'impératrice Marie-Thérèse, ni en Prusse où Frédéric II le convie à la représentation de sa *Mérope* «mise en opéra». Il est vrai que ces deux refus, le dernier surtout, sont sérieusement motivés, et qu'il a gardé un mauvais souvenir de Lyon. Pour meubler à la fois les Délices et Montriond, il transmet à J.-R. Tronchin les commandes de Mme Denis: moquette, clous, soie, galons, épingles, porcelaine de Strasbourg. Il va jusqu'à commander lui-même les provisions de bouche, celles du moins qu'on fait venir de Lyon: huile, sucre, vins, fromage, café, chocolat...: le tout d'excellente qualité.[22] Tout «mourant» qu'il est, il aime en effet les bons repas, et l'avoue parfois. Von May le traite même d'«ivrogne par occasion» et le soupçonne de faire des excès qui abrègent sa vie.[23] La bonne chère qu'on sert chez le philosophe est réputée jusqu'à Paris, où Thiriot en est «informé par les allants et venants».

---

19. D6631, D6602 note, D6646, D6658, D6806, D6709, D6611, D6907.

20. Voir Johan Rudolf Gruner, *Berner Chronik von 1701-1761*, éd. Sterchi, *Blätter für bernische Geschichte* 9 (1913), p.261, et D6603, D6985, D6646; Haller à Charles Bonnet, 8 janvier 1757, dans *Correspondence between Haller et Ch. Bonnet*, éd. Otto Sontag (Berne, Stuttgart, Vienne 1982).

21. D6756, D6674.

22. D6613, D6620, D6623, D7059.

23. D6685 commentaire.

Elle fait partie de ce train de vie considérable dont s'étonne Collini et sur lequel il donne des précisions à son ami Dupont. Fin novembre 1755, «quatre chevaux dans l'écurie, une très bonne table, un bon cuisinier, beaucoup de laquais [...], voilà le train d'aujourd'hui». En mars on est passé à «six chevaux, quatre voitures, cocher, postillon, deux laquais, valet de chambre, un cuisinier français, un marmiton et un secrétaire». Avoir six chevaux! c'est une «insolence», un luxe interdit aux Genevois.[24] Aussi dit-on dans le pays que le nouveau venu «fait presque le train d'un prince». D'un prince il a d'ailleurs l'apparence depuis que pour la Noël de 1755 sa nièce l'a «fourré comme un roi du Nord» en lui offrant une robe de chambre de 432 livres faite du «plus beau velours et [de] la plus belle hermine du monde». Le bruit court, selon von May, qu'il «veut manger [...] 60000 livres par an». La somme paraît exagérée: il demandera à son banquier à la fin de l'année 1756 de «toujours garder environ 20000 livres pour les dépenses».[25]

L'oncle, la nièce, le secrétaire sont rarement seuls. «La maison ne désemplit pas», écrit Voltaire. De nombreuses allusions dans la correspondance le confirment. Il arrive que les voisins mêmes restent plusieurs jours, et selon Du Pan «la vie qu'on [...] mène ne [...] convient pas» aux vieillards et aux malades. Certains de ces habitués viennent de Genève: en janvier Mme et Mlle Pictet, Gauffecourt et Philibert Cramer «ont passé huit jours». Gabriel Cramer est venu en février, son voyage n'a pas été uniquement professionnel: il s'est «amusé». Au nombre des visiteurs notoires à titres divers, on peut citer, les premiers jours de mars, les sœurs du maréchal de Saxe – aux Délices, où il est retourné du 5 au 12 mars –, Mme de Holstein et Mme de Bellegarde. Des Anglais sont signalés: en janvier c'est M. East, fils d'une amie de Bubb Dodington. Peut-être Oliver Goldsmith, alors simple original qui parcourait l'Europe à pied, mais qui laissera un portrait et une biographie de Voltaire, est-il passé à Montriond.[26]

Voltaire vient en général après 18 heures participer au repas. «On dit que c'est à table qu'il fait bon le voir», écrit von May à Haller; il y brille, ne mettant toutefois «d'esprit que là où il était nécessaire d'en mettre». «Il est très agréable malgré ses maux; toujours sociable, nonobstant ses plaintes, d'une conversation très variée, et inépuisable en ressources», dit Seigneux de Correvon qui l'a vu plusieurs fois l'hiver à Montriond. Ce serait, selon Collini qui éclaire une caractéristique de son écriture, sa longue habitude de dicter, «avec autant de présence d'esprit que s'il eût eu la plume en main», «qui lui aurait donné tant d'agrément et d'aisance dans la conversation». Devant ses invités Voltaire fait des

24. D6793 et n.1, D6797.
25. D6634, D6673, D7077.
26. D6674, D6704, D6732, D6716.

lectures de ses pièces ou de ses poésies «avec une action que l'auteur seul pouvait leur donner».[27]

Voltaire a changé pour un temps de domicile, il n'a pas pour autant modifié l'ordre des urgences qui s'imposent à lui. Il remanie le *Poème sur le désastre de Lisbonne*, dont il lit «l'ébauche» – le mot est de Collini – à ses convives le jour de Noël. Il en a envoyé une copie à d'Argental le 19 décembre, une autre à la duchesse de Saxe-Gotha le 1er janvier, mais celle-ci porte la mention *secreto*. D'Argental, quant à lui, doit réserver à «sa société» ces «vers tragiques» bien qu'ils soient «aussi sages que possible». Et Mme de Fontaine, à qui ils sont communiqués, doit les garder «comme une fille garde son pucelage [...] et bien mieux». Grimm n'a pas encore d'exemplaire le 1er février, on lui fait en espérer un... de Genève. Le 10 février, en proposant son «sermon» au banneret Freudenreich et au pasteur Bertrand à qui Polier de Bottens en a parlé, l'auteur recommande de ne le montrer à personne.[28] Prudence dictée par certaines réactions de son public. Même prudence dans son salon à Montriond: grâce à quoi les vers du *Désastre de Lisbonne*, lus devant ses hôtes en janvier, sont – de l'aveu de von May – «fort admirés». Il joue les bons apôtres. Non seulement il ne «lâche aucun trait» contre la religion devant des gens qu'il pourrait choquer, mais il lui est arrivé après une lecture de son poème de «prononcer avec une parfaite confiance qu'il n'y a que la religion et la religion chrétienne seule qui soit capable de répondre à toutes les difficultés», et de dire «tant de belles choses [...] à la gloire du christianisme qu'on ne peut entreprendre [...] de les rendre». Si bien que «tous ceux qui étaient présents revinrent charmés et extrêmement édifiés». C'est l'un d'entre eux, Seigneux de Correvon – traducteur du *Discours sur l'irréligion* de Haller – qui fait ce récit fin mars.

Toutefois tous ne partagent pas cet enthousiasme. Dès janvier, «on crie fort contre un excès qui s'est passé» à sa table le jour de Noël, et von May pense dès le 2 janvier que huit vers du poème lus aux convives «sentent fort le matérialisme». Le 6 il est décidé à avoir «un assaut avec M. de Voltaire». Mais ne se sentant pas de taille à lutter avec «cet homme-ci» qui «nous regarde comme des petits roquets quand nous lui parlons», il pousse Haller, qu'il juge «le pair de sa célébrité» à «entrer en lice». L'auteur des *Alpes* s'en gardera bien. Von May doit se contenter d'opposer à Voltaire une traduction qu'il a faite d'un texte de son ami Haller sur l'*Origine du mal*.[29] Le docteur Tronchin, si l'on en croit ce qu'il écrira à Rousseau

27. D6646, Collini, p.165, D6963 note, D6683.

28. D6797, D6673, D6638, D6666, D6697. Le manuscrit envoyé *secreto* est à Gotha (Chart. B 1778, ff.82-85). CLT, iii.169. D6725, D6776. Voir en D6695 la réponse de Thiriot à qui Voltaire avait demandé son avis.

29. D6673, D6806, D6673 note, D6802.

quelques mois plus tard,[30] conjura le philosophe de brûler son poème, et leurs «amis communs se réunirent pour obtenir la même grâce». De fait, en janvier 1756, les vers, ou au moins certains vers, du *Poème sur le désastre de Lisbonne* font scandale à Lausanne. «Le clergé tonne». Le pasteur Le Resche – personnage que nous retrouverons bientôt – prépare une réponse. L'ami Bertrand lui-même émet de Berne des réserves.[31]

Quand il est en difficulté, Voltaire fait appel aux relations qu'il s'est ménagées dans la capitale dont dépend Lausanne. Les Bernois, si austères, ont joué *Nanine*, quitte à «expier» ce «crime» en décrétant un jour de jeûne, plaisante l'auteur le 29 janvier. Il est vrai que celui-ci connaissait certains notables avant même de s'installer en Suisse. Il a rencontré à Plombières l'avoyer Nicolas Frédéric Steiger ; il a quelques rapports avec le maire Tiller, le conseiller Bonstetten, le secrétaire du Consistoire Tshiffeli ; mais c'est surtout le pasteur Bertrand, ami de Polier de Bottens, et le banneret Freudenreich – que Du Pan lui a fait connaître – qui en cas de besoin l'aident et usent de leur influence en sa faveur. Une version «fautive et défigurée» de *La Pucelle* faisait à Berne en novembre 1755 un scandale dont on trouve des échos dans la correspondance de Du Pan et dans la *Berner Chronik* du pasteur Gruner.[32] Grâce à des interventions – celle du conseiller Engel sollicité par un ami lausannois et celle de Freudenreich sollicité par Du Pan – le livre, s'il est saisi, n'est pas condamné, la *Gazette de Berne* publie la lettre de désaveu adressée à l'Académie française et la réponse confraternelle de l'Académie. En février, Voltaire discute avec Bertrand des adoucissements à apporter au *Poème sur le désastre de Lisbonne*. La position de ce pasteur orthodoxe n'est pas simple. S'il approuve la lutte contre le fanatisme, il tient à faire respecter la religion révélée et n'est pas toujours d'accord avec le philosophe : de son propre aveu, il lui «écrit et dit des choses bien libres et bien fortes», et il va jusqu'à déclarer à Formey au mois de mai que «malgré la réserve de Voltaire dans ses discours», il voudrait «qu'il eût choisi une autre retraite que la Suisse», car il «craint l'effet de son venin d'incrédulité».[33] Il lui apporte néanmoins son appui dans l'affaire complexe de la lettre anonyme.

En mars 1756 Voltaire reçoit de Berne une lettre, non signée mais dont «le cachet était surmonté d'une H», où on lui conseille de ne pas s'en prendre à la religion d'un pays tranquille. Voyant cette H et le cachet de Berne, il soupçonne Haller, avec qui il avait tenté un rapprochement en décembre, mais qui critiquait

---

30. D6985 (1er septembre 1756). Le temps ayant passé, le docteur semble un peu confondre les mois.

31. D6673, D6685 notes, D6797.

32. D6709, Gruner, *Chronik*, année 1756, p.400, cité par L. E. Roulet, *Voltaire et les Bernois* (Berne 1950), D6596.

33. D6603, D6605, D6789, D6790, D6868 note.

depuis longtemps ses œuvres dans les *Göttinger Gelehrten Zeitungen*. Il écrit au suspect, lui demandant perfidement de reconnaître la paternité du conseil pour qu'il puisse l'en remercier. Haller répond qu'il n'est pas au courant, qu'il ne donne d'ailleurs de conseils que quand on lui en demande et, à l'appui de ses dires, il envoie l'empreinte de son sceau pour comparaison. Voltaire alors semble reculer; il envoie à Bertrand le 6 avril une autre version des faits. Il s'est renseigné auprès de M. Roberty, employé de la poste à Berne: la lettre aurait été écrite à Lausanne, envoyée cachetée à Berne à un parent qui aurait mis l'adresse; le correspondant anonyme – qui prétend que «ceux qui font [à Voltaire] l'honneur de venir chez lui [à Montriond] écrivent à Berne contre [lui]» – aurait répandu à Lausanne le bruit qu'un magistrat de Berne avait envoyé une lettre de reproches. Voltaire fait savoir à Bertrand qu'il a écrit à Haller pour lui demander des éclaircissements et l'avertir qu'on a abusé de son nom. Il prie donc le pasteur de communiquer sa lettre à Freudenreich et à Haller, «persuadé que [les magistrats de Berne] ne souffriraient pas qu'un homme» – un «jeune ministre» peut-être – «écrivît de Lausanne des calomnies» contre les premiers ecclésiastiques et les premiers magistrats de cette ville, «et les envoyât par la poste de Berne pour faire croire que sa lettre est écrite par quelqu'un de ses souverains». Quoi qu'il en dise, il reste convaincu de la culpabilité de Haller. Il n'apprendra la vérité qu'en 1759 par une lettre de Haller, qui lui-même n'avait reçu qu'avec beaucoup de retard l'aveu du coupable: c'était Altmann, un pasteur bernois qui avant même l'arrivée du philosophe déclarait: «Nous ne voulons pas d'un homme qui est le rebut de toute la terre». En la scellant d'une H, il avait sans doute voulu donner plus de poids à sa lettre.[34] L'épisode de la lettre anonyme révélait les résistances que certains milieux calvinistes de Suisse opposaient à l'esprit voltairien. Il annonçait les difficultés qu'allait rencontrer le *Poème sur le désastre de Lisbonne*.

Tout ce que les amis purent gagner sur Voltaire fut «d'adoucir» son texte. Ce travail aboutira en mars, selon un témoin, à une œuvre si rapiécée, «si chargée de cartons, d'apponces et de ratures que personne n'aurait pu la lire que lui».[35] Le 18 février déjà, Voltaire a concédé au pasteur Bertrand et à la Providence l'adjonction du «mot espérer à celui d'adorer».[36] Voltaire la jugera ensuite inutile quand il plaquera à la dernière minute, semble-t-il, l'anecdote finale du calife: interprétation des derniers mots de Suzanne de Suze, alias Souzeni, alias Muhammed ben Ali, qu'il a dû trouver dans la *Bibliothèque orientale* d'Herbelot en faisant des recherches pour l'*Histoire universelle*.[37] Au début de mars, il propose une

---

34. D6808, D6658, D6791 note, D6802, D6806, D6818, D8193.

35. D6985, D6806, Seigneux à Haller du 27 mars, concernant une lecture faite par Voltaire chez lui le 18, et donnant presque le texte définitif de l'Addition.

36. D6738, D6779, D6782.

37. On ne la trouve même pas dans les éditions furtives qui comportent l'Addition (B.N., Ye 34957, Z Beuchot 674), Seigneux ne la transcrit pas dans «la conclusion» lue par Voltaire le 18 mars, qu'il

conclusion qui concilie pessimisme et espérance en Dieu et il demande à Thiriot et surtout aux Cramer de répandre – car c'est «très important» – des copies manuscrites de cette «addition». Effectivement de nouvelles éditions pirates paraissent comportant une «Addition au Poème».[38] Une vingtaine de vers où il est question de puissance et de clémence divine ont dû aussi être insérés par les Cramer dans le premier tiers du poème déjà imprimé.[39] Quand il en est à corriger les épreuves, l'auteur fait le point sur son œuvre dans une lettre à d'Argental du 22 mars: «C'est actuellement un poème de deux-cent cinquante vers. Il est raisonné [...] Je suis fâché d'attaquer mon ami Pope, mais c'est en l'admirant. Je n'ai peur que d'être trop orthodoxe.» Aux vers est ajouté pour «rendre justice» à Pope une préface,[40] pour laquelle une «note particulière», rédigée et corrigée trop tard, ne trouvera de place qu'en fin de volume dans les deux éditions Cramer:[41] elle y suivra les notes proprement dites, ajoutées elles aussi, afin «de fortifier toutes les avenues par lesquelles l'ennemi pourrait pénétrer».[42] Voltaire fera encore à la dernière minute des corrections de détail, dont certaines sont significatives: telle la substitution de «Je ne m'élève point contre la providence» au «Je n'interroge point la suprême puissance» du texte envoyé à l'imprimeur.[43] Quand le parlement de Paris condamnera l'*Analyse raisonnée de Bayle* en avril, Voltaire insistera auprès de Thiriot pour qu'on édulcore dans l'édition parisienne la note où il traitait d'injustes les ennemis de Bayle.[44]

Tel qu'il apparaît en sa forme définitive, après tant de remaniements, ce long poème demeure une œuvre impressionnante. Le genre est toujours celui du «discours en vers». Laissons de côté toutes les objections de principe que soulève aujourd'hui cette sorte de poésie. Le fait est que, pour exprimer sa réaction au terrible malheur, Voltaire d'emblée a choisi une telle forme poétique. On sait qu'il traça les premiers vers quelques jours après avoir appris le cataclysme.

---

transmet à Haller. Voir les carnets de Voltaire (*OC*, lxxxii.517) et l'article «Souzeni» dans Herbelot, *Bibliothèque orientale*.

38. D6766, D6806, D6776, D6778, D6779. Les éditions cotées à la B.N. Ye 34957 et Z Beuchot 674 comportent cette addition conforme à un mot près au texte transcrit par Seigneux le 27.

39. D6782. Par comparaison avec les éditions clandestines qui reproduisent un état antérieur du texte, on voit que les vers ajoutés sont les vers 49 à 52, 59 à 70, 75 à 82; les derniers seront modifiés par la suite. Le poème, pour cette partie du moins, était déjà imprimé puisque Voltaire propose de prendre les frais à sa charge.

40. D6795, D6798, D6792, D6782, D6821. Cette préface ne figure pas dans les éditions clandestines.

41. Sur cette note voir D6788.

42. D6821. Les éditions clandestines comportent en plus cinq courtes notes en bas de page.

43. D6776. On se fait une idée des modifications de dernière minute en collationnant les textes des additions, dans les lettres où ils sont proposés d'une part, dans les éditions Cramer d'autre part. Il arrive à Voltaire d'écrire un billet à ses imprimeurs pour faire corriger un seul mot, par exemple «abattus» (D6850) dans les vers 195-98 qui apparaissent pour la première fois dans l'édition Cramer.

44. D6849, D6853, D6879, D6906, D6903.

Célébrer avec noblesse les événements majeurs suscitant l'émotion de toute une société, c'était alors l'une des fonctions du poète. Voltaire s'en était acquitté naguère par son poème de Fontenoy, et il n'avait pas été le seul, nous le savons. Que de nos jours la poésie, coupée du grand public, ait perdu cette mission,[45] il n'est pas sûr que nous devions nous en féliciter. Le poème de Lisbonne entrelaçait deux thèmes, présents dans la conscience collective : un thème affectif, un thème philosophique. Les premiers vers disent l'horreur du carnage :

> Ces femmes, ces enfants l'un sur l'autre entassés,
> Sous ces marbres rompus ces membres dispersés ;
> Cent mille infortunés que la terre dévore,
> Qui, sanglants, déchirés, et palpitants encore,
> Enterrés sous leurs toits, terminent sans secours
> Dans l'horreur des tourments leurs lamentables jours![46]

Une fois de plus, le poète de *La Henriade* s'avère fort sensible aux images sanglantes d'un massacre. Le thème revient, lancinant, tout au long du poème, en réponse au thème philosophique. Les « sages » tentent d'expliquer le « pourquoi » métaphysique du désastre. Or tout ce qu'ils avancent s'effondre, dérisoire. Lisbonne aurait été punie pour ses péchés ? Mais

> Lisbonne, qui n'est plus, eut-elle plus de vices
> Que Londres, que Paris, plongés dans les délices ?

L'argument le plus répandu, c'est que, selon Leibniz et Pope, « Tout est bien, et tout est nécessaire ». Le séisme qui a brisé tant de vies ferait partie du bon ordre de l'ensemble. Raisonnement qui insulte aux souffrances des victimes, et dont doutent même ceux qui le soutiennent :

> Vous criez « Tout est bien » d'une voix lamentable,
> L'univers vous dément, et votre propre cœur
> Cent fois de votre esprit a réfuté l'erreur.

L'existence de Dieu n'est pas remise en cause (« Il existe pourtant »). Mais l'idée de Dieu est atteinte. Comment croire encore à une Providence attentive au bonheur de l'humanité ? L'Etre souverain serait-il suprêmement indifférent à ce que souffrent toutes ses créatures, hommes compris ? Ou bien, comme le veut le manichéisme, ce Dieu serait-il un « noir Typhon », un « barbare Arimane » ? Mais Voltaire écarte

> ces monstres odieux
> Dont le monde tremblant fit autrefois des dieux.

Le poème oscille ainsi d'une image, d'une idée à une autre. L'émotion de

---

45. Qu'accomplissent encore les poètes de la Résistance, ainsi Eluard, dans *Liberté*.
46. Le *Poème* est cité dans le texte de M.ix.470-80.

l'homme, l'angoisse du penseur ont aboli tout souci de composition. Le poète spontanément retrouve ici le désordre qui serait propre au lyrisme, selon l'esthétique classique. Il ne conclut pas et c'est ce qui fait la force de ce texte. Il a seulement cherché un trait final. Il avait pensé d'abord s'arrêter sur des mots plus ou moins désolants. Soit :

> Mortels, il faut souffrir,
> Se soumettre en silence, adorer, et mourir.

Ou ceci :

> Des malheureux humains déplorant la faiblesse,
> Mon cœur compatissant gémit sans murmurer,
> Sans accuser le Dieu que je dois implorer.

En définitive, il préféra clore le poème sur une note plus encourageante, avec le mot d'*espérance*. Il donnait ainsi satisfaction à son public et exprimait aussi par là l'optimisme qui chez lui finit toujours par l'emporter. Il rapporte l'anecdote du calife agonisant, disant à Dieu que lui, homme, possède tout ce qui manque à la divinité :

> Les défauts, les regrets, les maux et l'ignorance.

Ici Voltaire reprend la parole, pour le mot final :

> Mais il pouvait encore ajouter l'*espérance*.

Quelle espérance? Voltaire se garde de préciser. Celle d'une vie dans l'au-delà, comme il lui est arrivé de l'expliquer, pour faire plaisir aux pasteurs réunis dans son salon? Cela, il ne le croit guère. L'espérance pour lui s'identifie plutôt avec le vouloir vivre de l'homme. Après les pires ravages, la vie reprend et les choses continuent comme si de rien n'était. Voltaire lui-même en avait fait la remarque, en revenant des années après sur le champ de bataille de Fontenoy.

Après avoir dit que le *Poème* n'était pas «fait pour l'impression» et avoir demandé à des amis un avis qui fut négatif, il en donne en 1756 quatre éditions. L'impression du poème authentique va s'imposer d'autant plus que des copies d'une version primitive circulent et que «Satan fait imprimer l'ébauche» dans toute son horreur. De fait un certain nombre d'éditions comptant moins de deux cents vers paraissent en France avec ou sans l'Addition. Aussi Voltaire prie-t-il en mars «son cher Lambert» de publier les deux ouvrages tels qu'il les a faits et tels qu'il «les corrige tous les jours» pour les Cramer.[47] L'autre ouvrage était le *Poème sur la religion naturelle*, ou *sur la loi naturelle*, profession de foi jugée jusqu'ici trop hardie pour être publiable. Le désastre de Lisbonne lui rendait une certaine actualité. Voltaire

---

47. D6792, D6793, D6800.

en avait établi, on se le rappelle, deux versions successives.[48] La première avait été composée en 1751-1752 en Prusse et revue avec Frédéric II; elle comportait quatre parties et était dédiée au roi de Prusse. La deuxième datait du séjour de Voltaire à Gotha en avril-mai 1753, après la rupture avec le roi; elle était dédiée à la duchesse de Saxe-Gotha, comportait trois chants seulement, plus une Prière à la fin du troisième chant, et dans le deuxième le portrait mordant d'un Théodore qui ressemblait fort à Frédéric. L'œuvre n'avait paru sous aucune des deux formes.

Mais, vers le 10 janvier 1756, lecture est faite à Paris de la version en quatre parties dédiée au roi de Prusse, chez Mme Du Jars: dans l'auditoire, Mme de Graffigny, Helvétius, Mme d'Epinay, ainsi que Duclos, Bernard, Mably, Condillac, Grimm...[49] Bientôt la copie est imprimée: les soupçons de Voltaire se portent sur Lambert, non sans raison sans doute.[50] Puis paraissent d'autres éditions qui reproduisent avec plus ou moins de fautes la copie précédente. Voltaire se hâte donc de préparer sa propre version qui sera, selon sa première intention, dédiée au roi de Prusse. Il l'envoie aux Cramer le 15 février. Le 29 Thiriot a eu, par l'intermédiaire de Mme de Fontaine, «le sermon [...] tel que l'auteur l'a fait, et [...] fort différent de celui qu'on débite». Voltaire toutefois ajoutera encore «des touches». Le résultat sera un texte plus long, où il amalgame dans une certaine mesure les deux versions,[51] ajoute une préface et des notes, et supprime naturellement le portrait de Théodore enfoui dans le manuscrit de Gotha pour un «éternel oubli».[52] Au cours de l'impression il corrige encore.

Voltaire a fait imprimer ensemble ses deux «sermons»: la *Loi naturelle* et le *Poème sur le désastre de Lisbonne*. Fin février il juge prudent de les faire paraître «dans la foule des mélanges où ils seront confondus»[53] en *Supplément* au tome I des *Mélanges* dans les *Œuvres complètes* éditées par les Cramer. A la mi-mars, quand l'impression du *Poème* est déjà terminée, il pense que «le tout peut composer un ouvrage intéressant qu'on pourrait imprimer séparément et qui

48. Voltaire dresse la rétrospective dans D6801 et D6837.

49. CLT, iii.160-61; D6737, D6798, D6801, D6695, D6707, D6689 note.

50. D6800. Les éditeurs pirates avaient eu entre les mains une copie du poème dédié à la duchesse de Saxe-Gotha. Mais la dédicace «A une souveraine sans faste», peu explicite, fut interprétée comme s'adressant à la margrave de Bayreuth. Voltaire se tira habilement de cette situation gênante vis-à-vis de la duchesse. Il lui écrit le 22 mars que le poème ayant déjà paru dédié au roi de Prusse, elle risquait des ennuis avec son puissant voisin s'il se voyait cette dédicace supprimée à son profit. Il fit si bien que la duchesse de Saxe-Gotha, sacrifiée, le remercia (D6819).

51. Il compte 486 vers contre 434 dans la première version et 353 dans la seconde. Pour plus de détails voir l'édition critique de F. J. Crowley.

52. D6801 où seule l'intéressée peut comprendre de quel «petit article» il s'agit.

53. D6750.

peut-être servirait à faire désirer le recueil entier des œuvres».[54] Une édition séparée paraît ainsi à Genève en mars:[55] les éditeurs dans leur Avis prétendent «réparer l'inconvénient» causé par «des copies aussi tronquées qu'infidèles répandues dans Paris». La première édition du *Poème sur le désastre de Lisbonne* et de la *Loi naturelle* ayant été épuisée en quinze jours, les frères Cramer en donneront une deuxième en mai, conforme à la première. Dès avril, Voltaire envoie des exemplaires à ses amis et aux grands avec qui il est en relation: à d'Argenson, au duc d'Uzès, au duc de Richelieu, au duc de La Vallière qui en a demandé deux (un pour lui et un pour Mme de Pompadour), à l'Electeur palatin. En juin, il adresse à Thiriot la nouvelle édition pour qu'il la distribue aux philosophes: d'Alembert, Diderot et Rousseau.[56]

Il se fait quelques illusions sur l'accueil des uns et des autres. Il proclame qu'il «a arrondi les deux ouvrages»: il fait connaître sa façon de penser «qui n'est ni d'un superstitieux ni d'un athée». Il se vante même que ses libraires se sont donné le plaisir d'assembler à Genève les chefs du Conseil et de l'Eglise pour leur lire les deux poèmes, et que ceux-ci ont «été universellement approuvés de tous les points».[57] Certes copies et éditions ont suscité le plus vif intérêt: une demi-douzaine d'éditions clandestines ont été rapidement enlevées, lit-on dans la *Correspondance littéraire*,[58] et il y en eut en réalité beaucoup plus. Thiriot prétend qu'aucun des ouvrages de Voltaire n'a eu «un si brillant succès».[59] Grimm assure qu'«on ne résiste point à la beauté touchante» de l'ouvrage sur la religion naturelle. Toutefois le journaliste fait quelques réserves sur la philosophie du poème de Lisbonne, qu'il juge «petite, étroite et fausse».[60] Le *Journal encyclopédique*, en avril puis en juin, et l'*Année littéraire* en décembre, font un éloge tempéré de quelques réticences.[61] La *Critical review* de juin loue les qualités littéraires des deux œuvres et l'esprit de liberté qui les anime, mais constate, en conclusion, que le *Poème sur le désastre de Lisbonne* contient des hardiesses qui vont à l'encontre des vérités révélées. Le *Mercure* ne donnera pas tous les torts, en janvier 1757, à l'auteur d'une virulente réplique.[62]

---

54. Le 12 mars, Voltaire attend déjà avec impatience des exemplaires imprimés (D6779). Le 14 il demande à payer les frais de réimpression du *Poème* pour lequel il propose une Addition (D6782).

55. C'est certainement déjà le texte imprimé qu'il veut envoyer à d'Argental le 1er avril (D6811) et à Cideville le 12 (D6821); il le dit explicitement au duc d'Uzès le 16 (D6837).

56. D6827, D6836, D6837, D6844, D6859, D6879.

57. D6824, D6821.

58. CLT, iii.244 (1er juillet 1756).

59. D6922.

60. CLT, iii.160-61 (15 janvier 1756); iii.199-200 (1er avril); iii.244 et suiv. (1er juillet).

61. *L'Année littéraire* (1756), viii.262-74, lettre du 25 décembre 1756.

62. *Mercure*, janvier 1757, ii.109.

Bien qu'il eût été conçu en Prusse pour réfuter la philosophie immoraliste de La Mettrie, le *Poème sur la loi naturelle* souleva l'indignation des dévots. Plusieurs réfutations parurent; entre autres, en 1756, l'*Anti-naturaliste ou examen critique du poème de la religion naturelle*, anonyme, et les *Réflexions philosophiques et littéraires sur le poème de la Religion naturelle* par Antoine Léonard Thomas, à propos desquelles on peut admirer en passant l'attitude du censeur Millet: ce «camarade d'école» de Voltaire demande une permission tacite pour «cet ouvrage bien fait», mais n'a pas le courage de signer le privilège.[63] Quant au *Poème sur le désastre de Lisbonne*, il provoqua une réponse mémorable: celle de Rousseau, sur laquelle nous reviendrons.

Les deux poèmes étaient présentés par les Cramer comme un échantillon de leur grande édition. Ils précédaient en effet de peu les dix premiers volumes des *Œuvres complètes* qui paraîtront en mai. On saisit ici un aspect du travail de Voltaire. Il apporte des «augmentations, des améliorations [...] aux pièces déjà connues», suivant l'annonce des éditeurs genevois,[64] qui dans leur Préface mentionnent *La Henriade* et les pièces de théâtre. On pourrait aussi prendre pour exemple *Zadig*: les chapitres du Ministre et du Basilic sont modifiés, celui des Disputes et des Audiences est presque entièrement nouveau, et il a été vraisemblablement composé en 1756; le paragraphe de ce chapitre sur le style – qui ne s'imposait pas – dénote certaines préoccupations qu'on retrouve dans l'article «Imagination» que Voltaire va proposer à d'Alembert pour l'*Encyclopédie*. Dans les *Eléments de la philosophie de Newton*, il supprime trois chapitres sur la théorie de la lune et des planètes, les comètes et le pouvoir de l'attraction: cette doctrine n'est plus «nouvelle», explique-t-il,[65] et il ne s'intéresse plus assez à la physique pour rectifier ses erreurs à la lumière des récentes découvertes. En revanche il ajoute un chapitre des «Doutes sur la liberté qu'on nomme d'indifférence», où on reconnaît un thème de ses réflexions de l'année. Les *Lettres philosophiques* sont considérablement modifiées. Sont retranchés des chapitres scientifiques sur l'attraction et l'optique de Newton, remplacés par une notice biographique «De Newton». Mais les additions surtout sont nombreuses et en général révélatrices. Elles concernent souvent la littérature anglaise: Dryden, le *Conte du tonneau* de Swift, la vie de Prior et son *Histoire de l'âme*, l'*Essai sur l'homme* de Pope et surtout *Hudibras*, poème de Butler qui raille les théologiens. La lettre «sur Pope et quelques autres poètes fameux» se trouve ainsi scindée en

---

63. D6930, D6938.

64. D6768 (8 mars 1756), G. et Ph. Cramer à Malesherbes. Voir l'avis diffusé par les Cramer par exemple dans le *Journal helvétique* de mars 1756.

65. Voir le passage qui remplace dans l'édition de 1756 les chapitres 12, 13, 14 de la troisième partie alors supprimée.

deux.[66] Divers ajouts de détail laissent également apparaître les sentiments et centres d'intérêt de l'auteur en 1756 : un exposé historique conforme à celui de l'*Essai sur les mœurs*, au début de la « Lettre sur le commerce », une critique des préjugés contre l'inoculation, une allusion au « petit troupeau » des philosophes qui reflète l'optimisme du nouveau Suisse, etc...[67] Des pièces détachées sont aussi mises à jour. Les *Pensées sur le gouvernement* par exemple, qui prennent le titre de *Pensées sur l'administration publique*, perdent sept articles qui ne sont plus d'actualité et en gagnent neuf autres.

Mais surtout, disent les Cramer,[68] beaucoup de « morceaux neufs [...] enrichissent notre édition ». Ces dix tomes contiennent effectivement une trentaine de pièces de plus que l'édition de 1752. Parmi les inédits, plusieurs avaient été composés auparavant, et parfois longtemps auparavant : *Le Songe de Platon* vers 1737, la lettre à Cideville du 13 mars 1741 – imprimée à l'instigation des éditeurs[69] et qui s'applique parfaitement aux situations respectives de Voltaire et Frédéric en 1756 ; les morceaux *Des Juifs*, *Du Siècle de Constantin*, *De Dioclétien*, *De Constantin*, *De Julien*, rédigés du vivant de Mme Du Châtelet pour qui ils ont été écrits ; les *Embellissements de la ville de Cachemire* datant sans doute de 1750 ; vers 1752 le *Dialogue entre un brahmane et un jésuite*, contemporain du *Poème sur la loi naturelle*, dont il paraphrase un vers, et *De la population de l'Amérique* ; enfin, remontant à 1753-1754, l'*Histoire des voyages de Scarmentado*. La plupart de ces pièces touchent aux questions philosophiques, historiques et d'actualité qui intéressent Voltaire en 1756. Aussi certaines d'entre elles ont-elles été revues et corrigées : le manuscrit *De la Population de l'Amérique* par exemple porte des corrections que plusieurs indices invitent à dater de 1756.[70] Reste – outre la « Lettre aux éditeurs » et les chapitres ajoutés aux œuvres anciennes – une douzaine de morceaux qu'on peut croire véritablement nouveaux : ils trouvent place dans les troisième et quatrième tomes de *Mélanges*. Ce sont dans le troisième tome *Des Langues*, *Jusqu'à quel point on doit tromper le peuple*, et *Les Deux consolés* : un des « consolés », Citophile, ressemble à Voltaire plongé dans son *Histoire* et marqué par le désastre de Lisbonne.[71] Dans la « Continuation des chapitres » du tome suivant ce sont : la *Lettre sur le Dante*, peut-être *De la Chimère du souverain bien*, et *Des Génies*, *De l'Astrologie*, *De la Magie*, *Des Possédés*. Ces quatre textes forment

---

66. Lettres XV, XVI et début XVII : « Lettre sur la tragédie » ; « Lettre sur Pope et quelques auteurs fameux » qui devient « De Prior, du poème singulier d'Hudibras et du doyen Swift », et « De Pope ».
67. A la fin la lettre sur les Sociniens.
68. Voir la *Préface des éditeurs* et un *Avis* paru auparavant (Bengesco, iv.53 et suiv.).
69. D6821.
70. Voir *De la Population d'Amérique*, éd. J. Hellegouarc'h, *OC*, xlv.
71. Toutefois le fils de la duchesse de Saxe-Gotha n'étant mort que le 9 juin, on ne peut croire (comme certains l'ont suggéré) que le conte ait été écrit pour consoler la mère.

un tout, ils sont liés non seulement par leur thème et leur contiguïté dans le recueil, mais par des rappels et des transitions explicites, et par l'introduction et la conclusion qui concernent l'ensemble. Le second étant daté de 1756 par une allusion à l'âge de l'auteur – «près de soixante-deux ans» – on a tout lieu de penser qu'ils ont tous quatre été écrits fin 1755-début 1756. Viennent clore la série: *D'Ovide*, certainement *De Socrate* et les *Dialogues entre Lucrèce et Posidonius*, qui prolongent les réflexions suscitées par le désastre de Lisbonne.[72] Ainsi voit-on se constituer les matériaux du futur *Dictionnaire philosophique*.

Inlassablement Voltaire, avec l'aide de Collini «qui s'y entend très bien, tout Florentin qu'il est», revoit les épreuves, réclame les feuilles qui lui manquent, «indique les cartons» auxquels il tient beaucoup, «s'amuse à faire des errata», veille à la répartition des pièces, s'attache aux moindres détails. Il modifie le titre d'un tome: le deuxième des *Mélanges d'histoire et de littérature*, certainement inadéquat «puisqu'il n'y a ni histoire ni littérature». Il demande même un changement de caractère. Les Cramer à coup sûr ne mentent pas quand ils écrivent à leur concurrent parisien qu'«on est dans la nécessité d'imprimer [les ouvrages de M. de Voltaire] sous ses yeux», et que «dans le cours de l'impression [ils ont] été souvent obligés de refaire deux ou trois fois la même feuille», l'auteur parle même de quatre fois; et il ne sera pas encore satisfait du résultat.[73] Des libraires français avaient prévu un beau succès de vente. A la fin de 1755, Bruyset de Lyon par exemple avait incidemment fait part d'un projet d'édition à Malesherbes, qui avait coupé court: «Les œuvres de M. de Voltaire ne peuvent point être permises en France». Lambert s'obstina et réussit. Il trouvait appui et renseignements auprès de Mme Denis et de Collini – qui ne voulait toutefois pas se compromettre – mais hostilité naturellement chez les Cramer.[74] Ceux-ci s'inquiètent pendant l'hiver de 1756 quand ils apprennent que «M. Lambert annonce une édition en vingt ou vingt-quatre volumes in-12 et qu'elle est déjà commencée». Voltaire les rassure: «comme [il] y travaille à mesure qu'on les imprime, il lui est impossible de faire exécuter cette entreprise autrement que sous [ses] yeux». Lambert vient de réimprimer le théâtre et *La Henriade* suivant la dernière édition de Dresde, mais s'il n'attend pas l'édition complète des Cramer pour achever la sienne, il ne lui fera pas plaisir. Il se dit «fâché de cette concurrence».[75] On trouve là un bon exemple de la pratique éditoriale de Voltaire et de la manière dont il en usait avec les Cramer, et la trace d'un certain agacement.

L'histoire lui plaît bien plus, avoue-t-il, que «toutes ces viandes creuses ou

72. D6738 où à ce propos est cité un mot de Posidonius.
73. D6795, D6758; sur l'importance que Voltaire attache aux cartons des *Œuvres mêlées*, voir D6865, D6660.
74. D7000, D6824, D6940.
75. D6677, D6511, D6534, D6549, D6736, D6810.

coriaces» des *Œuvres mêlées*. De fait les pièces nouvelles des *Mélanges* prennent souvent leur source dans les réflexions que lui inspire son travail historique, et elles y puisent leurs exemples. Symétriquement, des passages des *Mélanges* viendront parfois enrichir l'*Essai sur les mœurs*.[76] Ces interférences sont d'autant plus naturelles que les *Œuvres mêlées* ont été complétées pendant l'hiver de 1755-1756 entre deux périodes de travail historique intensif. La tâche accomplie au cours de ces mois est considérable. Pour ne parler que de l'*Essai*, la quarantaine de chapitres concernant l'Afrique et l'Asie aux seizième et dix-septième siècles, l'Europe depuis la prise de Rome par Charles-Quint jusqu'au règne de Louis XIV – excepté l'histoire religieuse au seizième siècle – a dû être composé en grande partie durant l'hiver de 1756.

Collini se plaint fin novembre de copier et copier encore. La fatigue expliquerait-elle le jugement sévère qu'il porte en mars sur Voltaire historien:

on n'a jamais fait d'histoire aussi aisément et à meilleur marché [...] il ne faut [...] qu'y goûter la beauté du style, et qu'y profiter de quelques réflexions et de quelques coups de pinceau qui font de temps en temps le tableau de l'univers en peu de traits. Tout cela n'a rien coûté à notre historien [...] On n'a fait [le grand chapitre sur Louis XIII] qu'avec le secours du seul Le Vassor.[77]

Le secrétaire confond quelque peu la puissance de travail et la largeur de vue avec de la négligence. Certes l'auteur néglige délibérément «tous les faits qui ne sont bons que dans les gazettes», il ne «peint qu'à coups de brosse», car il «n'écrit l'histoire qu'autant qu'elle peut être utile à la raison et aux mœurs», c'est «ce qu'il y a de nouveau». Mais il ne s'en documente pas moins. Il se plaint parfois d'avoir à ralentir son travail parce qu'il manque de certains livres à Montriond. Sans cesse il fait venir des matériaux. Au directeur de la bibliothèque de Genève, Abauzit, il demande une lettre du cardinal de Richelieu, rapportée pourtant dans Saint-Evremond, seulement «parce qu'elle n'y est pas exacte». Il «supplie» Jacob Vernes, ami d'Abauzit, ou Gabriel Cramer de lui faire prêter un tome de la *Bibliothèque britannique* ou les *Mémoires de la Chine* du P. Lecomte. Il se tient au courant des dernières publications: il se les procure par l'intermédiaire des Cramer ou de Thiriot, qui doit expédier tout ce qu'il «jugera digne d'être lu», et qui enverra encore tout un paquet fin août. Il recherche également des témoignages inédits. Lorsqu'il le peut, il fait appel aux protagonistes. Il avait envoyé à Richelieu l'ébauche de la bataille de Fontenoy avec «une grande marge qui attendait ses instructions»; il lui réclame «un petit journal de son expédition à Minorque».[78]

76. On peut voir nettement un de ces échanges en étudiant l'histoire du texte de l'article *De la Population de l'Amérique* d'une part, celle du chapitre «De Colombo et de l'Amérique» dans l'*Essai* d'autre part (*OC*, xlv).

77. D6797.

78. D6986, D6990, D6711, D6769, D6940, D7008.

Il demande également des anecdotes à qui est bien placé pour en réunir : sur la cour de Russie à la comtesse de Bentinck, sur la cour de France à d'Argental. Mais il ne veut pas «ressembler à ce La Beaumelle qui répète tous les bruits de ville à tort et à travers» : il essaie de «démêler» ou de faire démêler le pour et le contre par des gens compétents.[79]

Cette période 1755-1757 est celle aussi où Voltaire collabore plus activement avec l'équipe groupée autour de Diderot et d'Alembert. Le projet lancé à Potsdam, au cours de l'été 1752, d'un dictionnaire vigoureusement agressif contre les «préjugés» a été abandonné par la force des choses. Voltaire ne s'avise pas encore que les textes courts qu'il rédige sur des sujets divers pourraient se regrouper en ordre alphabétique dans un savoureux *Portatif*. Il a pris le parti, et déjà à Colmar l'année précédente, de s'insérer dans la grande entreprise encyclopédiste, qui en est parvenue au tome cinquième. Les vives oppositions rencontrées dès le début lui font comprendre qu'il y a de ce côté un combat à mener, pour lequel il peut être utile. Il se fait la plus haute idée de ce *Dictionnaire*, «le plus grand ouvrage du monde», «grand et immortel édifice», qui doit faire honneur à sa patrie et être utile au genre humain.[80] Aussi fait-il preuve d'une modestie étonnante. Il demande qu'on l'emploie à «boucher des trous», «à faire des articles dont [les encyclopédistes de Paris] se seront dispensés», se dit incompétent pour traiter certaines questions, «Littérature grecque» par exemple. Quand il propose des articles, c'est avec humilité : «si on en a chargé d'autres, ils en vaudront mieux». Et il semble sincère. Il proteste qu'il «craint toujours de faire mal», et «tremble chaque fois qu'il présente un article». Il va jusqu'à redemander deux fois pour l'améliorer un article comme «Histoire» qu'il juge particulièrement important. Il donne à d'Alembert toute latitude pour «rectifier comme on jugera à propos», «prendre ce qui plaira», «jeter au feu ce qui déplaira», «faire allonger par gens plus savants».[81] Il revient à l'idée, naguère avortée à Potsdam, d'une œuvre collective. Il a conscience des qualités qu'exige une telle entreprise, et fait l'expérience des difficultés qu'on rencontre. Chaque article «demande le précis d'une grande érudition», mais il faut éviter d'«entrer dans des détails trop longs ou trop dangereux» ; «il est difficile d'être court et plein, de discerner les nuances, de ne rien dire de trop, de ne rien omettre». Il faut avant tout «être vrai» et méthodique. Après avoir posé en principe en décembre 1755 qu'«il ne faut dans un dictionnaire que des définitions et des exemples», il nuance son affirmation l'année suivante : «Je suis bien loin de penser qu'il faille s'en tenir aux définitions

---

79. D6720, D6807, D6990.
80. D6725, D7067, D6976, D7055, D7093.
81. D7067, D7055, D6619, D6655, D6803, D7139, et l'article «Génie» dans les *Questions sur l'Encyclopédie*.

et aux exemples.» Néanmoins définitions et exemples figurent évidemment en bonne place dans l'«espèce de protocole» qu'il voudrait qu'on eût imposé aux collaborateurs et qu'il résume ainsi en décembre 1756: «étymologies, définitions, exemples, raison, clarté et brièveté».[82] Il est en effet déçu par un certain nombre de prestations. Il critique l'article «Femmes» de Desmahis, qui «fait grand tort» à un «ouvrage si sérieux». Il déplore qu'on «fasse des dissertations» où il entre si facilement «du problématique» et des opinions particulières. Reproche plus grave encore: dans les articles de théologie et de métaphysique, on «imprime le contraire de ce qu'on pense». A la fin de l'année 1756, quand il a lu «une douzaine d'articles», il juge que d'Alembert est mal secondé par «ses garçons».[83] Celui-ci lui donne d'ailleurs entièrement raison sur «l'article Femmes et autres» et dégage sa responsabilité: ces textes «n'entrent point dans la partie mathématique dont il est chargé»; quant à Diderot il «n'est pas toujours le maître ni de rejeter, ni d'élaguer les articles qu'on lui présente». Mais «le cri public» les autorisant à être sévères et à passer dorénavant par-dessus toute autre considération, en décembre 1756 il «croit pouvoir promettre que le septième volume n'aura pas de pareils reproches à essuyer».[84]

La correspondance entre Voltaire et d'Alembert permet de retracer l'histoire de leur collaboration alors à son apogée.[85] Le 9 décembre 1755, Voltaire se propose pour écrire «Génie» dont le docteur Tronchin lui avait parlé, ainsi que «Goût» et «Histoire». Mais sur le «génie» Diderot a des idées qui ne sont pas les siennes: l'article ne lui sera pas confié. «Goût» avait été donné à Montesquieu, qui eut le temps avant sa mort de préparer une ébauche qu'on publiera dans le tome VII. Voltaire devait tenir à un tel sujet. Le 29 novembre de l'année suivante, il envoie un complément à l'esquisse de Montesquieu: ce sera le seul de ses articles à être mentionné par Grimm parmi les contributions remarquables du tome VII.[86] «Histoire», sur lequel il pourra «fournir des choses assez curieuses», sera accepté, mais la rédaction prendra du temps. Le 9 décembre 1755 encore, l'auteur demande des instructions pour «Facile», «Fausseté (morale)», «Feu», «Finesse», «Faiblesse», «Force», «Français», qui font partie du «fardeau» dont on l'a chargé pour la lettre F. Le 28 décembre, il envoie «Figuré» qu'il a corrigé; «Force», «Faveur», «Franchise», «Fleuri» qui ne demandent à son gré que «de petits articles». Le même jour il adresse à d'Alembert «Fornication» sur lequel il ne manque pas l'occasion de plaisanter: il «ne peut ni dire ni faire beaucoup sur

---

82. D6619, D7055, D7067, D6653, D7093.
83. D7055, D6653, D7018.
84. D7079.
85. On lira les contributions de Voltaire à l'*Encyclopédie* dans *OC*, xxxiii.35-231.
86. Voir «L'Eloge de Montesquieu» par d'Alembert, par exemple dans le *Mercure* de novembre 1755; D6731; et CLT, iii.457-58.

ce mot»; il avait cependant pris la peine de se renseigner auprès de Polier de Bottens sur le sens du mot correspondant dans les langues orientales et, sans avoir vraisemblablement eu le temps de recevoir la réponse,[87] avait signalé l'intéressante polysémie du terme chez les Hébreux. Il annonce «l'histoire des flagellants» qu'il abandonnera le 9 mars faute d'avoir, dit-il, le livre nécessaire (celui de l'abbé Jacques Boileau). Dès maintenant il renonce à «Formaliste», ne voyant rien d'intéressant à dire. Pour «Français» et «Histoire», qui sont «terribles», il demande un peu de délai, ne disposant pas de livres à Montriond. En février, il promet d'y travailler dès son retour à ses «petites Délices» et prépare sa documentation: il demande à Briasson d'envoyer quelqu'un à la Bibliothèque royale consulter les manuscrits des dixième et onzième siècles pour découvrir le premier emploi de «français» au lieu de «franc», point «frivole en lui-même», mais «important dans un dictionnaire». Au début de mars, il promet «Français» pour la fin du mois, même si l'abbé Sallier ne lui a pas fourni l'information demandée. Il l'enverra effectivement des Délices le 24 mars, en reconnaissant qu'il aurait besoin d'être complété «par des gens plus savants». Huit mois plus tard, en novembre, il lui ajoutera «une queue»: sans doute les deux dernières colonnes qui traitent de l'histoire de la langue et où une référence au roman de *Philomena* permet de supposer qu'il a reçu entre temps les notes de l'abbé Sallier. Une allusion au débat sur l'orthographie de «français» dans une lettre du 18 août au comte de Tressan, quand d'Alembert sera aux Délices, peut faire penser qu'on y discutait alors de l'article.

A cours de ces mois, la communication se rétablit entre Frédéric II et son ancien chambellan. Dans ses résidences helvétiques, Voltaire se trouvait à proximité d'une principauté appartenant au roi de Prusse, celle de Neuchâtel. Il souhaiterait, en octobre 1755, rendre visite à milord Maréchal, devenu gouverneur de Neuchâtel. Mais il lui faudrait obtenir l'autorisation nécessaire.[88] S'il savait en quels termes le roi parle de lui à son représentant, assimilant son arrivée et celle de Mme Denis à un tremblement de terre, à une comète, à «un de ces fléaux» qui «suffisent pour tout détruire»! Deux mois plus tard, le même roi de Prusse lui a fait écrire par l'abbé de Prades qu'il travaillait à mettre en opéra sa tragédie de *Mérope*, et au début de février Voltaire se dit «tout étonné d'avoir reçu du roi de Prusse un gros paquet» contenant ledit opéra. Il fait part de la nouvelle à tous ses correspondants du moment: à Richelieu, à d'Argental, à Chennevières, à d'Alembert, à Jean-Robert Tronchin, à Bertrand, à la duchesse de Saxe-Gotha, puis à Wilhelmine, que son frère avait mise au courant deux mois plus tôt. Il est fier que le roi lui ait «fait cet honneur», qu'il se soit «donné [cette] peine» au moment où il était – de

87. D7106.
88. D6557.

son propre aveu dans le billet d'accompagnement – occupé à conclure un important traité. Il lui est «très obligé de cette galanterie» et lui en doit de très sincères remerciements, écrit-il à d'Alembert, sans ironie. Il admire la multiplicité des talents de Frédéric : en pleine négociation, le roi a écrit des vers qui «paraîtront fort lyriques» à l'encyclopédiste et qui «paraissent faits avec facilité» et dignes d'un «grand musicien». Pourtant la petite «galanterie» de Frédéric ne lui a pas fait oublier un instant ses mésaventures de Berlin et de Francfort. Il reprend son éternelle plainte : il aurait plus d'obligations au roi s'il réparait le mal qu'on a fait dans Francfort à une dame respectable et à lui-même.[89]

Frédéric continue, et continuera toujours à ne pas l'entendre. Mais il l'invite à assister à Berlin le 27 mars à la représentation de sa *Mérope* transformée en opéra. L'ex-chambellan refuse. A toutes les raisons qu'il a de ne pas retourner en Prusse, vient de s'en ajouter une autre : le renversement des alliances. Abandonnant définitivement la France, Frédéric II a conclu en janvier un traité avec l'Angleterre, pendant que Versailles se prépare à s'allier avec l'ennemi de la veille, l'Autriche. Voltaire tient compte de la nouvelle donne. A son amie la comtesse de Bentinck, alors à Vienne, il parle de «l'incomparable Marie-Thérèse», et l'informe que le Danube (qu'il n'a jamais vu) est «un plus beau fleuve en tous sens que la Sprée». Il écrit au secrétaire d'Etat autrichien Franz Christoph Scheyb.[90]

Le 21 mars 1756, comme il était prévu, il se réinstalle aux Délices. Le rideau allait se lever en Europe sur une nouvelle phase militaire, la guerre de Sept Ans.

89. D6666, D6720, D6722, D6723, D6724, D6727, D6725, D6726, D6737.
90. D6771, D6832.

15. Le Suisse Voltaire

(mars-décembre 1756)

Comment Voltaire prévoyait-il son prochain avenir, en ce printemps de 1756? Il n'a, à son ordinaire, laissé aucune confidence significative. Mais ses démarches ne permettent aucun doute. Il s'installe pour demeurer en Suisse, sinon définitivement du moins durablement. Il a désormais double domicile, à Lausanne et à Genève. Il a même songé à acquérir un pied à terre pour faciliter les allées et venues de l'un à l'autre. En mars, il est en négociation pour louer à Rolle une certaine «maison anglaise» (appartenant à un capitaine britannique), «à peu près à moitié chemin de Genève et de Lausanne». Le marché semble avoir été conclu: en mai, il s'intitule «citoyen de Rolle». Mais il renonce très vite. Il ne sera plus question, à cette époque au moins, de la maison de Rolle.[1]

C'est à ce projet d'une solide implantation que se rattache sans doute un mystérieux voyage qu'il fait à Berne, du 17 au 24 mai. Ce déplacement a intrigué tous les biographes, à commencer par Collini. Voltaire ne voulait pas se faire accompagner par sa nièce (qui finira cependant par s'imposer).[2] Pourquoi? Il jugeait ce voyage assez urgent pour partir quand des travaux réclamaient sa présence aux Délices. Il est allé voir à Soleure l'ambassadeur de France auprès du Conseil helvétique. On en a déduit qu'il allait se charger, ou être chargé, d'une mission diplomatique secrète auprès de Frédéric II qui l'invite à revenir en Prusse. Aucun indice sérieux ne conforte cette hypothèse. Au reste, en mai 1756, la situation politico-militaire n'a pas suffisamment évolué pour qu'une médiation puisse obtenir un résultat. Voltaire voudrait-il, par l'ambassadeur, tâter les chances d'un retour à Paris, au moment où sa situation à la cour s'améliore, comme nous le verrons? Il se peut qu'il y songe. Mais l'idée de rendre à Soleure une visite de courtoisie ne lui est venue qu'en cours de séjour.[3] Ce n'est pas là le mobile du voyage.

Ce déplacement à Berne était prévu de longue date: depuis la Noël de 1754. Il avait été retardé de saison en saison. En décembre 1755 le projet est de notoriété

---

1. D6872, D6880.

2. Collini, p.164. Mme Denis fera à Berne des achats. L'aubergiste du Faucon, Marktgasse, chez qui ils descendent, veut leur vendre, fort cher, des tableaux. Elle préfère acquérir des draps et des serviettes.

3. D6646 (22 décembre 1755), D6658.

publique: von May en parle à Haller, que Voltaire prévient lui-même quelques jours plus tard.[4] Lausanne et le pays de Vaud étant alors des dépendances de Berne, Voltaire juge utile à ses futurs séjours à Montriond[5] de s'assurer des appuis au centre dont procède le pouvoir. Un voyage? Il emploie plus justement le terme de «tournée».[6] Il va rendre visite aux amis pour réchauffer leur zèle, aux malveillants afin de se les concilier. Il rencontre le pasteur Bertrand, le banneret Freudenreich, qui l'ont aidé dans les affaires de la lettre anonyme, du *Poème sur le désastre de Lisbonne*. Il veut voir le pasteur Allamand.

Beaucoup de Bernois sont réticents, y compris parmi ses partisans. La plupart redoutent que le philosophe ne laisse derrière lui «de néfastes semences d'athéisme» et «préfèrent son départ à son arrivée»: c'est non seulement le pasteur Gruner qui le dit dans sa *Berner Chronik*, mais l'ami Bertrand lui-même dans sa lettre du 18 mai à Formey: tout en reconnaissant que Voltaire ne se conduit pas mal et «paraît réservé dans ses discours», il craint «l'effet de son venin d'incrédulité».[7] Mais Voltaire sait se montrer charmeur. Conquise, Berne lui fait fête. Dans le *Journal helvétique* de juin, une épître «A M. de Voltaire à l'occasion d'un petit voyage qu'il a fait à Berne depuis peu» célèbre le succès qu'il y a remporté: la ville «n'a plus que [son] seul nom, [ses] écrits à la bouche». Les autorités – Steiger et Freudenreich – ont «très bien reçu et honoré» «le poète Voltaire célèbre dans toute l'Europe». Selon Bertrand, les Bernois veulent «en lui faisant honnêteté» lui faire connaître qu'ils sont «de bonnes gens». Ils réussissent. Voltaire – qui n'a pourtant pas dû voir Haller, comme il le souhaitait en décembre – revient à Montriond, le 24 mai, «extrêmement content de Berne». Du Pan en apprend la nouvelle, puis le constate lui-même quand il va aux Délices en juin. Le même Du Pan reçoit à plusieurs reprises des remerciements à transmettre à ses amis, M. et Mme Freudenreich, pour leurs «bontés» et leur accueil particulièrement chaleureux. Bertrand sera chargé, lui aussi, de cette mission. «L'hermite» est même si satisfait qu'à peine rentré, le 26 mai, il parle de retourner à Berne.[8]

Voltaire mène aux Délices une existence à la fois laborieuse et mondaine, rythmée par des visites ou des événements notables. Il prétend qu'il «passe sa vie [...] en robe de chambre et en bonnet de nuit à souffrir et à travailler».[9] Il rend néanmoins sa retraite aussi agréable que possible. Pendant l'été de 1756, il brosse un tableau

4. D6646, D6658.
5. Dont le propriétaire, Panchaud, est Bernois.
6. D6852.
7. D6868 commentaire.
8. D6883, D6886, D6948 note, D6898.
9. D6932, D7023, D7029.

idyllique: il vit «heureux chez soi», loin des cours, «avec ses nièces, ses livres, ses jardins, ses vignes, ses chevaux, ses vaches, son aigle, son renard et ses lapins qui se passent la patte sur le nez». Il pourrait ajouter à la liste son singe – nommé Luc comme le roi de Prusse – qu'il ne laissera pas abattre même quand il l'aura cruellement mordu à la jambe.[10] «Une jolie maison et de beaux jardins» le consolent de ses déboires: ingratitude du roi de Prusse, éditions pirates... Il «commence à prendre du goût pour la campagne» et «fait beaucoup d'exercice», écrit sa nièce pendant l'été. Si étonnant que ce soit, même quand on sait qu'il travaille fort vite, il trouve le temps d'être «architecte et agriculteur», de s'occuper de ses intérêts et des «détails de sa maison». Collini le notera dans ses *Mémoires*, et on le voit dans la correspondance.[11] A Saint-Jean Voltaire mérite le titre de «ruricole» qu'il se donne: il cultive presque lui-même son jardin, comme Candide: il commande graines et plantes en mars 1756, s'occupe des achats de gravier et de sable, entre dans les détails de l'entretien. A l'occasion, il régit le personnel: il indique comment loger les domestiques pendant les travaux, engage des jardiniers ou ne les engage pas; il décide qu'ils se contenteront d'huile «très commune». Il les charge d'empêcher «le petit peuple d'entrer dans le jardin, et de le détruire comme on a déjà fait».[12]

Pendant le voyage de Berne, il pense à écrire à Collini de faire «secouer les marronniers, [...] tomber les hannetons», arroser les gazons, «réparer les dégâts des eaux», etc. Il lui indique avec la plus grande précision sur quelle largeur il faut répandre le gravier et le sable. Avec l'aide du secrétaire-régisseur, il s'improvise paysagiste: il redessine les allées, fait faire un «berceau». Il songerait à construire un pavillon chinois et à reconstituer «un petit chandeu» (Chanteheux) pour le dédier au roi de Pologne.[13] Il suit de près également l'embellissement de la maison (qu'il appelle avec affectation dans ses lettres à J.-R. Tronchin «votre» maison dont il est le «concierge»). Il «a extrêmement à cœur» le travail de peinture du vestibule et de l'escalier, «qui la rendra plus propre». Pour améliorer le confort, il commande poêles roulants, «réchauds argentés à brique pour mettre sur la table», bidets à la demande de sa nièce Mme de Fontaine. Il fait venir aussi des objets de luxe: seaux argentés pour rafraîchir le vin en remplacement des seaux de faïence du prédécesseur, «quatre paires de beaux flambeaux d'argent haché», des «tableaux avec leurs bordures».[14]

Peut-on dans ces conditions le taxer d'avarice comme on l'a souvent accusé? Certes il examine les mémoires, ne paie pas d'avance, n'achète pas à n'importe

10. D6965, D7029, D7031.
11. Collini, p.165, D6811, D6962.
12. D6765, D6820, D7041, D6861, D7056, D6880, D6870.
13. D6870, D6933, D6868, D6874, D6972.
14. D6861, D6899, D6941, D6945, D6951, D7047.

quel prix, qu'il s'agisse de sable ou des tableaux qu'on lui a proposés à Berne. Bien qu'il donne tout pouvoir à son banquier Tronchin, il surveille les comptes de près.[15] Avec ses débiteurs il est intraitable. Si Jeanmaire, qui doit verser 14062 livres 10 sols de rente le 1er avril et le 1er octobre, est en retard de quelques jours ou demande un délai, «M. de Voltaire» lui écrit que «c'est [le] priver des aliments que de différer le paiement de [son] bien». Que la terre tremble ou que la guerre fasse rage, il songe à ses «petites affaires» et se tient à l'affût des opérations avantageuses: billets de loterie, «coupons d'annuités ou coupons de Lyon», etc., suivant les circonstances. A la fin de l'année 1755, il «imagine que [Tronchin] a plus de 400000 livres à lui».[16] Il est heureux de cette opulence qui lui assure indépendance et vie de sybarite, et il en exprime sa reconnaissance à Pâris-Duverney à qui il la «doit en grande partie». Mais il pourrait, dit-il, se passer de ce luxe: il «vivrait aussi aisément comme Diogène que comme Aristippe». Il ne veut pas, semble-t-il, augmenter sans mesure et par tous les moyens ce capital sur lequel il veille; de l'aveu de son banquier, qui gère ses capitaux, il «ne cherche pas à tirer un gros intérêt de son argent»; il le place à 4%. Il dépense largement, pour des aménagements, des voitures, une table dont son entourage et ses nombreux hôtes profitent plus que lui, qui est souvent retenu dans sa chambre, par ses maladies peut-être, par son travail sûrement. Aussi Collini reconnaît-il, non seulement plus tard dans ses *Mémoires*, mais à cette époque où il achève son service et où il est aigri, que «son philosophe est tout changé; qu'il est devenu libéral».[17]

Sur cette «fort grosse maison» règne Mme Denis, déjà «grasse comme un moine». Elle est la surintendante dit son oncle, «le plastron», dit-elle: elle «paie tout, a l'œil sur tout, [est] obligée de recevoir les gens qui viennent...» Ce rôle de maîtresse de maison ne lui suffit pas. Elle aimerait régenter la besogne littéraire de Voltaire, et regrette bien qu'il ne soit «pas facile de lui faire travailler à autre chose qu'à ce qui lui plaît». Toutefois l'entente paraît alors très bonne entre l'oncle, qui se dit heureux «au sein de sa famille», et la nièce, «dont la tendre amitié [...] augmenterait encore dans ce moment s'il était possible».[18] Mme Denis est aidée quelque peu par Mme de Giez, devenue dame de compagnie après la mort de son mari, et surtout par Collini, qui s'est acquitté de toutes les tâches d'un régisseur en mai durant l'absence de l'oncle et de la nièce, quoique ce «Florentin bien né» soit avant tout secrétaire.

Comme précédemment les visiteurs affluent. La société genevoise est devenue moins austère, moins rigoureusement orthodoxe. *La Pucelle* «a fait faire de beaux

15. D6715, D6873, D6932, D6933, D7063, D7077.
16. D6749, D6876, D7038, D7022, D7029, D6694, D6902, D7010, D6618.
17. D6948, D6875, D7074, Collini, p.184, D6601.
18. D6697, D6937.

éclats de rire à nos femmes», écrit le conseiller Du Pan. Aussi en cette année 1756 Voltaire croit-il qu'«il n'y a point de ville où il y ait plus de gens d'esprit et de philosophes qu'à Genève»,[19] et fait-il partager cette opinion à d'Alembert qui, au dire de Haller, souhaiterait de pouvoir y venir achever l'*Encyclopédie*. Les familiers sont des notables qui rendent ou peuvent rendre des services. Les Cramer bien sûr: Philibert et Gabriel dont la femme est une languedocienne très spirituelle. Et les Tronchin: il arrive qu'il vienne «des Tronchin dîner presque tous les jours». A François Tronchin qui lui a envoyé sa pièce *Les Commènes*, l'écrivain propose une sorte de marché: «Secourez-moi en prose et je vous offre mes petits services en vers»; il corrigera la pièce, l'enverra à d'Argental, en échange le conseiller fera passer dans la *Gazette d'Amsterdam* la lettre à l'Académie française.[20] Le Tronchin qui occupe la plus grande place dans l'esprit et la vie de Voltaire reste évidemment le médecin Théodore, qui le soigne, et dont la société le flatte. Il est aussi fier que sa nièce de signaler qu'«Apollon Esculape Tronchin» a fait halte chez lui à l'aller et au retour de son voyage à Paris, et chante en vers la victoire de l'inoculation sur les préjugés, en prenant soin de rappeler qu'il a été lui-même le premier à vouloir introduire cette pratique en France. Lui qui affiche quelque mépris pour les médecins suivant la bonne tradition, paraît avoir une sincère révérence pour «notre grand docteur»: il vante ses réussites, lui adresse ses amis; si ses nièces l'ont dérangé la nuit pour une simple indigestion, il prend la peine d'envoyer un mot d'excuse. Il s'occupe personnellement dès l'automne de ses étrennes: il consacrera 25 louis d'or à faire venir de Paris des flambeaux d'argent qu'il veut «magnifiques». Ces sentiments ne sont pas réciproques si on en juge par le portrait que Théodore fait du philosophe dans une lettre envoyée à Jean-Jacques Rousseau en septembre. Il y avait entre les deux hommes une incompatibilité de caractère.[21]

Le professeur Pictet, sa femme et leur fille Charlotte, qui habitent également le quartier de Saint-Jean, viennent souvent. Mais les compliments que fait Voltaire sur la beauté de la jeune Charlotte – sans doute bien innocents – et les quatre vers d'une galanterie toute littéraire qu'il lui adresse en remerciement d'un bonnet qu'elle lui a confectionné, provoquent la jalousie de la nièce. Mme Denis rivalise de bonnet avec la jeune Genevoise, comme le raconte Collini à son ami Dupont.[22] Un des commensaux habituels est le peintre Jean Huber – par ailleurs causeur et conteur spirituel – qui fait déjà des portraits du philosophe jugés ressemblants par Du Pan, des découpures saisissantes de vie; tout le monde connaît une sépia

19. D6774.

20. D6620, D6919, D6676.

21. D6740, D6743, D6839, D6840, D6898, D7028, D6919, D7008, D6984, D7056, D7085, D6985.

22. D6645, D7104, D7594. Voir la sépia de Huber dans D. Baud-Bovy, *Peintres genevois*, reproductions photographiques Fred Boissonnas, éditées par *Le Journal de Genève*, 1903-1904.

et un dessin qui appartiennent à cette époque: l'une, quelque peu caricaturale, représente Voltaire coiffé d'un bonnet à trois étages qui doit être l'œuvre de Charlotte; l'autre met en scène Collini penché vers Mme Denis, qui sourit à ses paroles et pose en grands atours en la présence surprenante de Liotard qui n'était pas rentré d'Amsterdam avant le renvoi du secrétaire: fantaisie d'artiste ou rétrospective erronée? Parmi les relations de voisinage on peut encore citer le président dijonnais Charles de Brosses, qui vient passer une soirée pendant le séjour de d'Alembert avec son ami Jallabert, célèbre physicien et syndic de Genève; Pierre Mussard, syndic aussi et diplomate; le fils de l'ancien gouverneur de Neuchâtel, M. de Lubières. Des pasteurs même – Vernet, Vernes, Lullin de La Rive – viennent aux Délices. Toutefois quand Voltaire pense qu'à Genève «le christianisme raisonnable de Locke est la religion de presque tous les ministres et [que] l'adoration d'un Etre suprême joint à la morale est la religion de presque tous les magistrats», il se fait quelques illusions que dissiperont les événements de l'année suivante.[23]

La renommée de Voltaire est telle qu'il attire «des processions de curieux» qui viennent non seulement de Suisse mais de Lyon, de Savoie, de Paris et de l'étranger. Il a fait fermer sa porte aux inconnus, mais il consacre «forcément» aux autres la fin de sa journée.[24] En août, accompagné d'un «aimable» officier, c'est Sénac de Meilhan, qui racontera dans ses *Œuvres philosophiques et littéraires* une discussion sur le masque de fer que Voltaire, contrairement à lui, croit frère de Louis XIV. Vers la même époque un certain Dufour, «haut comme Ragotin», auteur de l'*Impromptu du cœur*, pièce écrite en l'honneur de la prise de Port-Mahon, vient aux Délices et demande à son hôte un mot de recommandation pour le maréchal de Richelieu. Patu, qui fait une seconde visite en route pour l'Italie, passe huit jours autour du 20 août dans la maison de M. de Voltaire, et il a des disputes si vives avec les nièces «bégueules» et d'Alembert «Tartuffe» en défendant contre eux son ami Palissot, qu'il abrège son séjour à Genève, bien qu'il ait été soutenu, dit-il, par le pasteur Vernes et que Voltaire – qui «aime toujours [Palissot] malgré ce qu'on a pu lui dire» – ne soit «entré pour rien» dans les attaques.[25] Mentionnons encore le 19 septembre le comte Louis de Grammont, amené par Tronchin; en octobre Mme de Muy «coiffée en pyramide»; cette protégée du duc de Choiseul était venue se faire soigner par «Esculape Tronchin» comme beaucoup d'autres visiteurs. Une autre visite, celle du duc de Villars, fils

23. D6617, D7030, D6645, D6653, D6709, D6821; J. Vernet, *Lettres critiques d'un voyageur anglais* (Copenhague [Genève] 1766), ii.264.

24. D7004, D6937.

25. Sénac de Meilhan, *Œuvres philosophiques et littéraires* (Hambourg 1795), ii.349-52; D6966, D6990, D7004, D6964, D6976, D6997. On reproche à Palissot d'avoir attaqué Voltaire dans sa comédie *Le Cercle ou les originaux*; il s'en défend (D6997).

de la duchesse dont Voltaire avait été amoureux dans sa jeunesse, justifiera une extension des Délices.[26]

Des Anglais sont signalés presque tout au long de l'année. Fin mars, Voltaire écrit à Richelieu qu'«il est venu à [son] ermitage des Délices des Anglais qui ont vu [sa] statue à Gênes».[27] A la mi-avril «il vient tous les jours des Anglais».[28] Dans la seconde quinzaine de juillet «il y a beaucoup d'Anglais à Genève», il en «vient beaucoup» aux Délices: la défaite de Port-Mahon les a rendus «doux et sociables», selon Mme Denis, «ils avaient besoin de cette petite leçon».[29] James Hutton, le fondateur de l'Eglise morave en Angleterre, se recommandant, dit-il dans ses *Memoirs*, des relations de sa mère avec Newton, arrive en octobre mais ne peut voir Voltaire, que la morsure de son singe maintient alité.[30] George Keate, jeune avocat cultivé et artiste, gardera un souvenir ému des conversations pleines de gaieté, et de l'hospitalité raffinée dont il bénéficia à la fin de l'année, jusqu'à son départ pour l'Allemagne chargé d'une lettre pour la duchesse de Saxe-Gotha; il dédiera au philosophe, à son retour, son travail sur l'histoire et les lois de Genève et entretiendra avec lui une correspondance suivie.[31] Au mois de décembre, à nouveau «il vient [...] beaucoup d'Anglais» et Voltaire – s'adressant à Richelieu, il est vrai – fait la même remarque que sa nièce en juillet: «Jamais [je] ne les ai vu si polis. Je pense qu'ils vous en ont l'obligation».[32] La plus importante de ces visites est celle de Thomas Pitt, nous aurons à expliquer pourquoi.

Parmi ces visiteurs venus d'ailleurs, il faut faire une place à part à Mme de Fontaine: elle forme avec sa sœur Mme Denis «presque toute la famille» de Voltaire, et elle va causer involontairement le départ de Collini. Elle «est plus maigre que son oncle à qui elle ressemble, avec une jolie physiognomie», selon le témoignage de Du Pan. Elle a la même constitution que lui et doit recevoir les mêmes soins des médecins, de Théodore Tronchin en particulier. Son oncle paraît lui porter une sincère affection. Comme elle s'essaie à peindre, il a, dit-il, «orné toutes ses petites Délices de ses œuvres», qu'il fait admirer aux Genevois. Il fait chercher pour elle les meilleurs pastels de Lausanne et il l'invite avec insistance à venir avec son fils. Elle arrive enfin, avec son amant et futur mari le marquis de Florian, le 8 juin 1756. Les discussions entre les nièces et l'oncle divertissent les invités. Puis Mme de Fontaine, qui ne supporte pas les excès

---

26. D7004, D7028, D7053.
27. D6807.
28. D6836.
29. D6937.
30. Voir A. M. Rousseau, *L'Angleterre et Voltaire*, Studies 146 (1976), p.288.
31. D7068 à D7072, D7080, D7081.
32. D7076.

aussi bien que sa sœur, tombe gravement malade. Son oncle semble vraiment inquiet. Cette maladie revient comme un refrain dans ses lettres en septembre et octobre. Il suspend ses réceptions, annule «un grand dîner», auquel de Brosses devait participer. Enfin le docteur Tronchin réussira à la «ressusciter», et elle repartira le 24 octobre.[33]

La dernière lettre dictée à Collini est datée du 4 juin 1756 et il partira de Genève le 12. Dom Benoît Sinsart, prieur bénédictin de Munster en Alsace, écrira qu'il «a quitté [son maître] très mécontent». Mais faut-il le croire? Dom Benoît a alors «rompu tout commerce avec M. de Voltaire». D'autre part il ajoute que Collini «fait une vie de ce poète dans laquelle il y aura des traits qui ne lui seront pas honorables».[34] Or tout au contraire le *Séjour auprès de Voltaire* publié en 1807 tiendra du panégyrique. L'ancien secrétaire y écrira qu'il était «trop attaché» à Voltaire, qu'il était «trop son admirateur pour songer à le quitter» et qu'il abandonna «les larmes aux yeux la maison des Délices», «ce nouvel Eden». Il s'attribue la responsabilité de la séparation: «des faiblesses de ma part», «quelques inconséquences que la fougue de l'âge me fit commettre en furent la cause». Après avoir signalé de légères causes de dissension: jalousie de Voltaire devant une certaine intimité entre la nièce et le secrétaire, liaison avec une femme recueillie aux Délices, il raconte l'incident qui l'aurait fait renvoyer. Pendant qu'il était allé accueillir Mme de Fontaine, le 8 juin, une servante aurait trouvé dans sa chambre une lettre à une jeune fille, qui contenait «des badinages et des plaisanteries» et où était nommée Mme Denis (qu'il appelait «la louche ouvrière»); la domestique l'aurait montrée à l'intéressée. Voltaire aurait alors convoqué le coupable et lui aurait déclaré «qu'il lui serait impossible de [le] garder auprès de lui, parce que sa nièce, très irritée, exigeait cette satisfaction». Il lui aurait néanmoins offert argent et recommandation.[35] Le ton de la lettre qu'écrit Voltaire un mois plus tard à leur ami commun, Sébastien Dupont, est plus sévère: «l'homme en question s'est conduit avec ingratitude avec ma nièce et moi qui l'avions accablé d'amitiés et de présents. J'ai été obligé de le renvoyer.»[36] Toutefois quand Collini ajoute que «ce grand homme» lui conserva son amitié et lui écrivit pendant vingt-deux ans des lettres bienveillantes, il dit vrai. Voltaire chercha un nouveau secrétaire, Clavel de Brenles en trouva un, mais Wagnière, qui joua par la suite le rôle que l'on connaît, était déjà à son service; la première lettre de sa main date du 3 septembre.

Depuis longtemps, Collini se plaignait du «dur esclavage» où le tenait l'homme dont il est le «barbouilleur». Il écrit sous la dictée, met au net les manuscrits,

33. D6886, Du Pan à Freudenreich (13 juin 1756), D6631, D6883, D6968, D7030, D7035, note.
34. D7060, commentaire.
35. Collini, p.170-76.
36. D6920 (6 juillet [1756]).

«use tellement [ses] doigts à force d'écrire qu'il n'y a plus rien que [ses] ongles, qui ne tiennent à rien.»[37] Depuis le retour à Genève, au printemps 1756, Collini est positivement excédé de travail. Outre la copie, il lui faut maintenant corriger les épreuves, s'occuper des cartons, des errata, négocier avec les imprimeurs le rythme de l'impression. Voltaire, en effet, revenu à proximité des presses genevoises, accélère l'édition de ses œuvres complètes préparée à Montriond. Il estime sans doute qu'ayant dépassé la soixantaine – et approchant de ce qui était au dix-huitième siècle le terme normal d'une vie – il devait mettre au net son œuvre pour la postérité. Il fait donc imprimer, comme il a été dit, deux éditions : l'une à Paris, par Lambert, plus spécialement destinée au public français ; l'autre à Genève, par les frères Cramer, qui négocient cependant dans les premiers jours de mars l'entrée en France de leurs volumes des *Œuvres mêlées*. Ils promettent qu'ils n'enverront pas d'exemplaires aux libraires et que le nombre de ceux qu'ils destinent à des particuliers n'excédera pas la centaine. Libéral, Malesherbes accepte que les volumes des Cramer soient diffusés en France, mais à certaines conditions, afin de ne pas faire tort à l'édition Lambert.[38]

Tout naturellement, la préférence de Voltaire va à l'édition de Genève. Les Cramer n'avaient pas tort d'en vanter la supériorité : elle est «faite sous les yeux de l'auteur». Lambert la copie, de sorte que la sienne ne paraîtra que l'année suivante. Voltaire craint que le libraire parisien, pour s'assurer un avantage, n'ajoute avec la complicité de Thiriot des pièces «fugitives» mais dangereuses. Il songe même à faire intervenir d'Argental auprès de Malesherbes pour arrêter l'éditeur dans «sa rage d'imprimer». Les volumes de Lambert contiendront effectivement des œuvres absentes de l'édition Cramer, par exemple les *Annales de l'Empire*.

L'édition collective de 1756 suit un plan thématique. Ce qui est apprécié des lecteurs et de la critique : «on peut en prendre ce que l'on veut, séparément», en ouvrant directement les sections *Théâtre*, *Œuvres mêlées*, *Lettres*. La section *Histoire* est ici particulièrement copieuse. Alors paraît pour la première fois en son intégralité l'*Histoire universelle* : non plus en deux tomes, comme en 1754, mais en sept volumes, sous le titre nouveau d'*Essai sur l'histoire générale et sur les mœurs et l'esprit des nations depuis Charlemagne jusqu'à nos jours*. La jonction est faite avec *Le Siècle de Louis XIV* et ce qui deviendra le *Précis du siècle de Louis XV*, aux tomes V à VII. Voltaire y intègre l'ancienne *Histoire de la guerre de 1741* remaniée et résumée, et conduit son récit jusqu'à l'époque exactement contemporaine, par un chapitre intitulé «De la guerre entre la France et l'Angleterre en 1756».

37. D6797, D6601.
38. D6855.

En imprimant ces sept tomes d'histoire, les Cramer s'aperçurent que ce n'était pas une sinécure que de travailler «sous les yeux» d'un auteur tel que M. de Voltaire. Par exemple, des additions de dernière minute sont expédiées en cours d'impression, à insérer dans le tome II, concernant l'histoire de Venise et de la Turquie, l'Islam, le conflit des Suisses et de Charles le Téméraire.[39] Car tandis que son texte est sous presse, l'historien continue ses recherches documentaires. Même pendant les quelques jours de son voyage à Berne, il prend le temps de commander des mémoires «qui paraissent à Paris dans le moment», dont Thiriot lui a dit qu'ils étaient «très curieux»: ceux de Torcy *pour servir à l'histoire des négociations depuis le traité de Riswick jusqu'à la paix d'Utrecht*, et ceux de La Porte *contenant plusieurs particularités des règnes de Louis XIII et de Louis XIV*.[40] En mars, les Cramer ont annoncé pour fin juin six volumes de l'*Histoire*.[41] Mais soudain, le 15 mai, Voltaire enjoint aux éditeurs de «suspendre l'impression»: on était parvenu à la page 189 du tome V.[42] Voici en effet que resurgit La Beaumelle, détenteur de documents qui inquiètent l'historien de Louis XIV. Son ennemi vient de publier les *Mémoires pour servir à l'histoire de Mme de Maintenon et à celle du siècle passé*, suivis de plusieurs volumes de *Lettres*. Voltaire a souscrit: ce La Beaumelle «peut avoir imprimé des lettres originales de Louis XIV et de Mme de Maintenon dont on pourra faire quelque usage».[43] Il aurait voulu même acquérir un des exemplaires non cartonnés qui ont circulé quelques jours au début de mai. En possession de l'ouvrage, il y détecte une note rapide perdue au milieu de deux mille pages: note imprudente qui lui permet de dénoncer La Beaumelle auprès des représentants des grandes familles citées dans l'ouvrage et de l'impératrice d'Autriche. Ce qui vaudra à l'auteur des *Mémoires* une année de Bastille. La Beaumelle ne s'en tient pas là. Il ajoute sur épreuves, en bas de pages, des notes qui resteront définitivement accrochées au *Siècle de Louis XIV*. Des «notes assez curieuses», prétend-il. Des notes virulentes, en réalité, où il se flatte de «relever, la preuve en main, les mensonges qui déshonoreraient ce beau siècle».[44] La critique ultérieure donnera trop vite gain de cause à Voltaire. La Beaumelle a rédigé son ouvrage sur des documents originaux fournis par les dames de Saint-Cyr, détentrices des archives provenant de la fondatrice de leur institution. Il resterait à évaluer la valeur des *Mémoires*, en les dégageant de la polémique sans merci qui mettait alors aux prises les deux hommes.[45]

---

39. Lettre aux Cramer publiée par Ch. F. Wirz dans *Musées de Genève* (1981).
40. D6871.
41. D6824, D6837.
42. A cette page, une note indique que «lorsqu'on imprimait cette feuille, il est tombé entre les mains des éditeurs une compilation intitulée *Mémoires de Madame de Maintenon*».
43. D6819 et note, D6879, D6864, D6865.
44. D6871, D6896, D6906, D6893, D6908, D6915, D6964.
45. Voir Lauriol, chapitre VIII.

Après avoir exécuté La Beaumelle, qui restera à la Bastille jusqu'au 1ᵉʳ septembre 1757, Voltaire continue à vérifier et à compléter. Fin septembre, il demande les *Mémoires pour servir à l'histoire d'Espagne sous le règne de Philippe V* qui venaient d'être traduits : matériaux pour les chapitres 180 et suivants, à la fin du tome V ou au début du tome VI.[46] Plus étonnant : à la mi-octobre, il réclame les *Nouveaux mémoires sur l'état présent de la Chine* du P. Lecomte, pour le deuxième chapitre du tome I où est ajoutée une référence au célèbre ouvrage du jésuite à propos de la croyance des Chinois dans le «vrai Dieu».[47] Un travail de recherche, prolongé de proche en proche, peut n'avoir pas de fin.

Aussi voit-on que «Messieurs les frères Cramer» publient dans le *Mercure* de novembre un *Avis*, pour excuser leur retard : l'auteur leur «donne encore tous les jours son manuscrit». Ils «se flattent» cependant de «publier dans le courant de décembre». Ce qui fut fait. Le *Mercure* de janvier annonce la vente à Paris de l'*Essai sur l'histoire générale*, en sept volumes. Prévoyant le succès, les éditeurs avaient porté le tirage au chiffre exceptionnel de 7 000 exemplaires.

Venant après *Le Siècle de Louis XIV*, l'*Essai* affirme avec plus d'ampleur la conception voltairienne de l'histoire. L'événementiel n'est pas répudié. Que serait d'ailleurs une histoire sans événements? Pour les contemporains et pendant un certain temps par la suite, l'*Essai* vaudra comme un récit solidement établi, bien éclairé et intéressant, de dix siècles d'histoire. Mais Voltaire dépasse l'événementiel. Il cherche à atteindre les «mœurs» et ce qu'il appelle l'esprit des nations. A partir des événements et des faits et gestes des principaux acteurs, il tend à dégager l'état des esprits, les modalités d'existence, sans quoi l'événementiel demeure inintelligible. Comment vivaient les hommes aux époques passées? C'est la question qu'il se pose. Il s'efforce d'y répondre par des chapitres de synthèse, interrompant le fil du récit, tel le chapitre 81 (de l'édition définitive): «Mœurs, usages, commerce, richesses, vers les XIIIème et XIVème siècles». Sombre bilan : partout misère, cruauté, superstition et fanatisme. Certaines pages vont jusqu'aux limites du tolérable. Il raconte, d'après Rapin-Thoyras, comment Marie Tudor, reine d'Angleterre, entreprit d'extirper la religion réformée par le supplice du feu. L'archevêque de Cantorbéry, Cranmer, s'était déclaré catholique sous la menace. Marie l'envoya cependant au bûcher : elle «eut la satisfaction de le faire brûler après l'avoir déshonoré». Au moment du supplice pourtant, Cranmer retrouva son courage. «Il déclara qu'il mourait protestant». Se souvenant de Mucius Scaevola, Romain héroïque, «il plongea d'abord dans les flammes la main qui avait signé l'abjuration, et n'élança son corps dans le bûcher que quand sa

---

46. D7008. Les cartons des tomes V et VI (p.277-78 et 67-68) concernent l'Espagne.
47. D7027.

main fut tombée.» Il y a plus atroce encore. Sous le règne encore de Marie Tudor, «une femme grosse accoucha dans le bûcher même. Quelques citoyens, touchés de pitié, arrachèrent l'enfant au feu. Le juge catholique l'y fit rejeter.»[48] Voltaire commente: «En lisant ces actions abominables, croit-on être né parmi des hommes, ou parmi ces êtres qui nous sont représentés dans un gouffre de supplices, acharnés à y plonger le genre humain?» De tels traits, de la part de l'historien, intéressent le biographe. Ils attestent chez Voltaire cette sensibilité à une cruauté, d'autant plus insupportable qu'elle s'amplifie par un imaginaire d'ordre religieux.

Faut-il donc désespérer de l'humanité? L'optimisme voltairien ne succombe jamais sous l'évidence de l'horreur universelle. Il y prend plutôt son appui. Au milieu de tant de «saccagements» et de «destructions», l'historien aperçoit partout l'«un des ressorts de la nature»: «un amour de l'ordre qui anime en secret le genre humain, et qui a prévenu sa ruine totale.»[49] A cet instinct de vie inhérent à l'homme se conjugue parfois l'action des grands politiques, soucieux d'arracher l'humanité à la barbarie, par la bonne administration, par l'essor des arts. C'est à dessein que l'*Histoire générale* se termine par *Le Siècle de Louis XIV*, décrit comme exemplaire à cet égard. Mais dès le neuvième siècle en Angleterre le roi Alfred le Grand fut déjà un de ces héros civilisateurs, et dans cette même Angleterre après la diabolique Marie Tudor vint Elisabeth. L'histoire vue par Voltaire se développe comme une succession d'émergences vers le mieux, suivies d'affaissements. La somme totale, du moins en ce qui concerne l'Europe, fait apparaître un progrès: cette partie du monde est incomparablement plus peuplée, plus civilisée, plus éclairée, qu'elle ne l'était au temps de Charlemagne: «même elle est beaucoup supérieure à ce qu'était l'empire romain.»[50]

Mais les autres parties du monde? «Parcourons ensemble ce globe», proposait Voltaire dans son propos introductif.[51] L'*Essai sur les mœurs* présente en effet la nouveauté d'une ambition mondialiste. La ligne du récit suit sans doute l'axe européen et conclut, on vient de le voir, sur l'affirmation implicite d'une supériorité européenne en ce milieu du dix-huitième siècle. Mais les plus anciennes civilisations du monde se situent hors d'Europe, à des époques reculées qu'ignore la traditionnelle chronologie judéo-chrétienne. Cette *Histoire* vraiment *universelle* commence donc par des chapitres sur la Chine, les Indes, la Perse de Zoroastre, le monde musulman. Sections d'une audacieuse nouveauté en 1755, mais assurément fort obsolètes au regard de la science moderne. On accuse notamment

---

48. *Essai sur les mœurs* (Paris 1963), ii.265-66. Cette atrocité et la précédente sont attestées par Rapin-Thoyras, voir p.265, note 2, et p.166, note 1.
49. *Essai*, ii.808.
50. *Essai*, ii.811.
51. *Essai*, i.203.

Voltaire, et plus généralement les philosophes, d'avoir diffusé en Europe une image purement mythique de la Chine, sans rapport avec la réalité.[52] Les auteurs chinois qui aujourd'hui examinent la Chine de Voltaire sont moins sévères. Shun-Ching Song reconnaît que, se fiant trop à ses sources, essentiellement le P. Du Halde, et les jésuites des *Lettres édifiantes et curieuses*, il a «exagérément embelli la Chine»; cependant, ajoute cet auteur, «ce n'est pas un embellissement aveugle et inconditionnel». «Nous sommes surpris, continue-t-il, de constater la diversité du goût voltairien et son attention méticuleuse pour la Chine.»[53] Si le livre de Hyde sur la Perse ancienne dont s'inspire Voltaire ne marque qu'une phase archaïque des études sur cette partie du monde, si l'essor de l'indianisme est largement postérieur à l'*Essai sur les mœurs*, en revanche les deux chapitres de 1756 sur Mahomet et l'Islam rompent avec les anciens préjugés. Ce que l'*Encyclopédie* enregistrera par une disparité allant jusqu'à la contradiction entre l'article «Alcoran», paru en 1751, et l'article «Mahomet» de 1766, plagiat de l'*Essai sur les mœurs*.[54]

Il reste que, dans son interprétation générale, cette histoire voltairienne de l'humanité relativise la tradition judéo-chrétienne, et par conséquent en affaiblit l'autorité; de même qu'elle fait, preuves en mains, le procès de la superstition et du fanatisme. En outre Voltaire dispose désormais d'une documentation historique d'une prodigieuse ampleur, comme n'en possède aucun de ses contemporains: ce seront autant de munitions pour ses campagnes futures. Il ne songe pas sans doute, en cette année 1756, à entrer en lice. Occupé à publier ses œuvres complètes, il semble plutôt disposé à prendre une retraite. Mais le combat va venir le solliciter, comme de l'extérieur, et l'on peut croire que son tempérament batailleur ne se dérobera pas.

Au cours des mois précédents, Voltaire avait apporté à l'*Encyclopédie* une copieuse collaboration. Les directeurs de l'entreprise voulurent s'attacher plus étroitement une recrue si prestigieuse. Il fallait donc prendre avec lui un contact direct. Ce ne fut pas Diderot, dès lors principal animateur du *Dictionnaire*, qui fit le voyage. Sous une admiration de principe, des réticences le séparent du grand homme. Il sera l'un des rares philosophes à ne jamais effectuer le pélerinage des Délices ou

---

52. C'est notamment le point de vue d'Alain Peyrefitte, *L'Empire immobile ou le choc des mondes* (Paris 1989), qui fait valoir par là l'observation réaliste de Macartney et de sa mission, lesquels se rendirent sur les lieux en 1793.

53. Shun-Ching Song, *Voltaire et la Chine* (Aix-en-Provence 1989), p.116-213. Même jugement dans l'ouvrage de Mme Meng Hua, *Voltaire et la Chine*, thèse soutenue à l'Université de Paris-Sorbonne (exemplaires dactylographiés), 1988.

54. Voir R. Pomeau, «Les philosophes et l'Islam: de la lettre A à la lettre M de l'*Encyclopédie*», *Mélanges en hommage à Jean Sareil* (New York 1990), p.203-14.

de Ferney. C'est d'Alembert qui correspond habituellement avec Voltaire. C'est lui qu'on attend avec impatience depuis juillet 1756. Afin de ne pas le manquer, le poète renonce même à se rendre à Lyon où Mlle Clairon, pour l'inauguration du nouveau théâtre, doit jouer *L'Orphelin de la Chine*. D'Alembert arrive aux Délices le 10 août 1756. Il y restera jusqu'au 30 du même mois. Séjour qui constitue un événement marquant dans la vie de Voltaire, comme dans l'histoire des lettres au dix-huitième siècle.

Jean Lerond d'Alembert est de ces hommes, portés au premier rang de la société du temps, qui, maltraités par celle-ci, lui sont intimement hostiles. Né des amours de Mme de Tencin et du chevalier Des Touches, il fut abandonné sous le porche d'une église par sa mère, peu soucieuse de s'encombrer du fruit d'une liaison irrégulière. Il est recueilli par une modeste femme du peuple, qui l'élève. Il la considérera comme sa véritable mère. Lorsque Mme de Tencin veut entrer en relation avec ce fils devenu célèbre, il refuse catégoriquement de la connaître. Très jeune il a révélé un véritable génie mathématique. Il entre à l'Académie des sciences à vingt-trois ans. Les libraires associés l'adjoignent à Diderot pour diriger l'*Encyclopédie*, en principe dans la partie mathématique; en fait, il assume une co-direction. Ce grand savant est un homme secrètement malheureux. Abandonné par sa mère, il ne peut se faire aimer de la femme pour laquelle il nourrit une passion douloureuse: la demoiselle de compagnie de Mme Du Deffand, de naissance bâtarde comme lui, Julie de Lespinasse qui aime ailleurs. Il va se renfermer dans l'insensibilité. Il exalte les facultés d'intelligence qu'il a fort vives. Esprit précis et fin, il écrit avec une netteté qui excelle à marquer les nuances. Son chef-d'œuvre sera l'éloge de Marivaux qu'il lira à l'Académie française, où il entre en 1754.

Par de telles qualités, il avait de quoi séduire Voltaire. Il semble que les deux hommes se rencontraient alors pour la première fois. Les Délices accueillent chaleureusement le responsable de l'*Encyclopédie*. Sa présence fait grand bruit à Genève, où le *Dictionnaire* remporte un succès marqué. On se presse chez Voltaire pour rencontrer cette illustration parisienne. Le maître des lieux et son hôte rivalisent d'esprit devant un parterre admiratif. Un jour, au dessert, on demande à chacun un «conte de voleurs». D'Alembert, puis le peintre Huber en font de très gais. Vient le tour de Voltaire. Il commence: «Messieurs, il y avait une fois un fermier général... Ma foi, j'ai oublié le reste.»[55] Le Tout-Genève défile aux Délices: les principaux magistrats, les Tronchin, Jallabert, Huber, Charles Bonnet... Des pasteurs réputés «éclairés», Lullin de La Rive, Jacob Vernes, Jacob Vernet, viennent se frotter au directeur d'une entreprise que l'on sait être, à

---

55. C'est pendant le séjour de d'Alembert que Voltaire tient le propos rapporté dans *Voltaire en son temps*, i.23: il se dit persuadé que d'Alembert est le fils naturel de Fontenelle, comme il est lui-même celui du chansonnier Rochebrune.

Paris, menacée par l'intolérance «papiste». D'Alembert, de son côté, songe au prochain tome du *Dictionnaire*: il contiendra la lettre G, et donc un article «Genève». Le visiteur s'informe. Il se fait remettre un mémoire sur les institutions de la ville. Il s'enquiert de la religion des pasteurs calvinistes. Se fiant aux indications de Voltaire, et à des déclarations peut-être imprudentes de ministres du Saint-Evangile opinant dans le sens de leur interlocuteur, il juge que leur profession de foi, très «philosophique», aboutit à un quasi déisme. Ainsi se prépare le scandale du futur article «Genève».

Au départ de d'Alembert, Voltaire voudra acquérir les tomes parus de l'*Encyclopédie*: il n'avait pas souscrit lors du lancement du dictionnaire. La visite d'août 1756 détermine de sa part une collaboration accrue. Dans les mois qui suivent il envoie, outre «Histoire» plusieurs fois remanié, les articles «Froid», «Galant», «Garant», «Gazette», «Genres de style», «Gens de lettres», «Gloire et Glorieux», «Grandeur et Grand», «Goût», «Grâce», «Généreux» qui pose un problème.[56] Au total entre décembre 1755 et janvier 1757. Voltaire a écrit pour l'*Encyclopédie* plus de trente textes, les uns sur commande, les autres à sa demande. Prolégomènes, pour nous, du futur *Dictionnaire philosophique*. Mais en 1756 il ne pensait pas à une *Raison par alphabet* autre que celle de Diderot et d'Alembert.

Une des questions dont il s'était entretenu avec son hôte était celle du théâtre, proscrit à Genève. Le plaidoyer de d'Alembert en faveur d'un théâtre dans la métropole calviniste contribuera au scandale de l'article «Genève» et suscitera l'ire de Rousseau. En attendant, pendant cet été de 1756, c'est au *Poème sur le désastre de Lisbonne* que Jean-Jacques s'en prend. Thiriot avait été chargé, en juin, de remettre le poème et celui de la *Loi naturelle* à l'auteur des *Discours*. Encouragé par son ami le pasteur Roustan, Rousseau répond. Dans une éloquente lettre, aux dimensions d'un traité, datée du 18 août, il prend contre Voltaire la défense de la Providence. Aux doutes du philosophe, il oppose la «preuve du sentiment»: cette Providence bienfaisante, déclare-t-il, «je la sens, je la crois, je la veux, je l'espère». Il laisse échapper quelque rancœur à l'encontre de son correspondant, «rassasié de gloire, [...] libre au sein de l'abondance», tandis qu'il est, lui, «obscur, pauvre et tourmenté d'un mal sans remède». Ce n'est pas cependant la rupture. Rousseau continue à ménager le «célèbre Arouet». Il n'a pas osé adresser directement au grand homme sa lettre-dissertation. Il l'a envoyée à Théodore Tronchin, le laissant libre de la remettre ou non au destinataire. A la critique du *Désastre*

---

56. L'article «Généreux, Générosité» qui paraîtra en 1766 dans l'*Encyclopédie* n'est pas signé et se termine par une note où Voltaire n'est pas nommé. Diderot a-t-il abrégé, comme il semble le dire, l'article envoyé à d'Alembert le 29 novembre 1756 (D7067)? Mais certains caractères (déclamation, appréciations personnelles, longueurs) font supposer que le texte, s'il est de Voltaire, a été non seulement amputé, mais amplifié, et modifié quant au style. *OC*, xxxiii, reproduit les articles qui viennent d'être mentionnés, mais non «Généreux».

de Lisbonne, il joint une approbation de la *Loi naturelle*: ce poème, c'est «le catéchisme de l'homme». Il exhorte Voltaire à écrire un «catéchisme du citoyen», «une espèce de profession de foi civile».[57] Voltaire répond le 12 septembre courtoisement et brièvement, en se dérobant. Rousseau croira que la véritable réponse lui est délivrée avec le conte de *Candide*.

Entre les deux hommes les hostilités s'allumeront dans quelques mois sur l'irritant problème du théâtre à Genève.

Voltaire est d'autant moins disposé à céder au rigorisme genevois qu'il connaît en 1756 un brillant regain de faveur sur les scènes françaises. On reprend à Paris *Zaïre* six fois, *L'Enfant prodigue* six fois, *Mérope* cinq fois, *Brutus* quatre fois, *Hérode et Mariamne* trois fois, *Alzire* trois fois, *Œdipe* et *Nanine* une fois. Il paraît définitivement consacré comme le grand tragique français, l'égal de Racine, ainsi que l'écrit Mlle Clairon dans ses *Mémoires*.[58] Malgré l'éloignement, il continue à intervenir dans le choix des interprètes. C'est lui qui choisit Mlle Hus – celle du *Neveu de Rameau* – pour le rôle principal de *Nanine*.[59] Il arbitre le conflit de Mlle Clairon avec Mlle Dumesnil: il continue à accréditer la réputation d'ivrognerie de la seconde, que récusent Marmontel et l'acteur Fleury. En revanche, il comble la première d'éloges dithyrambiques. Il ne sait pas comment *Sémiramis* aurait réussi sans elle, quoique Mlle Dumesnil ait créé le rôle.[60] Donner la préférence à Mlle Clairon, c'était prendre parti pour une nouvelle diction, moins emphatique, plus naturelle.

C'est accepter aussi un relatif réalisme dans le costume. Pour créer le rôle d'Idamé, dans *L'Orphelin de la Chine*, la Clairon a choisi une audacieuse robe «chinoise», sans panier et sans manches. Hardiesse payante. *L'Orphelin de la Chine* remporte un succès «brillant» et «soutenu».[61] En 1756 la pièce est jouée dix fois à Paris et une fois à Versailles. L'actrice l'inclut dans le programme de sa tournée en province, avec *Alzire* et *Zaïre*. Au cours de celle-ci, à Marseille, la réforme du costume fait un pas important. Mlle Clairon a encore joué *Zaïre* en panier. Après le spectacle, elle se trouve à souper à côté de Mme Guys, qui est grecque: cette dame donne à l'actrice pour la seconde représentation une robe orientale. Le public marseillais, puis parisien applaudit à cette nouveauté. Le

---

57. *Œuvres complètes* (Paris 1969), iv.1071, 1073-75.

58. *Mémoires de Mlle Clairon* (Paris 1822), p.231.

59. *Mercure de France*, août 1750, i.215, ii.189-90; juillet, i.188; novembre, i.177. D6811.

60. D6908, D6935, D6927, *Mémoires de Marmontel*, éd. Renwick, i.108; Mlle Dumesnil buvait aux entractes un «gobelet» de vin, mais assez trempé d'eau pour ne pas s'enivrer. En revanche voir les *Mémoires secrets* de Bachaumont du 30 janvier 1762, le *Mercure* de septembre 1756, Grimm, 1er septembre 1756.

61. Grimm, *Correspondance littéraire*, 1er mai 1756.

goût en matière de spectacle est en train de changer, mais il n'est pas sûr que Voltaire soit disposé à suivre. L'un des succès de 1756 est *Sémiramis*, jouée douze fois à Paris entre le 26 juillet et le 25 septembre, une fois à Fontainebleau. La réussite revient pour une bonne part à la mise en scène imaginée par Lekain. A l'acte V, l'acteur sort du tombeau, dans un bruit de tonnerre, au milieu des éclairs, les bras ensanglantés. Voltaire s'inquiète. Il mande à d'Argental[62] que «cela est tant soit peu anglais», qu'il «ne faudrait pas prodiguer de tels ornements», car «on se trouve tout juste entre le sublime et le ridicule, entre le terrible et le dégoûtant». Seul le succès le convainc, ou du moins le rassure.

L'influence ainsi exercée par Voltaire ne semble pas suffisante à d'Argental. Il harcèle son ami pour qu'il compose une nouvelle pièce. Mais le poète ne sent pas en lui le *flatus divinus*, et n'a pas le temps nécessaire. Néanmoins il remanie une ancienne tragédie, en commence, semble-t-il, une autre et a – lui aussi – des velléités de projets «d'un goût nouveau». Sa *Zulime*, «l'Africaine», plus ou moins inspirée de *Bajazet*, de la *Zaïde* de Mme de La Fayette et de la *Zulime* de Le Noble, n'avait pas réussi en 1740. Ayant maintenant la possibilité de confier le rôle à la prestigieuse Clairon, il envisage une reprise après refonte. Il souhaite que Mlle Clairon vienne de Lyon à Genève pour aider à la réfection. L'actrice ne rendra pas visite à Voltaire en 1756. Néanmoins la transformation s'opère. *Zulime* devient *Fanime* qui sera jouée à Lausanne par Voltaire et ses amis en mars 1757.

De temps à autre l'oncle et la nièce font une allusion vague à une pièce nouvelle qui ne saurait être cette *Fanime*. Quelle pièce? Sur quel sujet? Les innovations de ses acteurs préférés lui donnent le désir de «travailler dans un goût nouveau». Il a l'idée d'une «tragédie maritime», puisqu'on «n'a encore représenté des héros que sur terre». La scène serait – ce qu'on n'a jamais vu – «un vaisseau de cent pièces de canon».[63] Projet vite abandonné, mais qui se relie à l'actualité militaire.

Pour surveiller la politique européenne et même mondiale, Genève est un bon observateur. L'«hermite» Voltaire possède un réseau de correspondants qui s'étend jusqu'à Buenos-Aires et le renseigne sur les événements de la planète. Il s'intéresse à ce qui se passe en Amérique du Sud où il s'agit, il est vrai, d'un tremblement de terre et des jésuites qui font échec au roi d'Espagne; il s'intéresse à la Suède, où il prend parti naturellement pour la liberté contre les despotes, malgré les déboires de son ancienne amie la reine Louise Ulrique; il garde les yeux fixés sur la France, en particulier pendant le conflit du parlement avec le roi.[64] Il est à l'affût d'informations sur les campagnes en préparation ou en

---

62. D6958 (4 août 1756).
63. D6751, D6959.
64. D6848, D6907, D6979.

cours. Il discute la possibilité d'un débarquement en Angleterre, s'enquiert des rassemblements de troupes à Metz, suit les opérations en Allemagne. Il «sèche en attendant des nouvelles» de ses correspondants parisiens, ou de ceux qui sont presque sur les lieux: la comtesse de Lutzelbourg, la duchesse de Saxe-Gotha, qui lui envoient à l'occasion des anecdotes ou des documents.[65]

Il est comme au spectacle. Il suit les péripéties de la guerre comme les «actes d'une tragédie», dont il attend le «dénouement». La «pièce» parfois – comme celle de Pirna – se termine «par des sifflets».[66] Mais bien vite il devient un spectateur engagé. La première action française dans la guerre suscite son enthousiasme. Elle est conduite par son «héros» le maréchal de Richelieu. Richelieu à la tête d'un corps expéditionnaire a reçu mission de s'emparer dans l'île de Minorque de la place de Port-Mahon, occupée par les Anglais. Ce sera le seul succès de la France dans cette guerre de Sept Ans où les armées du roi accumuleront défaites sur défaites. Mais Voltaire s'est trop pressé d'applaudir. Prévoyant qu'après la victoire «tout le monde chantera» son ami, et voulant «être le premier» à le faire, il envoie au maréchal une épître sur la prise de Port-Mahon dès le 3 mai 1756. Or, comme l'écrit le *Nouvelliste suisse* dans son numéro de mai, «Monsieur le Maréchal [...] trouve beaucoup plus de difficultés qu'il ne s'y était attendu». Et pendant ce temps l'épître de félicitation court Paris. Voltaire s'inquiète. Il aurait donc «vendu la peau de l'ours» et ainsi donné «assez beau jeu aux rieurs». En juillet enfin, il est soulagé. Il a la fierté d'apprendre directement par le vainqueur – «avant même qu'on le sût à Compiègne» – que la place a été prise (le 28 juin). A sa réponse il joint une nouvelle épître, triomphale. La prophétie s'étant accomplie, on porte le prophète aux nues. Le *Mercure* publie dans ses livraisons d'août et des mois suivants des vers de félicitations hyperboliques adressés à Voltaire. Même un journal du pays vaincu, *The Critical review*, reproduit en octobre l'épître à Richelieu avec une phrase d'éloge pour l'esprit et l'élégance du compliment.[67] Comme les Cramer ont toujours sous presse l'*Histoire universelle*, Voltaire a le temps de «finir par Richelieu»: il ajoute «l'expédition de Mahon pour sa dernière époque».[68]

La victoire française de Port-Mahon aura en Angleterre des suites plus dramatiques que les politesses de la *Critical review*. L'amiral Byng, commandant l'escadre envoyée au secours de Minorque, est considéré comme responsable de l'échec, relevé de son commandement et interné à Greenwich, en attendant d'être jugé. Le *Nouvelliste suisse*, en juillet et août, décrit la colère du peuple anglais contre l'amiral, mais signale aussi qu'il paraît une brochure en sa faveur et qu'on

65. D6901, D7017, D7003, D7028, D6979, D7035, D7052, D7040, D7086.
66. D7030, D7042. Frédéric II à Pirna, sur l'Elbe, a battu les Saxons alliés à l'Autriche.
67. D6935, D6936, D6940, D6926.
68. D6981.

fait appel à des témoignages. Voltaire, qui avait seulement entrevu Byng à Londres trente ans plus tôt, et avait écrit pendant la bataille qu'«il ne paraissait pas le plus expéditif des hommes», tout d'abord ne souffle mot de l'affaire. Tout change le 20 décembre, quand «un Anglais vient chez [lui] se lamenter du sort de l'amiral Byng dont il est un ami».[69]

Cet Anglais se nommait Thomas Pitt. Il était le frère de William Pitt, le nouveau premier ministre, nommé le 4 décembre 1756. Les deux Pitt avaient tout intérêt à innocenter l'amiral: la responsabilité de la défaite se trouverait rejetée sur le ministère précédent, celui de leur ennemi politique Newcastle.

Aux Délices, Thomas Pitt «chante» à son hôte les louanges de Richelieu, puis «se lamente du sort» de son ami Byng. Voltaire répond que Richelieu lui a «mandé que ce marin n'était pas dans son tort et qu'il avait fait ce qu'il avait pu». Ce seul mot, s'exclame l'Anglais, pourrait justifier l'amiral: si Voltaire voulait transcrire un tel témoignage, Thomas Pitt l'enverrait en Angleterre. Richelieu, sollicité, adresse le 26 décembre un véritable plaidoyer, aboutissant à la conclusion «qu'il n'y a jamais eu d'injustice plus criante que celle qu'on voudrait faire à l'amiral». Voltaire fait établir le 3 janvier une copie certifiée conforme de sa main. Le paquet transite par la Hollande, passe de main en main à son arrivée en Angleterre, est décacheté, communiqué au clan Newcastle et ne parvient au tribunal qu'à la fin du procès qui était commencé depuis le 28 décembre. Byng put tout de même communiquer la lettre aux juges avant la sentence, prononcée le 27 janvier. Le chef d'accusation retenu était la négligence sous le nom d'erreur de jugement, punie de mort – ô ironie du sort – à cause d'un amendement obtenu en 1739 par Byng lui-même. Après avoir été examinée par le roi pour un prétendu vice de forme et avoir été soumise à la Chambre des Communes et à la Chambre des Lords, en raison des scrupules de certains juges, la sentence fut exécutée le 14 mars 1757.[70]

La sœur de Byng, Mrs Osborn, envoya à Voltaire ses remerciements avec une copie de la déclaration ultime du condamné et les pièces justificatives. Quelle influence eut l'intervention du philosophe? Théodore Tronchin avait craint «que cette lettre venant d'un Français ne [fît] plus de tort que de bien à l'amiral». Il ne se trompait pas tout à fait. Les Anglais dans l'ensemble furent choqués. Le clan Newcastle réagit. Voltaire reconnaît en février 1757 que «le parti acharné contre Byng crie [...] que c'est un traître qui a fait valoir [la lettre du maréchal] comme celle d'un homme par qui il avait été gagné». Peut-être cette marque d'estime de l'adversaire a-t-elle malgré tout contribué à faire déclarer l'amiral «brave homme et fidèle» par le conseil de guerre, à lui valoir quatre voix favorables

69. D6876, D7090.
70. D7090, D7095, D7110, D7111, D7154.

comme il l'écrit à Richelieu, et à inspirer leurs scrupules aux juges qui firent appel. Ce qui paraît peu douteux, c'est que le combat naval de Minorque et ses suites furent sans doute pour quelque chose dans l'idée fugitive qu'eut Voltaire d'une tragédie située sur le pont d'un navire de guerre. En avril 1759 il démentira le projet dont on a parlé à Richelieu d'une pièce sur l'affaire Byng: ce qui tendrait à confirmer qu'il y a songé. Finalement le tragique épisode prendra place dans un chapitre de *Candide*, où l'auteur s'inspire d'une gravure représentant l'exécution de l'amiral. Et Voltaire continuera à défendre Byng quand son propre neveu, en visite à Ferney, se réjouira de son châtiment.[71]

Sur la scène politique, le spectateur Voltaire guette ce qui se passe de «curieux», de «singulier», de «nouveau». Les occasions ne lui manquent pas. C'est effective-ment une «chose nouvelle» que le renversement des alliances, qui fait de la France une alliée de l'Autriche, son ennemi héréditaire, contre qui elle aidait encore Frédéric II peu auparavant. Il trouve doublement «plaisante» aussi l'expédition contre les jésuites du Paraguay. Certains de ses capitaux se trouvent investis dans l'armement d'un des quatre vaisseaux envoyés contre eux par le roi d'Espagne. Il combat donc «la morale relâchée», fait «la guerre aux jésuites quand [il est] en terre hérétique». Et, «pour achever le plaisant de cette aventure, ce vaisseau s'appelle le *Pascal*». Tel est le leit-motiv de sa correspondance en avril 1756.[72]

Ses ressentiments toujours vifs contre Frédéric II font qu'il accueille favorable-ment le changement d'alliance. Il se rapproche à la cour de Vienne. Le 5 avril 1756, l'impératrice Marie-Thérèse et son mari – au cours d'une séance solennelle dont parle le *Nouvelliste suisse* d'avril et que décrivent en détail les *Wienerische gelehrte Nachrichten* du 6 avril – inaugurent «un magnifique édifice destiné pour y tenir les séances académiques de l'Université» (le *Nouvelliste suisse*). Voltaire compose à cette occasion une épître de vingt-quatre vers. Les *Wienerische gelehrte Nachrichten* la citent dans la liste des publications que donne leur numéro du 25 juin. En mai Voltaire décerne à Marie-Thérèse et à sa capitale les louanges qu'il avait jadis répandues sur Frédéric et la nouvelle Prusse:

> ...Thérèse fait à nos yeux
> Tout ce qu'écrivait Marc-Aurèle.

Il y a «autant de politesse à Vienne qu'à Rome, avec d'autres mérites que les Romains ignoraient».[73]

Frédéric tente de le ramener vers lui. En juin 1756, par l'intermédiaire de

---

71. D7238, D7167, D8262. Il se peut que l'affaire Byng ait été pour quelque chose dans la genèse d'une autre pièce portant sur une erreur judiciaire: *Socrate* que Voltaire publiera en 1759.
72. D6822, D6836.
73. D6771, D6832, D6863.

l'abbé de Prades, il appelle de nouveau Voltaire auprès de lui: «pensions, honneurs, toutes sortes d'agréments» lui sont offerts s'il veut bien revenir à Berlin. Il refuse une nouvelle fois: il n'a plus confiance en Frédéric et voudrait rentrer en grâce à Versailles. Il faut que Louis xv soit informé de son refus.[74] Voltaire prend franchement parti: sinon pour une nation contre une autre, du moins pour Marie-Thérèse contre Frédéric. Il se dit bien aise du traité conclu entre la France et l'Autriche, car «il était juste que le bien-aimé et la bien-aimée fussent amis». «La tête [lui] tourne» pour «notre chère Marie-Thérèse». Celle-ci «lui a fait dire de sa part des choses très agréables». Il aurait même été invité, puisqu'il écrit à Thiriot, le 9 août, qu'il n'ira pas à Vienne. Ces manifestations d'amitié lui permettent de constater avec un plaisir mêlé d'amertume qu'il n'est pas «honni partout». Il sait gré à l'impératrice de s'être prêtée à l'embastillement de La Beaumelle, après qu'il eut signalé une note médisante sur la cour de Vienne dans une page de ses *Mémoires de Mme de Maintenon*. Il n'acceptera cependant pas plus son invitation que celle de Frédéric: il «aime mieux garder [ses] jardiniers que de faire [sa] cour aux rois». Prudemment, il se contentera «d'adorer de loin».[75]

Fin août, il en arrive à souhaiter explicitement de voir l'impératrice «peloter un peu notre grand roi de Prusse, notre Salomon du nord». Il attend avec impatience «des nouvelles consolantes de quelques petits commencements d'hostilités» de l'armée française entrant enfin en action.[76] A la mi-septembre, tout en déclarant que «la paix vaut mieux que la vengeance», il écrit à d'Argental que «Mme Denis espère que 24 000 Français passeront bientôt par Francfort. Elle leur recommandera un certain M. Freytag, agent du Salomon du nord». Bien qu'il prétende encore qu'il «ne [lui] appartient pas de fourrer [son] nez dans toutes ces grandes affaires», il attise le feu et cherche à se rendre utile à la cour de France en transmettant des renseignements par l'intermédiaire du maréchal de Richelieu. Il communique des informations que lui a envoyées la duchesse de Saxe-Gotha sur l'hostilité du corps germanique à l'égard du roi de Prusse. Il certifie que Frédéric «n'a jamais été attaché à la France», et assure – ce qui portera encore plus – que Mme de Pompadour «en son particulier [...] n'a pas sujet de se louer de lui», alors qu'au contraire l'impératrice a parlé d'elle «il y a un mois avec beaucoup d'éloges».[77]

---

74. D7495; Frédéric ii, *Œuvres*, xx.216; D6879, D6885, D6887, D7016, D6922. C'est peut-être à une manœuvre de Frédéric que l'on doit, à ce moment-là, la publication du *Portrait* anonyme de 1735 (voir *Voltaire en son temps*, i.336-42) dans le *Gentleman's magazine* de juin et dans le *Scots magazine*.

75. D6916, D6979, D6944, D6945, D6965, D7015.

76. D7015, D7035, D6979, D6981.

77. D6995, D7021, D7030.

Son zèle est tel qu'il cherche à faire réaliser la plus inattendue de ses œuvres : un char de combat. A force de raconter des batailles, une idée est venue à l'historien. Une attaque au dix-huitième siècle se déroulait selon le schéma qui sera celui du chapitre III de *Candide* : un duel d'artillerie, puis des feux d'infanterie, puis l'assaut des fantassins baïonnette au canon. Souvent les offensives échouent parce que la troisième phase manque de puissance. Pourquoi ne pas renforcer l'élan de l'infanterie, en l'appuyant par des chars plus ou moins renouvelés des chars assyriens ? Voltaire en 1756 imagine une tactique qui fera ses preuves en 1918, et dont la méconnaissance en 1940 devait avoir les conséquences que l'on sait. Il en a parlé au marquis de Florian (qui a séjourné aux Délices entre le 8 juin et le 24 octobre). Cet officier «a pris la chose sérieusement. Il lui a demandé un modèle». Il l'a porté au ministre de la Guerre, le comte d'Argenson. On l'exécute, au début de novembre, et on le montrera au roi. Il est proposé au maréchal de Richelieu, nommé commandant de l'armée d'Allemagne.[78] Hélas ! Voltaire s'inscrit dans la lignée des novateurs militaires incompris. On ne le prend pas au sérieux. Richelieu renvoie «aux anciens rois d'Assyrie» ce char qui, il est vrai, aux dires des experts modernes, n'était utilisable qu'en terrain plat. L'inventeur n'en sera pas découragé pour autant. Quatorze ans plus tard, au printemps de 1770, il le proposera à la tsarine Catherine II, qui ne l'utilisera pas davantage.

Les alliés pourtant auraient eu grand besoin, à l'automne de 1756, de quelque moyen d'arrêter les progrès de Frédéric. Les troupes prussiennes envahissent la Saxe qui rapidement dépose les armes. Assez déçu, Voltaire doit avouer que le roi de Prusse est «toujours heureux et plein de gloire».[79] Il ne peut s'empêcher d'éprouver quelque admiration pour ce vainqueur qui fut son disciple. Un rapprochement s'opère entre les deux anciens amis. Voltaire reçoit la visite de milord Maréchal, gouverneur de Neuchâtel, qui n'avait pas eu de Frédéric l'année précédente la permission de le voir. Le roi de Prusse lui adresse le 19 janvier 1757, de Dresde, «tout plein de belles choses»,[80] en remerciement de l'*Histoire universelle*. Le contentieux cependant subsiste, qui empêche une réconciliation.

Une considération majeure dissuade Voltaire de renouer avec Frédéric. Pendant toute l'année 1756 il compte obtenir de Versailles l'autorisation de son retour.

Il espère en Mme de Pompadour, «une femme qui a fait tout le bien qu'elle a pu et qui n'a jamais fait de mal».[81] Il ne se trompe pas sur ses dispositions. C'est malgré la favorite qu'il est exilé, selon Marmontel, à qui elle demandait parfois

---

78. D7043, D7223, D7260, D7273, D7318.
79. D7041, D7042.
80. D7128.
81. D6733 (15 février 1756), à Mme de Fontaine.

de ses nouvelles.[82] En février 1756, les années ayant passé, Mme de Pompadour veut «changer la décoration de son théâtre»: se donner des allures de dévotion. Elle veut «en imposer au public», écrit Voltaire.[83] Le duc de La Vallière, confident de la marquise, ne semble pas beaucoup plus convaincu que son ami de la profondeur d'une telle conversion. «Un rayon de la grâce a éclairé», «mais sans ivresse». On veut lire «de bons livres», mais on veut qu'ils soient agréables. Aussi le duc fait-il à Voltaire «avec la plus grande insistance» une curieuse prière. A la nouvelle dévote qui l'a «admiré» et le «veut lire encore», qu'il envoie donc des psaumes «embellis par [ses] vers»; qu'il imite David en «l'enrichissant». Détail intéressant: La Vallière a eu cette idée en recevant le «sermon» sur le désastre de Lisbonne; il lui semble que de tout temps Voltaire a été «destiné à faire cet ouvrage», des psaumes. En mars, par une première lettre, le duc paraît prendre l'initiative de la commande. Dans une autre lettre, un mois et demi après, il y associe plus directement Mme de Pompadour. Comme il attend nouvelles et «essais», «avec la plus grande impatience», il est probable que l'auteur sollicité s'est rapidement exécuté.[84] Mais il ne va pas paraphraser des psaumes. Il trouve dans l'Ancien Testament des textes mieux adaptés à son humeur et à celle de la marquise.[85] Le «tout est vanité» est un thème voltairien; il met donc en vers cette philosophie désabusée et sceptique de l'Ecclésiaste. Il y joint une version du Cantique des cantiques, poème voluptueux, dont on tente de justifier la présence dans un ensemble de textes sacrés par une interprétation figuriste.[86]

Si bien qu'il se plaise aux Délices, Voltaire supporte mal d'être exilé. En juin 1756, quand il s'indigne que La Beaumelle puisse distribuer en France ses *Mémoires pour servir à l'histoire de Mme de Maintenon*, son amertume est évidente: «Il est assez singulier que cet homme soit à Paris et que je n'y sois pas.» C'est sans doute pour cette raison, autant que pour la responsabilité qu'il lui attribue dans ses mésaventures de Prusse, qu'il dénonce à Mme de Pompadour, à des personnages influents comme Richelieu, et à la cour de Vienne, les médisances et indiscrétions qui les concernent dans lesdits *Mémoires*. Il voudrait, mande-t-il

82. Marmontel, *Mémoires*, i.143.
83. D6733, D6745, D6752.
84. D6760, D6844.
85. D'après une lettre à d'Argental, en 1761 (D9614).
86. Le *Précis de l'Ecclésiaste* et celui du *Cantique des cantiques* ne paraîtront qu'en 1759. On avait promis à Voltaire une édition faite au Louvre, avec un portrait à la tête: on ne connaît pas d'exemplaire de cette édition officielle; fut-elle réalisée? Selon Condorcet on aurait voulu récompenser le poète en lui promettant un chapeau de cardinal. Wagnière juge l'offre vraisemblable (Longchamp et Wagnière, p.536). Mais La Harpe dément. Une histoire burlesque, en 1767, dans une réplique à Cogé contient peut-être une allusion à cette affaire (voir *Réponse catégorique au sieur Cogé*, éd. J. Renwick, *O.C.*, lxiiiA, p.226-30).

aux d'Argental, pouvoir «encore [les] embrasser avant de finir [sa] vie douloureuse».[87]

La chose ne paraît pas tout à fait impossible, grâce à la protection de Richelieu s'ajoutant à celle de Mme de Pompadour. La gloire et la faveur accordées au vainqueur de Port-Mahon rejaillissent sur le poète qui l'a chanté. Le *Mercure de France* en témoigne, qui en cet été de 1756 l'encense. En juin déjà, le journal publiait une *Epître à M. de Voltaire* proclamant qu'aucune «contrée en merveilles féconde» ne peut «aux yeux d'un sage égaler les Délices». En août, le *Mercure* imprime les vers de Voltaire en l'honneur de la prise de Port-Mahon, avec un commentaire flatteur. La livraison de septembre est toute à la gloire du poète: *Vers de M. le Président de Ruffey à M. de Voltaire sur la prise de Port-Mahon*; *Vers à M. le Maréchal duc de Richelieu*, par une Mme Bourette qui se réfère par deux fois à Voltaire; *Epître de M. de Voltaire à M. Desmahis*; compte rendu très élogieux de la reprise de *Sémiramis*. Dans la livraison d'octobre, les bonnes manières continuent.

Des négociations discrètes sans doute sont en cours, que devrait aider la faveur grandissante de l'abbé de Bernis.[88] Il est certain en tout cas que Voltaire a demandé à d'Argenson, ministre des Affaires étrangères, «la permission de revenir à Paris pour affaires». Le marquis le consigne dans ses *Mémoires* en juillet-août. Permission refusée.[89] L'exilé ne renonce pas cependant. La correspondance avec d'Argental en septembre et octobre montre que l'ami parisien essaie par Richelieu d'obtenir un retour que prudemment l'intéressé promet de limiter à quelques semaines de séjour chez ses amis. Une fois de plus, Richelieu «qui connaît mieux que [personne] le temps et la manière de placer les choses» est prié de dissiper les soupçons et «l'humeur» qu'ont fait naître les «coquetteries» avec le roi de Prusse. Qu'il fasse valoir les marques positives du dévouement de Voltaire à la France. Le maréchal répond le 1er novembre: «ce qui paraît faisable» à l'amitié de d'Argental «ne l'est guère à la prévention».[90]

Sur ces entrefaites, un nouveau coup du sort, ou plutôt de la malveillance, compromet tous les efforts. «Une édition infâme» de *La Pucelle*, dont Voltaire rend responsables Baculard d'Arnaud et La Beaumelle, a été débitée dans Paris en août. Voltaire apprend en novembre que Mme de Pompadour y est outragée et il ne voit pas «comment se justifier de ces horreurs». Il s'agit sans doute de la «petite édition en forme d'étrennes mignonnes» dont Grimm dira dans la *Correspondance littéraire* du 15 janvier 1757 qu'«elle vient des ennemis de M. de

87. D6890, D6888, D7014, Lauriol, p.491-96.
88. D6908.
89. Les *Mémoires* du marquis d'Argenson consignent le fait à la date du 23 juillet dans l'édition Jamet, du 19 août dans celle de Rathéry.
90. D7042, D7043.

Voltaire », qu'on y trouve « des choses horribles contre les rois du ciel et de la terre, leurs maîtresses et toutes sortes de personnes connues ». D'Alembert en décembre se veut rassurant : l'édition serait de Maubert de Gouvest : « il me paraît que cela ne fait pas grand effet », « d'ailleurs les exemplaires sont fort rares ». Il exhorte cependant son ami à la désavouer et lui conseille de donner enfin lui-même une édition de *La Pucelle* dont il puisse se reconnaître l'auteur. Voltaire en avait manifesté l'intention à Gabriel Cramer dès octobre, mais ne le fera qu'en 1762. En revanche, il ne cesse en décembre de désavouer et faire désavouer par ses amis « la rhapsodie de La Beaumelle ». La Vallière « veut bien se charger d'assurer Mme de Pompadour de [son] attachement et de [sa] reconnaissance pour ses bontés »; le duc « répond qu'elle ne prêtera point l'oreille à la calomnie ».[91]

A la fin de l'année 1756, Voltaire doit constater l'inutilité de ses démarches. Il a perdu l'espoir de rentrer à Paris. L'obstacle n'est pas *La Pucelle*, mais ce que Richelieu désigne allusivement comme « la prévention ». Louis XV ne veut à aucun prix que revienne près de lui ce personnage qu'il ne peut souffrir. Pour une durée indéterminée, Voltaire restera Suisse.

---

91. D7033, D7042, D7064, D7079, D7090, D7096.

16. Des mois d'insolent bonheur

(janvier-octobre 1757)

Horreur au-delà, bien-être en deçà : Voltaire en cette année 1757 est, osons le mot, heureux. Heureux autant que la nature humaine le comporte, comme l'affirmait l'*Anti-Pascal*. Point de béatitude panglossienne, mais de légitimes satisfactions dans ses asiles suisses où il est histrion l'hiver à Montriond, jardinier au printemps et en été[1] dans ses Délices si bien nommés. Ilôts battus par les flots de la folie humaine, d'où il prétend, non sans provocation, regarder les événements qui ensanglantent le monde comme une tragédie vue d'une «bonne loge» où il serait très à son aise.[2]

Le spectacle s'ouvrait sur un coup de théâtre : l'attentat de Pierre Damiens, le 5 janvier 1757, à cinq heures trois quarts du soir, contre le Bien-Aimé. Ce coup de canif d'un «bâtard de la maison Ravaillac»[3] ne blessa que légèrement le souverain. Dès le 6 janvier, le comte d'Argenson rédigeait à l'intention du «petit Suisse» Voltaire un récit circonstancié de l'événement. L'instrument s'était arrêté sur la côte : les nombreux vêtements que portait le roi, en cette saison d'hiver, avaient amorti le choc : camisole de flanelle, chemise, autre camisole, veste justaucorps, volant de velours noir. Sa «graisse» lui avait été fort «utile». Point de fièvre, beaucoup de courage, discours admirables. Le misérable qui avait commis cet attentat avait dans sa poche un Nouveau Testament. Il prétend qu'il rapporte tout à la gloire de Dieu et mourra martyr. On a brûlé «par essai» les pieds du scélérat régicide qui n'a rien avoué.[4] Voltaire reçut, dit-il, cinquante relations de cette abominable entreprise qui, à travers le corps royal, atteignait le corps entier de la nation. On soupçonne Damiens d'avoir eu des complices ; on lui rapporte qu'il y a eu des placards affreux à Paris,[5] informations exactes, car des discours clandestins et subversifs, «un déluge de pièces, de récits et de vers séditieux», ont alors inondé la capitale.[6] Tandis que le secret de la procédure fait

---

1. D7215 (27 mars 1757). Voltaire quittera Montriond en avril.
2. D7225 (6 avril [1757]).
3. D7125 (16 janvier [1757]).
4. D7114 (6 janvier [1757]). Voir *L'Attentat de Damiens : discours sur l'événement au XVIIIe siècle*, sous la direction de P. Rétat (Lyon 1979).
5. D7130, D7136, D7131.
6. Voir *L'Attentat*, p.272, qui cite la *Gazette de Cologne* et donne quelques exemples de ces écrits.

naître mille suppositions, Voltaire s'étonne que ce fou ait eu trente louis en poche,[7] mais à l'inverse de beaucoup d'autres, il refuse de hurler avec les loups.

Le coup de canif de Damiens réveillait dans l'opinion l'idée effrayante du régicide. Dans une France restée profondément monarchique, la personne du roi s'entoure de sacralité : attenter sur elle relève du sacrilège. Aussi Damiens avait-il osé un tel acte poussé par des mobiles religieux. Sa faible tête était perturbée par l'affaire toujours en cours des refus de sacrements. Depuis des années l'archevêque de Paris s'obstinait à exiger des mourants un billet de confession, un certificat attestant que le fidèle s'était confessé à un prêtre reconnaissant la Constitution *Unigenitus*, donc adhérant au parti des jésuites. Les jansénistes et jansénisants étant fort nombreux à Paris dans le clergé et la population, beaucoup de fidèles mouraient sans sacrements, et s'exposaient au refus de sépulture. Il en résultait une agitation populaire dans la capitale, qu'évoquera une première rédaction de *Candide*. Le conflit opposait violemment l'archevêque et le parlement. Damiens, ayant servi chez un conseiller de ce parlement, fut échauffé par les propos virulents qu'il entendait. Il ne veut pas tuer le roi, mais l'avertir, afin qu'il réprime l'archevêque de Paris, seul responsable de «tous ces troubles». Son attentat, déclare-t-il à l'instruction, a pour cause la religion.[8] C'est effectivement l'acte d'un esprit enténébré par le fanatisme. On fait donc des rapprochements avec d'autres régicides inspirés par la passion religieuse, qu'on n'avait pas oubliés : assassinats de Henri III et de Henri IV ; sur ce dernier, tentative de Jean Châtel et de son complice Guignard ; à Londres le jésuite Oldcorne, impliqué dans la conspiration des poudres, le jésuite Campion, auteur d'une sédition. D'Alembert rappelle ces précédents dans une lettre à Voltaire.[9]

Voltaire, quant à lui, peut-être à l'abri de la contagion par l'éloignement, juge un tel attentat, en 1757, comme un acte régressif et anachronique. Le siècle lui semble désormais caractérisé par l'esprit de philosophie et de tolérance. Ce qui fait qu'aujourd'hui, assure-t-il, à Genève le supplice de Servet paraît «abominable». Ce Damiens ne peut être considéré que comme un homme du passé, égaré dans les temps modernes, et d'ailleurs un fou. C'est ce que Voltaire explique à Thiriot, dans une lettre ostensible.[10] Plus tard, revenant sur l'événement dans le *Précis du siècle de Louis XV*, il rabattra de cet optimisme. Le régicide de Damiens, un acte isolé ? Il ne le croit plus. L'esprit des Poltrot et des Jacques Clément, qu'on avait cru anéanti, «subsiste [...] encore dans les âmes féroces et ignorantes.» «Le peuple est toujours porté au fanatisme.» Il existe un «remède à

---

7. D7129, D7130. Damiens n'avait point été payé pour commettre ce forfait, il avait volé cet argent.
8. *Précis du siècle de Louis XV*, *OH*, p.1527.
9. D7132 (23 janvier [1757]).
10. D7213 (26 mars 1757), à Thiriot, qui la publie dans le *Mercure*.

cette contagion»: c'est d'«éclairer enfin le peuple même».[11] Voltaire écrira ceci en 1761. On mesure la différence des temps. Saisi par l'évidence que «fanatisme» et «superstition» demeurent des «monstres» redoutablement puissants, il s'est en 1761 lancé dans la campagne ardemment militante contre «l'infâme». En 1757 il s'en tient à une appréciation irénique, confiant dans une victoire facile des Lumières, du moins parmi les «honnêtes gens».

On sait quel atroce supplice fut infligé à Damiens, ce demi-dément. Les cris du malheureux hanteront les mémoires[12] et retentissent encore dans l'œuvre de Michel Foucault: *Surveiller et punir*. Mais ils ne parvinrent que fort atténués en Suisse. De la sombre fête punitive qui s'était déroulée le lundi 28 mars 1757 en place de Grève (brûlure de la main droite, plomb fondu versé dans les plaies ouvertes par des tenailles, écartèlement qui n'en finit pas),[13] Voltaire dira seulement: «Votre Paris aime les spectacles: tout le monde était à la comédie le samedi et à la grève le lundi. Je reconnais bien là mes Parisiens.»[14] Il aurait pu ajouter les Parisiennes. Une foule énorme parmi laquelle, tous les mémorialistes en témoignent, se trouvaient «les femmes les plus délicates, les plus vaporeuses des dames de la cour»,[15] avait assisté au supplice, fascinée par un cérémonial de l'expiation minutieusement réglé. Voltaire attribuera à la «curiosité» ce goût pour les spectacles cruels.[16]

Malheurs privés et malheurs publics: «le sang va couler à plus grands flots en Allemagne».[17] Préparatifs de guerre, bateaux pris, disette des grains en Germanie, mouvements de troupes:[18] Voltaire reste un témoin attentif; il plaint «ce pauvre genre humain qui s'égorge dans notre continent à propos de quelques arpents de glace au Canada»,[19] il suppute les chances des parties belligérantes. Mais celui qui a tant fait pour «contribuer à étendre cet esprit de philosophie et de tolérance»

11. *OH*, p.1531.

12. Voir dans *L'Attentat* les lectures de l'événement par Sébastien Mercier, Michelet, Huysmans, Ernst Jünger.

13. On sait qu'il fallut couper les membres que les chevaux ne réussissaient pas à arracher. Voir les relations du supplice dans *L'Attentat*, p.358-60 et la bibliographie sur le sujet, p.398.

14. D7223 (3 avril [1757]).

15. Selon Dufort de Cheverny (*L'Attentat*, p.258). D'autres témoignages sont cités, signalant que les femmes ont soutenu le spectacle, alors que les hommes s'évanouissaient.

16. Voir l'article «Curiosités» des *Questions sur l'Encyclopédie*, M.xviii.306. Précisons que dans son *Commentaire* sur Beccaria, Voltaire n'admet point l'écartèlement comme sanction des crimes majeurs, comme l'affirme J.-Cl. Bonnet (*L'Attentat*, p.310). Il admet la question (M.xxv.558).

17. D7130 (20 janvier [1757]).

18. D7126, D7133, D7138, D7142, D7162, D7196, D7219, D7226.

19. D7215 (27 mars 1757).

va s'accorder quelques moments de répit: «Il faut s'amuser un peu quoique les hommes soient malheureux ailleurs. »[20]

A Montriond comme aux Délices, Mme Denis gouverne sa maison, tient table ouverte pour la bonne société suisse, régale ses hôtes de «gélinottes, coqs de bruyère, truites de vingt livres»,[21] arrosés généreusement de vins fins. En mars, on leur livre quatre cents bouteilles de vin et un mois plus tard, il leur faut, pour compléter leur réserve de «vins de liqueur», cent cinquante demi-bouteilles de Malaga lorsqu'un bateau anglais a été arraisonné. Qu'on ne s'étonne donc point lorsque Voltaire passe commande pour mille bouchons![22] Ces agapes n'étaient que le prélude au divertissement majeur: les représentations théâtrales.

La capitale vaudoise offrait une ressource inespérée. Calviniste comme Genève, Lausanne possédait pourtant un théâtre. Il existait, à l'est de la ville, proche du centre, une belle salle, bien aménagée, qui pouvait recevoir deux cents spectateurs:[23] c'était bien autre chose que les scènes à domicile de la rue Traversière et des Délices. Ce théâtre était à la disposition de troupes d'amateurs pour des spectacles ressemblant à ceux des professionnels. Voltaire eut vite fait de recruter dans la bonne société locale une équipe selon lui fort talentueuse. Parmi ceux-ci, deux vedettes: le jeune Constant d'Hermenches (né en 1722) et son épouse, née Françoise de Seigneux. Comme tant d'autres membres de la noblesse suisse, Constant d'Hermenches sert comme officier dans des armées étrangères.[24] Mais il passe les hivers dans le pays de Vaud. Autres interprètes: Mme d'Aubonne, le marquis et la marquise de Gentils, M. de Crousaz, liste non exhaustive...[25] Et bien entendu les deux piliers de la troupe, Mme Denis et Voltaire lui-même. Au contact de l'oncle et de la nièce, les acteurs néophytes s'enflamment d'ardeur théâtrale. Ils sont, comme dira Mme Denis, possédés du «démon de la comédie».[26] On commence, en février 1757, par plusieurs représentations de Zaïre. Comme d'habitude, Voltaire dans le rôle du patriarche Lusignan fait verser d'abondantes larmes. Mme Denis dans le rôle-titre égale ou surpasse Mlle Gaussin. Constant d'Hermenches interprète supérieurement le personnage d'Orosmane. Il va sans dire que la tragédie a été à Monrepos «mieux jouée à tout prendre qu'à Paris».[27]

20. D7219 (29 mars [1757]).
21. D7179 (3 mars [1757]).
22. D7236, D7237. Les voituriers en ont bu vingt bouteilles (D7325).
23. D7188. Voltaire à J.-R. Tronchin, D7142 (4 ou 5 février 1757): «On joue tous les jours la comédie à Lausanne. Ce n'est pas comme dans votre ville de Calvin. » Il existe encore aujourd'hui à Lausanne, dans la partie orientale de la ville ancienne, une avenue et un parc de Monrepos.
24. David Louis de Constant Rebecque, seigneur d'Hermenches. En 1757, il est au service du prince d'Orange. Il passera ensuite au service de la France.
25. D7206 commentaire.
26. D7482.
27. D7143, D7179.

On continue par *L'Enfant prodigue*, les 10, 11 et 14 mars, Voltaire jouant le vieil Euphémon. S'enhardissant, la troupe se risque à une création. L'ancienne tragédie de *Zulime* a été refondue sous le titre de *Fanime*. Voltaire la donne pour une nouveauté. Le rôle-titre, comme il va de soi, revient à Mme Denis, qui ne sait pas trop bien son texte; que son partenaire veuille bien faire preuve de «condescendance pour sa faiblesse».[28] Le principal rôle masculin, Tamire, est confié à Constant d'Hermenches. Voltaire ne s'est pas distribué dans sa pièce. Sans doute a-t-il assez à faire à diriger ses acteurs. On soigne le costume. Mme Denis fait des caprices de diva. Elle veut jouer l'Orientale Fanime, fille d'un «émir de Damas», en robe à «grand panier». Outre l'invraisemblance, cet accoutrement a un inconvénient: lorsque deux robes à «grand panier» sont ensemble sur la scène malgré tout étroite de Monrepos, il ne reste guère de place pour les autres personnages. Quant à Constant-Tamire, il doit être habillé à l'antique: il porte le «tonnelet», cette sorte d'armature qui entoure les reins, des «lambrequins», autrement dit des bandes d'étoffe pendant au bas de la cuirasse.[29] Costume pour nous étrange, mais en usage à la Comédie-Française de Paris, que l'on tient à imiter.

Les représentations se déroulent dans une ambiance de liesse. Après la grande pièce, un opéra buffa italien: *La Serva padrona* de Pergolèse, ou *Le Joueur* de Biancolleli et Romagnesi.[30] Il faut donc pour la partie musicale un orchestre. Voltaire en a constitué un, où deux pasteurs tiennent leur rôle au violon. Emoi, quand à la dernière minute il manque, comme il dit, «un prêtre».[31] Pendant le spectacle, on sert des rafraîchissements à tous les spectateurs. La salle reprend en chœur les airs de l'opéra buffa.[32] Après le spectacle les acteurs s'engouffrent dans des carrosses et l'on descend chez Voltaire à Montriond, où les attend un souper, préparé par un excellent cuisinier.[33] Ces représentations, on le conçoit, sont très courues. On n'y entre que sur invitation. Mais «on regarde comme une très grande faveur» d'y être admis.[34] La bonne société de Lausanne et des environs s'y presse. Monrepos attire même des personnages graves: des amis de Haller, comme Sinner, Seigneux de Correvon et André David Tissot. Sinner s'étonne

---

28. D7206.
29. D7206, D7197, D7445 (Mme Denis veut le même costume que Mlle Clairon). La pièce sera analysée lorsque, en 1762, Mlle Clairon réussira à l'imposer au Théâtre-Français, sous le titre de *Zulime*. A une représentation de 1757 assista David Tissot: il raconte l'action à son ami Haller (D7220, 29 mars). L'intrigue, un imbroglio oriental, se situe alors en Syrie. Mohador, émir de Damas, est aux prises avec Tamire, esclave chrétien aimé de Fanime, lequel est «prince de Chypre».
30. D7173, D7202.
31. D7191.
32. D7192.
33. D7152.
34. D7619.

qu'après *Zaïre*, «pièce parsemée des plus beaux sentiments de religion», on ait osé donner une «farce aussi ridicule» que *La Serva padrona*. Seigneux de Correvon, pour sa part, n'a pas voulu rester à l'opéra buffa du *Joueur*.[35] Réactions isolées, peut-on croire. Le «clou» de la saison fut l'une des dernières représentations de *Fanime*, le samedi 19 mars. Après quoi, Constant d'Hermenches et d'autres acteurs doivent rejoindre leur corps: la guerre va reprendre. Ce soir-là, il y eut dans la salle douze ministres, avec les «proposants», c'est-à-dire les apprentis pasteurs. A quoi s'ajoutaient les deux ministres violinistes.[36] Mais ce sont là, Voltaire y insiste, des divertissements honnêtes. N'en déplaise à Jean-Jacques, le théâtre répand dans l'âme les grands sentiments et une saine gaieté. La correspondance de ces deux mois respire l'excitation du plaisir théâtral. Jamais Voltaire n'a été aussi heureux. D'Argental avait bien raison de le dire: «La comédie est l'un des premiers devoirs de l'honnête homme.» Décidément, les bords du Léman sont devenus «l'asile des arts, des plaisirs et du goût».[37] Conviction qui va pousser Voltaire aux imprudences.

Il félicite d'abord en privé, puis publiquement, Genève d'avoir laissé imprimer que «Servet était un sot et Calvin, un barbare».[38] La version publiée par les bons soins de Thiriot précisait que «ce n'est pas un petit exemple du progrès de la raison humaine» qu'il ait pu faire paraître en Suisse «avec l'approbation publique» un ouvrage déclarant que «Calvin avait une âme atroce aussi bien qu'un esprit éclairé».[39] Inconscience ou impudence? On ne saurait démêler la part de l'aveuglement et celle de la provocation en un temps où se répand son édition de l'*Essai sur les mœurs*, «ce tableau des horreurs de dix siècles» pour lequel il quémande des corrections.[40] En fait, on ne trouve pas dans l'édition de 1756 de son grand ouvrage historique l'expression «âme atroce». En revanche, Voltaire stigmatise «l'esprit tyrannique» de Calvin, sa «haine théologique, la plus implacable de toutes les haines» qui lui fit crier que «Dieu demandait l'exécution de Michel Servet» et le fit jouir de son supplice.[41] Voltaire sous-estime les réactions que semblables assertions ne manqueront pas de susciter. Peut-être suit-il un plan concerté?[42] En ces mois où il s'avoue «aussi heureux qu'on peut l'être quand on

---

35. D7173, D7202, D7220.

36. D7204, D7209. La pièce sera encore jouée le lundi et le mardi (avec des doublures?).

37. D7226, D7180.

38. D7119, à Jacob Vernes. Même jugement dans une lettre à P. Rousseau (D7172).

39. D7213 (26 mars 1757), qui fut publiée dans le *Mercure de France*, mai 1757, p.35-38: lettre mentionnée plus haut où Voltaire se rassure sur l'attentat de Damiens, en constatant la diffusion des Lumières.

40. Voir D7112, D7113, D7117, D7123, D7129, D7139, D7171.

41. *Essai sur les mœurs*, ch. 133 et 134.

42. Voir Graham Gargett, *Voltaire and Protestantism*, Studies 188 (1980), p.129.

digère mal», son tonus se traduit par ces insolences. Question d'équilibre intérieur. Dans une vie bien ordonnée où il a tout son temps à lui, où il «griffonne des histoires» et «songe à des tragédies»,[43] ne faut-il pas réserver la part de l'insolence, le plaisir de penser tout haut?

Ce n'est pas si facile. Il participe au labeur encyclopédique, mais déplore que bien des articles de théologie ou de métaphysique soient trop modérés, dont l'article «Enfer».[44] La réponse de d'Alembert ne dut guère le satisfaire: «Le temps fera distinguer ce que nous avons pensé d'avec ce que nous avons dit».[45] Ses propres envois ne péchaient pas par excès de prudence. A quinze jours d'intervalle, il avait adressé à d'Alembert l'article «Imagination» qui lui avait été demandé en décembre 1756 et «Idole, idolâtre, idolâtrie», sujet «délicat», mais qui comporte de «bien bonnes vérités».[46] Voltaire ne se gêne pas pour les prodiguer. Il affirme que les Anciens étaient des polythéistes et non des idolâtres, suggère perfidement que bien des pratiques des catholiques relèvent de l'idolâtrie, distingue pour tous les cultes entre la religion des sages et celle du vulgaire. La démonstration tend à effacer toute distinction entre les religions fausses que l'on accuse d'idolâtrie et la religion que l'on prétend vraie.[47] Il a recruté pour l'atelier encyclopédique un pasteur, Polier de Bottens,[48] qui travaille avec ardeur, proposant en un temps record les articles «Liturgie», «Logomachie», «Mages», «Magie» et «Magiciens». Voltaire a eu «toutes les peines du monde» à rendre chrétien l'article «Liturgie». Il a fallu «corriger, adoucir presque tout»;[49] pourtant d'Alembert s'inquiète: «nous aurons beaucoup de mal à faire passer cet article» et il recommande à cet hérétique de «faire patte de velours».[50]

Voltaire doit parfois rentrer ses griffes. Le fils de Joseph Saurin avait protesté contre les accusations portées contre son père dans l'article «La Motte» de l'édition de 1756 du *Siècle de Louis XIV*. L'affaire réveillait une polémique remontant à environ soixante-dix ans, qu'on aurait pu croire oubliée. Joseph Saurin, pasteur de Bercher dans le baillage d'Yverdon, avait été accusé d'avoir volé de l'argenterie et des franges d'or coupées à un fauteuil. Accusations fondées? On ne sait. Toujours est-il que Saurin s'enfuit en France, où il abjura entre les

43. D7152, D7143.

44. N'a-t-on point prétendu que l'enfer était «un point de la doctrine de Moïse»? C'est faux «de par tous les diables» (D7267). Cet article, répond d'Alembert, est de Mallet et n'est pas sans mérite (D7320).

45. D7320 (21 juillet [1757]).

46. D7079, D7098. Envois avec D7122, D7139.

47. *Articles pour l'Encyclopédie, OC*, xxxiii.187-214.

48. Sur leurs relations, voir Gargett, p.121-23.

49. D7139, D7266, D7267, D7306, D7308, D7320, D7199a; Voltaire a supprimé quelques hardiesses (*OC*, xxxiii.227-31).

50. D7320.

mains de Bossuet (1690). Il s'acquit une bonne réputation de mathématicien, et entra à l'Académie des sciences. Malheureusement, il se compromit dans l'affaire des couplets diffamatoires de Jean-Baptiste Rousseau (1712). On le soupçonna même d'avoir rédigé quelques-uns d'entre eux. Rousseau seul cependant fut condamné et dut s'exiler. Celui-ci chercha à se venger. Il était détenteur d'une lettre où Saurin avouait ses crimes. Peut-être était-ce un faux. Rousseau n'hésita pas pourtant à la publier dans les suppléments des dictionnaires de Bayle et de Moreri ainsi que dans le *Journal helvétique* (1736). Saurin qui allait mourir peu après (1737) ne répondit pas. Dans le catalogue des écrivains du *Siècle de Louis XIV*, Voltaire lui consacre une notice fort courte en 1756. Il prendra par la suite sa défense: il le présente comme un «philosophe intrépide», converti au catholicisme pour la forme. Il avait lui-même fréquenté Saurin au temps de sa jeunesse. La première version (1732) de l'épître *Aux mânes de M. de Génonville* rapporte que le «vieux Saurin réchauffait les glaces de son âge» entre les deux jeunes gens. «Ce critique, ce sage, qui des faux préjugés foule aux pieds l'esclavage», leur «apprenait à penser». Cependant le bonhomme se déridait parfois et se mettait à chanter avec eux.[51] La notice du *Siècle de Louis XIV* se fonde manifestement sur des souvenirs antérieurs à 1723 (date de la mort de Génonville). Mais l'article «La Motte» du même catalogue des écrivains, édition de 1756, évoquait son éventuelle culpabilité dans l'affaire des couplets. Son fils Bernard Saurin, poète, auteur de tragédies, protesta auprès de Voltaire, mais ne put lui fournir des documents qui auraient innocenté son père. Celui-ci ajouta alors, dans une réédition du *Siècle* de 1757 une déclaration datée du 30 mars 1757 et signée par de Crousaz, Polier de Bottens et Daniel Pavillard: ces trois pasteurs de Lausanne certifiaient n'avoir jamais vu la prétendue lettre d'aveu de Saurin, ni connu personne qui l'eût vue; ils condamnaient l'usage qu'on en avait fait.[52] L'affaire ne s'arrêtera pas là.

L'hiver 1757 est pour Voltaire une période de calme. Il a reçu une invitation de la part d'Elisabeth Petrovna, l'impératrice de Russie, ce qu'il annonce à tous ses correspondants[53] et il a renoué des relations avec Frédéric II. Il lui a envoyé, comme nous l'avons dit, son *Essai sur les mœurs* dans l'édition de 1756 où quelques mots d'éloge sur le souverain prussien avaient été introduits.[54] Il a reçu une

---

51. Voir l'établissement du texte par Nicole Masson, *Les Petits poèmes de Voltaire (1711-1733)*, thèse de l'Université de Paris-Sorbonne, 1987, exemplaires dactylographiés, p.345-46.

52. *OH*, p.1173-79, 1731-32.

53. Voir D7141, D7143, D7145, D7147, D7152, D7153. La genèse de l'*Histoire de l'empire de Russie sous Pierre le Grand*, ainsi que les relations de Voltaire avec la cour de Saint-Pétersbourg, seront étudiées avec plus de détail dans *Voltaire en son temps*, iv.

54. *OH*, p.1741. La margrave avait trouvé cet éloge insuffisant. Pour plus de détails, voir Mervaud, p.266-88. L'ouvrage envoyé en Allemagne formait les tomes XI-XVII de la *Collection complette des Œuvres de M. de Voltaire*. Les tomes XI à XIV comprenaient l'*Essai* proprement dit auquel s'ajoutaient

«lettre toute pleine de bontés». Mais Voltaire ne veut «ni roi ni autocratrice»: «j'en ai tâté, cela suffit», écrit-il à son ami Cideville.[55] Voltaire le répète, il est heureux, «libre comme l'air depuis le matin jusqu'au soir» et ce grand travailleur, lorsqu'il s'accorde quelques instants de répit, s'émerveille de voir une tulipe fleurir dès le mois de mars.[56]

L'épanouissement des tulipes annonçait le printemps. Voltaire va reprendre sa «vie pastorale». Il se rend dans ses Délices où il passera tout l'été et une partie de l'automne, ne quittant cette retraite que pour de courts séjours à Lausanne.[57] Il vaut mieux, selon lui, «planter ses arbres que faire des vers». «Passe encore de bâtir, mais planter à cet âge»: Voltaire cite les trois jouvenceaux de La Fontaine qui accusent le vieillard de radoter. Quant à lui, il «radote heureusement». Il déploie une grande activité pour son domaine, commande deux cents ceps de vigne afin de «plaisanter avec [son] terrain calviniste», puis des arbres fruitiers dont il faut demander les plants au «portier des Chartreux» si l'on veut manger un jour «de bonnes pêches, de bonnes figues, de bons beurrés gris».[58] Point de semaine sans emplettes: tapis, porcelaines du Levant, garnitures de cheminée, et même des copies d'après Natoire et Boucher pour «ragaillardir [sa] vieillesse».[59] Mme Denis est «insatiable», mais elle a le «talent de meubler des maisons et d'y faire bonne chère».[60] Voltaire se charge d'élever un petit Pichon, un fils de domestiques qui est orphelin.[61] Il se plaint parfois que sa nièce le rende trop mondain, mais broche un impromptu galant lorsque l'occasion s'en présente.[62]

Et quelle opulence! Acheter une maison à Lausanne lui revient à 11 000 livres. Dépense dérisoire, vu l'état de ses liquidités. En mai 1757, il dispose d'un capital de 554 000 livres. Il prête 130 000 livres à l'Electeur palatin au taux de dix pour cent, place 300 000 livres à quatre pour cent, achète 50 billets de loterie, se réserve 40 000 livres «pour le courant et les fantaisies». De plus, il touche, avec plus ou moins de régularité, les intérêts d'une somme de 445 000 livres qu'il a déjà prêtée.

dans les autres tomes *Le Siècle de Louis XIV* et quelques chapitres de ce qui deviendra le *Précis du siècle de Louis XV*.

55. D7152 (9 février 1757).

56. D7215 (27 mars 1757).

57. Il habite alors dans sa maison du Grand-Chêne. Il passe la Pentecôte à Montriond (D7269, D7271), une semaine fin août-début septembre à Lausanne (D7357, D7375) où il séjourne aussi du 20 octobre au 3 novembre (D7426, D7444).

58. D7448, D7262, D7407, D7279, D7304.

59. D7372, D7282, D7290, D7325, D7436.

60. D7372. Les commandes de Mme Denis sont sans fin.

61. D7326, D7340.

62. D7430 (24 octobre 1757). Vers recopiés par Jean-Louis Du Pan.

On ne s'étonne pas que Mme Denis ait des diamants «de toute espèce».[63] «Après avoir vécu chez des rois, je me suis fait roi chez moi»,[64] assure Voltaire qui enjoint à la comtesse de Bentinck de se faire suissesse: «Laissons-là les chansons et allons au solide».[65]

Les tracasseries mêmes de certains pasteurs ne suffirent pas à entamer sa sérénité. On n'avait pas oublié son mot sur «l'âme atroce» de Calvin, dans la lettre à Thiriot parue dans le *Mercure*. On lui répond par une autre lettre, anonyme celle-là, datée du 30 mai 1757, qu'insère le *Journal helvétique* de juin.[66] Ce factum fut attribué à Jacob Vernet, qui s'en défendit. Les auteurs anonymes étaient désignés comme des «personnes respectables auxquelles nous devons de la considération et des égards». Sans pousser la «respectabilité» jusqu'à dévoiler leur identité, ils accusaient Voltaire d'avoir noirci «tout un corps de magistrature» en s'en prenant à un théologien. Ils réfutaient le mot de «meurtre» pour le supplice de Servet. La sentence avait été prononcée par un tribunal légitime. On faisait remarquer qu'il est «des erreurs régnantes au-dessus desquelles d'honnêtes gens et de bons esprits ne s'élèvent pas: telle a été trop longtemps celle de l'intolérantisme». Il suffit de se féliciter de l'adoucissement des mœurs présentement, sans en faire honneur à la «philosophie», car tous «les principes de l'Evangile tendent à la liberté d'examen, à la charité, à la tolérance». Soyons donc charitables à l'égard de Calvin, ce grand homme: il est injuste de le condamner pour ce qui est «l'erreur commune du siècle». Quant à l'édition en Suisse de cet *Essai sur les mœurs*, où ce même Calvin est si sévèrement jugé, les anonymes introduisent un *distinguo* de casuiste: la «connivence en faveur du commerce» n'implique pas une véritable «approbation». Autrement dit, il est licite de gagner de l'argent en publiant des livres que l'on réprouve. Passant à l'attaque, les anonymes rappelaient à Voltaire ses démêlés précédents avec les autorités du pays qui avait bien voulu l'accueillir. *La Pucelle* n'avait-elle pas été brûlée par la main du bourreau? On lui adresse une sérieuse mise en garde. S'il persiste, on le menace de «petites lettres comme celle-ci, lâchées de temps en temps». D'ailleurs le Vénérable Consistoire a porté plainte le 19 mai sur l'abus des termes d'«approbation publique» et le Magnifique Conseil a déféré à ses vœux.[67]

---

63. Sur la fortune de Voltaire, voir D7254 (4 mai [1757]). Voltaire a prévu une clause pour prévenir la fluctuation du cours des monnaies dans son contrat avec l'Electeur palatin. On peut suivre dans le détail toute la tractation financière avec le chargé de pouvoir de l'Electeur palatin: D7255, D7276, D7286, D7292, D7294, D7295, D7296 et D.app.156, D7311, D7312, D7321. Sur les diamants de Mme Denis, voir D7445 (4 novembre [1757]).

64. M.1.45.

65. D7327. La comtesse est toujours aux prises avec d'interminables procès.

66. D7272.

67. Le texte est dans D7264, commentaire. Le Conseil indiquait son «improbation sur les expressions d'une prétendue lettre», imprimée dans le *Mercure de France*. Il priait les scolarques de «supprimer

Voltaire ne réagit pas. Il veut se persuader que ce n'est là qu'une «mauvaise plaisanterie», que «les calvinistes ne sont point du tout attachés à Calvin».[68] Ne vient-on pas de permettre à un théâtre de s'installer aux portes de Genève?[69] Car «la raison» fait depuis quelque temps «des progrès qui doivent faire trembler les ennemis du genre humain». Alors Jacob Vernet entre en scène. Le 19 juillet, il rencontre l'ancien syndic Saladin. Il lui propose d'envoyer à Voltaire un projet de lettre d'explication, que le philosophe pourrait ensuite adresser au Consistoire. Saladin se montre réservé. Il conseille à Vernet de consulter Théodore Tronchin, ce qu'il fait. Trois jours plus tard, en réponse sans doute à quelque réticence de son correspondant, le pasteur affirme qu'il s'est efforcé de dissuader son confrère Sarasin de tout envoi polémique. Mais le «premier mouvement d'indignation ayant été très vif», il a bien fallu qu'un «certain public jetât son feu par quelque endroit».[70]

Voltaire continue à se taire, se flattant que «la tracasserie de Servet» s'apaisera d'elle-même par son silence. En fait, elle va être étouffée grâce aux bons offices de la famille Tronchin. Sous l'influence de celle-ci, le Petit Conseil émet le vœu qu'on «n'écrive plus sur cette affaire». On dissuade Vernet d'entreprendre la défense de Calvin. On lui refuse l'accès aux archives du procès de Servet.[71] Conscient de l'hostilité du Conseil, Vernet proteste qu'il n'est pas l'auteur de la lettre anonyme. Au contraire il a tenté d'empêcher sa publication.[72] Quant à lui, il se propose seulement de relever les erreurs des deux chapitres de l'*Essai sur les mœurs* consacrés à Genève et à Calvin. Il adresse à Formey le 24 août une lettre qui signale les inadvertances de Voltaire, texte publié par la suite dans ses *Lettres critiques d'un voyageur anglais*. Théodore Tronchin réplique par une lettre qui est un camouflet. Le zèle de Vernet prépare aux Suisses «bien des mortifications», car la cause de Calvin est «insoutenable». Le pasteur va à l'encontre des dispositions du Magnifique Conseil, qui auraient dû l'inciter au silence. Conclusion: «Ce sera à vous, Monsieur, à porter les coups qu'on vous prépare.»[73] Vernet tente encore de se défendre. Avec ses collègues, il projette d'écrire un ouvrage apologétique, car c'est Voltaire qui par ses impiétés est l'agresseur. C'est alors au tour du

dans de nouvelles impressions des ouvrages dudit Sr de Voltaire tout ce qui serait contraire à la religion et aux bonnes mœurs.»

68. D7275 (2 juin [1757]). Il se contente de faire dire par Thiriot que la lettre du *Mercure* était une copie infidèle et que l'original parlait seulement de «l'âme trop austère» de Calvin (D7264).

69. A Carouge, sur le territoire de Savoie. Voir la délibération des autorités de Genève du 16 mai dans D7338, commentaire.

70. D7319, D7322. On notera que Bonnet dans une lettre à Haller approuve le texte paru dans le *Journal helvétique* (D7322 commentaire).

71. D7364 (2 septembre [1757]), R. Naves, *Voltaire et l'Encyclopédie*, p.42, D7382, commentaire.

72. Il serait intervenu dans ce sens auprès de Formey (D7382).

73. D7382, D7383 (13 septembre 1757).

procureur Jean-Robert Tronchin-Boissier d'attaquer rudement le pasteur. «On a été plus jaloux de l'honneur de Calvin que des intérêts de la religion.» La lettre anonyme contre Voltaire est «digne des temps où l'on brûlait Servet». Voltaire sera en droit de rappeler que son accusateur a édité «cette histoire qu'on voudrait faire passer aujourd'hui pour une satire de la religion chrétienne». Vernet ferait mieux de se taire : ses écrits paraîtront liés à la lettre anonyme et Voltaire sera en droit de répondre. Lettre sans équivoque. Vernet eut beau déclarer n'avoir corrigé que les volumes de l'*Essai sur les mœurs* concernant l'histoire médiévale, il dut abandonner la partie : ses infirmités l'empêcheront de réfuter «les choses venimeuses» que Voltaire a ajoutées dans la dernière édition de son ouvrage.[74]

«Conservons nos mœurs, Monsieur, elles seront le vrai soutien de la religion», concluait Théodore Tronchin de manière très voltairienne. D'autres personnalités importantes à Genève partageaient ce point de vue.[75] La condamnation de la Compagnie des pasteurs à l'encontre de l'*Essai sur les mœurs*[76] n'était pas suivie d'effet par les autorités civiles. La bonne société avait soutenu Voltaire. Aussi, respectant la promesse faite aux Tronchin, il n'entra point en lice. Mais en sous-main, il encourage le pasteur bernois Elie Bertrand à publier une réponse, et sans doute aussi Polier de Bottens : le premier pasteur de Lausanne lui fait savoir qu'un texte très sage et très modéré est paru, qu'on peut identifier avec la «Réponse à la lettre insérée dans le *Journal helvétique* de juin adressée à M. de Voltaire», du fascicule d'août de ce même journal.[77] Voltaire insiste pour que ce texte soit signé, afin qu'on ne l'accuse pas d'en être l'auteur.[78]

Voltaire a pu prendre la mesure des résistances qui lui sont opposées, mais aussi des complaisances qui lui sont acquises. Il ressent cette affaire comme un «petit triomphe», «le plus bel exemple de la raison dans ce siècle».[79] L'escarmouche ne l'a guère troublé, en un temps où il vient de se charger d'un «lourd fardeau», une histoire de Pierre le Grand, à laquelle il sacrifie sa *Fanime* : il n'a pas le loisir de «rapetasser une tragédie amoureuse», «le czar Pierre a un peu la préférence».[80]

Comment est-il «devenu russe»? Le 16 février 1757, Fedor Pavlovich Veselovsky, résidant à Genève, lui a transmis un message : le comte Ivan Shouvalov, chambel-

---

74. D7389 (20 septembre 1757), D7392 (21 septembre), D7404 (29 septembre).

75. D7409. Voir le texte cité par R. Naves, p.42-43.

76. D.app.157.

77. *Journal helvétique*, Neuchâtel, août 1757, p.156-62.

78. D7371 (9 septembre [1757]). Voltaire s'efforce de déconsidérer Vernet. Cette querelle aurait pour origine une jalousie de libraire (D7428).

79. M.i.54. Il s'inquiète cependant en apprenant que La Beaumelle, qui n'a pas désarmé, vient de sortir de la Bastille (D7425, D7433).

80. D7329, D7349 (19 août [1757]). Voir aussi D7406.

lan et lieutenant-général de Sa Majesté Impériale Elisabeth Petrovna, lui propose d'écrire l'histoire du règne de Pierre le Grand. Voltaire accepte. Les lignes directrices sont bientôt ébauchées. Il décrira l'état de l'empire de Russie, rappellera qu'il est de création récente, ce qui le conduira à évoquer l'auteur de tous ces «prodiges», en indiquant ce qu'il a fait année par année.[81] Remarquable disponibilité de Voltaire pour des travaux de commande, même s'il s'était déjà intéressé à ce «barbare» qui a «créé des hommes».[82] Il veut avoir l'assurance que la tzarine désire vraiment que ce monument soit élevé à la gloire de son père. En réponse, Shouvalov promet communication des archives, envoie la carte de l'empire, un plan de Saint-Pétersbourg, des médailles. Voltaire précise alors sa conception de l'histoire: un tableau de la vie économique, de la société, de l'armée, des arts. Le «sujet est beau», bien que Pierre ait été «un ivrogne, un brutal». «Mais les Romulus et les Thésée ne sont que de petits garçons devant lui.»[83] Le 7 août, il a rédigé huit chapitres, à partir de la documentation dont il disposait.[84] Il s'est efforcé d'accorder «la vérité de l'histoire avec les bienséances». Compte tenu de ces «bienséances», il va modifier le titre. L'intitulé *Histoire* ou *Vie de Pierre le Grand* engage l'historien à ne rien supprimer. *La Russie sous Pierre le Grand* serait préférable: on écarterait «les anecdotes de la vie privée du tzar qui pourraient diminuer sa gloire».[85] Voltaire travaillera donc à partir de ce canevas, avec l'agrément de Sa Majesté.

Pris par cette nouvelle tâche à laquelle il se consacre avec son ardeur coutumière, il est bien loin d'éprouver les sentiments que lui prête cette méchante langue de Piron. Celui-ci s'imagine que Voltaire, malgré ses 80 000 livres de rente, est dévoré par le serpent de la jalousie. Pourquoi? Parce que la tragédie de Guymond de La Touche, *Iphigénie en Tauride*, remporte à Paris un succès éclatant.[86] Myopie d'un esprit souvent mieux inspiré. Voltaire en Suisse ne dépend plus du bon plaisir des Welches. Tout au contraire, un sentiment de distanciation par rapport au microcosme parisien contribue à son insolent bonheur.

---

81. D7160, D7169.

82. C'est en écrivant l'*Histoire de Charles XII* qu'il a rencontré Pierre le Grand (*Voltaire en son temps*, i.270-73). En 1737, lorsque Frédéric, alors prince royal, lui communique des anecdotes sur la cour de Russie, il défendit ce «barbare» (Mervaud, p.38-39).

83. D7248, D7298, D7324.

84. Il a consulté les mémoires manuscrits du général Lefort (D7369), des relations de la Chine, les mémoires de Strahlenberg et de John Perry. Il n'a pas fait usage des *Mémoires du règne de Pierre le Grand* de Rousset de Missy qu'il fait profession de mépriser.

85. D7336 (7 août 1757).

86. D7331 (1er août 1757). A partir de juin 1757, *Iphigénie en Tauride* a été jouée une dizaine de fois. Cideville en avait parlé à Voltaire (D7291).

Les événements militaires, en cet été de 1757, ont de quoi ajouter à sa satisfaction. Le cher «Luc»[87] est étrillé sur les champs de bataille.

Le 1er mai 1757, les ennemis de la France avaient resserré leur alliance par le second traité de Versailles. Frédéric, au début de la campagne, avait à faire front de tous côtés: à l'ouest, à l'armée française, au sud et à l'est, à une armée autrichienne appuyée d'une puissante artillerie, à l'est et au nord, à l'armée russe. A quoi s'ajoutaient encore les Suédois qui opèrent en Poméranie, et les troupes des petits princes allemands: l'armée dite «des Cercles». La supériorité numérique des coalisés était au moins de trois contre un. Un seul allié du roi de Prusse sur le continent: les troupes anglo-hanovriennes, entretenues par le cabinet de Londres. Mais celles-ci, battues par la maréchal de Richelieu à Kloster-Seven, avaient dû capituler. Tout portait donc à penser que Frédéric serait écrasé par les armées de la coalition, pour peu que leurs actions fussent convergentes et coordonnées. Aussi sa situation devient-elle rapidement critique. Il se fait battre en Bohême à Kollin le 18 juin, et doit se replier précipitamment sur la Saxe. Dans le même temps, les Russes défont l'un de ses lieutenants à Jaegersdorf et occupent la Prusse orientale. L'armée française de Soubise avance vers la Saxe pour lui couper la retraite. Le Conseil Aulique s'apprête à le mettre au ban de l'Empire.

Voltaire avait repris le contact avec son ancien disciple par le relais de la sœur de Frédéric, la margrave de Bayreuth Wilhelmine. La reine-mère étant décédée (28 juin 1757), il envoie une lettre de condoléances que Wilhelmine transmet, en plaidant pour le pardon des offenses.[88] Frédéric alors change de ton. Pour la première fois depuis des années, il écrit de sa main, et mande à Voltaire qu'il le remercie de la part qu'il prend à ses malheurs: «J'ai à peu près toute l'Europe contre moi, il ne me reste plus qu'à vendre cher ma vie et la liberté de ma patrie». «Lettre héroïque et douloureuse», à laquelle Frédéric avait adjoint, non sans forfanterie, une épigramme contre Louis xv que prudemment sa sœur ne transmet pas.[89]

Ce nouveau style du roi procure à Voltaire un certain plaisir: «Je ne hais pas ces petites révolutions; elles amusent et elles exercent; elles affermissent la philosophie.» Cette gratifiante nouvelle – «le roi de Prusse m'écrit qu'il ne doute pas que je sois intéressé à ses succès et à ses malheurs» –, il la diffuse à ses

---

87. Pseudonyme de Frédéric, faisant anagramme...

88. D7314 commentaire.

89. D7341 ([12 août 1757]). La margrave déchira le bas de la lettre, où se trouvait transcrite l'épigramme (voir ses explications plutôt embarrassées dans D7350, où il est question d'un encrier renversé). Tel était, en fait, le désir de Frédéric: «Si vous trouvez l'épigramme trop forte, vous n'avez qu'à la garder et envoyer le reste» (*Politische Correspondenz*, xv.298). Sur le jeu de Frédéric, voir Mervaud, p.270-71.

correspondants habituels, à Genève, à Paris, ainsi qu'à la duchesse de Saxe-Gotha. Il s'avoue tout près d'être «attendri»: il le serait s'il pouvait cesser de penser «à l'aventure de [sa] nièce et à ses quatre baïonnettes».[90]

Wilhelmine est au désespoir. Elle lui mande qu'elle se trouve dans un «état affreux», et qu'elle ne survivra pas à la «destruction de [sa] maison et de [sa] famille». Elle supplie Voltaire de continuer à écrire au roi qu'elle dépeint, après Kollin, «en danger d'être pris et tué», malgré «son habileté et ses peines». Voltaire est traité en ami auquel elle confie son désarroi. La margrave, «sœur Guillemette», en appelle à la sensibilité de «frère Voltaire», et elle a la délicatesse d'envoyer «bien des compliments à Mme Denis».[91]

Il est fréquent qu'un belligérant aux abois tente d'explorer, par des contacts discrets, les voies d'une issue honorable. Wilhelmine a pris langue avec le cardinal de Tencin, jusqu'ici sans succès. Voltaire en est informé. Il suggère à la margrave de s'adresser à Richelieu. Il est prêt lui-même à offrir ses bons offices auprès de Tencin, par l'intermédiaire de son banquier Jean-Robert Tronchin qui réside à Lyon, à portée de Son Eminence. Est-on «effectivement dans l'intention d'abandonner le roi de Prusse à toute la rigueur de sa destinée»? Il serait beau que Louis xv se rendît «l'arbitre des puissances», qu'il fît les «partages». Ne devrait-on point conseiller à la margrave de lui écrire une «lettre touchante et raisonnée» que transmettrait le cardinal? Voltaire est persuadé de la nécessité d'une «balance» en Europe. La puissance prussienne y contribuerait, si elle était ramenée dans de justes limites. C'est d'ailleurs ce que prévoyait le second traité de Versailles, il y a quelques mois. Il serait bon que, par l'intermédiaire de Tencin – apparemment mieux disposé –, les réflexions sur l'équilibre européen fussent présentées à Versailles. Mais il faudrait y ajouter «quelque chose de flatteur pour l'abbé de Bernis qui a les Affaires étrangères et le plus grand crédit à la cour».[92]

Cependant la situation de Frédéric s'aggrave. Stratège acculé, supputant fiévreusement ses chances, il versifie, la forme poétique lui paraissant la seule digne d'exprimer le raidissement stoïcien contre l'adversité, et de transcender son humiliation:

> Je suis homme, il suffit, et né pour la souffrance.
> Aux rigueurs du destin, j'oppose ma constance.[93]

90. D7364, D7393, D7357.
91. D7350, D7438, D7380.
92. D7402, D7403, D7426, D7429.
93. D7373 (9 [septembre 1757]).

Il fait parvenir aux Délices son *Epître à d'Argens*.[94] En 208 vers, il rime ses adieux à la vie. Il envisage le suicide d'honneur comme ultime réponse à la défaite. Il invoque les exemples de Caton, de Brutus, et dans ses lettres sur le même thème étaye cette attitude très littéraire par une citation de *Mérope* :

> Quand on a tout perdu, quand on n'a plus d'espoir,
> La vie est un opprobre, et la mort un devoir.[95]

Voltaire, dans sa réponse, s'efforce de l'en dissuader. Il estime que Frédéric l'a mis en état de lui «parler comme on ne parle pas habituellement aux rois». Il lui fait donc la leçon. Ce suicide à l'antique est anachronique. Othon et Caton «n'avaient guère autre chose à faire que servir ou mourir», mais cette «extrémité héroïque» flétrirait la mémoire du monarque prussien. Ce serait fuir ses responsabilités, en abandonnant sa «nombreuse famille» à son triste sort. Voltaire se donne la délicate satisfaction de dispenser au roi des «conseils très paternels». Il ose se placer dans la perspective d'un souverain déchu, soit qu'il évoque les précédents de monarques ayant abdiqué – Charles-Quint, Christine de Suède –, soit qu'il rappelle les exemples de Charles XII ou du Grand Electeur de Brandebourg, obligés de céder leurs conquêtes. Il formule, dans cette hypothèse, la suprême consolation : «un homme qui n'est que roi peut se croire infortuné, quand il perd ses Etats, mais un philosophe peut se passer d'Etats.»[96]

En octobre, Frédéric s'est ressaisi. Renonçant au suicide, il songe à un parti plus digne d'un roi, celui qu'avait envisagé le vieux Louis XIV dans une situation pareillement désespérée, en 1710 : périr les armes à la main, à la tête de ses troupes. Encore une fois, il le disait en vers, les plus beaux de toute sa versification française :

> Pour moi, menacé du naufrage,
> Je dois, en affrontant l'orage,
> Penser, vivre et mourir en roi.[97]

Ceci, comme d'habitude, à l'adresse de Voltaire. Frédéric, en face de ce témoin privilégié, se drape dans une noble attitude. Mais on aurait tort de ne voir là qu'une pose. De la part d'un homme d'action comme lui, véritablement «grand», ce n'était pas de la pure rhétorique. La suite allait le prouver.

Voltaire continue à combattre son projet de périr, que ce soit par le suicide ou

---

94. Frédéric attachait grande importance à ce que ce texte fût reçu par Voltaire. Il lui en envoyait une copie holographe, il en faisait envoyer une autre par sa sœur (*Politische Correspondenz*, xv.383). Voltaire en recopie de larges extraits dans les *Mémoires* (M.i.48-50).

95. Cité dans D7373.

96. D7400, D7419. Frédéric demandera plus tard que ces lettres de consolation de Voltaire soient supprimées. Il n'obtint point gain de cause.

97. D7414 ([8 octobre 1757]).

sur le champ de bataille. Mais bientôt le génie militaire de Frédéric allait rendre vaines les exhortations du philosophe.

17. Prélude à *Candide*

(novembre 1757-fin août 1758)

Pour soutenir le moral de Frédéric, Voltaire lui faisait valoir que la situation militaire restait fluctuante: «les choses peuvent changer».[1] Il ne croyait pas dire si vrai. Au moment où il traçait cette phrase, «les choses» avaient changé, radicalement. Nous voici en présence d'un de ces décalages épistolaires dont les auteurs de romans par lettres savaient, au dix-huitième siècle, exploiter les ressources. L'effet ici apparaît, à l'insu de Frédéric comme de Voltaire, par la seule faute des mauvaises communications dans l'Allemagne en guerre. La lettre de Frédéric, «mourir en roi», du 8 octobre, n'était parvenue à Genève que le 12 ou le 13 novembre. Lorsque Voltaire répond, il ignore encore que son correspondant une semaine plus tôt a renversé le rapport des forces, à Rossbach.

Le 5 novembre, Frédéric avait remporté l'une de ses plus grandes victoires, et la France avait subi l'un des plus humiliants désastres de son histoire militaire. Voltaire compare Rossbach à Azincourt, Crécy, Poitiers.[2] D'une catastrophe à l'autre, des constantes peuvent être relevées. Des troupes mal préparées: on avait tenté d'adopter les manœuvres à la prussienne, mais en changeant «presque à chaque revue», de sorte que les soldats n'avaient en 1757 «réellement aucune discipline ni aucun exercice». Surtout, à la tête (car les Français, à Rossbach, se firent tuer courageusement), une parfaite impéritie du commandement. Soubise, protégé de Mme de Pompadour, avait toutes les qualités du courtisan et aucune du chef militaire. Il avait formé son armée en colonne, pour progresser au-delà de la Saale, en direction de Dresde. Mais il avait négligé d'assurer ses flancs. Or voici qu'il se trouve entre deux plateaux. Frédéric exploite immédiatement la faute. Malgré son infériorité numérique (environ 20 000 Prussiens contre 60 000 Français), malgré la fatigue de ses hommes, après des semaines de marches et de contremarches, il occupe en toute hâte les hauteurs de part et d'autre, sans que Soubise remarque rien. Le moment venu, l'artillerie foudroie des deux côtés les troupes françaises; puis les feux d'infanterie, et les charges de la cavalerie achèvent

---

1. D7460 (13 novembre [1757]).

2. M.i.51: à la différence de ces autres défaites, Rossbach n'eut pas pour conséquence une invasion du territoire national, parce que Frédéric dut faire face à l'est pour combattre les Autrichiens en Silésie.

le massacre. En «un quart d'heure» selon Voltaire,[3] en tout cas en un temps très court, l'armée de Soubise avait été anéantie: deux ou trois mille tués, cinq mille prisonniers, le reste en déroute.

Voltaire apprend la nouvelle dix jours plus tard.[4] Il en ressent un dépit mêlé d'une certaine admiration pour son ancien disciple. Celui-ci, il n'en disconvient pas, «a pensé, a agi en roi» et, ajoute-t-il, «il n'en est pas mort». Ses *Mémoires* même, pamphlet anti-frédéricien, devront s'incliner. Il faut pardonner à «Luc» «ses vers, ses plaisanteries, ses petites malices, et même ses péchés contre le sexe féminin. Tous les défauts de l'homme disparurent devant la gloire du héros.»[5] Comment en effet ne pas reconnaître le génie et le courage de Frédéric, et la valeur de ses troupes, sans égale alors en Europe?

Mais Voltaire souffre dans son amour-propre de Français. Lui qui connaît bien son Frédéric, il imagine sa joie. «Il a obtenu ce qu'il a toujours désiré, de battre les Français, de leur plaire et de se moquer d'eux.» L'hôte des Délices est affecté par le plaisir malicieux que ressentent les Suisses des malheurs de leurs voisins, parfois si arrogants. «On nous rit au nez, comme si nous avions été les aides de camp de M. de Soubise.» C'est en ce temps d'épreuve que Voltaire proteste, avec une sincérité qu'on aurait tort de méconnaître: «j'ai en France mon bien et mon cœur».[6]

Il se flatte qu'une revanche sera obtenue, dans les semaines qui suivent Rossbach. Son ami Richelieu n'est-il pas à la tête d'une armée victorieuse au Hanovre? Hélas! au lieu de secourir Soubise, Richelieu ne s'occupe qu'à piller méthodiquement le pays. Bien plus: il avait imprudemment libéré l'armée anglo-hanovrienne, sur simple promesse de ne plus combattre. Mais le ministère anglais désavoue la capitulation, et ordonne à ses troupes de reprendre l'offensive. Richelieu va être obligé d'évacuer précipitamment le Hanovre. Autre déception du côté de la Silésie. Voltaire s'était réjoui d'abord des succès autrichiens: «ils nous vengent et nous humilient», quel contraste avec la débandade française! Ils vont, eux, infliger une leçon à Frédéric II: il voit déjà les Autrichiens marcher sur Berlin. Mais le 20 décembre, il déchante: il apprend la nouvelle victoire du roi de Prusse à Leuthen, un mois après Rossbach.

Le retournement de la situation, en ces derniers mois de 1757, l'afflige

---

3. M.i.52.

4. Vers le 15 novembre, D7462, D7463.

5. M.i.53. Ces *Mémoires pour servir à la vie de M. de Voltaire* auraient-ils été commencés dès 1751, comme pourrait le faire croire une note de Berryer datée du 20 juillet 1751 (M.i.319)? Il est plus vraisemblable que Voltaire les a entrepris après l'affaire de Francfort. La première partie, non datée, se termine à Rossbach (M.i.53). Ensuite le texte porte trois dates, 6 novembre 1759, 27 novembre 1759, 12 février 1760, mais pour des additions assez brèves. Il est probable que la rédaction de la partie antérieure, qui en constitue l'essentiel, est de 1757-1758.

6. D7499 (6 décembre [1757]), D7472 (20 novembre [1757]), D7491 (2 décembre [1757]).

encore pour une autre raison. Les pourparlers secrets pour la paix où il sert d'intermédiaire avec la margrave de Bayreuth et Tencin, entre Frédéric et Versailles, n'ont plus aucune chance d'aboutir. Ni le roi de Prusse, vainqueur, ni le cabinet français, en position de faiblesse, n'accepteront de conclure. Voltaire doit se défendre auprès de Mme de Pompadour contre le soupçon de trahir les intérêts français.[7]

En même temps qu'il suit les événements militaires d'Allemagne, son attention est ramenée vers le groupe encyclopédiste de Paris. La confidente de Diderot, l'amie de Grimm, Mme d'Epinay, est à Genève depuis le début de novembre. Elle vient consulter Théodore Tronchin pour soigner ses «nerfs» malades. Invitée avec insistance, elle rend plusieurs visites aux Délices. Elle nous a laissé, dans ses lettres à Grimm, deux croquis des maîtres de la maison. Sur la ronde et courte Mme Denis la plume de la maigrichonne Mme d'Epinay s'exerce sans indulgence:

une petite grosse femme [...], femme comme on ne l'est point, [...] n'ayant pas d'esprit et en paraissant avoir, criant, décidant, politiquant, versifiant, raisonnant, déraisonnant [...] Elle adore son oncle en tant qu'oncle et en tant qu'homme.

Quant à cet «oncle», il a séduit la visiteuse, et celle-ci lui a plu. Comme elle lui a demandé la permission d'achever chez lui une lettre à Grimm, il a voulu la regarder écrire, «pour voir ce que disent ses deux grands yeux noirs». Elle fixe alors cet instantané de Voltaire chez lui: «Il est assis devant moi, il tisonne, il rit, il dit que je me moque de lui, et que j'ai l'air de faire sa critique. Je lui réponds que j'écris tout ce qu'il dit parce que cela vaut bien tout ce que je pense.»[8]

A l'occasion de ces badinages, elle communique à Voltaire certaines informations. Il a quitté Paris depuis sept ans, et il n'est plus bien au fait. Il s'imagine que la responsabilité principale du *Dictionnaire* incombe à d'Alembert. Mme d'Epinay a dû lui apprendre quelle part prépondérante revenait à Diderot, «Monsieur Garnier» dans le langage codé de sa correspondance. Il était temps que Voltaire apprît ce qu'il en était. Le tome VII de l'*Encyclopédie* – lettres F et G – vient de sortir à Paris. A Genève où le volume n'est pas encore arrivé, une rumeur de scandale l'a précédé. On sait déjà que l'article «Genève», signé par d'Alembert, entre autres allégations, loue les pasteurs de la métropole calviniste de leur socinianisme: ils ne croiraient plus à la divinité de Jésus. Emoi, colère. Voltaire va être impliqué dans l'affaire. D'abord parce qu'il s'est engagé dans ce tome VII beaucoup plus qu'il n'avait fait dans les précédents. Il a donné à ce seul volume dix-sept articles, de «Foible» à «Grave, gravité». Mais surtout, on est persuadé qu'il a suggéré à d'Alembert l'essentiel de son propos, pendant le séjour de celui-ci à Genève. Apprenant que les pasteurs prétendent répliquer il lance dans

7. D7507, D7521.
8. D7480, D7518.

une lettre à d'Alembert une bordée d'injures: «Fanatiques papistes, fanatiques calvinistes, tous sont pétris de la même m...[9] détrempée de sang corrompu.» L'affaire «Genève» réactive en lui un fantasme du prêtre – sang et ordure – quelle que soit d'ailleurs la confession dont relève cet homme d'Eglise. Une guerre philosophique s'annonce, qui durera plus longtemps que les combats de la guerre de Sept Ans. Déjà Voltaire en définit la méthode et l'objectif, également élitistes. «Pour renverser le colosse», il suffira, croit-il, de «cinq ou six philosophes qui s'entendent». A quelle fin? «Il ne s'agit pas d'empêcher nos laquais d'aller à la messe ni au prêche; il s'agit d'arracher les pères de famille à la tyrannie des imposteurs, et d'inspirer l'esprit de tolérance.»[10]

Tandis qu'il rumine de tels projets, il n'a en chantier aucun ouvrage. Le manuscrit commencé, son *Histoire de l'empire de Russie sous Pierre le Grand*, est au point mort: il attend la documentation promise par Shouvalov. Au pasteur de Berne Elie Bertrand, auteur de *Mémoires* géologiques, il fait connaître son scepticisme en matière de «coquilles» et de «pétrifications».[11] Mais autant qu'on sache il n'a entrepris aucun ouvrage sur ces «singularités de la nature». Il n'a aucune tragédie sur le métier. Apparemment sa plume chôme. Situation assez anormale chez lui pour qu'on s'étonne. Cette période de vacuité va-t-elle favoriser la naissance de la meilleure de ses œuvres? Le fait est que *Candide* prend forme en décembre 1757 dans son esprit occupé des ravages de l'Allemagne en guerre.

Il a, le 20 décembre, gagné sa maison de Lausanne.[12] Il va passer là, comme l'année précédente, la saison d'hiver. En cette ville exposée au midi, située sur les hauteurs au-dessus du lac, il va chercher pour la période des grands froids un climat meilleur qu'à Genève. Mais il n'y revient pas dans sa maison de Montriond. L'ancienne demeure de M. de Giez se trouvait hors de la ville: sur la route de Lausanne à Ouchy, vers la droite, où se situe aujourd'hui le parc de Montriond; inconvénient évident pour les visiteurs obligés de regagner la cité en pleine nuit, éventuellement sur des chaussées enneigées ou verglacées. Pendant l'hiver précédent, il y avait eu grande affluence chez Voltaire, en sa maison de Montriond. On était venu à ses soirées, assure-t-il, de «vingt lieues à la ronde».[13] Il ne renonce pas tout de suite au bail de Montriond, mais dès mars 1757 il avait loué une autre maison, pour neuf ans, mieux placée. Celle-ci, dite du Grand-Chêne, du nom de

---

9. D7512 (12 décembre [1757]). Le texte n'est connu que par la transcription de Kehl qui imprime ici «boue» (voir les notes textuelles). On peut penser que sur l'original «m...» était écrit en toutes lettres.

10. D7499 (6 décembre [1757]), à d'Alembert.

11. D7531, D7481.

12. D7527, à d'Argental.

13. D7228.

la rue, se trouve au centre de la ville. Aujourd'hui détruite, elle occupait l'emplacement actuel du Palace Hôtel. Maison «charmante», «qui donne envie d'y vivre».[14] «Envie» qui était sans doute celle de Mme Denis. La nièce – on peut le supposer – tenait à passer l'hiver, saison des mondanités, au cœur de la vie urbaine. Elle aura su convaincre son oncle. Voltaire juge Lausanne une «très vilaine ville», mais il l'aime, car la bonne compagnie y est pleine d'esprit et de talent.[15] Le Grand-Chêne a de plus l'avantage d'être assez proche de Monrepos. Plus de ces longues descentes, après le spectacle, en pleine nuit par des routes enneigées pour aller souper à Montriond. Enfin la vue, de là-haut, est magnifique.

Voltaire dans sa correspondance, on le sait, ne s'abandonne guère au genre descriptif. Il ne fait exception que pour ces paysages du Léman et des Alpes, que son regard embrasse depuis le Grand-Chêne. Il ne peut se retenir d'évoquer le panorama, pour des correspondants aussi différents que d'Argental, Mme de Lutzelbourg, Darget.[16] Sa maison est construite «en cintre», sur un plan convexe, de sorte qu'elle donne vers l'est, vers le sud, vers l'ouest. Elle s'ouvre sur le paysage par quinze croisées. Voltaire assure qu'il découvre d'un côté (vers l'ouest) quinze lieues de lac (soixante kilomètres), sept de l'autre (vingt-huit kilomètres). Au pied de l'édifice, un jardin en terrasse, et au-dessous, d'autres jardins étagés, descendant jusqu'au bord du Léman. La vue est étendue et, par le froid sec de l'hiver, magnifique. A ses pieds, la vaste surface du lac, «cette petite mer», «en miroir». Au-delà, les rives de la Savoie, et au-delà encore la chaîne des Alpes «en amphithéâtre, et sur lesquelles les rayons du soleil forment mille accidents de lumière». Il est saisi par tant de grandeur visible. Déjà, on se le rappelle, en mars 1755, «arrrivant dans sa terre», il s'était exalté, en une épître:

> Que tout plaît en ces lieux à mes sens étonnés!

Il avait dit en vers son enthousiasme à la vue, depuis Genève et Prangins, du lac («d'un tranquille océan l'eau pure et transparente»), des Alpes («ces monts sourcilleux»).[17] En janvier 1758, devant l'immense panorama, l'émotion est plus vive encore et s'exprime sans convention. Il n'est pas de ces «préromantiques» qui découvriront la montagne à travers la littérature. Il n'a pas attendu *La Nouvelle Héloïse* de Rousseau (qui paraîtra trois ans plus tard). Il ne s'intéresse pas à *Die Alpen* (1729) de Haller qu'il néglige d'admettre, même en traduction française,

---

14. Il l'a louée en mars, D7220, et aménagée fin août, D7357. Dans D7223 (3 avril 1757), annonçant à sa nièce Mme de Fontaine l'acquisition (en réalité une location pour neuf ans), il ajoute: «Je suis logé à la ville et à la campagne de façon à vous bien recevoir dans toutes les saisons». Comprenons que la maison de la «campagne» est celle des Délices, alors hors de Genève, et que celle de la ville est la maison du Grand-Chêne («Me voici lausannois pour les hivers», D7228).

15. D7215, D7228.

16. D7555, D7558, D7565.

17. M.x.363.

dans sa bibliothèque. Lui si souvent attaché au détail minutieux, voire mesquin, il aime contradictoirement s'élever dans le grand : naguère à l'idée du cosmos newtonien, aujourd'hui au spectacle de la nature alpestre. On s'avise ainsi que jusqu'alors il n'avait vécu qu'en pays de plaine, ne connaissant guère, en guise de montagne, que les vallonnements de l'Ile de France. Ses voyages lui avaient fait parcourir surtout la plaine anglaise, les plats pays belgiques et hollandais, les landes de l'Allemagne du Nord et de la Prusse. A soixante ans passés, il demeure assez disponible pour recevoir le choc de visions nouvelles.

«Quarante lieues de neige» (cent soixante kilomètres) : voilà ce qu'il regarde de ses fenêtres. De quoi admirer, et frissonner. Quel univers hostile pour le frileux qu'il est! Mais il se sent protégé, comme en une bulle. Il entretient dans sa chambre un feu d'enfer. Il y règne, parmi les glaces environnantes, une chaleur d'étuve. A tel point que les mouches éclosent et autour de lui bourdonnent. «Il y a toujours dans ce monde quelque mouche qui me pique». Laquelle donc précisément, en ce moment, vient le piquer? «Quand on est de loisir, et qu'on a le sang un peu allumé, on a la rage d'écrire», confessera-t-il, l'hiver suivant, dans des conditions climatiques analogues. En ce début de janvier 1758, il est «de loisir». Comme l'année précédente, Mme Denis et lui veulent égayer la mauvaise saison par des spectacles à Monrepos, avec leur troupe d'amateurs. Mais la reprise des représentations se fait attendre. Constant d'Hermenches n'est pas encore de retour. D'autres acteurs sont malades.[18] Et puis l'enthousiasme a décru. L'attrait de la nouveauté s'est dissipé. On reprend le même répertoire. *Fanime* toujours.[19] On essaie de varier, avec *Alzire*, ou l'*Iphigénie* de Racine ;[20] pièces bien connues. Ce sera la dernière saison du théâtre de Monrepos.[21]

Voltaire a l'esprit ailleurs. Que rédige-t-il donc, pour apaiser son «sang allumé»? Les lettres où il décrit la «vue» de Lausanne, aussi belle que celle de Constantinople,[22] sont justement les lettres où passent des expressions, des allusions, qui nous font penser au texte de *Candide*. Nous avons ailleurs détaillé ces rapprochements.[23] Il n'est pas douteux que dans sa chambre donnant sur un vaste horizon de neige, il trace les premiers brouillons de son conte. Il pense aux glaces des pays allemands, qu'il connaît bien : les missives qu'il envoie alors à la duchesse de Saxe-Gotha suffiraient à lui remettre en mémoire les désolations diverses des pays germaniques. Pour *Candide*, expulsé du petit paradis de

---

18. D7569, D7619.
19. D7650 (24 février 1758), D7660 (3 mars 1758).
20. D8237, D7569.
21. L'hiver suivant, Voltaire fera connaître qu'il fait construire un théâtre sur les terres qu'il vient d'acheter en France (Ferney et Tourney), D7963 (4 décembre 1758).
22. D7558 (5 janvier [1758]), D7550, D8003.
23. Voir *Candide*, *OC*, xlviii.27-31.

Thunder-ten-tronck, la première d'une longue série d'épreuves n'est-elle pas de passer une nuit dans les champs «entre deux sillons», sous la neige qui tombe «à gros flocons»?

On est porté à croire que Voltaire n'improvise pas son récit épisode par épisode, l'inventant au fur et à mesure qu'il avance. La création théâtrale l'a habitué à concevoir un sujet comme un ensemble tendu vers le dénouement. Le plus probable est qu'il a commencé par dessiner un canevas du conte. L'un des premiers échos de *Candide* dans la correspondance se lit dans une lettre du 27 décembre 1757, à Elie Bertrand.[24] Il est question de la protestation des pasteurs contre l'article «Genève» de l'*Encyclopédie*. «Que faut-il donc faire?» demande Voltaire. Il répond: «Rien, se taire, vivre en paix, et manger son pain à l'ombre de son figuier.» Formulation proche de la réponse du derviche, en sa version primitive, au chapitre trentième et dernier. «Que faut-il donc faire? dit Candide. – Cultiver la terre, boire, manger et se taire.»[25] En rédigeant les premiers brouillons de son récit, le conteur a manifestement présent à l'esprit le point d'aboutissement, la célèbre «Conclusion» de *Candide* où le refus du bavardage «métaphysico-nigologique» de Pangloss est posé comme un préalable («se taire», «travaillons sans raisonner», dira Martin). Voltaire s'est-il d'abord donné un schéma de *Candide* en quelques lignes, comparable au schéma de *L'Ingénu* qui a été retrouvé dans ses papiers?[26] Un schéma qui aurait pu d'ailleurs, comme celui de *L'Ingénu*, être assez différent de l'histoire en sa version définitive. L'hypothèse paraît plausible. Mais à quelle époque, en ce cas, remonterait l'idée première du conte? Il est impossible, on le sait, de dater l'esquisse initiale de *L'Ingénu*. En ce qui a trait à *Candide*, on note la place qu'y tiennent les événements de 1756.[27] *L'Orphelin de la Chine* est le nom de la pièce nouvelle qu'on lit sous les ratures d'un manuscrit, dans l'épisode parisien. Candide et Pangloss débarquent à Lisbonne au moment du séisme du 1er novembre 1755, et sont victimes de l'autodafé qui suivit. La guerre entre la France et l'Angleterre pour les «arpents de neige» du Canada; l'expédition partie de Cadix «pour mettre à la raison les révérends pères du Paraguay»; l'exécution d'un amiral anglais, en qui l'on reconnaît le malheureux Byng, dont le procès commence à la fin de 1756; autant de thèmes qui reviennent dans les lettres de cette année-là, ainsi que les plaintes sur les horreurs de la guerre entre la France et l'Angleterre et en Allemagne, qui font passer au second plan la catastrophe naturelle de Lisbonne.[28] Voltaire aurait-il décidé déjà, en 1756, d'écrire *Candide*? Rien ne permet de l'affirmer, ni non plus d'en écarter

24. D7536.
25. *OC*, xlviii.257.
26. Voltaire, *Romans et contes*, éd. R. Pomeau (Paris 1966), p.318, 712-15.
27. C'est Jacqueline Hellegouarc'h qui nous le fait remarquer.
28. D6629, D6666, D7001, D7023, D6708, D7067.

l'hypothèse. Il est certain que la rédaction ne commence qu'en décembre 1757 et janvier 1758. Mais une période de latence assez longue peut précéder la rédaction d'un conte voltairien, comme on le voit par le délai de plusieurs années qui sépare le *Voyage du baron de Gangan* de la reprise du même schéma dans *Micromégas*.

Pendant que Voltaire écrit les premières pages de *Candide*, une autre «mouche» le pique, on vient de le voir, l'affaire de l'article «Genève». Entre Voltaire et les pasteurs de la métropole calviniste ou du pays de Vaud, il y avait manifestement malentendu. Parmi eux beaucoup sont gens de lettres, insatisfaits: ils cherchaient l'amitié des auteurs en renom. Quelle aubaine que la présence en leur pays de l'illustre auteur de *La Henriade*! Ne s'est-il pas dans cette *Enéide* française affirmé l'apôtre de la tolérance, donc favorable à la cause des Réformés? Dans leurs rencontres avec lui ils jouent les esprits forts, «avancés». Cela sans trop se forcer. Car plusieurs d'entre eux s'appliquent à donner de leur christianisme une image moderne, de couleur «philosophique». Un Jean-Alphonse Turretini s'était détourné de la théologie pour insister sur la morale. Jacob Vernet, dans son *Traité de la vérité de la religion chrétienne*, présente la Révélation comme la confirmation et le complément de la loi naturelle. Lors d'une réédition (1748), il remplace la «nécessité» de la Révélation par sa «grande utilité», retranche le chapitre sur la Trinité. Jacob Vernes, pasteur genevois, Polier de Bottens, premier pasteur de Lausanne, inclinent à l'arianisme. Aussi d'Alembert, conseillé par Voltaire, s'est-il cru en droit d'écrire que «le respect pour Jésus-Christ et pour les Ecritures sont peut-être la seule chose qui distingue d'un pur déisme le christianisme de Genève».[29] Ces pasteurs, de «purs déistes», qui n'auraient de chrétien que l'apparence? c'était aller trop loin.

Alarmé, le Consistoire genevois se réunit, cherche les responsables. On crée une commission, chargée de répondre à l'article de l'*Encyclopédie*. Vernet la préside, le médecin de Voltaire, Théodore Tronchin, en est le secrétaire. Voltaire raille: ils vont tenter de «donner un état à Jésus-Christ», puisque c'est la divinité de Jésus qui est en question. Effectivement, les pasteurs sont gênés par les imprudences commises. Voltaire manœuvre pour les influencer. Il s'efforce d'intimider Théodore Tronchin, quelque peu hésitant. «Allez, allez, vous n'êtes pas si fâchés», dit-il aux autres. S'ils pouvaient franchir le pas et s'avouer publiquement sociniens! Ce serait «une grande révolution dans l'esprit humain». le virement d'un christianisme «philosophique» au simple déisme. Cet article «Genève»: «un coup important dont il ne faut pas perdre le fruit».[30] Mais ses

29. *Encyclopédie*, vii.578.
30. D7531 commentaire, D7540, D7570 (vers le 8 janvier 1758), à Diderot.

prétendus sociniens le déçoivent. Ils ne seront jamais que des « sociniens honteux ». Après deux mois de discussions, la commission met au point une *Déclaration*. Texte prudent, assez embarrassé, qui déçoit un chrétien convaincu comme Haller. Voltaire croit pouvoir triompher : « Servet sans doute aurait signé cette confession ». Il se trompe. En dépit des circonlocutions, et en évitant de trop s'engager sur l'épineuse question de la Trinité, les pasteurs affirment néanmoins qu'en Jésus « a habité corporellement toute la plénitude de la Divinité », « qu'il faut écouter ce Divin Maître et le Saint Esprit parlant dans les Ecritures ».[31] Il ressort que la « révolution » escomptée – abandon de la foi chrétienne au profit d'un déisme philosophique – ne s'opérera pas par un simple glissement sans rupture. L'échec de 1758 conduira Voltaire à l'évidence qu'il faut pour atteindre le but lancer une croisade.

A Paris et à Versailles, l'affaire prend une tournure plus fâcheuse. On se soucie peu ici de ce que pensent au juste les pasteurs hérétiques de la Suisse. Après les défaites militaires de l'année précédente, le ministère se trouve dans une mauvaise passe. Réaction ou diversion, Mme de Pompadour, Bernis – ministre principal, sinon Premier ministre –, les milieux dévots de la cour, encouragent la campagne antiphilosophique qui se déchaîne au début de 1758. Moreau, l'abbé de Saint-Cyr lancent des pamphlets contre les cacouacs, c'est-à-dire les philosophes. Le P. Le Chapelain prêche contre eux devant le roi. L'abbé de Caveirac publie une apologie de la Saint-Barthélemy et de la révocation de l'Edit de Nantes. Des périodiques – *L'Observateur hollandais*, *Affiches de province*, *Gazette de France* – harcèlent l'*Encyclopédie* et les encyclopédistes. Les jésuites en créent un, *La Religion vengée*, spécialement pour les réfuter.[32]

L'offensive obtient un premier succès. D'Alembert, codirecteur de l'*Encyclopédie* avec Diderot, abandonne. Voltaire lui conseille d'abord de tenir bon. Mais son correspondant s'avoue démoralisé. Il ne supporte pas la campagne d'injures inspirée par l'autorité. En haut lieu, on tient les philosophes pour « une secte qui a juré la ruine de toute société, de tout gouvernement et de toute morale ». Que faire contre de telles préventions ? Malesherbes, favorable aux philosophes, a « peu de nerf et de consistance », on ne peut compter sur lui. Conclusion : « il faut laisser là l'*Encyclopédie*. » Une telle situation déconcerte la stratégie voltairienne, celle de gagner à la bonne cause les milieux dirigeants. Il préconise alors une autre méthode : « Faites un corps... ». Que l'*Encyclopédie* devienne un groupe de pression : « Ameutez-vous et vous serez les maîtres ». Et si l'on ne veut pas les écouter, qu'ils aillent continuer ailleurs. Pourquoi l'équipe encyclopédique ne viendrait-elle pas terminer le dictionnaire à Lausanne où Voltaire les logerait ?

31. Pour les références et plus de précisions, on consultera R. Pomeau, *La Religion de Voltaire* (Paris 1969), p.307.

32. Pomeau, *La Religion*, p.306.

Voilà ce qu'il mande à Diderot. Mais celui-ci, surmené, irrité, laisse sans réponse les lettres de son illustre correspondant. Voltaire s'indigne d'un pareil manque d'égards. Il menace de retirer ses articles. Diderot se décide enfin à répondre. Il est impossible, écrit-il, de transporter hors de France une entreprise aussi lourde que l'*Encyclopédie*. D'ailleurs les libraires parisiens associés pour sa publication sont juridiquement propriétaires des manuscrits. Courageusement Diderot se déclare décidé à continuer sur place, sans d'Alembert.[33] Mais entre Voltaire et lui un fond d'amertume subsistera.

De l'un à l'autre, des divergences existent qui ne s'effaceront jamais, et iront plutôt s'accentuant. Diderot, de dix-neuf ans plus jeune que Voltaire, appartient à la génération suivante : à cette génération qui fait ses débuts à la charnière du siècle, dont il est avec Rousseau l'une des têtes de file. A l'égard de Voltaire, Diderot, comme d'ailleurs Rousseau à cette date, témoigne la plus grande déférence. Une déférence où perce toutefois l'assurance des nouveaux venus, persuadés qu'ils dépassent les anciens. A la date où nous sommes (1759), un double désaccord, philosophique et esthétique, s'est déjà exprimé entre Diderot et Voltaire. Dix ans plus tôt, dans son remerciement à la réponse de Voltaire après l'envoi de la *Lettre sur les aveugles*, Diderot insistait longuement sur l'athéisme de Sanderson, l'aveugle-né opéré de la cataracte. C'est ici qu'il écrit la phrase souvent citée : « Il est donc très important de ne pas prendre de la ciguë pour du persil, mais nullement de croire ou de ne pas croire en Dieu. »[34] Entre le théisme du patriarche et l'athéisme militant de Diderot et de ses amis, la faille ira s'élargissant. Mais cette philosophie, chez l'auteur des *Pensées philosophiques*, n'est point atteinte de cette sorte de sécheresse hypercritique qu'on lui reprochera parfois chez d'autres. Une exaltation spéculative anime cet athéisme, ce matérialisme de Diderot. D'où le recours à une certaine emphase de l'expression, que lui reproche Voltaire. C'est là l'un des défauts manifestes de son théâtre. Diderot a fait parvenir aux Délices un exemplaire du *Fils naturel*, drame bourgeois non encore représenté, accompagné d'un commentaire où est exposée avec un éloquent enthousiasme la théorie du genre nouveau. Voltaire remercie poliment : la pièce est pleine « de vertu, sensibilité et de philosophie ». Puis il enchaîne sur la réforme souhaitable du théâtre, sans rien dire des idées de Diderot en la matière : il ne parle que des spectateurs sur la scène (ces places n'ont pas encore été supprimées) et de l'excommunication des comédiens.[35] Envoi l'année suivante du *Père de famille* (qui, non plus que *Le Fils naturel*, n'a pas été, à cette date, représenté). Voltaire remercie tout aussi brièvement, presque dans les mêmes termes : « des choses tendres, vertueuses, et d'un goût nouveau ». Il passe aussitôt à la critique

33. D7564, D7607, D7592, D7666, D7618, D7641.
34. D3945 (11 juin 1749).
35. D7175 (28 février [1757]).

des articles de l'*Encyclopédie*, trop conformistes («Ame», «Enfer»), déclamatoires («Femme», «Fat»).[36] C'est son double grief contre le *Dictionnaire* de d'Alembert et Diderot. On ne peut pas «dire la vérité», «on est obligé de mentir, et encore on est persécuté pour n'avoir pas menti assez».[37] Et quand on ne «ment» pas, qu'offre-t-on, trop souvent, au public? De «vaines déclamations». Le lecteur «ne veut qu'être instruit» et on lui inflige des «dissertations vagues et puériles», «des idées hasardées», «des phrases ampoulées, des exclamations».[38] Certes ce n'est pas la manière de d'Alembert, destinataire de ces plaintes. C'est celle de Diderot. Voltaire se sent en bonne communion d'esprit avec la raison mathématicienne de d'Alembert, non avec le fougueux Diderot. Entre eux, il y a de l'incompatibilité d'humeur. Diderot ne semble pas avoir rencontré Voltaire au moment de la *Lettre sur les aveugles*, malgré l'intention qu'il en avait exprimée.[39] Ensuite, à la différence de d'Alembert, de Grimm, il ne fera jamais le voyage des Délices, ni de Ferney. Des réticences, des gênes affectent ses relations avec le patriarche. Pourtant les deux hommes s'estiment, en tant qu'écrivains,[40] en tant que militants de la même cause philosophique. Chacun admire le courage de l'autre dans le combat. Aussi, en dépit des leurs arrière-pensées, feront-ils en sorte de rester toujours unis et en bons termes.

Si Voltaire s'abusait sur l'évolution religieuse de la Suisse, il apprécie correctement en revanche le changement des mœurs. En pensant au supplice de Servet, à celui de Nicolas Antoine, ce prêtre catholique converti au protestantisme, puis au judaïsme, qui fut brûlé à Genève en 1632, il constate, selon ses termes, que «certains sauvages sont devenus depuis fort polis». La preuve de leur «politesse»: leur goût du théâtre. On joue la comédie «dans tous les cantons, dans tous les villages. Nous avons établi l'empire des plaisirs et les prêtres sont oubliés». On a repris les spectacles de Monrepos. Bien que moins brillants que l'année précédente, ils ont encore de l'éclat. Comme acteurs et actrices, de «belles femmes», «des jeunes gens bien faits qui ont de l'esprit»; comme public «une assemblée qui a du goût».[41] Et quelle interprétation! «De la colère et des larmes, et une voix tantôt forte tantôt tremblante, et des attitudes! et un bonnet! Non jamais il n'y eut de si beau bonnet!» Un rôle de confidente est tenu par Mme de Constant d'Hermenches, très supérieure à la Gaussin, laquelle a «les fesses trop

---

36. D7943 (16 novembre [1758]).
37. D7768 (26 juin [1758]), à Diderot.
38. D7539 (29 décembre [1757]).
39. D3945.
40. On se rappellera que Voltaire n'a pas connu ce qui constitue pour nous le meilleur de l'œuvre de Diderot, *Le Neveu de Rameau*, *Jacques le fataliste*, le *Supplément au voyage de Bougainville*, et autres textes, rédigés après la date où nous sommes (1759), et restés manuscrits jusqu'à la fin du siècle et au-delà.
41. D7666, D7660.

avalées et trop monotones». Autres interprètes: «la belle-fille du marquis de Langallerie» et son mari: ils font des progrès... «Tout le monde joue avec chaleur. Vos acteurs de Paris sont à la glace.» Après la tragédie, un opéra, ou opéra-buffa; des ballets. On termine par «un grand souper». «C'est ainsi que l'hiver se passe.»[42] Incontestablement, les temps moroses de la tristesse de vivre appartiennent au passé.

A peine le printemps s'annonce-t-il, Voltaire est de retour aux Délices.[43] Il se plaît en ce séjour, où il ne vit pas claquemuré, comme pendant l'hiver qu'il vient de passer à Lausanne. Il ne «songe qu'à cultiver en paix» ses jardins, mande-t-il au propriétaire en titre, Jean-Robert Tronchin. Il y plante des noyers (mais était-ce bien la bonne saison?). Il y mène une vie épicurienne, celle dont le Pococurante de *Candide* ne saura pas jouir: «une jolie maison, avec de la musique, des amis, des livres, des jardins agréables et un bon cuisinier.» Il n'est pas étonnant que Genève soit choisie comme asile par une clientèle cosmopolite. C'est en ce pays que «des Français, des Hollandais, des Allemands, des Russes viennent vivre heureux». Car «il n'y a de bon que la liberté». Ce qui lui rappelle un certain Genevois, homme à paradoxe, qui a trouvé le moyen d'aliéner son indépendance: Jean-Jacques Rousseau. «Qu'est-ce que c'est qu'un citoyen de Genève qui se dit libre et qui va se mettre au pain d'un fermier-général dans un bois comme un blaireau?»[44] Le «bois» de ce «blaireau»: l'Ermitage de la Chevrette, où Mme d'Epinay, épouse d'un fermier-général, le logeait depuis 1756. Voltaire a dû être informé de la brouille à la suite de laquelle, en décembre 1757, Rousseau a quitté l'Ermitage et s'est installé à Montmorency.

Pour être libre, il est utile d'être riche. Ce n'était pas le cas de Rousseau. En revanche, la correspondance de 1758 atteste la confortable opulence du locataire des Délices. Comme on l'a vu, le 13 juillet de l'année précédente, il avait versé à l'Electeur palatin Charles Théodore une grosse somme: 130000 livres. En contrepartie, l'Electeur lui constituait une rente viagère de 10%, à payer par semestre.[45] A la première échéance, le 1er février 1758, Voltaire a reçu les 6500 livres, ponctuellement versées. D'autres créanciers sont moins fidèles. Le marquis Ango de Léseau ne paie plus ses annuités depuis quatre ans. «Ce petit babouin crut faire un bon marché avec moi, parce que j'étais maigre et fluet.» Il faudra l'actionner, pour essayer d'en tirer quelque chose. Le plus gros débiteur semble être alors, en gage du prêt accordé au duc de Wurtemberg, le Suprême Conseil

---

42. D7652 (25 février [1758]). Il s'agit toujours de représentations de *Fanime*.

43. D7686 (18 mars [1758]).

44. D7706, D7732, D7666. C'est sans doute Mme d'Epinay elle-même qui a informé Voltaire de la brouille survenue avant son départ pour Genève.

45. D.app.156. A la mort de Voltaire, Mme Denis percevra sur cette rente 8000 livres annuellement, qui lui seront payées jusqu'à son décès le 21 avril 1790.

de la principauté de Montbéliard (qui ne deviendra française qu'en 1793). Sont dues 14 500 livres pour l'échéance du 30 mars. Le trésorier n'en a que 9 000 : pour régler le complément, il compte sur la vente des grains. Le portefeuille de Voltaire reste géré par son banquier de Lyon, Jean-Robert Tronchin. Chez celui-ci il a déposé 330 000 livres, sur lesquelles il reçoit 4%. Tronchin est en correspondance avec les hommes d'affaires auprès desquels Voltaire a fait des placements : à Paris, le notaire Laleu (en outre dans la capitale, Voltaire rémunère un agent chargé de faire rentrer ses rentes);[46] à Genève, le banquier Cathala; à Cadix, les sieurs Gilly, pour les capitaux investis dans le commerce d'Outre-Atlantique.

Voltaire est donc en mesure de rendre de menus services à des relations désargentées. A son correspondant de Berne, le pasteur Elie Bertrand, il prête cinquante louis, qui seront rendus «probablement dans le paradis».[47] Pour de plus grosses sommes, placées chez des personnes de plus haut rang, il prend ses précautions. L'Electeur palatin n'est pas au dix-huitième siècle le seul prince allemand à mener en sa cour un train de vie très au-dessus de ses revenus. Les princes, amis du philosophe, le duc et la duchesse de Saxe-Gotha, se trouvent au début de 1758 dans une situation difficile, aggravée par la guerre. Ils ont un urgent besoin d'un prêt de 50 000 florins (ou thalers). Voltaire ne pourrait-il les leur trouver auprès de la république de Berne? Il s'enquiert. Hélas! les Bernois ont récemment prêté 50 000 écus à la ville de Brême, et n'ont plus de capitaux disponibles. Il se tourne vers Genève. Mais on vient d'y placer 4 millions en rentes viagères à 10%. Toutefois Voltaire connaît un Genevois, le baron Labat de Grandcour, qui pourrait prêter 50 000 florins pour quatre ans, à 5 ou 6%, avec la garantie de Voltaire. En fait, Voltaire participe indirectement à l'opération sans se nommer. Il va prêter lui-même 90 000 livres à Labat, créancier en titre. Il reconnaîtra que l'affaire est bonne, le capital se trouvant remboursé en trois ans et demi. Sans savoir que leur illustre correspondant entre en sous-main dans le marché, le duc et la duchesse empruntent avec reconnaissance les 50 000 florins, à 6%, payables à Francfort.[48]

C'était au début de juillet 1758. A cette date, Voltaire est sur le point de faire un voyage en Allemagne, pour des raisons de finances, et pour d'autres aussi.

Il était retourné au Grand-Chêne fin avril, pour quelques jours. Il apparaît qu'il est désormais décidé à quitter sa maison de Lausanne.[49] Il a en tête d'acquérir, outre les Délices, une autre «résidence secondaire». Mais laquelle?

---

46. D7597, D7889, D7663, D7622, D7695, commentaire.
47. D7955 (27 novembre 1758).
48. Sur cette affaire, voir D7743, D7753, D7766, D7767, D7783, D7976.
49. D7718, D7760.

Au P. Menoux, confesseur du roi Stanislas, il fait savoir que son intention n'est pas de «mourir sur les bords du lac de Genève» – ce jésuite devrait être sensible à son apparente répugnance de finir en terre hérétique. S'adressant à Stanislas lui-même, il exprime le désir d'acheter une propriété dans le duché lorrain, afin de terminer sa vie auprès, dit-il, de «son Marc-Aurèle». On lui a proposé la terre de Champignelle, du côté de Fontenoy. Il rêve de renouer avec la vie de château, telle qu'il l'a vécue aux beaux jours de Cirey: «cette vie qui est la plus naturelle, la plus tranquille et la plus saine». Vivant à Champignelle avec Mme Denis, il serait «le plus heureux des hommes».[50] Il se met donc en route avec le projet de voir *in situ* ce futur paradis. Mais le voyage a aussi d'autres buts, dont il ne souffle mot.

Sa visite à l'Electeur palatin, à Mannheim et Schwetzingen, était décidée dès le 23 mai. Le 9 juin, Bernis lui a adressé le passeport nécessaire.[51] Le départ cependant est retardé. Apparemment parce qu'il a reçu aux Délices la visite d'une consœur en poésie: l'auteur d'une édifiante épopée, *La Colombiade*, Mme Du Bocage qui revient d'une «tournée» poétique en Italie. Elle lui avait envoyé naguère son livre. Il l'en avait remerciée avec effusion, et avec peu de sincérité: il ne daignera pas conserver dans sa bibliothèque le chef-d'œuvre de la dame.[52] Pourtant il comble d'égards la visiteuse, et son mari qui l'accompagne. Il la régale des meilleures truites du lac. Au cours d'un repas, il a déposé sur le chef de la Muse une couronne de lauriers.[53] Il l'a promenée à Genève et dans les environs, lui faisant rencontrer «la meilleure compagnie». Il a fait jouer pour elle deux de ses pièces. Elle repart enchantée. A la première étape, elle trace de son hôte une image flatteuse: à «l'élégance d'un homme de cour» il joint, écrit-elle, «toutes les grâces et l'à-propos que l'esprit répand sur la politesse». Elle l'a trouvé «plus jeune, plus content, en meilleure santé» qu'avant son départ pour la Prusse. Ayant «l'âme plus libre», il mêle à sa conversation «encore plus de gaieté».[54]

A peine Mme Du Bocage a-t-elle pris congé, qu'une nouvelle voyageuse s'annonce: la comtesse de Bentinck. Voltaire ne l'attendra pas. Il quitte les Délices le 30 juin, laissant Mme Denis en compagnie de sa sœur, Mme de Fontaine, du fils de celle-ci (Dompierre d'Hornoy) et de Florian (l'oncle du poète) que Mme de Fontaine allait épouser en secondes noces.

50. D7778 (vers le 1er juillet 1758), D7779, D7780, 7795, D7780, à Mme Denis.

51. D7740, D7752.

52. D7101 (30 décembre 1756).

53. Selon Mme d'Epinay, citée par Perey et Maugras, *La Vie intime de Voltaire aux Délices et à Ferney* (Paris 1885), p.200, l'hommage s'accompagne d'une mimique qui le tournait en parodie. Voltaire passa «derrière la chaise de la pauvre Colombiade» pour la couronner. Il pose la couronne d'une main et, sans que la poétesse s'en aperçoive, il lui «fait les cornes de l'autre main et tire sa langue d'une aune aux yeux de vingt personnes qui étaient à table».

54. D7784 (8 juillet 1758).

Que parfois entre les deux sœurs il y ait «du grabuge»,[55] et que son absence risque d'envenimer les choses, Voltaire ne s'en soucie pas. Il a gagné Lausanne, sous un déluge de pluie, la berline prenant eau. De là, Morat, «toujours mouillé et grelottant de froid»; puis, par Berne, Colmar, Sélestat, le voici à Strasbourg.

Ostensiblement, il rend visite à l'Electeur palatin pour le remercier de lui avoir fait l'honneur d'un emprunt. Il veut aussi, sans doute, juger sur place ses chances d'être payé, à la veille de la deuxième échéance (1er août 1758). Charles-Théodore dépense en effet avec faste. Bientôt il sollicitera un nouvel emprunt de trente ou cinquante mille livres anglaises. Cette fois, Voltaire l'adressera à un agent de change de Londres. Auparavant, en cours de route, il a continué à lorgner vers un éventuel établissement en Lorraine. On lui offre le château de Craon, près de Lunéville. Stanislas, pressenti, consulte Bernis. La réponse de Versailles sera défavorable: on est sûr que Sa Majesté polonaise «ne fera rien là-dessus qui ne soit agréable au roi».[56]

Il arrive donc chez l'Electeur palatin le 16 juillet. Il y restera jusqu'au 4 août. Il n'a fait que traverser la capitale de Charles-Théodore, Mannheim. Comme à son précédent passage, en 1753, au lendemain de l'avanie de Francfort, c'est à Schwetzingen qu'il séjourne. A nouveau, pendant trois semaines, il mène cette vie des «courettes» allemandes qui lui plaît tant. Il rencontre là de tout jeunes gens, d'une Europe cosmopolite des Lumières: le prince Vorontsov, dix-sept ans, les deux princes de Mecklembourg, Charles, dix-sept ans aussi, et Georges-Auguste, un enfant de dix ans. Charles-Théodore lui-même est dans sa trente-quatrième année. Sans doute ne déplaisait-il pas au visiteur de faire figure d'ancêtre parmi cette jeunesse. Dès son arrivée, il a vu jouer sur le théâtre de Pigage, une piécette de Favart, qui se trouvait ici bien à sa place, *Ninette à la cour*. Puis, passant au genre sérieux, on donna son *Mahomet*,[57] suivi – on peut le supposer – d'autres spectacles.

Lui-même avait apporté dans ses bagages de quoi divertir son hôte en petit comité. *Candide*, ébauché au mois de janvier, plus ou moins délaissé depuis, demeurait à l'état de brouillon. Il avait pris soin, en partant, de glisser ces papiers dans son portefeuille. Il les fait recopier par Wagnière, qui l'accompagne. Premier manuscrit (aujourd'hui perdu), établi, nous dit le secrétaire, «pour S.A.E. Mgr l'Electeur palatin». Ce que confirme un autre témoignage, celui de Formey (malgré les grossières erreurs dont il est entaché). Voltaire lisait les chapitres à son hôte le prince «à mesure qu'ils étaient faits», c'est-à-dire mis au net.[58] Il y eut apparemment plusieurs séances de lecture, selon les articulations du conte

55. Selon Charlotte de Constant, D7775 commentaire.
56. D7782, D7840, D7885, D7891, D7787 commentaire.
57. D7812 (2 août [1758]) à Collini, D7811, D7822, D7790 (17 juillet [1758]) à Mme Denis.
58. Sur le témoignage de Wagnière et celui de Formey, voir *OC*, xlviii.32-33.

par chapitres. Que l'œuvre ait été d'abord destinée à être dite à haute voix, n'est pas indifférent. *Candide* conservera l'allure d'un récit oral, émaillé de réflexions du conteur, amenant à chaque fin de chapitre un mot à effet, qui fait désirer la suite. La curiosité de Charles-Théodore ne fut pas cependant intégralement satisfaite. La rédaction demeurait inachevée, lorsque Voltaire quitta Schwetzingen le 5 août.[59] Peut-être promit-il à l'Electeur de lui envoyer ultérieurement le manuscrit complet.

Il revient par petites étapes. Le voyage aller avait duré deux semaines. Celui du retour prend une bonne semaine de plus (du 5 au 28 août). Il s'arrête à Karlsruhe chez le margrave de Bade-Dourlach, qui avec son épouse l'accueille cérémonieusement. Il prend le temps de «s'extasier» sur leur jardin botanique de trois mille plantes. A la table des princes, il subit vraisemblablement le cérémonial décrit par Boswell:

M. de Stetten agit comme un maréchal et porte une canne; il en donne deux coups distincts sur le sol et les assistants disent en silence une prière; puis nous nous sommes assis à une table qui fut fort bien servie. Après le repas, le maréchal frappa encore le sol et l'on dit une autre prière.[60]

Voltaire ne dut pas échapper au rite de la canne, non plus qu'au *Benedicite* et au *Deo gratias*. Dans sa «lettre de digestion», il garde pour lui ses réflexions. Il loue le margrave et la princesse de leur «politesse si noble et si aisée», du «charme de [leur] conversation», du «goût qui règne» dans tout ce qu'ils font et disent.[61]

Il s'attarde plusieurs jours à Strasbourg. Il brocante six Van der Meulen et un Van Dyck. Il tente de les vendre aux princes de Bade-Dourlach, ou à la tsarine Elisabeth Petrovna. Peu pressé de rentrer à Genève, il semble attendre un signe, qui ne vient pas. Il a fait tout ce voyage, le long du Rhin, tourné vers Paris et Versailles. De Schwetzingen, écrivant à la duchesse de Saxe-Gotha, il a proposé ses bons offices diplomatiques auprès de Bernis. Il compte sur celui-ci, son «ancien camarade en poésie, en académie»: il espère obtenir par l'entremise de ce ministre désormais influent la permission de revenir dans la capitale française et à la cour. C'était là le véritable objet de son voyage: secret deviné par les clairvoyants. Maupertuis a entendu dire que «Voltaire devait se rendre de Mannheim à Paris». Son projet d'installation en Lorraine, sous l'égide de Stanislas beau-père du roi, tendait à faciliter l'opération. A Strasbourg, il fait sa cour à Mme de Lutzelbourg, qui est liée avec Mme de Pompadour: elle écrit en sa faveur à la favorite.[62] Après être repassé par Colmar, il s'arrête à Soleure, chez

59. On peut sur ce point accepter la version de Formey, voir *OC*, xlviii.35-36.
60. *Boswell chez les princes*, p.183.
61. D7821 (12 août [1758]).
62. D7762 (21 juin [1758]), à d'Argental, D7822 (14 août 1758) commentaire, D7835.

l'ambassadeur de France auprès de la république de Berne. Il attend encore quelques jours.

Mais déjà Bernis lui avait fait entendre, par une lettre du 6 août qu'il n'a pas encore reçue, qu'on ne veut pas de lui à Paris, ni même en Lorraine. Avec onction, Bernis se dit «très aise de [le] voir de retour dans [ses] Délices». Il «imagine que [sa] santé s'en trouvera bien»...[63] Au reste la manœuvre de Voltaire venait d'être contrecarrée par un malencontreux incident. Le *Journal encyclopédique* de Liège, dans son fascicule du 1ᵉʳ juillet, avait inséré une lettre vieille de six mois, à Darget, par laquelle Voltaire disait comment il s'était réconcilié avec Frédéric II, faisait l'éloge des talents militaires de celui-ci, se disait fort heureux de vivre à Lausanne... Bien entendu, Voltaire proteste vigoureusement.[64] Mais quand bien même ce faux pas eût été évité, Louis XV ne serait sans doute pas revenu de ses préventions. C'est lui toujours qui s'oppose au retour de celui qui reste cependant son «gentilhomme ordinaire de la chambre». Interdiction verbale, qui n'en est pas moins catégorique. Ce que voyant, Mme de Pompadour et certaines «dévotes» de la cour ont fait chorus: elles se sont prononcées contre son retour. D'Argental l'en informe par une lettre qu'il lit le 28 août, à son arrivée aux Délices. Il doit en prendre son parti: «Il ne faut songer qu'à la retraite.»[65]

L'échec va conduire Voltaire à réviser ses projets d'avenir. La nouvelle installation dont il rêve depuis plusieurs mois ne peut être recherchée qu'à proximité de Genève. Il lui faut se résigner à un exil de fait. Nous pouvons critiquer le refus de Louis XV, et en contester les raisons. L'humeur fut sans doute la principale de celles-ci. Le roi s'est toujours senti de l'aversion pour Voltaire, en dépit des flatteries que l'homme de lettres lui prodiguait. Le souverain comprenait-il qu'il contribuait ainsi à aggraver le divorce entre la monarchie et le monde intellectuel? Non, sans doute. Assurément Voltaire se serait réjoui de revenir à l'état de choses qu'il venait de décrire (non sans complaisance et exagération) dans son *Siècle de Louis XIV*: un roi prestigieux honorant les arts, et notamment les écrivains qui donnent à son règne tout son éclat.

Mais c'était là un temps révolu. La faille va désormais s'élargir. Contraint à s'installer définitivement loin de la cour, Voltaire va créer autour de lui, pour l'*intelligenzia* française et européenne, un pôle d'attraction dispensé de toute allégeance à Versailles. Le refus de Louis XV entraîne pour conséquence la fondation de Ferney. De fait, dès l'automne de 1758, le banni s'emploie à acquérir cette terre, base de son indépendance.

---

63. D7817.
64. D7789 (15 juillet 1758). La lettre à Darget est D7565, du 8 janvier précédent.
65. D7836.

18. Il faut cultiver notre jardin
(septembre 1758-mai 1759)

Dans les trois derniers mois de 1758, Voltaire s'occupe de terminer et de publier *Candide*. Cette œuvre si peu gratifiante pour les autorités, peut-être, rentré en grâce auprès du roi, l'aurait-il conservée encore quelque temps en portefeuille. La fin de non-recevoir qu'il vient d'essuyer le dispense de tout scrupule.

Mais son travail sur le manuscrit rapporté de Schwetzingen va être retardé par l'apparition d'une compatriote de Cunégonde : une «Westphalienne», la comtesse de Bentinck.[1] La *«signora errante e amabile»*[2] s'était annoncée, on se le rappelle, au moment où Voltaire partait pour le Palatinat. Elle avait elle aussi, après son ami, quitté Berlin, brouillée avec Frédéric. Mais, comme le dira l'officieux Cacambo, «les femmes ne sont jamais embarrassées d'elles».[3] Elle avait sans peine conquis une position enviable à la cour de Vienne, auprès de Marie-Thérèse. Kaunitz l'honorait de sa confiance. Elle poursuivait donc avec une ardeur renouvelée ses éternels procès. Pour cet objet, et par humeur vagabonde, elle avait en 1758 entrepris un tour d'Europe. Venant d'Italie, elle débarque à Genève les 11 et 12 juillet. Les deux nièces, Mme Denis et Mme de Fontaine, la reçoivent, en l'absence du maître. Elle continue jusqu'à Berne, où elle rencontre Haller. Elle est enchantée de ce «grand homme»: elle compte le jour où elle l'a vu pour la première fois «comme l'un de [ses] plus beaux jours».[4] Ce qui ne sera pas du goût de Voltaire. Celui-ci la loge à Lausanne dans son ancienne maison de Montriond. Revenue de Berne, elle y séjourne du 10 août au 13 septembre. C'est là que Voltaire la retrouve, le 21 ou 22 août. Il l'invite aux Délices. Il l'y reçoit pendant la seconde moitié du mois de septembre. Dîners, réceptions, rencontres avec le «tout Genève»: l'accueil est aussi chaleureux, et sans doute plus sincère, que celui de Mme Du Bocage, trois mois plus tôt. Comme celle-ci, il la promène dans les environs. Mais c'est Ferney qu'il lui fait visiter:[5] déjà il médite d'acquérir ce château.

On s'interroge. Lui a-t-il aussi donné le divertissement du *Candide* inachevé?

---

1. «Une bonne et franche Westphalienne», dit-elle d'elle-même, D5791 (27 avril 1754).
2. D7843 (2 septembre [1758]).
3. *Candide*, *OC*, xlviii.168.
4. *OC*, xlviii.38.
5. D8251 (6 [avril 1759]).

Il ne semble pas. Les lettres qu'il adresse à la comtesse avant et après leur rencontre contiennent plusieurs allusions au texte du conte. Mais allusions perceptibles seulement pour lui, et pour nous. Certaines impliquent une comparaison entre les deux «Westphaliennes»: celle du conte et l'autre. Charlotte-Sophie de Bentinck n'aurait peut-être pas été flattée de ce rapprochement avec Cunégonde.

Une fois la comtesse repartie, Voltaire reprend le manuscrit de son *Candide*. Il veut cette fois achever le récit, en réviser le texte et le mettre au point. Ce fut l'affaire de trois journées de travail, si on en croit l'anecdote contée par Perey et Maugras.[6] Ces auteurs malheureusement ne citent pas leur source. Mais on sait qu'ils eurent connaissance de documents appartenant à des «collections particulières», énumérées dans leur préface. On peut donc croire que l'épisode, quoique manifestement arrangé, recèle un fond de vérité. Voltaire, dans le feu de l'inspiration, «s'enferma pendant trois jours». Il n'entrouvre sa porte que pour laisser passer ses repas et son café. «Le quatrième jour, Mme Denis, effrayée, força la consigne; son oncle lui jeta à la figure le manuscrit qu'il venait d'achever et lui dit: ‹Tenez, curieuse, voilà pour vous.›» Ce manuscrit, nous le connaissons, ou du moins nous en connaissons une copie: celle qu'il adresse à ses amis, confidents de ses productions clandestines, le duc et la duchesse de La Vallière, qui vivent alors retirés à Montrouge, près de Paris. Le manuscrit, acheté avec la bibliothèque du duc par le marquis de Paulmy, est aujourd'hui conservé à la Bibliothèque de l'Arsenal.

Il en ressort que, comme il était vraisemblable, Voltaire ne s'est pas enfermé seul dans son cabinet de travail. Il a près de lui son secrétaire Wagnière, qui a déjà transcrit le texte inachevé, à Schwetzingen. Il lui dicte le récit désormais complet. Parfois, au cours de la dictée, il fait barrer quelques mots, qu'il remplace immédiatement à la suite sur la même ligne. Puis, au cours de ces trois jours, ou plus tard, il notera de sa main quelques corrections et il dictera à Wagnière une nouvelle version du chapitre XXII, qui se trouve être la troisième rédaction de ce chapitre parisien.[7]

A quel moment situer cet achèvement de *Candide*? «Peu après l'acquisition de ses châteaux», selon Perey et Maugras.[8] Indication vague, car les négociations pour l'achat de Tourney et de Ferney, entamées en septembre et octobre 1758, se prolongeront plusieurs mois, jusqu'en février 1759 en ce qui concerne Ferney, c'est-à-dire après la publication de *Candide*. Le manuscrit La Vallière permet de proposer une date plus précise. En effet il présente par rapport au texte imprimé une variante remarquable. L'épisode, si impressionnant, de l'esclave noir à Surinam n'y figure pas. Candide entrant dans Surinam se rend directement chez

6. *La Vie intime de Voltaire*, p.241-42.
7. Voir *OC*, xlviii.47-52.
8. *La Vie intime de Voltaire*, p.241.

le patron du bateau qui le rapatriera en Europe. Voltaire avait oublié l'une des pires abominations du «meilleur des mondes», l'esclavage colonial. On peut conjecturer qu'il s'aperçut de l'omission en lisant Helvétius.

La campagne anti-philosophique se déchaînait alors contre une nouvelle cible: le livre de ce fermier-général intitulé *De l'Esprit*. L'ouvrage avait pourtant été publié en juillet 1758, avec approbation et privilège. Le censeur, chargé de certifier que le manuscrit ne contenait aucune idée subversive, l'avait évidemment mal lu. Helvétius, s'inspirant d'un matérialisme qu'on jugerait aujourd'hui rudimentaire, poussait à l'extrême les thèses sensualistes. L'homme selon lui, dénué de libre arbitre, répond mécaniquement aux impressions extérieures. Non seulement toute pensée procède de la sensation, mais les esprits, tous égaux à la naissance, et dans un parfait état de vacuité, seront façonnés par les influences externes: soit celles qui correspondent à des besoins biologiques, soit celles de l'environnement social. D'où il résulte que «l'éducation peut tout», que le seul critère moral est «le plus grand bonheur du plus grand nombre»; la moralité, individuelle ou collective, sera obtenue par l'application d'un système judicieux de punitions et de récompenses.

Dès le mois d'août, la reine, le dauphin, tout le parti dévot s'indignent qu'une publication aussi scandaleuse ait reçu le sceau du privilège royal. Le parlement, à l'instigation de Joly de Fleury, va entamer des poursuites. Pour couper court, Malesherbes fait prendre un Arrêt du Conseil, révoquant le privilège (10 août). Sur ordre de la reine, qui fait intervenir la mère d'Helvétius, celui-ci doit publier une première, puis une seconde rétractation. Ce qui ne met pas fin à la persécution. L'assemblée du clergé, réunie le 25 octobre, présente des remontrances au roi, qui visent *De l'Esprit* sans le nommer: les «productions empoisonnées» des philosophes pervertissent les jeunes gens, en leur montrant «l'homme dégradé et avili jusqu'à la condition des bêtes».[9] En novembre, l'archevêque de Paris fulmine un mandement contre *De l'Esprit*. En janvier 1759, le pape Clément XIII, qui vient de succéder à Benoît XIV, lance un bref contre ce livre «rempli de propositions impies, scandaleuses et hérétiques».[10]

Voltaire, informé de l'affaire par Thiriot dès septembre, n'a pu lire *De l'Esprit* que vers le milieu d'octobre. Il n'apprécie que médiocrement l'ouvrage, le jugeant faible, en comparaison de Locke.[11] Mais il a remarqué, vers le début du volume, à propos de «la consommation d'hommes qu'occasionne nécessairement un grand commerce», une note sur la traite d'esclaves, nécessaire pour approvisionner en main-d'œuvre les plantations de canne en Amérique:

9. Voir D. W. Smith, *Helvétius, a study in persecution* (Oxford 1965), p.38-39.

10. Smith, p.44. Voir aussi Helvétius, *Correspondance générale*, ii, éd. D. W. Smith (Toronto et Oxford 1984).

11. D7856, D7912, D7887.

On conviendra qu'il n'arrive point de barrique de sucre en Europe qui ne soit teinte de sang humain. Or quel homme à la vue des malheurs qu'occasionnent la culture et l'exportation de cette denrée refuserait de s'en priver, et ne renoncerait pas à un plaisir acheté par les larmes et la mort de tant de malheureux? Détournons nos regards d'un spectacle si funeste et qui fait tant de honte et d'horreur à l'humanité.[12]

De l'idée du «spectacle si funeste», Voltaire tire une scène: la rencontre de Candide et de l'esclave de Surinam. Il charge l'infortuné Guinéen de condenser la vertueuse indignation d'Helvétius en une formule toute voltairienne: «C'est à ce prix que vous mangez du sucre en Europe.»

On situera donc à la fin d'octobre 1758, ou plus vraisemblablement en novembre ou même en décembre, une révision de *Candide*, d'où sort le manuscrit prêt pour l'impression (qui ne nous est pas parvenu); celle-ci étant confiée par Voltaire à ses imprimeurs attitrés, les frères Cramer. Il y ajoute l'épisode de l'esclave, et apporte quelques retouches. Il dut attendre aussi la réponse de La Vallière après l'envoi du manuscrit. La duchesse avait été choquée par les passages libres du récit. Elle fit, dit-on, savoir à Voltaire «qu'il aurait pu se passer d'y mettre tant d'indécence, et qu'un écrivain tel que lui n'avait pas besoin d'avoir recours à cette ressource pour se procurer des lecteurs.»[13] Mais le duc, que n'effarouchaient pas les gaillardises, ne fut pas de cet avis. Une fois le livre imprimé, il sera l'un de ses diffuseurs à Paris. Si sa réponse formule une critique, elle porte sur un autre point: sur le chapitre de Candide à Paris, pour lequel le manuscrit lui proposait de choisir entre deux versions. Il ne fut apparemment satisfait ni de l'une ni de l'autre. Voltaire dans sa révision opte pour la seconde: celle-ci cependant, retenue dans le texte imprimé, paraîtra encore au duc de La Vallière le seul épisode du récit «qui soit trouvé faible».[14]

Voltaire termine l'année 1758 et commence la suivante en corrigeant les épreuves de *Candide*. Le 15 janvier, les frères Cramer ont terminé l'impression de l'édition originale. Ils cachent soigneusement dans leurs magasins les piles d'un petit volume de 299 pages, tiré sur les rames fournies par un papetier de Versoix. Le même jour, et les jours suivants, ils envoient le plus discrètement possible des exemplaires à leurs correspondants à travers l'Europe.

Depuis longtemps la critique a décelé dans le texte du conte des échos autobiographiques. La sagesse du «jardin», notamment, dans la «Conclusion», paraît

12. *De l'Esprit* (Paris, Durand, 1758), p.25.

13. D'après Quérard, *La France littéraire* (Paris 1839), x.323, qui ne cite pas ses sources. Peut-être eut-il connaissance d'une lettre aujourd'hui perdue. Après la mort du duc de La Vallière (16 novembre 1780), sa fille refusa à Beaumarchais, pour son édition de Kehl, la communication des lettres de son père à Voltaire. La plupart de celles-ci ont aujourd'hui disparu.

14. D8072 (janvier-février 1759). On peut inférer de là que La Vallière avait précisément critiqué ce même épisode.

exprimer les aspirations de Voltaire. L'épisode reflète sans doute le bonheur de ce «jardin» nommé par son acquéreur «les Délices»: car on a des raisons de penser que ce finale appartient à la phase première de la rédaction, en janvier 1758.[15] Mais on sait aussi que souvent l'œuvre d'un écrivain contribue à l'orientation de sa vie. L'auteur de ces aventureuses pérégrinations, à travers les océans et les continents, termine son récit au moment même où ses propres errances vont prendre fin. La «Conclusion» de *Candide* dut encourager Voltaire à acquérir un autre «jardin», à l'automne de cette même année 1758.

A son retour à Genève, au début de septembre, il broie des idées mélancoliques. Il se voit exclu de Paris pour longtemps, pour toujours peut-être. «Triste siècle», en décadence, où «la disette des talents en tout genre est effrayante», soupire-t-il à l'adresse de l'auteur de la *Colombiade*.[16] La guerre qui continue prend un tour déplorable. Depuis la défaite honteuse de Crefeld (23 juin 1758), les armées françaises vont d'échec en échec. «La terre est couverte de morts et de gueux, dont quelques fripons ont les dépouilles».[17] L'Europe sombre, comme le navire de *Candide* dans la rade de Lisbonne. Que chacun, comme il peut, «se sauve sur sa planche». «Une planche, vite, une planche dans le naufrage», s'écrie Voltaire.[18] Il va, quant à lui, essayer de se tirer d'affaire, en se ménageant une retraite tout à fait sûre. Le 9 septembre, il propose au président de Brosses de lui acheter Tourney.[19] Le 7 octobre, il mande à Tronchin son banquier qu'il «vient d'acheter» Ferney.[20]

Ses «Délices» ne suffisaient donc point? Hennin, de passage à Genève, l'a vu s'y plaire parfaitement. Sans doute, il est gravement malade. Troubles digestifs, insomnies, «affaissements subits»: le visiteur ne lui donne pas plus de deux ou trois ans à vivre. Cependant, dans ses bons moments qui ne sont pas rares, il est fort gai. Il reçoit chez lui une foule de gens, qu'il se plaît à conduire dans ses bosquets. Il accueille en son salon chaque jour des étrangers «par douzaines». Ses deux nièces, fort aimables «à la figure près», font revivre en son intérieur «l'aisance de nos sociétés de Paris»: une conversation «intéressante», une table «servie avec abondance et délicatesse»...[21]

Le fait est pourtant que ce Pococurante veut s'établir ailleurs. C'est qu'il entend s'assurer une pleine indépendance. Dans la petite république de Genève, il se

---

15. Voir plus haut, p.335.
16. D7846 (3 septembre 1758).
17. D7852 (9 septembre [1758]).
18. D7839 (2 septembre 1758).
19. D7853, orthographié jusqu'alors Tournex. Voltaire a changé la graphie du nom en Tourney, et celle de Fernex en Ferney, afin de se conformer à la prononciation.
20. D7896.
21. D7911 (17 octobre 1758), Pierre Michel Hennin à Täscher.

351

sent trop assujetti aux autorités toutes proches du Petit Conseil, du Consistoire. De celui-ci surtout qui, selon l'esprit de Calvin, prétend exercer un droit de censure sur ses divertissements. Devenu seigneur de deux châteaux, il va pouvoir parler «en homme qui a des tours et des mâchicoulis, et qui ne craint pas» les prêtres.[22] S'installant hors du territoire de la «parvulissime», il échappe à sa juridiction. On se rappellera que, jusqu'à la Révolution, le territoire français entourait Genève, pour rejoindre, à l'est, les rives du lac sur un front étroit. Ferney et Tourney sont donc situés dans le royaume de France. Voltaire ainsi ne fera pas figure de réfugié, comme tant d'autres Français, notamment huguenots, qui vivent à Genève. Autre avantage: le roi est loin. Il faut bien des jours pour qu'un rapport atteigne Versailles et qu'éventuellement des ordres en reviennent. Dans l'intervalle le seigneur de Ferney et Tourney aura le temps d'aviser. En quelques quarts d'heure, il se met hors de portée soit à Genève, soit en pays de Vaud, soit à Neuchâtel. Il a entendu dire «qu'on ne peut servir deux maîtres»; il veut, lui, «en avoir quatre pour n'en avoir pas du tout».[23]

La négociation de Ferney va progresser plus rapidement que celle de Tourney. Depuis 1674, la seigneurie de Ferney appartenait à des descendants du grand humaniste de la Renaissance, Guillaume Budé. L'un de ceux-ci, Bernard de Budé, était mort en 1756, à l'âge de quatre-vingts ans. Le vieil homme, qui habitait Genève, avait laissé à l'abandon sa résidence secondaire de Ferney. Ses deux fils décident de vendre. L'un d'eux, Jacob de Budé, colonel au service de la Hollande, étant absent, Voltaire traite avec son frère Isaac de Budé-Boisy. Dès le 7 octobre, l'achat est conclu, pour le prix de 130 000 livres.[24] Ensuite les choses traîneront. Budé-Boisy, fort âgé (il est né en 1691), affligé de goutte, est lent en affaire, et son fils voudrait conserver la terre dans la famille.[25] La signature définitive n'interviendra que le 9 février 1759.[26] Mais dès octobre, Voltaire se considère comme propriétaire de plein droit, et agit en conséquence. S'il rencontre des difficultés, c'est dans ses démarches pour obtenir la dispense des droits de mutation, appelés alors «lods et ventes». Il devrait verser à ce titre le quart du prix d'achat au comte de La Marche, seigneur du pays de Gex dont dépend Ferney. Il sollicite l'exemption auprès de l'intendant de Bourgogne. Or ce haut administrateur est Jean François Joly de Fleury de La Valette, neveu du Joly de

---

22. D7929 (2 novembre [1758]).

23. D7913 (21 octobre [1758]): c'est-à-dire le roi de France, Genève, Berne, le quatrième étant soit Neuchâtel, soit le duché de Savoie, puisqu'au spirituel la paroisse de Ferney relève de l'évêque d'Annecy.

24. D.app.174. On consultera l'ouvrage très documenté de Lucien Choudin, *Histoire ancienne de Fernex [...] des origines à 1759* (Annecy 1989).

25. Le petit-fils d'Isaac, Jacques Louis de Budé, rachètera Ferney après la mort de Voltaire, en 1785.

26. D.app.174.

Fleury du parlement de Paris avec lequel il eut maille à partir. Il se heurte à un refus. Il demande au moins, s'adressant cette fois à Fabry, subdélégué de Gex, que les droits soient réduits à 4000 livres.[27] On ne sait s'il obtint satisfaction. Solliciteur obstiné, il revient à la charge auprès de Joly de Fleury pour une autre requête : permission de faire passer cent coupes de blé par an à Genève, pour la consommation des Délices. Et ce n'est pas tout. Henri IV avait affranchi Ferney, comme d'ailleurs Tourney, des dîmes, vingtièmes et autres impôts. Le vendeur continuait à bénéficier de ce privilège fiscal. Le nouvel acquéreur demande qu'il lui soit conservé. L'affaire remontera à Choiseul, secrétaire d'Etat aux Affaires étrangères depuis décembre. Voltaire y fera intervenir Mme de Pompadour,[28] et finira par avoir gain de cause, après des mois de démarches.

Le château qu'il avait acheté ne ressemblait en rien à celui qui s'offre aujourd'hui aux regards du visiteur, lequel est entièrement l'œuvre de Voltaire. Le Ferney de 1758 nous est connu par un dessin d'un certain Signy.[29] C'était sinon un château-fort, du moins une « maison forte », comme il y en avait dans la plupart des villages du pays de Gex. L'ensemble témoignait de l'époque où l'on guerroyait dans ces parages, contre la république de Genève, contre le duc de Savoie, contre le roi de France, et contre les bandes de pillards. L'édifice principal avait dû être entouré jadis d'une enceinte continue. Il en subsistait quatre tours, percées d'étroites meurtrières. Deux de celles-ci flanquent le portail d'entrée, surmonté de créneaux.[30] Sur la gauche dans la gravure de Signy, se dresse l'église paroissiale, avoisinant le château, ainsi que le cimetière. Voltaire entrait aussi en possession d'un gibet, car il acquiert avec le domaine les droits de justicier. Il lui est arrivé de rêver de faire pendre à sa potence l'un de ces prédicants genevois qui lui échauffent les oreilles. En fait, il abattra le gibet, d'ailleurs vermoulu. Il va raser pareillement les tours et les restes de l'enceinte. Quant au logis même, il était « très vieux, très vaste et fort incommode » : seize pièces, plus ou moins meublées, d'après l'inventaire établi à son entrée en possession, plus de nombreuses dépendances.[31] Le nouveau propriétaire fait immédiatement reconstruire le château « de fond en comble ». Il lui en coûte 50000 livres. En veine de dépense, il a acheté en outre la terre de Caille, enclavée dans le domaine.[32]

27. D7905 (15 octobre [1758]).

28. D8101 (11 février 1759).

29. Reproduit par L. Choudin, p.75.

30. D7951 (25 novembre 1758), à Cideville, Voltaire écrit qu'il « entre [...] par deux tours entre lesquelles il ne tient qu'à moi d'avoir un pont-levis, car j'ai des machicoulis et des meurtrières ». Par machicoulis, Voltaire entendait « les ouvertures entre les créneaux », d'après une note de *La Pucelle*, *OC*, vii.449. Au pont-levis près, le château ancien de Ferney ressemblait à celui de Cutendre, au chant XII du poème : « Près de la Loire était un vieux château / A pont-levis, machicoulis, tourelles. »

31. L. Choudin, p.78. L'inventaire est en annexe, p.168-79.

32. D7969, D7947, note 3.

En novembre, le nouveau seigneur de Ferney vient examiner les lieux en détail. Il y demeure cinq ou six jours. Il y découvre un panorama de vastes horizons qui l'enchante. Il le dira plus tard en vers, s'adressant à Horace, qui a tant vanté son Tibur :

> Je crois Ferney plus beau. Les regards étonnés
> Sur cent vallons fleuris doucement promenés
> De la mer de Genève admirent l'étendue ;
> Et les Alpes de loin s'élevant dans la nue
> D'un long amphithéâtre enferment ces coteaux,
> Où le pampre en festons rit parmi les ormeaux.[33]

Mais dans le village lui-même, ce qu'il voit le bouleverse : un pays «bien dépeuplé, bien misérable». Une moitié du terrain, pourtant «excellent», reste sans culture. Depuis sept ans, le curé n'a pas fait de mariage. Pas de naissances. Et ces malheureux sont harcelés par les gabelous. On est à la frontière : interdiction d'importer de Genève du sel. «Des infortunés qui ont à peine de quoi manger un peu de pain noir sont arrêtés tous les jours, dépouillés, emprisonnés, pour avoir mis sur ce pain un peu de sel», acheté en contrebande. Conséquence : «la moitié des habitants périt de misère, et l'autre pourrit dans des cachots.» Voltaire se dit «le cœur déchiré».[34]

D'après ce qu'on sait par ailleurs ce triste tableau correspondait à la réalité. La campagne de Ferney était pauvre. De multiples ruisseaux, mal drainés, formaient des marécages et entretenaient humidité et brouillards.[35] Les prairies des «mouilles» ne donnaient que de mauvais foin. Les champs, cultivés selon le système de la jachère, produisaient peu. Les blés étaient envahis de mauvaises herbes. Le vin, fabriqué selon des méthodes archaïques et mal conservé, souvent se gâtait dans les tonneaux. Et encore la plus grande partie des récoltes partait-elle vers Genève, où résidaient, avant l'arrivée de Voltaire, les propriétaires des trois grands domaines – les Budé, les Déodati, les Mallet – peu soucieux d'améliorer la situation.[36] Aussi la population est-elle peu nombreuse : «environ cent habitants fort pauvres», constatait l'intendant en 1666. Près d'un siècle plus tard, les choses n'avaient guère changé. Beaucoup de ces malheureux pour se chauffer l'hiver pillaient les bois. «Les procès étaient innombrables pour un arbre coupé, un chemin détourné, quelques raisins chapardés, ou pour des bêtes égarées chez le voisin.»[37]

Un si lamentable spectacle excite Voltaire à agir. «Je n'achète la terre de Ferney

---

33. M.x.442-43 (1772).
34. D7946 (18 novembre 1758).
35. Voir la carte de L. Choudin, p.10.
36. L. Choudin, p.152-53.
37. L. Choudin, p.80, 153.

que pour y faire un peu de bien.» Il n'est pas encore tout à fait propriétaire, qu'importe. «Ma compassion l'a emporté sur les formes». Il a déjà entrepris des travaux.[38] Sa lettre du 18 novembre 1758 marque dans sa vie un commencement. Dans les résidences aménagées par lui, il ne s'était soucié jusqu'ici que de ses aises. A Cirey, il n'avait pas eu même un regard pour les paysans des environs. Arrivant à Ferney, il ne se propose pas seulement de «cultiver ce jardin» en vase clos, retiré au sein de la «petite société». La conclusion de *Candide* est dépassée. Il a le projet de faire prospérer l'humanité qui y vit. Il est partie prenante dans ces entreprises de développement rural de la seconde moitié du siècle, plus ou moins inspirées de cette physiocratie, que pour le moment il traite par le mépris.[39] La lettre du 18 novembre donne le coup d'envoi d'un Ferney, expérience pilote des Lumières, bénéficiant de par le prestige du seigneur et maître d'un rayonnement européen. Il sera en droit de se féliciter de l'œuvre accomplie, quatorze ans plus tard, dans la même épître à Horace :

> Mon séjour est charmant, mais il était sauvage,
> Depuis le grand Edit inculte, inhabité,
> Ignoré des humains dans sa triste beauté.
> La nature y mourait, je lui portai la vie;
> J'osai ranimer tout.[40]

Dans les semaines suivantes son enthousiasme ne faiblit pas. Mme Denis fait grise mine. Elle qui s'ennuie dans cette Suisse lointaine, se sent peu disposée à jouer, à Ferney, «les Cérès, Pomone et Flore».[41] Mais les états d'âme de la nièce laissent l'oncle indifférent. Il est, lui, dans une grande excitation. Pendant que «vingt maçons» lui rebâtissent son château, il achète mille plants de vignes bourguignonnes. Il achète une charrue dernier cri, la «charrue à semoir» qui à la fois laboure, sème, herse et recouvre. Il a commencé à faire travailler ses champs avec ce merveilleux engin. Il va faire de l'élevage aussi : 16 bœufs de labour, 12 chevaux dont huit juments.[42] Pour la reproduction de la race chevaline, il demande une patente au directeur des haras du pays de Gex. Qu'on lui envoie un des étalons du roi : son parent Daumart, installé à Ferney, veillera aux saillies.[43] Pour

---

38. D7946, 18 novembre 1758, à Le Bault, conseiller au parlement de Dijon. L'émotion, certainement sincère, ne lui fait pas perdre de vue ses intérêts. Il tire argument du triste état du domaine pour renouveler la demande de dispense «du droit goth et wisigoth des lods et ventes».

39. *L'Ami des hommes* du marquis de Mirabeau vient de paraître. Voltaire lui reproche de «parler, parler», de «décider», «d'aimer trop le gouvernement féodal» : «ce prétendu ami du genre humain n'est mon fait que quand il dit : aimez l'agriculture» (D7951).

40. M.x.443. La misère était imputable tout autant à l'incurie des propriétaires qu'à l'exode de la population protestante après la révocation de l'Edit de Nantes.

41. D7894 (8 octobre 1758), D7951 (25 novembre 1758).

42. D7964, D7965 (4 et 6 décembre [1758]), D7995 (24 décembre [1758]).

43. 7984 (16 décembre [1758]), au marquis de Voyer, fils du comte d'Argenson.

faire face à tant de tâches, il a transféré du personnel des Délices, où il continue cependant à résider. Il dispose maintenant d'un «vigneron en titre d'office», de «deux jardiniers», d'un «équipage» pour la fameuse charrue à semoir. Au total, trente personnes à nourrir chaque jour. Il a même acheté un ours. Agitation dont s'enchante son humeur ludique. Son argent file. Il se fait envoyer du numéraire, par son banquier: 250 louis d'or, des pièces de 24 et de 12 sous. Il se ruine, mais il s'amuse. «Je joue avec la vie. Voilà la seule chose à quoi elle est bonne.»[44]

L'achat de Tourney s'avéra moins joyeux. Voltaire avait en face de lui un partenaire redoutable: Charles de Brosses, président à mortier au parlement de Dijon. Fils lui-même d'un conseiller à ce même parlement, ancien élève du collège des jésuites de la ville, de Brosses était une figure typique de l'aristocratie robine de la France provinciale. Pourvu d'une solide culture humaniste (il travailla sa vie durant à un grand ouvrage sur Salluste), bon écrivain, il a les curiosités d'un esprit moderne à l'âge de l'*Encyclopédie*. Il a fait, sinon son «grand tour», du moins un voyage en Italie, en 1739 et 1740. Au moment où Voltaire fait sa connaissance, il est occupé à polir le récit de ses voyages, sous la forme de *Lettres familières*, qui ne seront publiées qu'en 1799. D'autres ouvrages révèlent chez ce parlementaire de province une remarquable ouverture d'esprit: une *Lettre sur Herculanum* (site archéologique dont les fouilles ont commencé); une *Histoire des navigations aux terres australes*, que Voltaire a dans sa bibliothèque, compilation sur les terres, encore presque inconnues, du Pacifique; un essai *Du Culte des dieux fétiches*, sur les religions africaines; un traité d'étymologie. De telles productions lui donnaient droit de nourrir des ambitions académiques. Sa rencontre avec Voltaire aurait pu servir une éventuelle candidature. Ce fut le contraire qui arriva. Car le président ne sut pas refréner ses humeurs. Célèbre pour sa petite taille,[45] souffrant peut-être du complexe de l'homme petit, il allait dressant sa «petite tête gaie, ironique et satirique».[46] Il se montrait dans les relations impérieux, processif.

Tel il fut dans la négociation avec Voltaire sur la vente de Tourney. Il va réussir à imposer à l'acquéreur ses conditions. Voltaire lui offre d'acheter à vie: il versera comptant 25 000 livres. Il s'engage en outre à faire dans les bâtiments et les terres 25 000 livres de travaux. A sa mort, le domaine reviendra à de Brosses. Celui-ci calcule: si Voltaire meurt rapidement, le marché est avantageux. Sinon... Le président exige donc 30 000 livres au comptant, plus «la chaîne du marché», c'est-à-dire selon l'usage un cadeau pour Mme de Brosses. Voltaire étant revenu

---

44. D7995 (24 décembre [1758]), D7955 (27 novembre [1758]).

45. Le jour de sa soutenance de thèse, on dut, dit-on, lui apporter un escabeau pour l'exhausser au-dessus du pupitre.

46. Diderot, *Salon de 1755*, cité par Giuseppe de Socio, *Le Président de Brosses et l'Italie* (Rome et Paris 1923), p.28.

en arrière (20 000 livres comptant, en augmentant la somme consacrée aux travaux), de Brosses feint de rompre : il vendra à un autre acquéreur qui vient de se faire connaître. Mais Voltaire a grand désir d'avoir cette terre de Tourney. Il cède. Il rencontre de Brosses à Tourney, le 11 décembre. Il lui paiera comptant non pas vingt ni trente mille livres, mais trente-cinq mille.[47] Il fera des réparations pour 12 000 livres,[48] usera de la forêt du domaine «en bon père de famille», et restituera à sa mort tout en bon état, y compris les meubles et effets se trouvant sur place. De Brosses escomptait s'approprier ainsi la belle argenterie de Voltaire. En fait, le président quittera la vie avant son acquéreur. En règle générale, les spéculations sur la mort d'autrui sont démenties par l'événement. Quant au cadeau pour Madame, Voltaire, dans son enthousiasme agronomique, avait offert une belle charrue à semoir. Proposition saugrenue, qui excite l'ironie du président : «je doute qu'elle prenne cela pour un meuble de toilette». En fin de compte, la présidente reçut un cadeau en numéraire, de 500 livres.

Voltaire avait fait une mauvaise affaire. Il payait cher un domaine en piteux état. Le chemin notamment qui reliait Tourney à Genève, mal entretenu, était à peine carrossable. Il avait pris des engagements où de Brosses ne manquerait pas de trouver matière à procès. La prétendue «forêt», saignée à blanc, était bien loin de porter la densité d'arbres prévue au contrat. Une difficulté allait surgir dans l'immédiat. Un exploitant, nommé Charlot Baudy, avait laissé sur place des coupes de bois. Voltaire veut les faire transporter aux Délices pour se chauffer. Il pense les avoir achetées avec le domaine, et donc n'avoir pas à les payer. De Brosses au contraire prétend qu'il doit en régler le prix à l'exploitant : d'où une querelle qui ne va pas tarder à s'envenimer.

Avant que de pénibles débats ne lui gâchent son plaisir, Voltaire savoure sa gloire toute neuve de propriétaire. Il avait fait son entrée à Ferney dès le début de l'automne, à peine l'achat décidé. Il y avait mis les formes ainsi que Mme Denis : «un carrosse de gala», «fond bleu céleste semé d'étoiles d'argent». Il exhibait un habit de velours cramoisi tout garni d'hermine ; sa nièce portait «sa robe la plus riche», et tous ses diamants. «Dans cet accoutrement», ils entendirent tous deux la grand-messe de la paroisse, «chantée en faux bourdon, et pendant laquelle on tirait des boîtes en guise de canons».[49] Malheureusement, hormis le curé, il n'y avait là que des paysans. Le nouveau seigneur en fut quelque peu vexé.

---

47. Ce chiffre résulte de la lettre de Charles de Brosses à J.-R. Tronchin, D7974 (12 décembre 1758).

48. D7987 (17 décembre 1758), D7939 (12 novembre [1758]).

49. Récit de Mme d'Epinay, dans Perey et Maugras, p.210. Le texte situe la scène «au milieu de septembre» : mais Voltaire n'avait pas conclu l'achat à cette date. Le milieu d'octobre paraît plus vraisemblable. Une «boîte» est un «petit mortier [...] qu'on tire dans les fêtes publiques» (Littré).

A Tourney, la veille de Noël, l'accueil fut bien autrement fastueux. Voltaire avait pris place dans le même carrosse bleu à étoiles d'or. Il avait à ses côtés ses deux nièces, «toutes en diamants». A la portière, caracolait le cousin Daumart, en uniforme de mousquetaire du roi. Une brillante assistance l'attendait: Mme Gallatin et sa famille, un certain Malapert, directeur d'une Académie d'équitation à Genève, Chouet, le précédent locataire du domaine. Le curé harangua le nouveau seigneur. Celui-ci lui répondit: «Demandez ce que vous voudrez pour réparer votre cure, je le ferai.» Les filles du village offrent aux deux dames des gerbes de fleurs (un 24 décembre...), à Voltaire des oranges, «dans des corbeilles garnies de rubans». On salue le maître, non pas comme à Ferney par le tir de vulgaires «boîtes», mais par des salves de mousqueterie, et par des coups de canon. On avait fait venir tout exprès de Genève un canonnier avec son artillerie. Puis Chouet offre un banquet: le traiteur des Paquis s'était surpassé, sans réussir à faire mieux que le repas ridicule de Boileau. Jamais Voltaire n'avait été «si aise», remarque Mme Gallatin. C'est qu'à Tourney il est comte. Il a acquis le titre en même temps que la terre. Il ne manquera pas de s'en parer, à l'occasion. Ecrivant à Haller, qui a tendance à le traiter de haut, il a soin de signer: «gentilhomme ordinaire de la chambre du roi, comte de Tourney».[50]

Mais il n'a pas acheté ses deux châteaux pour de simples satisfactions d'amour-propre. Il est désormais à la tête d'un domaine rural étendu, d'un seul tenant, jouxtant au sud le territoire de Genève, bordant le lac Léman, limitrophe au nord-est du pays de Vaud. La commodité d'issues multiples en cas de danger assure son indépendance. En outre, seigneur de village, il a les responsabilités d'un gros exploitant rural, et selon la juridiction d'Ancien Régime, celles d'un administrateur. Il possède même les droits de justice seigneuriale, archaïques mais non abolis. Le sort d'une paysannerie misérable dépend de lui. Et il a sous son contrôle les curés de ces villages. Cela est si vrai que, dès son installation, il se trouve en conflit avec deux d'entre eux, pour des affaires de dîme.

N'accusons pas son trop réel anticléricalisme. En achetant Ferney, il avait hérité de deux procès qui durent depuis cent-cinquante ans: contre le curé de Ferney, pour la dîme de la paroisse; contre le curé de Moens, village tout proche, pour la dîme du hameau de Collovrex.

Au temps de la Réforme, les protestants de Berne, ayant conquis le pays de Gex, s'emparèrent des dîmes comme prises de guerre. Ils les vendirent ensuite aux seigneurs de l'endroit, dont celui de Ferney. En 1701, Gex est rattaché à la

---

50. D7996 ([25 décembre 1758]), Voltaire à de Brosses; D7998 (25 décembre 1758), Mme Gallatin à de Brosses; D8109 (13 février [1759]), Voltaire à Haller. Le carrosse qui, pour l'entrée à Ferney, était selon Mme d'Epinay paré d'étoiles d'argent, est orné d'étoiles d'or pour l'entrée à Tourney, selon Fatio (D7998 commentaire); il s'agit pourtant, selon la vraisemblance, du même véhicule.

France. Le roi garantit à ses nouveaux sujets la propriété de leurs biens. Mais les curés, passés sous l'autorité du roi Très Chrétien, veulent récupérer leurs dîmes. Ils intentent un procès devant le parlement de Dijon. Celui-ci, n'ayant jamais reconnu les cessions du seizième siècle, condamne les seigneurs à restitution, en 1642. Les descendants des acquéreurs, comme on peut le penser, refusent d'obtempérer. De sorte qu'en 1755, Gros, curé de Ferney, actionne encore Budé le propriétaire, pour l'exécution de l'arrêt de 1642. L'affaire est venue en appel devant le Conseil du roi. Les choses en sont là lorsque Voltaire achète Ferney.[51]

L'affaire des dîmes de Collovrex est plus dramatique. Elle ne mettait pas en jeu directement les intérêts du seigneur de Ferney. En vertu d'un capitulaire de 801, les dîmes du hameau de Collovrex se trouvaient partagées entre le chapitre Saint-Pierre de Genève et les pauvres de Ferney. A la Réforme, la république de Genève avait succédé aux droits du chapitre. Or à l'époque où nous sommes, Moëns avait pour curé un nommé Ancian, grand procédurier, qui avait plusieurs procès en cours au parlement de Dijon. Il y ajouta une action contre la république de Genève et contre les pauvres de Ferney, pour la restitution des dîmes. Le parlement lui donna gain de cause. Un arrêt du 14 août 1758 condamna les pauvres à restituer les dîmes et à payer en outre à Ancian les frais du procès: soit les voyages du curé à Dijon, pour ce procès et pour les autres, avec «le vin qu'il avait bu à Mâcon et à Dijon».[52] L'homme était violent, habitué à bastonner ses paroissiens. Il exige rigoureusement qu'on lui paie son dû.

Qui donc étaient ces «pauvres» de Ferney? Des «pauvres de nom, pauvres d'effet et pauvres d'esprit», selon Voltaire. En tout cas, cinq familles parfaitement indigentes, totalement incapables et de se défendre en justice et de verser les sommes exorbitantes qu'on leur demandait. Voltaire, entrant en possession, va s'efforcer de les défendre: lettres à François Tronchin, à M. Le Bault, conseiller au parlement de Dijon, au président de Brosses; lettre surtout à Mgr Deschamps, évêque d'Annecy, supérieur ecclésiastique du curé de Moens. Que le prélat veuille bien engager le curé «à ne pas user d'un droit aussi peu chrétien dans toute sa rigueur»; que des délais au moins soient accordés.[53] L'évêque promit de «laver la tête» au peu charitable pasteur. Sans doute le fit-il. Il en fallait cependant davantage pour amener Ancian à de meilleurs sentiments. Nous retrouverons l'affaire ultérieurement. Elle va se corser par l'intervention d'une veuve légère, et du P. Fessy, supérieur des jésuites d'Ornex.[54] Mais n'anticipons pas...

Dans le même temps, Voltaire se trouvait en démêlés avec d'autres gens

---

51. Pour le détail, voir Fernand Caussy, *Voltaire seigneur de village* (Paris 1912), p.90-91, et L. Choudin, p.142-44.
52. D8028 (5 janvier [1759]).
53. D8011, D7981 (16 décembre 1758).
54. Voir F. Caussy, p.89 et suiv.

d'Eglise: des pasteurs réformés du pays de Vaud. Voici que rebondit l'affaire de Joseph Saurin, ce pasteur converti par Bossuet, que ses anciens confrères chargeaient de graves accusations et qui aurait lui-même reconnu ses crimes par une lettre. Nous avons dit[55] comment, à la demande de son fils, Voltaire avait modifié l'article du Catalogue des écrivains dans *Le Siècle de Louis XIV* et avait publié, dans une réédition de 1757, une attestation de trois pasteurs de Lausanne, Abraham de Crousaz, Polier de Bottens, Daniel Pavillard, niant l'existence de la lettre d'aveu. Or le *Journal helvétique* d'octobre 1758 insère une lettre, datée de Vevey, 23 septembre, «à l'occasion d'un article concernant Saurin inséré dans les œuvres de Mr. D. V.»: diatribe d'un ton vif prenant à partie conjointement Voltaire et Saurin le père. Ce Saurin qui a changé de religion pour faire «une petite fortune» (ce sont les termes du *Siècle de Louis XIV*) ne peut être considéré que comme un misérable. Voltaire a fait son éloge «par un goût décidé pour le déisme, j'ai presque dit pour l'athéisme». Quant à la déclaration des trois pasteurs, c'est un faux, ou bien elle a été «surprise». La lettre ne portait pas de signature. On l'attribua à Jean-Pierre Le Resche, pasteur à Chexbres. Celui-ci, en février et mars de l'année suivante, protestera de son innocence.[56] Mais nous avons une autre lettre de lui à l'un des trois pasteurs, Daniel Pavillard, où il se reconnaît l'auteur du texte paru dans le *Journal helvétique*, et s'explique sur ses intentions.[57]

Surpris par la violence de l'attaque, Voltaire répond par une *Réfutation* qui se veut modérée. Il s'indigne qu'en «remuant les cendres du père» on «porte le poignard dans le cœur» des enfants de Joseph Saurin: un fils «rempli de probité et de mérite», «cinq filles vertueuses». Et quel absurde raisonnement: «un homme donne un secours nécessaire à une famille persécutée; donc il est déiste et athée»! L'accusateur possède-t-il l'original de la lettre d'aveu imputée à Saurin? Qu'il le produise donc. Sinon qu'il «fasse amende honorable».[58] A défaut de l'original, Leresche faisait état d'un document vérifiable. En 1712, Saurin était revenu à Yverdon (pour des affaires de famille). La chambre criminelle avait alors intenté une action contre lui, «non à cause de son apostasie, mais à cause des crimes qu'il avait commis».[59] Il devait subsister des traces de la procédure dans le registre de la classe des pasteurs d'Yverdon. La compagnie des pasteurs de Lausanne, émue d'une affaire où plusieurs des siens étaient compromis, se fit remettre le registre. On chercha le procès-verbal de l'instruction entamée contre Saurin. Mais on ne

55. Voir ci-dessus, p.319.
56. Louis-Edouard Roulet, *Voltaire et les Bernois* (Neuchâtel 1950), reproduit ces démentis, p.127-31, et leur accorde foi, soupçonnant Jacob Vernet d'être l'auteur de la lettre. Mais le texte de D7880 ne permet pas de le suivre sur ce point.
57. D7880 (27 septembre 1758).
58. M.xxiv.80-83.
59. D7873.

trouva rien. C'est donc que la page avait été arrachée. La rumeur accusa Polier de Bottens, qui avait eu le registre entre les mains, et même Voltaire à qui Polier l'aurait montré. En fait, un examen du registre en notre siècle a prouvé qu'il ne manquait aucune page.[60]

L'affaire avait eu des suites fâcheuses. Les trois pasteurs cités par Voltaire furent vivement réprimandés par la Vénérable Compagnie pour avoir décerné, entre les mains d'un impie, un certificat en faveur d'un apostat. Très affectés, Polier et ses deux confrères vont se montrer désormais réticents à l'égard de Voltaire. Et pour comble de disgrâce, au début de l'année suivante, quand l'affaire commençait à s'apaiser, un revenant, le libraire Grasset, s'évertuera à la prolonger.

François Grasset, on se le rappelle, avait dû quitter Genève après sa négociation manquée, aux Délices, d'un manuscrit de *La Pucelle*. Depuis il s'était installé à Lausanne, comme imprimeur. Or au début de 1759, voici que sort de ses presses, dans la foulée de l'affaire Saurin, un recueil anonyme intitulé *Guerre littéraire ou Choix de quelques pièces de M. de V*******, avec les réponses pour servir de suite et d'éclaircissement à ses ouvrages*. Lesdites «réponses», en vue desquelles est établi le choix, mettent Voltaire en accusation. Après diverses «pièces»[61] vient la *Défense de milord Bolingbroke*, avec des *Remarques*. Puis ce sont les «pièces» sur «l'âme atroce» de Calvin, suivies des *Torts, à M. de V...* dans cette affaire; enfin les «pièces» sur l'affaire Saurin. L'ensemble dénonce «M. de V...» comme un ennemi de la religion, et plus particulièrement de la religion réformée. Surpris par l'attaque, Voltaire improvise la riposte. Il élève aussitôt une protestation, appuyée d'un *Mémoire*, auprès de l'Académie de Lausanne. Il désavoue la *Défense de milord Bolingbroke* (laissant entendre que ce texte serait du roi de Prusse). Il soutient que sa lettre à Thiriot sur «l'âme atroce» de Calvin est «presque entièrement supposée». Il dénonce l'imprimeur et auteur de la *Guerre littéraire* pour avoir volé naguère ses patrons, en foi de quoi il produit un certificat des frères Cramer.[62] Embarrassée, l'Académie se dérobe: elle se déclare incompétente.

Voltaire s'adresse alors à Haller, qu'il sait protéger Grasset. Il lui fait parvenir le certificat des Cramer, et dénonce en outre Le Resche: «Tous ces gens-là sont des misérables». Il n'est donc pas possible que l'illustre M. de Haller prenne le parti de telles canailles. C'est pourtant l'attitude que va adopter le grand homme. Il répond sur le mode ironique. Un poète comme M. de Voltaire, «également applaudi par les rois et par le public, assuré de l'immortalité de son nom», doit-

---

60. Roulet, p.109. C'est donc à tort que M. Henri Guillemin dans son *Voltaire* en cassette (Le Touvet 1987) accuse Voltaire d'avoir lui-même arraché les pages du registre. Comme le relève L. E. Roulet, p.109, Voltaire en privé se montrait beaucoup moins convaincu de l'innocence de Saurin.

61. Pour le détail, voir BN, catalogue, n° 466.

62. M.xxiv.85-90, D.app.171.

il ainsi «perdre le repos» pour de telles chicanes? Le trait touchait juste. S'efforçant de garder son calme, Voltaire revient à la charge par une longue lettre du 26 février 1759. Chemin faisant il rappelle au donneur de leçons sa propre querelle avec La Mettrie: l'illustre auteur des *Alpes* ne s'était pas alors montré si patient. Ici Haller commet une faute. Fort satisfait de cet échange des deux premières lettres, où il s'assurait un visible avantage, il en laisse circuler des copies. On en donne même une lecture publique dans un club de Berne. Toute la ville est informée: on applaudit celui qui a «fouetté» avec tant d'esprit le redoutable M. de Voltaire. Mais celui-ci saisit l'occasion de reprendre l'avantage. Nouvelle lettre à Haller, le 13 mars. Il répète le réquisitoire détaillé contre Grasset. Puis, *in cauda*, il reproche, avec juste raison, à son correspondant d'avoir, sans son accord, fait circuler leur échange épistolaire: indiscrétion blâmable, dont Haller se justifie avec embarras.[63]

Dans cette ville de Berne, Voltaire disposait d'un appui: le banneret Freudenreich. L'intervention de celui-ci va être décisive. Il fait d'abord interdire la publication de la *Guerre littéraire*.[64] Puis il fait en sorte que la naturalisation bernoise, sollicitée par Grasset, lui soit refusée.[65] En conséquence, le libraire doit quitter Lausanne. La querelle, séquelle de l'affaire Saurin, se termine ainsi à l'avantage de Voltaire.

Il en conservera de l'humeur contre la capitale du pays de Vaud. Au cours de ces débats, il s'était indigné qu'on traitât si mal à Lausanne un riche étranger comme lui, qui fait tant de dépenses dans cette ville.[66] Argument peu convaincant, mais désormais il se tiendra à l'écart. C'est à Ferney, dans la proximité de Genève, qu'il se fixe définitivement, sans esprit de retour vers les résidences vaudoises.

En ce début de 1759, il est tout à la joie de s'installer dans ses nouveaux domaines. Il ne tarit pas sur le plaisir qu'il a de bâtir et de planter, ce qui revient à «mettre les choses dans l'ordre». Il s'y plaît, lui qui a «horreur de la difformité». En vue d'emménager, il passe à Jean-Robert Tronchin d'énormes commandes: fusils, café, sucre, vin de Languedoc, et cent livres de savon, car «nous faisons des lessives immenses». Le printemps venu, il met en action sa merveilleuse charrue à cinq semoirs. Voilà qui promet de bien meilleurs rendements que la pauvre araire de bois, égratignant à peine la surface du champ. Mais le simple laboureur ne peut acquérir un engin aussi coûteux. «Il y a des choses, écrit-il sans vergogne, qui conviennent au berger Tircis, et qui ne conviennent point au berger Pierrot.» Il est ce Tircis. Plus prosaïquement, il confie à Mme Du Deffand que sa destinée

---

63. D8109, D8127, D8142, D8181, D8259.
64. Voir D8082, D8121, D8130, D8146, D8165.
65. D8699.
66. D8142.

était de «finir entre un semoir, des vaches et des Genevois». En quoi, il a rempli «la vocation de l'homme»: «Dieu l'avait créé libre, et je le suis devenu.»[67]

Mais l'euphorie voltairienne ne va jamais sans des tracas harcelants. Il n'en manque pas, en ces débuts d'installation. Il dépense beaucoup et, par ces temps de guerre, l'argent rentre mal. Choiseul a réduit les subsides versés à l'Electeur palatin. Aussi son Altesse Electorale a-t-elle manqué de payer les intérêts dus à Voltaire pour le 1er janvier 1759: le trésorier annonce huit mois de retard... Voltaire n'échappe pas aux soucis du propriétaire foncier. Un chemin de Ferney a été défoncé par le sieur Mallet: à lui de le réparer, avec le concours des paysans, qui ont intérêt au bon entretien de la voie. En ce cas, Voltaire est disposé à accorder aux manœuvres requis de corvée «un petit salaire».[68]

Mais c'est surtout du côté de Tourney que viennent les ennuis. Les discussions avec de Brosses s'aigrissent. Si le président n'est pas facile en affaires, il se plaint de son côté d'avoir à traiter avec un Voltaire «voltigeant». «Vous avez dévasté la moitié de votre forêt», lui reproche son acquéreur, qui s'est engagé par contrat à la restituer en bon état. Et voici que s'amorce l'affaire des «moules» de bois de chauffage, que Voltaire prétend avoir acquis avec le domaine et que de Brosses refuse de payer au fermier Charlot Baudy.[69] Par l'obstination des deux parties, l'affaire va prendre des proportions démesurées, et aboutira à la rupture du philosophe et du président.

Il va sans dire que, tout retiré qu'il est, Voltaire ne s'enferme pas dans le petit monde délimité par Genève, Ferney et Tourney. Il intervient à Versailles pour tenter de résoudre, au niveau supérieur, ses difficultés locales. Il voudrait être dispensé de payer les droits de mutation – le «centième denier» – dus pour le bail à vie de Tourney. Pour demander le dégrèvement, il n'hésite pas à s'adresser directement au Conseil royal des finances, présidé par le roi lui-même, et où siège le dauphin.[70] Il a soin de maintenir le contact, au moins épistolaire, avec les détenteurs du pouvoir. Par la plume de Mme Denis, il écrit à Mme de Pompadour. Sujet, ou prétexte de la lettre: le maintien des privilèges fiscaux accordés à Ferney et Tourney.[71] Le duc de Choiseul étant devenu secrétaire d'Etat aux Affaires étrangères, il ne lui adresse pas moins de cinq lettres au printemps de 1759, et il en reçoit trois. Cette correspondance traite d'abord des exemptions demandées

---

67. D8033, D8052, D8265, D8040, D8154.

68. D8058, D8045, D8023.

69. D8027, D8114.

70. D8115 (vers le 15 février 1759). D'après D8117, la requête a bien été envoyée, sous cette forme ou sous une autre (voir D8115 commentaire). Mais il semble que Voltaire fut débouté, et eut à payer les droits, d'après D9403 (13 novembre 1760).

71. D8101 (11 février 1759).

pour ses récentes acquisitions: le ministre lui donne gain de cause – du moins partiellement. Mais on passe bientôt à des sujets plus graves, par suite des écarts de plume de Frédéric II, dont il sera parlé plus loin.

De Paris, Voltaire reçoit une bonne nouvelle. Le 23 avril 1759, la Comédie-Française a supprimé les places de spectateurs sur la scène: places louées fort cher, qui rapportaient beaucoup à la troupe. Mais un mécène fit généreusement le nécessaire pour faire disparaître une telle aberration: le comte de Lauraguais versa aux Comédiens une indemnité de 30 000 francs. Voilà donc débarrassé le plateau de la Comédie-Française. «Les blancs-poudrés et les talons rouges ne se mêleront plus avec les Augustes et les Cléopâtres.» Une mise en scène devenait possible, précisément au moment où Diderot préconisait le genre nouveau du drame bourgeois, qui devait porter sur les planches la vie quotidienne des familles et des professions. Voltaire comprend bien que désormais «le théâtre de Paris va changer de face». Mais non pas dans le sens où l'entendait Diderot. Voltaire prévoit un renouveau de la tragédie. Non plus ces «conversations en cinq actes» au bout desquelles on apprend «qu'il y a eu un peu de sang répandu». Mais «de la pompe, du spectacle, du fracas». Il a mis en chantier déjà l'une de ces tragédies nouvelles: ce sera *Tancrède*. Dans l'immédiat qu'on reprenne donc *Rome sauvée* et *Oreste*, pièces qui s'accommodent de la «pompe» et du «spectacle», et même les exigent. Les perspectives qui s'ouvrent vont-elles atténuer le pessimisme de Voltaire en matière de littérature? Il n'en est rien. Les belles-lettres en France tombent: «On croit être solide, on n'est que lourd et lourdement chimérique.»[72] Telle est l'appréciation du patriarche sur la nouvelle génération d'écrivains – celle de Diderot, d'Helvétius...

Pourtant c'est sur ces nouveaux venus qu'il compte pour la campagne philosophique qu'il prépare, tandis qu'il s'installe en ses châteaux. La persécution ne s'est pas relâchée. Le 23 janvier, le parlement de Paris a condamné l'*Encyclopédie*. Le 8 mars, un arrêt du Conseil révoque le privilège: interdiction de distribuer et de réimprimer les sept volumes parus. Malgré ses rétractations, Helvétius encourt pour *De l'Esprit* condamnation sur condamnation: par le parlement de Paris (23 janvier), par un bref pontifical (31 janvier). L'ouvrage est brûlé par la main du bourreau, avec d'autres, sur les marches du Palais le 10 février. Commentaire de Voltaire: «Il me semble que je vois l'Inquisition condamner Galilée.» Il est bien placé pour savoir que dans l'Europe de son temps l'intolérance est la chose du monde la mieux partagée. S'il y distingue «trois ou quatre» pasteurs, «prêtres honnêtes gens», tel Polier de Bottens, qu'il «aime de tout [son] cœur», il voit aussi que les Etats protestants persécutent leurs sujets catholiques comme les catholiques leurs sujets protestants. Ce qu'il dénonce à un ministre du Saint-

72. D8249, D8075.

Evangile qui doit être le pasteur bernois Elie Bertrand.[73] «Et vous ne voulez pas, continue-t-il, qu'on attaque à forces réunies ces opinions», responsables de tant de maux! «N'est-ce pas faire un bien au monde que de renverser le trône de la superstition?» En vue de ce combat, il rassemble des armes. Il lit les *Philosophical works* de Bolingbroke parues en 1754.[74] Il médite de refondre ce prolixe ouvrage de sept tomes en un seul volume percutant. «Priests must be confounded.» Il se renseigne sur les «prêtres» français et leurs complices, le P. Berthier, l'abbé de Caveirac, l'avocat Moreau, en vue d'attaques personnelles. Quel sera l'objectif? Non pas «établir une religion nouvelle chez le peuple», ce qu'il estime trop difficile, voire impossible. Mais «détruire les infâmes superstitions chez les honnêtes gens».[75] Elitisme sans doute, mais qui repose sur une appréciation réaliste du décalage culturel, au dix-huitième siècle, entre «le peuple», de mentalité profondément religieuse, et les milieux «éclairés».

Dans ces «honnêtes gens», Voltaire comprend l'aristocratie d'une Europe des Lumières. Il a reçu la visite de Grimm, de passage à Genève.[76] Cet Allemand intégralement francisé a créé en 1753 la *Correspondance littéraire*, reprenant une entreprise analogue de l'abbé Raynal.[77] Il s'agissait d'un périodique manuscrit, soustrait ainsi à la censure des livres et servi par abonnement; par son indépendance et sa qualité cette publication se trouve être la plus ancienne de nos modernes revues littéraires. En 1759 elle en est encore à des débuts modestes. Elle ne compte que quelques abonnés en Allemagne. Un seul copiste suffit pour reproduire l'intégralité des livraisons bi-mensuelles. Par la suite l'affaire prendra une remarquable extension. La *Correspondance* se diffusera parmi les familles régnantes et la haute aristocratie de l'Europe centrale et orientale. Diderot et Mme d'Epinay y collaboreront, notamment pendant les fréquents voyages de Grimm. Voltaire n'aura pas toujours à se louer de la *Correspondance* qui ne lui ménagera pas ses ironies acides. Mais elle reproduira un grand nombre de ses textes. Et la campagne contre l'Infâme s'adressera en Allemagne, dans le Nord, en Russie, à la même clientèle cosmopolite. Il maintient le contact avec la cour de Saint-Pétersbourg. Depuis longtemps il a promis d'écrire une *Histoire de l'empire de Russie sous Pierre le Grand*, pour le service de l'impératrice Elisabeth Petrovna, fille du grand tsar fondateur de la Russie moderne. Etant enfin en possession des mémoires promis par Shouvalov, il s'est mis à la rédaction.[78]

---

73. D8086, D8084, D8029.

74. D8022 (2 janvier [1759]), à Friedrich Steiger. Voir Roland Mortier, introduction à *L'Examen important de milord Bolingbroke*, *OC*, lxii.132.

75. D8037, D8129, D8175.

76. D8116, à Mme d'Epinay (vers le 15 février 1759), très bref billet.

77. Voir U. Kölving et J. Carriat, *Inventaire de la «Correspondance littéraire» de Grimm*, Studies 225 (1984), p.XV-XXXVII.

78. D8096 (10 février [1759]), à J.-R. Tronchin. Mais le 14 mars (D8183), il se plaint de n'avoir

Avec Frédéric II, la relation épistolaire se poursuit, compliquée de part et d'autre d'intentions contradictoires. «Je n'ai pu vivre sans vous, ni avec vous»:[79] cet aveu de Voltaire au roi, celui-ci aurait pu, avec autant de sincérité, l'adresser à son ancien chambellan. Ne pouvant ni vivre ensemble, ni rompre, ils s'écrivent. Mais jamais peut-être comme en ces premiers mois de 1759 l'échange épistolaire n'a été entre eux aussi chargé de feintes, de sous-entendus. Christiane Mervaud a parfaitement retracé ces méandres,[80] dont on se contentera d'indiquer ici les principales courbes. Voltaire n'a toujours pas pardonné l'avanie de Francfort. Mais il voudrait apurer ce contentieux. En janvier 1759, les péripéties de la guerre paraissent fournir une occasion inespérée. Soubise, le vaincu honteux de Rossbach,[81] toujours soutenu par Mme de Pompadour, prend une petite revanche. Il occupe par surprise la ville de Francfort. Voltaire presse donc Collini de solliciter du commandant français la punition de Freytag et Schmidt, avec restitution de l'argent volé. Mais Voltaire veut éviter de paraître lui-même dans cette démarche, et n'entend pas mettre en cause Frédéric II. Que la plainte soit donc portée, non à Berlin, mais à Vienne, par l'intermédiaire de la comtesse de Bentinck.[82] Entamée avec aussi peu de conviction, l'entreprise est bientôt abandonnée.

Voltaire pourtant ne renonce pas à obtenir réparation. Il a demandé au roi de lui restituer d'anciens «brimborions»: l'ordre du Mérite, et la clef de chambellan. Réponse dilatoire: que Voltaire se rende «digne» d'un tel geste. Au surplus, il faut attendre et «laisser mourir en paix» Maupertuis, que Frédéric ne veut pas chagriner. Le roi ne laisse guère passer d'occasion d'être désagréable avec son correspondant. L'ode de Voltaire sur la mort de la duchesse de Bayreuth lui ayant déplu, il montre de l'irritation. Plus gravement, lorsque Voltaire lui explique que le médecin Tronchin ne peut quitter Genève pour aller soigner un frère du roi, celui-ci riposte par une mercuriale. Quand le poète apprendra-t-il «de quel style» il convient d'écrire à un roi?

Sautes d'humeur, qui n'interrompent pas l'échange épistolaire. De Catt nous a dit «l'enthousiasme» de Frédéric lorsque lui arrivait une lettre de Voltaire, «écrite divinement bien». Entre le roi et son ancien chambellan une «dépendance intellectuelle» subsiste. Frédéric aspire à briller comme auteur auprès de son ancien maître de poésie. Il mène une existence de chef militaire physiquement et

---

pas les mémoires promis sur les campagnes de Pierre le Grand, ses lois, sa vie privée, sa vie publique. Cependant, le 31 mars, n.s. (D8235), Shouvalov lui envoie un messager, Soltikoff, porteur de nouveaux documents. Voir plus haut, p.324.

79. D8218 (27 mars 1759).
80. Mervaud, p.305-24.
81. Il a été nommé maréchal de France le 19 octobre 1758.
82. D8060 (vers le 20 janvier 1759).

nerveusement épuisante. Avec des forces deux fois moindres numériquement, il lui faut résister aux armées russes et autrichiennes. Pour peu que les commandements ennemis sachent coordonner leurs mouvements, il est écrasé et détruit. Toujours sur le qui-vive, il doit éviter le désastre en devançant sans cesse l'adversaire par la rapidité de ses manœuvres. En cet état de tension extrême, cet homme étonnant ne connaît qu'un dérivatif: composer de longs poèmes en vers français. Il aligne ainsi une *Epître à ma sœur de Bayreuth*, une *Ode au prince Ferdinand de Brunswick*, une *Ode au prince Henri*, une *Epître sur le hasard à ma sœur Amélie*, un *Congé de l'armée des cercles et des tonneliers*. Toutes productions qu'il se hâte d'expédier aux Délices. «Ses œuvres n'accèdent à la plénitude de leur existence que lorsqu'elles ont été appréciées par Voltaire.»[83] Celui-ci en demeure quelque peu abasourdi: «avoir l'Europe sur les bras et faire les vers que V. M. m'envoie est assurément une chose unique.»[84] L'ennui est que, dans la fièvre du combat, le guerrier se répand en injures à l'adresse de l'ennemi, notamment de Louis xv et de la favorite, qu'il déteste:

> Esclave d'une femme, est-il pour toi de gloire?

Voilà pour le roi de France dans l'*Epître* en principe adressée «à ma sœur de Bayreuth». Quant à la «femme», il est dit, au même endroit, que

> Pompadour en vendant son amant au plus riche
> Rend la France de nos jours esclave de l'Autriche.

Quelques semaines plus tard, Frédéric récidive en aggravant l'insulte. Il apostrophe la France:

> O nation folle et vaine!

«Ces guerriers», naguère «couverts d'immortels lauriers», il voit aujourd'hui «leur vil assemblage aussi vaillant au pillage que lâche dans les combats». Puis vient le tour de Louis xv et de sa maîtresse. Il convient ici de citer intégralement le poème:

> Quoi! votre faible monarque,
> Jouet de la Pompadour,
> Flétri par plus d'une marque
> Des opprobres de l'amour
> Lui qui, détestant les peines,
> Au hasard remet les rênes
> De son empire aux abois,
> Cet esclave parle en maître!

---

83. Mervaud, p.314-15, 301-303, 304-305, 308, 306.
84. D8091 ([9] février 1759).

> Ce Céladon sous un hêtre
> Croit dicter le sort des rois![85]

Voltaire s'aperçoit que le paquet contenant ces gracieusetés a été ouvert. Il comprend le danger: recevoir de tels vers l'exposerait à l'accusation de lèse-majesté, avec toutes les terribles conséquences. Il lui faut prendre les devants. Ecrivant à d'Argental, il prétend qu'au moment où le paquet lui parvint le résident de France à Genève, Montpéroux, était chez lui, aux Délices (où il réside toujours): ce qui est possible. Une telle présentation, plus dramatique, l'innocente mieux. Mais il est plus vraisemblable, comme le suggèrent les *Mémoires*, qu'il fit appel au résident en se rendant auprès de lui. Toujours est-il que tous deux se mettent d'accord sur la conduite à tenir. Voltaire envoie les vers à Choiseul avec la lettre de Frédéric et sa réponse où il déclare qu'il n'accepte «aucune des faveurs» du roi de Prusse.[86] Le 20 avril, Choiseul fait savoir à son «cher solitaire suisse» que, sans montrer au roi les vers de Frédéric, il lui a rendu compte de la conduite de son fidèle sujet. Moyennant quoi, Voltaire obtient sans peine pour Ferney «la confirmation des privilèges, exemptions et dîmes inféodées». Mais il obtient aussi un autre avantage.

Choiseul a préparé une réplique. Palissot à sa demande a versifié des couplets où il dit au roi de Prusse son fait. Notamment ceci:

> Jusque-là, censeur moins sauvage,
> Souffre l'innocent badinage
> De la Nature et des Amours.
> Peux-tu condamner la tendresse,
> Toi qui n'en as connu l'ivresse
> Que dans les bras de tes tambours?[87]

Choiseul fait parvenir à Voltaire le galant compliment. Qu'il avertisse Frédéric II: si le roi de Prusse s'avisait de publier ses vers, on ferait paraître en réponse les vers de Palissot qui ont, eux, «le mérite de la vérité».[88] Voici donc Voltaire rétabli dans le rôle qu'il avait assumé, autrefois et naguère, celui d'intermédiaire

---

85. Dans le texte donné par M.i.59-60.

86. D8249 (6 avril [1759]), à d'Argental. Ce courrier passe par la voie diplomatique du résident de France. Voltaire d'autre part aurait écrit en même temps directement à Choiseul une lettre qui ne nous est pas parvenue.

87. Cité par P. Calmettes, *Choiseul et Voltaire* (Paris 1902), p.15. L'homosexualité de Frédéric, contestée aujourd'hui par les historiens allemands, était, on le voit, considérée en France comme notoire, bien avant la publication des *Mémoires* posthumes de Voltaire.

88. D8270 (20 avril [1759]).

entre Frédéric et la cour de Versailles: position avantageuse, malgré les risques encourus.[89]

Le duc de Choiseul fait ici son entrée dans la vie de Voltaire. Le philosophe avait dû rencontrer à la cour avant 1750 ce petit homme roux appartenant à la haute aristocratie lorraine. Le comte de Stainville – c'est le nom qu'il portait alors – s'était distingué dans la guerre de Succession d'Autriche: en 1748 il est maréchal de camp. Il doit sa carrière politique à Mme de Pompadour. Il aurait informé la favorite d'une intrigue dirigée contre elle. Mais il doit sa réussite à ses qualités d'homme d'Etat. Nommé ambassadeur à Rome (1754-1757), il obtient de Benoît XIV qu'une issue soit trouvée à l'interminable affaire de la bulle *Unigenitus*. Ce succès lui vaut d'être nommé à l'ambassade de Vienne. De ce fait, il restera l'homme de l'alliance autrichienne. En décembre 1758, il succède à Bernis comme secrétaire d'Etat aux Affaires étrangères. Il assume la fonction que n'avait pas su remplir Bernis: celle d'une coordination de toute la politique française. Fonction indispensable qui aurait dû être assurée par le roi, mais Louis XV répugne à suivre assidûment les affaires. Choiseul se fera nommer ensuite secrétaire d'Etat à la Guerre, puis à la Marine, pendant quelque temps. Sous ces divers titres, il exerce en fait le pouvoir d'un premier ministre. Il dirige la France comme quelque vingt ans plus tôt Fleury l'avait dirigée.

Il a les qualités d'un grand politique. Travailleur acharné, il connaît à fond ses dossiers. Il sait cependant ne point se perdre dans les détails. Il a la hauteur de vues un peu méprisante du grand seigneur. Affable, bon courtisan, il se concilie les bonnes grâces du roi et celles de Mme de Pompadour. Il veille en outre à mettre de son côté l'opinion, dont il mesure l'influence grandissante. Aussi ménage-t-il un personnage tel que Voltaire. Les lettres qu'il adresse à la «marmotte suisse» sont marquées d'une cordialité enjouée. Il n'a point à se forcer. Homme de plaisir, Choiseul en matière de religion respecte les apparences, mais en son for intérieur n'éprouve qu'un sentiment de scepticisme, voire de sourde hostilité. C'est sous son règne que les jésuites seront poursuivis en justice, supprimés et finalement chassés. S'il ne porte aucune sympathie aux philosophes à la manière de Diderot et des encyclopédistes, il se sent au contraire en affinité avec une «philosophie» de bonne compagnie, indulgente à un immoralisme aristocratique. Aussi la personnalité de Choiseul est-elle de celles qui vont justifier la politique voltairienne des Lumières: politique de l'alliance avec un pouvoir bienveillant.

---

89. S'étant mis à couvert du côté de Versailles, Voltaire continuera à recevoir sans émotion, et même avec plaisir, les gaillardises de son correspondant. Voir Mervaud, p.319-22. Lui-même répond sur le même ton, D8283 (2 mars [1759]): «Héros du Nord, je savais bien / Que vous avez vu les derrières / Des guerriers du roi très chrétien / A qui vous tailliez des croupières. / Mais que vos rimes familières, / Immortalisent les beaux cus, / De ceux que vous avez vaincus, / Ce sont des faveurs singulières.»

Une affaire occupe Voltaire pendant les quatre premiers mois de 1759, à laquelle il donne, de concert avec les Cramer, une dimension européenne: la publication et la diffusion de *Candide*.

Il va pratiquer une stratégie lui permettant de répandre aussi largement que possible son ouvrage, tout en esquivant les mesures de répression. Il convient ici de se rappeler la situation de la librairie en France au dix-huitième siècle. Les techniques d'impression ne se prêtent pas alors aux gros tirages. Le prote, ne disposant que d'un stock limité de caractères, est obligé, au bout de quelque temps, de défaire les compositions antérieures pour composer de nouveaux textes. Aussi un livre ne se tire-t-il guère qu'à deux, trois, ou quatre mille exemplaires (quatre mille est le tirage atteint par l'*Encyclopédie*, ouvrage à succès). En outre le régime du privilège et de la permission tacite ne protège nullement, en fait, les droits de l'auteur et de l'éditeur. En cas de forte demande, qu'arrive-t-il? Des libraires n'ont aucun scrupule à réimprimer le livre, avec ou sans le consentement de l'auteur, avec ou sans l'accord du premier éditeur. Voltaire va mettre à profit cet état de choses. Son *Candide* va surgir vers le même temps en de multiples lieux de France et d'Europe.

Le 15 janvier 1759, les Cramer notent sur leur livre de comptes que Robin, libraire à Paris, leur doit 750 livres pour l'envoi de 1 000 *Candide*. Le lendemain, ils consignent la dette de Marc Michel Rey à Amsterdam: 150 livres pour 200 exemplaires du même titre.[90] On n'en conclura pas que *Candide* fut «publié», c'est-à-dire mis à la disposition du public, à partir de cette date. Il fallait du temps pour acheminer de lourds chariots, en plein hiver, jusqu'à Paris:[91] et les précautions à prendre pour une entrée clandestine accroissaient les délais. Dans cet intervalle, les Cramer, évidemment en accord avec Voltaire, s'abstinrent de laisser paraître le livre à Genève. Ils attendaient que l'expédition eût atteint la capitale française. C'est chose faite vers le 20 février: deux jours après, d'Hémery, inspecteur de police chargé de la librairie, signale que *Candide* est vendu sous le manteau par le duc de La Vallière et par d'Argental. Simultanément il se répand dans Genève. La Compagnie des pasteurs s'en inquiète le 23 février. On procède à des perquisitions, infructueuses. Mais déjà d'autres éditions auraient été tirées: à Lyon par Jean Marie Bruiset, à Avignon, domaine pontifical, par Garrigan. A Paris, où l'on «s'arrache *Candide*»,[92] plusieurs libraires le réimpriment: Grangé, dont la police saisit les feuilles, sans peut-être anéantir l'édition; Prault, Lambert. Le 10 mars, Voltaire assure qu'il s'est vendu 6 000 *Candide*. Au début d'avril, il parle de six éditions parisiennes. Ces chiffres, pour nous invérifiables, prouvent

90. Nous renvoyons pour les références à *OC*, xlviii.53-54.

91. D8172 note: Th. Besterman a calculé que les mille exemplaires expédiés par Cramer pesaient environ un quart de tonne.

92. D8137, D8172, D8247, D8231.

au moins avec quelle attention Voltaire, depuis Genève, suivait la diffusion de son livre dans Paris.

A Liège, Pierre Rousseau a sous presse, le 30 mars, une édition qu'il offre à Marc Michel Rey: ce qui indique que les 200 exemplaires envoyés à cet éditeur d'Amsterdam étaient épuisés. Voltaire lui-même avait pris soin de faire imprimer *Candide* à Londres, comme jadis *Charles XII* et les *Lettres philosophiques*. Il envoie à John Nourse, correspondant des Cramer, un manuscrit, dont l'éditeur anglais tire une édition mise en vente le 11 mai. Il se trouve que le manuscrit présente un état du texte antérieur, pour quelques détails, à l'édition Cramer: on en a conclu, à tort, que le *Candide* de Nourse était la véritable originale et avait paru en décembre 1758.[93] Voltaire a dû envoyer aussi un manuscrit à l'éditeur londonien Scott: celui-ci en tira, si on l'en croit, non une édition, mais une traduction, *Candidus or the optimist*. Deux autres traductions parurent simultanément, de sorte que le public britannique disposa en ce même mois de mai 1759 d'un *Candide* français et de deux *Candide* en anglais. Il semble que Voltaire fit également une tentative à Venise, dès janvier, soit pour une diffusion soit pour une édition, et que l'affaire échoua par la négligence du libraire vénitien Pasquali.[94]

Ce *Candide*, doué d'ubiquité, déroutait les poursuites. Les descentes de police, plus efficaces à Paris qu'à Genève, restèrent cependant, ici et là, sans lendemain. Il n'était pas nécessaire de lancer, comme Voltaire le fit à partir de fin février, une campagne épistolaire de dénégation, relayée à Paris par d'Argental et La Vallière: «On vous nomme, je nie et l'on ne me croit pas». Ses protestations visent en réalité à plusieurs fins. Elles mettent entre les mains des Cramer de quoi détourner les soupçons. En direction de Paris, elles servent à la promotion du livre. Et surtout elles procurent à Voltaire le plaisir de donner aux autres et de se donner à lui-même la comédie. Il joue l'innocent, tombant des nues: «Qu'est-ce que c'est qu'une brochure intitulée *Candide* qu'on débite, dit-on, avec scandale [...] On prétend qu'il y a des gens assez impertinents pour m'imputer cet ouvrage que je n'ai jamais vu!» Puis le voici jugeant en critique le livre nouveau qu'il «vient de lire enfin»: «Je trouve cette plaisanterie dans un goût singulier»... Enfin il joue au démenti-confirmation. L'abbé Pernetti (qui a dû s'occuper de l'édition lyonnaise) «soutient toujours» que Voltaire a «fait voyager le philosophe Pangloss et Candide»; «mais comme je trouve cet ouvrage très contraire aux décisions de la Sorbonne [...] je soutiens que je n'y ai aucune part.» Lui qui va répétant qu'il n'a pas écrit *Candide*, «il serait bien fâché qu'on ne l'en crût pas l'auteur.»[95] Le jeu va se prolonger dans la presse. On sait que le conte

93. Sur cette question, voir *OC*, xlviii.59-60.

94. D8067 (27 janvier [1759]), à Algarotti.

95. D8072 (janvier-février 1759), La Vallière à Voltaire; D8141; D8148 (vers le 1er mars 1759), aux Cramer; D8179 (12 mars [1759]), à J.-R. Tronchin, et commentaire.

se présente comme «traduit de l'allemand du docteur Ralph». Or voici qu'un compte rendu du *Journal encyclopédique* (15 mars) met en doute l'existence de l'original allemand et attribue *Candide* à «M. de V...». Aussitôt, au fond de l'Allemagne, un M. Démad prend la plume: il ne sait quel est ce «M. de V...». *Candide*, «ce profond ouvrage de philosophie», a été élaboré par son frère, nommé aussi Démad, «capitaine dans le régiment de Brunsvick», et d'ailleurs *Loustik* dudit régiment. M. Ralph? Eh bien! ce «professeur assez connu dans l'Académie de Francfort-sur-l'Oder» a «beaucoup aidé» le capitaine Démad, lequel «a eu la modestie de ne l'intituler que traduction de M. Ralph».[96] Dernier acte: paraîtra en 1761 une édition augmentée dans le chapitre parisien d'un épisode, celui de la marquise de Parolignac. Les fantômes des deux Démad se sont dissipés. Et le docteur Ralph est décédé, puisque le sous-titre annonce que la nouvelle édition s'enrichit «des additions qu'on a trouvées dans la poche du Docteur lorsqu'il mourut à Minden l'an de grâce 1759». Ici s'arrête le jeu des auteurs fantoches de *Candide*.

Ces fantaisies n'empêchent nullement les esprits sérieux d'exprimer leur réprobation. L'avocat général au parlement de Paris, Omer Joly de Fleury, avait immédiatement dénoncé «la brochure», du point de vue des mœurs et de la religion. Sarasin l'aîné, de la Compagnie des pasteurs à Genève, éprouva le même haut-le-cœur: «des choses sales, inspirant l'inhumanité, contraires aux bonnes mœurs, et injurieuses à la Providence». Un autre Suisse, le naturaliste Charles Bonnet, formule une condamnation mieux articulée. Ecrivant à Albert von Haller, il s'en prend à la philosophie de ce conte philosophique. S'élevant contre «le but secret de l'auteur [...] de présenter l'univers sous la forme la plus hideuse», il prend la défense du système optimiste.[97] Les journaux ne se montrèrent guère plus favorables. Fréron, spirituel et mordant à son habitude, feint de croire aux dénégations de Voltaire: non, ce *Candide* ne peut être de l'illustre auteur qui tant de fois se prononça pour le tout est bien, qui a si souvent exprimé son mépris pour les plumitifs «s'abandonnant au dérèglement de leur folle imagination».[98] Pierre Rousseau de son côté, lui qui à Liège donna une édition de *Candide*, le juge pourtant avec sévérité dans le compte rendu du *Journal encyclopédique* dont nous avons parlé. Il aurait souhaité que «M. de V... [...] s'exprimât avec plus de respect» sur tout ce qui regarde «la religion et ses ministres». La *Correspondance littéraire* elle-même, en concédant que «cette production» est «fort amusante», en critique les graves défauts: pas de plan, «ni de ces coups de pinceaux heureux qu'on rencontre dans quelques romans anglais du même genre». Et la cause de l'optimisme est mal défendue. Il eût fallu que Pangloss restât toujours auprès de

---

96. *OC*, xlviii.264-67.
97. D8140 (24 février 1759); D.app.173; D8159 (6 mars 1759).
98. *L'Année littéraire* (1759), ii.203-10.

Candide afin de «le fortifier» dans ce système.[99] Dans l'ensemble, tout ce qui a pignon sur rue condamne ou fait grise mine. On juge cette «mauvaise plaisanterie» «indigne» de celui à qui on l'attribue.[100] Comment l'auteur de *La Henriade* et de *Zaïre* a-t-il pu commettre pareille indécence? Aujourd'hui nous inverserions volontiers les termes de l'interrogation. Comment l'auteur de *Candide* a-t-il pu se complaire dans les conventions de ce qu'on appelait alors les grands genres?

Le jugement de la postérité fut anticipé en 1759 par le public anonyme qui fit de *Candide* un triomphal succès. «Jamais livre ne s'est vendu avec plus de vivacité» dans Paris. *Candide* «tient le cœur gai au point de faire rire à bouche ouverte ceux qui ne rient que du bout des dents». Les censeurs même doivent reconnaître, non sans dépit, la vogue étonnante du «petit roman».[101] Les chiffres parlent. On connaît dix-sept éditions de *Candide* datées de 1759. Qu'on n'imagine pas pourtant une diffusion par centaines de milliers d'exemplaires: chiffres qu'au dix-huitième siècle ni les dimensions du public ni les contraintes de la fabrication ne permet-taient d'atteindre. En calculant selon les vraisemblances, on peut supposer qu'il s'est vendu en 1759 environ 20000 *Candide*:[102] total considérable qu'égalent seulement à l'époque quelques grands succès de librairie.

Dans cette masse indistincte de lecteurs, une catégorie est pour nous identi-fiable: les militaires. Sur quel public Pierre Rousseau compte-t-il pour se «défaire avantageusement» de l'édition qu'il tire à Liège? Sur les armées qui, non loin de là, font campagne en Allemagne: troupes françaises (qui seront battues le 1er août à Minden); troupes ennemies, car bon nombre d'officiers anglais, allemands, prussiens, lisent le français. De ces guerriers amateurs de *Candide* nous en connaissons un nommément: le plus illustre, Frédéric II. Il a lu sept fois le conte, que Voltaire n'a pas manqué de lui envoyer. Mais non pas confortablement installé dans son cabinet de travail. A la tête de ses troupes, il continue à se débattre à l'est de l'Allemagne contre des armées russes et autrichiennes très supérieures en nombre. Sa situation reste critique: en août 1759 Autrichiens et Russes, pour une fois réunis, le battent à Kunersdorf (à l'est de Francfort-sur-l'Oder). C'est donc dans une tension extrême qu'il lit et relit *Candide*. Il écrit à Voltaire. Tandis qu'il vitupère, à son habitude, les «trois catins» – Marie-Thérèse d'Autriche, la tsarine Elisabeth Petrovna, et Mme de Pompadour – il constate que sa «chienne de vie» l'a plongé dans un monde analogue au «meilleur des mondes» de Pangloss: «jusqu'à la fin des siècles, des scènes sanglantes et

---

99. 1er mars 1759 (CLT, iv.85-89).
100. D8072 commentaire. Ce sont les termes du policier d'Hémery.
101. D8072 (janvier-février 1759), du duc de La Vallière; D8137 (23 février [1759]), de Thiriot; *Correspondance littéraire*, iv.400, 1er mai 1761, à propos de la «suite» de *Candide* par Thorel de Campigneulles.
102. *OC*, lviii.63-64.

tragiques», «toujours des guerres, des procès, des dévastations, des pestes, des tremblements de terre et des banqueroutes». Mais de sa part nul abattement : il en tire au contraire une leçon de courage et d'énergie, dont il cite comme exemple Zadig et Candide.[103] *Candide* : une lecture roborative pour les temps d'épreuve.

Avec ce conte philosophique, Voltaire a donné son chef-d'œuvre : en d'autres termes, l'écrit bref et dense où un maître écrivain met le meilleur de lui-même, et grâce auquel il va traverser les siècles. Le récit, en son temps, dut son succès, pour une bonne part, à son allure de «revue» satirique : «Mangeons du jésuite», «Que va dire le *Journal de Trévoux* ?», etc. Mais aujourd'hui que nous importent ces polémiques d'un autre âge ? *Candide* pour nous demeure vif par ce qui est l'essentiel. Jamais Voltaire n'a aussi bien exprimé le monde tel que le voit son humeur : vision désolée et gaie, décapante mais tonique. *Candide* prend rang, dans la littérature universelle, parmi ces quelques livres qu'on ne se lasse pas de lire et relire, ainsi que l'avait expérimenté Frédéric.

Ici la biographie doit avouer ses limites. De la genèse de l'œuvre, nous avons cerné les entours. Nous avons décelé le moment où elle s'esquisse, décrit l'ambiance externe et l'état d'esprit du conteur quand sont tracées les premières lignes, accompagné les phases de l'élaboration, à travers les allées et venues de l'année 1758, déterminé enfin les circonstances de l'ultime mise au point. Mais, après cela, comment se fait-il que dans ce quotidien de la biographie voltairienne *Candide* soit devenu une telle réussite ? Comment expliquer le bonheur d'une telle œuvre ? De quelle tension portée à un niveau supérieur sont nés ces phrases, ces chapitres, cette fable ? L'intimité créatrice de l'écrivain interpose devant le biographe une frontière qu'il ne saurait franchir. C'est le cas de répéter ici le mauvais latin que Voltaire appliquait à un mystère d'une autre sorte : *procedes huc, et non ibis amplius.*[104]

Mais le biographe revient sur le terrain qui est le sien, lorsqu'il situe l'œuvre dans le devenir voltairien. *Candide* donne le coup d'envoi à la campagne contre l'Infâme. Sont pris à partie déjà théologiens, métaphysiciens, inquisiteurs, et surtout les jésuites qui vont être incessamment la première cible. Est désigné en même temps le programme constructif d'une entreprise de destruction : soit l'idéal d'Eldorado, utopie d'une cité sans prêtres, sans parlements, sans armées, où règnent la raison et ses corollaires, la prospérité et le bonheur ; soit, plus pragmatiquement, le «jardin», aménagement d'un réel ingrat, assurant cette forme mineure du bonheur qu'est une vie tolérable. *Candide* dessine en outre la forme de la future propagande : non point de gros livres comme l'*Encyclopédie* ; mais des

---

103. D8231 commentaire, D8242 commentaire, D8383 (2 juillet 1759), à Voltaire.

104. «Tu avanceras jusque-là et tu n'iras pas plus avant» : conclusion de la quinzième *Lettre philosophique*, «Sur le système de l'attraction».

fantaisies courtes, divertissantes en même temps que porteuses de faits et d'idées, à destination d'un public aussi étendu que possible.

Depuis quelques mois Voltaire, désormais hors d'atteinte en ses terres de Ferney et de Tourney, sentait s'affirmer sa vocation militante. Le succès de *Candide*, au printemps de 1759, le décide à ouvrir les hostilités.

BIBLIOGRAPHIE

1. Bibliographies concernant Voltaire

Barr, Mary-Margaret H., *A century of Voltaire study: a bibliography of writings on Voltaire, 1825-1925*, New York 1929.
– et Frederick A. Spear, *Quarante années d'études voltairiennes: bibliographie analytique des livres et articles sur Voltaire, 1926-1965*, Paris 1968.
Bengesco, Georges, *Voltaire, bibliographie de ses œuvres*, Paris 1882-1890.
Bibliothèque de Voltaire: catalogue des livres, Moscou, Leningrad 1961.
Bibliothèque nationale, *Catalogue général des livres imprimés de la Bibliothèque nationale: auteurs*, tome 214, Paris 1978.
Candaux, Jean-Daniel, «Premières additions à la bibliographie des écrits français relatifs à Voltaire, 1719-1830», *Studi francesi* 39 (1969), p.481-490.
– «Voltaire: biographie, bibliographie et éditions critiques», *RHLF* 79 (1979), p.296-319.
Cioranescu, Alexandre, *Bibliographie de la littérature française du dix-huitième siècle*, Paris 1969.
Quérard, Joseph Marie, *Bibliographie voltairienne*, Paris [1842].
Vercruysse, Jeroom, «Bibliographie des écrits français relatifs à Voltaire, 1719-1830», *Les Voltairiens, 2ème série: Voltaire jugé par les siens 1719-1749*, New York 1983.

2. Biographies de Voltaire

Besterman, Theodore, *Voltaire*, 3e éd., Oxford 1976.
Bibliothèque nationale, *Voltaire: un homme, un siècle*, Paris 1979.
Bibliothèque royale Albert 1er, *Voltaire: bicentenaire de sa mort*, Bruxelles 1978.
Desnoiresterres, Gustave, *Voltaire et la société française au XVIIIe siècle*, 2e éd., Paris 1871-1876.
Duvernet, Théophile I., *La Vie de Voltaire*, Genève 1786.
Harel, Maximilien M., *Voltaire, recueil des particularités curieuses de sa vie et de sa mort*, Porrentruy 1781.
Hearsey, John E. N., *Voltaire*, London 1976.
Lanson, Gustave, *Voltaire*, Paris 1960.
Mailhos, Georges, *Voltaire témoin de son temps*, Berne 1987.
Mason, H. T., *Voltaire, a biography*, London 1981.
Naves, Raymond, *Voltaire, l'homme et l'œuvre*, Paris 1966.
Orieux, Jean, *Voltaire, ou la royauté de l'esprit*, Paris 1966.
Pomeau, René, *D'Arouet à Voltaire*, Voltaire en son temps 1, Oxford 1985.
Vaillot, René, *Avec Mme Du Châtelet*, Voltaire en son temps 2, Oxford 1988.

3. Editions des œuvres de Voltaire

Œuvres complètes, Genève, Banbury, Oxford 1968-; édition en cours, déjà parus:
2. *La Henriade*, éd. O. R. Taylor (1970).
7. *La Pucelle d'Orléans*, éd. J. Vercruysse (1970).
8. *1731-1732* (1988).
10. *Adélaïde Du Guesclin*, éd. M. Cartwright (1985).
14. *1734-1735* (1989).
17. *1737* (1991).
33. *Œuvres alphabétiques* (1) (1987).

377

48. *Candide ou l'optimisme*, éd. R. Pomeau (1980).

50. *1760* (I) (1986).

53-55. *Commentaires sur Corneille*, éd. D. Williams (1974-1975).

59. *La Philosophie de l'histoire*, éd. J. H. Brumfitt (1969).

62. *1766-1767* (1987).

63A. *1767* (I) (1990).

64. *La Défense de mon oncle*, éd. J.-M. Moureaux (1984).

81-82. *Notebooks*, éd. Th. Besterman (1968).

85-135. *Correspondence and related documents*, éd. Th. Besterman (1968-1977).

Œuvres complètes, éd. L. Moland, Paris 1877-1885.

Œuvres complètes, [Kehl] 1784-1789.

Corpus des notes marginales de Voltaire, Berlin, Oxford 1979-.

L'Akakia de Voltaire, éd. Ch. Fleischauer, *Studies* 30 (1964), p.7-145.

Correspondance avec les Tronchin, éd. A. Delattre, Paris 1950.

Dialogues et anecdotes philosophiques, éd. R. Naves, Paris 1966.

Essai sur les mœurs, éd. R. Pomeau, Paris 1963.

L'Examen important de milord Bolingbroke, éd. R. Mortier, *OC*, lxii.127-362 (1987).

Histoire de la guerre de 1741, éd. J. Maurens, Paris 1971.

Histoire du docteur Akakia et du natif de Saint-Malo, éd. J. Tuffet, Paris 1967.

Lettres d'Alsace à sa nièce Mme Denis, éd. G. Jean-Aubry, Paris 1937.

Lettres inédites à son imprimeur Gabriel Cramer, éd. B. Gagnebin, Genève 1952.

Lettres inédites aux Tronchin, éd. B. Gagnebin, Genève, Lille 1950.

Lettres philosophiques, éd. G. Lanson et A.-M. Rousseau, Paris 1964.

La Loi naturelle, éd. F. J. Crowley, Berkeley 1938.

Micromégas, éd. Ira O. Wade, Princeton 1950.

Ode de M. de Voltaire expliquée par son auteur dans trois lettres adressées à son éminence M. le cardinal Querini, Brescia 1752.

Œuvres historiques, éd. R. Pomeau, Bibliothèque de la Pléiade, Paris 1957.

Romans et contes, éd. F. Deloffre et J. Van den Heuvel, Bibliothèque de la Pléiade, Paris 1979.

2. Témoignages

Argens, Jean-Baptiste de Boyer, marquis d', *Histoire de l'esprit humain, ou mémoires secrets et universels de la république des lettres*, Berlin 1765-1768.

Argenson, René Louis de Voyer, marquis d', *Mémoires et journal inédits du marquis d'Argenson, ministre des Affaires étrangères sous Louis XV*, Paris 1857-1858.

– *Journal et mémoires*, éd. E. J. B. Rathéry, Paris 1859-1867.

Barbier, Edmond Jean François, *Chronique de la régence et du règne de Louis XV (1718-1763)*, Paris 1857-1885.

Clément, Pierre, *Les Cinq années littéraires (1748-1752)*, La Haye 1754.

Collini, Cosimo Alessandro, *Mon séjour auprès de Voltaire et lettres inédites que m'écrivit cet homme célèbre jusqu'à la dernière année de sa vie*, Paris 1807.

Du Deffand, Marie de Vichy de Chamrond, marquise, *Correspondance complète de la marquise Du Deffand*, [éd. M. de Lescure] Paris 1865.

Formey, Jean Henri Samuel, *Souvenirs d'un citoyen*, Berlin 1789.

– *Eloge de M. de Maupertuis*, Berlin 1761.

– *Choix des mémoires et abrégé de l'Histoire de l'Académie de Berlin*, Berlin 1767.

– *Histoire de l'Académie royale des sciences et belles-lettres de Berlin, avec les Mémoires tirés des registres de cette Académie*, Berlin 1746-1771.

Grimm, Frédéric Melchior, *Correspondance littéraire, philosophique et critique par Grimm, Diderot, Raynal, Meister, etc.*, éd. M. Tourneux, Paris 1877-1882.

Longchamp, Sébastien G., et Wagnière, Jean Louis, *Mémoires sur Voltaire et sur ses ouvrages*, Paris 1826.

Luchet, Jean Pierre Louis, marquis de, *Histoire littéraire de monsieur de Voltaire*, Cassel 1780.

Luynes, Charles Philippe d'Albert, duc de, *Mémoires du duc de Luynes sur la cour de Louis XV, 1735-1758*, éd. L. Dussieux et E. Soulié, Paris 1860-1865.

Marmontel, Jean-François, *Mémoires*, éd. J. Renwick, Clermont-Ferrand 1972.

3. Œuvres de Frédéric II

Œuvres de Frédéric le Grand, éd. J. D. E. Preuss, Berlin 1846-1857.

Die Werke Friedrichs des Grossen, éd. G. B. Voltz, Berlin 1912-1914.

Œuvres du philosophe de Sans Souci, s.l. 1752, in-4° (tome 1 seulement).

Œuvres du philosophe de Sans Souci, Au donjon du chasteau, avec privilège d'Apollon, 1750, in-4° (tomes 2 et 3 seulement; le tome 1, contenant le *Palladion*, semble introuvable).

Eloge de M. Julien Offroy La Mettrie [...] prononcé par S. M. le roi de Prusse dans son Académie, à Berlin, Berlin 1752.

Lettre au public, Berlin [E. de Bourdeaux] 1753.

Seconde lettre au public, Berlin [E. de Bourdeaux] 1753.

Troisième lettre au public, Berlin [E. de Bourdeaux] 1753.

Lettre d'un académicien de Berlin à un académicien de Paris, Berlin [E. de Bourdeaux] 1753.

Mémoires de Frédéric II, roi de Prusse, écrits en français par lui-même, éd. E. Boutaric et E. Campardon, Paris 1866.

Mémoires pour servir à l'histoire de la Maison de Brandebourg, Au donjon du château, 1751.

Correspondance (ordre chronologique de la publication)

Politische Correspondenz Friedrichs des Grossen, éd. J. G. Droysen *et al.*, Berlin 1879-1912.

Briefwechsel Friedrichs des Grossen mit Grumbkow und Maupertuis (1731-1759), éd. R. Koser, Publikationen aus den k. preussischen Staatsarchiven 72, Leipzig 1898.

Briefwechsel Friedrichs des Grossen mit Voltaire, éd. R. Koser et H. Droysen, Publikationen aus den k. preussischen Staatsarchiven 81, 82, 86, Leipzig 1908-1911.

Nachträge zu dem Briefwechsel Friedrichs des Grossen mit Voltaire und Maupertuis, éd. H. Droysen *et al.*, Publikationen aus den k. preussischen Staatsarchiven 90, Leipzig 1917.

Friedrich der Grosse und Wilhelmine von Bayreuth, Briefwechsel, éd. G. B. Voltz und F. von Oppeln-Bronikowski, Leipzig 1924.

Die Briefe Friedrichs des Grossen an seinen vormaligen Kammerdiener Fredersdorff, éd. J. Richter, Berlin 1926.

4. Sur Frédéric II et son temps

L'Allemagne des Lumières, éd. Pierre Grappin, Metz 1982.

Aretin, Karl Freiherr von, *et al.*, *Friedrich der Grosse: Herrscher zwischen Tradition und Fortschritt*, Gütersloh 1985.

Berney, Arnold, *Friedrich der Grosse, Entwicklungsgeschichte eines Staatsmannes*, Tübingen 1934.

Bourel, Dominique, «1986, année Frédéric le Grand», *Dix-huitième siècle* 20 (1988), p.465-468.

Denina, Carlo, *Essai sur la vie et le règne de Frédéric II roi de Prusse, pour servir de préliminaire à l'édition de ses œuvres post-humes*, Berlin 1788.

Droysen, Hans, «Beiträge zu einer Biblio-graphie der prosaischen Schriften Frie-drichs des Grossen», *Wissenschaftliche Beilage zum Jahresbericht des Königstädti-schen Gymnasiums zu Berlin*, Berlin 1904, p.3-6.

– «Friedrichs des Grossen Druckerei im Berliner Schloss», *Hohenzollern Jahrbuch* 8 (1904), p.83-91.

– «Zu Voltaires letztem Besuche bei König Friedrich», *Zeitschrift für französische Sprache und Literatur* 41 (1913), p.109-122.

Elze, Walter, *Le Grand Frédéric*, traduit de l'allemand, 2ᵉ éd., Paris 1943.

Fredericiana ou recueil d'anecdotes, bons mots et traits piquants de Frédéric II roi de Prusse, Paris an X.

Friedrich II und die Kunst, Ausstellung zum 200. Todestag, éd. H. J. Giersberg, C. Meckel, Potsdam 1986.

Gaxotte, Pierre, *Frédéric II*, Paris 1938.

Giersberg, Hans Joachim, «Das friderizia-nische Potsdam», dans *Friedrich II und die Kunst*, Potsdam 1986.

– *Friedrich als Bauherr*, Berlin 1986.

Gooch, George Peabody, *Frederick the Great: the ruler, the writer, the man*, Lon-don 1947.

Grunthal, Günther, «Presse et censure dans la Prusse de Frédéric II», dans *L'Alle-magne des Lumières*, Metz 1982, p.25-42.

Hegemann, Werner, *Le Grand Frédéric*, Paris 1938.

Herrmann, Otto, «Eine Beurteilung Frie-drichs des Grossen aus dem Jahre 1753», *Forschungen zur Brandenburgischen und Preussischen Geschichte* 34 (1922).

Johnson, Hubert C., *Frederick the Great and his officials*, Yale 1975.

Koser, Reinhold, *Geschichte Friedrichs des Grossen*, Berlin 1912-1915.

Krieger, Bogdan, *Friedrich der Grosse und seine Bücher*, Berlin, Leipzig 1914.

Nicolaï, Christoph Friedrich, *Anekdoten von König Friedrich II von Preussen und von einigen Personen die um ihn waren*, Berlin 1790-1792.

Panorama der friderizianischen Zeit, éd. J. Ziechmann, Bremen 1985.

Schieder, Theodor, *Friedrich der Grosse. Ein Königtum der Widersprüche*, Berlin 1983.

Steinmetz, Horst, *Friedrich II, König von Preussen und die deutsche Literatur des 18. Jahrhunderts*, Stuttgart 1985.

«Verzeichniss sämtlicher Ausgaben und Übersetzungen der Werke Friedrichs des Grossen», *Miscellaneen zur Geschichte König Friedrichs des Grossen*, Berlin 1878, p.1-109.

5. Le séjour en Prusse (ch. 2-6)

Actes de la Journée Maupertuis [Créteil, 1ᵉʳ décembre 1973], Paris 1975.

Allerhand, Jacob, *Das Judentum in der Auf-klärung*, Stuttgart 1980.

Bachelard, Suzanne, *Les Polémiques concer-nant le principe de moindre action au XVIIIe siècle*, Paris 1961.

Balcou, Jean, *Fréron contre les philosophes*, Genève 1975.

Barber, W. H., «The genesis of Voltaire's *Micromégas*», *French studies* 10 (1957), p.1-15.

Barbeu Du Bourg, Jacques, et Maubert de Gouvest, *Le Siècle politique de Louis XIV*, Siéclopolis 1753.

Bartholmess, Christian, *Histoire philosophi-que de l'Académie de Prusse, depuis Leibniz jusqu'à Schelling particulièrement sous Fré-déric le Grand*, Paris 1850-1851.

Belouin, Georges, *«Der Franzose» (1747). Contribution à l'histoire des Français en Allemagne au XVIIIe siècle*, Paris 1909.

Besterman, Theodore, «Voltaire's com-mentary on Frederick's *L'Art de la guerre*», *Studies* 2 (1956), p.61-206.

Blaze de Bury, *Le Chevalier de Chasot, mémoires du temps de Frédéric le Grand*, Paris 1862.

Bolingbroke, Henry Saint-John, vicomte, *Lettres sur l'histoire*, trad. J. Barbeu Du Bourg, s.l. 1752.

Bourel, Dominique, *Pierre Louis Moreau de Maupertuis*, dans *Berlinische Lebensbilder 3, Wissenschaftspolitik in Berlin*, Berlin 1987.

Braudel, Fernand, *Civilisation matérielle, économie et capitalisme XVe-XVIIIe siècle*, Paris 1979.

Brockmeier, Peter, «Fürstendiener und Menschenfreund, Possenreisser und Dichterfürst. Zum Bild Voltaires in der deutschsprachigen Literaturkritik und Literaturgeschichtsschreibung», dans *Voltaire und Deutschland*, p.469-490.

Brown, Harcourt, «Maupertuis philosophe: Enlightenment and the Berlin academy», *Studies* 24 (1963), p.255-269.

Brunet, Pierre, *Etude historique sur le principe de moindre action*, Paris 1938.

– *Maupertuis*, Paris 1929.

Catt, Henri de, *Unterhaltungen mit Friedrich dem Grossen. Memoiren und Tagebücher von Heinrich de Catt*, éd. R. Koser, Publikationen aus den k. preussischen Staatsarchiven 22, Leipzig 1884.

Cuthell, Edith E., *The Scottish friend of Frederick the Great, the last earl Marischall*, London 1915.

– *Wilhelmina, margravine of Baireuth*, London 1905.

Dawson, Robert L., *Baculard d'Arnauld: life and prose fiction*, Studies 141-142 (1976).

Droysen, Hans, «Zu Voltaires letztem Besuche bei König Friedrich», *Zeitschrift für französische Sprache und Literatur* 41 (1913), p.109-122.

– «Tageskalender Friedrichs des Grossen vom 1. Juni 1740 bis 31. Marz 1763»,

Forschungen zur brandenburgischen und preussischen Geschichte 29 (1916), p.95-157.

Dufrénoy, M. L., «Maupertuis et le progrès scientifique», *Studies* 25 (1963), p.519-587.

Euler, Leonhard, *Lettres concernant le jugement de l'Académie royale des sciences et belles-lettres de Prusse, et apologie de M. de Maupertuis*, Paris 1753.

Flammermont, Jules, *Les Correspondances des agents diplomatiques étrangers en France avant la Révolution*, Paris 1896.

Fontius, Martin, *Voltaire in Berlin. Zur Geschichte der bei G. C. Walther veröffentlichten Werke Voltaires*, Berlin 1966.

– «Der Tod eines ‹Philosophe›, unbekannte Nachrufe auf La Mettrie», *Beiträge zur Romanischen Philologie* 6 (1967), p.5-28, 226-251.

Galle, Roland, «Die Replik des deutschen Idealismus auf die Aporie der Voltaireschen Tragödien», dans *Voltaire und Deutschland*, p.439-453.

Gazier, A., «L'abbé de Prades, Voltaire et Frédéric II», *Mélanges de littérature et d'histoire*, Paris 1904, p.195-208.

Glaser, Horst Albert, «Lessings Streit mit Voltaire. Das Drama der Aufklärung in Deutschland und Frankreich», dans *Voltaire und Deutschland*, p.399-407.

Gunny, Ahmad, «A propos de la date de composition de *Micromégas*», *Studies* 140 (1975), p.73-83.

Harnack, Adolf von, *Geschichte der Königlich Preussischen Akademie der Wissenschaften zu Berlin*, Berlin 1900.

Hartweg, Frédéric, «Les Huguenots à Berlin: des artisans de l'Aufklärung», dans *Recherches nouvelles sur l'Aufklärung*.

Henriot, Emile, *Voltaire et Frédéric II*, Paris 1927.

Hermand, Jost, *Adolph Menzel, das Flötenkonzert in Sans-Souci, ein realistisch geträumtes Preussenbild*, Frankfurt 1985.

Hytier, Adrienne D., «Frédéric II et les

philosophes récalcitrants», *Romanic review* 57 (1966), p.161-176.

Idée de la personne, de la manière de vivre et de la cour du roi de Prusse, s.l. [1753].

Jaeck, Hans Peter, *Kammerherr und König, Voltaire in Preussen*, Berlin 1987.

Jersch-Wenzel, Stefi, *Juden une Franzosen in der Wirtschaft des Raumen Berlin-Brandenburg*, Berlin 1978.

Johnston, Elsie, *Le Marquis d'Argens, sa vie, ses œuvres; essai biographique et critique*, Paris 1929.

Knowlson, J. R., et Betteridge, H. T., «The Voltaire-Hirschel dispute: unpublished letters and documents», *Studies* 47 (1966).

Kölving, Ulla, et Carriat, Jeanne, *Inventaire de la Correspondance littéraire de Grimm et Meister*, Studies 225-227 (1984).

König, Samuel, *Appel au public*, La Haye 1752.

– *Défense de l'Appel au public*, La Haye 1753.

Koser, Reinhold, «Voltaire und die *Idée de la cour de Prusse*», *Forschungen zur brandenburgischen und preussischen Geschichte* 6 (1893), p.141-180.

– «Voltaire als Kritiker der *Œuvres du philosophe de Sans-Souci*», *Hohenzollern Jahrbuch* (1906), p.170-198.

Krauss, Werner, «La correspondance de Samuel Formey», *RHLF* 63 (1963), p.207-216.

La Beaumelle, Laurent Angliviel de, *Vie de Maupertuis*, ouvrage posthume suivi de lettres inédites de Frédéric le Grand et de Maupertuis, Paris 1856.

– *Lettre de M. de La Beaumelle à M. sur Voltaire*, dans *Le Siècle politique de Louis XIV*, Siéclopolis 1753.

– *Mes pensées*, 6ᵉ éd. augmentée de plus de moitié, Londres [Francfort] 1752.

– *Réponse au Supplément du Siècle de Louis XIV*, Colmar 1754.

La Mettrie, Julien Offray de, *L'Anti-Sénèque ou le Souverain Bien*, Potsdam 1750.

– *Discours sur le bonheur*, éd. John Falvey, Studies 134 (1975).

– *L'Homme-machine*, éd. J. Assézat, Paris 1865.

– *Ouvrage de Pénélope ou Machiavel en médecine*, Berlin 1748-1750.

– *Œuvres philosophiques de M. de La Mettrie*, Londres [Berlin] 1751.

Lanson, Gustave, «Notes pour servir à l'étude des chapitres 35 à 39 du *Siècle de Louis XIV*», *Mélanges Andler*, Strasbourg 1924, p.171-195.

Lauriol, Claude, *La Beaumelle: un protestant cévenol entre Montesquieu et Voltaire*, Genève, Paris 1978.

Lauriol, Claude, et Magnan, André, «En marge de la querelle entre Voltaire et La Beaumelle: correspondance inédite de La Beaumelle avec la comtesse de Bentinck», *Recherches nouvelles sur quelques écrivains du siècle des Lumières*, Montpellier 1979, ii.19-62.

Lavicka, Jan, «La genèse du *Sermon des cinquante*», *Studies* 256 (1988), p.49-82.

Le Blond, Elisabeth Alice Frances, *Charlotte-Sophie Countess Bentinck, her life and times, 1715-1800*, London 1912.

Lee, Joseph Patrick, *Voltaire's Sermon des cinquante*, dans *Dissertation abstracts* 32, 1971.

Lehndorff, Heinrich von, *Dreissig Jahre am Hofe Friedrichs des Grossen, aus den Tagebüchern des Reichsgrafen Ernst Ahasverus Heinrich von Lehndorff*, éd. K. E. Schmidt-Lötzen, Gotha 1907.

Lemée, Pierre, *Julien Offray de La Mettrie*, Mortain 1954.

Le Sueur, abbé A., *Maupertuis et ses correspondants. Lettres inédites du grand Frédéric, du prince Henri de Prusse, de La Beaumelle, etc.*, Montreuil-sur-Mer 1896.

Lever, Maurice, *Le Sceptre et la marotte. Histoire des fous de cour*, Paris 1983.

Lizé, Emile, *Voltaire, Grimm et la Correspondance littéraire*, Studies 180 (1979).

Magdelaine, M. Thadden, *Le Refuge hugue-not*, Paris 1985.

Magnan, André, «Textes inédits pour la correspondance de Voltaire», *RHLF* 76 (1976), p.69-75.

– *Dossier Voltaire en Prusse 1750-1753*, Studies 244 (1986).

– et Mervaud, Christiane, «Sur les derniers jours de Voltaire en Prusse: lecture de deux nouvelles lettres de la comtesse de Bentinck à Voltaire. *RHLF* 80 (1980), p.3-26.

Malettke, Klaus, «Deutschland und die Deutschen im *Siècle de Louis XIV*», dans *Voltaire und Deutschland*, p.139-152.

Mangold, Wilhelm, *Voltaires Rechsstreit mit dem Königlichen Schutzjuden Hirschel, 1751*, Berlin 1905.

Marx, Jacques, «Une liaison dangereuse au XVIIIe siècle: Voltaire et J. H. Formey», *Neophilologus* 53 (1969), p.138-146.

Maupertuis, Pierre Louis Moreau de, *Essai de cosmologie*, s.l. 1750.

– *Essai de philosophie morale*, Berlin 1749.

– *Lettres*, Dresde 1752, 2e éd. Berlin 1753.

– *Lettres concernant le jugement de l'Académie royale des sciences et belles-lettres de Prusse, et apologie de M. de Maupertuis*, Paris 1753.

– *Œuvres de Maupertuis*, éd. G. Tonelli, Hildesheim, New York 1965-1974.

Maupertuisiana, Hambourg 1753.

Mervaud, Christiane, *Voltaire et Frédéric II: une dramaturgie des Lumières, 1736-1778*, Studies 234 (1985).

– «Les débuts de la *Correspondance littéraire* en Prusse: une copie inconnue, 1er juin 1753-1er mai 1754», *RHLF* 79 (1979), p.14-25.

– «Julien l'Apostat dans la correspondance de Voltaire et de Frédéric II», *RHLF* 76 (1976), p.724-743.

– et Runset, Ute van, «Un témoin de Voltaire à la cour de Berlin: le prince Ferdinand», *RHLF* 80 (1980), p.720-736.

– «Voltaire, Baculard d'Arnaud et le prince Ferdinand», *Studies* 183 (1980), p.7-33.

Möller, Horst, *Aufklärung in Preussen, der Verleger, Publizist und Geschichtsschreiber F. Nicolai*, Berlin 1974.

Mönch, Walter, *Voltaire und Friedrich der Grosse: das Drama einer denkwürdigen Freundschaft; eine Studie zur Literatur, Politik und Philosophie des XVIII. Jahrhunderts*, Stuttgart 1943.

Mondot, Jean, «Les Juifs, l'Aufklärung et les ruses de la raison», dans J. Mondot, *Regard de/sur l'étranger au XVIIIe siècle*, Bordeaux 1985, p.121-138.

Nicolai, Friedrich, *Beschreibung der königlichen Residenzstadt Berlin (eine Auswahl nach der Ausgabe 1786)*, Berlin 1987.

Noël, Denis, *Une figure énigmatique parmi les encyclopédistes: l'abbé Jean-Martin de Prades*, thèse de 3e cycle, Université de Strasbourg 1971.

Ochwadt, Curd, *Voltaire und die Grafen zu Schaumburg-Lippe*, Brême et Wolfenbüttel 1977.

Perkins, Jean A., «Voltaire and La Mettrie», *Studies* 10 (1959), p.101-111.

– «Diderot and La Mettrie», *Studies* 10 (1959), p.49-100.

Pidansat de Mairobert, Mathieu-François, *La Querelle*, s.l. [1753].

Pöllnitz, K. L., *Mémoires pour servir à l'histoire des quatre derniers souverains de la Maison de Brandebourg*, Berlin 1791.

Pomeau, René, «Histoire d'une œuvre de Voltaire: le *Dictionnaire philosophique portatif*», *L'Information littéraire* 2 (1955), p.13-20.

Pons, Georges, «Les années berlinoises de Maupertuis ou Maupertuis vu par les Allemands de son temps», *Annales de Bretagne et des pays de l'Ouest* 83 (1976), p.681-694.

Recherches nouvelles sur l'Aufklärung, éd. R. Krebs, Reims 1987.

Recueil des instructions données aux ambassadeurs et ministres de France, depuis le traité de Westphalie jusqu'à la Révolution française, t.16, *Prusse*, Paris 1884.

Rétat, Pierre, *Le Dictionnaire de Bayle et la lutte philosophique au XVIIIe siècle*, Paris 1971.

– «Le *Dictionnaire philosophique* de Voltaire: concept et discours du dictionnaire», *RHLF* 81 (1981), p.892-900.

Roger, Jacques, *Les Sciences de la vie dans la pensée française du XVIIIe siècle*, Paris 1971.

Roques, Jacques Emmanuel, *Lettre de Jacques Emmanuel Roques sur la part qu'il a eue aux démêlés de messieurs Voltaire et La Beaumelle*, Hanovre 1755.

Runset, Ute van, «Form und Funktion des Literarischen Portraits um Friedrich den Grossen und Voltaire», *Voltaire und Deutschland*, p.299-312.

– «Lessing und Voltaire, ein Missverständnis? Untersuchung eines Einflusses und seiner deutsch-französischen Rezeption», dans *Nation und Gelehrtenrepublik. Lessing im europäischen Zusammenhang*, München 1984, p.257-267.

Schaer, Friedrich Wilhelm, «Charlotte Sophie Gräfin von Bentinck, Friedrich der Grosse und Voltaire. Mit einem Anhang Handschreiben Friedrichs an der Gräfin Bentinck», *Niedersächsisches Jahrbuch* 43 (1971), p.81-121.

Schier, Donald, «The abbé de Prades in exile», *Romanic review* 45 (1954), p.182-190.

Schiltz, R., «Lumières nouvelles sur la querelle de Maupertuis et de Voltaire», *Petite revue des bibliophiles dauphinois* (1951-1958), p.59-68.

Schwarzbach, Bertram E., «Voltaire et les Huguenots de Berlin: Formey et Isaac de Beausobre», dans *Voltaire und Deutschland*, p.103-118.

Sievers, Leo, *Juden in Deutschland*, Hamburg 1979.

Smith, D. W., «The publication of *Micromégas*», *Studies* 219 (1983), p.63-91.

Spink, John, «Un abbé philosophe, l'affaire de J. M. de Prades», *Dix-huitième siècle* 3 (1971), p.145-180.

Stern, Selma, *Der Preussische Staat und die Juden*, Tübingen 1971.

Thiébault, Dieudonné, *Mes souvenirs de vingt ans de séjour à Berlin*, Paris 1804.

Thomson, Ann, «Quatre lettres inédites de La Mettrie», *Dix-huitième siècle* 7 (1975), p.13-15.

– *Materialism and society in the mid-eighteenth century: La Mettrie's Discours préliminaire*, Genève 1981.

Trousson, Raymond, «Voltaire et le marquis d'Argens», *Studi francesi* 10 (1966), p.226-239.

Tyrconnel, Richard Talbot, comte, «Tableau de la cour de Prusse», *Journal de l'Institut historique* 5 (1836), p.13-30.

Vartanian, Aram, «Le philosophe selon La Mettrie», *Dix-huitième siècle* 1 (1969), p.161-178.

– «Voltaire's quarrel with Maupertuis: satire and science», *L'Esprit créateur* (1967), p.252-248.

Velluz, Léon, *Maupertuis*, Paris 1969.

Vercruysse, Jeroom, «L'œuvre de *Poéshie* corrigée: notes marginales de Voltaire sur les poésies de Frédéric II», *Studies* 176 (1979), p.51-62.

– «L'*Idée du roi de Prusse*, un portrait de 1752 en quête d'auteur», dans *Voltaire und Deutschland*, p.91-103.

Virolle, Roland, «Où sont les études sur le *Dictionnaire philosophique* de Voltaire?», *L'Information littéraire* 2 (1974), p.60-67.

Voltaire und Deutschland, éd. P. Brockmeier, R. Desné, J. Voss, Stuttgart 1979.

Winter, Eduard, «Voltaire und Euler», dans *Voltaire und Deutschland*, p.119-121.

6. L'aventure de Francfort et ses suites (ch.7-11)

Calmet, A., puis dom Fangé, *Histoire de l'abbaye de Senones*, Epinal 1879.

Chatellier, Louis, «Voltaire, Colmar, les Jésuites et l'histoire», *Revue d'Alsace* 106 (1980), p.69-82.

Duranton, Henri, «La genèse de l'*Essai sur les mœurs*: Voltaire, Frédéric II et quelques autres», dans *Voltaire und Deutschland*, p.257-268.

Folman, Michel, *Voltaire et Mme Denis*, Genève 1957.

Fougeret de Monbron, Louis C., *Epître à M. de Voltaire pendant son séjour à Mayence au retour de Berlin*, s.l. 1753.

Godenne, René, «La part du jeu dans les ‹Amusements des eaux›», *Le Jeu au XVIIIe siècle*, Aix-en-Provence 1976, p.129-130.

Grosclaude, Pierre, *Malesherbes, témoin et interprète de son temps*, Paris 1961.

Haupt, Herman, «Voltaire in Frankfurt 1753. Mit Benutzung von ungedruckten Akten und Briefen des Dichters», *Zeitschrift für französische Sprache und Literatur* 27 (1904), p.160-187; 30 (1906), p.87-117; 34 (1909), p.159-211.

Horn, Georg, *Voltaire und die Markgräfin von Bayreuth*, Berlin 1865.

Jovicevich, Alexandre, «A propos d'une *Paméla* de Voltaire», *French review* 36 (1963), p.276-283.

Kastener, Jean, *Le Passé de Plombières*, Plombières 1952.

Kieffer, Eugène, «De la vie et la ‹mort› de monsieur de Voltaire à Colmar», *Annuaire de la Société historique et littéraire de Colmar* 3 (1953), p.85-115.

Korff, H. A., *Voltaire im Literarischen Deutschland des 18. Jahrunderts*, Heidelberg 1918.

Lafue, Pierre, *La Vie quotidienne des cours allemandes au XVIIIe siècle*, Paris 1963.

Magnan, André, «Pour saluer *Paméla*: une œuvre inconnue de Voltaire», *Dix-huitième siècle* 15 (1983), p.357-368.

Mass, Edgar, *Le Marquis d'Adhémar: la correspondance inédite d'un ami des philosophes à la cour de Bayreuth*, Studies 109 (1973).

– «Voltaire und Wilhelmine von Bayreuth», dans *Voltaire und Deutschland*, p.55-77.

Micha, Hugues, *Voltaire d'après sa correspondance avec Mme Denis: étude sur la sensibilité de Voltaire*, Paris 1972.

Morand, Bernadette, *Les Ecrits des prisonniers politiques*, Paris 1976.

Muller, Daniel, *Les Rentes viagères de Voltaire*, Paris 1920.

Naves, Raymond, *Voltaire et l'Encyclopédie*, Paris 1938.

Nedergaard-Hansen, Leif, «Sur la date de composition de l'*Histoire des voyages de Scarmentado*», *Studies* 2 (1956), p.273-277.

Nivat, Jean, «Quelques énigmes de la correspondance de Voltaire», *RHLF* 53 (1953), p.439-462.

Olivier, Jean-Jacques, *Les Comédiens français dans les cours d'Allemagne au XVIIIe siècle*, Paris 1902.

Osten, Jenny von der, *Louise-Dorothée Herzogin von Sachsen-Gotha 1732-1767*, Leipzig 1893.

Reuss, R., *Histoire de Strasbourg*, Paris 1922.

Rhenanus, «Une page de la vie de Voltaire: l'aventure de Francfort», *Revue rhénane* 4 (1924), p.468-473.

Ridgway, Ronald, *Voltaire and sensibility*, Montréal, London 1973.

Rossel, Frédéric, *Autour d'un prêt hypothécaire. Voltaire créancier de Wurtemberg. Correspondance inédite*, Paris 1900.

Sackmann, Paul, *Eine ungedruckte Voltaire-Correspondenz, herausgegeben mit einem Anhang: Voltaire und das Haus Würtemberg*, Stuttgart 1899.

Saint-René Tallandier, «Une page de la vie de Voltaire. L'affaire de Francfort d'après les récits allemands», *Revue des deux mondes*, 15 avril 1865, p.836-873.

Salomon, A., «Jean-Michel Lorenz, 1723-1801», *Revue d'Alsace* 70 (1924), p.444-461.

Sareil, Jean, *Voltaire et les Grands*, Genève 1978.

Schlobach, Jochen, «Der Einfluss Frankreichs in Hessen-Kassel», *Aufklärung und Klassizismus*, dans *Hessen-Kassel unter Landgraf Friedrich II, 1760-1785*, Kassel 1979.

Schnelle, Kurt, «F. M. Grimms Bildungswege in Deutschland», *Wissenschaftliche Zeitschrift der Karl-Marx Universität* 16, 1967.

Stavan, Henry A., «Voltaire und Kurfürst Karl Theodor, Freundschaft oder Opportunismus?», *Voltaire und Deutschland*, Stuttgart 1979, p.3-12.

– «Voltaire et la duchesse de Saxe-Gotha», *Studies* 185 (1980), p.27-56.

– «Landgraf Frederick II of Hesse-Kassel and Voltaire», *Studies* 241 (1986), p.161-183.

Stelling-Michaud, Sven, et Buenzod, Janine, «Pourquoi et comment Voltaire a-t-il écrit les *Annales de l'Empire*?», dans *Voltaire und Deutschland*, p.201-222.

Stern, Jean, *Voltaire et sa nièce Mme Denis*, Paris 1957.

Tessier, Philippe, «L'image de l'Autriche dans l'œuvre historique de Voltaire (1648-1763)», *RHLF* 83 (1983), p.570-587.

Trenard, Louis, «Voltaire et ses relations lyonnaises», dans *Lyon et l'Europe. Hommes et sociétés. Mélanges offerts à R. Gascon*, Lyon 1980.

Varnhagen von Ense, *Voltaire in Frankfurt am Main*, Leipzig 1848.

Vercruysse, Jeroom, «Madame Denis et Ximénès ou la nièce aristarque», *Studies* 67 (1969), p.73-90.

Vie du très Révérend Père dom Calmet, abbé de Senones, Senones 1762.

Voss, Jürgen, «J. D. Schöpflins Wirken u. Werk», *Zeitschrift für die Geschichte des Oberrheins* 119 (1972), p.281-321.

Zeller, Gaston, *Les Temps modernes II: de Louis XIV à 1789*, Histoire diplomatique des relations internationales 3, Paris 1972

7. Genève et Lausanne (ch.12 et 13)

Bader, Pierre Louis, *Un Vaudois à la cour de Catherine II: François de Ribaupierre*, Lausanne 1932.

Barde, Edmond, *Anciennes maisons de campagne genevoises*, Genève 1937.

Bridel, G. A., et Bach, E., *Lausanne, promenades historiques et archéologiques*, Lausanne 1931.

Candaux, Jean-Daniel, «Les débuts de François Grasset», *Studies* 18 (1961), p.197-235.

Chaponnière, Paul, *Voltaire chez les calvinistes*, Genève 1932.

Chenais, Margaret, «New light on the publication of the *Pucelle*», *Studies* 12 (1960), p.9-20.

Choisy, Albert, *Notice généalogique et historique sur la famille Mallet de Genève, originaire de Rouen*, Genève 1930.

Corbaz, André, *Dictionnaire historique et biographique de la Suisse*, Neuchâtel 1921-1934.

Corsini, Silvio, *Fieffé fripon ou libraire de génie? La percée de François Grasset à Lausanne (1754-1767)*, Mémoire de licence, Université de Lausanne, Lausanne 1984.

Cramer, Lucien, *Une famille genevoise*, Genève 1950.

Delédevant, Henri, et Henrioud, Marc, *Le Livre d'or des familles vaudoises*, Lausanne 1923.

Desné, Roland et Mandich, Anna, «Une lettre oubliée de Voltaire sur le Messie. Entre Polier de Bottens et l'*Encyclopédie*», *Dix-huitième siècle* 23 (1991), p.201-12.

Du Halde, Jean-Baptiste, *Description géographique, historique, chronologique, politique et physique de l'empire de la Chine et de la Tartarie chinoise*, La Haye 1736.

Erard-Hezzenzi, *Dictionnaire historique et biographique de la Suisse*, Neuchâtel 1926.

Fatio, Guillaume, *En pays genevois*, Genève 1926.

Fosca, François, *La Vie, les voyages et les œuvres de Jean Etienne Liotard, citoyen de Genève, et le peintre turc*, Lausanne, Paris 1956.

Fulpius, Lucien, «Une demeure historique: les Délices de Voltaire», *Genava* 21, Genève 1943.

Gaberel, Jean-Pierre, *Voltaire et les Genevois*, Genève 1856.

Gagnebin, Bernard, «Voltaire à Genève», *Genava* 23, Genève 1945.

Galiffe, Jacques-Augustin, *Notices généalogiques sur les familles genevoises depuis les premiers temps jusqu'à nos jours*, Genève 1829-1836.

Gaullieur, Eusèbe Henri, *Etudes sur l'histoire littéraire de la Suisse française*, Genève 1856.

Jordan, Leo, «Voltaires *Orphelin de la Chine* in drei Akten», *Gesellschaft für Romanische Literatur* 33, Dresde 1913.

Kleinschmidt, John R., *Les Imprimeurs et libraires de la République de Genève, 1700-1798*, Genève 1948.

Lee-You, Ya-Oui, *Le Théâtre classique en Chine et en France d'après l'Orphelin de la Chine et l'Orphelin de la famille Tchao*, thèse de doctorat de l'Université de Paris 1937.

Le Kain, Henri Louis Kain, *Mémoires de le Kain*, Paris 1857.

Levade, Louis, *Dictionnaire historique et biographique de la Suisse*, Lausanne 1824.

Lemke, Charlotte, *Voltaire et F. Grasset*, thèse dactylographiée, Wayne University, Detroit 1945.

Lüthy, Herbert, *La Banque protestante en France de la Révocation de l'Edit de Nantes à la Révolution*, Paris 1959-1961.

Morren, Pierre, *La Vie lausannoise au 18e siècle*, Genève 1970.

Mottaz, Eugène, *Dictionnaire historique, géographique et statistique du canton de Vaud*, Lausanne 1914.

Naville, Paul, *Guide de la Vieille Genève*, 4ᵉ éd., Genève 1973.

Olivier, Jean Jacques, *Henri Louis Le Kain*, Paris 1907.

– *Voltaire et les comédiens interprètes de son théâtre*, Paris 1899.

Olivier, Juste, *Voltaire à Lausanne 1756-1758*, dans *Etudes d'histoire nationale*, Lausanne 1842.

Peter, Marc, *Une amie de Voltaire, madame Gallatin*, Lausanne 1925.

Pinot, Virgile, «Les sources de l'*Orphelin de la Chine*», *RHLF* 14 (1907), p.462-471.

Rapp, Georges, *La Seigneurie de Prangins*, Lausanne 1942.

Read, Meredith, *Historic studies in Vaud, Berne and Savoy*, London 1897.

Roulet, Louis Edouard, *Voltaire et les Bernois*, Neuchâtel 1950.

Rousseau, André-Michel, «En marge de *Candide*, Voltaire et l'affaire Byng», *Revue de littérature comparée* 34 (1960), p.261-273.

Ruchat, Abraham, *Etat et délices de la Suisse*, nouvelle édition corrigée et augmentée, Neuchâtel 1778.

Saladin, Michel Jean Louis, *Mémoire historique sur la vie et les ouvrages de M. Jacob Vernet*, Paris 1790.

Sareil, Jean, *Les Tencin*, Genève 1969.

Tronchin, Henri, *Le Conseiller François Tronchin et ses amis*, Paris 1895.

– *Un médecin du XVIIIe siècle: Théodore Tronchin 1709-1781*, Paris 1906.

Vuilleumier, Henri, *Histoire de l'Eglise Réformée en pays de Vaud sous le régime bernois*, Lausanne 1927-1933.

387

Waddington, Richard, *La Guerre de Sept Ans*, Paris 1899-1914.

8. Le Suisse Voltaire (ch.14-16)

L'Attentat de Damiens. Discours sur l'événement au XVIIIe siècle, éd. P. Rétat, Lyon 1979.

Bachaumont, Louis Petit de, *Mémoires secrets [...] depuis 1762 jusqu'à nos jours*, Londres, J. Adamson, 1777-1789.

Broglie, Albert, duc de, *Voltaire avant et pendant la Guerre de Sept Ans*, Paris 1898.

Clairon, Claire Josèphe Hippolyte Leris de Latude, dite Mlle, *Mémoires*, Paris 1822.

Gargett, Graham, *Voltaire and Protestantism*, Studies 188 (1980).

Gruner, Johann Rudolf, *Berner Chronik von 1701-1761*, éd. J. Sterchi, *Blätter für bernische Geschichte*, Bern, Dezember 1913.

Haller, Albrecht von and Bonnet, Charles, *The Correspondence between Albrecht von Haller and Charles Bonnet*, éd. O. Sonntag, Berne 1983.

Herbelot de Molainville, Barthélemy d', *Bibliothèque orientale*, Paris 1697; Maestricht, 1776-1780.

Hemerdinger, Gabriel, «Voltaire et son chariot de guerre, 1756-1757, 1769-1770, d'après sa correspondance», *Revue d'artillerie* 57 (1934), p.587-607.

Lortholary, Albert, *Le Mirage russe en France au XVIIIe siècle; les philosophes du XVIIIe siècle et la Russie*, Paris 1951.

Les Magots, parodie, Paris, Veuve Delormel et fils, 1756.

Mailhos, Georges, *Voltaire témoin de son temps*, Berne 1987.

Meng Hua, *Voltaire et la Chine*, thèse de l'Université de Paris-Sorbonne, 1988, dactylographiée.

Muret, P., *La Prépondérance anglaise 1715-1763*, Paris 1957.

Peyrefitte, Alain, *L'Empire immobile ou le choc des mondes*, Paris 1989.

Préville, Pierre-Louis Dubus, dit, *Mémoires de Préville*, Paris 1857.

Rousseau, Jean-Jacques, *Les Confessions*, éd. J. Voisine, Paris 1959.

Sénac de Meilhan, Gabriel, *Œuvres philosophiques et littéraires*, Hambourg 1795.

Song, Shun-Ching, *Voltaire et la Chine*, Aix-en-Provence 1989.

Vernet, Jacob, *Lettres critiques d'un voyageur anglais*, 3e éd., s.l. 1766.

9. De Rossbach à *Candide* (ch.17 et 18)

Boswell, James, *Boswell chez les princes*, Paris 1955.

Calmettes, Pierre, *Choiseul et Voltaire*, Paris 1902.

Caussy, Fernand, *Voltaire seigneur de village*, Paris 1912.

Choudin, Lucien, *Histoire ancienne de Fernex*, Annecy 1989.

Ferenczi, Laszló, «*Candide* est-il un roman allemand?», dans *Voltaire und Deutschland*, p.175-189.

Ferney-Voltaire, pages d'histoire, par Gérard Arrambourg *et al.*, Annecy 1984.

Guillemin, Henri, *Voltaire*, «audio-livre» (cassette), Le Touvet, La Voix de son livre 1987.

Helvétius, Claude Adrien, *De l'Esprit*, Paris [Durand] 1758.

Perey, Lucien, et Maugras, Gaston, *La Vie intime de Voltaire aux Délices et à Ferney*, Paris 1885.

Pomeau, René, «La référence allemande dans *Candide*», dans *Voltaire und Deutschland*, p.167-174.

Smith, David W., *Helvétius, a study in persecution*, Oxford 1965.

Socio, Giuseppe de, *Le Président de Brosses et l'Italie*, Rome, Paris 1923.

INDEX
des noms de personnes et des œuvres de Voltaire

TABLE DES MATIÈRES

Voltaire son «procureur» auprès du roi. Nature de ses relations avec elle (p.40). L'affaire
Baculard d'Arnaud. Voltaire l'emporte, mais non sans dommage (p.41). L'affaire Hirschel.
Avances de grosses sommes à Hirschel père et fils, pour des locations (ou des achats?) de
bijoux, pour des spéculations. Les bons de la Steuer. Voltaire décide une opération
spéculative, puis l'annule aussitôt. Protêt des lettres de change tirées sur Paris. Hirschel
refuse de les restituer. Procès. Voltaire gagne, mais est discrédité. Lettre fulminante de
Frédéric. Retraite au Marquisat (p.47). Les logements de Voltaire en Prusse: leur
signification. Les travaux et les jours au Marquisat. Relations étroites avec Mme de
Bentinck. Comment les chancelleries décident de son sort sans la consulter. Absence de
présences féminines. Travail sur *L'Art de la guerre*. Frédéric: «on presse l'orange».
Insistance des amis parisiens pour que Voltaire revienne en France. Deux lettres à
Richelieu: la première (31 août 1751) conclut par un refus de rentrer, la deuxième
(septembre ou octobre 1751) esquisse un plan de retour.

de König. König se défend: *Appel au public* (août 1752) (p.108). Voltaire intervient publiquement: *Réponse d'un académicien de Berlin à un académicien de Paris*. Frédéric II réplique (novembre) (p.111). Voltaire lance la *Diatribe du docteur Akakia*: railleries sur les idées bizarres de Maupertuis. Frédéric fait saisir la brochure chez l'imprimeur (29 novembre), mais elle est imprimée à Leyde. Frédéric fait brûler les exemplaires sur les places publiques et envoie les cendres à Maupertuis. Voltaire donne sa démission et demande à partir (1er janvier 1753) (p.118). Le roi l'oblige à revenir sur sa décision. Semaines d'incertitude, chacun campant sur ses positions. Conflit avec La Beaumelle, protégé de Maupertuis, qui attaque avec virulence *Le Siècle de Louis XIV*. Guerre à outrance (p.124). Voltaire en vue de son départ transfère ses capitaux hors de Prusse (p.125). Voltaire négocie avec Frédéric II: il faut sauver les apparences. Complication: le *Maupertuisiana*. Fureur de Frédéric: «Pressis d'une lettre à Volterre». Fut-elle envoyée? Préparation du guet-apens de Francfort? Voltaire quitte Potsdam et la Prusse définitivement (26 mars 1753).

Leipzig: pourquoi Voltaire ne se dirige pas d'abord vers la France. Bon accueil par Gottsched et le milieu intellectuel. Voltaire et la langue allemande. Maupertuis menace l'auteur d'*Akakia* de sévir physiquement contre lui. Réponse de Voltaire (p.134). Gotha (21 avril 1753): invité par le duc et la duchesse, il passe un mois à leur cour. Commence les *Annales de l'Empire*. Dédicace de *La Religion naturelle* (p.138). Comment Voltaire voyage, en grand seigneur. Cassel (vers le 25 mai): accueil du landgrave et de son fils. Rencontre de Pöllnitz: inquiétude. Un petit trésor de bonheur, avant l'épreuve de Francfort.

A Potsdam, après le départ de Voltaire, humeur exécrable de Frédéric. Disgrâce de Mme de Bentinck: tentatives de justification par de fausses lettres à Voltaire (p.143). Le roi envoie à Freytag, résident prussien à Francfort, l'ordre d'arrêter Voltaire. Motifs et mobiles du roi. Freytag met en place le dispositif du guet-apens (p.149). 1er juin 1753, à Francfort, Voltaire et Collini sont arrêtés à l'hôtel du Lion d'or. Fouille des bagages. Promesse de les libérer lorsque la malle contenant «l'œuvre de poésie» sera arrivée. Abus de pouvoir évident de Freytag (p.153). Mme Denis, qui devait attendre son oncle à Strasbourg, le rejoint à Francfort (9 juin). Lettres de protestation au roi de Prusse, au comte d'Argenson (p.158). Arrivée de la malle où est enfermée «l'œuvre de poésie». Freytag refuse de l'ouvrir. Il attend de nouveaux ordres. Mais Frédéric est absent de Potsdam. Fredersdorff: laisser les choses en l'état. L'affaire dérape. Freytag en porte-à-faux

Voltaire tente de s'évader (20 juin). Arrêté aux portes de la ville, il est conduit *manu militari* par Freytag dans la boutique du marchand Schmidt. Insultes, saisie de son argent, de ses bijoux. Le bourgmestre laisse faire. Arrestation de Mme Denis, conduite comme son oncle à l'hôtel de la Corne de bouc. Le secrétaire Dorn s'installe dans la chambre de la nièce, boit, l'importune... (p.164). Le Conseil de la ville demande aux agents prussiens de présenter les ordres écrits de leur maître. Embarras de Freytag. Lettre de Fredersdorff (du 16 juin, arrivée le 21): laisser Voltaire continuer son voyage. Freytag garde la lettre et enfreint les ordres. Qui paiera les frais de l'arrestation et de l'incarcération? Interception par Freytag d'une lettre de Frédéric à Mme Denis. Tentative du résident pour obtenir une déclaration de Voltaire (p.168). Les choses évoluent (26 juin). Voltaire est informé des ordres reçus par Freytag. Palabres entre le résident et les autorités de la ville. Le roi de Prusse ordonne la libération immédiate de Voltaire et des ses co-détenus. Freytag tergiverse, sollicite l'appui de Fredersdorff. Voltaire est libéré mais doit payer tous les frais. Incident du pistolet (7 juillet au matin): Dorn s'enfuit avec la somme qu'il devait restituer. 7-8 juillet: Voltaire, Collini, Mme Denis sont libérés (p.175). Réflexions sur l'affaire. Ce qu'il faut penser de Freytag, du Conseil de Francfort, des commentateurs du dix-neuvième siècle.

actes, puis en trois. Où Voltaire ira-t-il? Finit par accepter une invitation à Prangins. Rupture avec Collini évitée de peu (11 novembre) (p.213). Halte à Lyon. Dîner manqué chez le cardinal de Tencin. Réception à l'Académie de Lyon (26 novembre).

12 décembre 1754: Voltaire fait son entrée à Genève. Souper chez François Tronchin. Le 13, dîner chez le médecin Théodore Tronchin (p.219). Prangins, château immense et glacial. Voltaire engage Wagnière. Les Cramer: Philibert, Gabriel. *Pandore* (p.224). A la recherche d'une demeure. Saint-Jean, aux portes de Genève. Mais Voltaire, «catholique», ne peut acheter sur le territoire de la république. Négociations: prix, choix d'un prête-nom. Une alternative: la maison de Mme Gallatin à Cologny, promesse puis renonciation. Pour l'achat de Saint-Jean les Cramer renoncent à servir de prête-nom. Labat et J.-R. Tronchin intermédiaires auprès du vendeur Mallet. L'achat de Saint-Jean est conclu (10 février 1754) (p.231). A Lausanne, la location de Montriond, décidée dès le 7 janvier 1755. Amitié pour le jeune M. de Giez et sa famille. Labat de Grandcour banquier de Voltaire (p.232). Jacob Vernet adresse à Voltaire une mise en garde (8 février 1755). Transformations de la société genevoise. La mort de Montesquieu, commentée par Voltaire. Voltaire «bien baissé»?

Arrivée à Saint-Jean, rebaptisé les Délices (1er mars). *L'Epître* [...] *en arrivant dans sa terre*, critiquée. Aménagements. Voltaire «bostangi». Visite de Lekain. Essai de *L'Orphelin de la Chine*. Représentation de *Zaïre* devant tout Genève (2 avril 1755). Construction d'un théâtre aux Délices (juillet) (p.243). *La Pucelle*: lecture publique par Darget. Des copies circulent à Paris. Voltaire tente de leur opposer «l'exemplaire véritable». François Grasset va-t-il la publier? Visites de Grasset aux Délices (25 et 26 juillet). Les dix-sept vers scandaleux. Grasset arrêté, puis libéré, quitte Genève (p.247). La Compagnie des pasteurs s'émeut. Voltaire désavoue les dix-sept vers (4 août). La pièce de Ji Jun Xiang profondément modifiée par Voltaire. *L'Orphelin de la Chine* apologie de la civilisation contre Rousseau. Autre réponse à Jean-Jacques: *Timon*. Voltaire répond à l'envoi du *Discours sur l'inégalité* (p.255). Les éditions pirates de *La Pucelle* par La Beaumelle, par Maubert. Voltaire favorise en sous-main l'édition Eslinger de Francfort: messages codés. La Beaumelle devancé (p.258). *L'Histoire de la guerre de 1741*. Manuscrits volés. Ximénès et Mme Denis compromis. Transactions avec le libraire Le Prieur. L'œuvre de l'historiographe de France. Goût de Voltaire pour les récits militaires (p.261). Voltaire et ses éditeurs: Lambert, Walther, Cramer. Pourquoi il préfère les Cramer (p.262). La vie aux Délices: embellissements. Visiteurs. Mort de M. de Giez. L'installation à Montriond ajournée.

1er novembre 1755: Lisbonne détruite par un violent tremblement de terre. Interrogations métaphysiques. Voltaire: *Poème sur le désastre de Lisbonne*, commencé début décembre. Installation à Montriond (p.269). Affluence de la bonne société lausannoise autour de Voltaire. Son train de vie, sa conversation (p.271). *Le Désastre de Lisbonne* lu, communiqué *secreto*. Approbations, mais protestations. L'affaire de la «lettre anonyme». Multiples remaniements du texte. Voltaire finit par préférer comme dernier mot *l'espérance* (p.277). Il fait imprimer ses deux «sermons» (*Le Désastre de Lisbonne* accompagné de *La Loi naturelle*). Rééditions et éditions pirates. Réception (p.279). L'édition Cramer des *Œuvres*: retranchements, additions de textes, les uns anciens, les autres tout récents. Le travail sur épreuves. Concurrence entre les Cramer et Lambert. Des *Mélanges* historiques à l'*Essai sur les mœurs* (p.283). Collaboration à l'*Encyclopédie*. Comment il la conçoit. Ses contributions. Frédéric II renoue en lui envoyant *Mérope* transformée en opéra.

Appel à Choiseul (avril 1759). Personnalité de celui qui va gouverner la France jusqu'en 1770 (p.369). Publication, diffusion, réception de *Candide* (janvier-mai 1759). Coup d'envoi de la campagne contre l'Infâme.